HELLA BRAUNE · FRANK SEMPER

KOLUMBIEN

REISEKOMPASS

SEBRA VERLAG®

" ... Kolumbien
war ein Abenteuer,
eine Reise, weshalb ich stets
zurückgekehrt bin."

ÁLVARO MUTIS

Vorwort

Wenn Kolumbien in den letzten Jahren etwas mit Bravour erreicht hat, dann ist es die lange nicht für möglich gehaltene Rückkehr des Landes in die Phalanx der attraktiven Reiseländer. Die stete Verbesserung der Infrastruktur und der allgemeinen Sicherheitslage haben die Zahl der ausländischen BesucherInnen in den letzten Jahren sprunghaft ansteigen lassen. Kolumbien hat es geschafft, das Negativimage abzustreifen. Heute ist der Terror der Drogenkartelle, der das Land in den 80er und 90er Jahren beherrschte, so gut wie Geschichte. Über den brutalsten aller Drogenmafiosis, Pablo Escobar, werden inzwischen Telenovelas gedreht. Sein einstiges Hauptquartier, die Hacienda Los Nápoles, ist in einen Freizeitpark verwandelt worden, und ein beliebtes Ausflugsziel am Wochenende für Jung und Alt aus Bogotá und Medellín. Die ausländischen Investoren sind aus dem Häuschen und überschütten das Land mit Anlagegeldern. Es läuft blendend. Sogar die Selección Colombia spielt befreit auf und hat einen Platz unter den Top Ten im aktuellen Ranking der Fifa erobert.

Die vielfältige Geographie zwischen Karibik- und Pazifikküste, das wechselnde Klima vom andinen Hochgebirge zum feucht-tropischen Regenwald, und die unterschiedlichen Mentalitäten seiner Bewohner bestimmen den Nationalcharakter und machen den außergewöhnlichen Reiz des Landes aus. Kolumbien verwirrt die Sinne, und 'Mainstream', wie es so manche glauben, die jetzt auf den unter Dampf stehenden Tourismus-Zug aufspringen, ist das Land noch lange nicht. Zum Glück, denn jeder Besucher kann sich sein ganz persönliches Kolumbien-Bild machen. Dazu hilft das vorliegende Buch, das in das Herz des Landes führt und auch die Regionen erwähnt, die von anderen ausgeklammert werden. Wer die vielen widersprüchlichen Reize auf sich wirken lässt, wird am Ende der Reise feststellen:

'Einmal Kolumbien, immer Kolumbien!'

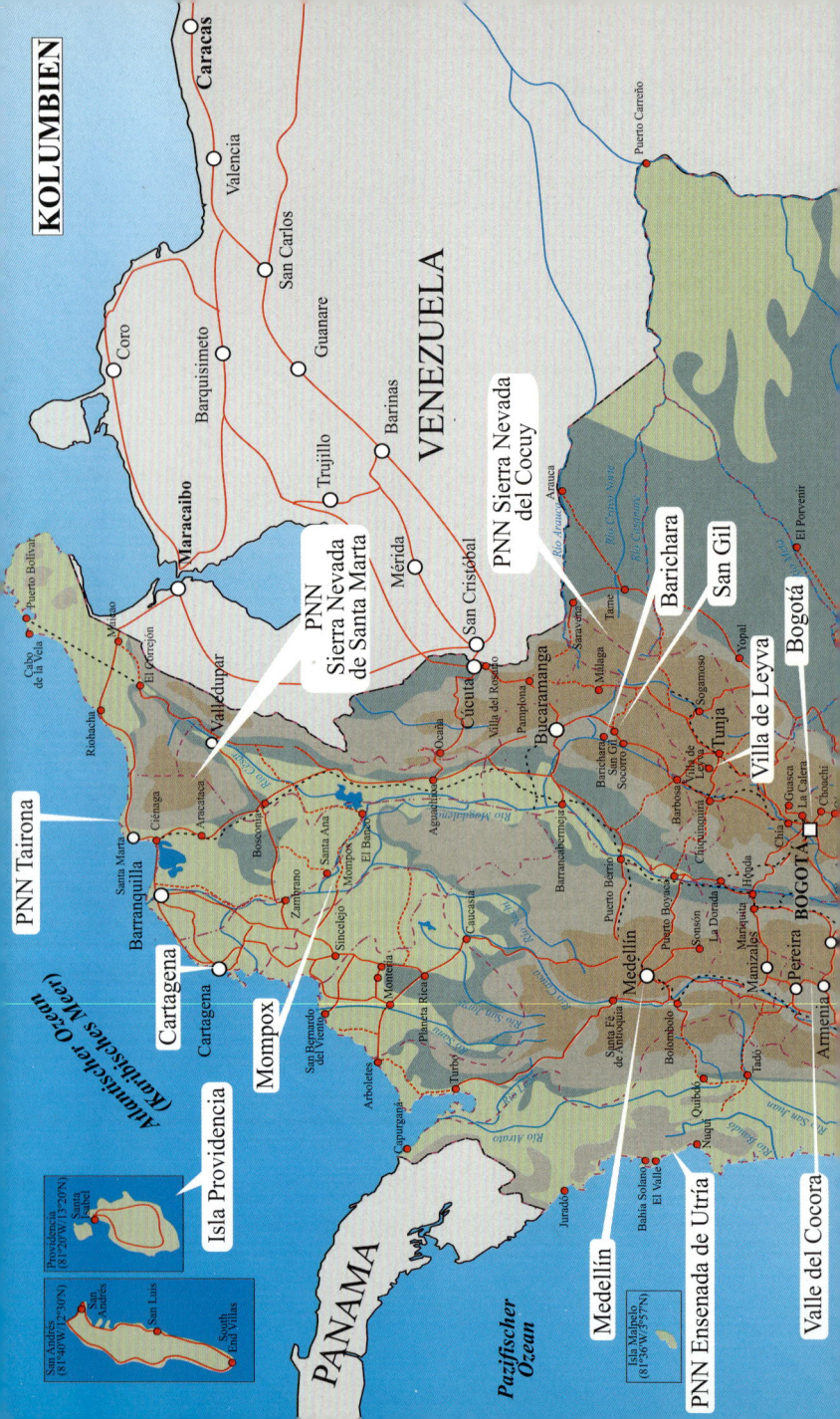

KOLUMBIEN

Caracas

Valencia

San Carlos

Coro

Barquisimeto

Guanare

VENEZUELA

Barinas

Trujillo

Maracaibo

Mérida

San Cristóbal

Puerto Carreño

PNN Sierra Nevada del Cocuy

Barichara

San Gil

Bogotá

Arauca

El Porvenir

Río Arauca

Río Casanare

Saravena

Tame

Málaga

Yopal

Bucaramanga

Pamplona

Sogamoso

Cúcuta

Villa del Rosario

Ocaña

Barichara
San Gil
Socorro

Tunja

Villa de Leyva

Guasca
La Calera
Chochal

PNN Sierra Nevada de Santa Marta

Valledupar

Cabo de la Vela

Puerto Bolívar

Riohacha

El Cerrejón

Maicao

Santa Marta

Ciénaga

Aracataca

Bosconia

Barbosa

Chiquinquirá

Honda

BOGOTÁ

PNN Tairona

Barranquilla

Cartagena

Cartagena

Santa Ana

El Banco

Mompox

Magangué

Barrancabermeja

Puerto Boyacá

Pereira

Mompox

San Bernardo del Viento

Sincelejo

Zambrano

Caucasia

Puerto Berrío

Sonsón

Manizales
Mariquita

Armenia

Montería

Planeta Rica

Santa Fé de Antioquia

La Dorada

Atlantischer Ozean (Karibisches Meer)

Isla Providencia

Arboletes

Turbo

Medellín

Bolombolo

Tadó

Medellín

Capurganá

Quibdó

Istmina

Río Atrato

Río San Juan

Valle del Cocora

Providencia
(81°20'W (13°20'N)

Santa Isabel

San Andrés
(81°40'W (12°30'N)

San Luis

South
End Villas

Jurado

Bahía Solano

El Valle

Nuquí

PNN Ensenada de Utría

Isla Malpelo
(81°36'W/3°57'N)

PANAMA

Pazifischer Ozean

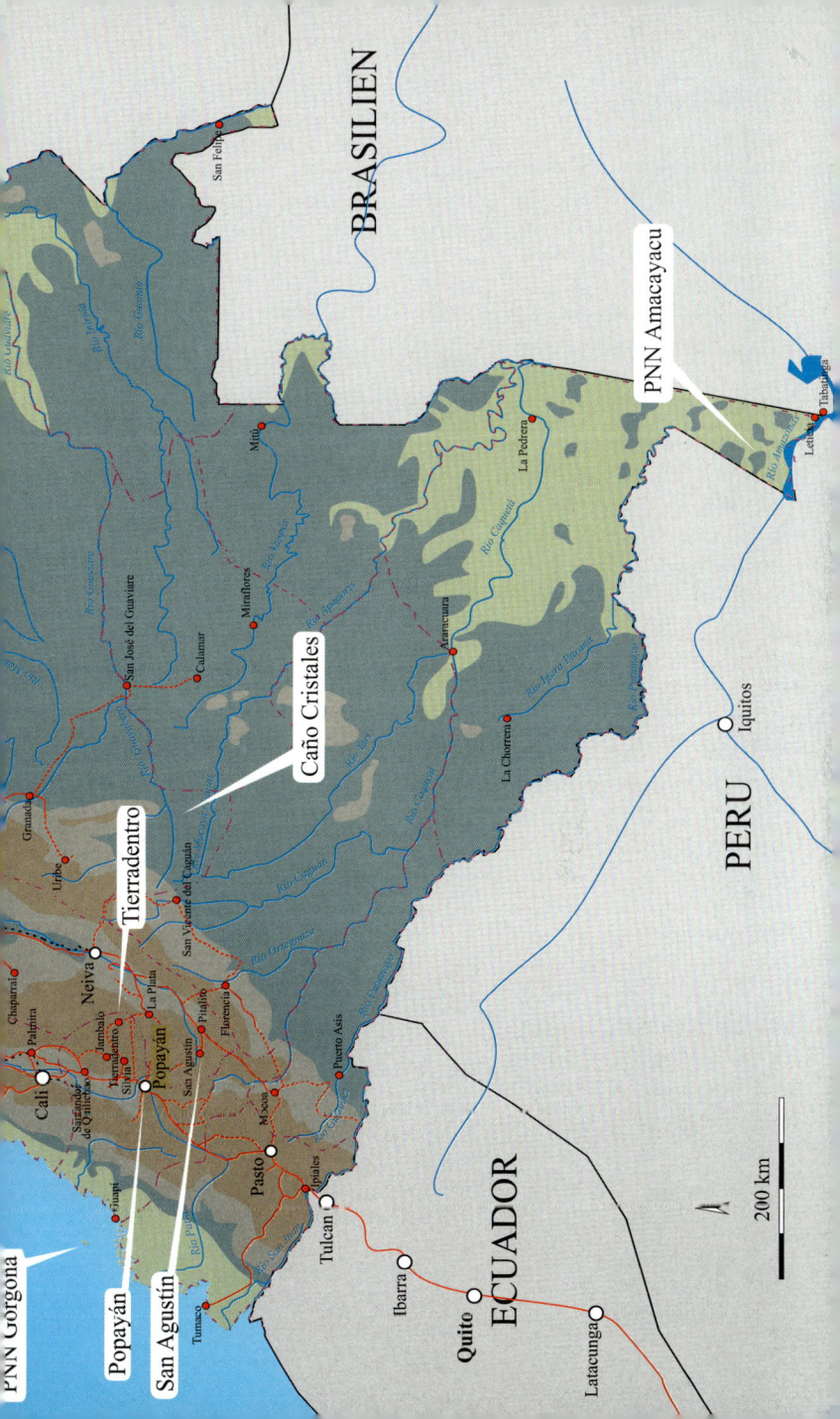

BRASILIEN

San Felipe

PNN Amacayacu

Mitú

La Pedrera

Leticia / Tabatinga

Río Amazonas

Miraflores

Araracuara

La Chorrera

Iquitos

San José del Guaviare

Calamar

Caño Cristales

PERU

Granada

Uribe

Tierradentro

San Vicente del Caguán

Chaparral

Neiva

La Plata

Piatíto

Florencia

Palmira

Jambaló

Popayán

Santander de Quilichao

Silvia

Tierradentro

San Agustín

Puerto Asís

Mocoa

Cali

Guapi

Pasto

Ipiales

PNN Gorgona

ECUADOR

Popayán

San Agustín

Tumaco

Tulcán

Ibarra

Quito

Latacunga

200 km

Kulturreise

Eine Kulturreise durch Kolumbien empfiehlt sich für diejenigen, die Interesse an kolonialer Architektur, moderner Kunst und generell Lust auf kulturelle Neuentdeckungen haben. Den Puls des Landes und seiner Menschen spürt man am besten bei den vielen Festen und Festivals.

Eine Kulturreise beinhaltet den Besuch der bedeutendsten Museen. In Bogotá, Museo del Oro, Museo Botero, Casa de la Moneda, Museo Nacional und die Quinta de Bolívar. In Tunja, die imposanten Deckengemälde in der Casa del Fundador und ausgewählte Kirchenkunst im Museo del Carmen im nahegelegenen Villa de Leyva.

Anschließender Szenenwechsel in der Karibik, auf den Spuren von Gabriel García Márquez nach Aracataca, Geburtshaus und Museum des Nobelpreisträgers, opulente Kolonialarchitektur in der ummauerten Altstadt von Cartagena, noch einmal Botero, diesmal als Bildhauer in Medellin, und zum krönenden Abschluss der Carnaval in Barranquilla, 40 Tage vor Ostern.

Bogotá

Die Hauptstadt liegt auf 2600 m Höhe und damit *«más cerca a las estrellas»* («näher bei den Sternen»), wie der Hauptstadtslogan vielversprechend verkündet. Die aufregende Metropole lebt in nervöser Dynamik, in einem ständigen Rhythmus aus Entstehen und Vergehen.

Eine Fülle an Museen und erstklassigen Restaurants machen den Aufenthalt zu einem unvergesslichen Erlebnis.

Barichara & San Gil

Barichara ist ein wunderbares koloniales Kleinod in der Weite der kargen Landschaft um den Cañón de Chicamocha, ein gut erhaltener Camino Real führt ins 150 m tiefer gelegene Guane, ein weltverlassener Flecken, in dem die Zeit stehen geblieben ist.

Das 20 km entfernte San Gil ist weit belebter und zum Zentrum des Extremsports in Kolumbien geworden, für Rafting, Canyoning, Höhlenklettern und Paragliding.

Villa de Leyva

Eines der schönsten Kolonialdörfer in Südamerika mit einer riesigen Plaza Mayor, die von einem Ensemble weiß gekalkter Häuser, einer kleinen Kirche und Säulenarkaden eingefasst ist. Der Blick in der klaren Höhenluft geht hinaus in die Weite. Die Umgebung lädt zu Wanderungen und Ausritten ein, die zu Dino-Fundorten, Klöstern und Lagunen führen.

Naturreise

Zunächst kann man die an Bogotá im Norden und Osten angrenzenden Höhenlagen mit ihren Lagunen und Páramos erkunden. In nächster Nähe liegen die Laguna de Guatavita (50 km nördlich) oder das Dorf Choachi (55 km östlich von Bogotá) mit dem angrenzenden PNN Chingaza.

Die Vielfalt der karibischen Vegetation erlebt man im PNN Tairona und an den Ausläufern der Sierra Nevada in Minca. Der weitere Weg in östlicher Richtung führt in die trockene Guajira-Halbinsel nach Cabo de la Vela oder noch weiter bis zur großen Sanddüne von Punta Gallinas.

Im Juni tauchen die Buckelwale aus den antarktischen Gewässern an der Pazifikküste auf, um ihren Nachwuchs zu gebären. In den Llanos Orientales ist der Tierreichtum beeindruckend und gut zu beobachten auf der Hacienda La Aurora bei Yopal.

Aktivreise

In Suesca (65 km nördlich von Bogotá) erhebt sich eine natürliche Felswand zum **Felsenklettern**, außerdem bietet sich die Gelegenheit zum **Mountainbiking**, **Rappel** und **Rafting**. Rafting für Könner bietet der Oberlauf des Río Magdalena bei San Agustín mit 25 Stromschnellen auf 60 km. Das Zentrum des **Extremsports** ist San Gil im Departement Santander, mit Rafting auf dem Río Fonce, Felsen- und **Höhlenklettern**, **Canyoning** und Mountainbiking sowie **Paragliding** im nahegelegenen Cañón de Chicamocha.

Das **Trekker-El Dorado** ist das Gebirgsmassiv der Sierra Nevada del Cocuy, anspruchsvolles Höhenwandern zwischen 3900 - 4900 m, zur Akklimatisierung und Einstimmung bietet sich eine **Wanderung** über den Páramo de Ocetá bei Monguí an. Weitere **Mehrtages-Treks** führen zur Ciudad Perdida im Küstengebirge der Sierra Nevada de Santa Marta und zu den Los Nevados, zu erreichen von der Kaffeezone. Zur Einstimmung auf die Los Nevados ist der **Kurztrek** von Salento ins Valle del Cocora mit den Palmeras del Cera ideal.

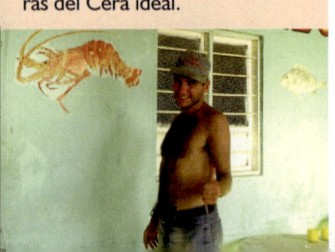

Cartagena

Ein Spaziergang auf den gewaltigen Festungsanlagen mit Blick auf die karibische See ist die beste Annäherung an diese einzigartige Hafenstadt, die wie keine zweite die Zeiten der Piraten und Vizekönige konserviert hat. Hinter den Stadtmauern öffnen sich die engen Gassen mit den kolonialen Schätzen, den Kirchen und Konventen, Herrenhäusern und Palästen. Im Barrio Getsemaní hat sich die Travellerszene eingenistet und macht allabendlich Party.

Mompox

Die verschlafene Kolonialstadt an den Ufern des Río Magdalena, eingeschlossen von Sümpfen und Kanälen, wurde von den rasanten Entwicklungen des modernen Fortschritts nicht erfasst. Sie ist wie eine Filmkulisse inmitten der Tropen stehengeblieben und verzückt mit ihren einzigartigen Kirchen, der Goldschmiedekunst, den Schaukelstühlen in den Straßen und den Brüllaffen in den Bäumen.

PNN Tairona

Treffpunkt für die internationale Travellerszene und während der Weihnachtsferien begehrtes Ziel großstadtmüder Hochlandkolumbianer. Im PNN Tairona befinden sich die schönsten und einige der einsamsten Buchten entlang der Karibikküste. Fast nur noch in Kolumbien sind solch paradiesische Strände frei von klotzigen Hotelbauten (und das wird hoffentlich so bleiben), so dass man die Hängematte zwischen die Kokospalmen spannen kann.

Caño Cristales

Der Caño Cristales gilt als 'schönster Fluss der Welt'. Dafür sorgen die leuchtend scharlachrot bis violettfarbenen Algenteppiche der *Macarenia clavígera* von Juli bis November, die mit dem kargen Schwarzgrau des ausgewaschenen Flussbettes und der umgebenden Vegetation einen vollendeten Dreiklang bilden.

Die Serranía de la Macarena markiert die Schnittstelle dreier unterschiedlicher Ökosysteme (Anden - Llanos - Amazonas). Die Artenvielfalt (über 500 Vogelarten) ist hoch, und die Abgeschiedenheit der Bergtäler und Mesetas hat viele endemische Arten entstehen lassen.

Abenteuer-reise

Die Abenteuerreise führt hinaus aus dem dichter besiedelten Kolumbien in die **weltvergessenen Randregionen** von einmaliger, **überwältigender Schönheit** und Abgeschiedenheit. Einige Ziele sind daher schwer zu erreichen, andere hingegen sind bei rechtzeitiger Buchung und dem entsprechenden Budget, leicht anzusteuern.

Mit einem **Flug** und anschließender **Bootsfahrt** gelangt man auf die **Isla Gorgona**, eine Pazifikinsel, die einst Gefangeneninsel war und heute ein **Naturparadies** mit vielen sonderbaren endemischen Tieren ist.

Wie auf einem anderen Stern fühlt man sich am bunten **Caño Cristales** in den Llanos, leicht als Wochenendtrip von Bogotá zu organisieren. Schwieriger und zeitaufwendiger sind Ausflüge in die Weiten von Llanos und **Amazonasgebiet**, an den Mittellauf des Río Caquetá, zu den Cerros de Mavicure und den **Salto de Jirijirimo**.

2 Wochen

In Bogotá, Erkundung der Plaza Bolívar und des angrenzenden Altstadtviertels **La Candelaria**, Besuch der wichtigsten Museen, **Museo del Oro** und **Museo Botero**, Dinieren und Nachtleben in **Chapinero**, **Zona Rosa** oder am **Parque de la 93**, am Sonntag **Flohmarkt in Usaquén**, am nächsten Tag mit der **Seilbahn auf den Cerro Monsserate** mit Blick über die Stadt. Ein Abstecher zur **Laguna de Guatavita** und Zipaquirá mit der Catedral del Sal, 50 km nördlich von Bogotá.

Flug nach **Santa Marta**, Flanieren an der Av. de la Playa, relaxtes Strandleben im **PNN Tairona**, ein Abstecher nach Taganga. **Altstadt Cartagena**, das Fort San Felipe de Barajas, Convento de la Popa, Islas del Rosario. Flug nach **Medellín**, Paisa-Kultur im Parque Botero, mit dem Metro-Cable zur **Biblioteca de España**. Erstklassiges Nachtleben in **El Poblado**, Kolonialflair in Santa Fe de Antioquia, eine **Bootstour auf der Embalse Guatapé**.

Mit dem Bus zurück nach Bogotá mit einem Zwischenstopp von 1-2 Tagen am **Cañon del Río Claro** und der **Hacienda Nápoles** mit ihren 'Dinos' und Hipos.

Medellín

Die Stadt des 'ewigen Frühlings' auf 1538 m ist so etwas wie das großstädtische Kontrastprogramm zu Bogotá. Wohlorganisierter Straßenverkehr, 'Paisa-Kultur' auf dem Cerro Nutibara, viele Parks, bestückt mit den Monumenten der Ausnahmekünstler Fernando Botero und Rodrigo Arenas Betancourt und die grüne Lunge, der waldreiche Parque Arví mit dem Metrocable in Reichweite.

Valle del Cocora

10 km vom idyllischen Ausflugsdorf Salento liegt Valle del Cocora, ein malerisches Tal, an dessen Hängen die bereits von Alexander von Humboldt beschriebenen, weltberühmten und riesigen Wachspalmen stehen.

Auf dem Weg in Richtung Los Nevados schließt sich andiner Bergnebelwald an.

Popayán

Die *Ciudad Blanca* ('weiße Stadt') wurde durch den spanischen Feldherrn Belalcázar im Jahre 1537 gegründet. Alexander von Humboldt besuchte die koloniale Universitätsstadt im Jahre 1801. Die Altstadt bewahrt alle architektonischen Elemente einer spanischen Stadt des 17. Jahrhunderts.

In der Umgebung befinden sich die lebendigen indigenen Gemeinschaften der Guambiano und Coconuco und der Volcán Puracé (4760 m).

3-4 Wochen

Flug von **Bogotá** nach **Santa Marta**, PNN Tairona, Abstecher nach **Minca** zu den Wasserfällen und Mountainbiking, für Langfristplaner oder Kurzentschlossene Aufstieg zur **Ciudad Perdida**. Altstadt **Cartagena**, Nachtleben im **Barrio Getsemani**, Schlammvulkan **El Totumo**, Abstecher nach **Mompox**.

Flug oder Bus (12 Std.) nach **Medellín**, **Zona Cafetera**, **Manizales**, **Recinto del Pensamiento**, eine Kaffeefarm um Pereira oder Armenia, **Salento** und der Kurztrek ins **Valle del Cocora**.

Anschließend mit dem Nachtbus oder Flieger von **Armenia** zurück nach Bogotá, bleiben noch einige Tage Zeit, dann weiter nach Süden und über **Popayán** und **San Agustín** zurück nach Bogotá.

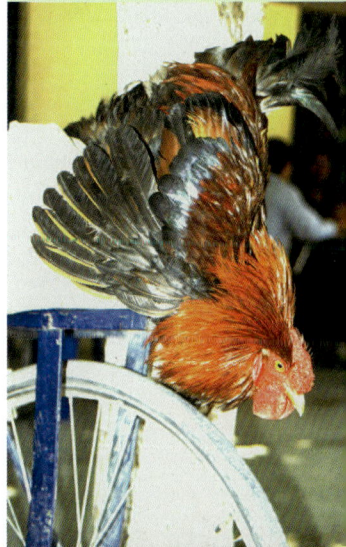

Mehr als 4 Wochen

Nun bleibt auch Zeit für aufwendigere Touren. Von Bogotá nach **Villa de Leyva** mit Ausflügen zum **Dominikanerkonvent Santo Esse Homo** und zum **Naturreservat Santuario de Iguaque**. Dann nach **Monguí**, Aufstieg zum **Páramo Ocetá**, eine Tour für die 2 Tage zu berechnen sind. Höhenakklimatisiert geht es anschließend mit dem Bus via Duitama und Capitanejo nach **Güicán**, Ausgangspunkt für einen kürzeren Aufstieg zum Fuß des **Ritacuba Blanco** (1-2 Tage) oder den längeren Rundtrek durch die **Sierra Nevada del Cocuy** (5 Tage). Wer anschließend nicht nach Bogotá zurück möchte und noch genügend Energie für weitere Aktivitäten hat, fährt nach **San Gíl**, entweder den weiten Weg über **Tunja** oder die kürzere, aber selten genutzte Querverbindung über **Soatá**. Vom Ausgangspunkt San Gil 2-3 Tage **Trekking**, **Rafting** und **Höhlenklettern**, Besuch von **Barichara** und **Guane**, **Cañón de Chicamocha**. Bus (12 Std.) nach **Santa Marta**. Eine Woche Aufenthalt an der **Karibikküste**, Relaxen am Strand im **PNN Tairona**, Altstadt **Cartagena**. Flug nach **Medellín**, Kaffeezone, Armenia, **Salento**, zurück nach Bogotá. Flug nach **Leticia**, Besuch des **PNN Amacayacu** oder ein Flug von Villavicencio zum **Caño Cristales**.

PNN Sierra Nevada de Santa Marta

Die Kogi, Arhuaco und Arsario sind die Ureinwohner des höchsten Küstengebirges der Welt, das in Pyramidenform bis zu den Gipfeln des Pico Colón und des Pico Bolívar (5770 m) aufsteigt. Für die Indianer ist das Land «Mutter Erde» mit neun unterschiedlichen Klima- und Vegetationsstufen. Die 'Ciudad Perdida' ist das untergegangene Zentrum der Tairona-Kultur, das Pendant zu Machu Picchu in Peru.

PNN Sierra Nevada del Cocuy

Das erst wenig besuchte Gebirgsmassiv ist der Ort für beeindruckende Bergtouren, mit einigen Nevados, Lagunen und einer Páramovegetation mit vier unterschiedlichen Frailejónesarten. Die Ostabdachung mit zum Teil noch nie bestiegenen Gipfeln fällt steil zu den Llanos ab.

PNN Ensenada de Utría

Die Nationalparkfläche erstreckt sich von den schroffen Felseninseln im Golf von Tribugá über eine Mangrovenzone bis zu den Höhenlagen der Serranía de Baudo auf 1200 m. Das Territorium der Emberá-Indianer gehört zu den regenreichsten Gebieten der Erde mit einer außergewöhnlichen Flora und Fauna, bestehend aus vielen endemischen Arten. Im Juni treffen die Buckelwale aus den antarktischen Gewässern ein.

1 Jahr
(*'Sabbatical'*)

Ob Angestellter, Weltenbummler oder Topmanager, Kolumbien bietet sich für ein Sabbatical an, so wie es auch die Autoren getan haben. Hier können Sie über einen längeren Zeitraum **glücklich abschalten**. Vergessen Sie einmal alle sonstigen Statistiken, die auch wir in diesem Buch bemühen, und denken Sie positiv, fokussiert auf den Happy Planet Index, in dem Kolumbien von 151 Ländern mit Costa Rica und Vietnam auf den ersten drei Plätzen steht. Das Jahr beginnt mit **Spanisch lernen**, dafür bieten sich die Universidad Javeriana oder Einzelunterricht in Bogotá an, denn hier wird ein exzellentes Spanisch gesprochen. Starten Sie in einem der Travellerguesthäuser, bevor sie ein Apartment suchen. Gehen Sie mit Ihren **neuen Freunden** an den Wochenenden aus. **Fahren Sie in die Umgebung**, in die Dörfer von Boyacá und in die heißen Niederungen am Río Magdalena, nach Honda, Melgar, Giradot. Verpassen Sie nicht den **Carnaval de Barranquilla**, die **Semana Santa** in Popayán und die **Feria de Cali**. Planen Sie vor allen Dingen rechtzeitig ihre **ganz persönliche Expedition** in die Alta Guajira, den Chocó, das Amazonasgebiet. Die Welt und Kolumbien verändern sich rasch, ein Jahr geht schnell vorbei, und die Gefahr ist groß, gleich ganz dableiben zu wollen.

San Agustín

In San Agustín hatte sich bereits lange vor den Zeiten der Maya in Mittelamerika und der Inka in Peru eine hochstehende Kultur entwickelt, die der Nachwelt monumentale Grabstätten und Hunderte von steinernen Skulpturen hinterlassen hat. Der Ort war lange Zeit ein bedeutendes Handelszentrum zwischen dem Amazonasgebiet, den Höhenlagen der Anden und der Pazifikküste, bis er einer langen Periode der Vergessenheit anheimfiel.

Tierradentro

Tierradentro gehört mit seinen ausgeschmückten, präkolumbischen Grabkammern zu den rätselhaften archäologischen Fundstellen Südamerikas. Die Spanier tauften die abgelegene Berg- und Tallandschaft zwischen dem Puracé-Vulkan im Süden, dem Nevado de Huila im Norden, dem Río Páez im Osten und den Hochpáramos im Westen «das tief verborgene Land».

PNN Amacayacu

Intakter Amazonasregenwald, der von Kolumbiens «Amazonashauptstadt» Leticia leicht zu erreichen ist. Die Begegnung mit rosa Delfinen, Affen, Anakondas und dem Riesenlotus *Victoria Regia* sowie der lockere und ungezwungene Kontakt mit den Ticuna-Indianern gestatten es dem Besucher, an die Zeiten des «Erstkontaktes» durch Francisco de Orellana anzuknüpfen, eine verzauberte Welt, die sich dem natürlichen Rhythmus aus Regen- und Trockenzeiten angepasst hat.

Isla Providencia

Seit den ersten Besied-
lungstagen ist Providen-
cia ein Zufluchtsort für
Aussteiger und Anders-
denkende. Die Insel be-
steht aus grünen Kegel-
bergen inmitten türkis-
grüner See, ein natürli-
cher Garten in dem
mango, guanábana und
tamarindo wachsen.
Pferderennen am Strand
und Langusten auf dem
Teller.

PNN Isla Gorgona

Den klangvollen Namen «Gorgona» hat ihr Francisco Pizarro verliehen. Der künftige Eroberer Perus landete hier 1527 auf dem Weg nach Süden. Die Insel war
menschenleer, es wimmelte aber von Schlangen, denen einige seiner Männer
zum Opfer fielen, so dass ihm die antike, schlangenköpfige Medusa in den Sinn
kam. Ein einzigartiges Naturparadies, verwunschener als die Islas Galápagos.

Feste Top 5

1) **Carnaval de Barranquilla** Februar

2) **Semana Santa in Popayán** Ostern

3) **Festival de la Cultura Wayu** in Uribía Mai/Juni

4) **Fería de las Flores in Medellín** August

5) **Fería de Cali** Dezember

Kolumbien Extrem

1) **Rafting Río Magdalena** bei San Agustín

2) **Paragliding** bei Bucaramanga, Cali, Medellín

3) **Mountainbiking** Minca oder Salento

4) **Tauchen** Taganga oder Isla Providencia

5) **Amazonas-trekking**

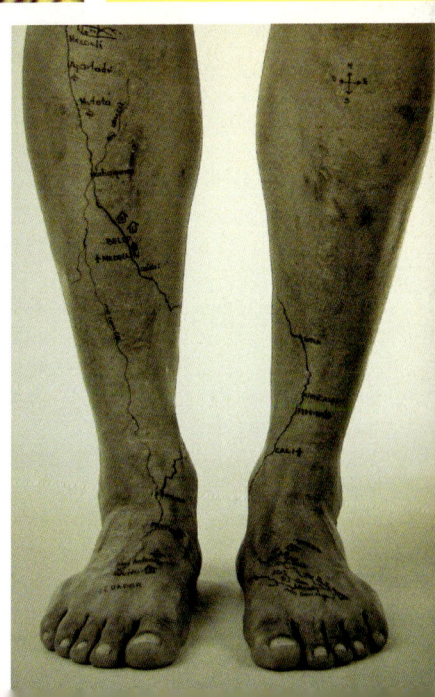

Inhalt

Land in Sicht! 21
Vergangenheit und Gegenwart . . . **38**
Natur und Kultur **70**
Bogotá **100**
Cundinamarca & Boyacá **134**
Suesca 135
PNN Laguna de Guatavita 136
Nueva Guatavita 136
Zipaquirá 137
Nemocón 138
Choachí 138
PNN Chingaza 138
PNN Sumapaz 140
Ausflugsziele westlich von Bogotá . . . 141
Honda 142
Mariquita 144
Armero 146
Ambalema 146
Tunja 146
Villa de Leyva 150
Ráquira 157
Chiquinquirá 157
Muzo & Quipama 158
Puerto Boyacá 160
Duitama, Nobsa, PNN Pisba 162
Sogamoso 162
Monguí 164
Tópaga 165
Lago de Tota 165
El Cocuy 167
Güicán 168
PNN Sierra Nevada del Cocuy 169
Santander &
Norte de Santander **175**
Barbosa, Velez, La Paz 176
Socorro 177
San Gil 178
Barichara 181
Villanueva, Jordan, Los Santos 183

PNN Chicamocha 186
Zapatoca 187
Bucaramanga 187
Girón 191
Matanza 192
Ocaña 193
Pamplona 194
Cúcuta 197
Karibikküste **202**
Cartagena de Indias 204
Die Umgebung von Cartagena 233
Isla de Barú & Playa Blanca 233
Islas del Rosario 234
Jardín Botánico Guillermo Piñeres . . 235
Volcán de Lodo El Totumo 236
San Basilio de Palenque 237
Mompox 238
Nordöstlich von Cartagena 243
Barranquilla 243
Vía Parque Isla de Salamanca 248
Ciénaga Grande de Santa Marta 248
Santa Marta 249
Taganga 257
PNN Tairona 261
Östlich vom PNN Tairona 264
PNN Sierra Nevada de Santa Marta . 266
Ciudad Perdida 267
Minca 270
Aracataca 272
Valledupar 273
Pueblo Bello 275
Die Guajira 276
Riohacha 278
Uribia & Manaure 281
Cabo de la Vela 228
Alta Guajira 283
Maicao 284
Südwestlich von Cartagena 285
Tolú & Corveñas 285
San Bernardo del Viento 286
Montería 287
San Andrés de Sotavento & Tuchin . . 288

Turbo	290
Chocó Urabá & PNN Los Katíos	291
Capurganá & Sapzurro	294
San Andrés & Providencia	**296**
Pazifikküste	**307**
Quibdó	310
Die Umgebung von Quibdó	313
Nuquí	314
Bahía Solano	317
El Valle	322
PNN Ensenada de Utría	323
Buenaventura	325
PNN Uramba - Bahía Málaga	327
San Cipriano	328
Guapi	328
PNN Isla Gorgona	329
Tumaco	333
Antioquia & Zona Cafetera	**336**
Medellín	338
Die Umgebung von Medellín	359
Santa Fe de Antioquia	360
PNN Las Orquídeas	362
Embalse Guatapé & El Peñol	362
Rionegro, El Retiro, La Ceja	363
Sonsón & Abejorral	365
Aguadas & Salamina	367
Valparaíso, Caramanta, Marmato	369
Puerto Berrío	370
Barrancabermeja	371
Cañón del Río Claro	373
Hacienda Nápoles	374
Manizales	375
Pereira	384
Armenia	387
Salento	392
PNN Los Nevados	397
Ibagué	400
Südwesten	**402**
Cali	403
Die Umgebung von Cali	412
PNN Los Farallones	413
Buga	414
Laguna de Sonso	415
Lago Calima	416
Cartago	416
Popayán	417
Die Umgebung von Popayán	422
PNN Puracé	423
San Agustín	424
Tierradentro	430
PNN Cuevas de los Guácharos	432
Desierto de Tatacoa	433
Pasto	434
Die Umgebung von Pasto	436
Ipiales	438
Llanos & Amazonasgebiet	**440**
Villavicencio	442
Südlich von Villavicencio	445
San José del Guaviare	445
PNN Serranía de la Macarena & Caño Cristales	447
Östlich von Villavicencio	449
PNN El Tuparro	450
Puerto Carreño	452
Nördlich von Villavicencio	453
Leticia	457
PNN Amacayacu	464
Puerto Nariño	465
La Pedrera, Araracuara, La Chorrera	466
Cerros de Mavicure	468
Salto de Jirijirimo	470
Florencia	470
Mocoa	471
Praktische Hinweise	**473**
Touren & Aktivitäten	**481**
Transportmittel	**486**
Sicherheit & Gesundheit	**491**
Glossar & Slang	**500**
Index	**505**
Impressum	**510**

Textkästen

Simón Bolívar. 44
Pablo Escobar 50
Entführtenberichte 60
Kolumbiens Biodiversität. 72
Literaturliste Top 5 74
José Eustasio Rivera. 76
Presse und Medien 87
Typische Gerichte der Regionen 94
Präkolumbine Goldschmiedekunst . . 109
Busverbindungen (Bogotá) 132
Páramo 139
Río Magdalena. 143
Caminos Reales /
Geo von Lengerke 184/185
Festival de la Cultura Wayu. 281
Vueltiao-Hüte 289
Die Emberá. 318
Isla Malpelo 332
Die Architektur Antioquias 364
Carriel Paisa. 370
Zugverbindung in Eigenregie. 372
Cable Aereo 'historisch' 378
Café Colombiano 388
Eine phantastische Vielfalt an Fischen 456
Touranbieter im deutsch-
sprachigen Raum 482
Internationale Airlines 487
Chiva. 489
Abkürzungsverzeichnis 511
Kartenlegende. 511
Textlegende. 511

Karten

Kolumbien 4/5
Bogotá. 100
Bogotá Zentrum 106
Bogotá Norte 118
Bogotá Usaquén 124
Cundinamarca & Boyacá 134
Villa de Leyva. 151
Sierra Nevada del Cocuy. 170
Santander & Norte de Santander . . . 175
Barichara 181
Bucaramanga. 188
Karibikküste 202/203
Cartagena. 206/207
Cartagena (Umgebung). 234
Santa Marta 250
Santa Marta (Umgebung). 256
Taganga 258
San Andrés & Providencia 296
San Andrés (Stadt). 299
Pazifikküste (Chocó) 307
Antioquia & Zona Cafetera 336
Medellín. 340
Medellín Zentrum 343
Medellín El Poblado. 351
Manizales. 376
Los Nevados 396
Südwesten. 402
Cali 404
Popayán. 418
Llanos & Amazonas 440
Leticia 458
Metro-Plan Medellín 512

Die Preisangaben erfolgen in Euro. Der Euro ist wie der US-Dollar frei konvertibel. Die beiden führenden Fremdwährungen unterliegen in Relation zum kolumbianischen Peso aktuellen Wechselkursschwankungen.

 # Land in Sicht!

Kolumbien liegt zwischen 14° nördlicher und 4° südlicher Breite. Es hat eine Landfläche von 1.114.748 km². Das entspricht zusammengenommen der Größe von Deutschland, Frankreich, Österreich und der Schweiz. Kolumbien ist das viertgrößte Land Südamerikas.

Küsten

Kolumbien ist das einzige Land Südamerikas mit zwei Küstenlinien. Die Karibikküste ist 1600, die Pazifikküste 1330 km lang.

Gebirge

Das Rückgrat des Landes sind die **drei Andenkordilleren**, deren gemeinsamer Ausgangspunkt im Süden des Landes, im *Macizo Colombiano* liegt. Die Westkordillere verläuft 1200 km entlang der Pazifikküste und hat die niedrigsten Erhebungen. Ihre Ausdehnung beträgt 76.000 km². Lediglich fünf Gipfel sind über 4000 m und keiner erreicht die Schneegrenze. Die höchsten Erhebungen der **Zentralkordillere** sind der Nevado del Huila (5500 m) und die Los Nevados mit dem Nevado del Ruiz (5400 m). Die Zentralkordillere ist 1000 km lang und im Schnitt 65 km breit.

Die **West-** und Zentralkordillere laufen im nördlichen Antioquia aus und gehen in die Tiefebene der Karibik über. Die **Ostkordillere** ist die längste der drei Kordilleren mit der breitesten Ausdehnung von 130.000 km². In ihrem Zentrum gibt es ausgedehnte Hochebenen, wie die von Bogotá. Die Ostkordillere gabelt sich an der Grenze zu Venezuela in zwei Ausläufer. Der höhere Teil reicht ins Nachbarland und bildet die venezolanischen Anden. Den niedrigen Ausläufer bilden die Serranía de Perrija, ihrerseits die Grenze zu Venezuela. Die höchste Erhebung der Ostkordillere ist die **Sierra Nevada del Cocuy** mit dem Ritacuba Blanca (5330 m).

Im Norden liegt die **Sierra Nevada de Santa Marta**. Sie ist das höchste Küstengebirge der Welt. Der Pico Colón und der Pico Bolívar sind mit 5770 m die höchsten Berggipfel Kolumbiens.

Der Gebirgszug der **Sierra de la Macarena** ist eine Erhebung inmitten der Llanosebene, getrennt von den Anden durch einen 50 km breiten Korridor. Die Sierra ist 120 km lang und an der weitesten Stelle 30 km breit. Die höchsten Erhebungen liegen bei 2000 m.

Flüsse

Kolumbien gehört zu den wasserreichsten Ländern der Erde. Die Quelle der meisten Flüsse liegt in den Kordilleren. Die beiden längsten Flüsse, die nach Norden in Richtung Karibik fließen, sind der **Río Magdalena** und der Río Cauca. Der Río Magdalena ist der bekannteste Fluss Kolumbiens. Er hat eine Länge von 1540 km. Der Río Magdalena war lange Zeit die einzige Verbindung zwischen der Hauptstadt und der Küste. Seine Quelle liegt auf dem Páramo de las Papas, unweit von San Agustín, in 3685 m Höhe. Er verläuft zwischen der Zentral- und der Ostkordillere. An seiner Mündung liegt der Hafen Barranquilla. Der **Río Cauca** entspringt an gleicher Stelle wie der Río Magdalena und sucht sich seinen Weg durch das enge Tal von Zentral- und Westkordillere. Nach 1350 km vereint er sich mit dem Río Magdalena.

Nach Osten fließt der **Río Meta**, der aus der Ostkordillere kommt und nach 1000 km in den **Río Orinoco** mündet. Weiter südlich verläuft der **Río Guaviare**, der nach 1200 km seine Wassermassen ebenfalls dem Río Orinoco übergibt. Der Río Guaviare bildet die Grenze zwischen den weiten Savannen der Llanos Orientales und den Wäldern des tropischen Regenwaldes.

Im Südosten des Landes fließen der **Río Caquetá** und der **Río Putumayo** durch das Amazonasbecken. Der Río Caquetá ist der wasserreichste Fluss Kolumbiens. Er hat eine Gesamtlänge von 2200 km, von denen 1200 km durch Kolumbien fließen. Seine Quelle liegt, wie die von Río Magdalena und Río Cauca, auf dem Páramo de las Papas. Der Río Putumayo ist der Grenzfluss zu Ecuador und Peru mit einer Länge von 1800 km. Río Caquetá und Río Putumayo münden in den Amazonas. Entlang des Pazifikflachlandes verläuft der **Río Atrato**. Er ist nur 750 km lang, doch bezogen auf seine Länge der wasserreichste Fluss der Welt. Während der Río Atrato in die Karibik mündet, fließt der Río San Juan in den Pazifik. Kein Fluss in Südamerika entlässt mehr Wasser in den Stillen Ozean.

Regionen

Der nordöstlichste Zipfel des Landes ist die **Guajira**, eine Küstenwüste, bewachsen nur von Kakteen und Divi-Divi Sträuchern. Das Hinterland der Karibik zwischen Santa Marta und der Atratomündung ist flaches Sumpfland, durchzogen von vielen Seen, deren ausgedehnteste die **Ciénaga von Santa Marta** ist. Zwischen der Westkordillere und der Pazifikküste liegt der **Chocó**, eine Region mit hohen Niederschlägen und immer grünem tropischen Regenwald.

Östlich der Kordilleren erstreckt sich ein ausgedehntes Busch- und Weideland, die **Llanos Orientales**, die eine Fläche von 255.000 km² bedecken. Im Süden gehen die Llanos Orientales in die tropischen **Regenwälder des Amazonasbeckens** über, die mit 400.000 km² den größten zusammenhängenden Naturraum des Landes bilden.

Inseln

Kolumbien besitzt Inseln in beiden Meeren. Die bekannten Touristeninseln, **San Andrés** und **Providencia**, liegen in der karibischen See, 800 km vom kolumbianischen Festland entfernt, nahe der Küste Nicaraguas. Unmittelbar vor der Küste befinden sich die Inselgruppen **Rosario** und **San Bernardo**.

Im pazifischen Ozean liegen **Gorgona** und **Malpelo**, letztere der westlichste Punkt Kolumbiens, 330 km vor der Küste.

Nachbarn

Die Nachbarländer Kolumbiens sind Panama, Venezuela, Brasilien, Peru und Ecuador.

Bevölkerung

Kolumbien hat etwa 47 Mio. Einwohner. Von Brasilien einmal abgesehen, ist es das bevölkerungsreichste Land Südamerikas. 40 % der Bewohner sind unter 18 Jahren. Heute leben 75 % der Bevölkerung in den Städten, während es in den 1950er Jahren gerade einmal 25 % waren. Der Verstädterungsprozess hält seit Jahrzehnten an und wird in den nächsten Jahren nicht zum Stillstand kommen. Die meisten Menschen zieht es in die Hauptstadt Bogotá, deren geschätzte Einwohnerzahl bei annähernd 8 Mio liegt. An zweiter Stelle liegt Medellín zur Zeit mit ca. 2,9 Mio. Einwohnern knapp vor Cali. Die viertgrößte Millionenstadt ist Barranquilla an der Karibikküste. Zudem gibt es zwei Dutzend Großstädte mit mehr als 100.000 Einwohnern. Die Landflucht hat zu einer Ausweitung der armer Barrios geführt, die die Vorstädte vieler Großstädte umgeben. Die Bevölkerung verteilt sich äußerst ungleichmäßig. 95 % leben in den Höhenlagen der Anden und an der Karibikküste. Der größere Anteil von Kolumbiens Landfläche, Pazifik-, Llanos- und Amazonastiefland, ist von spärlichen 5 % der Bevölkerung besiedelt. Das zeigt, dass sich Kolumbien traditionell als Andenland begreift, obwohl der größere Teil der Landfläche außerhalb des Hochlandes liegt. Die Menschen Kolumbiens sind so verschieden wie die Regionen, in denen sie leben. Mehr als die Hälfte der Bevölkerung sind Mestizen (58 %). Die übrige Bevölkerung besteht aus Weißen (20 %), Mulatten (8 %), Afroko-

Campesinos aus Boyacá

lumbianern (11 %) und den Angehörigen indigener Völker (3,5 %). Die mehrheitlich weißen Bewohner von Bogotá könnten auch in einer Hauptstadt Europas zuhause sein. Sie sind distanziert, arbeiten viel und fahren am Wochenende aufs Land. Doch schon an den Rändern der Stadt verschwindet der europäische Einschlag. Die Campesinos sind Mestizen, haben eine *ruana* umgeworfen und bewegen sich noch häufig mit dem Pferd vorwärts. Die Zentral- und Westkordilleren sind die Heimat der Antioqueños oder *Paisas*, wie sie sich selbst bezeichnen. Ihre Hauptstadt ist Medellín. Die Antioqueños sind die hellhäutigsten aller Kolumbianer. Sie haben sich kaum mit Indianern oder Schwarzen vermischt. Die Paisas sind dynamische Menschen, erfüllt von Abenteuer- und Pioniergeist. Sie besiedelten Ende des letzten Jahrhunderts den Süden der Zentralkordillere und verwandelten den dichten Dschungel in Kaffeeplantagen, die *Zona Cafetera*, eine der reichsten landwirtschaftlichen Zonen Kolumbiens.

Entlang der Karibikküste leben die lebenslustigen *Costeños*, mehrheitlich Mulatten. Sie lachen viel und tanzen gern. Sehr viele Mulatten haben sich auch in Cali und Umgebung niedergelassen und diese Stadt zur Metropole der Salsa gemacht. An der Pazifikküste zwischen Panama im Norden und Ecuador im Süden lebt die überwiegende Mehrzahl der Afrokolumbianer, die Nachfahren ehemaliger afrikanischer Sklaven, die in dieser abgelegenen Region noch alte Traditionen bewahrt haben. Verteilt über das ganze Land sind 87 verschiedene indigene Völker. Den größten Bevölkerungsanteil stellen sie auf der Guajira und in weiten Bereichen des Amazonasbeckens.

Indigene Völker

Offizielle Angaben sprechen von 88 ethnischen Gruppen, die nationale Indigenenorganisation ONIC hat sich auf 102 in Kolumbien noch existierende indigene Völker festgelegt. Die Indigenen sprechen 65 Sprachdialekte, die zu 14 linguistischen Familien gehören. Ihre Gesamtzahl liegt, unter Berücksichtigung des Kriteriums der Selbsteinschätzung, bei knapp 1,4 Mio., ca. 3,5 % der kolumbianischen Gesamtbevölkerung. Von den 65 gezählten Sprachgruppen haben aber über die Hälfte weniger als 1000 Angehörige. Die drei größten Gruppen stellen die **Wayu** (280.000), beheimatet auf der Guajira-Halbinsel, die **Páez/Nasa** (150.000), die im Südosten des Landes zwischen der Zentralkordillere und dem Río Cauca leben, die **Emberá** (60.000), die sich über den Chocó verteilen und die **Zenú** oder **Sinú** (34.000) an der Karibikküste zwischen den Flusstälern von Río Sinú und San Jorge in den Departements Córdoba und Sucre.

Kleinere Völker bilden die **Kogi** und **Arhuaco** in der Sierra Nevada und die **Kuna** an der Karibikküste. Die größte Vielfalt ethnischer Gruppen bei geringer Bevölkerungsdichte findet man im Amazonas. 70.000 Amazonasindianer verteilen sich auf 50 ethnische Gruppen mit Dialekten von zehn verschiedenen Sprachfamilien. Eine grobe Einteilung der Indianervölker lässt sich entsprechend der unterschiedlichen Sprachen, dem besonderen Zusammenleben mit ihrer Umwelt und ihren Organisationsformen vornehmen. In Kolumbien gibt es noch einige wenige **nomadisierende Gruppen** von Jägern und Sammlern wie die Makú und die Cuiva, Kleinstgemeinschaften, die in

Mamos der Kogi

den Llanos und im Amazonasbecken leben. Der Bewegungsraum dieser Völker wird aber von Tag zu Tag durch die Ausdehnung der Rinderweiden, Minentätigkeit, Kolonisation und Kokaplantagen weiter eingeschränkt. Von der Subsistenzwirtschaft, Ackerbau, Jagd, Fischfang und dem saisonalen Sammeln von Früchten leben viele indigene Völker und Gemeinschaften in den Llanos, dem Amazonasgebiet und im Pazifikflachland. Hierzu gehören die Huitoto, Ticuna, Emberá u.a. In der Andenzone haben sich die indigenen Gemeinschaften auf den Anbau landwirtschaftlicher Produkte, verteilt auf verschiedene Höhenlagen, spezialisiert.

Die Gemeinschaften der andinen Indianervölker sind in Cabildos organisiert. Zu diesem Typus gehören die Páez, Guambiano, U'wa, Kogi u.a. Eine besondere Gruppe repräsentieren die Wayu, die mit der Guajira-Halbinsel eine Region extremer Trockenheit bewohnen und deren Alltag von der Suche nach Wasserquellen bestimmt wird. Sie leben mehrheitlich von der Viehzucht und vom Ackerbau, der von den wenigen Regenfällen im Jahr abhängt.

Der kolumbianische Staat garantiert den Indianergemeinden *resguardos.* Das sind Gebiete, die unter indianischer Selbstverwaltung stehen. Geleitet wird der *resguardo* durch einen *cabildo* (Rat), dem ein *Gobernador* oder *Capitán* vorsteht. Der *cabildo* übt (gemeinsam mit der Vollversammlung) eine eigene, verfassungsrechtlich garantierte Rechtsprechungsbefugnis aus. Auch die Sprachen der Indianer sind verfassungsrechtlich geschützt. In den Schulen der *resguardo*s wird bilingual unterrichtet.

Mittlerweile sind über 788 Resguardos mit einer Gesamtfläche von 31 Mio. ha tituliert worden, was einem Anteil am kolumbianischen Staatsgebiet von fast 30 % ausmacht. Das ist an für sich eine beachtliche Zahl, aber man darf nicht vergessen, dass weniger

Emberá-Gruppe während einer Bootspassage

als ein Zehntel dieser Fläche auch landwirtschaftlich zu nutzen ist, der große Rest sind karge ausgelaugte Böden, Páramos in den Höhenlagen der Anden oder Wald- und Überschwemmungsgebiete im Amazonasgebiet, und in viele der ausgewiesenen indigenen Territorien dringen Kolonisten, Drogenhändler und illegale bewaffnete Gruppen ein. Die größten Indianer-*resguardos* liegen in der Guajira und den Departements Amazonas und Guainía. Das nunmehr aktualisierte Zahlenmaterial offenbart, dass 400.000 Indigenen überhaupt kein Resguardo-Land zur Verfügung steht und eine Reihe von *resguardos* sich mit den Flächen von Nationalparks überschneiden.

Die *resguardos* sind keine Erfindung der Gegenwart. Bereits nach der ersten Welle der Eroberungen, Mitte des 16. Jahrhunderts, strebte der spanische Staat eine geordnete Verwaltung in den Kolonien an. Kaiser Karl V. erließ die *Nuevas Leyes de las Indias*, die die

Schaffung von Schutzzonen für die Ureinwohner vorsahen. Hierbei spielten weniger humanitäre Fragen eine Rolle als die Überlegung, wie die Ausbeutung der Kolonien ökonomisch gestrafft werden könnte. Die Indianer waren bis dahin Arbeitssklaven für die wenigen Spanier im Land. Das Gebiet eines *resguardos* bestand aus Einzelparzellen für den Anbau des Eigenbedarfes an Lebensmitteln und Kollektivbesitz, dessen Früchte als Abgaben an die Krone gingen. Zudem hatten die Ureinwohner ihre Arbeitskraft zu bestimmten Zeiten dem benachbarten Encomendero unentgeltlich zur Verfügung zu stellen. Verwaltet wurde der *resguardo* durch die Kirche. Die *resguardos* sollten die Rassen voneinander trennen und waren insoweit ein Vorläufermodell der späteren Homelands im Apartheid-Südafrika.

Gegen Ende der Kolonialzeit war das Modell der *resguardos* gescheitert. Wenigen Indianern standen nun immer mehr Mestizen gegenüber. Die Indianer verpachteten Land an die Mestizen. Die Obrigkeit tolerierte diese illegale Praxis unter der Bedingung, dass die Pächter den Mietzins nicht an die Indianer, sondern an die Beamten des Königs entrichteten. Anderenorts wurden die *resguardos* der dezimierten Indianer kurzerhand besetzt.

Bei Ankunft der Spanier lebten die meisten Indianer in den gemäßigten Lagen der Anden. Der regelmäßige Steuerzensus während der Kolonialzeit dokumentiert einen dramatischen Rückgang der indianischen Bevölkerung in ihren Hauptsiedlungsgebieten um Tunja, Pamplona, Pasto, Popayán, Vélez und Cartago, eine Reduzierung auf unter 20 % der ursprünglichen Zahl. Die letzte Erfassung aus der zweiten Hälfte des 18. Jahrhunderts weist nur noch 136.753 Indigene aus. Nach einer forcierten Assimilierungspolitik im 19. Jh. liegt gesondertes Zahlenmaterial über die indigenen Völker Kolumbiens erst wieder aus dem Jahr 1938 vor. Demnach war der Indianeranteil von 100.000 im Jahre 1938 auf 400.000 (1988) angewachsen. Dabei ist zu beachten, dass die demographische Erholung nicht mit der kulturellen Stabilisierung der indigenen Völker einhergeht und Kleinstvölker in den letzten Jahrzehnten verschwunden sind und weiterhin verschwinden.

Bis Ende der 1980er Jahre gab es keine ausgewiesene Indianerpolitik in Kolumbien. Erst die Regierung von **Präsident Virgilio Barco** (1986-1990) suchte den Dialog mit den Ureinwohnern und wies große Flächen, zumal im Amazonasgebiet als Indianerland aus. Zu dieser Entwicklung hat auch das international gewachsene Interesse an dem Erhalt der tropischen Regenwälder und der dort lebenden indigenen Völker beigetragen.

Die kolumbianische **Verfassung von 1991** verbürgt den ethnischen Minderheiten ihre rechtliche, politische und kulturelle Eigenständigkeit und die Teilhabe am Staat und seinen Institutionen. Der Staat richtete bilinguale Schulen ein und baute das Gesundheitswesen aus. Die indigenen Völker erhalten, entsprechend ihres jeweiligen Prozentanteils an der Gesamtbevölkerung, Finanzmittel aus dem nationalen Haushaltsplan und zusätzliche Mittel aus verschiedenen Umweltfonds zur eigenen Verwendung zugewiesen. Auf nationaler Ebene haben die indigenen Gemeinschaften Anspruch auf zwei indigene Senatoren. Trotz der umfangreichen staatlichen Garantien ist der Konflikt zwischen den *resguardo*s und einer unkontrollierten und oftmals chaotischen Kolonisation, die mit Landverteilungskämpfen und Drogenanbau verbunden ist, ungelöst. Die indigenen Völker und Gemeinschaften können immer weniger mit dem auskommen, was ihr Land hergibt. Und für die Indigenen in den Randzonen wird es mit dem steten Heranrücken der Kolonisationsgrenze immer schwieriger ihre kulturelle Eigenständigkeit zu bewahren. Noch gibt es genügend dünn besiedelte Flächen Land, und Kolumbien hat keine explodierenden Landlosenzahlen wie Brasilien, wo der Kampf um die letzten Flecken verbliebenen Indianerlandes bereits in die letzte Runde gegangen ist.

1972 organisierten sich die Indianer zum ersten Mal in einer eigenständigen politischen Bewegung, die sich vom Bauernverband abspaltete. Die Páez, Guambiano und Yanacona gründeten den **CRIC** (Concejo Regional Indígena del Cauca). Heute ist die **ONIC** (Organisación Nacional Indígena de Colombia) der Dachverband, dem die meisten indianischen Völker Kolumbiens angehören. Die kolumbianischen Indianer sind stolz und selbstbewusst und wissen um ihre Rechte. Übrigens klappt die Verständigung mit den Indianern gut. Fast alle sprechen Spanisch, denn anders als in den einst von den Inka beherrschten Andenstaaten, wo heute noch weiträumig Quechua gesprochen wird, müssen die vielen unterschiedlichen Indianergruppen Kolumbiens auf das Spanisch zurückgreifen, um sich auch untereinander zu verständigen.

Viele Indianervölker Kolumbiens sind durch die massive fortgesetzte Verletzung von Menschenrechten in ihrer Existenz betroffen. Der gewalttätige 'bewaffnete Konflikt' ist über viele Jahre regelmäßig auch in Indianerterritorium hineingetragen worden. In den letzten zwölf Jahren sind über 1.200 Indigene ermordet und die Täter zumeist nicht zur Rechenschaft gezogen worden. Zwischen 1998 und 2011 sind über 100.000 Indigene gewaltsam von ihrem Land vertrieben worden. Laut Aussage der ONIC befinden sich 35 Völker am Rande des (gewaltsamen) Verschwindens. Während die Regierung Uribe überwiegend einen Kurs der Gleichgültigkeit gegenüber den berechtigten Anliegen der indigenen Völker eingeschlagen hatte, bemüht sich Präsident Santos um erste Kurskorrekturen, insbesondere um eine bessere Zusammenarbeit mit den indigenen Autoritäten. Entscheidend für die Neuausrichtung wie Neubewertung der kolumbianischen Indigenenpolitik wird aber sein, inwieweit die Regierung bereit ist, die Indigenen bei ihrem Kampf gegen Militarisierung, Minentätigkeit und illegale Drogenproduktion in ihren Territorien zu unterstützen, wie es die Verfassung gebietet.

Afrokolumbianische Gemeinschaften

Als ebenso schwierig wie der Erhalt und die Förderung der indigenen Völker erweist sich die Verbesserung der Situation der afrokolumbianischen Gemeinschaften. Zwar wurde ihre Existenz erstmals mit der Verfassung von 1991 institutionell anerkannt, aber die große Mehrzahl ist bis heute von den Errungenschaften der modernen Entwicklung abgeschnitten. Ein großer Teil von ihnen lebt entlang der Pazifikregion im «Chocó biogeográfico», einer Region, die durch ihre reiche Biodiversität und komplexen Ökosysteme gekennzeichnet ist. Dabei handelt es sich um eine strategische Region von nationaler und internationaler Bedeutung. Die absolute Armut, Analphabetenrate, Kindersterblichkeit liegen weit über, die allgemeine Lebenserwartung um 20 % unter dem nationalen Durchschnitt. Die ländlichen Gemeinschaften der Afrokolumbianer verfügen in den meisten Fällen nicht über ausreichende Trink- und Abwasserversorgung sowie Müllentsorgung.

Dreiviertel der afrokolumbianischen Bevölkerung erzielt lediglich ein Einkommen, das noch unterhalb des gesetzlichen Mindestlohnes liegt. Der überwiegende Anteil der schwarzen Bevölkerung lebt in extremer Armut. Die aktuellen Hauptprobleme liegen in der unkontrollierten Ausbeutung und Zerstörung ihres Medioambientes durch Abholzung und Minentätigkeit. Aus den ländlichen Regionen sind die Menschen oftmals vertrieben worden, und bewaffnete Akteure haben ihnen die Möglichkeit genommen, ihr Land zur Selbstversorgung zu bewirtschaften. Die Flüchtlinge hat es in die Städte verschlagen. In Buenaventura, Quibdó, Tumaco, Cali oder Cartagena, die einem überragenden bzw. großen Anteil an afrokolumbianischer Bevölkerung aufweisen, bestehen praktisch nur Beschäftigungsmöglichkeiten im informellen Sektor. Für die Schwarzen Gemeinschaften (*comunidades negras*) in den ländlichen Zonen der Pazifikregion existieren kollektive Landesrechte über das im Katasterregister noch weitgehend nicht erfasste Brachland. Auf der Grundlage des kollektiven Landeigentums sollen die soziale Infrastruktur, die Identität und Gruppenzugehörigkeit gestärkt, die fragilen Ökosysteme erhalten und neue, nachhaltige Produktionsweisen entwickelt werden. Doch kommt die seit Jahren angekündigte kollektive Landvergabe nur schleppend voran. Neben den Schwarzengemeinden der Pazifikregion soll auch die kulturelle Identität der Insulaner von San Andrés und Providencia geschützt und bewahrt werden.

Sprache

Die Landessprache ist Spanisch. Sie unterscheidet sich vom spanischen Mutterland durch eine weichere Aussprache. In der Grammatik fällt *vosotres* für die 2. Person Plural weg und wird durch *ustedes* ersetzt. Bis auf die Costeños, die die Endungen verschlukken, sprechen die Kolumbianer im Allgemeinen deutlich und sind gut zu verstehen. Englisch, Französisch oder Deutsch wird allenfalls in Universitätsstädten gesprochen. Die indigenen Gruppen sind bilingual. Sie gehören 14 linguistischen Sprachfamilien an.

Wirtschaft

Kolumbien ist ein dynamisches Schwellenland. Trotz aller politischen Probleme konnte sich die Wirtschaft über viele Jahre hinweg außerordentlich stark entwickeln. Von Vorteil sind eine relativ geringe Auslandsverschuldung sowie ein noch immer moderates, aber wachsendes Außenhandelsdefizit. Nach einer Schwächephase infolge der weltweiten Wirtschafts- und Finanzkrise zwischen 2008 und 2009 ist das Land wieder auf den Wachstumspfad zurückgekehrt, zuletzt mit beachtlichen durchschnittlichen Wachstumsraten um 5 % p.a., während die Inflationsraten knapp darunter liegen. Analysten rechnen auch für die nächsten Jahre mit durchschnittlichen Wachstumsraten von über 4 % und bescheinigen dem Land ein starkes Entwicklungspotential. Die heimische Wirtschaft profitiert weiterhin von stark gewachsenen Direktinvestitionen aus dem In- und Ausland, die in die Industrie, den Bau- und Transportsektor, Telekommunikation sowie das Dienstleistungsgewerbe fließen.

Die Regierungen der aufeinander folgenden Präsidenten Uribe und Santos haben seit 2002 eine Reihe von Reformen auf den Weg gebracht, um die internationale Wettbewerbsfähigkeit des Landes zu stärken. Es wurden besondere Anreize für ausländische Investoren geschaffen. Umworben sind auch ausländische Mittelständler, denen seit Herbst 2007 Niederlassungsfreiheit, geminderte Körperschaftssteuer und eine Befreiung von Zollgebühren, Einkommenssteuern und Kommunalabgaben versprochen wird. Von den durch die Regierung Santos mitllerten **Friedensgesprächen mit der Farc-Guerilla** erhoffen sich in- wie ausländische Investoren einen weiteren Schub in der wirtschaftlichen Entwicklung des Landes. Allerdings wird ein wirkungsvoller Friedensschluss noch einige Zeit auf sich warten lassen. Santos hat betont, dass mit der Friedensinitiative keine Feuerpause einhergeht. Es ist anzunehmen, dass somit weiterhin Anschläge und Sabotageaktionen der illegalen bewaffneten Gruppen auf Ölpipelines, Stromleitungen und Brücken verübt werden. Der dadurch verursachte volkswirtschaftliche Schaden wir pro Jahr auf 1-2 % des Bruttoinlandsproduktes geschätzt.

Still und heimlich hat sich die VR China im Außenhandel mit Kolumbien hinter den wichtigsten **Handelspartner** USA auf Platz 2 geschoben, gefolgt von den Ländern der Andengemeinschaft (Venezuela und Ecuador) und - mit einigem Abstand - die EU, wobei Deutschland führend ist. Der Handel mit Venezuela ist für beide Nachbarstaaten lebensnotwendig, zumal Venezuela zur Versorgung der eigenen Bevölkerung mit Lebensmitteln auf Lieferungen von Zucker, Milch und Weizen aus Kolumbien angewiesen ist. Venezuela möchte die weit entfernte VR China gern mit venezolanischem Erdöl beliefern, braucht dazu aber die Zustimmung der kolumbianischen Seite, denn die des öfteren propagierte Pipeline an die Pazifikküste müsste quer durch Kolumbien verlegt werden. Mit den Vereinigten Staaten hat Kolumbien 2006 ein Freihandelsabkommen (**TLC**) abgeschlossen, das nach langen und kontroversen Diskussionen in beiden Ländern über die Menschenrechtspolitik Kolumbiens schließlich am 12. Oktober 2011 ratifiziert wurde. Die europäische Wirtschaft, die über lange Jahre Südamerika zumeist mit dem Mercosur (Argentinien, Brasilien, Paraguay und Uruguay) gleichgesetzt hat, schaut nun auch auf die Länder der Andengemeinschaft und dabei vorweg auf das bevölkerungsreiche und wachstumsstarke Kolumbien. Die deutsche Wirtschaft sieht in Kolumbien ei-

nen aufstrebenden Handelspartner. Zu den wichtigsten Importen aus Deutschland gehören Maschinen und Medikamente, während Kolumbien in erster Linie Kaffee, Südfrüchte und Kohle nach dorthin ausführt. Bei den Finanzanlagen zählt Kolumbien innerhalb des südamerikanischen Kontextes zu den sicheren Ländern. Das umstrittene Freihandelsabkommen zwischen der EU und Kolumbien befindet sich im Ratifizierungsprozess vor dem EU-Parlament und den nationalen Volksvertretungen.

Fast alle Grundnahrungsmittel werden im Lande produziert. Gefertigt werden Textilien, petrochemische Produkte, Elektroartikel und Automobile unter ausländischer Lizenz für den heimischen Markt. Die drei größten Devisenbringer sind **Erdöl**, **Kohle** und **Kaffee**. Kolumbien ist sehr reich an Bodenschätzen, die aufgrund der unsicheren Lage in vielen Landesteilen bisher kaum ausgebeutet wurden. Aufgrund der verbesserten Sicherheitslage werden nunmehr Öl- und **Goldexplorationen** auch in abgelegenen Landesteilen durchgeführt. Neben Erdöl, Gold und Kohle, die sich zu zentralen Exportgütern entwickelt haben, schlummern in vielen abgelegenen Regionen von Anden, Llanos Orientales und Amazonas weitere Bodenschätze, darunter Platin, Nickel, Titan, Uran und Smaragde.

Erdöl ist das wichtigste Ausfuhrprodukt und macht beinahe ein Drittel der Staatseinnahmen aus. Die größten Erdölvorkommen liegen am Ostabhang der Anden in den Departements Arauca, Casanare und Putumayo. Allein die Erdölreserven im Cusianafeld (Casanare) werden auf zwei Milliarden Barrel geschätzt. Um neue Quellen zu erschließen und die Raffineriekapazitäten auszuweiten, wurde das einst staatliche Ölunternehmen Ecopetrol 2007 teilprivatisiert und an die Börse gebracht. Der kolumbianische Erdölsektor erreicht aber (noch) nicht annähernd die Bedeutung wie im benachbarten Venezuela.

Kolumbien ist mit 70 Mio. Tonnen (2011) jährlich weltweit einer der größten Exporteure für **Industriekohle**, davon erwirtschaftet über die Hälfte das Unternehmen El Cerrejón in der Guajira mit der größten Tagebaumine der Welt. Im Hafen Puerto Bolívar werden täglich über 20.000 Tonnen verladen. Der Kohle-Sektor ist 2001 vollständig privatisiert worden. El Cerrejón befindet sich in der Hand eines ausländischen Konsortiums, bestehend aus den international tätigen Bergbauriesen BHP Billiton, Anglo American und Xstrata. Auf die Mine und die Verbindungsbahnlinie zum Hafen haben Einheiten der Farc wiederholt Sprengstoffattentate verübt. Eine zweite Bahnlinie soll das Departement Cesar, in dem sich die Mine La Loma befindet, mit dem Hafen von Santa Marta verbinden.

Besonders problematisch ist der boomende Zweig der **Goldförderung**. Während sich zumeist kanadische und US-Goldförderer die besten Vorkommen in der Region Segovia 130 km nördlich von Medellín gesichert haben, operiert eine Vielzahl kleinerer Goldminen bislang ohne Lizenz. Das kolumbianische Bergbauministerium schätzt, dass über 40 % der Jahresproduktion von 60 Tonnen (2011) aus solchen illegalen Vorkommen stammt. Die kleinen Minenbetreiber und Goldschürfer sind nicht nur rechtlos gegenüber der Staatsmacht, die ihre Anlagen zerstören lässt, sie gehören auch zu den bevorzugten Adressaten von Schutzgelderpressung durch die Farc-Guerilla, Paramilitärs und andere kriminelle Akteure.

Die einseitige Abhängigkeit der kolumbianischen Wirtschaft von den sprudelnden Rohstoffeinnahmen birgt nicht allein wirtschaftliche Gefahren. Die extensive Ausweitung der Minentätigkeit beschwört in vielen Regionen soziale Konflikte herauf. Regelmäßig geht die Minentätigkeit mit dem Auftauchen illegaler bewaffneter Gruppen einher, die versuchen die ortsansässige Bevölkerung mit Gewalt unter Druck zu setzen. Die Folge sind gewaltsame Vertreibungen und die Aufgabe traditioneller landwirtschaftlicher Bewirtschaftungsformen. Davon sind indigene Völker wie afrokolumbianische Gemeinschaften, in deren Land potentiell reiche Rohstoffvorkommen geortet wurden, überproportional betroffen.

Der **Kaffee** hat seine Rolle als wichtigstes Ausfuhrprodukt des Landes in den 1990er Jahren eingebüßt, und der Anteil am Gesamtexporterlös sinkt weiterhin. Von einst 50 % des Gesamtexporterlöses in den 1970er Jahren ist das Naturprodukt auf 5 % gefallen. Auch seinen Platz als zweitgrößter Kaffeeexporteur der Welt nach Brasilien hat das Land an Vietnam abtreten müssen. Trotzdem bleibt die Kaffeeproduktion nach wie vor der größte Arbeitgeber auf dem Lande. 500.000 Familien leben von der Kaffeewirtschaft, und 70 % betreiben eine eigene Finca. Die internationale Marktlage für den kolumbianischen Kaffee hat sich verbessert, und die weltweite Vermarktung des Produktes unter dem Label 'Juan Valdez' ist eine einmalige Erfolgsgeschichte. Gebeutelt werden die Kaffeebauern in der Zona Cafetera allerdings durch die schlechten Wetterbedingungen der letzten Jahre (z.B. **El Niño**)

Panela Produktion im Departement Cauca

und den dadurch ausgelösten Pilzbefall vieler Kaffeesträucher. Die Produktionsschwankungen schlagen auf den Preis der Bohne durch, und der starke kolumbianische Peso erschwert den Export in die Konsumentenländer.

Die kolumbianische **Banane** ist unter den landwirtschaftlichen Exportartikeln am wichtigsten und etwa gleichauf mit **Schnittblumen**. Die Branche ist Arbeitgeber für über 22.000 Familien, überwiegend in der noch immer umkämpften Bananenanbauregion Urabá. Kolumbiens Anteil am weltweiten Gesamtexport von Bananen liegt bei 10 %, der Anteil des Weltmarktführers Ecuador bei über 30 %.

Von untergeordneter Bedeutung für den Export sind Zucker (*panela*), Tabak, Baumwolle und andere agrarische Produkte. Allerdings ist die Bedeutung der Agrarprodukte für den heimischen Arbeits- und Konsumentenmarkt nicht gering anzusetzen. Die **Panela-Produktion** beschäftigt nach dem Kaffeeanbau die meisten Campe-

sino-Familien. Nach Angaben des Landwirtschaftsministeriums leben 70.000 Bauernfamilien von der Panela, die aus Zuckerrohr gewonnen wird, wobei insgesamt schätzungsweise 20.000, zumeist antiquierte Pressen landesweit im Einsatz sind. Panela gehört zu den Grundnahrungsmitteln der kolumbianischen (Land-) Bevölkerung, die pro Einwohner und Jahr im Schnitt 34,2 kg dieses Stoffes konsumiert. Im Jahr 2003 betrugen die Anbauflächen für das Zuckerrohr zur Panelagewinnung 246.000 ha bei einer Jahresproduktion von 1,6 Mio.t.

Der Drogenhandel

Über die Einnahmen aus dem illegalen Drogengeschäft, in erster Linie Kokain und zu einem kleinen Prozentsatz Heroin und Marihuana, bestehen aus nahe liegenden Gründen nur grobe Schätzungen. Feststeht nicht einmal länger, ob Kolumbien noch immer als führender Kokain-Produzent der Welt zu gelten hat. Der Statistik der UN-

Drogenbehörde zufolge liegt man zur Zeit in etwa gleichauf mit Peru. Das US-State Departements (2011) geht davon aus, dass 90 % des in den Vereinigten Staaten von Amerika konsumierten Kokains aus Kolumbien stammen soll. Fest steht jedenfalls, dass die kolumbianische Drogenmafia ihre jahrzehntelange Dominanz im internationalen Kokainhandel seit einiger Zeit an die allmächtigen mexikanischen Kartelle verloren. Die kolumbianischen Drogenbosse können schon lange nicht mehr, wie einst Pablo Escobar, dem Staat ihre Bedingungen diktieren. Sie sind Gejagte, die sich tarnen und versteckt halten müssen, wie der im September 2012 in einer Telefonzelle in San Cristóbal (Venezuela) festgenommene Daniel Barrera (alias 'El Loco'), der sich mehreren Gesichtsoperationen unterzogen hatte und seine Fingerabdrücke wegzuätzen versuchte. Mit Unterstützung des US-amerikanischen Geheimdienstes CIA und der Drogenabwehr DEA haben die kolumbianischen Behörden über die Jahre einen nach dem anderen der Drogenbosse zur Strecke gebracht. Der ehemalige Polizeidirektor Óscar Naranjo, der erfolgreich Kommandoaktionen gegen die Drogenmafia und die Farc-Guerilla befehligte, berät nun den mexikanischen Präsidenten Enrique Peña Nieto.

Der Einfluss der in das Kokaingeschäft involvierten Farc-Guerilla reicht zwar bis in die Grenzregionen von Brasilien, Ecuador und Venezuela, aber nicht bis in die USA, dort, wo die kolumbianischen Drogen-Kartelle in den 1960er und 1970er Jahren ihre über lange Zeit unangefochtene marktbeherrschende Stellung aufbauen und sichern konnten. Einzelne Farc-Verbände haben in der Weite der venezolani-

schen Llanos geheime Flugpisten angelegt, um wie einst Pablo Escobars Getreue das weiße Gold mit Leichtflugzeugen außer Landes zu bringen. Diese Variante ist allerdings immer nur für einige Päckchen gut. Eine andere weit einträglichere Schmuggelroute hat sich entlang der Pazifikküste zwischen Kolumbien und Mexiko und von dort weiter bis Los Angeles mit selbstgebauten U-Booten etabliert. Und seit jüngster Zeit werden diese raffinierten Transportmittel, die mehrere Tonnen der heißen Ware befördern können und nur ein wenig unterhalb der Meereslinie manövrieren auch zwischen der Karibikküste Kolumbiens und der Küste Floridas eingesetzt. Neben Mexiko befinden sich konspirative Verladepunkte für die Drogen vor den Küsten von Honduras und Guatemala. Im Jahr 2011 wurden 129 t Kokain auf den Transportwegen nach den USA beschlagnahmt, wohingegen es in den Vereinigten Staaten selbst lediglich 24 t waren.

Der Flächenanteil des Kokaanbaus in Kolumbien ist in den vergangenen drei Jahren gesunken, liegt aktuell bei ca. 64.000 ha und damit etwa gleichauf mit der bewirtschafteten Kokafläche in Peru. Der Gesamtumfang an produziertem Kokain hat sich in weni-

Kokastrauch

gen Jahren fast halbiert und liegt nun bei 350 t pro Jahr (UN-Weltdrogenbericht 2011). Aufgrund andauernder nationaler wie internationaler Proteste gegen den massiven Einsatz von Pestiziden *(Glifosato)* durch Besprühungen aus der Luft *(fumigaciones)*, haben die Regierungen seit 2006 verstärkt auf das umwelt- und sozialverträglichere manuelle Entfernen der Kokasträucher (*erradición manual*) gesetzt. Die Praxis der ersten Luftbesprühungen in Kolumbien reicht zurück in die Amtszeit des Präsidenten Turbay (1978-1982), als auf diese Weise erstmals Marihuana-Pflanzungen in der Sierra Nevada de Santa Marta bekämpft wurden. Zu Zeiten von Präsident Pastrana (1998-2002) wurden die massiven Besprühungen der Kokafelder aus der Luft zur zentralen Doktrin im kolumbianischen Antidrogenkampf, den sein Nachfolger Álvaro Uribe zunächst in der gleichen Manier fortsetzte bis sich die Einsicht durchzusetzen begann, dass die Fumigationen mit hoch giftigen Substanzen die betroffenen Menschen und ihre Umwelt schwer schädigen («Alles stirbt nur der Kokastrauch nicht!») und zudem nicht einmal effektiv sind. Trotzdem werden nach wie vor mehr als 100.000 ha Anbaufläche p.a. mit hochgiftigen Pestiziden vernichtet (UN-Weltdrogenbericht 2011). Die manuelle Beseitigung macht hingegen weniger als die Hälfte der zerstörten Kokafelder aus.

Die Hauptanbauregion für Koka hat sich in den letzten Jahren in das Departement Nariño verlagert. Hier wird zur Zeit schätzungsweise ¼ des gesamten kolumbianischen Kokains produziert. Die weiteren Anbauregionen liegen in den zwischen Armeeeinheiten und Farc-Guerilla umkämpften Departements Putumayo, Caquetá, Guaviare und Cauca. Zu den dominierenden Akteuren des kolumbianischen Drogenhandels gehören kriminelle Geschäftsleute, die Farc-Guerilla und rechtsgerichtete Paramilitärs, die sich in wechselnden Bündnissen die Taschen füllen. Auch Allianzen zwischen den ansonsten verfeindeten Gruppen sind keine Seltenheit. Einer der immer wieder beklagten Hauptgründe für die unzureichende Drogenpolitik des Landes ist im Ausland zu suchen. Ohne die Austrocknung der Nachfrage aus den führenden westlichen Industrienationen ist der Drogenhandel effektiv nicht zu bekämpfen. Auch über eine teilweise Legalisierung des Drogenkonsums wird heute in den lateinamerikanischen Staaten verstärkt nachgedacht, um den kriminellen Gruppen die Grundlagen ihres Geschäfts zu entziehen. Während sich die Situation in Kolumbien normalisiert hat, sind die zentralamerikanischen Gesellschaften zu Leidtragenden im gewalttätigen internationalen Rauschgiftgeschäft entlang der einträglichen Süd-Nord Route geworden. Durch die nachhaltige Bekämpfung und Schwächung der internen Strukturen des Drogenhandels in Kolumbien und dem Zurückdrängen von Guerilla und Paramilitärs haben alternative Agrarprodukte durchaus eine neue Chance bekommen, während der Verkauf der (Roh-)Kokaernten an die Zwischenhändler für die Campesinos kaum noch rentabel ist.

Bildung

Das Bildungsniveau in Kolumbien kann sich im Vergleich zu den Nachbarländern sehen lassen. In der Verfassung von 1991 wurde die Schulpflicht neu definiert. Die fünfjährige Grundschulausbildung ist durch eine kostenlose Ausbildung bis zum 9. Schuljahr (*bási-*

Schulschluss in einem Resguardo der indigenen Nasa

ca primaria, básica secundaria) abgelöst worden. Mittel- und Oberschichteltern schicken ihre Kinder in Privatschulen. Bevorzugt werden englisch-, französisch- oder deutschsprachige Schulen gewählt. Die deutsche Schule Colegio Andino im Norden Bogotás genießt höchstes Ansehen. Weiterführende Schulen (media vocacional) umfassen die Klassen 10+11 und schließen mit dem bachillerato ab. Der bachillerato académico entspricht unserem Abitur und ist damit die Eintrittskarte in die Universität. 350.000 Studenten besuchen eine der vielen Universitäten des Landes. Die höchsten Studentenzahlen verzeichnen die beiden Städte Bogotá und Medellín mit den meisten Universitäten. Nur wenige der Universitäten sind staatlich, wie die Universidad Nacional in Bogotá. Diese Universität und zwei weitere reservieren 5 % ihrer Plätze für indigene Studenten. Zu den renommiertesten, aber auch teuersten Universitäten des Landes gehören die Universidad de los Andes und die Universidad Javaríana in Bogotá.

Weiterbildende Schulen und Universitäten sind auch in anderen Städten zahlreich. In den ländlichen Gebieten ist das Bildungssystem meist nur rudimentär. Daher liegt der Anteil von Analphabeten unter den Afrokolumbianern und indigenen Gruppen weit über dem Landesdurchschnitt von 6,6 % (2012).

Soziales

Das Kernproblem und der soziale Sprengstoff des Landes liegt in dem seit vielen Jahren hohen Anteil der in Armut und extremer Armut lebenden Menschen, wobei es immerhin gelungen ist, den Prozentanteil an der Gesamtbevölkerung unter 40 % zu drücken (Weltbank, 37,2 %, bzw. 12,3 % 2012). Kaum etwas hat sich nach Einschätzung der Vereinten Nationen am Abstand zwischen Arm und Reich verändert. Bei Zugrundelegung des **Gini-Koeffizienten** zur Darstellung von Ungleichverteilungen im Einkommen gehört Kolumbien in der Region und weltweit noch immer zu den Ländern mit dem höchsten Grad ungleicher Ver-

Informelle Arbeitsverhältnisse sind weit verbreitet.

fügung zu stellen. Die Regierung Santos hat ein umstrittenes und reichlich populistisches Wohnungsbauprogramm aufgelegt, dass den Ärmsten der Armen in den Großstädten des Landes ein 'Gratishaus' verspricht.

Mit dem Niedergang der ländlichen Regionen sind den Menschen vielerorts die Lebensgrundlagen entzogen worden. Konnte man noch vor einigen Jahren leidlich mit Subsistenzwirtschaft über die Runden kommen, ohne ein gesichertes regelmäßiges Einkommen zur Verfügung zu haben, ist man zum Überleben heute auf öffentliche Zuwendungen angewiesen. Diverse nationale und internationale Programme versuchen die Armutsproblematik zu bekämpfen und den schlimmsten Missständen abzuhelfen. Hierbei sind einige Erfolge erzielt worden, die Anerkennung verdienen, wie die Anstrengungen der Alcaldía von Bogotá, allen Kindern eine Grundschulausbildung zu verschaffen und die Wasserversorgung für alle Bewohner der Stadt, einschließlich der Armenviertel sicherzustellen. Man muss es sich einmal vorstellen, dass mehr als jeder dritte Kolumbianer über keinen Zugang zu fließendem Wasser verfügt.

In Kolumbien aussagekräftige Arbeitslosenzahlen zu ermitteln, ist nicht leicht. Die geschätzte **Arbeitslosenquote** ist laut Erhebungen der staatlichen Statistikbehörde DANE durch den anhaltenden wirtschaftlichen Aufschwung auf etwa 11 % der wirtschaftlich aktiven Bevölkerung gesunken, aber der Prozentsatz der Unterbeschäftigten liegt bei über 35 %. Das Mindesteinkommen *(salario mínimo)* beträgt col$ 566.700 (247 EUR) pro Monat (2012). 4 Mio. Beschäftigte müssen mit dem Mindestlohn auskommen, viele liegen noch darunter. Die

teilung. Noch deutlicher sind die Zahlen hinsichtlich des bewirtschafteten Landeigentums. Etwa 1 % der Bevölkerung besitzt 52 % der Landfläche (2011). **Extreme Ungleichverteilung** und **Armut** sind besonders groß in den ländlichen Gebieten, während die Situation in den Städten insgesamt leicht besser aussieht. Landflucht auf der einen und rasante Verstädterung auf der anderen Seite beschreiben daher ein komplexes Entwicklungsproblem. Die Unterentwicklung der ländlichen Regionen hat diese jahrelang zum Schauplatz bewaffneter Auseinandersetzungen zwischen Guerilla und Paramilitärs gemacht, die dazu geführt haben, dass Kolumbien 3,7 Mio. Binnenvertriebene zählt (ACNUR 2011). Viele der Vertriebenen haben versucht in den Slumgürteln der Großstädte *(barrios populares)* eine neue Bleibe zu finden. Es ist eine Herkulesaufgabe für die öffentliche Verwaltung den Neuankömmlingen einen angemessenen Wohnraum zur Ver-

Regierung Santos propagiert in Anlehnung an das Konzept der 'demokratischen Sicherheit' der Vorgängerregierung die 'demokratische Prosperität.' Die Armut soll reduziert und der Arbeitsmarkt grundsätzlich reformiert werden. Bis 2014 sollen 2,5 Mio. neuer Jobs entstehen, 500.000 Beschäftigte aus dem informellen Sektor in eine geregelte Beschäftigung aufsteigen und die Arbeitslosenquote auf unter 10 % gedrückt werden.

Das **Rentensystem** ist defizitär, in höchstem Maße reformbedürftig und steckt voller Ungerechtigkeiten. Ex-Präsidenten, ehemalige Kongressabgeordnete, hohe Richter, Generäle von Militär und Polizei im Ruhestand beziehen satte Pensionen, der große Rest muss sehen wo er bleibt.

▶ Vergangenheit und Gegenwart

Auf kolumbianischem Boden hat es keine ausgedehnten Indianerreiche gegeben, wie die der Maya in Mexiko oder die der Inka in Peru. Die Vielfalt der präkolumbianischen Kulturen entspricht der geographischen Zerrissenheit des Landes. Die ältesten Spuren menschlicher Besiedlung hat man am Rande der Savanne von Bogotá gefunden, die einst von einem See bedeckt war. Die Fundstücke sind etwa 10.000 Jahre alt.

Man glaubt heute, dass die ersten Menschen, die sogenannten Paleoindios, das heutige Kolumbien vor 20.000 Jahren erreichten. Ihre Vorfahren waren zuvor über die Beringstraße von Asien nach Amerika eingewandert. Sie verteilten sich entlang der Küste und besiedelten das Amazonastiefland. Es waren Nomaden, die von der Jagd und vom Fischfang lebten. Die Anpassung des Menschen an das komplexe Ökosystem des tropischen Regenwaldes führte zu einem Entwicklungssprung, der in der Kultivierung des Mais gipfelte. Vor 3000-5000 Jahren war der tropische Regenwald das kulturelle Zentrum von Amerika, Peru und Mittelamerika hingegen unbedeutende Randregionen. Die ältesten Keramiken, die bis heute in Amerika gefunden wurden, stammen von der Karibikküste, aus **Puerto Hormiga** am Canal del Dique in der Nähe des heutigen Cartagenas. Ihr Alter wird auf 3100 Jahre v. Chr. geschätzt. Ihren Schöpfern war es gelungen, effiziente Umgangsformen mit einer komplexen Umwelt zu entwickeln und sich an die wechselvollen Gewalten von Meer und Flüssen, Dschungel und Savannen anzupassen. Entlang der Flüsse Sinú, San Jorge und später dem Magdalena entstanden die ersten Dorfgemeinschaften. Eindrucksvolles Beispiel des hohen Entwicklungsstandes dieser Kultur ist das Kanalsystem der Sinú.

Die weite Verbreitung des Mais als Nutzpflanze veränderte das Leben der Ureinwohner vollkommen. Mit dem Mais war nunmehr eine planvolle Lebensmittelversorgung möglich. Mit relativ geringem Aufwand ließen sich zwei bis drei reiche Ernten im Jahr erzielen. Die Ernte konnte gelagert werden. Die Menschen machten die ersten Schritte aus der Subsistenzwirtschaft, denn mit Yuka und Fisch ließ und lässt es sich nur von der Hand in den Mund leben. Doch es änderte sich nicht nur der Speiseplan, sondern auch die Sozialstruktur. Der Mais wurde zum wichtigsten Handelsgut. Nun kam es entscheidend darauf an, mehr über das Klima und die Jahreszeiten zu erfahren. Die Priester und Schamanen gewannen großen Einfluss im religiösen wie im politischen Sinne. Sie widmeten sich Mond- und Sonnenbeobachtung, um die besten Zeiten für Saat und Ernte zu bestimmen. Der Maisanbau führte zu einer Ausdehnung der Besiedlung entlang der Flüsse hinauf ins Hochland der Anden.

In diese Zeit fiel die Besiedlung von **San Agustín**, eine der größten und spektakulärsten archäologischen Fundstätten des Landes. San Agustín war der Brennpunkt verschiedener Wanderbewegungen. Hier befindet sich eine Abflachung der Anden zum Amazonastiefland. Möglicherweise wurde das Gebiet daher zum Einfallstor der Amazonasindianer. Andere Routen führten von San Agustín zum Río Cauca, zur Pazifikküste und von dort weiter ins heutige Ecuador. Die ersten Siedler fanden hier ideale Bedingungen zum intensiven Anbau von Mais. Seine Blüte erreichte San Agustín in den ersten Jahrhunderten unserer Zeitrechnung. Die meisten Grabkammern mit den Rampen und den steinernen Wächtern

San Agustín

stammen aus dieser Zeit. Die Darstellungen anthropomorpher und zoomorpher Figuren zeigen unverkennbar den Einfluss des tropischen Flachlandes.

Mit der Entstehung differenzierter Gesellschaftsstrukturen, der Herausbildung von Priester-, Krieger- und Handwerkerkasten nahm die Goldschmiedekunst einen einzigartigen Aufschwung. Viele der präkolumbianischen Kulturen, die Quimbaya, Calima und Tolima entwickelten ausgefeilte Schmiede- und Gusstechniken. Die besten Stücke befinden sich heute im Goldmuseum von Bogotá. Kurz vor Ankunft der Spanier erreichten die **Tairona-** und **Muisca-**Kultur ihre höchste Entwicklungsstufe. Beide Gemeinschaften bildeten Dorfföderationen. Der Integrationsgrad erlangte aber nicht das Niveau eines Staatsgebildes, wie manchmal behauptet wird. Es gab politische und religiöse Zentren, eine Zentralgewalt gab es nicht. Die Tairona bewohnten die Küste um das heutige Santa Marta bis zu den Hängen der Sierra Nevada. Sie lebten in Bambuslehmhütten, die auf Steinfundamenten standen. Ihre Dör-

Die Kogi in der Sierra Nevada de Santa Marta sind die direkten Nachfahren der Tairona.

fer sahen so aus wie heute die der Kogi und Arhuaco. Geschickt verstanden die Tairona, die Vegetations- und Höhenstufen zum Anbau unterschiedlicher Nutzpflanzen auszunutzen. Sie gründeten Stadtzentren wie Bonda in der Nähe des heutigen Santa Marta und die berühmte **Ciudad Perdida**. Die Muisca lebten verstreut auf den Hochebenen des heutigen Bogotá und Boyacá in unzähligen kleinen Dörfern. Die politischen und religiösen Zentren waren Marktflecken. Die Kartoffel war das wichtigste Anbauprodukt. Sie trieben Handel mit Salz, Gold und Smaragden.

Die Konquista

Der spanische Seefahrer und Konquistador **Rodrigo de Bastidas** (1465-1527) war der erste Europäer, der 1500 die kolumbianische Küste entlangsegelte, den Hafen Nombre de Dios (im heutigen Panama) gründete und die Mündung des Río Magdalena entdeckte. Auf seiner zweiten Reise 1525 betrat er das Festland und gründete **Santa Marta**, die älteste Stadt Kolumbiens.

Der berühmte Pazifik-Entdecker **Vasco Núñez de Balboa** (1475-1519) hatte einige Jahre zuvor die kleine Ansiedlung Santa María La Antigua am Westufer des Río Atrato im Golf von Urabá gegründet. Das heute verschwundene **Santa María La Antigua** entwickelte sich zu einem kleinen, blühenden Stützpunkt. Die erste Generation der Konquistadoren war jedoch weniger am Gründen und Verwalten von Siedlungen interessiert als mehr an der Entdeckung und Ausbeutung unbekannter Regionen.

Balboa unterhielt gute Beziehungen zu den benachbarten Indianerstämmen, die ihn 1513 an die Pazifikküste führten. Von dort stach einige Jahre später **Francisco Pizarro** (1478-1541) in See, um das Inkareich niederzuwerfen. In Santa Marta und Calamar (Cartagena) entstanden die ersten Ansätze einer Verwaltung. Die beiden Orte wurden zu Zentren zweier Gouvernements, deren Grenze der Río Magdalena bildete. Währenddessen wurde in Madrid der Indienrat gegründet. Diese Behörde, die einzig dem König unterstellt war, verwaltete die Kolonien und war letzte Instanz in Rechtsstreitigkeiten, die die Kolonien betrafen. Es war eine der größten Behörden, die je existiert haben. 1536 brach **Jiménez de Quesada** (1509-1579) von Santa Marta auf, um das sagenhafte Inkareich auf dem Land- und Flussweg, den Río Magdalena aufwärts, zu erreichen. Er erreichte nicht Peru, sondern die von den Muisca bewohnte Hochebene von **Bacatá (Bogotá)** und **Tunsa** (Tunja). Nach wie vor war das Hinterland unentdeckt, und auf der Suche nach El Dorado, dem verfluchten Goldland, zogen die Eroberer kreuz und quer durch den Kontinent.

Jiménez de Quesada gründete am 6. August 1538 Bogotá. Kurze Zeit später tauchten zwei weitere Expeditionen auf. Zum einen **Sebastián de Belalcázar**, ein Generalstatthalter des Francisco Pizarro und der Gründer von Quito, Pasto, Cali und Popayán. Der andere war **Nikolaus Federmann**, ein deutscher Abenteurer, der im Auftrag des Bankhauses der Welser ausgesandt worden war, reiches Land zu erkunden. Alle erhoben Anspruch auf dieses Gebiet. Der Dreikampf wurde nach langen und mühseligen Verhandlungen vom Indienrat entschieden. 1556 erkannte die Behörde alle Ansprüche der Welser ab. Auch Jiménez de Quesada ging leer aus. Nur Belalcázar erhielt den Gouverneurstitel, doch nicht von Bogotá, sondern den einer neu geschaffenen Südprovinz mit der Hauptstadt Popayán.

Zur wichtigsten Stadt der neuen Provinzen entwickelte sich **Cartagena**, wohingegen Santa Marta in der Bedeutungslosigkeit versank. Cartagena wurde zum großen Umschlagplatz des interkontinentalen Handels zwischen Südamerika und Spanien. Von hier gin-

Statue des Konquistador Nicolás Federmán in Riohacha

gen die Schiffsladungen mit Gold und Edelsteinen an das Königreich, hier kamen die schwarzen Sklaven an. Auf Druck der Kirche hatte Kaiser Karl V. die Sklaverei für Indianer verbieten lassen. Die Wirtschaft des Kolonialreiches, die ganz auf der Ausbeutung der Minen beruhte, suchte neue Arbeitskräfte.

Im 18. Jh. folgten nach dem spanischen Erbfolgekrieg auf die kinderlosen Habsburger die Bourbonen. Das spanische Riesenreich musste dringend neu geordnet werden. Kolumbien wurde zum **Vizekönigreich Nueva Granada**. Der Vizekönig war ein Funktionär seiner Majestät, meist ein altgedienter Militär, der vom Indienrat vorgeschlagen und vom König ernannt wurde. Sein Posten war der einzig gut bezahlte im ganzen Land. Die miserable Entlohnung der Verwaltung, die Korruption und die Schwerfälligkeit der Bürokratie trugen letztendlich zum Niedergang und Zerfall des spanischen Kolonialreiches bei und führten zur Unabhängigkeit Kolumbiens.

Die Unabhängigkeit

Ein neuer Geist hatte in Bogotá 1762 mit der Gründung des ersten Lehrstuhls für Naturwissenschaften Einzug gehalten. Lehrstuhlinhaber wurde **José Celestino Mutis** (1732-1808), der als Leibarzt des Vizekönigs in die Kolonien gekommen war. Das Interesse von Celestino Mutis, einem der renommiertesten Wissenschaftler seiner Zeit, galt der Klassifizierung der tropischen Pflanzen. Der spanische König betraute ihn mit der Durchführung der ambitionierten und kostspieligen *Expedición Botánica*. Celestino Mutis vermittelte seinen Studenten und Assistenten eine bis dahin unbekannte Forschungsmethode, den Rationalismus. Wahrheit durch Erkenntnis und nicht durch Autorität. Seine bekanntesten Studenten,

Humboldt Bewunderer José de Caldas (1768-1816)

Francisco José de Caldas (1768-1816) und **Jorge Tadeo Lozano** (1771-1816), einer der ersten Präsidenten der Republik, übertrugen das neu gewonnene Selbstbewusstsein auf die politische Lage von Nueva Granada und wurden später zu bedeutenden Unabhängigkeitskämpfern.

Anderenorts kam es zum Aufstand. 1781 erhoben sich die Manufakturarbeiter in der reichen **Tabakprovinz Socorro**. Auslöser war eine kräftige Steuererhöhung der Krone auf Tabak und Aguardiente-Schnaps, um Kriegsausgaben zu finanzieren. Die Kommune errichtete eine eigene Verwaltung und versuchte, ihren Einfluss bis nach Bogotá auszudehnen. Nur mit Mühe gelang es den Spaniern, die Unruhen niederzuschlagen.

1794 übersetzte **Antonio Nariño** (1765-1824) die **Erklärung der Menschenrechte** ins Spanische. Er wurde daraufhin zu einer langen Haftstrafe verurteilt. Noch immer war die Bevölkerung ihrem König loyal ergeben, obwohl die Kreolen, die in den Kolonien geborenen Nachkommen der Spanier, keinen Einfluss auf die Verwaltung ausüben durften und somit in ihrem eigenen Land Menschen zweiter Klasse blieben. Erst nachdem Napoleon in Spanien einmarschiert und seinen Bruder auf dem kastilischen Thron installiert hatte, versagten ihm die Kolonien die Anerkennung. Nach und nach erklärten einzelne Städte ihre Unabhängigkeit von Spanien, allen voran Mompox im Jahre 1810. Kurz darauf wurden in Bogotá die Vereinten Provinzen von Nueva Granada gegründet. Doch dieses Staatsgebilde erfasste nur einen kleinen Teil aller Provinzen. Pasto im Süden und Santa Marta an der Karibikküste, wohin sich der Vizekönig geflüchtet hatte, blieben königstreu.

Schon in den ersten Tagen der Republik brachen die Flügelkämpfe zwischen Zentralisten und Föderalisten aus, die die Geschichte des späteren Kolumbiens bestimmen sollten. Wortführer der Zentralisten wurde der frei gekommene Antonio Nariño. Er scheiterte 1812 mit der *campaña del sur* zur Befreiung Pastos und musste erneut als Häftling die Fahrt nach Spanien antreten. Erfolgreicher verlief der Feldzug des bis dahin weitgehend unbekannten Offiziers **Simón Bolívar** (1783-1830) am Unterlauf des Río Magdalena. Die Kolumbianer haben ihren ersten unabhängigen Staat später *La Patria Boba*, das närrische Vaterland, genannt.

Casa Rafael Núñez in Cartagena

Die Republik

Kolumbien hatte große Schwierigkeiten seine staatliche wie territoriale Identität zu finden. Das gesamte 19. Jahrhundert war geprägt von **Bürgerkriegen** und bürgerkriegsähnlichen Zuständen zwischen **Liberalen** und **Konservativen**, den einstigen Föderalisten und Zentralisten. Die denkwürdigsten Präsidenten des 19. Jahrhunderts, in der Zeit nach Bolívar und Santander, waren **Tomás Cipriano de Mosquera** (1798-1878) und Rafael Núñez. **Rafael Núñez** (1825-1894), ein Anwalt aus Cartagena, schien den meisten die richtige Integrationsfigur zu sein. Er hatte als Sympathisant der Liberalen begonnen, neigte aber mit zunehmendem Alter den konservativen Ideen zu. Selbstherrlich verbrachte er die längste Zeit seiner vier Amtszeiten in seinem Wohnhaus mit Blick auf die Karibik und unterschied sich damit wenig von einigen Vizekönigen der Kolonialzeit. Núñez ist den Kolumbianern wegen drei Dingen in Erinnerung geblieben. Er gründete die Notenbank, die in Kolumbien das Papiergeld einführte, er verfasste den Text der Nationalhymne, und er ist der Schöpfer der Verfassung von 1886, die Kolumbien so viel Blut und Tränen bescherte und erst 1991 durch eine neue Verfassung ersetzt wurde. Die Verfassung von 1886 konstituierte einen Staat, der in erster Linie Polizei- und Sittenstaat war. Die Presse wurde behindert, politische Versammlungen verboten, die Glaubens- und Bekenntnisfreiheit beschnitten, die Opposition ausgeschaltet. Diese Situation führte Kolumbien einmal mehr in den Bürgerkrieg. Von 1899-1902 tobte der *guerra de mil días* (**Krieg der Tausend Tage**). Nach Beendigung des Krieges war Kolumbien ausgeblutet. Das Land mit 4 Mio. Einwohnern hatte 100.000 Menschen verloren.

Die Amerikaner entrissen ein Jahr später dem geschwächten Land die reiche Panamaprovinz. Nach wie vor regierten die Konservativen im Land. Doch zum richtungsweisenden Politiker des neuen Jahrhunderts entwickel-

Simón Bolívar

Der Vater der Unabhängigkeit, nicht nur von Nueva Granada, sondern von Venezuela, Ecuador und Peru und der Schöpfer des Staates Bolivien ist Simón Bolívar. Er ist ohne Frage der größte politische Held Lateinamerikas. Geboren wird er als Sohn einer reichen Aristokratenfamilie am 24. Juli 1783 in Caracas. Die Familie besitzt Kakaoplantagen, Minen und Sklaven. Bolívar soll eine gute Erziehung erhalten, die Verwaltung des Besitzes übernehmen und das gelangweilte Leben seiner Klasse weiterführen. Doch bereits in jungen Jahren zeigt Bolívar Ansätze zur Aufsässigkeit, großer Willenskraft und Intelligenz. Zur Erweiterung seines Horizontes geht er nach Europa. Die Revolutionsbegeisterung hat den alten Kontinent erfasst. Dann reißt Napoleon in Frankreich die Macht an sich. Der junge Bolívar ist dabei, als sich der Imperator in Paris zum Kaiser krönen lässt. In Madrid verliebt er sich in María Teresa Rodrigo de Toro, die er als seine Frau nach Caracas mitnimmt. Sie stirbt kurze Zeit später an Gelbfieber. Der verzweifelte Bolívar ist eine Zeitlang orientierungslos. Er lernt **Alexander von Humboldt** kennen, doch die Wissenschaft allein befriedigt seinen unruhigen Geist nicht. Er sucht die Aktion, nicht die Studierstube. Die Ideen Napoleons, die großen humanistischen Ideale haben sich in seinem Kopf verfangen. Ihn beschäftigt die Gleichheit der Rassen und der Religionen, die **Abschaffung der Sklaverei**. Noch einmal muss er die Luft Europas schnuppern, seine Gedanken ordnen. Er geht nach Italien, und dort wird ihm klar, dass er sein Land in die Unabhängigkeit führen will und muss.

Zurück in Venezuela nimmt er teil an konspirativen Sitzungen mit den Engländern, die das spanische Kolonialreich schwächen wollen.

1810 folgen die ersten Aufstände in Caracas. Bolívar geht nach Curaçao und später nach Cartagena, wo er sein politisches Manifest verfasst. Er versucht die bis dahin regionalen und unkoordinierten Aufstände in einer einheitlichen Bewegung zu bündeln, denn ihm ist klar geworden, anders ist das spanische Weltreich nicht in die Knie zu zwingen. Das Manifest macht ihn zum Führer der **Unabhängigkeitsbewegung**. Dann stellen sich die militärischen Erfolge ein. 1813 wird in einer 90tägigen Blitzaktion Venezuela befreit. Von nun an heißt er der **Libertador**. Aber in Europa ändert sich die politische Großwetterlage. Napoleon ist geschlagen. Die Restauration in vollem Gange, und der spanische König beauftragt den altgedienten Militär Morillo, seine Kolonien zu befrieden.

Bolívar muss 1815 nach Jamaika emigrieren. Sein Besitz wird beschlagnahmt, der Gouverneur schickt gedungene Mörder hinterher, die ihn beseitigen sollen. Bolívar hetzt weiter nach Haiti. Mit englischer Hilfe holt er zum Gegenschlag aus und besetzt nach und nach die Küstenstädte in Venezuela. Caracas einzunehmen, will nicht gelingen. Er zieht sich nach Angosturas, der heutigen Ciudad Bolívar zurück, inmitten der Llanos. Hier kann er über neue Strategien nachdenken. Hier ist er si-

cher, denn im Rücken hat er den unberührten tropischen Regenwald als Verbündeten.

Sein General Paula de Santander
baut ihm eine schlagkräftige Armee auf.
Dann hat er einen genialen Einfall. Statt
das Heer Richtung Caracas zu lenken,
was alle erwarten, erklimmt die Armee
die Ostflanke der Anden. Aus dem
Flachland geht es hinauf auf die eisigen
Höhen des Páramo. Viele Soldaten sterben an Hunger und Entkräftung. Der
Aufstieg in die Anden ist allenfalls mit
Napoleons Rußlandfeldzug zu vergleichen. Wieder zeigt sich Bolívars Bega-
bung, neue Situationen schnell für sich
zu entscheiden. Im Pantano de Vargas
schlägt er die Königlichen und kurz da-
nach noch einmal am 7. August 1819 an der Brücke von Boyacá. Nueva Granada
ist endgültig befreit. In den kommenden Jahren hetzt er den Spaniern hinterher. Er
verjagt sie aus Venezuela und Ecuador.

Der peruanische Kongress überträgt ihm alle Vollmachten. Noch wollen die
Spanier aus dem reichen Vizekönigreich Peru nicht weichen. Am 9. Dezember
1824 schlägt Bolívar das königliche Heer in **Ayacucho** vernichtend. Nun ist er auf
der Höhe seiner Macht, und im selben Moment beginnt der Abstieg. Seine diplomatischen Bemühungen, alle befreiten Provinzen zusammenzubringen, scheitern.
Er wendet sich nach Süden und gründet den Staat Bolivien. Er schreibt dem Staat
die Verfassung. Nun regt sich Widerstand in den eigenen Reihen. Politische Gegner trachten ihm nach dem Leben. Seine engsten Freunde, die **Generäle Córdoba** und **Sucre**, werden ermordet. Er verfällt in Depressionen. Der ehemalige Gefolgsmann Santander, sein Vizepräsident, dem er die Regierungsgeschäfte in Bogotá
überlassen hat, stellt sich gegen ihn, wirft ihm vor, eine Diktatur errichten zu wollen und lässt ihn entmachten.

Sein politischer Traum, das Riesenreich **Gran Colombia**, zweimal so groß wie
das heutige Kolumbien, zerbricht. Verlassen und krank irrt Bolívar durch die von
ihm befreiten Gebiete und stirbt am 17. Dezember 1830 in **Santa Marta**.

Simón Bolívar ist in Kolumbien nicht so populär wie im Nachbarland Venezuela. Die Eliten des Hochlandes haben seit jeher seinem einstigen Vizepräsidenten
und Gegenspieler Francisco de Paula Santander mehr Sympathien entgegenge-
bracht, das gilt heute umso mehr, als Hugo Chávez von der Figur des Libertador
Schritt für Schritt Besitz ergriffen hat – und sie von ihm.

VERGANGENHEIT UND GEGENWART

te sich der Liberalenführer **Rafael Uribe Uribe** (1859-1914), der in seinen jungen Jahren während des Krieges ein Aufständischenheer befehligt hatte. Uribe sah den sozialen Sprengstoff, den die Modernisierung des Landes hervorbrachte. Er hatte die Vision eines sozialen Rechtsstaates vor Augen. So wurde er zum Bindeglied zwischen dem individuell geprägten Liberalismus des 19. und dem sozial geprägten des 20. Jahrhunderts. Er wurde 1914 in Bogotá in der Nähe des Capitols mit dem Beil erschlagen. Seine Enkelgeneration übernahm die Macht in den 1930er Jahren.

Der Verlust Panamas

Die Amerikaner übernahmen nach dem finanziellen Ruin der französischen *Societé Civile Internationale du Canal* die Gesellschaft für US$ 40 Mio. und führten das von Ferdinand Lesseps begonnene Projekt des Panamakanals fort. Die kolumbianische Regierung verweigerte die Zustimmung zu diesem Abkommen. Die Außenminister beider Staaten, Hay und Herrán, verhandelten 1902 in Washington und einigten sich in dem nach ihnen benannten Abkommen darauf, dass Kolumbien US$ 10 Mio. und eine laufende Summe pro Jahr von US$ 250.000 für die Verpachtung der Kanalzone auf 100 Jahre erhalten sollte.

Den Amerikanern räumte der Vertrag das Recht ein, den Kanal zu bauen und zu befestigen. Kolumbien, noch immer vom Bürgerkrieg gezeichnet, ließ sich Zeit mit der Ratifizierung und als ein neuer Kongress in Bogotá zusammentrat, verlangten die Gegner des Hay-Herrán Vertrages eine weit höhere Ablösesumme. Sie forderten von der US-Regierung US$ 15 Mio. und weitere US$ 10 Mio. aus dem Ver-

mögen der liquidierten französischen Gesellschaft. Die Amerikaner wiesen die neuen Vorschläge zurück, und der kolumbianische Senat verweigerte dem ausgehandelten Papier seine Zustimmung. Daraufhin machte der amerikanische Präsident Theodore Roosevelt Stimmung gegen den kolumbianischen Senat und beschimpfte die Abgeordneten als «verächtliche kleine Kriecher und ineffiziente Banditen». «Mit den Kolumbianern könne man ebenso gut Vereinbarungen treffen wie Gelee an die Wand nageln.» Das Getöse des US-Präsidenten sollte die Kolumbianer einschüchtern und die Ablösung der Panamaprovinz von Kolumbien vorbereiten. Die USA unterstützten die **Sezession Panamas 1903** und hielten mit einem Kriegsschiff das desolate kolumbianische Heer davon ab, auf dem Isthmus einzugreifen. Innerhalb weniger Tage wurde Panama selbständig und augenblicklich von den USA offiziell anerkannt. 1904 begann der Kanalbau. Die amerikanisch-kolumbianischen Beziehungen hatten für lange Zeit ihren Tiefpunkt erreicht und blieben für die kommenden zehn Jahre eingefroren, während die Amerikaner nach Mitteln und Wegen suchten, Kolumbien zu entschädigen. Im Gespräch war ein Zusatzkanal über den Río Atrato und exklusive Kohlehäfen auf den Inseln San Andrés und Providencia. 1914 erhielt Kolumbien eine Entschädigung in Höhe von US$ 25 Mio.

Die Violencia

Im Allgemeinen bezeichnet man den Zeitraum zwischen 1948 und 1953 als die 'Violencia'. Sie beschreibt das schwärzeste Kapitel Kolumbiens im 21. Jahrhundert. Der Bürgerkrieg zwischen den politischen Gruppen hat

1948 auf der Séptima ermordet: Gedenktafeln für Jorge Eliécer Gaitán

über 300.000 Tote gekostet. Ausgangspunkt für die blutigen Auseinandersetzungen war eine schwere soziale Krise und das geschwundene Vertrauen in den Staat und seine Institutionen. Die regierende liberale Partei war zerstritten und hatte sich in unzählige Flügel gespalten. Der amtierende Regierungschef López Pumarejo bewältigte die Krise nicht und trat 1944 zurück. Dies verschärfte die Situation, und bei den Neuwahlen gewann der Konservative Ospina Pérez mit einfacher Mehrheit gegenüber den beiden verfeindeten liberalen Kandidaten **Gabriel Turbay** und **Jorge Eliécer Gaitán** (1903-1948). Das Wahlergebnis spitzte die politische Auseinandersetzung zu, die nun bewaffnete Formen annahm. Die Polizei verübte Gewalttaten, Leute verschwanden, Oppositionelle wurden reihenweise umgelegt. Bei den Wahlen zum Stadtrat Bogotás im Oktober kam es zu erdrutschartigen Verlusten für die Regierung, die längst allen Kredit verspielt hatte. Gaitán, ein charismatischer Redner, ein schneller Denker, der den radikalen Flügel der Partei repräsentierte, gewann die Wahlen und wurde Chef der liberalen Partei. Er war beliebt beim Volk, auch deshalb, weil er der politischen Klasse den Kampf erklärte. Präsident Ospina kam nicht umhin, den Anhängern von Gaitán Kabinettsposten anzubieten. Gleichzeitig hetzte der ultrarechte **Laureano Gómez** gegen die radikalen Liberalen, sie hätten die Wahl nur dank 1,8 Mio. gefälschter Ausweise gewonnen. Die Gewalt eskalierte. Gaitán rief zum zivilen Ungehorsam auf und zog seine Minister zurück. Im neuen Kabinett waren ausschließlich Konservative vertreten, und Laureano Gómez bekam das Außenministerium. Am 9. April 1948 wurde Gaitán erschossen. Nun begann der Volksaufstand, eine spontane, chaotische Erhebung. Konservative und Liberale zogen sengend und brennend durchs Land und brachten sich gegenseitig um. Auf dem Lande kam es zu Massakern. Auch als die

Politiker in Bogotá wieder versuchten, Vernunft anzunehmen, schwelte die Glut blinder Gewalt auf dem Lande jahrelang weiter. Kolumbien versank im Chaos, während der Präsidentensessel an Laureano Gómez ging.

Militärdiktatur Rojas Pinilla

Ein Aufatmen ging durch das Land, alle Parteien, das Volk, die Presse, als am 13. 06. 1953 General Rojas Pinilla den ersehnten Staatsstreich verübte. Nach dem Putsch wurde eine Amnestie versprochen. Doch nur allzu schnell zeigte das Militärregime sein wahres Gesicht und nahm den Kampf gegen den Kommunismus auf. Es war die Zeit des kalten Krieges in Europa und der McCarthy Ära in Amerika. Auch in Kolumbien war jeder Andersdenkende Kommunist. Die Luftwaffe bombardierte Bauerndörfer in Tolima. Rojas Pinilla machte sich weiterhin unbeliebt und ließ die beiden großen Tageszeitungen EL Tiempo und El Espectador verbieten.

Die Stierkampfsaison 1956, damals wie heute ein gesellschaftliches Ereignis und politischer Gradmesser für die Sympathie beim Volk, begann sein politisches Ende einzuläuten. Am ersten Stierkampftag, dem 29. Januar 1956, wurde der Direktor des verbotenen El Tiempo mit Jubelstürmen begrüßt, der Diktator ausgepfiffen. Der hölzerne Rojas Pinilla hatte daraufhin nichts Besseres zu tun, als alle Karten für die Corrida am nächsten Wochenende aufkaufen zu lassen. 7000 Karten wurden an Militärspitzel ausgegeben. Doch der Trick wurde schnell durchschaut, und statt einer Sympathiekundgebung kam es zu Missfallensäußerungen gegen das Regime. Die Spitzel schossen um sich, und die Corrida endete in einem Blutbad.

Frente Nacional

Bis 1957 siechte das Militärregime dahin, bis die Frente Nacional, das Zweiparteienbündnis aus Liberalen und Konservativen, die Macht übernahm. In Spanien hatten sich Alberto Lleras für die Liberalen und der wieder auferstandene Konservative Laureano Gómez über die Aufteilung der Macht geeinigt. In den nächsten 20 Jahren regierte die Große Koalition das Land. Was als Instrument der Befriedung gedacht war, führte zur Verfilzung des Staatsapparates. Die dogmatischen Unterschiede zwischen den Parteien verschwanden.

Auch nach Ende der offiziellen Zusammenarbeit ging das Gekungel unter dem liberalen Präsidenten Julio César Turbay Ayala (Amtszeit 1978-1982) weiter. Erneut kam es zu einer Abspaltung der Liberalen Partei. Der Radikalliberale Luis Carlos Galán (1943-1989) gründete die Unidad Liberal Popular. Während der Amtszeit von Julio César Turbay erstarkte die Guerilla. Der Präsident lehnte Gespräche mit ihr kategorisch ab.

Der Movimiento Nacional, eine Sammelbewegung aus Konservativen und unabhängigen Liberalen, brachte Belisario Betancur in den Präsidentenpalast (Amtszeit 1982-1986). Er suchte die Versöhnung mit den Guerillabewegungen und der Narcomafia. Als Einstiegsgeschenk versprach er eine umfangreiche Amnestie, um Guerilleros und Narcos die Rückkehr ins zivile Leben zu erleichtern. Doch die Friedensgespräche wurden immer wieder durch Attentate und Entführungen unterbrochen. Auch der Guerilla fehlte das Vertrauen in die Handlungsfähigkeit der Regierung. Der Friedensprozess endete vorerst, als die M-19 am

7. November 1985 den Justizpalast ein-
nahm, der wenig später, vom Militär
beschossen, in Flammen aufging. Diese
Aktion forderte über 100 Tote. Der
Himmel hatte sich über Kolumbien zusammengezogen, als nur einige Tage
danach der Nevado del Ruiz Vulkan explodierte und das Leben von 20.000
Menschen in dem Ort Armero aus-
löschte.

Die Gespräche mit der Drogenmafia
arteten in eine Farce aus. **Pablo Escobar & Co** verstanden die Einladung
des Präsidenten als Aufforderung, im
politischen Leben des Landes kräftig
mitzumischen. Der Verkaufsvorstand
des Kartells von Medellín, Carlos Leh-
der, gründete den Movimiento Latino
Nacional, Pablo Escobar die Partei *Ci-
vismo en Marcha*. Bei den Wahlen gelang es ihm, einen Platz im Parlament
zu ergattern. Erst die Ermordung des
Justizministers **Rodrigo Lara**, der als
erster Pablo Escobar als den Drahtzieher des Kartells von Medellín öffentlich
beschuldigt hatte, brachte Betancur
von seinem Schmusekurs ab. Er ließ
den Besitz der Drogenhändler be-
schlagnahmen, den Strafenkatalog
ausweiten und bestätigte das Auslieferungsabkommen mit den USA. Der
Vorstand des Kartells setzte sich daraufhin nach Panama ab. Unter der Regierung **Virgilio Barco** (Amtszeit
1986-1990) wurde der Friedensprozess mit den diversen Guerillabewegungen wieder aufgenommen. Der M-
19 legte die Waffen ab und etablierte
sich als legale Partei. Das aus Panama
zurückgekehrte Medellín-Kartell baute
seine Macht Schritt für Schritt aus und
hielt eine Privatarmee unter Waffen. Es
kam zu halbherzigen Gesprächsversu-
chen zwischen Regierung und Drogenmafia. Diese Gespräche verliefen, möglicherweise auf Druck der US-Regie-

rung, im Sande. Die Drogenmafia fühl-
te sich getäuscht und mordete Richter,
Polizisten, Journalisten und Politiker.
Für die Ermordung des beliebten und
aussichtsreichen Präsidentschaftskan-
didaten **Luis Carlos Galán** 1989 ist Pablo Escobar aber nicht verantwortlich,
sondern ein Komplott zwischen einigen Paramilitärs und dem Direktor des
kolumbianischen Geheimdienstes DAS,
wie richterliche Ermittlungen erst
zwanzig Jahre später ergaben. Innerhalb eines Jahrhunderts hatte Kolumbien drei seiner fähigsten politischen
Köpfe eingebüßt: Rafael Uribe Uribe
(1914), Jorge Eliécer Gaitán (1948)
und Luis Carlos Galán (1989). Präsident Virgilio Barco setzte die Auslieferung der Drogenhändler in die Vereinigten Staaten per Regierungsdekret
fest. Damit entfielen langwierige Ge-
richtsprozesse wie in der Vergangenheit. Regierung und Drogenmafia erklärten sich gegenseitig den 'totalen
Krieg'. Am 16. Oktober 1989 zerstörte
eine Bombe die Redaktionsräume der
Tageszeitung *El Espectador*, am 27. November explodierte der Linienflug der
Avianca Bogotá - Cali, am 6. Dezember
flog das Hauptgebäude des DAS in die
Luft. Der Staat schlug zurück und er-
schoss den militärischen Kopf des Kartells, Gonzalo Rodríguez Gacha alias *el
Mexicano*, wegen seiner Vorliebe für
musica ranchera, in der Sommerfrische
Tolú.

Die Verfassung von 1991

Unter dem liberalen Präsident **César
Gaviria** (Amtszeit 1990-1994) versuchte das Land mit einer neuen Verfassung 1991 einen Neuanfang, der
dem Land endlich Frieden bringen sollte. In der Verfassungsgebenden Nationalversammlung waren Vertreter aller
gesellschaftlichen Gruppen vertreten,

Pablo Escobar

Ende der 1970er Jahre beginnt der Aufstieg eines Bauernjungen aus Rionegro, Antioquia mit Namen **Pablo Escobar Gaviria** (1949-1993). Das erste Mal fällt er der Polizei auf, als er einen Renault 4 stiehlt. Vom Autodieb wird er innerhalb weniger Jahre zum mächtigsten Mann des größten Drogenkartells der Welt. Das Kartell von Medellín entwickelt sich zum größten Wirtschaftsunternehmen des Landes. Es beherrscht 85 % des internationalen Kokainhandels. Kokain wird zum größten Exportschlager Kolumbiens und das Kartell zum Staat

im Staate. Den Kampf der kolumbianischen Regierung beantwortet Pablo Escobar mit terroristischen Mitteln. Er lässt Polizisten, Zeugen, Richter und den Justizminister ermorden. Kolumbien beschließt die Auslieferung der Drogenhändler in die USA. Das ist die größte Sorge Escobars, lebenslang in einem amerikanischen Knast zu verfaulen. Für ihn gilt das Motto: «Lieber ein Grab in Kolumbien, als eine Zelle in den USA». Die Mafiosi nennen sich theatralisch *los extraditables*, die «Auslieferbaren».

Escobar führt den Krieg mit Zuckerbrot und Peitsche. Verhandlungen, in denen er verspricht, sämtliche Auslandsschulden Kolumbiens zu tilgen, wechseln mit Bombenattentaten. Escobar gewinnt die Schlacht. Das Auslieferungsabkommen wird 1987 vom obersten Gerichtshof kassiert, und Pablo Escobar ist auf dem Gipfel seiner Macht. Im Januar 1988 zerstört eine Autobombe das Hochhaus Monaco im noblen Stadtteil Envigado in Medellín, seinem bevorzugten Wohnsitz. Von nun an wird der Patron zum Gejagten. Bei seinem rücksichtslosen Aufstieg hatte er sich reihenweise Feinde gemacht, ehemalige Geschäftspartner, die sich zu den *Los Pepes* zusammenschliessen und ihm systematisch die angehäuften Besitztümer zerstören, seine Häuser, seine Autosammlung, seine Leibwächter und engsten Weggefährten.

Zu gleicher Zeit erwächst ihm im Kartell von Cali ein neuer, ernstzunehmender Konkurrent. Die Nadelstreifengangster aus Cali arbeiten lautlos und verzichten auf das kostspielige Robin Hood Image von Pablo Escobar. Pablo Escobar holt aus zu seinem letzten großen Schlag und erklärt dem Staat den Krieg. Doch diesmal lässt sich der Staat nicht einschüchtern, und die Ausgelieferten kapitulieren. Noch einmal sieht Escobar die Chance zum Neuanfang. Die Verabschiedung der neuen Verfassung scheint ihm eine weiße Weste zu verschaffen. Die verfassungsgebende Nationalversammlung verwirft die Auslieferung von Kolumbianern ins Ausland. Am gleichen Tag stellt sich Pablo Escobar den Behörden. Mittlerweile weiß er sich in der Obhut des Staates sicherer als in Freiheit. Überrascht von dieser Wende stellt ihm der Staat ein Luxusgefängnis mit Blick auf Medellín zur Verfügung. Von La Catedral, wo er sich mit seinen Leibwächtern und Getreuen verschanzt, kann er seine Geschäfte in Ruhe fortsetzen. Nach 13 Monaten ist der Geschäftsbetrieb soweit normalisiert, dass Escobar seinen Aufenthaltsort, ohne aufgehalten zu werden, durch den Hinterausgang verlässt.

Der Staat stellt ein Eliteregiment von 1600 Mann auf, den bloque de busqueda. Diese «GSG 9» von Kolumbien hat einzig und allein die Aufgabe, Pablo Escobar zur Strecke zu bringen. Pablo Escobar irrt durch Medellín, Nacht für Nacht wechselt er die Wohnung, tagsüber den Mittelklassewagen, er hat sich ein Hitlerbärtchen zugelegt und wiegt 120 Kilo. Seine Getreuen sind tot oder festgesetzt. Doch mehr als die Gefahr für sich, ist er um den Schutz seiner Familie besorgt. Ehefrau und Kinder beantragen Asyl in Deutschland. Die Bundesregierung schickt die Familie nach Kolumbien zurück. Wütend telefoniert Pablo Escobar mit der Presse, stößt seine Drohungen aus und lässt seine Sicherheit aus den Augen. Die Fangschaltung ermittelt seinen Aufenthaltsort. Am 2. Dezember 1993 erschießt ihn der Bloque de Busqueda. Bereits wenige Minuten nach seinem Tod beginnt sich die blutige Wahrheit in blumige Legende zu verwandeln.

u.a. Angehörige der ins zivile Leben zurückgekehrten M-19 und drei Indigenenvertreter. Heraus kam eine der modernsten Verfassungen Amerikas. Die Verfassung gab den Anstoß zu einem lebendigen und gesellschaftsnahen Rechtsverständnis. Kritiker verweisen allerdings auf die Schwächen aller lateinamerikanischen Verfassungen, so auch der kolumbianischen: Lateinamerikanische Verfassungen bestehen oftmals aus einer großen Zahl kaum der Wirklichkeit standhaltenden Programmsätze und Staatsziele wie dem «Recht auf Arbeit», «Frieden», «gesunde Umwelt», «Inflationsbekämpfung» etc. und sind daher mit europäischen Verfassungen kaum zu vergleichen. Die Verfassung von 1991 enthält 380 Arti-

kel und 60 Überleitungsbestimmungen und gehört damit zu den umfangreichsten auf dem amerikanischen Kontinent überhaupt. Sie wurde in der Anzahl der aufgeführten Artikel anschließend noch von der venezolanischen Verfassung aus dem Jahr 1999 und der ecuadorianischen von 2008 übertroffen. Die Volkssouveränität wurde entscheidend erweitert. Vom Volk gewählt werden nun nicht nur der Präsident und die Abgeordneten, sondern die Provinzgouverneure und Bürgermeister. Die Verfassung von 1991 hat die Konstitution aus dem Jahre 1886 abgelöst, in der die indigenen Völker ebenso wenig vorkamen wie die Afrokolumbianer. Das entsprach dem Staatsverständnis des letzten Jahrhunderts, aber schon lange nicht mehr der gesellschaftlichen Realität des Landes. Die Verabschiedung einer neuen Verfassung war daher überfällig und bereits seit den 1970er Jahren mehrfach ins Auge gefasst worden. Die Verfassung von 1991 ermöglicht die Einbindung sozialer Randgruppen, Minderheiten, Indianervölker. Die Verfassung von 1991 verfolgt das Konzept der «Vielfalt in der Einheit» und ist damit ein Modell für die Entwicklung einer multikulturellen Nation innerhalb des lateinamerikanischen Kontextes.

Samper und Pastrana

Bereits kurz nach der Wahl des Kandidaten der liberalen Partei Ernesto Samper zum Präsidenten (Amtszeit 1994-1998) kamen Gerüchte auf, er habe sich seinen Wahlkampf zu einem großen Teil mit Geldern des Kartells von Cali finanzieren lassen. Um die Gerüchte zu entkräften, nahm die Samper-Regierung unmittelbar nach Amtsantritt den Kampf gegen das Kartell auf. Zwischen Mai und Juli 1995 wurde die gesamte Führungsriege des Kartells von Cali festgesetzt. In die Jubelstimmung platzte der Scheck, der die Finanzierung durch Drogengelder belegte.

Der Schatzmeister der Wahlkampagne packte aus. Daraufhin musste Verteidigungsminister Botero, der einstige Wahlkampfleiter, zurücktreten. Eine Untersuchungskommission sollte die Verbindung zwischen dem Cali-Kartell und der Regierung untersuchen. Der Aufklärungsprozess ('Prozess 8000') beschäftigte den kolumbianischen Kongress und die gesamte Öffentlichkeit monatelang und lähmte die kolumbianische Politik. Präsident Samper klammerte sich bis zum letzten Tag seiner Amtszeit an den Sessel im *Palacio de Nariño*, ohne sich sonderlich um die

Konsequenzen für das Wohl des Landes zu kümmern, und die Bürger verfolgten den Prozess mehr oder weniger sprachlos. Wieder einmal zeigte sich der Vorteil kurzer Amtszeiten für den Staatspräsidenten. Vier Jahre sind irgendwie immer durchzuhalten und (fast) jeder aus dem politischen Establishment kommt einmal an die Reihe. Die Schwäche des Präsidenten führte zu einer raschen Ausweitung der Regionen des internen bewaffneten Konfliktes, eine Entwicklung, die Samper vergeblich mit den Mitteln des Ausnahmezustandes zu bekämpfen versuchte.

Die amerikanische Regierung erklärte Samper, den sie bereits aufgrund seines «Spanglish», der eigenwilligen Sprachschöpfung aus Spanisch versetzt mit englischen Brocken, vorgetragen in einem CNN-Interview mit Larry King, verlachte, zur Persona ingrata und entzog ihm das Visum für die Vereinigten Staaten. Zur UN-Generalversammlung nach New York konnte er noch mit einer Sondergenehmigung einfliegen. Nach einem rauschenden Abschiedsfest mit Mariachimusikern im Metropolitan Club in Bogotás Norte umgeben von Lakaien und *Lagartos* verschwand der Präsident nach seinem letzten Arbeitstag schnurstracks ins selbstgewählte spanische Exil. Nach einiger Zeit kehrte er aber wieder in die Heimat zurück und fand sich ein im illustren Kreis der Ex-Präsidenten, die sich mit gut gemeinten Ratschlägen und Kritik gegenüber dem jeweiligen Amtsinhaber in schöner Regelmäßigkeit zu Wort melden. Sampers konservativer Nachfolger **Andrés Pastrana** (Amtszeit 1998-2002), der Sohn des früheren Präsidenten Misael Pastrana (Amtszeit 1970-1974), beendete die jahrelange Vorherrschaft der liberalen Partei. Pastranas Amtsantritt war mit großen Hoffnungen für den **Friedensprozess** mit den aufständischen Guerillaeinheiten Farc und Eln verbunden. Er warf die ganze Autorität seines Amtes in die Waagschale und traf sich mehrere Male mit dem Chef der Farc, Manuel Marulanda, zum persönlichen Gespräch im Dschungel. Die vordergründig mutigen Gesten Pastranas, der wie keiner seiner Amtsvorgänger das direkte Gespräch mit der Guerilla suchte, erwiesen sich aber schließlich als ausgesprochen naiv. Das Entgegenkommen der Regierung durch Einrichtung einer *Zona del despeje* (**«entmilitarisierte Zone»**) mit dem Zentrum San Vicente de Caguán (Departement Meta) die Guerilla zu Zugeständnissen zu bewegen, entpuppte sich als groteske politische Fehleinschätzung. Die Zone wurde zum Erholungsgebiet für die Farc, die vor Ort die ansässige Bevölkerung drangsalierte, ihre Entführungsopfer versteckte und die Drogenproduktion ausweitete. Pastranas Friedensexperiment war gescheitert. Der kolumbianische Hochkommissar für Frieden **Luis Carlos Restrepo** hat dem Präsidenten später vorgeworfen, zum Ende seiner Amtszeit eine zerfallene und ausgeblutete Nation hinterlassen zu haben. Aber wem kann man schon Glauben schenken in diesem verwirrenden Geschacher hinter den Kulissen. Restrepo jedenfalls entpuppte sich als besonders großer Kulissenschieber und missbrauchte sein hohes Amt für einen Schurkenstreich besonderer Art. Ihm wird die vorgetäuschte Entwaffnung einer ebenso vorgetäuschten Guerilla-Einheit der Farc vorgeworfen. Inzwischen wird nach dem ins Ausland Geflüchteten gefahndet. Wie so oft in der kolumbianischen Politik haben auch diesmal die Gerichte das letzte Wort.

Uribe und Santos

Bei den Präsidentschaftswahlen 2002 und erneut 2006 entschied sich das kolumbianische Wahlvolk für den einstigen Dissidenten der liberalen Partei und früheren Gouverneur des Departements Antioquia Álvaro Uribe. Erstmals nach fast einem Jahrhundert war 2005 der Weg für die ('einmalige') Wiederwahl des Präsidenten durch eine Verfassungsänderung freigemacht worden. Jeweils im ersten Wahlgang gelang es Uribe bei den Präsidentschaftswahlen die notwendige absolute Mehrheit zu erringen.

Die Gründung einer eigenen Partei (**Partido de la U**) und der Regierungsstil Uribes (genannt *Uribismo*) haben dazu geführt, dass die vormals verkrustete und polarisierte Parteienlandschaft aus Konservativen und Liberalen, die das Land seit der Unabhängigkeit unheilvoll geprägt hat, aufgelockert und erweitert werden konnte. Die Anhänger der konservativen Partei hatten sich nach der Wahlniederlage 2002 weitgehend dem Uribe-Lager angeschlossen und gehören auch dem Kabinett des ihm im Amte nachgefolgten Juan Manuel Santos an, ebenso wie die in den Parlamentswahlen 2010 wiedererstarkte liberale Partei. Ein Jahr später hat sich auch die erst 2009 gegründete **Grüne Partei** dem Lager des Präsidenten Santos angeschlossen, der somit an der Spitze einer Koalition steht, die fast alle Parteien umfasst.

Die einzig verbliebene Oppositionspartei, der linke **Polo Democrático** verfügt nur über acht von insgesamt 102 Sitzen im Kongress. Daher ist der Einfluss gering, und die eigentliche Oppositionsarbeit hat sich merklich nach außerhalb des Parlamentes verlagert. Die meisten Gegner der breitge-

Opposition auf der Straße: Marcha Patriótica

fassten präsidialen Linie haben sich Anfang 2012 zur linken politischen und sozialen Bewegung **Marcha Patriótica** zusammengeschlossen.

Die lange Regierungszeit Alvaro Uribes (2002-2010) hat das Land nachhaltig geprägt und verändert. Der einstige Mandatsträger war während seiner Amtszeit ausgesprochen populär, und er ist es auch darüber hinaus bis zum heutigen Tage geblieben, wenn auch nicht mehr uneingeschränkt, denn sein Nachfolger Juan Manuel Santos hat sich mit seinem offeneren Regierungsstil ebenfalls viele Sympathien beim Volk erworben, so dass die Sehnsucht der Kolumbianer/innen nach einer Rückkehr von Álvaro Uribe ins oberste Staatsamt zusehends schwindet, sehr zu seinem Verdruss. Die Presse hat mit Blick auf den offensichtlichen Konkurrenzkampf der beiden aufeinander folgenden Präsidenten aus der Uribe-Partei um die Sympathien bei den Umfragen eine griffige Metapher zur Hand. 'Der Delfin (San-

tos) hat sich (für Uribe) in eine Kröte verwandelt.' Als 'Delfín' wird in der Politik der lateinamerikanischen Staaten ein politischer Ziehsohn bezeichnet, durch den der noch immer starke, aber abgetretene Präsident weiterhin in die Politik seines Nachfolgers hinein regiert, bzw. hinein zu regieren versucht. Solange Uribe als Präsident Erfolge vorweisen konnte, hat man sein autoritäres Gebaren weithin ohne Murren aufgenommen, nun aber wird er bereits als 'Twitter-Präsident' abgetan, weil er zu allem und jedem seine Ansichten ungeschminkt über die sozialen Netzwerke verkündet.

Die höchsten Popularitätswerte bei seinen Landsleuten hatte Álvaro Uribe nach der erfolgreichen Befreiung der international bekanntesten Farc-Geisel Ingrid Betancourt im Juli 2008 erlangen können. Zu den Erfolgen seiner Regierungszeit gehört die Verbesserung der allgemeine Sicherheitslage in weiten Teilen des Landes. Die wirtschaftliche Situation hat sich unter Uribe ebenfalls verbessert, auch wenn man in Kolumbien noch weniger als in den meisten anderen lateinamerikanischen Staaten ein Rezept gegen die extrem ungleiche Einkommens- und Vermögensverteilung gefunden hat. Außer der Bekämpfung der Farc-Guerilla galt Uribes Augenmerk der Lösung des grassierenden Problems der paramilitärischen Verbände (Auc), mit denen er einen moralisch zweifelhaften wie politisch umstrittenen 'Friedensschluss' vereinbarte.

So rigoros und kompromisslos sich sein Vorgehen gegen die Farc gestaltete, so nachgiebig war seine Politik bei der Behandlung der paramilitärischen Verbände, umso mehr seitdem bekannt ist, dass einige bis in die Spitzenpositionen vertretene Politiker aus dem Regierungslager als Helfershelfer der Paramilitärs ins Zwielicht geraten sind. Der hässliche Fleck auf der weißen Weste seiner Amtszeit heisst «Parapolítica» und bezeichnet die auffallend hohe Zahl von Politikern und anderen hohen Funktionären aus dem Regierungslager, denen Verbindungen zu Paramilitärs nachgesagt werden. Uribe hat die Verstrickung einiger seiner Gefolgsleute in die Machenschaften der Paramilitärs viel zu lange ignoriert und heruntergespielt. Dabei ging es augenscheinlich nicht nur um Einzelfälle, sondern um ein kriminelles Machtgeflecht, dem schätzungsweise bis zu einem ¼ der Angehörigen der politischen Kaste Kolumbiens angehört haben sollen, verstrickt in Delikte wie Bestechung, Vorteilsnahme und Wahlbetrug. Einige Amtsträger sollen mit paramilitärischer Hilfe sogar politische Rivalen mit Waffengewalt gewaltsam aus dem Weg geräumt haben und an Morden und Entführungen beteiligt gewesen sein. Diese Geschichte belastet den politisch weiterhin aktiven und enorm einflussreichen Ex-Präsidenten, dem regelmäßig Ambitionen auf den (Vize-) Präsidentensessel bei den nächsten Wahlen 2014 nachgesagt werden. Außenpolitisch trat Uribe im Gegensatz zu seinem Nachfolger Santos kaum in Erscheinung. Er suchte, anders als viele Regierungen in Südamerika, stets die Rückendeckung der USA, ob nun von George W. Bush oder Barack Obama geführt. Den Amerikanern räumte er großzügig die Nutzung der kolumbianischen Militärbasen zum Kampf gegen den Drogenhandel ein und sorgte damit bei den Nachbarn in Ecuador und Venezuela für Verstimmung.

Bis kurz vor der Kandidatenkür für die Präsidentschaftswahlen 2010 ließ Álvaro Uribe die Öffentlichkeit darüber im Unklaren, ob er eine dritte Amtszeit anstrebe, und beschwor durch seine Haltung eine innenpolitische Krise herauf, die erst durch die ultimative Entscheidung des Verfassungsgerichtshofes zu seinen Ungunsten beigelegt werden konnte. Das oberste Gericht verwarf seine Pläne zur Abhaltung eines Referendums über eine dritte Amtszeit des Präsidenten als verfassungswidrig.

Daraufhin machte Uribe den Weg in seiner Partei frei für die geschlossene Unterstützung des Kandidaten Juan Manuel Santos, seines bisherigen Verteidigungsministers. Santos galt den meisten Beobachtern bis dahin als treuer Gefolgsmann Uribes, und man erwartete von ihm als zukünftigen Präsidenten nichts anderes als die Fortsetzung der von Uribe entworfenen Sicherheitspolitik (seguridad democrática), mit anderen Worten eine Politik der harten Hand gegenüber den Guerillagruppen von Farc und Eln.

Bei den Stichwahlen zur Präsidentschaft stand Santos der einstige Oberbürgermeister von Bogotá und Hochschullehrer **Antanas Mockus** als Kandidat der frisch formierten Grünen Partei gegenüber. Der als Außenseiter ins Rennen gegangene Mockus verfügt über eine breit gestreute Sympathisantenschar im akademischen Milieu der Großstädte, blieb gegen Santos in den beiden Wahlgängen aber chancenlos und konnte es schon als großen Erfolg verbuchen, in die Stichwahl eingezogen zu sein.

Juan Manuel Santos profilierte sich nach Amtsantritt als gewiefter Taktiker und entschlossener 'Kriegsherr'. Er befehligte am 22. September 2010 den Angriff auf ein befestigtes Bunkersystem der Farc in der Serranía de la Macarena, bei dem der militärische Kopf der Farc, Jorge Briceño, alias Mono Jojoy, den er mit Osama Bin Laden verglich, und zwanzig weitere Guerilleros getötet wurden. Der entschlossene Kampf gegen die Farc wurde fortgesetzt und bei einer Kommandoaktion am 4. November 2011 der Nachfolger von Tirofijo in der Rolle des obersten Farc-Kommandanten Alfonso Cano in den nebelverhangenen Bergen im Süden des Departements Tolima erschossen.

Trotz oder gerade wegen seiner Entschlossenheit hat Präsident Santos stets Dialogbereitschaft mit den Farc bekundet, eine geschickte Vorgehensweise, die die Anführer der Guerilla irritiert. Santos agiert hierbei behutsamer als sein Vorgänger Uribe, der einzig und allein auf die vollständige militärische Niederlage der Farc setzte. Der (Rache-) Feldzug Uribes liegt auch in seiner Familiengeschichte begründet. Weil die Farc einst seinen Vater, wie er selbst ein Großgrundbesitzer

aus Antioquia, ermordet haben, lehnt er nach wie vor jeden Dialog mit ihnen kategorisch ab und bezichtigt oppositionelle Politiker, Journalisten und Menschenrechtsaktivisten, wie die couragierte ehemalige Senatorin und aktuelle Sprecherin der *Marcha Patriótica* **Piedad Córdoba**, die Kontakte zur Guerilla pflegen, der Unterstützung von Terroristen.

Santos hingegen weiss, dass selbst eine militärisch geschwächte Farc kaum endgültig von der Bildfläche zu tilgen ist und der zu entrichtende Preis für ein ausschließlich militärisches Vorgehen unkalkulierbar wäre. Die weitere Entwicklung in Kolumbien kann nur Früchte tragen, wenn die ländlichen Räume entmilitarisiert werden und dazu bedarf es eines wie auch immer gearteten '**Friedensschlusses mit der Farc**'. Umso besser, wenn dies von Seiten der Regierung nunmehr aus einer Position der Stärke erfolgen kann. Die von der Regierung Santos im Herbst 2012 verkündete Bereitschaft Friedensgespräche einzuleiten soll diesmal nicht vom Boden einer 'entmilitarisierte Zone' ausgehen, wie während des gescheiterten Friedensprozesses von Caguán (1999-2002), sondern an neutralem Ort im Ausland erfolgen.

Präsident Santos stammt aus einer angesehenen Familie des Bogotá-Establishments, anders als Uribe, der sich trotz seiner juristischen Ausbildung mit Stationen in Harvard und Oxford selbst gern als 'Viehzüchter aus Antioquia' in Szene setzt. Santos' bislang größter innenpolitischer Erfolg ist die Verabschiedung des Gesetzes zur Entschädigung der vielen Binnenvertriebenen und der Rückübertragung des mehrheitlich von den Paramilitärs entwendeten und verwüsteten Agrarlandes. Vorgänger Uribe hatte ein derartiges

Gesetz stets vehement abgelehnt. Wenn Uribe die Sicherheitslage des Landes entscheidend verbessert hat, so ist es Santos zu verdanken, das über lange Jahre bestehende katastrophale Image Kolumbiens im Ausland entscheidend korrigiert zu haben. Kolumbien ist nicht mehr der ausgestoßene Paria der Staatengemeinschaft, sondern, wie das Time-Magazine in einer Titelstory im April 2012 schrieb, das viel umworbene '**Comeback-Kid**'.

Außenpolitik

Der Start einer neuen Friedensinitiative mit der Farc-Guerilla passt sich gut ein in die verbesserten Beziehungen zu den Nachbarstaaten Ecuador und Venezuela. Während der Amtszeit von Álvaro Uribe waren die Beziehungen zu **Venezuela** mit **Hugo Chávez** bestenfalls durchwachsen zu nennen. Gegenseitige Beschuldigungen und Verdächtigungen machten permanent die Runde. Uribe hatte Chávez wiederholt vorgeworfen, die Farc-Guerilla zu unterstützen und mit internationalen Waffenkäufen gegenüber Kolumbien aufzurüsten. Präsident Juan Manuel Santos hat sich kurz nach Amtsantritt mit Hugo Chávez ausgesöhnt und die naturgemäß guten nachbarschaftlichen Beziehungen sehr zur Befriedigung und Erleichterung seines venezolanischen Amtskollegen wiederhergestellt.

Vorausgegangen waren öffentliche Erklärungen von Hugo Chávez die Farc und den Drogenhandel im Grenzgebiet mit Nachdruck zu bekämpfen. Mittlerweile kooperieren beide Staaten bei der Strafverfolgung und liefern festgesetzte kolumbianische bzw. venezolanische Drogenmafiosi an die jeweils andere Seite aus. Die Beziehungen zum Nachbarn im Süden **Ecuador**

wurden ebenfalls normalisiert, nachdem die Tötung der einstigen 'Nr. 2' der Farc Raúl Reyes 2008 auf ecuadorianischem Staatsgebiet, Präsident Correa veranlasst hatte, seinen Botschafter für unbestimmte Zeit aus Bogotá abzuziehen.

Die Beziehungen zu den **USA** sind traditionell gut. Die USA gehören zu den engsten Verbündeten Kolumbiens, so dass sich es sich Präsident Santos schon einmal erlauben kann, selbst problematische Themen anzusprechen, wie die schrittweise Legalisierung des Rauschgifthandels und die Wiederaufnahme Kubas in die Organisation Amerikanischer Staaten (OAS), obwohl gerade bei diesen beiden Reizthemen höchstwahrscheinlich keine Zugeständnisse aus dem Norden zu erwarten sind. Die Beziehungen zu **Deutschland** und der EU sind nach Fortschritten auf dem Gebiet der delikaten Menschenrechtsproblematik ebenfalls als offen und vertrauensvoll zu bezeichnen. Als bedeutender Rohstofflieferant ist Kolumbien an guten Beziehungen zur **VR China** sehr gelegen.

Die Farc- Guerilla

Die Formierung der Guerillabewegung Kolumbiens begann Mitte der 1960er Jahre, beflügelt durch die Revolution auf Kuba. Die Ursprünge ihrer Entstehung reichen allerdings bis in die 1940er Jahre zurück. Viele Bauern wurden während der Violencia von Haus und Hof vertrieben, ihr Hab und Gut zerstört. Doch schwerwiegender noch als der Verlust des Besitzes, wog der Verlust des Weltbildes des Campesinos. Bis in die 1940er Jahre lebte die Landbevölkerung vollkommen unabhängig von den Entwicklungen, die sich in Bogotá vollzogen, in einer Welt mit feudalen Strukturen, unbeeinflusst von kapitalistischen Elementen. Die bedrohten Bauern sammelten sich in Selbstverteidigungsgruppen. Der Anführer einer dieser Gruppen hieß **Manuel Marulanda Vélez** (1928-2008). Er nannte sich später *Tirofijo*, gezielter Schuss.

Tirofijo verschwand bereits in den 1950er Jahren in den unzugänglichen Wäldern der Departements Huila und Meta, nachdem seine Finca in Flammen aufgegangen war. Er gründete 1964 die erste und bis heute größte Guerillabewegung Kolumbiens, die **Farc-Ep (**Fuerzas Armadas Revolucionarias de Colombia- Ejército Popular, Bewaffnete Revolutionäre Streitkräfte Kolumbiens - «Volksheer»). Später finanzierten sich die einstigen Hilfstruppen der Bauern vor allem durch Schutzgelderpressungen, Lösegeldzahlungen aus Entführungen sowie Drogen- und Waffengeschäfte, die ihnen für lange Zeit ein Einkommen in vielfacher Millionenhöhe sicherten.

Der sog. **Friedensprozess von Caguan** (1999-2002) war auch deshalb gescheitert, weil die Farc ihre illegalen Geschäfte weiterhin außerhalb staatlicher Kontrolle betreiben wollten. Während ihrer Hochzeit Ende der 1990er Jahre hatten die Farc etwa 22.000 Männer und Frauen unter Waffen und kontrollierten weite Landesteile abseits der Großstädte. Sie entführten Reisende von an den Überlandstraßen errichteten Straßensperren (*pesca milagrosa*), um sie anschließend gegen Lösegeld wieder laufen zu lassen und tauchten auch schon mal in den umliegenden Bergen am Rande Bogotás auf, um Polizeistationen und Militär-Checkpoints unter Feuer zu nehmen. Zumeist aber gehörten abgelegene Ortschaften in den peripheren Dschungelregionen zu ihren Angriffszielen. Die

Amazonasdörfer Uribe (Meta) und Miraflores (Guaviare) wurden mehrmals vom gefürchteten **Bloque Sur** der Farc unter dem Kommando von **Jorge Briceño** (**Mono Jojoy**) unter Feuer genommen und verwüstet. Der Überfall auf **Mitú**, die kleine Hauptstadt des abgelegenen Departements Vaupés zählt sicherlich zu dem blutigsten und spektakulärsten, den die Farc im Laufe ihre Geschichte durchgeführt haben, als ca. 1900 Guerilleros in der Nacht von Halloween am 1. November 1998 den Ort nach stundenlanger Belagerung unter Einsatz mörderischer Gaszylinder-Bomben einnehmen und verwüsten konnten. Auf Seiten der Antinarcotico-Polizei und der kolumbianischen Heereseinheit gab es Dutzende von Toten.

Bei ihrem Abzug verschleppten die Farc 61 Polizisten und Soldaten in **Dschungelcamps**, wo sie zum Teil über Jahre gefangen gehalten werden. Die Gespräche, die der Staat in jenen Jahren mit der Farc aufgenommen hatte, wurden immer wieder durch Terrorakte unterbrochen. Der Friedensprozess von Caguán hatte der Guerilla eine entwaffnete Zone in der Größe der Schweiz beschert und sie international politisch aufgewertet. Der Chefideologe und (inoffizielle) Entführungsbeauftragte der Guerilla, Raúl Reyes (1948-2008), konnte auf Auslandsreisen in Europa um Unterstützung für sein Anliegen werben und legte auch schon mal Anzug und Krawatte an, um sich weniger martialisch mit gewählten Politikern zum Meinungsaustausch zu treffen und ablichten zu lassen. Das weitreichende Entgegenkommen der kolumbianischen Regierung wurde enttäuscht und die Regierung Pastrana setzte dem Spuk im Februar 2002 ein Ende, weil die Farc nicht gewillt waren, aus den Einnahmen aus dem Entführungsgeschäft zu verzichten und dem Drogenhandel abzuschwören. Die anschließende Armeeoffensive drängte die Guerilla militärisch wie diplomatisch in die Defensive. Der Traum der Farc von der internationalen Anerkennung war bald ausgeträumt, selbst ihr Minimalziel, weltweit von der Liste der terroristischen Organisationen gestrichen zu werden, hat sich zerschlagen.

Die Regierung Uribe hatte die Präsenz der Staatsorgane in den Gemeinden, die unter Einfluss von Farc (und Eln) standen, seit 2002 kontinuierlich erhöht. Mit Verkündung des *Plan Patriota* (2004) startete eine Militäroffensive im Süden des Landes in den Departements Nariño, Cauca, Putumayo und Caqueta gegen die zahlenmäßig stärksten Verbände der Farc. Die Bastionen der Farc wurden zumeist aus der Luft angegriffen, ihre Anführer festgenommen oder ausgeschaltet. Die Farc antworteten auf die Angriffe mit Attacken auf die Zivilbevölkerung und die Repräsentanten der staatlichen Verwaltung, es kam zu Massakern und Entführungen.

Die erbärmliche Situation der Entführten in den regelmäßig wechselnden Dschungellagern wurde der Öffentlichkeit erst durch die Schilderungen des in Mitú 1998 gekidnappten und 2007 geflüchteten Polizisten **John Pinchao** klar. Im Juni 2007 starben bei einem fehlgeschlagenen Befreiungsversuch elf entführte Abgeordnete des Regionalparlaments von Cauca. Man konnte es den Angehörigen der Entführungsopfer nicht verdenken, dass sie sich spätestens von da an lieber dem Verhandlungsgeschick des venezolanischen Präsidenten Hugo Chávez im Befreiungspoker anvertrauten. Im Januar 2008 konnte Hugo Chávez einen wichtigen diplomatischen Punktsieg verbuchen, als er freudestrahlend **Clara Rojas**, die einstige Wahlkampfleiterin von Ingrid Betancourt, aus den Händen der Guerilla in die Arme schließen konnte. Álvaro Uribe musste zähneknirschend mit ansehen, wie sich sein venezolanischer Kontrahent wort- und gestenreich zum Retter im kolumbianischen Geiseldrama aufspielte, bis er ihm das Mandat für die Verhandlungen mit den Farc wieder entzog und darauf sann, die erlittene Scharte auszuwetzen. Das gelang ihm eindrucksvoll durch die Befreiung der international bekanntesten Geisel **Ingrid Betancourt** und der drei ebenfalls seit vielen Jahren festgehaltenen amerikanischen Elitesoldaten, die bei einem Aufklärungsflug über Farc-Territorium Anfang Juli 2008 abgestürzt waren.

Krieg & Friedensversuche mit den Farc

Unterstützt durch massive Militärhilfe (insgesamt über 6. Mrd. US$) aus den USA im Rahmen des **Plan Colombia** konnte die Farc-Guerilla nach dem Ende des gescheiterten Friedensprozesses von Caguan seit 2002 weitgehend in die abgelegenen Dschungelregionen der Departments Tolima, Cauca, Guaviare, Putumayo und Caquetá abgedrängt werden. Durch den Einsatz von Luft- und Satellitenaufklärung und die über Jahre mit CIA-Unterstützung gewonnenen geheimdienstlichen Erkenntnisse wurde das Operationsgebiet der Guerilla zusehends eingegrenzt. Die Luftaufklärung der US-Amerikaner operiert nach dem Auslaufen des Stationierungsvertrages mit der ecuadorianischen Regierung unter Präsident Rafael Correa seit 2009 von einem halben Dutzend kolumbianischer Basen. Der kolumbiani-

Entführtenberichte

Erst mit dem teilweise spektakulären Freikommen der Entführungsopfer der Farc-Guerilla war das Interesse der Öffentlichkeit an den quälenden wie abenteuerlichen Einzelheiten der oftmals jahrelangen Gefangenschaft geweckt.

Es entstand das spezielle Buchgenre an 'Entführtenberichten', wobei der mutige Polizist **John Pinchao,** einer der ganz wenigen Farc-Geiseln, dem die Flucht aus der Gefangenschaft gelang, den Anfang machte. *Mi Fuga hacia la libertad* ist sein bewegender Erlebnisbericht, lesenswert, weil er gleichermaßen lakonisch über sein Leben vor wie während der Gefangenschaft berichtet. In einfachen Worten, aber umso eindringlicher schildert er den Alltag in den Dschungelcamps der Farc und die Kooexistenz von Tätern wie Opfern. Der ehrliche Pinchao kann gut vermitteln, dass es für Angehörige der bildungsfernen Schich-

Solidaritätstag für die Entführten

ten in Kolumbien oftmals vom Zufall abhängig ist, ob sie als Schütze «Arsch» im Antiguerillakrieg verheizt werden oder auf der anderen Seite landen. Das geht unter die Haut, und es ist kein Zufall, dass dieses Buch zum Straßenbestseller avancierte. Im Ausland bekannter als Pinchao waren die drei amerikanischen Militärberater, die bei einem Aufklärungsflug über Guerillagebiet 2003 abgestürzt und nach der spektakulären Operación Jaque am 2. Juli 2008 gemeinsam mit Íngrid Betancourt freigekommen waren. Ihre Zeit in den Lagern der Farc haben **Marc Gonsalves, Tom Howes und Keith Stansell** in *Out of Captivity* beschrieben.

Die unabhängige Präsidentschaftskandidatin **Íngrid Betancourt** und ihre Sprecherin **Clara Rojas** waren über viele Jahre die prominentesten Geiseln der Farc. Die beiden Frauen waren während ihrer Wahlkampagne 2002 auf dem Weg zu den Aufständischen in einen Hinterhalt geraten und gekidnappt worden. Unter primitivsten Bedingungen mussten sie Gewaltmärsche in den Dschungelregionen zwischen Guaviare und Caquetá absolvieren und aneinander gekettet jahrelang das eintönige Lagerleben ertragen. Clara Rojas verliebte sich in einen jungen Guerillero und gebar ein Kind, Emmanuel, das schwer erkrankt, ihr genommen und anschließend in einem staatlichen Heim untergebracht wurde. Erst nach ihrer Freilassung 2008 konnte sie ihr Kind nach einem DNA-Abgleich wieder in die Arme schließen. *Ich überlebte für meinen Sohn* nennt sie ihren Entführtenbericht. Die langen Jahre der Gefangenschaft haben das Verhältnis zu ihrer Leidensgefährtin **Íngrid Betancourt**, die sich dem ideologischen Zugriff durch die Guerilla stets widersetzte, schwer belastet. Betancourt hat sich für ihren ausführlichen und literarisch anspruchsvollen Bericht aus der Gefangenschaft *Kein Schweigen, das nicht endet* ausreichend Zeit gelassen. Im Mittelpunkt steht ihr ungebrochener Freiheitswille, das Ringen um den Erhalt der eigenen Identität in der Gefangenschaft. Wenn die Autorin ihre vielen vergeblichen Fluchtversuche und die anschließenden Bestrafungen schildert, dann stimmt sie eine Hymne auf die Erlangung der Freiheit an, die das Leben selbst meint.

schen Armee ist es seit einiger Zeit immer besser gelungen, einzelnen Einheiten der Farc im Nahkampf mit Hilfe massiver Luftunterstützung schwere Verluste beizubringen und ihre Verstecke dem Erdboden gleichzumachen. Zu Beginn des Jahres 2008 konnten gleich mehrere Führungskader aus dem siebenköpfigen Sekretariat der Farc eliminiert werden, was in den Jahrzehnten zuvor nie gelungen war. Am 1. März wurde die bisherige Nr. 2, **Raul Reyes**, bei einem Luftangriff auf ecuadorianischem Boden getötet. Am 3. März wurde **Iván Ríos** durch den eigenen Sicherheitschef liquidiert, der ihm anschließend die Hand abschnitt, um unter Vorlage des abgetrennten Körperteils, die ausgesetzte Belohnung in Höhe von 2,6 Mio. US$ zu kassieren. Der US-Geheimdienst hatte den kolumbianischen Behörden und der Armee vorgeschlagen, hohe Kopfgelder auf die Führungskader der Farc auszusetzen. Bevor Farc-Gründer **Manuel Marulanda** gefasst werden konnte, war er Ende März 2008 in den Armen seiner Compañera sanft entschlafen. Die aus den gehäuften Abgängen resultierende Schwächung der Kommandostruktur der Farc konnte die Armeeführung einige Wochen später zu einem filmreifen Coup nutzen und die

vor sechs Jahren verschleppte Ingrid Betancourt und 14 weitere ihrer Leidensgenossen mit einer Finte befreien, ohne dass eine einziger Schuss gefallen war. Der aktuelle Präsident Santos konnte im September 2010 die gezielte Tötung des lange gesuchten Spitzenguerilleros '**Mono Jojoy**' verkünden. Einem Militärspitzel war es zuvor gelungen, im orthopädischen Schnürstiefel des zuckerkranken Farc-Kommandanten einen Peilsender zu platzieren. Im November 2011 erfolgte das gewaltsame Ende des in die Enge getriebenen **Alfonso Cano**, dem Nachfolger von Manuel Marulanda an der Spitze der Guerilla. Einige der heute noch existierenden **Dschungelcamps der Farc** befinden sich vermutlich nach wie vor diesseits wie jenseits der kolumbianischen Landesgrenzen, allesamt in undurchdringlichem Terrain. Die Existenz von Dschungelcamps der Farc im benachbarten Ausland hat immer mal wieder für diplomatischen Zündstoff unter den Nachbarstaaten Kolumbien, Ecuador und Venezuela gesorgt. Die Farc sind heute auf unter 9000 Männer und Frauen zusammengeschmolzen. Die politischen Argumente, die einst aus dem Fundus des Marxismus-Leninismus stammten, wirken angesichts ihrer jahrzehntelangen einträglichen Finanzierungspraxis aus Drogenhandel und Entführungen unglaubwürdig, der Zerfall der internen Strukturen lässt auch kaum noch Zeit und Muße für ideologische Schulung. Die letzten Sympathien in der ländlichen Bevölkerung haben die Farc durch ihre Brutalität und Rücksichtslosigkeit in einem 'Gewaltwettlauf' mit den Paramilitärs weitgehend eingebüßt. Ihre einstige militärische Stärke und Fähigkeit zu offenen Kampfhandlungen haben sie verloren, aber ihr Apparat reicht immer noch dazu aus, terroristische Akte durch den Einsatz von Autobomben und Handgranaten in den Städten und der Platzierung von Landminen in abgelegenen Regionen auszuführen. Zu den Vorbedingungen der Santos-Regierung für die ins Auge gefassten Friedensverhandlungen zählen die Forderung nach Freilassung aller Geiseln, nach Einstellung des Entführungsgeschäftes, nach Beendigung des Drogenhandels, der Angriffe auf die Zivilbevölkerung und der Zwangsrekrutierung von jugendlichen Kämpfer/innen. Die letzten festgehaltenen Polizisten und Soldaten haben die Farc im April 2012 freigelassen. Es sollen jetzt noch einige Hundert ziviler Geiseln in der Hand der Farc sein.

Weitere Guerillagruppen

Die zweitgrößte noch existierende, aber militärisch stark geschwächte Guerillaorganisation ist der **Eln** (Ejercito de Liberación Nacional = Nationale Befreiungsarmee), gegr. 1964 durch Fabio Vásquez, einem ehemaligen Mitglied der Liberalen Partei, nach dem Vorbild der kubanischen Revolutionsguerilla, gemixt mit Bestandteilen einer radikalen katholischen Befreiungstheologie, zumindest in ihren Anfangsjahren, als sich der Priester **Ca-**millo Torres**, ein enger Freund von Gabriel García Márquez aus Studientagen, ihnen anschloss. Camillo Torres wurde bereits bei seinem ersten Feuergefecht in San Vicente de Chucuri (Dep. Santander) 1966 erschossen und an einem bis heute unbekannten Ort beigesetzt. Bis zu seinem Tod 1998 führte der spanische Priester Manuel Pérez die schätzungsweise einst 5000 bewaffneten Kämpfer/innen. Heutzutage sind es weniger als 3000, deren aktueller Anführer Nicolás Rodríguez alias «Gabino» heißt. Der Eln hat in den 1990er und ersten Jahren des neuen Jahrhunderts mit spektakulären Entführungsaktionen, gewalttätigen Blockaden der wichtigsten Straßenverbindungen des Landes und Sprengungen von Strommasten und Ölleitungen auf sich aufmerksam gemacht, um die Regierung an den Verhandlungstisch zu zwingen. Die kolumbianische Regierung verhandelt über neutrale, nationale wie internationale Vermittler seit 2005 mit dem Eln auf Kuba, bislang ohne erkennbare Resultate. Wie die Farc so bestreitet auch der Eln den Großteil seiner Einnahmen mit dem Drogenhandel.

Zur Geschichte der kolumbianischen Guerillabewegung gehört hingegen der **M-19**. Der Name ist auf das Datum der Präsidentschaftswahl vom 19. April 1970 zurückzuführen. Bei dieser Wahl war es zu groben Unregelmäßigkeiten gekommen, die nie aufgeklärt wurden. Wie in den vorausgegangenen Wahlen wurden neue politische Gruppierungen ausgegrenzt. **Jaime Bateman** (1940-1983) gründete daraufhin den Movimiento 19. Bateman war als Jugendlicher aus Protest gegen die Diktatur von Rojas Pinilla in die kommunistische Jugend eingetreten. 1966 schlossen sich die linken

Studentengruppen der soeben gegründeten Farc an. Bateman wurde Sekretär von Tirofijo. Sehr schnell zeigten sich jedoch die Differenzen zwischen der bäuerlichen und dogmatischen Farc und den Vorstellungen Batemans. Bateman suchte die nationale Erneuerung Kolumbiens. 1974 entführte eine Einheit der M-19 das Schwert von Simón Bolívar aus der Quinta in Bogotá. Diese Aktion mutet an wie aus dem Fundus der Spaßguerilla, und Bateman hatte durchaus Charakterzüge eines kolumbianischen Blumenkindes. «Die Revolution ist ein Fest», hatte er immer wieder betont. Die Lacher jedenfalls hatte er nach dieser Aktion auf seiner Seite, auch wenn es ihm vor allem darum ging, ein Signal zu setzen.

Der M-19 machte weiterhin durch spektakuläre Aktionen auf sich aufmerksam, verlor jedoch zusehends den taktischen Überblick. Die Kaserne des Nordkommandos der Armee in Bogotá wurde zu Silvester 1978 überfallen und 5000 Waffen erbeutet. 1980 besetzte eine Einheit die Botschaft der Dominikanischen Republik und hielt 15 Diplomaten unterschiedlicher Länder in ihrer Gewalt. Nach 67 Tagen flogen die Entführer mit einigen Geiseln nach Kuba aus. Ein Jahr später legte sich der M-19 mit der Drogenmafia an und entführte eine Schwester von Ochoa.

Die martialische Antwort der Drogenbosse ließ nicht lange auf sich warten. Sie gründeten die Organisation *Muerte a los Secuestradores*, Tod den Entführern, und setzten den Namen in die Tat um. In einem Blutbad endete die **Besetzung des Justizpalastes 1986**. Der M-19 hatte die Reaktion der Armee unterschätzt, die er mehr als einmal lächerlich gemacht hatte. Der verhandlungswillige Präsident Be-

tancur wurde für zwei Tage entmachtet und der Ausnahmezustand ausgerufen. Panzer verwandelten den Justizpalast in eine Ruine. Nach dieser Aktion verlegte sich der M-19 aufs Verhandeln. Als Bedingung für die Rückkehr ins Zivilleben forderte er die Schaffung einer neuen Verfassung, die alle politischen und gesellschaftlichen Kräfte beteiligen und berücksichtigen sollte. 1991 wurde dieser Schritt vollzogen.

Die **Alianza Democratica M-19** wechselte mit ihrem Frontmann **Antonio Navarro Wolff** an der Spitze ins legale politische Geschäft. Navarro Wolff ist längst ein versierter Spitzenpolitiker der Opposition und die einstige Partei ist fast vollständig im Lager des 2006 neu geschaffenen **Polo Democratico** aufgegangen. Ebenso wie der M 19 waren auch die Guerillaverbände des indigenen **Quintín Lame** mit Verabschiedung der Verfassung von 1991 in die Legalität gewechselt. Die indianische Untergrundbewegung, die in der Provinz Cauca agierte, benannte sich nach dem bedeutenden Páez-Indianer, der 1914 von Tierradentro nach Bogotá marschiert war, um gegen die illegale Besetzung des Páez-Reservates durch weiße Siedler zu demonstrieren. Der Indianer war von den Ministern und der Presse verlacht worden und hatte daraufhin eine Widerstandsgruppe gegründet. Im Chocó agierte ein Grüppchen farbiger Guerilleros, das sich nach dem ersten freien Farbigen auf kolumbianischen Boden **Frente Domingo Biohó** nannte.

Paramilitärische Verbände und Parapolitica

Mit der Ausbreitung der Guerilla in den 1990er Jahren schlossen sich 1997 mehrere rechtsgerichtete paramilitärische Verbände zu den *Autodenfensas*

Unidas de Colombia (**Auc**) zusammen, mit dem Ziel, sie systematisch zu bekriegen und zu vernichten. Die Begründer und zentralen Anführer der Auc waren die **drei Brüder Castaño**, ehemalige Sicherheitsleute Pablo Escobars, die nach dem Zerwürfnis mit dem flüchtigen Capo aus Medellín und dessen Tötung 1993 den Kokainhandel des Kartells zumindest in Teilen in Eigenregie übernehmen konnten.

Die zentrale Strategie der Auc richtete sich mittels Gräueltaten und Massaker gegen die Zivilbevölkerung in Regionen in denen die Farc oder der Eln aktiv waren. Den Paramilitärs wird zur Last gelegt, binnen weniger Jahre mehrere zehntausende Menschen ermordet und über 1 Mio., zumeist Campesinos von ihrem Grund und Boden vertrieben zu haben. Nach Verabschiedung der sog. *Ley de Justicia y Paz* im Juni 2005 wurde mit der Entwaffnung der paramilitärischen Verbände ab Mitte 2006 begonnen. Laut Regierungsangaben soll die wenig glaubwürdige Zahl von 31. 671 Paramilitärs entwaffnet worden sein, wobei man vor Initiierung des Prozesses allenfalls von der Existenz von 10.000 Paramilitärs ausgegangen war.

Da liegt der Verdacht nahe, dass sich auf diesem Wege auch eine ganze Reihe Drogenhändler und anderer Krimineller Straffreiheit ergaunern konnte. Die einstigen Paramilitärs sollten anschließend in ein Reintegrationsprogramm aufgenommen werden, um sie auf ihre Rückkehr ins Zivilleben vorzubereiten. Der berüchtigte Gründer der Auc, **Carlos Castaño,** war bereits zuvor im Jahr 2004, mutmaßlich im Auftrag seines Bruders Vicente (alias 'El Profe') ermordet worden. Die anderen üblen Anführer **Salvatore Mancuso**, **Jorge 40** und **Don Berna** wur-

den nach ihrer Festnahme 2008 in einer Nacht- und Nebelaktion von Kolumbien an die USA ausgeliefert, nicht etwa wegen ihrer Beteiligung an Massakern, Folter und Morden, sondern aufgrund von ausgestellten Haftbefehlen wegen ihrer Verstrickung in den internationalen Drogenhandel. Sie standen damit bei der Aufklärung ihrer Verbrechen in Kolumbien der Justiz allenfalls noch fernmündlich zur Verfügung und entgingen jedenfalls bis auf Weiteres durch die Auslieferung einer strafrechtlicher Verfolgung im Ursprungsland.

Aus dem Gesetz zu «Gerechtigkeit und Frieden» ist kein Meilenstein auf dem Weg zum inneren Frieden des Landes geworden. Die Anwendung des Gesetzes hat nicht einmal im Ansatz das ernsthafte Bemühen erkennen lassen «Gerechtigkeit» zu üben, wenn der Verfassungsgerichtshof ('**die ganze Wahrheit!**') auch nachträglich die Anforderungen für die Inanspruchnahme der Straffreiheitsregelungen deutlich erhöht hat.

Den meisten Tätern aus den Reihen der Paramilitärs fehlt es ganz überwiegend an Einsichtsfähigkeit. Viele waren weder bereit, die volle Wahrheit zu sagen noch legten sie ein Bekenntnis der Reue ab. Menschenrechtsorganisationen und die Vereinten Nationen haben weitgehende Straffreiheitsrabatte selbst für schwerste Straftaten und die nicht funktionierenden Regeln zur Beteiligung der Opfer an den Verfahren sowie unzureichende Massnahmen zur Entschädigung bemängelt. Viele Opfer der Paramilitärs sehen sich bis heute Todesdrohungen durch ihre einstigen Peiniger ausgesetzt. Die Aufarbeitung der paramilitärischen Verbrechen ist vorerst im Sande verlaufen. Eine Reihe vorgeblicher Aussteiger aus der paramilitärischen Szene hat es mit einem friedlichen Neuanfang nie ernst gemeint und treibt heute ihr Unwesen im Gewande eines sich ausbreitenden regionalen Banditentums, bekannt unter der schwammigen Bezeichnung **BACRIM** (*'bandas criminales emergentes'*), zu denen u.a. die bewaffneten kriminellen Banden der Los Nevados, Los Rastrojos, Los Paisas und Águilas Negras zählen. Im anhängigen **Parapolítica-Skandal** dauern die umfangreichen Ermittlungen des obersten Gerichtshofes gegen verschiedene (ehemalige) Kongressabgeordnete und andere Amtsträger an, trotz der Drohungen und Einschüchterungen denen die Richter bei ihrer Arbeit bis heute ausgesetzt sind, auch wenn sich Präsident Santos nach Amtsantritt bemüht hat, das durch seinen Vorgänger Uribe schwer belastete Verhältnis zu den höchsten Justizorganen wieder zu normalisieren.

Man weiss, dass sich das Nest der mit den Paras verbündeten Politiker zumeist in den Viehzüchterregionen der Karibikküste befindet, in den Dep. Antioquia, Cordoba, Sucre, Atlantico. Ins Visier der Ermittler gerieten zunächst die Herren **Álvaro Araújo**, Vater und Bruder der damaligen Aussenministerin Maria Consuelo Araújo. Doch erst als der alte Araújo nach Venezuela flüchtete, musste auch seine Tochter zurücktreten. Präsident Uribe wurde noch nervöser, als der oberste Gerichtshof das Verfahren gegen seinen Cousin den Senator **Mario Uribe** eröffnete und ihn schließlich wegen erwiesener Konspiration mit den Auc zu neunzig Monaten Haft verurteilte. Er stänkerte in aller Öffentlichkeit über die Justiz und ließ seinen Geheimdienst unerlaubtermaßen die Telefonate der obersten Richter abhören. Erschreckend sind die Erkenntnisse, die über die Kollaboration des inzwischen umstrukturierten Geheimdienstes DAS mit den paramilitärischen Verbänden während der Präsidentschaft Uribes zutage gefördert wurden.

Hohe Funktionäre, einschließlich des von Uribe eingesetzten Geheimdienstchefs **Jorge Noguera** hatten die Paramilitärs mit Informationen über Gewerkschafter versorgt, die später ermordet wurden. Jorge Noguera wurde 2011 wegen Beteiligung an der Ermordung eines Soziologieprofessors in Barranquilla durch den Bloque Norte der Auc zu 25 Jahren Haft verurteilt.

Santiago, der jüngere Bruder des Ex-Präsidenten, soll in den 1990er Jahren eine paramilitärische Gruppe in Yarumal (Antioquia) mit dem Namen 'Die zwölf Apostel' befehligt haben, und selbst die Rinderfarm des Ex-Präsidenten soll als Treffpunkt von Paramilitärs gedient haben. Den einstigen Sicherheitschef des Präsidenten, Polizeigeneral a.D. Mauricio Santoyo, erwartet im amerikanischen Bundesstaat Virgina eine Anklage wegen Beteiligung am Drogenhandel der Auc. Er soll geheime Informationen geliefert und im Gegenzug diverse Vergünstigungen erhalten haben.

Natürlich sind viele der heute kursierenden Bekenntnisse der Capos und Para-Kommandeure hinter Gittern mit Vorsicht zu geniessen. Aber Álvaro Uribe selbst hat wenig zur Klärung der Vorwürfe beigetragen. Seine Statements verbreitet er wie gewöhnlich über seinen Twitter-Account, demnach er sich aus 'demokratischer und christlicher Überzeugung niemals dem Drogen-Handel, der Drogen-Guerilla oder dem Drogen-Paramilitarismus unterworfen' habe.

Staatsform

Die Republik Kolumbien ist eine präsidiale Demokratie mit einem starken Präsidenten, eine Mischform eher amerikanischen als europäischen Ursprungs. Das Volk wählt den Präsidenten, dessen Amtszeit im letzten Jahrhundert überwiegend auf den einmaligen Turnus von vier Jahren begrenzt blieb. Dieser Turnus hat Kolumbien eine lange Liste von Präsidenten beschert. Was einst als Kontrolle diktatorischer Präsidenten gedacht war, erwies sich zusehends als Hemmschuh einer kontinuierlichen Entwicklung und hat die Verfilzung des Staatsapparates beschleunigt. Ebenso wie in anderen lateinamerikanischen Staaten (Argentinien, Peru, Venezuela) wurde per Verfassungsänderung die einmalige Wiederwahl des Amtsinhabers ermöglicht.

Die Volksvertretung ist der Kongress, bestehend aus einem Zweikammersystem mit Senat und Repräsentantenhaus. Die Abgeordneten werden unmittelbar vom Volk gewählt. Mit der Verfassung von 1991 sind die föderativen Elemente im Zentralstaat Kolumbien gestärkt worden. Kolumbien ist politisch in 32 Departements und den Hauptstadtdistrikt aufgeteilt. Die Provinzgouverneure, die zuvor vom Präsidenten ernannt wurden, werden seitdem vom Volk gewählt. Auch die Rolle der Kommunen und der Bürgermeister ist durch die neue Verfassung abgesichert worden.

Justiz

Das kolumbianische Rechtssystem hat zwei ganz unterschiedliche Gesichter. Die Justiz ist grundsätzlich frei von äußeren Einflussnahmen und unabhängig. Der institutionelle Rahmen, die Regulierungsdichte und -effektivität sowie der Zugang zu den Gerichten und die Transparenz der Verwaltungswie gerichtlichen Entscheidungen verdienen im regionalen Durchschnitt grundsätzlich gute Noten.

Die höchste Instanz ist der Verfassungsgerichtshof, der *corte constitucional,* der mit der Verfassung von 1991 geschaffen wurde. Die Rechtsprechung des Corte Constitucional ist beispielhaft auch für viele andere Staaten der Hemisphäre. Engagiert und wohl durchdacht sind die vielen Entscheidungen, die insbesondere die Verteidigung der Menschenrechte betreffen. Auch auf dem Gebiet des Indigenen-Rechts hat das Verfassungsgericht einige Leitentscheidungen verfasst, die über den nationalen Bereich hinausgehen und für die internationale Indigenen-Bewegung aufschlussreich sind. Der Rechtsstaat ist bei diesem unabhängigen Verfassungsorgan in guten Händen. Ebenfalls seit 1991 gibt es einen *fiscal general de la nación* (Generalstaatsanwalt), in dessen Zuständigkeit die Verbrechen fallen, die die Sicherheit des Staates und seiner Organe betreffen. Das sind in erster Linie die organisierte Kriminalität und der Terrorismus.

Der Generalstaatsanwalt wird vom obersten Gerichtshof gewählt und klagt dort an. Seit einer Verfassungsänderung von 1999 werden auf Anfrage regelmäßig abgeurteilte bzw. festgesetzte Drogenhändler, Paramilitärs und linke Guerilleros ins Ausland, zumeist in die USA ausgeliefert. Die Einführung des Rechtsbehelfs der *Acción de Tutela* in der Verfassung von 1991 hat den Kolumbianern ein lange vermisstes Gefühl der Rechtssicherheit gegeben. Trotz vieler positiver Indikatoren leidet die kolumbianische Justiz (-verwaltung) seit Jahrzehnten aber weiterhin unter erheblichen Mängeln bei der Strafverfolgung auch bei schwersten Gewaltverbrechen (**Impunidad** = 'Straflosigkeit'). Hier belegt das Land einen traurigen hinteren Platz in den einschlägigen Statistiken internationaler Menschenrechtsorganisationen. Die Gründe für die eklatanten Defizite liegen nicht allein in der unzureichenden finanziellen wie technischen Ausstattung, Arbeitsüberlastung, uneinheitlicher Rechtsanwendung, Kompetenzgerangel und Korruption innerhalb des Systems der Strafverfolgungsorgane. Entscheidender ist das Vorhandensein mächtiger krimineller Organisationen, Polizeiwillkür, Menschenrechtsverletzungen und fehlgeleiteter Amnestieregelungen, von denen einige Tausend ehemaliger Mitglieder der paramilitärischen Verbände unverdientermaßen profitiert haben.

Kriminalität und Menschenrechte

Die konsequente Entmachtung der in den 1970-1990er Jahren allmächtigen Drogenkartelle von Medellín und Cali sowie die Entwaffnung der paramilitärischen Verbände (Auc) 2005/2006 haben die Kriminalitätsraten signifikant nach unten gedrückt. Die Modernisierung von Justiz und Polizeiorganen hat sich insoweit positiv ausgezahlt. Noch vor zwanzig Jahren hatte Medellín die höchste Mordrate der Welt, fast zweimal so hoch wie sie heute die neue 'Hauptstadt der Morde' Ciudad Juárez (Mexiko) aufweist.

Auch von den Rekordzahlen bei den Entführungen durch Guerillaverbände und kriminelle Banden ist das Land in den vergangenen zehn Jahren von 3572 Fällen (2000) auf unter 300 (2011) messbar heruntergekommen. Aufgrund vielfältiger Anstrengungen

von nationaler und internationaler Seite konnte die hohe Zahl schwerer Menschenrechtsverletzungen in Kolumbien verringert werden. Allerdings werden die Grundrechte der Bürger/innen nicht immer angemessen respektiert. Besonders betroffen sind hierbei die benachteiligten und verwundbarsten Teile der Bevölkerung, Frauen, Kinder, Campesinos, Gewerkschafter, Strafgefangene sowie die Angehörigen indigener Völker und der afrokolumbianischen Minderheit. Zu den größten Problemen des Landes gehört die anhaltend hohe Zahl an Binnenvertriebenen, die zu den besonders Leidtragenden des kolumbianischen Konfliktes um Landverteilung zählen. Sie stammen vielfach aus den umkämpften Regionen, der Departements Antioquia, Arauca, Nariño, Putumayo und Norte de Santander. Ihre Gesamtzahl beträgt 3,7 Millionen Menschen.

Die Vertreibungen gehen oftmals einher mit blutigen Auseinandersetzungen konträrer bewaffneter Gruppen um die Ausweitung ihrer Einflusssphären beim illegalem Drogenanbau, der illegalen Goldförderung oder der Plantagenbewirtschaftung mit Ölpalmen zur Gewinnung von Biosprit. Elementare Menschenrechtsverletzungen sind auch durch Militärs und Angehörige der Nationalpolizei verübt worden. Ein die kolumbianische Öffentlichkeit aufwühlendes besonders perfides Verbrechen stellt die systematische Ermordung unter Vorwand angeworbener oder entführter Jugendlicher zumeist aus dem Armenvororten der Großstädte durch Armeeangehörige dar, die man in einen Hinterhalt lockte, ermordete und in eine Farc-Uniform samt der obligatorischen Gummistiefel steckte, um sie anschließend als gefallene Guerilleros ausgeben zu können.

VERGANGENHEIT UND GEGENWART

Wie wenig ein Menschenleben in Kolumbien noch immer wert sein kann, lässt sich daran ermessen, dass die Anwerber pro Opfer 1 Mio. col$ (umgerechnet etwa 430 Euro erhielten). Und die Mörder in Uniform wurden mit Urlaubstagen belohnt bzw. befördert. Allein den mutigen Müttern von Soacha, einem Armenvorort von Bogotá ist es zu verdanken, dass sie das rätselhafte Verschwinden ihrer Kinder, denen von Anwerbern eine Arbeit weit entfernt von zuhause versprochenen worden war und ihr späteres Wiederauftauchen in einem Massengrab bei Ocaña, 500 km vom Herkunftsort entfernt, nicht schicksalsergeben hinnahmen, sondern lautstark Aufklärung und Konsequenzen durch die Regierung forderten.

Santos, damals noch Verteidigungsminister leitete eine Untersuchung ein und ließ 27 Offiziere suspendieren. Der in den Fall verstrickte Oberkommandierende der kolumbianischen Streitkräfte Mario Montoya, gerade noch gefeierter Held bei der Befreiungsaktion von Ingrid Betancourt, musste zurücktreten. Der damalige Präsident Álvaro Uribe nahm den General aus der Schusslinie und schickte ihn als Botschafter in die Dominikanische Republik. Von den durch die Generalstaatsanwaltschaft 1486 untersuchten Fällen, die in der zynischen Sprache der Militärs 'Falsos Positivos' genannt werden, sind bislang nur 82 zur Anklage gelangt (2011). Das ist ein Skandal, der erstaunlicherweise nur wenig Beachtung gefunden hat.

Das gewaltsame «Verschwindenlassen» von Personen gehört zu den bevorzugten Praktiken paramilitärischer Gruppen, des weiteren Massaker, Zwangsrekrutierungen u.a. von Kindern in den Armenvierteln von Bogotá und Medellín. Die Verbindungen zwischen Armeeangehörigen und anderen staatlichen Bediensteten und paramilitärischen Gruppen sind nicht von der Hand zu weisen. Die Regierung Santos zeigt sich jedoch, anders als zu Zeiten Uribes, Kritik gegenüber ihrer Menschenrechtspolitik aufgeschlossen und lernbereit. Sie ist offen bemüht, ein Konzept zu erarbeiten und umzusetzen, das die Gewährleistung der Menschenrechte auch garantiert. Präsident Santos hat anders als sein Vorgänger öffentlich eingeräumt, dass in Kolumbien ein 'bewaffneter interner Konflikt' existiert und damit endlich den Weg für einen vertrauensvollen Dialog mit der internationalen Gemeinschaft eröffnet. Denn nur auf diese Weise ist sichergestellt, dass die Regeln des humanitären Völkerrechts, die die Konfliktparteien ständig missachteten, nunmehr uneingeschränkt Anwendung finden können.

Die Regierung Santos hat mit der **Ley de Victimas y Restitución de Tierras** (Gesetz über die Opfer von Vertreibung und Rückgabe des Landes) von 2011 ein Gesetz verabschieden lassen, das die verheerenden Auswirkungen des missratenen Gesetzes der Vorgängerregierung über 'Gerechtigkeit und Frieden' zu korrigieren versucht. Die Vereinten Nationen sind mit einem Büro des Hochkommissariats für Menschenrechte (**UNHCHR**) in Bogotá vertreten, deren Mandat wiederholt, zuletzt bis zum 31. Oktober 2013 verlängert wurde. Des Weiteren bestehen Büros des Hohen Flüchtlingskommissars (**UNHCR**) in Bogotá, Apartado und Barrancabermeja.

Die anhaltende Kritik der internationalen Menschenrechte-NGOs **Human Rights Watch** und **Amnesty International**, die Berichte der UN- und der Interamerikanischen Menschenrechtskommission sowie die Rechtsprechung des kolumbianischen Verfassungsgerichtshofes haben zu einer kontinuierlichen Verschärfung des strafrechtlichen Instrumentariums, dem Ausschluss der Zuständigkeit der Militärstrafgerichtsbarkeit in den Fällen schwerer Menschenrechtsverletzungen durch Angehörige des Militär oder Polizeidienstes und der Einführung gesetzlicher Regelungen zur Opferentschädigung geführt. Unter den nationalen Menschenrechte-NGOs verdient die Arbeit der *Comision Colombiana de Juristas* besondere Erwähnung und Anerkennung (Büro der Comision Colombiana de Juristas). Die Menschenrechtsbüros in Kolumbien sind besonders gesichert, da die Arbeit von Menschenrechtsaktivisten in Kolumbien noch immer mit Lebensgefahr verbunden ist.

▶ Natur und Kultur

Kolumbien ist vielerorts noch immer ein ökologisches Paradies. In weiten Teilen des Amazonasbeckens und im Pazifikflachland leben die Menschen im Einklang mit der Natur. Der Alltag ist bestimmt vom Fischfang, von der Jagd und dem Anbau von Mais und Yuka. Stress, Leistungsdruck und andere Negativseiten der Zivilisationsgesellschaft haben dort noch keinen Einzug gehalten. Nach Brasilien, das allerdings sieben Mal so groß ist, ist Kolumbien das Land mit den meisten Tier- und Pflanzenarten, 10 % weltweit.

Etwa ¼ der kolumbianischen Landfläche ist von unberührtem tropischem Regenwald bedeckt. Das Land ist, wie kaum ein anderes, reich an Wasser und Wasserläufen. Doch die Zerstörung und die Verschwendung der natürlichen Ressourcen sind groß, und so verliert Kolumbien Jahr für Jahr die Wassermenge eines Flusses. Die dichte, tropische Vegetation hat Reisende vergangener Tage stets inspiriert. Sie waren begeistert von den dschungelbewachsenen Ufern des Río Magdalena, an denen entlang die Fahrt von der Küste bis zur Hauptstadt führte.

Heute sind die Ufer abgeholzt, die Sedimentation des Flusses nimmt von Jahr zu Jahr zu, der Fischreichtum ab. Der einstige Zauber verschwindet. Das größte Umweltproblem Kolumbiens ist die rasante Abholzung der Wälder sowohl im Flachland als auch in den Höhenlagen der Anden. Jährlich werden 6000 km² abgeholzt, eine alarmierende Zahl. Am stärksten betroffen sind die Kolonisationsgebiete La Macarena, Sinú, San Jorge, Daríen und die Sierra Nevada de Santa Marta. Dabei wird viel Holz einfach verfeuert. Ein Drittel der Bevölkerung nutzt ausschließlich Feuerholz zum Eigenbedarf, zur Ziegelherstellung und Panelaproduktion. Holz übertrifft die Kohle als Brennmaterial.

Die Weidefläche hat sich seit den 1960er Jahren auf über 400.000 km² verdreifacht. Große Flächen unberührten, tropischen Regenwaldes und die letzten Reste des andinen Hochwaldes sind durch Kokaplantagen oder die sich ausweitende Minentätigkeit bedroht. Zur Vernichtung der Kokapflanzungen setzt die Regierung noch immer Herbizide ein, deren Auswirkungen auf die Umwelt schädlich sind. Heiß umstritten ist der Straßen- und Bergbau in den Naturreservaten sowie auf den einzigartigen Páramos in den Höhenlagen der Anden, die für Millionen von Kolumbianern den zentralen Trinkwasserspeicher darstellen. Die Páramos des **Macizo Colombiano** sind so etwas wie das Herzstück des kolumbianischen Wasserreichtums. Hier entspringen über 50 Flüsse, darunter der Río Magdalena und der Río Caquetá. Wasser ist mit Blick auf die Zukunft als ein strategisches Gut Kolumbiens zu betrachten.

Die Frage muss erlaubt sein, ob das aktuelle Modell der wirtschaftlichen Erschließung und Entwicklung des Landes nicht sehr einseitig auf das Erzielen kurzfristiger Gewinne aus dem Rohstoffhandel abzielt und langfristig Umwelt und Artenvielfalt schädigt. Anhaltende Gefahren für den Artenreichtum bilden der illegale Tierhandel und die illegale Fischerei. Das unkontrollierte Wachstum der Städte, insbesondere von Bogotá, hat die Hauptstadt des Landes nach Mexico City, São Paulo und Santiago de Chile zur lateinamerikanischen Stadt mit der stärksten Luftverschmutzung gemacht. Ökologie und die sozialen Lebensverhältnisse gehören zusammen. Die Eingriffe in die Natur sind dort am stärksten, wo die Lebensverhältnisse am elendsten sind. Die Bekämpfung von Armut und Unwissenheit sind daher vordringliches Ziel einer wirkungsvollen Umweltpolitik, sonst bleiben gesunde Lebensverhältnisse ein teures und schickes Privileg, allein für die, die es sich leisten können.

"Feuerholz ist das einzige, was wir hier im Überfluss haben, und es wird noch Tausende von Jahren reichen."
EIN SIEDLER IM CHOCÓ

Zu den ökologischen Schätzen des Landes gehören die **54 ausgewiesenen Nationalparkflächen** und sonstigen geschützten Gebiete mit einer Gesamtfläche von mehr als 12 Mio. ha, was 12 % der Gesamtfläche Kolumbiens entspricht. Grundsätzlich wird der Ansatz verfolgt, alle Flächen mit Mangrovenbewuchs, Korallenriffe und Páramos als Nationalparks auszuweisen. Die Nationalparkflächen sind offiziell unbesiedelt. Die beiden existierenden Reservas Naturales sind zugleich ausgewiesene Indianerreservate, und einige Nationalparkflächen überlappen sich mit titulierten indigenen Resguardos (z.B. PNN Ensenada de Utría). Die Santuarios sind ausgewiesene Schutzräume inmitten oder in der Nähe besiedelter Gebiete, deren Fläche vergleichsweise klein ist. Der kleinste Naturpark ist die Isla de la Corota mit 0,08 km² in der Laguna La Cocha. Der größte Nationalpark ist der PNN Chiribiquete, ein unzugängliches Gebiet inmitten der Amazonasregion mit 12.800 km² Fläche.

Einige Nationalparks sind durch Kokaanbau und die Drogenbekämpfung aus der Luft mit *Glifosato* schwer geschädigt worden. Die Anzahl an Nationalpark-Rangern (Guardaparques) ist bei weitem nicht ausreichend, um all die umweltschädigenden Aktivitäten zu kontrollieren oder gar zu unterbinden, die in den Nationalparks vonstatten gehen. Die Parkbediensteten sind sogar mancherorts einer besonderen persönlichen Bedrohung durch Guerilla und Paramilitärs ausgesetzt. Man

Kolumbiens Biodiversität

Kolumbien ist weltweit nach Brasilien das Land mit dem höchsten Anteil an Biodiversität (DNA, Arten, Ecosysteme).

Bei 0,7 % der weltweiten Landoberfläche beherbergt Kolumbien 10 % aller lebenden Organismen im Bereich von Flora und Fauna.

Kolumbien ist die Nr. 1 bei Vögeln (1.801 Arten) und Orchideen (4.010 Arten).

Kolumbien ist die Nr. 2 bei der Pflanzenvielfalt (ca. 41.000 Arten) und Amphibien (763 Arten), Süßwasserfischen (1.435 Arten), Schmetterlingen (3.273 Arten).

Kolumbien ist die Nr. 3 bei Reptilien (506 Arten) und Palmen (231 Arten).

Kolumbien ist die Nr. 4 bei den Säugetieren (479 Arten).

Kolumbien besitzt weltweit 10% aller Säugetierarten, 14% aller Amphibienarten und 18% aller Vogelarten.

Farbenfroher Königsgeier (Sarcoramphus papa)

versucht, in allen Nationalparks eine funktionierende Verwaltung und Kontrolle einzurichten. Insgesamt schätzt man, dass in Kolumbien in den letzten Jahren 39 Mio. ha Waldfläche infolge des internen bewaffneten Konfliktes zerstört worden sind. Nach Angaben des kolumbianischen Umweltministeriums werden für einen Hektar Kokafläche drei Hektar Wald gerodet. Die Regierung sucht nach Möglichkeiten der Kooperation mit der lokalen Bevölkerung, um die Koka-Anbauflächen manuell zu beseitigen und anschließend durch alternative Produkte wie Kakao und Kaffee zu ersetzten. Solche Ansätze sind bereits in Peru mit Erfolg gestartet worden und werden auch in Kolumbien mit Nachdruck weiter verfolgt.

Noch heute werden im kolumbianische Regenwald neue Affenarten entdeckt:

Mönchsaki (Pithecia monachus monachus)

Kolumbien hat einen hohen Anteil endemischer Tier- und Pflanzenarten:

Säugetiere	34
Reptilien	115
Amphibien	230
Vögel	67
Gefäßpflanzen	1500

QUELLE: INSTITUTO ALEJANDRO DE HUMBOLDT, BOGOTÁ (2012)

Tipp! Auf einer Kolumbienreise, zumal in die Llanos, den Chocó und das Amazonasgebiet gehört ein Vogelbestimmungsbuch ins Gepäck. Zu den umfassenden Standardwerken gehören **Birds of South America** und **Birds of Colombia** Steven L. Hilty und William L. Brown, Verlag B&T (englisch).

Religion

In Kolumbien herrscht Religionsfreiheit. Der überwiegende Teil der Bevölkerung ist römisch-katholischen Glaubens. Jungfrauen und Heilige spielen eine bedeutende Rolle im Leben der Gläubigen. Am populärsten ist die *Virgen del Carmen*. Sie ist die Schutzheilige der Autofahrer und Kaufleute. Für die Kirche ist die *Virgen von Chiquinquirá*, die Schutzheilige Kolumbiens, am wichtigsten.

Die bedeutendsten Wallfahrtsorte des Landes sind Buga mit dem Señor de Buga, der Monserrate in Bogotá mit dem gleichnamigen Señor und das Santuario de Las Lajas mit der gleichnamigen Señora. Der Montag ist der Tag der Seelen, *dia de las animas*. Auf den Friedhöfen werden den Toten zum Gedenken Kerzen angezündet.

Literatur

Die Literatur Kolumbiens ist vielfältig und interessant, wobei nicht nur Gabriel García Márquez zu erwähnen ist. Die Städte mit großer literarischer Tradition sind Bogotá und Barranquilla. Auffallend ist, dass viele der bedeutenden zeitgenössischen kolumbianischen Schriftsteller und Autoren im Ausland leben und zumeist erst aus der Distanz zum Heimatland ihren einzigartigen Stil und ihre besondere Stimme entwickeln und entfalten konnten. Diese Feststellung trifft auf **Gabriel García Márquez** ebenso zu, der Teile seines Hauptwerkes in Paris verfasste, wie auf den noch jungen **Juan Gabriel Vásquez**, der mit Anfang zwanzig Kolumbien verlassen hatte, seine Obsession für die Besonderheiten des Herkunftslandes erst im Ausland entdeckte und seinen Romanen zugrunde legte. Wie alle anderen lateinamerikanische Länder hat Kolumbien einen besonderen Hang zur Poesie.

Gedichte sind weit populärer als in Europa, und jeder Kolumbianer kann wenigstens ein Gedicht rezitieren. Der Philosoph der Großstädte, insbesondere von Bogotá ist Friedrich Nietzsche.

Literaturliste Top 5

1) Hundert Jahre Einsamkeit
VON GABRIEL GARCÍA MÁRQUEZ

2) Killing Pablo
VON MARK BOWDEN

3) Die Informanten
VON JUAN GABRIEL VÁSQUEZ

4) Das spröde Licht
VON TOMÁS GONZÁLEZ

5) Brief an einen Schatten
VON HÉCTOR ABAD

Sein Thema, der vereinzelte Überlebenskampf des Menschen in einer anonymen Gesellschaft, spielt sich hier tagtäglich ab. Die Gedanken der jungen Intellektuellen kreisen um Katholizismus, Buddhismus und Atheismus.

Bedeutende Schriftsteller Kolumbiens sind:

Jorge Isaak (1837-1895)
Nicht etwa Gabriel García Márquez, sondern Jorge Isaak hat 1867 den populärsten Roman Kolumbiens geschrieben, «María». Inzwischen hat der Roman über 50 Ausgaben erreicht und war jedenfalls bis zum weltweit einsetzenden Megaboom der (neuen) lateinamerikanischen Literatur durch Gabriel García Márquez und Isabel Allende in den 1970er Jahren, das meist gelesene Buch in Lateinamerika. «*María*» ist die Geschichte der unglücklichen Liebe zwischen María und Efraim. Die verwaiste Cousine María wird von den begüterten Eltern Efraims ins Haus genommen. Die beiden verlieben sich. Efraim wird zum Studium nach Europa geschickt. María erkrankt schwer und spürt ihr Ende nahen. Sie bittet den Geliebten zurückzukehren. Als Efraim eintrifft, findet er ihr Grab vor. Dieser Roman ist sentimental, bisweilen schwülstig und gewürzt mit einem kräftigen Schuss Südstaatenromantik. Das Buch ist Pflichtlektüre an den Schulen.

José Asuncion Silva (1865-1896) gilt als der größte Poet Kolumbiens, obwohl nur wenige Gedichte von ihm bekannt sind. Das bekannteste Gedicht *Nocturno* steht in der Tradition der Dichtung von Baudelaire und Rimbaud. Wer eine Lupe zur Hand hat, kann das Gedicht von der Rückseite der 5000 Peso Note rezitieren. Silva hatte in jungen Jahren das Bohemeleben in Paris kennengelernt und wollte davon auch im bäuerlichen Bogotá nicht lassen. Der Dandy erntete Hohn und Spott und setzte sich eine Kugel ins Herz, genau an die Stelle, die er sich von seinem Hausarzt zuvor hatte markieren lassen.

León de Greiff (1895-1976) hat ein umfangreiches dichterisches Werk hinterlassen, das im Ausland bedauerlicherweise kaum bekannt ist. Der Nachkomme schwedischer und deutscher Vorfahren war ein kreativer, universeller Kopf, der den weit verbreiteten Romantizismus und den Provinzialismus hart kritisierte. Sein Leben wie sein künstlerisches Schaffen stecken voll überraschender Wendungen. Mit 18 Jahren war er der Privatsekretär des Liberalenführers Uribe Uribe, später Kassierer bei der Banco Central, Angestellter der Cauca-Eisenbahn, Zeitungsverleger und Diplomat in Schweden. Sein Werk ist einzigartig. In jungen Jahren dadaistisch, später tropisch magisch, als er im Dschungel

León de Greiff in der Metro von Medellín

von Bolombolo weilt, nihilistisch und sarkastisch in Bogotá. Die bekanntesten Texte sind *Variaciones alrededor de nada* («Variationen um das Nichts») und *Prosas de Gaspar*.

Ein weiterer bedeutender Dichter ist **Aurelio Arturo** (1906-1974). Sein berühmtes Gedicht heißt **Morada al Sur**, das einzige, das zu seinen Lebzeiten veröffentlicht wurde, und unmittelbar nach Erscheinen den Nationalpreis für Dichtung «Guillermo Valencia» zugesprochen erhielt. Wie nicht wenige der bedeutenden Schriftsteller Kolumbiens war Arturo von Haus aus Jurist und bekleidete hohe Funktionen als Militär- und Arbeitsrichter, war Kulturattaché und Universitätslehrer.

Nicolás Gómez Dávila (1913-1994) Der die meiste Zeit seines Lebens in Bogotá zurückgezogen lebende Denker und Aphoristiker gehört zu den großen Unbekannten des vergangenen 20. Jahrhunderts. Nicolas «Colacho» Gómez, wie man ihn in Kolumbien nennt, ist ein entfernter Nachfahre des kolumbianischen Unabhängigkeitshelden Antonio Nariño. Seine Thesen sind klar, knapp und eindeutig gegen die Moderne gerichtet, die Titel seiner Bücher aber um so sperriger. Sein Hauptwerk nennt sich *Escolios a un texto implicito*. (dt. «Schollen zu einem imaginären Text»), ein Beleg, dass es Gómez Dávila auf das Fragmentarische abgesehen hatte. Der Teufel, der Staat und die Technik haben in ihrer Dreifaltigkeit vom Menschen der Neuzeit Besitz ergriffen und damit sein Schicksal besiegelt. Öde allerorten. In der Rigorosität seines Denkens zeigt sich eine gewisse Nähe zu Nietzsche, aber auch der große Unterschied. Gómez Dávila ist Katholik und er glaubt im Gegensatz zum deutschen Nihilisten an die Metaphysik. Der Büchermensch hätte viel-

José Eustasio Rivera (1888-1928)

Der Poet und Erzähler hat in den 1920er Jahren vor allem durch den Roman *La voragine* auf sich aufmerksam gemacht. Das Buch schildert die Geschichte des Ausbruchs aus der städtischen Welt von Bogotá hinab in die Niederungen von Llanos und Amazonas und ist außerhalb der Grenzen Kolumbiens ein literarischer Geheimtipp geblieben. Dschungelabenteurer und Literaturkenner, wie der weltbekannte französische Strafverteidiger Jaques Verges, der u.a. den Top-Terroristen *Carlos* und den Nazi Klaus Barbie verteidigte, schätzen den kolumbianischen Kollegen hingegen höher ein als die meisten Vertreter der aktuellen lateinamerikanischen Literatur. José Eustasio Rivera wurde am 19. Februar 1888 in San Mateo (heute Rivera) bei Neiva geboren. Während der Schulzeit schrieb er Gedichte, die von den beiden damals vorherrschenden Stilrichtungen, dem Romantizismus und dem Modernismus, beeinflusst waren.

1912 begann er mit dem Jurastudium an der Universidad Nacional in Bogotá, schrieb einige kurze Theaterstücke und machte 1917 sein Abschlussexamen mit dem drögen Thema «Die Erbauseinandersetzung».

Befreit von der Last der unendlichen kolumbianischen Dekrete und Gesetzeswerke begann seine Karriere als Dichter und Autor. In Sonettenform erschien 1921 *Tierra de Promisión*, das «Gelobte Land», eine schwärmerische Hinwendung an die Natur, an den Dschungel, die Berge und die weiten Ebenen. Als Teilnehmer der kolumbianisch-venezolanischen Grenzkommission lernte er die unerforschten Weiten des östlichen Kolumbiens kennen, die Unendlichkeit der Wälder, die Grausamkeit der Kautschukzeit. Die gesammelten Eindrücke inspirierten Rivera zu *La voragine*. In dem Roman sind die Träume aus dem «Gelobten Land» verflogen, die Schwärmerei vorbei. Der Dschungel hält Rivera fest im Griff, der Regenwald hat sich in eine Falle verwandelt.

Am Ende der Geschichte telegrafiert der kolumbianische Konsul in Manaus an den Minister: «Seit Fünf Monaten sucht man sie vergeblich. Keine Spur von ihnen. Der Wald hat sie verschlungen.» José Eustasio Rivera starb am 1. Dezember 1928 während einer Lesereise, einsam in einem seelenlosen Appartement in New York, nur 40 Jahre alt. Die sterblichen Überreste wurden mit einem Bananendampfer nach Barranquilla überführt und dann auf einer Triumphfahrt den Río Magdalena stromaufwärts in die Hauptstadt gebracht. Am 9. Januar 1929 wurde Rivera unter Anteilnahme der ganzen Bevölkerung von Bogotá auf dem Zentralfriedhof beigesetzt.

leicht auch in Berlin oder Buenos Aires beheimatet sein können, denn letztlich blieb Bogotá ihm ein abstrakter Ort, der seine antimoderne Einstellung vermutlich gefördert hat.

Álvaro Mutis (geb. 1923)

Der Dichter und Erzähler ist oft mit Joseph Conrad verglichen worden. Seine Romane sind in deutscher Sprache erhältlich. *Der Schnee des Admirals, Die letzte Fahrt des Trampsteamer, Ein schönes Sterben.* Hauptfigur und alter Ego des Autors ist der Abenteurer und Seefahrer Gaviero Maqroll.

Gabriel García Márquez (geb.1929)

Gabriel García Márquez ist mehr als nur der international bekannteste Schriftsteller Kolumbiens, in seinem Heimatland ist er ein lebendes Nationaldenkmal. Nach der Auszeichnung mit dem Nobelpreis für Literatur 1981 wird er in Kolumbien in einem Atemzug mit Beethoven und Einstein genannt. Seine Ansichten sind gefragt, sein Einfluss reicht weit über die Literatur hinaus, in die kolumbianische Politik und die öffentliche Weltmeinung. Seine Interessen und Talente sind weit gespannt und reichen vom Aufbau eines Filminstitutes auf Kuba über sein Engagement für eine kritisch profunde und literarisch profilierte Journalistenausbildung, zu vereinzelten Ausflügen ins Verlagsgewerbe und die internationale politische Diplomatie. Legendär sind seine Freundschaften zum ehemaligen US-Präsidenten Bill Clinton und zu Kubas einstigem Staatschef Fidel Castro. Der unbestrittene Meister für alle literarisch ambitionierten Generationen weit über die Landesgrenzen hinaus hat sich seit einiger Zeit zurückgezogen. Er gilt bereits zu Lebzeiten als Klassiker nicht nur der kolumbianischen, sondern der Weltliteratur. García Márquez stammt aus dem kleinen Dorf Aracataca in der Nähe von Santa Marta. Zu Beginn seiner Karriere arbeitete er als Zeitungsjournalist, u. a. für den El Espectador in Bogotá. Auch wenn García Márquez mittlerweile überall zuhause ist, bevorzugt er doch die Karibikküste. Seine Figuren und Schauplätze stammen von dort. An ihnen hat er seine reiche Fabulierkunst entwickelt.

García Márquez hat die karibische Küste Kolumbiens in ein literarisches Universum verwandelt mit dem abgeschiedenen Ort Macondo als Zentrum. Gerade der europäische Leser findet hier die Darstellung von Leidenschaften in tropischer Atmosphäre, die man in Europa so schmerzlich vermisst. Diese Stilrichtung wird als *realismo maravilloso* bezeichnet und hat Dutzende von Nachahmern gefunden. Wer Kolumbiens Karibikküste entlang reist, sollte daher unbedingt ein Buch von García Márquez dabei haben. Viele Anspielungen der Romane finden sich auf der Straße wieder. Der Zauber der Bücher fesselt den Leser wie das Land den Reisenden. Sein bekanntestes Werk ist «Hundert Jahre Einsamkeit», das die hundertjährige Geschichte der Familie Buendia und die Macondos schildert. Neben seinen erzählerischen Qualitäten ist es ein ideales Reisebuch, das die Sierra Nevada de Santa Marta, Riohacha und Valledupar beschreibt. Vortrefflich als Reisebücher eigenen sich auch «Die Liebe in den Zeiten der Cholera» und «der General in seinem Labyrinth». Mit den Liebenden Fermina Daza und Florentino Arizas in «Die Liebe in den Zeiten der Cholera» lernt man unter anderem das bürgerliche Viertel La Manga in Cartagena kennen und erfährt von den Neuerungen an Kolumbiens Karibikküste um die Wende zum 20. Jahrhundert. Und dann kann man mit dem Liebespaar den Río Magdalena hinauf reisen, begleitet vom Sirenengesang der Seekühe, dem Papageiengekreische und dem Lärm der Affen. Klar identifizierbar sind die Ortsnamen und Beschreibungen in der Darstellung von Simón Bolívars letzter Reise in «Der General in seinem Labyrinth», die ihn von Bogotá über Guaduas, Honda, Mompox, Zambrano, Barranquilla den Río Magdalena hinunterführt. Schade ist nur, dass der Schiffsverkehr auf dieser Traumstrecke nicht nur für Verliebte und entmachtete Generäle wohl endgültig vorbei ist.

Fernando Vallejo (geb. 1942)

Der aus Medellín stammende Fernando Vallejo residiert wie seine Kollegen Álvaro Mutis und Gabriel García Márquez in Mexiko-Stadt. Doch sein gesamtes privates wie berufliches Interesse gilt dem Herkunftsland. Fernando Vallejo leidet sichtlich an den Zuständen in Kolumbien. Er kann seine Wut kaum zügeln, und immer wieder aufs Neue sucht er die Provokation gegenüber der Gesellschaft, der offiziellen Politik und der (katholischen) Kirche. Fernando Vallejo zeigt sich wenig in der Öffentlichkeit und führt seine Interviews vorzugsweise per E-mail oder Telefon. «Colombia es una enfermedad» - «Kolumbien ist eine Krankheit» bricht es dann aus ihm heraus. «Mein Elternhaus war schlecht und draußen war's noch schlechter.» «Niemals kehre ich in dieses Land zurück, lieber schmore ich in der Hölle.» Solche Aussagen nehmen ihm die Landsleute gar nicht einmal übel. Seine Bücher kommen in Kolumbien gut an. Viele Kolumbianer/innen haben dem Heimatland den Rücken gekehrt, ohne sich gedanklich von ihm zu verabschieden. Die stark autobiographischen Geschichten - Vallejo mag die Bezeich-

nung «Romane» nicht - erzählt er ausschließlich in der Ich-Form. Für Vallejo existiert kein allwissender Gott und erst recht kein allwissender Erzähler. *La Vírgen de los Sicarios* («Die Madonna der Mörder») ist sein international bekanntestes Buch, verfilmt durch den amerikanischen Regisseur Barbet Schroeder, der ebenfalls in Kolumbien aufgewachsen ist. Weitere Werke sind *El desbarrancadero; La Rampla paralela* und *Mi hermano el alcalde*.

Germán Castro Caycedo (geb. 1940) ist einer der populärsten Schriftsteller und Journalisten des Landes. Seine Bücher sind Bestseller und werden vom Schuhputzer bis zum Bankpräsidenten gelesen. Er greift aktuelle spezifisch kolumbianische Themen journalistisch auf und verwandelt sie in spannende Reportagen. Am bekanntesten sind *El Hueco*. Es behandelt den illegalen Grenzübertritt von Kolumbianern in die USA; *La Karina*, die Geschichte des Schmugglerschiffes, mit dem die Guerilla Drogen gegen Waffen eintauschte. Seine Bücher wurden zwar ins Französische, Rumänische und Ungarische übersetzt, aber eine Übersetzung ins Deutsche steht noch aus.

Tomás González (geb. 1950) ist ein Schriftsteller mit Stationen in Miami, New York und Bogotá. Sein jüngst veröffentlichter Roman «Das spröde Licht» ist die herzzerreißende Geschichte eines kolumbianischen Malers zwischen New York und Kolumbien, zwischen Erinnern und Vergessen. Ein brisantes Thema, die Sterbebegleitung von Angehörigen, verpackt in einen leichtgängigen Kurzroman, der auch dank der erstklassigen Übersetzung durch den Publizisten **Peter Schultze-Kraft** eine meisterliche Geschmeidigkeit in Form und Sprache aufweist.

Ein weiterer bedeutender Autor ist

der 1958 ebenfalls in Medellín geborene **Héctor Abad**. Über die Ermordung seines Vaters durch rechte Paramilitärs hat er das beeindruckende Erinnerungsbuch «Brief an einen Schatten» verfasst.

William Ospina (geb. 1954) zählt zu den herausragenden literarischen wie politischen Essayisten und Dichtern seiner Generation. In ¿Donde está la franja amarilla? («Wo ist der Silberstreif am Horizont?») hat er die kolumbianische Situation glänzend analysiert. Mit seiner Romantrilogie reüssierte er auch als viel versprechender Romancier.

Juan Gabriel Vásquez (geb. 1973) hat seine frühe Meisterschaft mit einigen komplexen Romanen bereits unter Beweis gestellt, zu denen insbesondere «Die Informanten» und «El ruido de las cosas al caer» («Der Lärm herabfallender Dinge») zu zählen sind. Sein stringenter Schreibstil und lakonischer Tonfall widerlegen schon nach der Lektüre der Eingangssätze alle falschen Vorstellungen, die man sich über lateinamerikanische Autoren der Gegenwart zu machen pflegt. Barocke Schwülstigkeit und Exotismus sucht man hier vergebens. Literaturnobelpreisträger Mario Vargas Llosa nannte ihn «eine der originellsten neuen Stimmen der lateinamerikanischen Literatur».

Malerei & Bildhauerei

Die **bildende Kunst** der Neuzeit war bis Mitte dieses Jahrhunderts stark von ausländischen Vorbildern geprägt. Besonders die Wandgemälde erfreuten sich großer Beliebtheit. Oft wurde der Stil des mexikanischen Muralisten Diego Rivera kopiert. Die Wohn- und Arbeitshäuser der Künstlergeneration, die zu Beginn dieses Jahrhunderts geboren wurde, sind heute farbenprächtige und verspielte Museen. In Lateinamerika ist das Bedürfnis besonders stark, dem Besucher nicht nur einen Einblick in das Schaffen, sondern gleichzeitig in die Seele zu geben. Hervorzuheben sind in diesem Zusammenhang **Pedro Nel Gómez** (1899-1984), Medellín, **Luis Alberto Acuña** (1904-1993), Villa de Leyva, **Efraim Martinez Zambrano** (1898-1956), Popayán. **Enrique Grau, Edgar Negret, Alejandro Obregón, Eduardo Ramírez Villamizar** werden zu den vier kolumbianischen Meistern der Generation der 1950er Jahre gerechnet. Überragend und weltweit bekannt sind die Werke von **Fernando Botero,** dessen Arbeiten die teuersten eines lebenden lateinamerikanischen Künstlers auf dem internationalen Kunstmarkt sind.

Alejandro Obregón (1920-1992) gehört zu den Begründern der Moderne in Kolumbien. Beeinflusst von Picasso, entwickelte er einen Stil voller Symbolik. Er setzte sich mit aktuellen und unbequemen Themen Kolumbiens auseinander. Eines seiner bekanntesten Werke heißt La Violencia.

Der Maler und Bildhauer **Eduardo Ramírez Villamizar** (1923-2004) stammte aus Pamplona, unweit der Grenze zu Venezuela, studierte in den 1940er Jahren zunächst Architektur an der Universidad Nacional in Bogotá, wandte sich dann aber zügig der Malerei zu und machte erste künstlerische Auslandserfahrungen in Paris. Er gilt in Kolumbien als der Begründer der modernen abstrakten Kunst und ist bekannt für seine Werke, die sich strenger Geometrie unterwerfen. Bei seinen plastischen Arbeiten dominieren die Materialien Eisen und Holz.

Enrique Grau (1920-2004) sorgte auf dem 1. Salon Nacional 1940 mit seiner lasziven «Mulata Cartagenera» für Aufmerksamkeit. In späteren Jahren wandte sich Grau der Tierwelt zu. Seine «Galápagos»-Serie umfasst 29 Kohle- und Buntstift Zeichnungen. Dabei hat er den Iguanas die gleiche Liebe gewidmet wie früher den Mulatas. Noch ein anderes Tier hat die Aufmerksamkeit des lebenslustigen Costeños erregt. Dem schwarzen Flattervogel, der «Karibikamsel», die in Cartagena an jeder Straßenecke hüpft, pickt, pfeift und ihr Hinterteil zur Kühlung der Karibikbrise entgegenstreckt, gelten seine jüngsten Arbeiten. Es ist nicht verwunderlich, dass diese Vögel im Volksmund «María-mulata» genannt wird. Wer sich von Cartagenas Altstadt auf den Weg nach Bocagrande macht, passiert hinter der Stadtmauer die vom Künstler geschaffene überdimensionale Bronze des neu entdeckten Wappenvogels der Stadt.

Bronze von Fernando Botero

Der bekannteste bildende Künstler Kolumbiens ist **Fernando Botero** (geb. 1932). Seine «Dicken» sind längst Kunstgeschichte. Botero ist im Departement Antioquia aufgewachsen, und sein vollkommen einzigartiger Stil hat seine Wurzeln in der populären Kultur. Botero ist kein Avantgardist, aber ein schillernder Exzentriker. In der Entwicklung seines Personenkultes und in seinen Statements kann er dem Vergleich mit Salvador Dalí standhalten («Von allen kolumbianischen Künstlern bin ich der kolumbianischste»). Er ist jedenfalls der ideale Künstler des Medienzeitalters. 23 seiner typischen Bronzen bevölkern nun die Plaza Botero in Medellín, der Künstler selbst wohnt in Paris und New York.

Fernando Botero ist alles andere als ein stiller Künstler. Er versucht mit seiner Kunst Einfluss auf die Politik und die gesellschaftlichen Entwicklungen zu nehmen. Er bezieht öffentlich Stellung gegen Missstände in der Welt, wie mit seinem Bilder-Zyklus über die Folterverbrechen der US-Armee im irakischen Gefängnis von Abu Ghuraib. Was bei anderen bildenden Künstlern an Selbstüberschätzung grenzen würde, gilt nicht für Fernando Botero. Der Unbequeme ist ein Künstler von Weltrang, der es glänzend versteht, die internationalen Medien für sein Anliegen einzunehmen und sie zum Sprachrohr seiner Ideen zu machen.

Eine Ausnahme- und Außenseiterstellung innerhalb der kolumbianischen Kunst nimmt **Guillermo Wiedemann** (1905-1969) ein. Der von den Nazis verfemte deutsche Künstler fand sein Paradies an den Stränden des Pazifiks und malte die Welt der Schwarzen. Später wandte er sich einem eigenständigen abstrakten Stil zu.

Zur nachfolgenden Generation gehören Luis Luna, Carlos Jacanamijoy, Catalina Mejía, Luis Fernando Roldán und Carlos Salas. Zu sehen bekommt man die neue kolumbianische Kunst zumeist in den vielen Galerien von Bogotá und im Museum für Moderne Kunst.

Luis Luna (geb.1958) hat fünf Jahre an der Akademie für Bildende Künste in Berlin studiert. Sein abstraktes Werk ist geprägt von leuchtenden Farben mit einer Vorliebe für Gelb- und Blautönen. Luis Luna ist ein nachdenklicher Maler, der tiefgründige Fragen stellt, wenn er die Eindrücke von seinen ausgedehnten Reisen in *La ruta de la seda, La ruta del caucho, Arizona, Amazonas* u.a. verarbeitet.

Carlos Jacanamijoy (geb. 1964) ist ein Liebling der Bogotá-Schickeria, die sich um seine großformatigen, heiteren und farbigen Gemälde reißt. «Jaca», wie ihn seine Freunde nennen, ist ein Inga-Indianer, der vom Putumayo stammt, und auch in seinem Atelier im Künstler-Barrio La Macarena in Bogotá ist er vom Geist des Dschungels erfüllt. Jacanamijoy verfertigt keine indigenfolkloristische Artesanía, sondern orientiert sich an den allgemeinen Fragen und Herausforderungen der zeitgenössischen Kunst und den großen Vorbildern der Kunstgeschichte von Velázquez bis Picasso.

Catalina Mejía (geb. 1964), die in New York ausgebildete Konzeptkünstlerin arbeitet meist mit Acryl auf Leinwand und bevorzugt Schwarz/Weiß.

Carlos Salas (geb.1957) studierte in Paris, liebt großformatige Bilder und seinen Leitspruch hat er bei Picasso entliehen: «Der schlechte Maler malt, was er verkauft, der gute Maler verkauft, was er malt».

Luis Fernando Roldán (geb. 1955) der vielfältige Caleño begann seine Karriere in der nordamerikanischen Provinzstadt Milwaukee. Roldán malt hauptsächlich abstrakt mit gelegentlichen Ausflügen in die Konzept- und Experimentalkunst.

Neben der Malerei ist die Bildhauerei eine der bedeutendsten Ausdrucksformen kolumbianischer Künstler. Skulpturen und Monumente bestimmen viele Innenstädte. Viele historisch und städtebaulich bedeutsame Orte durfte **Rodrigo Arenas Betancourt** (1919-1995) gestalten. Seine unkonventionellen Interpretationen des Nationalheiligen Simón Bolívar reizen zum Widerspruch. In Pereira hängt ein nackter Bolívar auf einem fliehenden Pferd (*Bolívar Desnudo*), in Manizales hat er als Vogelmensch seine Schwingen ausgebreitet (*Bolívar Condor*). Andere bedeutende Werke Betancourts sind das *Monumento a la Vida* in Medellín und das *Monumento a Los Lanceros* zum Gedenken an die Befreiungsschlacht im Pantano de Vargas. Zu den ungewöhnlichen Künstlern zählt **Edgar Negret** (1920-2012). Negret schraubt seine Metallwerke zusammen, und viele seiner rostrot bemalten «Schnecken», «Türme» und «Turbinen» stehen an den Eingängen öffentlicher Gebäude in Bogotá und anderswo. Negret gelingt es, der starren Kälte des Metalls mit einer konzentriert und kontrolliert eingesetzten Farbgebung in perfekter Weise Bewegung einzuhauchen. Eine seiner schönsten Serien entstand ab 1980 unter dem Eindruck eines Besuchs der Inkaruinen von Machu Picchu (Peru), als er das Universum der Inka in Metall und Farbe umsetzte. *La Luna* in Grau kreist um *El Sol* in Gelb. In *Fiesta Andina* stürzen zwei massive Blöcke in Grauschwarz aufeinander zu und werden von zärtlich verschlungenen Metallbändern in Violett, Gelb, Rosa im Gleichgewicht gehalten.

NATUR UND KULTUR

Musik

Vallenato

Das ist die Musik, die der Besucher zu allererst hören wird. In den Bussen und Bars des Landes dominiert der Vallenato. Wer längere Zeit im Land unterwegs ist, der wird viele Lieder mitsingen oder zumindest mitpfeifen können, weil diese Evergreens sich stets wiederholen «Hay amor de mi juventud... », «Hay el amor hace el dolor y dolor no quiero». Diese Musik, die einst auf Valledupar und die Guajira begrenzt war, ist heute die populärste Musik Kolumbiens, und das Vallenatofieber hat auch die Nachbarländer Venezuela, Ecuador und Peru erfasst. Der Vallenato ist die Musik Macondos, und so war Gabriel García Márquez einer der Initiatoren, die 1968 das Festival de la Leyenda Vallenata in Valledupar ins Leben riefen. Dieses Festival ist neben dem Karneval von Barranquilla das wichtigste und ausgelassenste des Landes. Hier wird der Rey gekrönt, der König des Vallenatos.

Eine Vallenatogruppe besteht aus drei Instrumenten, dem Akkordeon, einer kleinen Trommel und der guacharaca, einer Art Reibeholz. Der Sänger trägt seine Geschichten mit sonorer, bisweilen schriller Stimme vor und singt gegen den Rhythmus der Instrumente an. Die Ursprünge der Musik wurzeln in so unterschiedlichen Stilrichtungen wie dem Son, dem Merengue und dem Paseo. Die Texte verkünden Alltagsgeschichten ebenso wie unglaubliche Begebenheiten, und auf den Dörfern um Valledupar lauschen die Zuhörer auch heute noch gebannt den Neuigkeiten, die der Sänger zu erzählen hat. Die ersten Vallenatomusiker waren denn auch ungebundene Leute, unseren Bänkelsängern vergleichbar, die von Ort zu Ort zogen. Der berühmteste ist Francisco el Hombre, nach dem die Bühne des Festivals benannt ist. Er soll vom Teufel zu einem Akkordeonwettstreit herausgefordert worden sein, den er gewinnen konnte. So genau weiß man nicht, ob er gelebt hat, jedenfalls ist er heute Legende. Zu den größten Vallenateros gehören der

Vallenato mit Akkordeon und Vueltiao

1. König des Festivals *Alejandro Durán Diáz, Colacho Mendoza* und der Komponist *Rafael Escalona*. Außerdem verdienen Erwähnung *Emiliana Zuleta*, der Schöpfer des Klassikers *La Gota fría*, und die Songs von *Patricia Tehéran*. Die jüngere Generation hört den 1961 geborenen *Carlos Vives*. Mit der Rockversion altbekannter Melodien (*Clasicos de la Provincia, 1993*) verkaufte er in nur drei Monaten 600.000 Scheiben. Er erhielt 2002 in der Kategorie «Bestes traditionelles Latin-Album» einen Grammy. *Clasicos de la Provincia II* entstand 2009.

Salsa

Salsa gehört zu den populärsten Musikrichtungen Lateinamerikas. Als Fidel Castro 1959 auf Kuba die Macht übernahm, verließen viele der kubanischen Musiker die Zuckerinsel und setzten nach Miami über. Dort wie in New York gründeten sie ihre Clubs, wo zu den wilden Rhythmen der lateinamerikanischen Klänge getanzt wurde. Die Amerikaner vergaßen den biederen Dixieland und stürzten sich ins Salsafieber. Allerdings hieß diese Musik zu jener Zeit noch nicht Salsa, sondern Cha-Cha-Cha, Mambo, Son und Changó. **Mambo** kommt aus dem afrikanischen Mambúr, das sind liturgische Gesänge der Geistlichen aus dem Kongo. Changó ist der Gott des Feuers und der Männlichkeit und eine androgyne Figur. Der **Son** ist ein gefühlsbetonter, langsamer und sensibler kubanischer Tanz. Die Bezeichnung Salsa ist der später kreierte kommerzielle Begriff für diese Musikrichtung. Die besten Interpreten kamen aus Kuba. Die «Königin des Salsa» ist immer noch Celia Cruz, über ihren Tod im US-amerikanischen Exil am 10. Juli 2003 hinaus. Die kubanischen Combos Irakere und Los Van Van sind neben ihr und Ruben Blades in Europa am bekanntesten.

Salsa erreichte Kolumbien erst Mitte der 1960er Jahre, beeinflusste aber den Musik- und Tanzstil der Kolumbianer um so nachhaltiger. Anfangs als schwarze «Unterschichtspogo» von den Eliten in Bogotá und Medellín abgetan, wandelte sie sich zur Musik der oberen Schichten. Der Variantenreichtum an Tanzfiguren ist atemberaubend. Die Zentren der Salsamusik in Kolumbien sind Cali und Barranquilla. Die beste Gelegenheit, diese Musik zu erleben, bietet vielleicht die Feria de Cali und der Karneval von Barranquilla. Der wichtigste Salsamusiker des Landes ist der 1955 geborene Alvaro José «*Joe Arroyo*». Seine größten Hits sind *Lloviendo, Dos Caminos, Catalina del Mar*. Noch bekannter sind heute die Salsaorchester Guayacán und Grupo Niche. Die Musiker beider Gruppen stammen mehrheitlich aus dem Chocó. Sie verbinden Salsa mit Folkloreelementen der Pazifikküste. Während Guayacán sich eher der puertoricanischen Linie genähert hat, spielt Grupo Niche Salsa gemischt mit Cumbiaelementen.

Cumbia

Von allen Musikvarianten der Karibikküste lebt die Cumbia mit ihren Variationen (Porro, Fandango) aus der Mischung schwarzafrikanischer und indianischer Elemente sowohl in der Musik als auch im Tanz. Die wichtigsten Instrumente sind die *gaita*, indianischer Herkunft, und die Tamborine, afrikanischen Ursprungs.

Die *gaita* ist eine Pfeife, die aus dem Rohr des *cardón*-Kaktus gefertigt wird. Das Mundstück wird aus Bienenwachs mit Kohlepulver geformt und der Kiel einer Entenfeder als Mundstück aufgesteckt. Die erzeugten Töne sind einem

Dudelsack nicht unähnlich. Es gibt eine kleine *gaita*, die das weibliche, und eine größere *gaita*, die das männliche Element symbolisiert. Die tanzenden Paare drehen sich um die in der Mitte stehende Band. Der Mann reicht der Frau Kerzen. In einem Tanzspiel nimmt sie die dargebotenen Kerzen und zündet sie an. Der Tanzschritt des Mannes ist schleppend, er zieht den Fuß nach, als hätte er noch die Eisenkette der Sklavenzeit um die Fessel. Der Tanzschritt der Frau hingegen ist trippelnd.

Currulao

In der Musik der Pazifikküste sind die afrikanischen Elemente am stärksten ausgeprägt. Der spanische Einfluss ist hier am geringsten und hat sich zu einer eigenen Musikrichtung entwickelt, der *musica afrohispanico*, deren Instrumente die Flöte und Klarinette sind, während die Marimba und Tambore vom schwarzen Kontinent kommen. Der Currulao ist ein Paartanz mit ausgeprägten Hüftbewegungen. Der Tamborspieler jongliert mit den Schlagstöcken.

Der Klarinettist bestimmt die Melodie, die begleitet wird von den Chorgesängen des Publikums, das die Melodien auswendig beherrscht. Ein unsterblicher Komponist des Currulao ist Petronio Álvarez Quintero.

Joropo

Der Joropo ist die Musik der Llanosebenen. Wie in keiner anderen Region Kolumbiens ist die Musik des Llanero Ausdruck seines Lebensgefühls. Die Texte erzählen vom täglichen Arbeitsleben und von der Liebe. Die *musica llanera* (oder Joropo) wird auf drei Instrumenten gespielt, einer Harfe, der *cuatro,* einer kleinen Gitarre, und den *maracas*, den Rasseln. Zwei der drei Instrumente stammen aus Europa. Die Jesuiten brachten die Harfe im Gepäck mit und die Spanier die *bandola*, die die Llaneros zu ihrer kreolischen kleinen Schwester machten, der *cuatro*, einer kleinen viersaitigen Gitarre. Auch die Harfe schrumpfte auf ein kleineres handlicheres Modell, schon wegen des Transportes zu Pferde, und wurde zur *arpa llanera*. Nur die *maraca*, das Rhythmusinstrument, ist indianischen Ursprungs. Der Tanz, der dieser Musik entspricht, ist ein Paartanz und hat zwei unterschiedliche Ausdrucksformen, den *golpe* und den *pasaje*. Die Musik- und Tanzvariationen des *golpe* sind vielfältig und die Bewegungen schnell, wie im *zumba que zumba* und im *corrido*. Romantischer, lyrischer und langsamer sind die Rhythmen des *pasaje*. In der Region Casanare wurde die Harfe durch die *bandola* ersetzt. Herausragende Musiker sind Manuel Orozco, Arnulfo Briceño und Luis Ariel Rey. Typische Joropotitel sind *El Venado del Espinero* und *Quebrada Blanca*.

Reggae/Calypso

Die Musik der Inseln San Andrés und Providencia unterscheidet sich deutlich von der des Festlandes. Der Einfluss zeremonieller, afrikanischer Elemente der Sklaven der Antillen haben sich mit europäischen Elementen gemischt. Zwei Musikrichtungen dominieren auf den Inseln: Reggae und Calypso. Die Rasta-Kultur wird sowohl auf San Andrés als auch auf Providencia gepflegt. Die bekannteste Gruppe von San Andrés nennt sich Roots and Culture. Calypso hat hingegen an Bedeutung verloren und wird meist nur noch von der älteren Generation gespielt und getanzt. Den typischen Calypso erzeugt eine Mandoline, eine Gitarre und ein Akkordeon. Die Maracas bestimmen den Rhythmus.

Tango

Der Tango hat seine Wiege in Argentinien. In Kolumbien ist Medellín die lebendige Erinnerungsstätte der Musik der Nostalgie, der Liebe und der Einsamkeit. Zentrum des Tangos ist die Avenida Carlos Gardel, Cra. 45, im Stadtteil Manrique. Am letzten Freitag des Monats tanzt das ganze Viertel Tango.

Shakira & Juanes

Der erfolgreichste kolumbianische Musikexport des letzten Jahrzehnts trägt den Namen **Shakira**. Sie ist die Tochter eines libanesischen Vaters und einer kolumbianischen Mutter. Das Naturtalent aus Barranquilla hat hart an sich und seinen Songs gearbeitet, um den internationalen Durchbruch zu schaffen. Shakira ist sympathisch, intelligent, willensstark, ungemein kreativ und verwandlungsfähig, ein wahres Energiebündel, die singen und tanzen kann wie keine zweite. Alle Welt ist von ihr hingerissen, und Gabriel García Márquez hat ihr ein liebevolles Essay gewidmet.

Von ihrem ersten englischsprachigen Album *Laundry Service* im Jahr 2002 verkauften sich weltweit mehr als dreizehn Millionen Scheiben. Mit diesem grandiosen Erfolg war der Weg in die Zweisprachigkeit ihrer Musik geebnet. Spätestens seit der Fußball-Weltmeisterschaft 2010 in Südafrika dürfte sie auch zumindest jedem Fußballbegeisterten mit ihrem von der FIFA gewählten offiziellen Song «**Waka Waka** (This time for Africa)» bekannt sein.

Als Unicef-Botschafterin setzt sie sich für die Verbesserung der desolaten Lage vieler Kinder in Kolumbien und in der ganzen Welt ein. Und über ihr Land versteht sie weit klügere Sätze zu sagen als die meisten Politiker: «Solange die Menschen in Kolumbien Angst haben, bei einem Ausflug ins Grüne erschossen zu werden, wird es keine wirkliche Demokratie geben.»

> *"Shakiras Musik hat eine persönliche Note, die keiner anderen gleicht. Niemand kann singen und tanzen wie sie, in jedem Alter, mit einer solchen unschuldigen Sinnlichkeit, die ganz ihre eigene Erfindung zu sein scheint."*
>
> Gabriel García Márquez

Juanes der Sänger, Songschreiber und Gitarrist aus Medellín ist ein begnadeter Rock'n Roller, sein internationaler Durchbruch gelang ihm 2005 mit dem Titel *La Camisa Negra*. Ebenso wichtig wie seine Musik ist sein Engagement für den Frieden und gegen den Einsatz von Anti-Personen-Minen in Kolumbien.

Film und Fernsehen

Der neue kolumbianische Film startete 1993 mit *La Estrategia de Caracol* von Sergio Cabrera. Der Film erzählt, wie sich die alteingesessenen Bewohner eines Straßenzuges in Bogotás Stadtteil Candelaria mit Phantasie gegen Wohnraumspekulanten zur Wehr setzten, die die Bevölkerung mit Regierungshilfe vertreiben will, ein durch und durch kolumbianischer Film, der in der Publikumsgunst vor sämtlichen konkurrierenden Hollywoodproduktionen lag. Cabrera führt eine hoffnungsvolle Riege junger kolumbianischer Regisseure an, die nicht mehr die Geschichten und die Ästhetik Hollywoods reproduzieren, sondern auf die Kraft der eigenen kolumbianischen Bilder vertrauen. Die inhaltliche wie technische Qualität der Filme hat sich enorm verbessert, seitdem internationale Koproduktionen die Finanzierung übernehmen. *So-*

NATUR UND KULTUR

nar no cuesta nada (2006) des Regisseur Rodrigo Triana, beruht auf einer wahren Begebenheit. Soldaten der nationalen kolumbianischen Armee kämpfen im Amazonasdschungel gegen die Farc, die US-amerikanische Geiseln in ihrer Gewalt haben. Die vier Protagonisten finden einen im Wald versteckten Geldsack mit einigen Millionen US-Dollar. Sie beschließen, das Geld nicht zurückzugeben und genießen für eine kurze Zeit ein Leben im Luxus. *Perro come perro (2008)* spielt im Gangstermilieu der Stadt Cali. Ein gelungenes Debut des Regisseurs Carlos Moreno mit viel Lokalkolorit. *Apaporis (2010)* ist ein sehenswerter Dokumentarfilm, der Einblicke in Kultur und Lebensweise der Cubeo- Indianer liefert.

Neben einer Reihe nennenswerter Regisseure sind am Star-Firmament auch begabte Schauspieler/innen aufgetaucht. In «Maria voll der Gnade» *(María eres llena de gracia)* spielt die junge **Catalina Sandino Moreno** eine Drogenkurierin so überzeugend , dass sie für den Oscar nominiert wurde.

Das kolumbianische Fernsehen wird wie überall in Lateinamerika von den **Telenovelas** dominiert. Aber die kolumbianischen Drehbuchautoren und Produzenten sind immer einen Tick schneller und schriller als ihre zumeist biederen Konkurrenten aus Argentinien, Peru und Mexiko. *Café con aroma de mujer* war bereits ein internationaler Riesenerfolg, der sich noch an herkömmlichen Strickmustern orientierte, aber mit *Betty la Fea* («Betty die Häßliche») haben die Kolumbianer begonnen, das ansonsten eintönige Genre auf die Spitze zu treiben. Ausgerechnet im «Land der Miss-Wahlen» ist eine Brillenschlange mit Ponyfrisur und Zahnstange, platziert in einem Ar-

beitsalltag, der an Albernheiten und dümmlichsten Machismo kaum zu überbieten ist, zum täglichen Superstar geworden. Die Rechte wurden weltweit verkauft. *Chepe Fortuna* sorgte 2011 für Quote mit dem bekannten Mix aus Liebe, Lokalpolitik und Intrigen.

Theater

Es gibt etwa 300 freie Theatergruppen in Kolumbien. Die Anfänge dieser Gruppen reichen in die 1960er Jahre zurück. Die Theaterszene entwickelte sich aus Studentengruppen. Der Stil kam aus Europa und folgte dem Brechtschen Verfremdungstheater und dem Agitprop mit den marxistischen Ideen jener Zeit. Die Inhalte wurden kolumbianisch. Die Theaterszene wandte sich kontroversen politischen und gesellschaftlichen Themen zu. Viele der Stücke handeln von der Violencia. Viel hat die kolumbianische Theaterszene ihrer großen Prinzipalin **Fanny Mikey** (1930-2008) zu verdanken, die das jährlich stattfindende legendäre Iberoamerikanische Theaterfestival in Bogotá begründet hat. Zu den herausragenden Theatergruppen gehört das *Teatro Experimental de Cali (TEC)* mit seinem Intendanten, dem Pionier **Enrique Buenaventura**, dessen Stil sich am weitesten von europäischen Vorgaben gelöst hat. Er inszeniert die neuesten Stücke des kolumbianischen Theaters. Seit den 1980er Jahren gibt es eine ganze Reihe Dramaturginnen, die sich mit Gewalt gegenüber Frauen, Diskriminierung und Abtreibung beschäftigen und sich unter dem Namen *La Máscara* zusammengeschlossen haben. Weitere wichtige Gruppen sind das *La Fanfarria* in Medellin, *El Teatro La Candelaria*, *El Teatro Libre* und *El Local* in Bogotá.

Presse und Medien

Die größte **Tageszeitung** des Landes ist **El Tiempo** www.eltiempo.com aus Bogotá, eine ausgesprochen gute und moderne Zeitung mit ausführlichen Berichten aus dem ganzen Land und Auslandsmeldungen. Man wird kenntnisreich und kritisch über das Tagesgeschehen informiert. Auch für das Veranstaltungsprogramm und den Anzeigenteil ist El Tiempo unverzichtbar.

Der bedeutend kleinere, traditionsreiche und wegen seiner journalistischen Qualität weltbekannte **El Espectador** www.elespectador.com erscheint, nachdem der finanzstarke heimische Investor Santo Domingo eingestiegen ist, wieder als Tageszeitung. Zwischenzeitlich konnte nur eine Ausgabe pro Woche publiziert werden. Das Blatt hat zwar nicht mehr ganz den Biss vergangener Tage, ist aber im neuen Tabloid-Format ausgesprochen übersichtlich und gut lesbar. In geringerer Auflage werden die rechtskonservative El Siglo und La República gedruckt. Es gibt eine große Zahl begabter und mutiger Journalisten. Gabriel García Márquez arbeitete in jungen Jahren für den El Espectador.

Die **Wochenzeitschriften Semana** und **Cambio** bieten eine weiter- und tiefergehende Berichterstattung als die Tagespresse. Sie bohren bei den vielen politischen Skandalen gerne nach und sorgen so für ständig neue Schlagzeilen. Semana ist das alte Flaggschiff mit der größeren Leserschaft. Cambio ist ein modernes Nachrichtenmagazin und fokussiert im Stil des in den 1990er Jahren aufgekommenen Infotainments. Das Magazin wurde im Jahr 1999 von Gabriel García Márquez laut eigener Aussage zum großen Teil vom in der Schweiz liegenden und schon beinahe vergessenen Preisgeld für den 1982 verliehenen Nobelpreis zu einem Anteil von 50 % erworben und hatte in der Folgezeit an Format und Leserschaft hinzugewonnen. Ende 2005 erwarb die Verlagsgruppe El Tiempo die Mehrheitsanteile, und Gabriel García Márquez schied als Gesellschafter aus dem Unternehmen aus. Die Auflage hat sich in den letzten zehn Jahren vervierfacht und liegt heute bei über 100.000 Exemplaren. Zur **Casa Editorial El Tiempo** gehören außerdem noch diverse Spartenmagazine (wie Viajar, Álo, Motor), einige Wochenzeitungen mit regionaler Verbreitung, das Wirtschaftsblatt **Portafolio** (Auflage knapp 50.000) und der Hauptstadtsender **CityTv.**

Naturwissenschaften

Der bekannteste kolumbianische Naturwissenschaftler nach Celestino Mutis, der im 19. Jahrhundert die Botanische Expedition leitete, ist der Mediziner **Manuel Elkin Patarroyo.** Er hat 1986 einen Impfstoff (SPF-66) für Malaria auf chemischer Basis entwickelt. 160 Chemiker, Mediziner und Molekularbiologen unter der Leitung von Patarroyo arbeiten auch an der Entwicklung synthetischer Impfstoffe gegen Hepatitis und Tuberkulose. Die Leistung von Manuel Elkin Patarroyo ist um so bemerkenswerter, da in Kolumbien so gut wie keine medizinische Grundlagenforschung betrieben wird.

NATUR UND KULTUR

Patarroyo hat das Patent für seine Erfindung der Weltgesundheitsorganisation WHO übertragen.

Ehnologie

Der Forschungszweig der Ethnologie (Antropología) in Kolumbien besitzt seit langem einen exzellenten internationalen Ruf. In Kolumbien sind seit Beginn des 20. Jahrhunderts wichtige ethnographische Untersuchungen durchgeführt worden. Der deutsche Völkerkundler **Theodor Koch-Grünberg** (1872-1924) bereiste 1903 das Gebiet des oberen Río Negro und war einer der ersten, der auf die Yanomani-Indianer traf. Später überquerte er die Katarakte des Río Vaupés. **Konrad Theodor Preuss** (1869-1936) erforschte 1915 das Leben der Kogi in der Sierra Nevada de Santa Marta. Als Begründer der modernen Ethnologie gilt der Franzose **Paul Rivet** (1876-1958). Rivet war Gründer und Direktor des Musée de l'Homme in Paris, eines der besten anthropologischen Museen der Welt. Rivet gehörte der Résistance an und wurde von den Nazis wegen der scharfen Kritik an der Rassenideologie während der Besetzung von Paris zum Tode verurteilt. Rivet floh 1942 nach Kolumbien und gründete mit einer Gruppe junger Anthropologen das ethnographische Institut in Bogotá. Einer seiner Schüler, **Gerardo Reichel-Dolmatoff** (1912-1994), hat bis zu seinem Tod herausragende Arbeiten über viele kolumbianische Indianervölker veröffentlicht, u.a. die Kogi, die Cubeo, Tukano, Wayu, Emberá. Sein umfangreiches Werk ist auch für Nicht-Ethnographen von Interesse. Die schönsten und bewegendsten Momente seiner Arbeit sind sicherlich in *Indios de Colombia* versammelt, versehen mit exzellenten

s/w Fotos eines heute fast untergegangenen indigenen Lebens.

Kunsthandwerk (Artesanía)

Das Kunsthandwerk (Artesanía) in Kolumbien hat seinen Ursprung in der ethnischen Kunst der präkolumbianischen Zeit. Noch heute spielen in der kolumbianischen Artesanía die indianischen Symbole eine große Rolle. Einen bestimmenden Einfluss haben die spanische Goldschmiede- und Holzschnittskunst ausgeübt. In Kolumbien wird die *Artesanía* überwiegend per Hand gefertigt. Ganze Familien und sogar Dörfer, wie z.B. **Ráquira**, leben vom Kunsthandwerk. Schon die ganz Kleinen werden in den Fertigungsprozess eingebunden. Die Produkte sind aus natürlichen Materialien. Motive und Fertigungsart werden von den Älteren an die Jüngeren weitergegeben. Die Arbeiten sind aus Keramik, Holz, Stein, Gold und Metallen, aus Agaven- und Palmenfasern.

Töpferware

Das Zentrum Kolumbiens für Töpferware ist **Ráquira** (Boyacá). Die Töpferkunst Ráquiras ist indianischen Ursprungs. Unter spanischem Einfluss entwickelte man die im ganzen Lande bekannten Pferdchen von Ráquira. La Chambra (Tolima) ist ein weiteres Zentrum des Töpferhandwerks. Kennzeichen der Keramiken ist die schwarze Farbe. Das Feuer im Brennofen wird durch feuchte Tierexkremente erstickt. Der Qualm imprägniert die Keramik und schafft die schwarze Oberflächenfarbe. Mit Fett wird das Stück auf Hochglanz poliert. Die Motive der Keramiken von **Pitalito** (Huila) sind typische Szenen des täglichen bäuerlichen Hochlandes; Marktszenen, Prozessionen und traditionelle Feste, die in satten, farbenfrohen Tönen dargestellt

Mobiles aus Ráquira

werden. Die verbreitetste Keramik ist die '*chiva* **von Pitalito**'. Seit mehr als 30 Jahren produziert die Künstlerin Cecilia Vargas das Modell dieses ländlichen Transportmittels, eine bunte Mischung aus Laster und Bus.

Lederwaren

Die Spanier führten die Gerbtechnik ein. Das kunstvolle Bearbeiten des Leders durch das Eingravieren mittels eines feinen Meißels geht auf den Mudéjar Einfluss zurück. In Cauca, Nariño und Girardota (Antioquia) werden Möbel aus Holz und Leder gefertigt. Das berühmteste Stück aus Leder und Nutriafell ist die *carriel paisa*. Die besten Werkstätten befinden sich in Jericho. In den Llanos tragen die *vaqueros* lange wallende Reiterhosen aus Kuhfell, die *zamarros*.

Steine

Die künstlerische Bearbeitung von Stein hat in Kolumbien eine lange Tradition. Daraus wurden Gebrauchsgegenstände sowie anthropomorphe und zoomorphe Figuren gefertigt. Werk-

stätten in Pitalito (Huila) erstellen heute Reproduktionen der Statuen von San Agustín, die vor dem archäologischen Park verkauft werden. Der berühmteste und wertvollste Stein Kolumbiens ist der Smaragd, die weltgrößte Mine ist in **Muzo**.

Gold

Die präkolumbianischen Kulturen wurden zu Meistern des Goldhandwerks. Die Figuren verzaubern den Betrachter noch heute durch die detailgetreue Ausdrucksstärke. Die besten Exemplare sind im Goldmuseum in Bogotá zu sehen. Die Galería Cano stellt naturgetreue Nachbildungen in Originaltechnik her. Unter dem spanischen Einfluss verbanden sich die maurische Filigrantechnik mit präkolumbianischen Techniken. Die besten Beispiele sind in den Werkstätten von **Mompox** zu finden.

Holz

Während der Kolonialzeit waren die bedeutendsten Werkstätten für Kirchenschnitzkunst in Bogotá und Quito. Die Kunstwerkstätten entwickelten ei-

Goldenes Gliederfischchen aus Mompox

ne eigenständige Stilrichtung, die Mestizenkunst. Den größten Einfluss hatte die Quitoschule, von der herausragende Beispiele in den Kirchen Tunja, Bogotá und Popayán zu sehen sind. Eine ganz andere Art kunstvoller Holzbearbeitung entstand in Antioquia im 19. Jahrhundert. Viele Häuser in der Zona Cafetera sind mit geschnitzten Türen, Fensterrahmen, Balkonen und Treppen verziert. Die schönsten Beispiele bietet Salamina (Caldas).

Barniz de Pasto

Aus dem Harz des *mopa-mopa*-Baumes gewinnt man durch mehrere Arbeitsschritte hauchdünne Platten, die, mit Naturfarben eingefärbt, auf Holzfiguren aufgelegt werden. Mit dem Messer werden die Motive herausgeschnitten. Mit den Lackplättchen werden Kästchen, Teller, Masken und vieles mehr überzogen.

Zeremonienstäbe

Die vielleicht interessantesten Holzarbeiten auch für den Kunstgewerbemarkt stellen die Indianer der Pazifikküste und des Amazonas her. Bei den Zeremonien der Emberá zur Heilung von Kranken benutzt der *jaibaná* Zeremonienstäbe mit anthropro- oder zoomorphen Figuren. Die Ticuna in Leticia fertigen Masken aus Baumrinde, die sie mit Naturfarben bemalen. Sie schnitzen Tierfiguren wie Delfin, Schildkröte, Nasenbär und Tapir aus Mahagoniholz.

Ruanas

Die berühmten Vorfahren der Webkunst sind die Muisca. Ihr Erbe wird heute in einigen Werkstätten in Boyacá und Cundinamarca gepflegt, wo die *ruana*, der kolumbianische Poncho, hergestellt wird.

Chinchorros/Hamacas

Hängematten sind die bekanntesten Webarbeiten und ein beliebtes Mitbringsel, sie ist die kommerziell erfolgreichste indianische Erfindung. In Kolumbien heißt sie *chinchorro* oder *hamaca*. Mit der *chinchorro* ist im Allgemeinen eine leichte Hängematte gemeint, die traditionell von den meisten Indianergruppen der Llanos und Amazonasregion hergestellt werden. Hier-

Die buntesten Hängematten kommen aus San Jacinto

zu werden die Fasern verschiedener Palmen verwandt. Die meisten *chinchorros*, die heute verkauft werden, sind maschinengefertigt und aus Nylon. Die *hamacas* sind Baumwollhängematten, zumeist bunt eingefärbt. Die *hamacas* bieten mehr Platz, sind aber auch schwerer. Die Wayu (Guajira-Halbinsel) weben große Hängematten mit Fransen und Bordüren. Buntgestreift sind die *hamacas* aus San Jacinto (Bolívar).

Mochilas

Die Kogi und Arhuaco der Sierra Nevada de Santa Marta stellen *mochilas* (Umhängetaschen) her, die aus Wolle oder aus den Fasern der Agave gearbeitet werden. Die geometrischen Linien entsprechen Motiven der Tier- und Pflanzenwelt. Jeder Clan hat seine eigene Zeichnung. Daran zeigt sich seine soziale Stellung. Der *mochila* des *mama* ist weiß ohne jede Verzierung. In den Umhängetaschen bewahren die Kogi und Arhuaco ihre persönlichen Habseligkeiten und die Kokablätter auf.

Molas

Die Kuna-Indianer der Karibikküste fertigen *molas*, ein Tuch, das aus mehreren Stoffbahnen genäht wird. Durch die unterschiedlichen Farben, Zeichen und Muster entstehen Figuren, Tiere, Pflanzen und Naturphänomene. Die *mola* ist das traditionelle Brusttuch der Kuna-Indianerin.

Güeguerre

Die Indianer des Chocó und des Vaupés stellen Körbe aus Pflanzenfasern her. Einige von ihnen sind so gut gearbeitet, dass kein Tropfen Wasser hindurchdringt, z.B. die *güeguerre* der Emberá.

Hüte

Aus der *palma de iraca* werden in Aguadas (Caldas) und Sandoná (Nariño) Sombreros gefertigt. Die bekannteste Kopfbedeckung Kolumbiens ist der *vueltiao*. Der Hut wird heute noch nach alten überlieferten Techniken von den Sinú-Indianern aus der *caña flecha* hergestellt. Die besten Werkstätten sind in Tuchin (Córdoba).

Essen

Die kolumbianische Küche zeichnet sich durch eine große regionale Vielfalt aus. Es gibt eine ganze Reihe von Spezialitäten, die für den europäischen Geschmack überraschend und ungewöhnlich sind. In Santander gibt es geröstete Ameisen, im Süden Kolumbiens gelten Meerschweinchen als Delikatesse. Die Costeños lieben Arepas und (leider) auch Leguaneier. Die deftige Küche Antioquias besteht aus krosser Schweineschwarte und braunen Bohnen. An den Küsten und im Amazonasgebiet bestimmt der Fisch den Speiseplan. Trotz dieser beeindruckenden Vielfalt dominiert zur Mittagszeit in der großen Zahl der Restaurants zumal des ländlichen Kolumbiens von der Insel San Andrés bis nach Ipiales an der Grenze nach Ecuador ein Standardgericht, die **comida corriente (menú ejecutivo),** in vielen Ecken des Landes die einzig mögliche und oft die beste Art zu essen. Der Geschmack variiert mit der Kochkunst, kaum mit den Zutaten. Zum Essen gehört stets eine Suppe (**caldo** oder **sancocho**), gefolgt von einem Hauptgericht, wahlweise gebratenes (**carne asada**) oder gedünstetes (**carne linsada**) Rindfleisch, **sobrebarriga** (Bauchfleisch), ein Stück **pollo** (Hühnchen) oder **pescado** (Fisch) zudem eine Portion Reis, Salat, Kartoffeln oder Yuka und Backbananen. Neben der comida corriente werden auch Imbissbuden und Garküchen angesteuert. Es gibt:

arepa - Maistortilla

arepa con queso - Pfannkuchen aus Quarkkäse

buñuelos - frittierte Frühstücksbällchen

chicharrón - Schweineschwarten

choripapas - gekochte Kartoffeln mit Soße

chuzo/pincho - Fleischspieß

empanada - heiße Maistaschen mit unterschiedlichen Füllungen

fritanga - eine Art Schlachtplatte, die mit reichlich Bier runtergespült wird

mondongo - Suppe mit Innereien, Kuhmagen und Gemüse

Regionale Leckereien in Santander

salchipapas - die kolumbianische Variante der Currywurst

tamales - gemahlener Mais vermischt mit Schmalz; wird mit Fleischstücken, Kartoffeln, Tomaten, Zwiebeln angereichert und dann in Bananenblätter eingeschlagen.

Das Paradestück der Schnellen Küche ist der **perro caliente** - am besten «con todo». Das Würstchen in Fingergröße kommt ins Brötchen, zugedeckt mit Ketchup, Senf, Salsa Rosada, Mayonnaise, Ananassirup, Käsestreusel, Chips. Es folgt die zweite Ladung aller Soßen. Sodann werden ein bis zwei Wachteleier aufgesteckt. Darüber kommt eine kleine Auswahl aus allen Soßen.

Trinken

Kolumbien ist **Kaffeeland**. Der kleine schwarze *tinto* ist das wichtigste Getränk des Landes und eine nationale Institution. Die Qualität ist allerdings unterschiedlich. Die besten Bohnen sind für den Export bestimmt. Auch der Geschmack ist anders als in Europa. *Clarito* - klar und dünn wie Tee - mögen ihn viele Bewohner der Zona Cafetera. Aber immer muss er süß sein, mit Zucker oder *panela* (brauner Rohzucker in Blockform). Schwarzer Kaffee heißt *amargo* (bitter) und findet wenige Anhänger. In den volkstümlichen Restaurants, Bäckereien, Kneipen und zuhause wird der Kaffee morgens in großen Kesseln mit einer Filtersocke aufgesetzt und im Laufe des Tages heißes Wasser nachgefüllt, bis der kräftige Muntermacher zum «Nachgebüddelten» mutiert. In den Büros der Großstädte servieren Heerscharen von *señoras de los tintos* den Kaffee. An der Karibikküste versorgen unermüdliche wandelnde Kaffeeverkäufer *tinteros* ihre Kunden unentwegt mit frischen heißen *tintos* in Fingerhutgröße. Kaffee mit Milch heißt je nach Milchanteil mal *café con leche* mal *perico*. Nachdem jahrelang das Oma-Café den gehobenen Kaffeegeschmack bedient hat, sorgt zur Zeit das **Juan Valdez Café** mit Filialen in allen kolumbianischen Großstädten für eine Kaffeerevolution und rollt den Markt von hinten auf. **Tee** ist in Kolumbien nicht verbreitet, und wenn man was Gesundes trinken möchte, bestellt man **aromatica**. **Trinkschokolade** ist beliebt, lauwarm zum Frühstück und heiß mit einem Stück Käse in kalten andinen Nachtstunden.

Ein volkstümliches Erfrischungsgetränk ist **aguapanela** (oder **guarapo**), aufgelöste *panela* in Wasser mit Zitrone, wird je nach Region heiß und kalt und je nach Laune mit oder ohne Aguardiente getrunken.

Der kommerzielle Getränkemarkt befindet sich ganz überwiegend in der Hand der milliardenschweren Santo Domingo Gruppe. Die Erfrischungsgetränke der Marke *Link* schmecken wie sie heißen, u.a. mit Zitronen- und Orangengeschmack. Dunkelviolett und zartrosa sind *uva* (Traube) und *manzana* (Apfel) der Marke **Postobon**.

Die kleinen Bierchen heißen *Aguila, Pilsen, Poker, Club Colombia*. Das venezolanische *Polar* mit dem Eisbären auf dem Etikett hat in Kolumbien ein Gastspiel gegeben, wurde schließlich aber von Marktführer Bavaria vertrieben.

Nationalgetränk der Kolumbianer ist der **Aguardiente**, ein Zuckerrohrschnaps. Jedes Departement stellt einen eigenen Aguardiente her, der mal mehr oder weniger anisiert ist. An der Küste und in Antioquia sind auch **Rum** populär.

Wein erfreut sich wachsender Beliebtheit, und in der Region um Villa de Leyva hat man mit dem Weinanbau be-

Typische Gerichte der Regionen

Karibik/Pazifikküche

An den Küsten gibt es Fisch- und Meeresfrüchte.

Viele Fischgerichte werden in Kokosnussmilch zubereitet, Beilage ist Kokosnussreis.

arroz con camarones - Reis mit Krabben

cazuela de mariscos - Suppe mit allen köstlichen Meeresfrüchten

cocktail de ostras - Austerncocktail

ceviche de camarones o langostinos o pescado - Krabben, Langusten oder Fischsalat

chipi-chipi - eine Muschelart

sopa de cangrejo - Krebssuppe

bagre frito - frittierter *bagre*, ein Süßwasserfisch mit weißem Fleisch

bocachico - geschmackvoller Süßwasserfisch, aber mit vielen Gräten

sábalo - geschmackvoller Süßwasserfisch mit vielen Gräten

rondón oder **rundown** - eine Suppe, die über dem offenen Feuer zubereitet wird, das Feuer wird aus Palmenblättern und Kokosnussschalen entfacht, in Kokosnussmilch kochen verschiedene Fische, Muschelfleisch, Schweinefleisch, Yuka, *plátanos, ñame*, u.a. - Spezialität der Inseln San Andrés und Providencia

arepa con huevo - Maistortilla mit Ei

butifarras - Fleischbällchen

cocadas - karamelisierte Kokosraspeln

Antioquia

Die Küche Antioquias ist herzhaft und deftig. Sie ist mit ihren gemütlichen Restaurants im ganzen Land beliebt.

arequipe - Milch, Zucker und Zimt zu einer Creme geschlagen

arroz con chorizo - Reis gemischt mit Bratwurstscheiben

avena - heiße süße Haferflockenmilch

bandeja paisa - das bekannteste Gericht Antioquias, braune Bohnen, Reis, Hackfleisch, kross gebackene *chicharrónes*, Bratwurst, Spiegelei, Avocado, *patacónes* und frittierter Süßbanane

carne asado - Rindfleisch, gekocht in Soße oder gegrillt

mazamorra - Kompott aus Mais, Wasser, Milch und Zucker

macedonia de frutas - die Sangría aus Antioquia, aus Orangen, Ananas, Papaya, Bananen, Mango und einem Glas Rotwein

Valle - Cauca - Nariño

cuy - gegrilltes Meerschweinchen, typisches Gericht der Region

papas rellenas con carne o queso - Kartoffeln, gefüllt mit Hackfleisch oder Käse

pan de bono - gebackene Bällchen aus Mais, Yuka und Käse

empanadas de arroz de leche - *empanadas,* gefüllt mit Milchreis

champús - Getränk aus Mais, *lulo*, Ananas, gesüßt mit *panela*

Santander

hormigas culonas - geröstete Ameisen, das berühmteste Gericht Santanders, seit alters her bei den Indianern bekannt für seine aphrodisierende Wirkung, begehrter Snack in den Monaten März, April, Mai

pepitoria de chivo - Ziegenragout mit Reis

cabrito al horno - Ziegenbraten

yucca frita - frittierte Yuka, als Beilage zu vielen Gerichten

arepas - gebackene Maisfladen, manchmal mit Ei oder Käse gefüllt

mute santandereano - kräftige Suppe mit Schweine- und Rindfleisch, Mais, Kartoffeln, Bohnen

cazuela de conejo - Kanincheneintopf

masato - Kompott aus Reis, Weizenmehl, Wasser und Zucker, typisch für Pamplona

Tolima/Huila

lechona - ein gebratenes Ferkel, gefüllt mit Innereien, Reis und Kartoffeln

viudo de bocachico o capaz - Fischsuppe mit Backbanane und Yuka

achira - kleine Brötchen, aus den Wurzelknollen einer yukaverwandten Pflanze wird das Mehl gemacht

pan de yuca - frittierte Bällchen oder Halbmonde aus Yuka und Käse

guayabas - Gelee aus gleichnamigen Früchten

mistela de mejorana - Aguardiente mit eingelegten Kräutern und mit Wasser, Zitrone und Zucker gemischt

Boyacá/Cundinamarca

ajiaco bogotano - der «Pichelsteiner» des Hochlandkolumbianers, ein Eintopf mit Hühnerfleisch, Mais, drei verschiedenen Sorten Kartoffeln, Avocado und Sahne

almojabana - kleine Brötchen aus Käse und Maismehl

sobrebarriga al horno oder **sudada** - Rinderbraten im eigenen Saft

puchero bogotano - deftiges Gericht mit drei verschiedenen Fleischsorten (Huhn, Rind-, Schweinefleisch), grobe Würstchen mit Yuka und Backbanane - Cundinamarca

Llanos

atol - gekochter Mais, gemischt mit Milch und *panela*, heiß & kalt serviert

mamona (ternera a la llanera) - ein fachmännisch zerlegtes Kalb auf Holzspieße gesteckt, auf offenem Feuer gegrillt und in Bananenblättern serviert

palo a pique - Reis, Bohnen und Kräuter, typisch für das Dept. Vichada

capón de ahuyama - mit Käse und Fleisch gefüllter Kürbis - typisch für Arauca

hervido de gumarra - Suppe aus Huhn, *plátano*, Yuka und Kürbis

cachama - der bevorzugte Fisch der Llanos, im eigenen Saft oder gegrillt zubereitet

Amazonas

bolitas de pirarucú - Fischklopse aus dem Fisch *pirarucú*

fariña oder **manioca** - Grundnahrungsmittel der Amazonasindianer, geraspelte und geröstete Yuka

farofa - *fariña* mit Butter oder anderem tierischem Fett geröstet und warm gegessen

casabe - flaches Brot aus Yuka-Mehl

ancas de rana - gebratene Froschschenkel

la boa - gekochte Boa, wird mit Reis und frittierter *plátano* serviert

gamitana - bevorzugter Fisch des Amazonas

sarapaté de charapa - Charapaschildkröte, gekocht in einem Sud mit *plátano*

pinchos de tortuga - marinierte Schildkrötenspieße

torta de huevos de tortuga - Pfannkuchen aus Schildkröteneiern

aguagina - fermentierte Früchte der *canangucho*-Palme

gonnen. In den Städten ist chilenischer, argentinischer und europäischer Wein erhältlich. Weintrinker, die über Land reisen, sollten einen Korkenzieher dabei haben, in der kolumbianischen Provinz noch immer ein weithin unbekannter Haushaltsgegenstand. Das prestigeträchtigste alkoholische Getränk ist, wie in den meisten Orten Lateinamerikas, der **Whisky**, z.B. der Johnny Walker Black Label.

Früchte

Jeder europäische Reisende wird überrascht sein von der Vielfalt tropischer Früchte, die in ihrer Farbenpracht an den Marktständen auf sich aufmerksam machen. Die folgende Liste ist nur eine kleine Auswahl des kolumbianischen Obstgartens.

aguacate - Avocado, die besten kommen aus Tumaco, Mariquita und Ibagué

anón - hat eine geschuppte hellgrüne Schale, wird roh gegessen

badea - Passionsfrucht mit einer ovalen Form, gelb-oranger Farbe und kernigem Fruchtfleisch, wird als Saft getrunken und zu Süßigkeiten verarbeitet

banano - die bekannte Banane, von denen es in Kolumbien viele unterschiedliche Sorten gibt

borojó - aus der pampelmusengroßen Frucht wird Saft gemacht, sie wächst im Chocó

brevas - eine Feigenfrucht, die kleinen grünen Früchte werden auch *higos verdes* genannt, sie müssen gekocht werden und aus ihnen wird *arequipe* (süßer Brotaufstrich) hergestellt

caimo - eine runde Frucht mit klebrig gelber Schale, das milchige Fruchtfleisch ist süß und saftig

ciruelas - kleine rötliche oder gelbe Pflaumen mit süßem Fruchtfleisch

coco - Kokosnussmilch, in Reis und Pudding

curuba - längliche gelbe Frucht mit bräunlichem Fruchtfleisch, sie wird als Saft getrunken

chontaduro - kleine, runde, mehlige Früchte der gleichnamigen Palme, die in Stauden wachsen, sie wird gekocht und mit Salz gegessen, in einigen Regionen wird der chontaduro mit Milch, Zucker und Aguardiente als Getränk präpariert

durazno - kleiner Pfirsich, wird hauptsächlich in Boyacá angepflanzt und zu Süßigkeiten verarbeitet

frambuesa - Himbeeren, besonders gut als Milchshake

fresas - Erdbeeren, werden insbesondere in Antioquia mit flüssiger Sahne serviert

granadilla - Frucht mit knackiger Schale, das glibberige Fruchtfleisch erinnert an Froschlaich und wird ausgelöffelt; Vorsicht! Nicht zu viele davon essen, sie fördern die Verdauung

guama - längliche braune oder grüne Frucht mit weißen, süßen, von einer samtenen Haut ummantelten Kernen

guanábana - kann bis zu 10 kg schwer werden, hat eine grüne Schale, wird als Saft getrunken

lulo - gelbliche Frucht, aus dem Fruchtfleisch wird Saft gemacht

guayaba - kleine, runde, orangenfarbene Frucht, aus dem Fruchtfleisch wird Marmelade gekocht

mamoncillo - grüne, glänzende Früchte im Büschel, die Schale wird mit den Zähnen aufgerissen, das weiße Fruchtfleisch ist erfrischend saftig

mango - die nicht ganz reifen Früchte werden mit Salz gegessen, die reifen Mangos haben ein gelbes, süßes, saftiges Fruchtfleisch

maracuyá - gelbe, wächserne Frucht, das Fruchtfleisch ist leicht säuerlich, wird als Saft getrunken

mora - violette Waldbeere, leicht säuerlich, wird als Saft getrunken, oft als Milkshake

níspero - kleine, braune, runde Frucht mit weichem, süßem Fruchtfleisch, wird roh verzehrt

tamarindo - wird zu Saft präpariert

tomate de árbol - in Form und Farbe tomatenähnliche Frucht, die an Bäumen wächst, aus dem leicht säuerlichem Fruchtfleisch wird Saft gemacht

zapote - ovale braune Frucht, die wie eine Kartoffel aussieht, das rötliche Fruchtfleisch wird frisch verzehrt oder versaftet

Sport

Zu den beliebtesten Sportarten gehören **Fußball** und **Radsport**. Bei internationalen Sportveranstaltungen sticht für gewöhnlich immer eine kolumbianische Landesfahne aus dem Pulk der vielen Fans heraus, ob nun mit oder ohne kolumbianische Beteiligung, beim Endspiel der Europa-League ebenso wie bei Radsportveranstaltungen oder Formel-1-Rennen.

Die **Fußball**-Nationalmannschaft ist nach Jahren der Dauerkrise mit dem renommierten argentinischen Trainer José Pekerman auf dem Weg nach oben. In der Qualifikationsgruppe Südamerika zur WM 2014 in Brasilien belegt das Team einen der vier sicheren Qualifikationsplätze. Zum Kader der Selección gehören der ehemalige Torwart des 1.FC Köln Faryd Mondragón, der langjährige Stürmer von Hertha BSC Adrián Ramos und der Mittelfeldspieler Elkin Soto von Mainz 05. Der absolute Superstar ist **Radamel Falcao** 'El Tigre', zur Zeit (noch) bei Atletico Madrid unter Vertrag. Falcao ist einer der besten Fußballspieler der Gegenwart, auf Augenhöhe mit dem Argentinier Messi und dem Portugiesen Ronaldo.

«Goldstück, das jedes Team der Welt schmücken würde.»

CARLOS 'EL PIBE' VALDERRAMA
ÜBER **FALCAO**

Durch seine Bilderbuchtore gegen internationale Spitzenteams verzückt er regelmäßig alle Fußballfreunde und dürfte dabei ganz nebenbei seine Ablösesumme auf eine phantastische Höhe geschraubt haben. Mit Falcao an der Spitze sind jedenfalls die Pleiten und Skandale, die den Fußball in Kolumbien über Jahre regelmäßig begleitet haben, in den Hintergrund getreten. Jetzt kann man sich endlich einmal wieder an der Spielkultur berauschen. Vielleicht gelingt es bei der WM in Brasilien ja noch einmal an die verblassten Erfolge der WM 1990 («Italia Noventa») anzuknüpfen, als die Kolumbianer dem späteren Weltmeister Deutschland in der Vorrunde ein Unentschieden abtrotzten. Unvergessen ist auch das 5:0 in der WM-Qualifikation gegen Argentinien 1993 geblieben und als *la goleada* («die Torflut») in

NATUR UND KULTUR

das kollektive kolumbianische Gedächtnis eingegangen. Wochenlang wurde das Spiel auf allen Fernsehkanälen wiederholt und stürzte das Land in einen nicht enden wollenden Siegestaumel. An jeder Ecke gab es T-Shirts zu kaufen, die einen vor Kapitän 'El Pibe' Valderrama knienden Diego Armando Maradona zeigten, der um Erbarmen fleht, dabei hatte der nicht einmal mitgespielt, sondern die Demontage seiner Selección von der Tribüne miterleben müssen.

Nach dem Triumph von Buenos Aires kürte Pelé Kolumbien zum Favoriten auf den WM-Titel, aber die Mannschaft, die zur WM 1994 in den USA auflief, wirkte schon vor Spielbeginn vollkommen verunsichert. Das bis dato so exzellente Kurzpassspiel kam nicht auf Touren. Und als das Eigentor des Verteidigers Andrés Escobar im Spiel gegen den Gastgeber USA fiel, war Kolumbien bereits ausgeschieden. Einige Tage später wurde der Eigentorschütze vor einer Diskothek in Medellín von einem Fußballfanatiker - ob im Auftrag der Wettmafia ist nie geklärt worden - erschossen. Der kurze Höhenflug des kolumbianischen Fußballs endete in dramatischer Ernüchterung. Und Stars wie Faustino 'El Timo' Asprilla, Freddy Rincón und Adolfo 'El Tren' Valencia, die alle einmal bei europäischen Spitzenclubs unter Vertrag standen und außerhalb des Platzes immer für diverse Eskapaden sorgten, verschwanden alsbald in der Versenkung. Die beliebtesten Clubmannschaften des Landes sind Atletico Nacional (Medellín), Millonarios (Bogotá), America (Cali), Junior (Barranquilla).

Kolumbien ist das Land mit der längsten **Radsporttradition** Lateinamerikas. Es hat herausragende Radrennfahrer hervorgebracht, Kletterer,

«Bergziegen», die in dem Land mit den drei Kordilleren ein ideales Übungsfeld haben und stets für einen Etappensieg bei der Tour de France gut sind, sobald es in die Alpen geht. Eine Radsportlegende ist **Lucho Herrera**, der in den 1980er Jahren für Furore sorgte. Zu Zeiten von Lance Armstrong war **Santiago Botero** neben Jan Ullrich der einzige, der dem gedopten Ex-Champ beim Zeitfahren oder auch mal in den Bergen gelegentlich einige Sekunden abnehmen konnte. Mittlerweile sitzt eine neue Generation im Sattel, die bei den großen Mannschaften als Edelhelfer ihren Kapitänen den Spurt anziehen oder in den Bergen die Führungsarbeit übernehmen. Dazu zählen die Riesentalente **Rigoberto Uran**, der sich beim olympischen Straßenrennen von London 2012 nur dem listigen Kasachen Alexander Winokurow auf den letzten Metern geschlagen geben musste und die so gut wie sicher vor Augen liegende Goldmedaille doch noch verlor, außerdem sein Teamkollege bei Sky Pro Cycling **Sergio Henao** und der vielleicht begabteste und jüngste der «drei Musketiere», **Nairo Quintana** vom spanischen Movistar Team. Jahr für Jahr finden vielversprechende Nachwuchsfahrer aus Kolumbien ihren Weg nach Europa, und die jährlich stattfindende **Vuelta a Colombia** hat sich abseits aller Doping-Querelen zu einem hochklassigen Radsportereignis entwickelt.

Beliebtestes Freizeitvergnügen der Hochland-Kolumbianer, besonders in den Provinzen Cundinamarca und Boyacá ist das **Tejo Spiel**. Gespielt wird mit einer Stahlscheibe (*tejo*). Das Spielfeld ist 19,5 auf 2,5 m. An beiden Enden befindet sich eine schräggestellte Kiste, die mit Lehm gefüllt ist. In die Mitte wird ein Metallring gesteckt. Unterhalb des Metallrings befindet sich ein kleiner Zündkörper, gefüllt mit Pulver und Streichhölzern. Die beiden Mannschaften zu je vier Mann werfen die Scheiben von einer Seite zur anderen. Die Mannschaft, deren Spieler den Knall herbeiführt, hat gewonnen. Das Spiel ist verbunden mit dem Genuss großer Mengen Bier, und der Verlierer zahlt die nächste Runde. Neben Tejo erfreuen sich (3-Band) Billard, Schach und Bingo (soweit man das für eine Sportart hält) großer Beliebtheit.

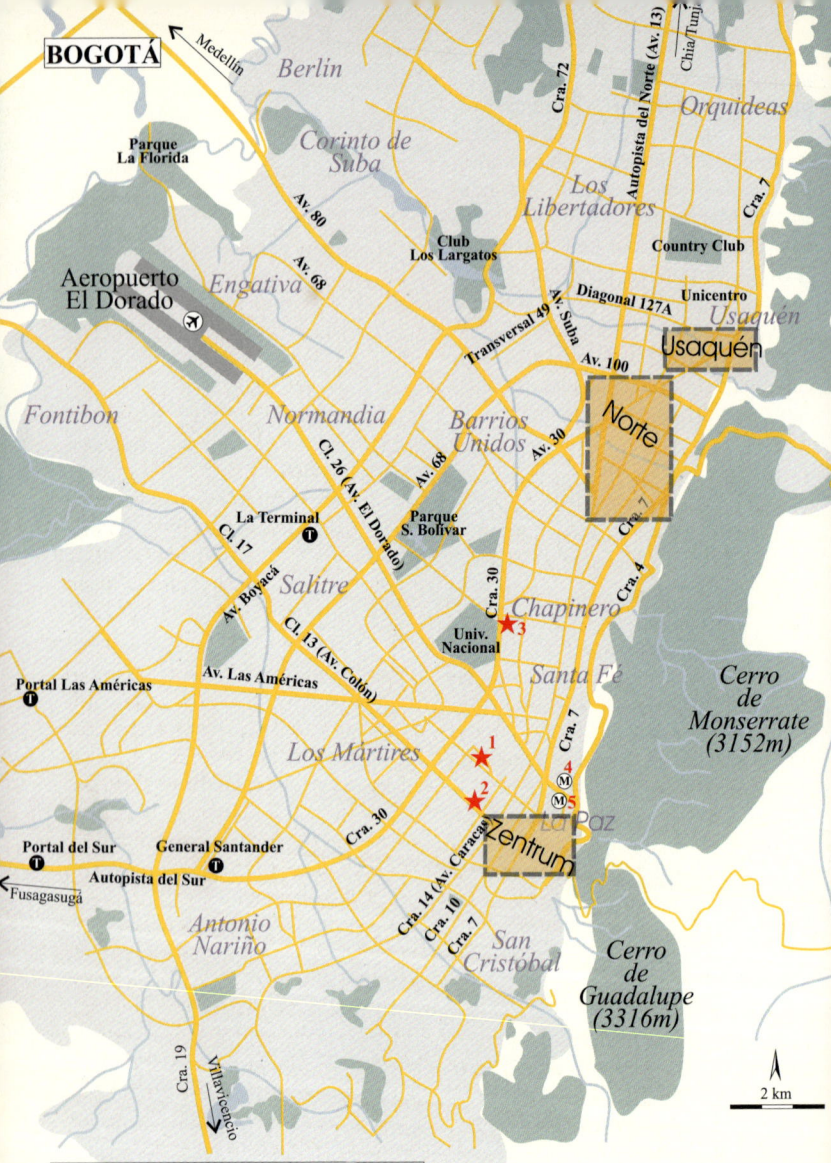

BOGOTÁ

1	Mercado de Paloquemao
2	Estación La Sabana (Bahnhof)
3	Estadio El Chapín
4	Museo Nacional
5	Museo de Arte Moderno (MAMBO)

▶ Bogotá

2600 m, 15°C, ca. 8 Mio. Einwohner ① |

Bogotá ist die Hauptstadt des Landes und die größte Metropole in den Anden. Die Stadt erstreckt sich über die gleichnamige *Sabana*, ein weit gezogenes Hochplateau, das im Osten durch eine steil ansteigende Bergkette mit den weithin sichtbaren Erhebungen Monserrate und Guadelupe begrenzt wird. Im Westen der Savanne fließt der (in der Stadt kaum wahrgenommene) Río Bogotá und stürzt im Salto de Tequendama über eine Abbruchkante tief hinab. Wenn man sich aus der Luft nähert und die Sonne durch die Wolken bricht, blickt man wie in einen riesigen Spiegel. Es sind die Dächer 100er Gewächshäuser, die wie ein Ring um die Stadt gelegt sind. Einige verbliebene Grünflächen am Rand der Berge dienen nach wie vor als Kuhweide, wenngleich viele der einstigen Brachflächen entlang der Avenida El Dorado zwischen Flughafen und Stadtzentrum in begehrten Baugrund umgewandelt worden sind, ein Beleg für die rege Investitionstätigkeit.

Seit einigen Jahren verbindet ein neuartiges Verkehrssystem die weit auseinander gezogenen Stadtteile. Der TransMilenio ist ein oberirdischer Metroersatz auf Rädern, ein intelligentes Verkehrssystem und doch erst einmal eine Notlösung, die gerade noch rechtzeitig gesucht und gefunden wurde, bevor der endgültige Verkehrsinfarkt die Stadt ereilte. Der rasanten Zunahme der Mobilität der Hauptstadtbevölkerung ist die Stadtverwaltung mit der Einführung einer *Pico y Placa*-Regelung begegnet, die den Privatverkehr auf bestimmte Wochentage, eingeteilt nach geraden und ungeraden Endziffern der Autokennzeichen, beschränkt. Die Vielzahl der Busse, die noch vor kurzem mit gen Himmel gerichteten Auspuffrohren die Luft verpesteten und an jeder Ecke hielten, hat sich merklich reduziert, und die *Trancones* (zähfließender Verkehr) beschränken sich weitgehend auf das ein oder andere Nadelöhr an den Ausfallstraßen, trotzdem ebbt die Rushhour erst nach Einbruch der Dunkelheit ab, beginnt aber bereits um fünf Uhr früh.

Eine Fahrt durch Bogotá, vom Zentrum ins moderne *Norte,* kann noch immer zum Geduldsspiel werden, zumal wenn man die Schleichwege nicht kennt. In nur wenigen Jahren sind die vielen US-Straßenkreuzer aus den 1950ern und -60ern aus dem Stadtbild verschwunden, und nur noch selten begegnet man noch einer *tractomula*, einem Pferdewagen mit Antreiber, die kleine Transporte innerhalb der Stadt und dem angrenzenden Umland ausführt. Wie zum Ausgleich zum Verkehrsstress der Wochentage, verwandelt sich die Hauptstadt an den Sonn- und Feiertagen durch die Einführung der *Ciclovías* in eine Oase der Ruhe, wenn die wichtigsten innerstädtischen Hauptverkehrsadern von 7-14 Uhr ausschließlich Radfahrern, Rollerscatern, Langstreckenläufern und Spaziergängern vorbehalten sind.

Mit Beginn der Woche ist Bogotá wieder das quirlige Geschäfts-, Regierungs- und Verwaltungszentrum des

Landes. Nirgendwo sonst in Kolumbien sieht man so viele Mädchen in Kostümen und Männer mit Krawatten, busy wie in New York. «Athen von Südamerika» wurde die Stadt einst genannt, nicht wegen der Temperaturen, sondern wegen ihrer Literaten- und Philosophenszene. Die Stadt hat über 30 Universitäten, Museen, Bibliotheken und eine unüberschaubare Zahl von Stiftungen und Forschungsinstituten. An den teuren Privatuniversitäten träumen die Studenten von den USA und Europa - an der Universidad Nacional von Ché, Mao, Buddha und den Beatles. Aber die phantasievollen, kreativen Menschen sind nicht nur an den Unis, sie bevölkern die Straßen und Plätze, sie verlesen Gedichte, machen Straßentheater und Musik. Bogotás Arme leben südlich des Zentrums in einer der größten Barackenstädte Lateinamerikas, *Ciudad Bolívar*, wo sich die Asphaltwege in Schlammpfade auflösen und die Stromleitungen enden. Die Reichen zieht es immer weiter nach Norden. Die gute Adresse erkennt man an den steigenden *Callenummern* (Straßennummern), mindestens dreistellig. Nach Norden wird die Stadt schicker, teurer und exquisiter, selbst die Zahl der Parks, von denen die Stadt einige flächenmäßig große, aber insgesamt betrachtet, noch zu wenige hat, nimmt zu. Dort ist es dann auch international, dänisches Eis und italienische Mode, deutsche Autos und schwarzes Hauspersonal.

In der Architektur dominiert roter Backstein, sei es nun bei Hochhäusern, Einkaufszentren oder Stierkampfarenen. Die Stadt lebt in nervöser Dynamik, in einem ständigen Entstehen und Vergehen. Im Westen entstehen in aller Eile neue Wohnviertel und Satellitenstädte auf der grünen Wiese. Im einst eleganten Stadtteil *Teusaquillo* trifft man noch auf stille, verträumte Straßenzüge; nur einen Steinwurf von der Kohlenmonoxydschleuder *Avenida Caracas* entfernt. Viele der Backsteinvillen im altenglischen Stil der 1930er Jahre, mit großen Außenkaminen und von Efeu überwuchert, waren bereits dem Verfall preisgegeben und zu Spekulationsobjekten herabgesunken, jetzt belebt sich die Gegend wieder mit Studenten, die hier in zentraler Lage bezahlbaren Wohnraum finden.

Bogotá besteht aus vielen Städten, denn die Bewohner stammen fast alle nicht von hier, sondern aus den übrigen Regionen des Landes. Jeder hat seine Eigenheiten, seine Kultur mitgebracht, aus den Dörfern Boyacás und Santanders, von den Küsten oder dem Flachland. Noch hat der Bogotano das Großstadtleben nicht verinnerlicht, die Stadt ist in einem halben Jahrhundert von der Kleinstadt zur Metropole explodiert, und das Wachstum geht unaufhörlich weiter. Das unterscheidet die Stadt von Buenos Aires oder New York und erst recht von europäischen Städten. Es gibt keine urbanen Traditionen. Die Seele der Stadt liegt in ihren ländlichen Wurzeln. Der älteste Stadtteil - *La Candelaria* - vermittelt noch immer einen guten Eindruck vom Beginn des 20. Jahrhunderts. Die Menschen wohnen in kleinen, einstöckigen, weiß getünchten oder farbig bemalten Häusern mit Innenhöfen und roten Ziegeldächern. Das historische Zentrum war jahrelang vernachlässigt worden. Jetzt wird eifrig renoviert. Theater schießen aus dem Boden, Galerien und Ateliers. Neue Cafés und Restaurants beleben die Szene. Hier treffen sich die Dichter, von denen Bogotá viele hat, und die Studenten genießen die Sonnenstrahlen auf der kleinen

Plaza de Quevedo, wo einst der Zipa regierte, mit einem Bier und manchmal einem Joint in der Hand. Bogotá hat sein historisches Zentrum wieder entdeckt. Man wohnt bevorzugt im Norden, aber ins Theater, zum Kaffeetrinken, zur *chocolate con queso* oder in den vielen neu hinzugekommenen Restaurants trifft man sich gern in der Candelaria.

Stadtgeschichte

Gonzalo Jiménez de Quesada gründete die Stadt am 6. August 1536. Die Messe hielt Fray Bartolomé de las Casas ab an der Stelle, wo heute die Plaza Bolívar steht. Bogotá entwickelte sich in Kolonialzeiten nur langsam und stand bis zu Beginn des 19. Jahrhunderts im Schatten von Cartagena, obwohl es bereits 1550 zum Sitz der Real Audiencia, der Regierung für die neu entdeckten Gebiete, wurde. Bogotá war kein Handelszentrum, sondern ein abgeschiedener Ort der Welt für Theologen und Juristen. Mit der Entstehung des neuen Weltbildes und dem Heranwachsen einer Wissenschaftlergeneration, die José Celestino Mutis am Colegio de Rosario ausbildete, wuchs die Bedeutung und der Ruf der Stadt. **Alexander von Humboldt** wurde 1801 vom Erzbischof wie ein Staatsgast empfangen. Nach der Unabhängigkeit 1810 wurde Bogotá zur Hauptstadt des ersten Kongresses der unabhängigen Provinzen von Nueva Granada, nach der endgültigen Niederlage der Spanier 1819 zum Regierungssitz von Gran Colombia, bestehend aus den heutigen Staaten Kolumbien, Venezuela, Ecuador und Panama. Seit 1830 ist Bogotá die Hauptstadt der Republik Kolumbien. Bis ins 20. Jahrhundert wuchs die Stadt nur langsam und blieb bäuerlich geprägt.

Nach der Ermordung des Liberalenführers **Jorge Eliécer Gaitán** am 9. April 1948 kam es in Bogotá zu verheerenden Unruhen. Der «Bogotazo» kostete über 3000 Menschen das Leben. Weite Teile der Stadt wurden verwüstet, Ministerien, Botschaften und Hotels gingen in Flammen auf. **Gabriel García Márquez** hat seine Eindrücke des geschichtsträchtigen Tages, den er als Student erlebte, in *Leben, um davon zu erzählen* geschildert, « [...] unter brennender Sonne ist mir, glaube ich, bewusst geworden, dass an jenem 9. April 1948 in Kolumbien das 20. Jahrhundert begonnen hatte.»

Zu Beginn der 1950er Jahre setzte ein heftiges Bevölkerungswachstum ein, das unvermindert anhält. Immer mehr Fläche der Savanne von Bogotá, an deren Rand die Stadt einst begann, wird bebaut, und die Ausdehnung wird wahrscheinlich erst beendet sein, wenn die gesamte Hochebene bedeckt ist. In den letzten zehn Jahren wurde Beträchtliches geleistet, um die Attraktivität der Stadt und die Lebensqualität der Bewohner zu steigern. Entstanden ist ein Netz aus neuen Buslinien und Fahrradwegen. Die besten Architekten des Landes haben verteilt über die ganze Stadt neue Schulen, Büchereien und öffentliche Räume gestaltet. All das hat dazu geführt, dass die Bürger heute stolz auf ihre Stadt sind und begonnen haben sich wirklich mit ihr zu identifizieren.

Orientierung

Routen

Bogotá erstreckt sich in Süd-Nord-Richtung entlang einer Hügelkette. Am Fuß der Berge Monserrate und Guadalupe liegt das historische Zentrum mit der Plaza Bolívar. Die Hauptrouten, die die Stadt durchschneiden, sind die Avenida Jiménez, die Carrera 7 (Séptima, die alte Calle Real), die Avenida Caracas und die Avenida Boyacá in Nord-Süd-Richtung (Tunja - Villavicencio). Nach Westen führen die Autopista El Dorado (Calle 26) zum Flughafen und die Avenida Las Américas nach Giradot in Richtung des Magdalenatals.

Stadtteile

Im Rücken der Plaza Bolívar liegt das koloniale Bogotá mit den Stadtteilen **La Candelaria** und **Egipto**. Die Grenze des historischen Kerns markiert im Norden die Avenida Jiménez (im Süden die Calle 7). Wo heute die Av. Jiménez mit der neu geschaffenen Trasse für den TransMilenio verläuft, floss früher der Río San Francisco, der längst kanalisiert ist. Trotzdem tritt die Av. Jiménez regelmäßig bei starken Regenfällen über «die Ufer», und die jetzt am höchsten gelegene Station des **TransMilenio** heißt daher nicht ohne Grund **Estación Las Aguas**. Von dort geht es hinauf zum Hausberg Bogotás, dem **Cerro Monserrate** mit dem gleichnamigen Santuario. In Richtung Norden entlang der **Carrera Séptima** stößt man auf das Centro Internacional mit dem Tequendama-Hotel und den Büros der meisten Fluggesellschaften. Am Berganstieg hinter der **Plaza de Toros La Santamaría** liegt das **Barrio La Macarena**, eine Art Montmartre von Bogotá, mit einigen snobistischen In-Restaurants. Weiter nördlich schließt sich das umtriebige Einkaufsviertel **Chapinero** an. Bei der Calle 80 beginnt die **Zona Rosa**, das Ausgeh- und Vergnügungsviertel. Am Sonntag schlendert man über den Flohmarkt in **Usaquén** noch weiter nördlich, und trifft sich anschließend zum Brunch. Hier liegen auch die beiden viel frequentierten Shoppingmalls **Hacienda Santa Bárbara** und **Unicentro** (Calle 123). Südlich des Zentrums und südwestlich der Avenida Caracas erstrecken sich die ärmeren Wohngebiete, **Kennedy** und **Ciudad Bolívar**. Westlich des Zentrums, auf der nördlichen Seite der **Av. El Dorado** (Calle 26), in Richtung Flughafen, liegen **Teusaquillo** und **La Soledad**, zwei gewachsene Wohnviertel mit allenfalls zwei- bis dreigeschossiger Bebauung. Nach Westen bleibt noch Platz zur Ausdehnung. Hier liegen der Flughafen und der Busterminal. Hier entstehen die neuen Satellitenstädte.

Nummerierung

Die Callezahlen steigen vom Zentrum nach Norden wie nach Süden an, im Süden mit dem Zusatz Sur. Die Carreras (Avenidas) verlaufen nach Westen. Mit Ausdehnung der Stadt sind Diagonalen und Transversalen hinzugekommen. Das sollte nicht verwirren. Die Diagonalen entsprechen den Calles und die Transversalen den Carreras. Die Hausnummer besteht aus drei Ziffern, z. B. Carrera 15 No 96-55. Dieses Haus liegt in der Carrera 15, zwischen den Calles 95 und 96.

Service

ⓘ Bogotá hat ein Dutzend **touristischer Informationsstellen**, an den wichtigsten Knotenpunkten der Stadt, in den Busterminals, großen Shoppingmalls und am Internationalen Flughafen www.bogotaturismo.gov.co

Plaza Bolívar. Cra. 8 No 9-83 ☏ 327 49 16/ 327 49 00 ⏰ täglich 8-18. Zentral gelegen, Stadtpläne, Veranstaltungshinweise freundlich und gut informiert. **Turismo de Cundinamarca**. Calle 16 No 7-76 www.cundinamarca .gov.co mit Informationen über touristische Ziele in der Umgebung von Bogotá, dem Departement Cundinamarca. @ **Internetcafés** sind zahlreich in Norte, in der ShoppingMall Unicentro stehen Standgeräte für Gratis-Internet («Uniclic»). Im Zentrum entlang der Séptima und in der Candelaria um die Bibliothek Luis Angel Arango, 1500-2000 Pesos pro Std. € Die Hauptstellen der meisten großen **Banken** liegen im Zentrum, entlang der Carrera 8. Zweigstellen sind über die ganze Stadt verteilt. **ATM** findet man am Flughafen El Dorado (national und international), dem zentralen Busbahnhof (Terminal de Transporte) und den viel frequentierten Shopping Malls Unicentro, Centro Andino, Hacienda Santa Bárbara, u.a. (American Express-) Travellerschecks sind nicht mehr weit verbreitet und werden bei den Banken nur am Vormittag eingelöst.

American Express/Bancolombia ☎ 343 00 06/ 327 86 80 (Autorisierung) 343 00 00 (Kundenbetreuung).**Thomas Cook,** Travellerschecks können beim Geldwechsler im Emerald Trade Center, Av. Jiménez mit Calle 4 Local 128 eingelöst werden ☎ 285 88 78/ 341 09 34 ⏰ 8-18. **HSBC,** Cra. 8 No 15 - 46 / 60 ☎ 336 15 00/ 01 80 00 91 98 32. **Bancolombia,** Cra. 8 No 13 - 17, Cra. 10 No 17 - 54 Local 221 ☎ 343 00 00, Bargeldtausch bis ⏰ 12. **Citycorp,** Cra. 13 No 29 - 25 ☎ 605 70 00/ 01 800 052 12 10 www.citibank.com.co **BBVA ,** Cra. 4 No 19 - 71 ☎ 341 90 55/ 401 00 00 www.bbvaganadero.com **Eagle Exchange,** Cra. 6 No 14-74 Of. 303, Edificio Exprinter ☎ 311 521 76 93. **Titan,** Cra. 7 No 18-42, Centro Comercial Monserrate Local 110 ☎ 770 92 70. **Aqui Mundo,** Av. Jiménez No 5-18. **Money Shop,** Av. Jiménez No 5-43 Local 127 ☎ 283 82 64. **Millenium** Av. Jiménez No 5-43 Locales 128 u. 122 ☎

341 09 34/ 341 76 66. **Atlas Cambios,** Av. 15 No 124-11 Local 103, beim Unicentro ☎ 215 70 36. ◪ Die **Touristenpolizei** (Policía de Turismo) hat ein zentrales Büro in der Cra. 13 No 26-53 ☎ 337 44 13/ 243 11 75. In der Zona Norte gibt es ein Büro in der Cra. 15 No 78-77 ☎ 257 93 36. Über die ganze Stadt verteilt findet man hilfsbereite Polizeiposten der **CAI.**

👁 *Sehenswürdigkeiten*

Historisches Zentrum & La Candelaria

Das historische Zentrum (und der angrenzende Distrikt La Candelaria) lassen sich leicht zu Fuß erkunden. Um die Plaza Bolívar (Cra.7 und Calle 11), einem weiträumigen, quadratischen Platz, liegen vier interessante Gebäude, die alle Jahrhunderte der Stadtgeschichte vereinen - Kathedrale und Rathaus, Parlament und Justizpalast. Von Vorteil für die Fußgänger ist der Kreuzungsbereich von Carrera 7 («Séptima») und Avenida Jiménez, teilweise für den Autoverkehr gesperrt. Nach Osten schließt sich **La Candelaria** an, ein Bezirk mit steil ansteigenden Straßen und Gassen mit über einem Dutzend schöner Kolonialvillen mit gepflasterten und bepflanzten Innenhöfen. Hier befindet sich das kulturelle Zentrum der Stadt mit vielen Museen, Theatern, Bibliotheken, einigen Universitäten sowie kleinen Cafés und einigen guten Restaurants. Die schönste Straße und gesperrt für den Autoverkehr ist die Calle del Coliseo (Calle 10).

La Catedral

Die Kathedrale steht an der Stelle der ersten strohgedeckten Kirche der Stadt. Der monumentale Bau stammt aus dem Beginn des 19. Jahrhunderts. Der Innenraum ist nur spärlich deko-

BOGOTÁ ZENTRUM

300 m.

Parque del Tercer Milenio

Iglesia Museo de Santa Clara

Palacio de Nariño

Archivo Nacional

Congreso de la República

Alcaldía

Plaza Bolívar

Palacio de la Justicia

Museo Botero

BLAA

Iglesia de la Candelaria

Plaza Chorro de Quevedo

ONIC

Museo del Oro

Plazoleta Rosario

Parque Santander

Museo del Oro

Museo Nacional (150m)

Parque de las Periodistas

Avenida Jiménez

Iglesia de las Aguas

Las Aguas

Universidad de los Andes

Cerro de Monserrate / Monumento (1,12 km)

Station Monserrate (300m)

Avda. de los cerros

Legende

ℹ	Information	$	ATM/Wechsler
●	Schlafen	Ⓜ	Museen
●	Musik+Tanz	★	Sehenswürdigkeiten
●	Essen+Trinken	✈	Flughafen
●	Einkaufen	⊟	Busstation
●	Touranbieter	❶	Transmilenio (Bus)
✛	Kirche	Ⓜ	Metro (Medellín)
		ⓐ	Bahnhof

● **Sehenswürdigkeiten**
1 Catedral
2 Capilla de Sagrario
3 Iglesia de San Ignacio
4 Iglesia de San Francisco
5 Iglesia de la Concepción
6 Iglesia del Carmen
7 Iglesia y Claustro de San Agustín
8 Historisches Observatorium
9 Teatro Colón
10 Museo Histórico de la Policía Nacional
11 Museo de Trajes Regionales de Colombia
12 Museo de Arte Religioso
13 Museo de Arte Colonial
14 Museo Quinta de Bolívar
15 Museo de la Esmeralda

● **Schlafen**
16 Platypus
17 Casa Platypus
18 Hostal Sue (I+II)
19 Cranky Croc
20 Hostal Fatima
21 Hostal Anandamayi
22 Destino Nómada
23 Hostal El Solar
24 Hotel Casa Deco
25 Hotel Abadia Colonial
26 Hotel Casa de la Botica
27 Hotel de la Ópera

● **Essen & Trinken**
28 San Felipe Candelaria
29 Quinua y Amaranto
30 El Milagrosa
31 El Corrientazo
32 La vida en rosa
33 Mora Mora
34 Asociación Futuro
35 La Puerta Falsa
36 La Pola
37 Casa Vieja
38 Mi Viejo
39 El Gato Gris
40 Fulanitos

● **Musik & Tanz**
41 El Viejo Almacen
42 Areito son trova y ron
43 Taberna Dicoteca la Tía Ana
44 Café Escobar Rosas
45 El Goce Pagano
46 Quiebra Canto

● **Einkaufen**
47 Smaragdbörse
48 Pasaje Rivas
49 Librería Lerner
50 Centro Cultural García Márquez (Librería)

Touranbieter
51 Bike Tour Bogotá
52 Trot@Mundos

riert. Hier befinden sich u. a. Ölgemälde der vier Evangelisten und ehemaliger Erzbischöfe der Stadt. Die Gebeine des Stadtgründers Gonzalo Jiménez de Quesada liegen hier begraben. Die kleine Kapelle **Capilla de Sagrario,** rechts an die Kathedrale angrenzend, wurde von 1660-1700 erbaut. Der Marmorfußboden stammt aus Italien, die Ölgemälde von **Gregorio Vásquez de Arce y Ceballos** (1638-1711).

BOGOTÁ

Justizpalast

Der Justizpalast ist ein Neubau und wird im Volksmund - wörtlich - «Bunker» genannt. Über dem zentralen Eingangsportal prangt ein Leitspruch des ersten Präsidenten der Republik Franciso de Paula Santander, «Die Waffen haben uns die Unabhängigkeit gebracht, die Gesetze werden uns die Freiheit bringen.» Das Vorgängergebäude hatte die kolumbianische Artillerie im November 1985 zerschossen, nachdem die Guerillabewegung M-19 den Palast besetzt und die höchsten Richter des Landes sowie Justizangestellte als Geiseln genommen hatte. Bei der Erstürmung waren mehr als 100 Menschen ums Leben gekommen.

Palacio de Nariño

Der Präsidentenpalast wurde mehrfach restauriert und ist ein überwiegend neoklassizistisches Gebäude. Der Amtssitz des Präsidenten ist schon seit Jahren nicht mehr für den Publikumsverkehr geöffnet. Die populäre Entscheidung des Expräsidenten Belisario Betancur, den Palast dem Volk zu öffnen, wurde aus Sicherheitsgründen rückgängig gemacht. Die Wachablösung der Ehrengarde findet täglich um 17 Uhr auf dem Hof vor dem Palast statt. Die Operettenuniformen der Garde sind von Simón Bolívar persönlich entworfen worden, Cra. 8 No 7-26.

Historisches Observatorium

Auf der Rückseite des Präsidentenpalastes steht das für das Publikum zwischen ⏰ Mo-Fr 11-13 zugängliche astronomische Observatorium (1 Woche vorher reservieren!), ein wahres Kleinod aus den letzten Kolonialtagen, errichtet zwischen 1802/03 mit einem für die damalige Zeit hochmodernen achteckigen Grundriss auf dem einstigen Gelände der Botanischen Expedition von José Celestino Mutis. 1805 durch José Caldas eingeweiht, als krönender Abschluss dieses einzigartigen Forschungsunternehmens, Calle 7-9.

San-Ignacio-Kirche

Die Jesuitenkirche wurde vom Architektenpater Juan Bautista de Coluccini im 17. Jahrhundert erbaut. Die Kirche beherbergt kunstvoll verzierte Barockaltäre und Bilder des Renaissancekünstlers Gregorio Vásquez de Arce y Ceballos,Calle 10 zwischen Cra. 6 u. 7.

Museen

Zu den international herausragenden Museen in Bogotá gehören seit altersher das **Goldmuseum** (Museo de Oro) und das **Museo Botero**, im Komplex der Banco de la República.

Museo del Oro

Das Goldmuseum wurde 1939 durch die Banco de la República gegründet, die den Grundstock der Sammlung von Nemesio Cano angekauft hatte, einem Minenbesitzer und Sammler aus Antioquia, dessen Enkel später die Galerie Cano gründeten (siehe Artesanía). Das Goldmuseum besitzt über 33.000 Gold-, Silber- und Platinstücke sowie 12.000 Keramiken, Textilien und Holzarbeiten. Das Goldmuseum zeigt die Vielfalt der präkolumbianischen Kulturen, von denen einige in voller Blüte standen, andere längst verschwunden waren, als die Spanier das Land eroberten. Die Goldstücke sind in perfekt ausgeleuchteten großen Vitrinen an hauchdünnen Metallstäben befestigt, die die Objekte an der Rückseite umfassen und dadurch dem Betrachter einen schwebenden Eindruck vermitteln.

Das Goldmuseum will nicht nur einen Einblick von den handwerklichen Fähigkeiten der präkolumbinen Völker bei der Bearbeitung des edlen Metalls vermitteln, es will durch die Anordnung und Präsentation der Objekte (**im 2. Stock**), ob einzeln oder in Reihung den hinter der bloßen Form liegenden Symbolgehalt entschlüsseln. Der Beobachter soll vom Mythos Gold verzaubert werden und sich ganz und gar seinem verführerischen Glanz überlassen, der bei den Indianern mit der Sonne, bei den Weißen mit der Suche nach El Dorado verknüpft ist. Vorgestellt werden die präkolumbianischen Kulturen, ihre unterschiedlichen Goldschmiedetechniken und die transzendentale Bedeutung der Arbeiten.

Im **3. Stock** befinden sich die absoluten Spitzenobjekte in einer riesigen Rundvitrine, die im Dunkeln betreten wird. Die Luft ist erfüllt von Panflöten, Vogelgezwitscher und Wasserplätschern. Aus der Dunkelheit schälen sich nach und nach die Umrisse der 8000 ausgestellten Goldstücke, die hier wie auf dem Grund der Lagune von Guatavita vereinigt sind: Masken, Brustpanzer, Ohrringe, Nasenringe, anthropomorphe und zoomorphe Figuren sollen den (imaginären) Flug des Schamanen nachvollziehen. Cra. 6 No 15-88, am Parque Santander ☎ 343 22 22 www.banrep.gov.co/museo ⏰ Di-Sa 9-18, So 10-16. Eintritt: € 1,50, So freier Eintritt. Audioguide € 2,50.

Präkolumbine Goldschmiedekunst

Die Metallurgie wurde vor 3500 Jahren in Alt-Peru erfunden und gelangte von dort in den Süden Alt-Kolumbiens. Anders als bei den prähispanischen Völkern Alt-Ecuadors und Alt-Perus, bei denen sich die Kulturentwicklung und zeitliche Abfolge sehr gut aus den Keramiken und in einem geringeren Maße aus den Textilien ablesen lässt, stehen bei den indigenen Völkern Alt-Kolumbiens die Goldschmiedearbeiten im Vordergrund. Ein halbes Jahrhundert v. Chr. Geburt erreichte die Goldschmiedekunst ihren Höhepunkt in den Anden und an den Küsten. Es entwickelten sich über zwölf unterschiedliche Stilformen. Die prähispanische Goldschmiedekunst beruhte auf dem Schmelzen des Metalls in Wachsform und der Bearbeitung mit dem Hammer. Einige lokal-begrenzte Fertigkeiten kamen hinzu. In der Region **Nariño** verwendete man neben der ansonsten üblichen Gold-Kupfer-Legierung reines Kupfer, das schwieriger und anspruchsvoller zu bearbeiten war. Die **Tumaco** bearbeiteten Platin ohne Schmelze, vermengt mit

Die Darstellung von anthropomorphen Wesen ist ein fester Bestandteil präkolumbiner Goldschmiedekunst.

Goldbestandteilen. Durch das Kratzen an der Oberfläche der Artefakte, wie der ausgestellten Scheiben, entstanden unterschiedliche Farbschattierungen. In der **Ostkordillere** wurden zudem Gussformen verwendet und im **Chocó** einzigartige Schweißverfahren, um das Metall in die gewünschte Form zu bringen. Die im Goldmuseum ausliegenden Artefakte legen aber nicht nur Zeugnis von den herausragenden handwerklichen Fähigkeiten der prähispanischen Indiokulturen ab, sie gestatten den Blick in ihre Vorstellungswelt, eine Welt, die in einem engen Bezug zu den natürlichen und übernatürlichen Wesen stand.

Es gibt einige Elemente in der Darstellung, die bei allen präkolumbischen Völkern stets wiederkehren. Die wichtigste Gestalt der Indianer ist der **Jaguar**. Ihm wird die Fähigkeit zugeschrieben, den Menschen mit den überirdischen Kräften zu versöhnen oder die Harmonie zu gefährden. Der Jaguar überträgt seine Kraft auf den Schamanen und verschmilzt mit ihm zum «**Jaguarmenschen**». In Trance kann der Geist des Schamanen in andere, weit entfernte Welten davonfliegen und zu den Göttern Kontakt aufnehmen, die er durch goldene Opfergaben zu gewinnen versucht. Auch andere Wesen spielen eine große Rolle in der Gedankenwelt der Ureinwohner Kolumbiens. Die **Schlange** ist das Symbol des Todes und gleichzeitig der Unendlichkeit des Lebens. Der **Frosch**, dargestellt in Hunderten von Variationen, die das artenreiche Land auch heute aufweist, verkörpert die Fruchtbarkeit und das Gleichgewicht zwischen den guten und bösen Kräften.

Komplex Museo del Arte del Banco de la República – Casa de Moneda – Museo Botero

Dieser Museumskomplex gegenüber der Biblioteca Luis Ángel Arango belegt einen ganzen Straßenabschnitt (*manzana sur*) und beherbergt mehrere Sammlungen, zudem verschiedene Innenhöfe, ein Restaurant und ein Café. Die Kunstsammlung der **Banco de la República** enthält 262 Werke von kolumbianischen, lateinamerikanischen und europäischen Künstlern aus unterschiedlichen Zeitepochen, angefangen beim Barockmaler Gregorio Vásquez, über Portrait- und Landschaftsmalerei des 19. Jahrhunderts zu den modernen kolumbianischen Meistern Obregón, Botero, Ramírez Villamizar, Grau und Roda und schließlich zeitgenössischer Kunst. Mit dem **Museo Botero** verfügt Bogotá neben dem Goldmuseum über ein weiteres Museum von internationalem Interesse. Insgesamt werden etwa 60 namhafte Werke aus dem ausgehenden 19. und dem 20. Jahrhundert gezeigt, u.a. Picasso, Renoir, Dalí, Matisse, Monet, Degas, Bacon, Chagall, Tàpies, de Chirico, de Kooning, Tamayo, Torres García, Miguel Urrutia Montoya. Fernando Botero hat der Banco de la República de Colombia 123 seiner eigenen Werke vermacht, die hier in eindrucksvoller Weise ausgestellt sind, darunter Zeichnungen, Ölgemälde und Skulpturen. Die numismatische Sammlung in der **Casa de Moneda** verfügt über 8000 Stücke. Erläutert wird die Geschichte des Geldes in Kolumbien. Das Gebäude besticht durch einen schönen Innenhof, weite Korridore und hohe Säle, dekoriert im maurischen Stil, wo die Münzprägemaschinen aus Sevilla stehen. Die Casa de Moneda stammt aus dem 18. Jahrhundert und wurde unter Vizekönig José Solis fertiggestellt. Sie ist ein eindrucksvolles Beispiel ziviler Architektur zur Blütezeit der Provinz Nueva Granada.

Aus dem Museum für religiöse Kunst wurden die wertvollsten Stücke religiöser Kunst, zumal die **drei prächtigen Monstranzen** La Preciosa, La Clarisa und La Lechuga in die neue Sammlung eingegliedert. La Clarisa stammt aus der Kirche Santa Clara in Tunja und war bereits ins Ausland verschwunden. Noch schwerer und reicher verziert ist die Monstranz aus der Kirche San Ignacio in Bogotá. Sie wird vom Volk *La Lechuga,* der Salat, genannt, wegen des intensiven Grüns, erzeugt durch 1485 Smaragde, 168 Amethyste, 62 Perlen, 28 Diamanten, 13 Rubine. Ein Saphir und ein Topaz vervollkommnen die Pracht, Calle 11 No 4-15/93 ☎ 343 12 23 www.banrep .gov.co ⏰ Mo-Sa (außer Di) 9-19, So 10-17, Audioguide. Eintritt: frei.

Claustro de San Agustín

Das ehemalige Augustinerkolleg ist ein Kolonialgebäude mit einem zweigeschossigen Arkadengang um einen mit Natursteinen gepflasterten Innenhof mit Brunnen und heute Sitz der Abteilung Kulturgüter und Museen und des umfangreichen Archivs der Universidad Nacional de Colombia. Die Räumlichkeiten stehen für temporäre Ausstellungen aus dem reichhaltigen Fundus der Universität zur Verfügung, Cra. 8 No 7-21, auf der Südwestseite der Casa de Nariño ☎ 342 23 40 www .museos.unal.edu.co ⏰ Mo-Sa 9-17, So/Feiertag 9-16.

Museo de Trajes Regionales de Colombia

Das kleine Museum für regionale Trachten befindet sich in der **Casa Manuelita Saenz**. In diesem schönen Kolonialhaus lebte die langjährige Geliebte von Simón Bolívar. An der Fassade des Nachbarhauses, hinter der kleinen **Plaza Rufino José Cuervo**, hängen zwei Tafeln mit der durch Antonio Nariño ins Spanische übersetzten Allgemeinen Erklärung der Menschenrechte, Calle 10 No 6-20 ① 341 04 03 www.museodetrajesregionales.com ② Mo-Fr 9-16, Sa 9-14. Eintritt: € 2,50 einschließlich Führung.

Museo de Arte Religioso

Das Museum für Religiöse Kunst bietet einen Querschnitt aus der Arbeit der großen kolonialen Werkstätten für Kirchenkunst von Bogotá, Popayán, Quito und Lima des 17. und 18. Jahrhunderts, Calle 11, Cra. 4 ① 243 72 00 ② Di-So 9-17.

Iglesia Museo de Santa Clara

Wurde 1647 als Nonnenkloster erbaut. Die Kapelle ist vollkommen mit Fresken bedeckt. Es gibt mehrere Altäre und eine Bildersammlung. Das älteste ist ein Bildnis der heiligen Clara. Während der wilden Zeit des Klosters wurden Nonnen entführt. Drahtzieher dieser Aktionen soll der bekannte Barockmaler Gregorio Vásquez de Arce y Ceballos gewesen sein, Ecke Cra. 8 No 8-91 ① 341 10 09 museoiglesiasantaclara.gov.co ② Di-Fr 9-17, Sa/So 10-16. Eintritt: € 1,50. Führungen in spanisch und englisch.

Museo der Arte Colonial

Das Museum für Kolonialkunst ist im alten Kloster der Casa de las Aules untergebracht. Das Haus hatte der Architekt Coluccini für den Jesuitenorden entworfen. Der Innenhof hat die Form eines großen «C». Hier studierten die Jesuiten bis zu ihrer Ausweisung 1767. Von diesem Zeitpunkt an erlebte das Haus eine wechselvolle Geschichte. Hier wurde Antonio Nariño zum Präsidenten ausgerufen. In den Bürgerkriegen war es Gefängnis für politische Häftlinge, später Nationalversammlung und Nationalbibliothek. Geblieben sind Möbel der Kolonialzeit und an den Wänden einige sehenswerte Gemälde im Mestizenstil, eine Stilrichtung, die die Strenge des europäischen Ausdrucks mit indianischen Vorstellungen verbindet. Auch Gregorio Vásquez, der über 500 Gemälde hinterlassen hat, hängt hier, Cra. 6 No 9-77 ① 341 60 17 ② Di-Sa 9.30-18, So/Feiertag 10-17.

Planetarío & Museo de Bogotá

Das aktuelle Planetarium verfügt über ein modernes Projektionssystem. In 2008 wurde das digitale Ganzkuppelsystem PowerDome von Carl Zeiss installiert, ein zweites neues System wird demnächst folgen und den alten Sterneprojektor ersetzen. Mit den beiden neuen Systemen sind die optimalen Voraussetzungen sowohl für die Vermittlung astronomischer Grundkenntnisse als auch für anspruchsvolle wissenschaftliche Vorführungen gegeben. Das Planetarium ist außerordentlich beliebt und empfängt 500.000 Besucher im Jahr. Es sind nicht nur Schulklassen, die hier vorbeischauen, Sternenkunde finden viele Kolumbianer faszinierend. Mit der Umrüstung der Geräte und dem neuen digitalen Dolby-Digital-System werden daher nicht nur pädagogische, sondern auch Unterhaltungszwecke verfolgt, www.planetariodebogota.gov.co Cra. 6 No 26-07 ① 342 31 71, Vorführungen ② Sa/So/Feiertag 11/12.30/14.30/16. Eintritt: € 1.50.

Das Planetarium beherbergt auch das **Museo de Bogotá**, das ehemalige Museum für Stadtentwicklung. Beginnend beim letzten indianischen Regenten Bogotás, dem Zipa führt die Ausstellung bis in unsere Tage. Wer sehen

Jahrhundertelange Bildungstradition am Jesuitenkolleg San Bartolomé

möchte, wie die Straßenbahn die Séptima entlangfuhr, findet ausgiebig Gelegenheit s/w Fotos zu betrachten. Ein interessantes Ausstellungskonzept, weil es den atemberaubenden und schwierigen Entwicklungsprozess der Stadt von einer Kleinstadt mit 100.000 Einwohnern zu Beginn des 20. Jahrhunderts hin zur heutigen Megastadt (mit ca. 8 Mio. Einwohnern) aus unterschiedlichen Blickwinkeln beleuchtet, kulturell, sozial und städteplanerisch, Cra. 4 No 10-18 ☎ 352 18 65(64) www.museodebogota.gov.co ⏰ Di-Fr 9-17.30, Sa/So/Feiertag 10-16.30.

Museo de Arte Moderno (MamBO)

Das Museum für Moderne Kunst hat eine ständige Ausstellung zeitgenössischer kolumbianischer Künstler und wechselnde Ausstellungen nationaler und internationaler Künstler, Calle 26 No 6-00 ☎ 286 04 66 www.mambogota.com/mambo ⏰ Di-Sa 10-18, So 12-16.30. Eintritt: 1,75.

Museo Nacional de Colombia

Das Nationalmuseum (Museo Nacional de Colombia) ist das älteste Museum Lateinamerikas. Es wurde 1823 durch General Santander ins Leben gerufen. Das Gebäude war einst Gefängnis. Die Geschichte Kolumbiens soll dem Besucher durch Möbel, Waffen, Uniformen, Kolonialgemälde und Manuskripte näher gebracht werden. Im dritten Stock erreicht man das neuzeitliche Kolumbien, exemplarisch vertreten durch Werke von Wiedemann, Grau und Botero. In den Räumen des Nationalmuseums befindet sich auch eine archäologische und ethnografische Abteilung. Ein Saal stellt Werkzeuge und Schmuck der Tairona und Muisca aus. Ein Diorama nähert sich der Legende von El Dorado. Ein Mosaik aktuellen indianischen Lebens präsentiert der ethnologische Saal - Pfeil und Bogen, Harpunen, Blasrohre, Netze, Hängematten, Cra. 7 No 28-66 ☎ 334 83 66 www.museonacional.gov.co ⏰ Di-Sa 10-18, So 10-17. Eintritt: frei.

Museo Taurino

Die Hochlandkolumbianer sind verrückt nach Stierkämpfen, und sie lieben es blutig, traditionell und Ritual getreu, eben wie im Mutterland der *corrida*. Wurden jahrelang pro Kampftag sechs Stiere zu 500 kg- Kampfgewicht in den Ring gejagt, hat der aktuelle Bürgermeister Gustavo Pedro, sehr zum Missfallen der vielen Anhänger, ein Verbot ausgesprochen und die Stierkampfarena in einen Eisring verwandeln lassen.

Vorbei die Zeiten als die dem siegreichen Torero zugeworfenen Rosen der Damen in die Arena prasselten und die Männer sich Rotwein und Aguardiente aus den Trinkschläuchen in die offenen Münder spritzten. Die *corrida* war ein gesellschaftliches Ereignis, bei dem Präsident und Nobelpreisträger vereint auf der Ehrentribüne saßen. Das Museum ist in einer Katakombe der Stierkampfarena Plaza de Toros la Santamaría untergebracht und wurde 1931 eröffnet. Die Geschichte des Stierkampfes in Kolumbien und seiner Helden ist in Zeitungsartikeln dargestellt und geht bis auf die Kolonialzeit zurück. Ignacio Sanz de Santamaría war der erste Importeur und Züchter von Kampfstieren aus Spanien, Cra. 6 No 26-50 ☏ 334 16 28 ⏰ Mo-Fr 9.30-12.30 u. 14-17.30, Sa 12-15.

Quinta de Bolívar

Dieses einstige Landgut machte General Santander seinem Rivalen Simón Bolívar nach dessen Rückkehr von der *Campaña del Sur*, der Befreiung Perus und Boliviens, zum Geschenk. Der Libertador hielt es hier nic besonders lange aus. Zu sehen sind einige persönliche Dinge wie ein Schreibtisch, Pistolen und Briefe. Die vielen Stationen des unsteten und rastlosen Revolutionärs sind auf einer Wandplatte gegenüber der Quinta an der Casa Bolíviariano grafisch dargestellt (*Ruta de Bolívar*), Calle 20 No 2-91 Este ☏ 336 64 19 www.quintadebolivar.gov.co ⏰ Di-Fr 9-17, Sa/So 10-16, Mo/Feiertag geschlossen. Eintritt: € 1,30.

Museo Histórico de la Policía Nacional

Im Fundus des Polizeimuseums befinden sich interessante Stücke wie die **goldbeschlagene Harley Davidson** des Medellín-Mafiosi Carlos Mario Alcate alias *El Arete* (der Ohrring), deren geschätzter Wert bei € 110.000 liegt, sowie die goldene Lieblingspistole von Rodríguez Gacha, der erschossenen Nr. 2 des Medellínkartells, Calle 9 No 9-27 ☏ 233 59 11 ⏰ Di-So 10-17, letzter So im Monat 10-16. Eintritt: frei mit einer interessanten Führung.

Kirchen

San Francisco

wurde 1567 erbaut und ist die älteste bestehende Kirche der Stadt. Ihre Pracht zeigt sich von innen. Die Kolonialkirchen Kolumbiens haben weniger opulente Fassaden als die von La Paz, Sucre oder Cusco. Die Barockaltäre, von denen noch über 100 allein in Bogotá existieren, sind die herausragenden Prunkstücke dieser Epoche. Ausgereift in seiner Kunst und dramatisch in seiner Darstellung ist der Hauptaltar von San Francisco. Es ist das schönste Stück und zeigt unverkennbar flämischen Einfluss. Das Werk konnte bisher keinem der bekannten Künstler zugerechnet werden. Die reich verzierte Decke aus verschiedenfarbigen Hölzern und die mit Goldplatt belegten Säulen sind im maurischen Stil. Mehrere Bildnisse des heiligen Franziskus werden hier verehrt. Es ist die popu-

Dreharbeiten für eine Fernsehserie von RCN

lärste Kirche der Stadt, Ecke Cra.7, Av. Jiménez.

La Concepción

Der Altarraum ist ein schönes Exemplar maurischer Schnitzkunst. Das Kirchenschiff hat eine ungewöhnliche Gewölbeform, Calle 10, Cra. 9.

Iglesia del Carmen

Die Salesianerkirche ist eine Mischung aus neoromanisch, neogotisch-florentinischen Elementen, erbaut zwischen 1923 und 1936 und daher reichlich verspielt. Der Innenraum ist im Gegensatz zu den Kolonialkirchen lichtdurchflutet. Der Hauptaltar trägt ein Bild der Virgen del Carmen. Die Engel zu beiden Seiten sind aus Carraramarmor und halten Kerzenständer von drei Metern Höhe in den Händen, Ecke Cra. 5, Calle 8.

Ebenfalls sehenswert

Cerro & Santuario de Monserrate

Der Cerro de Monserrate ist mit 3.190 m der Aussichtspunkt über der Stadt. Eine Seilbahn und eine Zahnradbahn bringen den Besucher im Abstand von 15 Minuten auf den Gipfel. Sonntags wird es voll, und es ist mit Warteschlangen zu rechnen. Der Fußweg nach oben dauert eine Stunde. Es ist ein Kreuzweg. Auf dem Gipfel ist eine Wallfahrtskirche, und die Gläubigen rutschen während der *Semana Santa* auf Knien hinauf.

Außerhalb der Osterwoche ist es allein sonntags sicher, den Berg zu Fuß zu erklimmen. Auf dem Gipfel steht die Statue des «Gefallenen Jesus» von Pedro de Lugo, einem Bildhauer des 17. Jahrhunderts. Es gibt Souvenirläden, Getränkeverkäufer und ein Toprestaurant, **La Casa de San Isidro,** mit französischer Küche und Pianospieler ☺ Mo-Sa von 12-24 und ziemlich teuer, Cra. 2 E No 21-48 ☎ 284 57 00 www.cerromonserrate.com *Funicular* (Seilbahn) ☺ Mo-Sa 7-11.45, So 5.30-17.30, *Teleferico* (Zahnradbahn) ☺ Mo-Sa 12-23, So 6.30-17.30. Retourticket: Mo-Sa € 7, So € 4.

Jardín Botánico
José Celestino Mutis

Der botanische Garten wurde 1955 eingeweiht und bietet verteilt auf unterschiedliche Gewächshäuser einen Querschnitt der Flora Kolumbiens, zudem einen Orchideen- und Rosengarten, Calle 63 No 68-95 ☎ 437 70 60 ⊙ Mo-Fr 8-17, Sa/So/Feiertag 9-17. Eintritt: € 1,20.

Torre Colpatria

Bislang das höchste Gebäude von Bogotá und des übrigen Kolumbiens, Höhe 196 m, 50 Stockwerke, erbaut 1978. Aussichtsplattform (Mirador) mit einem grandiosen Blick über die Stadt, ausgestattet mit vier schwenkbaren Teleskopen für alle Himmelsrichtungen und einer Cafeteria. Die nächtliche Illumination des Turms ist weithin zu sehen. Der Torre Colpatria sollte vom Torre de la Escollera in Cartagena mit 206 Meter noch übertroffen werden, aber der im Rohbau befindliche Wolkenkratzer musste wegen irreparabler Sturmschäden 2007 abgerissen werden. In Medellín ist ein noch höheres Gebäude im Bau, mit 80 Stockwerken, Panoramaplattform, Drehrestaurant (angegebene Höhe 296 m), Cra. 7 No 24-82 ☎ 283 66 65 ⊙ für das Publikum ausschließlich an den Wochenenden, Sa/So/Feiertag 9.30-18. Eintritt: € 1,50.

Zentralfriedhof

Der Besuch von Bogotás Zentralfriedhof ist ein Gang durch die Geschichte. Hier liegen die Präsidenten und Dichter beieinander. Die politischen Sympathien des Volkes gelten den ermordeten politischen Führern Luis Carlos Galán und Carlos Pizarro, ehemaliger Chef der M-19. Ihre Gräber sind umlagert und mit Nelken bedeckt. Den Besucherrekord schlägt Leo Kopp. Vor der Figur des goldenen Denkers auf dem Familiengrab des ersten Bierbrauers stehen die Leute Schlange. Sie flüstern ihm ins Ohr, um das Geheimnis des Erfolges zu erfahren, Calle 26, Cra. 17 (> Av. El Dorado) ⊙ täglich 8-16.30.

Die «Séptima»

Einen ersten Eindruck vom Alltagsleben in Bogotá vermittelt die Carrera 7, die «Séptima». Diese Einkaufs- und Geschäftsstraße zwischen der Plaza Bolívar und dem Tequendamazentrum ist prall gefüllt mit Straßenhändlern, die aus aufgeklappten Koffern Hemden und Bücher anbieten. Da stehen Clowns, die Passanten in die Restaurants locken, und Dichter, die ihre Zeilen am Parque Santander aufhängen: «*Nosotros compramos la Coca Cola para que el Gringo compre la Coca sola.*» («Wir kaufen die Coca Cola, damit der Gringo Koks kaufen kann.») An der Plazoleta de Caldas haben Potenzmittelverkäufer ihren Stand neben den singenden Jüngern von Hare Krishna aufgebaut. Auf dem Kopf des bronzenen Freiheitshelden Caldas träumen die Tauben. An Sonn- und Feiertagen ist die Séptima für den Autoverkehr gesperrt und Rad-, Skateboardfahrern, Rollerskatern und Joggern vorbehalten (*Ciclovía*).

Märkte

Mercado de Las Pulgas, der Flohmarkt ist jeden Sonntag beliebter Treffpunkt. Auf dem Parkplatz neben dem Museum für Moderne Kunst (MamBO), Cra. 7, Calle 24.

Kunst- und Flohmarkt Usaquén, jeden Sonntag von 10-16, Kunsthandwerk aus aller Welt, Cra. 5, zwischen Calle 118 und 120. Usaquén war zu Kolonialzeiten eine Gemeinde der indigenen Muisca und ist heute die Puppenstube von Bogotá, ein beliebter

Treffpunkt für Einheimische wie ausländische Besucher an den Wochenenden mit dem Gefühl, das Dorf in der Großstadt zu erleben.

Paloquemao ist der zentrale Obst- und Gemüsemarkt von Großbogotá, ein buntes Gewirr exotischer Früchte und Verkäufer, an der Avenida 19.

Pasaje Rivas, Cra.10, Calle 10, ein guter Basar für Hängematten, Macheten, Moskitonetze, Stoffe, Möbel etc. und ideal für authentische und günstige Mitbringsel. Die Hängematten kosten etwa ein Drittel wie die in den touristischen Artesaníaläden angebotenen.

Outdoor-Ausrüster

Spiritus für den Campingkocher heißt *gasolina blanca*, erhältlich in der Calle 7 No 3-65. Schlafsäcke, Trekkingausrüstung führt der **Almacen Aventura**, Cra.13 No 67-26 ➀ 248 16 79. **Montaña Accesorios,** Cra. 13A No 79-46 ➀ 530 61 03. **Tatto Outdoors & Travel,** Cra. 15 No 96-67 ➀ 218 11 25 www.tatto.ws **Acampar - Camping Vive,** Diagonal 5A No 73C-16 (Barrio Mandalay) ➀ 608 74 57/ 452 87 31. **Acampemos Iglu,** Cra. 24 No 48-24 ➀ 245 23 69 www.iglu.com.co **Montaña Rescate,** Calle 95a No 51-11 (La Floresta) ➀ 277 72 57 und Calle 100 No 41-40 Local 501 ➀ 482 45 09/ 533 38 26. **Cocuy Juan Carlos,** Calle 57 No 9-29 Of. 301 ➀ 217 44 80/ 217 44 21, vermietet Zelte (€ 3,50 pro Tag) und Schlafsäcke (€ 1,50 pro Tag). **Manglares** - Carmen Lucia Lopez Davila, Cra. 5 No 55-68 ➀ 346 41 32/ 310 565 53 52, Radsport- und Kayakausrüstung.

Bogotá Bike Tours

Eine gute Idee und mal etwas anderes, mit dem Mountainbike für einen halben zu € 6,50 oder ganzen Tag € 13 kreuz und quer unterwegs durch Bogotá mit Mike aus Kalifornien, Cra.3 No 12-72 (La Candelaria) ➀ 312 502 05 54 www.bogotabiketours.com

Kunsthandwerk und Schmuck

In Bogotá gibt es die größte Auswahl an Kunsthandwerk, Leder und Schmuck. Einen guten Überblick über die Auswahl an Kunsthandwerk in Kolumbien bieten die **Artesanía de Colombia** Läden, Cra. 3a No 18-60, Cra. 10 No 26-25, Cra. 15, Calle 95. Sie sind in alten Kolonialhäusern untergebracht, wo man sich in aller Ruhe umschauen kann. Das **Museum de Arte y Tradiciónes Populares**, Cra. 8 No 7-21, bietet einen guten Querschnitt. Der **Mercado Artesanal** findet zweimal im Jahr in einem der Parks von Bogotá statt. Die **Fería Artesanal**, die Messe für Kunsthandwerk, wird im Dezember veranstaltet. Die beste Adresse, um erstklassiges Kunsthandwerk und Schmuck zu kaufen, ist die **Galería Cano**. Hier gibt es Broschen, Anhänger aus Gold mit Smaragdsteinen, naturgetreue Nachbildungen präkolumbianischer Kunst mit Echtheitszertifikat. Filialen sind im Centro Internacional Tequendama, Centro Comercial Andino, Cra. 11 No 82-51 und am Internationalen Flughafen El Dorado www.lacano.net An den Ständen des **Centro Colombiano de Artesanía** gibt es Mitbringsel, T-Shirts, Lederwaren, Töpferwaren etc. Cra. 7 No 22-73.

Smaragde

Die besten Läden zum Einkauf von Smaragden mit Echtheitszertifikat befinden sich im **Centro Internacional Tequendama** und in der **Smaragdbörse in der Av. Jiménez**. Die Preise sind in der Regel günstiger als in Europa. Um einen wirklich guten Deal zu machen, muss man allerdings Fach-

Ciclovía auf der Séptima an den Sonntagen

mann sein.Gerade an der Av. Jiménez und vor dem Goldmuseum bieten ambulante Verkäufer Steine an. Diese sind oftmals von minderer Qualität oder gefälscht. Der Experte kauft direkt vor Ort in Muzo (siehe Muzo). Im 23. Stock des Avianca-Gebäudes, Calle 16 Ecke Cra. 6 ① 286 42 58(-59), wurde ein **Smaragdmuseum** (Museo Internacional de la Esmeralda) eröffnet. Über 3000 Objekte aus Smaragdgestein und ein nachgebauter Minenschacht erwarten die Besucher ② Mo-Sa 10-18. Eintritt: € 4,50.

Galerien

Casas Riegner Gallery, Calle 70A No 7-41 ① 249 91 94, renommierte Galerie, vertritt einige der besten zeitgenössischen Künstler/innen aus Kolumbien ② Mo-Fr 10-13 u. 15-19, Sa 11-14. **Galería Leo Matiz,** Cra. 7 No 92 A-80 ② 610 11 26 www.leomatiz.org mit Vintageabzügen des großen Fotografen, der wie Gabriel García Márquez aus dem kleinen Aracataca stammt.

Galería Casa Negret, Calle 81 No 8-70 ① 212 36 72, Skulpturen des jüngst verstorbenen Künstlers aus Popayán, der zu den Klassikern der Moderne in Kolumbien zählt.

 Schlafen

Die Mehrzahl der preiswerten Unterkünfte und Travellertreffs befinden sich in der Altstadt von Bogotá, zumeist in der Candelaria. Hinzugekommen sind einige schöne Boutique-Hotels. Vor kurzem wurde in diesem Distrikt eine verwirrende und gewöhnungsbedürftige neue Straßennummerierung eingeführt, die sich nur unvollständig durchgesetzt hat. In jüngster Zeit haben auch internationale Ketten wie Accor (Ibis) und NH Mittelklassehotels in Bogotá eröffnet, im Zentrum, Chapinero und Norte. Kleinere Pensionen sind auch im ruhigen, zentral gelegenen Stadtteil Teusaquillo versteckt. Internationale Spitzenhotels liegen überwiegend im begüterten Norden der Stadt oder in Flughafennä-

BOGOTÁ NORTE

Calle 100

Cl. 100
Cra. 2
Cl. 97
Cl. 96
Cl. 95

Avenida Laureano Gómez Diagonal 92

Cl. 100
Cl. 97
Cl. 99
Cl. 96
Cl. 95
Cl. 93B
Cl. 94A
Cl. 94
Cra. 15
Cl. 93B

Centro 93
Parque 93

Virrey
Cra. 20
Cra. 18
Cl. 92
Cl. 93
Cra. 13
Cra. 11
Goethe-Institut Bogotá

Parque El Virrey
Autopista Norte Cra. 45

Cl. 90
Cl. 89
Cl. 87
Cl. 86A
Cl. 88
Cl. 86
Cl. 85

Calle 85
Iglesia La Inmaculada Concepción

Héroes
Cl. 82
Cra. 15
Zona Rosa
Cra. 14
Cra. 13

Centro Unilago
Cl. 79
Cl. 80
Cl. 82
Cl. 83
Cl. 84

300 m

	Schlafen		Essen & Trinken		Musik & Tanz
1	Chapinorte Bogotá	5	Restaurant Club Colombia	17	Salomé Pagana
2	Hotel Morrison	6	Harry Sasson	18	El Salto del Ángel
3	Sofitel Bogota	7	Watakushi	19	Bar Bardot
4	Hotel Virrey Park	8	Di Lucca		
		9	Café & Crépes		Einkaufen
		10	Café Oma	20	Centro Comercial Andino
		11	Bogotá Beer Company		
		12	Café Juan Valdéz		
		13	La Hamburgueseria		
		14	Wok		
		15	Crépes & Waffles		
		16	Hatsuhana		

he. Zwischen der Calle 80 und der Calle 100 (Botschaftsviertel) befinden sich einige Unterkünfte, die man bevorzugen wird, wenn man als Gast der Regierung, eines ausländischen Kulturinstitutes oder als Angehöriger des diplomatischen Corps in Bogotá weilt. Viele Hotel räumen günstigere Wochenendtarife ein.

Platypus, Calle 12F No 2-43 (La Candelaria) ☏ 341 31 04/ 341 28 74 www.platypusbogota.com Travellerklassiker im historischen Zentrum. Tagsüber am Springbrunnen und nachts am Kamin machen die Erlebnisse der Reisenden die Runde. Küchenbenutzung, freier Kaffee, Internet. Es gibt 1er, 2er, 4er und 6er Zimmer mit und ohne Privatbad, € 9 p.P. im Dorm, € 16/19 im Doppelzimmer ohne Privatbad, € 18/24 mit Privatbad.

Casa Platypus, Cra.3 No 16-28 (La Candelaria) ☏ 281 18 01, die gehobene Ausgabe vom kleinen Platypus gleich um die Ecke, ideale Kombination aus persönlichem Hotel und gehobener Travellercommunity mit geräumigen Zimmern, großen bequemen Betten, schönen (Dusch-) Bädern, Lobby mit mehreren Internetplätzen, großzügiger Aufenthaltsraum, Dachterrasse mit Panoramablick auf die Candelaria und den Cerro Monserrate, Internet, 4 Doppel und 8 mat. € 65,50, 4 Einzel € 56,50 und ein Dorm mit vier Betten € 17,50 pro Bett.

Hostal Sue, eine gute Alternative, wenn das Platypus voll ist. Waschgelegenheiten, Küche, Chill Out Zone, Kabel-TV, Internet, Dorm € 8 pro Bett, Einzel- und Doppelzimmer € 17/26. Auch das Hostal Sue gibt es in der Candelaria in zweifacher Ausführung, Cra. 3 No 14-18 und Cra.4 No 12 C - 18 (La Candelaria) ☏ 344 26 47 www.sue-candelaria.com

Cranky Croc, Calle 12 D No 3-46 (La Candelaria) ☏ 342 24 38 www.crankycroc.com Traveller-Hostal mit Partystimmung unter australischer Leitung, fünf Dorm-Zimmer, und einige Ein-, Zwei- Drei- und Vierbettzimmer mit und ohne Privatbad gruppieren sich um die Gemeinschaftsräume, Kamin, Küche, Internet, Dorm € 9,50, € 20-24(1), € 30(2).

Hostal Fatima, Calle 14 No 2-24 (La Candelaria) ☏ 281 63 89 www.hostalfatima.com gemütliches und sauberes kleines Backpacker-Hotel mit div. Serviceleistungen, kostenloser Kaffee, Waschgelegenheit, Sauna und Jacuzzi, Internet, 10 Betten- (€ 7,50 p.P.) und 4-Betten-Dorm (€ 9,50 p.P.), Einzelzimmer mit Privatbad, € 22/28.

Hostal Anandamayi, Calle 9 No 2-81 (La Candelaria) ☏ 341 72 08 www.anandamayihostel.com ein weiteres einstöckiges Kolonialhaus in der Candelaria, das zum Travellerguesthaus umgebaut wurde. Hängematten im Innenhof, Privatzimmer und ein 14-Betten-Dorm, WiFi, inkl. Frühstück Dorm € 13, Privatzimmer € 39/60.

Destino Nómada, Calle 11 No 00-38 (La Candelaria) ☏ 352 09 32 www.destinonomada.com freundliches, zentral gelegenes Traveller-Hotel mit guter, bisweilen ausgelassener Stimmung, die zum Kontaktmachen einlädt, Aussenterrasse, regelmäßige Grillabende und Themennächte, WiFi, Dorm, unterschiedlich große Zimmer ohne und mit Privatbad, Dorm, € 9-12 /16-19/ 27-31.

Hostal El Solar, Cra.1 No12 B - 15, bei der Plaza Chorro de Quevedo (La Candelaria) ☏ 341 229 93, kleines persönliches Hostel mit sehr einfachen Zimmern, Doppel und Dorm-Stockbetten, € 8,50-11.

Hotel Inter Bogotá, Cra. 3 No 20-17/21 (Centro) ☎ 243 37 12 www.interbogotahotel.com zentrale Lage, plüschiger roter Teppichboden, kleine, ruhige Zimmer, WiFi, € 36/42.

Hotel Casa Deco, Calle 12 C No 2-30 (La Candelaria) www.hotelcasadeco.com ansprechend renoviertes Art Deco Gebäude mit 21 individuell gestalteten, zumeist hellen und mehrfarbigen Zimmern, unter italienischer Leitung. Café, Frühstücksraum und Dachterrasse mit Ausblick zu den beiden zentralen Erhebungen der Stadt Monserrate und Guadalupe, € 80/95.

Hotel Abadia Colonial, Calle 11 No 2-32 (La Candelaria) ☎ 341 18 84 www.abadiacolonial.com einladendes Mittelklassehotel mit 12 beheizbaren ansprechenden Einzel- und Doppelzimmern, inkl. Frühstück im Innenhof, WiFi, € 63-143.

Hotel Casa de la Botica, Cra. 6 No 8-77 (La Candelaria) ☎ 281 08 11 www.hotelcasadelabotica.com ein komplett renoviertes Kolonialgebäude in einer ruhigen Seitenstraße hinter dem Kongress gelegen, nur einige Schritte von der Plaza Bolívar entfernt. Tagsüber ist das Regierungsviertel bestens gesichert. In den ausgestorbenen Nachtstunden und an den Wochenenden sollte man aus Sicherheitsgründen aber keine nächtlichen Spaziergänge in Richtung Calle 7 unternehmen, hier schließt sich das Problemviertel Belém an. Zimmer unterschiedlicher Qualität, ab € 59.

Hotel de la Ópera, Calle del Coliseo (Calle 10) No 5-72 (La Candelaria) ☎ 336 20 66 www.hotelopera.com.co stilvolles, komplett renoviertes Haus neben dem Teatro Colón, mit drei Zimmerkategorien, Standard Colonial, Standard Republicana, Junior Suite, € 125/155/180, inkl. Frühstück, Tageszeitung, ein freies Ortsgespräch, Internetverbindung, Spa. Zwei Restaurants, La Scala für mediterrane Küche und im Obergeschoss El Mirador mit einem Panoramablick über die Dächer und Türme der Altstadt für internationale und traditionell regionale Küche

Hotel Crowne Plaza Tequendama, Cra. 10 No 26-21 (Centro) ☎ 900 983 177, eines der größten Hotels der Stadt (578 Zimmer und Suiten), von außen erinnert es an die Hotels des ehemaligen Ostblocks, von innen entspricht es eher den Ansprüchen eines Hotels dieser Preiskategorie, zumal nach der überfälligen Renovierung endlich auch Doppelglasfenster eingesetzt wurden. Das Hotel lebt von seiner Geschichte. In der großzügigen Eingangshalle hängt ein Mural des Malers Acuña, Übernachtung inkl. Frühstücksbuffet im Hotelrestaurant, WiFi, um € 200, Wochenendtarife teilweise deutlich günstiger. Ein Seiteneingang führt zu den aufwendig renovierten und mit einer Küche ausgestatteten **Aparta Suites Tequendama** ☎ 381 37 05, 271 Hotelapartments mit 24 Std. Zimmerservice und einem Flair von New York zwischen 54 und 93 m², inkl. Frühstück Preise ab € 185.

Casa Marly, Cra. 8 No 47-86 (Chapinero) ☎ 858 76 59 www.bogotahotelcasamarly.com eine ruhige, von der Schweizerin Silvia Haug geführte Familienpension in der Nähe der Universität Javeriana, strategisch günstig zwischen Zentrum und Zona Rosa gelegen, unterschiedlich eingerichtete, gemütliche Zimmer mit TV, WiFi, inkl. Frühstück € 31/44.

La Pinta, Calle 65 No 5-67 (Chapinero) ☎ 211 95 26 www.lapinta.com.co in einem Privathaus in der Nähe einiger guter Restaurants, mit unterschiedlichen Zimmern mit und ohne

Bad, inkl. Frühstück, Küchenbenutzung, großer Garten, moderne und geräumige Bäder, WiFi. Dorm ab € 11, Einzel- € 37, Doppel € 52.

Chapinorte Bogotá, Calle 79 No 14 -59 Ap 301 (Chapinero/Zona Rosa) ☎ 256 21 52/ 317 640 67 16 www.chapinortehostelbogota.com Der hilfsbereite Spanier Antonio betreibt dieses ruhige und sichere Gästehaus, das sich von außen nicht als solches zu erkennen gibt, einige gute Restaurants sind in der Nähe sowie eine ⊕-Station. Dorm, Zimmer ohne und mit Privatbad verteilt über mehrere Stockwerke, inkl. Frühstück € 13, € 30/35, € 30/41.

Hotel Morrison, Calle 84 No 13-54 (Zona Rosa) ☎ 622 31 11 www.morrisonhotel.com altenglischer Stil mit mediterranem Touch, Nicht-/Raucherzimmer, offener Kamin in der Business-Suite.Restaurant, Gym, Zimmerservice. Das Hotel ist stolz auf sein Sicherheitssystem, wie die *puertas antipánico*, ab € 139 inkl. Frühstück.

Sofitel Bogotá Victoria Regia, Cra. 13 No 85-80 (Zona Rosa) ☎ 621 26 66 www.sofitel.com internationales Spitzenhotel in der Nähe von Restaurants und Boutiquen, Restaurant mit Gourmetküche, Zimmer ab €159 (Internetbuchung).

Hotel Virrey Park, Cra. 15 No 87-94 (Zona Rosa) ☎ 218 16 25 www.hotelvirreypark.com 43 bequeme und großzügige Zimmer und 4 Suiten mit LCD Flatscreen, WiFi, italienisches Restaurant und ein Juan Valdéz Café im Eingangsbereich, zentrale Lage in der Nähe des Parque 93 mit seinen Bars Nachtclubs, Restaurants und Einkaufszentren, unterschiedliche Zimmerkategorien ab € 87.

Usaquén Art Suites, Cra. 5 No 117-07 (Usaquén) ☎214 20 29 www.usaquenartsuites.com neun poppige und künstlerisch ambitioniert gestaltete Hotelsuites zwischen 30 und 130 m² im kalifornisches Stil, LCD Flatscreen, WiFi, Minibar, Safe, ab € 65.

🍽 Essen

Die günstigste Form, um satt zu werden, heisst 'comida corriente' (oder 'menú ejecutivo'), die in Bogotá durchaus abwechslungsreich sein kann. Im Zentrum und in der Candelaria gibt es Dutzende von Anbietern. Einfach auf die draußen aufgehängte Karte oder den Teller schauen und reingehen. Zwischen € 2,50-5 gibt es schon ein ordentliches Mittagessen mit Suppe, Hauptgericht, Salat und einem Erfrischungsgetränk (Gaseosa) oder Saft (Jugo natural). In der Candelaria gibt es eine ganze Reihe guter und preiswerter Restaurants fürs Mittagsmenü, viel frequentiert von den Studenten der benachbarten Universitäten. Dazu zählen **San Felipe Candelaria**, Calle 11 No 2-65, unweit des Botero Museums für Bandeja paisa und Fleischgerichte. Zudem das vegetarische Restaurant **Quinua y Amaranto**, Calle 11 No 2-95, **El Milagrosa**, Calle 11 No 3-89, **Corrintazo**, Cra. 4 No 11-88, **La vida en rosa**, Calle 14 Ecke Cra. 4, kann ebenfalls einen passablen Mittagstisch aufweisen.

Die meisten v**egetarischen Restaurants** bieten lediglich Mittagstisch zur Selbstbedienung an. Daher rechtzeitig kommen, sonst ist das Essen kalt! Eine Ausnahme ist das **Suna,** Calle 71 No 4-47 ☎ 212 37 21, leichte Suppen, erstklassige Fischgerichte, frische Salate, vegetarische Hamburger, Hauptgerichte um € 10.

Ein zentrales Snack-Cafés zumal für Gäste von Platypus und Sue ist das **Mora Mora,** Cra. 3 No 15-98 und das Restaurant der gemeinnützigen **Asociaci-**

ón Futuro, Calle 15 A No 2-21, für Frühstück, Fruchtsalat, Säfte und Sandwich.

Traditionsreiche **Regionalküche** und heimische **Gastrospecials** wie *chocolate con queso/almojábanas/aquapanela con queso/tamales* etc. findet man in **La Puerta Falsa** (gegr. 1816), Calle 11 No 6-50, bei der Plaza Bolívar ⏱Mo-Sa 7-22. Volkstümlich geht es in der Passage am Gemüse-/Fischmarkt zu, **Pasaje La Macarena,** Calle 20 No 8-51/55. Mehrere Anbieter mit Fisch- und Fleischgerichten. Hier sind auch die Cevicherias. Bei **Pesquera Nuevo Mar** kann man erstklassige *mariscos* aus dem Chocó einkaufen.

Pasaje Internacional Gourmet, kleine Foodstalls mit *churrasco*, Fisch etc. Cra. 4 No 19-24.

La Candelaria

Dieser Distrikt hat neben der einfachen comida corriente auch gehobene landestypische und internationale Küche aus Frankreich, Argentinien und Spanien zu bieten.

La Pola, Calle 18 No 1-85, traditionelle Küche, *ajiaco* und *plato montañero* in historischen Gemäuern.

El Rincón de las Aguas, Cra. 1 No 18A-61, Mittagstisch, *churrasco* und Fisch. Traditionelle Gerichte wie *ajiaco, sobrebarriga al horno* und *puchero santafereño (*s. Kap. Essen und Trinken) gibt es in einem der vielen Ableger der **Casa Vieja,** San Diego, Cra. 10 No 26-50, Av. Jiménez No 3-73 und Cra. 11 No 89-08 ⏱ 257 39 13, etwas Zeit mitbringen, der Service ist bedächtig.

Mi Viejo, Calle 11 No 5-41 ⏱ 566 61 28 www.restaurantemiviejo.com bietet mit Abstand die beste und vielfältigste argentinische Parrilla in der Candelaria, ein fleischreiches Abendessen zu zweit mit einer guten Flasche Wein und zum Abschluss einen Dulce de leche für € 150 fällt allerdings recht happig aus ⏱ Mo-So 12-17.

Patagonia Asados del Sur, Cra. 6 No 10-01, mittelprächtiges *chorrizo,* das vom Montería-Rind an der Küste stammt.

El Gato Gris, Cra. 1 No 13-12 ⏱ 342 17 16, ein gemütliches zweigeschossiges Restaurant mit Ausblick und passablen Preisen.

Fulanitos, mehrere Ableger, Cra. 3 No 8-61 ⏱ 352 01 73 und Calle 59 No 3A-12 (Chapinero) ⏱ 235 45 14, ist ein beliebtes Restaurant mit kolumbianischer Autoren-Küche, gegründet vom kolumbianischen Spitzenkoch und Buchautor Carlos O. Caicedo, für Suppen (*sancochos*), Tamales, Reis-, Fisch- und Fleischgerichte unter dem Einfluss der Region Valle de Cauca (Cali).

Ein französisches Restaurant liegt auf der höchsten Erhebung Bogotás, dem Cerro Monserrate, **Casa San Isidro** ⏱ 243 89 53/ 281 93 09, Kerzenlicht und Pianospieler sorgen für die ideale Atmosphäre für ein verliebtes Tête à Tête.

Im **La Cava** (Hotel Victoria Regia), Cra. 13 No 85-80 (Zona Rosa) ⏱ 621 26 66, ist nicht nur die Speisekarte französisch, sondern auch der Koch Dominique Asselin.

Fisch und Meeresfrüchte

Mar de la Candelaria, Cra. 6 No 10-27 (La Candelaria) ⏱ 284 98 16, ein Restaurant an historischem Orte, hier entkam Simón Bolívar seinen Häschern mit Hilfe seiner Geliebten Manuelita Sáenz. Diverse Reisgerichte mit Meeresfrüchten ⏱ Mo-Do u. Sa 11-17, Fr 11-19, So geschlossen.

Restaurante mini-mal, Cra. 4 A No 57-52 (Chapinero) ⏱ 347 54 64 www.mini-mal.com kreative Küche unter dem Einfluss der Pazifikküste, überwiegend Fisch und Meeresfrüchte, Spezialität: *Ceviche Pasiflora* (Merluza mit Mango, Passionsfrucht und Ingwer), So geschlossen.

La Fragata, Cra. 13 No 27-98, 2. Stock und weitere Ableger verteilt über die Stadt www.lafragata.com eines der traditionsreichen und vermutlich besten Fischrestaurants in Bogotá.

Darius Pescadería, Calle 93 No 12-14 ➀ 610 51 93 ⊕ So geschlossen, ausgezeichnete *cazuela de mariscos.*

Fast Food und Hamburger

Die Bogotanos-/as essen zur Mittagspause gerne auch mal einen Snack im Stehen. Sandwicherías gibt es an fast jeder Straßenecke. Die Brötchen sind belegt mit gekochtem Schinken, Käse, Schweinebraten oder Truthahn, z.B. **Via San Diego**, Cra. 7 No 26-98. Der zentrale **Mc Donald's** ist direkt an der Ecke Séptima mit Av. Jiménez postiert, des weiteren im Centro Andino, Cra. 12, Calle 82 und im Unicentro. Die beliebte kolumbianische Hamburgerkette heißt **El Corral**. Auf eine Vielfalt von Hamburgervarianten, die nicht an Resopaltischen verzehrt werden, hat sich **La Hamburguesería** (Restaurante & Bar Rock en Vivo!) spezialisiert mit Ablegern in La Macarena, Cra. 4 No 27-27, La Soledad, Cra. 25 No 41-64, im Teatro Arlequín (Usaquén), Calle 116 No 6A-40. Die Lokale sind zudem Veranstaltungsort für die Auftritte nationaler Rockmusiker und Fußballübertragungen internationaler Partien.

Barrio la Macarena

Das Barrio la Macarena, zentrumsnah und oberhalb der Stierkampfarena gelegen, ist so etwas wie das «Montmatre» von Bogotá, bestückt mit einigen Restaurants im Bistrostil mit Tischen auf der Terrasse vor dem Eingangsbereich in mittlerer Preislage. Hier treffen sich Jungpolitiker, Snobs, Yuppis, die künstlerische Avantgarde sowie Lokalgrößen aus Theater und Fernsehen. Die Küche ist überwiegend italienisch und französisch geprägt, zumal in der Cra. 4 zwischen Calle 27 und 28, während zwischen Calle 26 und 27 die Mexikaner überwiegen. Außerdem gibt es eine **Cervecería Irlandesa**, Cra. 4 No 26-11.

Balthazar (Cuccina Italiana), Cra. 4 No 27-30, Spezialität Pasta und Pizza-Gerichte. **Pastis**, Cra. 4 27-86 ➀ 282 61 41, verschiedene Lasagne Varianten und Antipasti. **La Monferrina,** Cra. 4 No 26-29 ➀ 342 08 62, hausgemachte Pasta, gute Lasagne. Eine Empfehlung sind die *Fettucini pomodoro con milanesa*, moderate Preise, moderne Einrichtung ⊕ Happy hour Fr/Sa 19-21 für Importbiere, Mo geschlossen. **La Tapería,** Cra. 4 No 26B -12, Tapas Bar mit kleinen Leckereien, u.a. Muscheln in Whiskysoße und Steak in Blauschimmelkäse. An den Wochenenden DJ Programm, Donnerstags Flamenconächte.

Chapinero & Zona G

Der lebendige Stadtteil Chapinero und die im Norden angrenzende Zona G bieten eine große gastronomische Vielfalt. Zona G ist eine neu geschaffene Bezeichnung für die **Zona Gastronomica**, geballt mit überwiegend italienischer, französischer und argentinischer Küche zehn Straßenzüge südlich der Zona Rosa, auch einige Thai-Lokale sind darunter.

Divino Swiss House, Calle 70 No 11-29 ➀ 313 05 95 www.csdivino .com, ideal für Geschäftsessen wie zu privaten Anlässen, Schweizer Spezialitäten und internationale Gerichte. Ausgewählte chilenische und argentinische Weine.

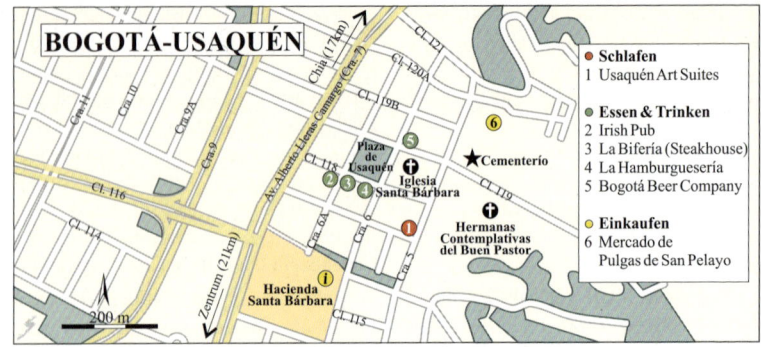

Carpaccío R&F, Calle 69A No 9-14
☎ 212 96 41/ 310 70 82, ein etwas
versteckt in einer ruhigen Seitenstraße
von Chapinero gelegenes kleines Restaurant mit guter internationaler Küche. Leckere Salate, Fleisch-, Fisch-
und Pastagerichte und ansprechende
Desserts, was in Kolumbien eher selten
ist. Die Weinkarte kann sich sehen lassen. Ein Ableger befindet sich in der
Calle 100 No 18-30 im 11. Stock ☎
632 22 00 -30 53.

Armadillo, Cra. 5 No 71A-05 ☎
345 99 92, zweistöckiges Backsteingebäude mit langem Bartresen, an dem
Whiskey und Konsorten serviert werden, Donnerstags jazzige Liveklänge
mit einem Saxophonisten, gute Steaks.

Claro Oscuro, Calle 69 A No 5-59
☎ 249 01 18, Restaurant mit internationaler Küche und Lounge Bar. Schick
und modern eingerichtet, dezent beleuchtet. Zwischen gepflegter Konversation (das nennt sich in Kolumbien
bezeichnenderweise *rumba suave* - die
sanfte Rumba) schlürft man Martinis
und Long Drinks.

Club Colombia, Calle 82 No 9-11
☎ 249 56 81, gemütliche Atmosphäre,
Terrasse, traditionelle Gerichte aus
dem ganzen Land, guter *Santafereno
Ajiaco, Empanadas, Puerquitos Valle-*
caucanos, Tamalitos de Pipian und andere leckere Kleinigkeiten.

H. Sasson, Calle 83 No 12-49 ☎
616 45 20, So geschlossen, guter Thai.
Zu empfehlen ist *arroz frito al estilo
canton*; günstiger, unter freiem Himmel
und gelegentlich begleitet von Rock-
klängen ist das **Wok**, Cra. 9 No 69A-63,
ebenfalls eine Kette mit mehreren Restaurants www.wok.com.co

Zona Rosa & Parque 93

In diesem Teil der Stadt findet man eine große Auswahl an internationaler
Gastronomie, wobei die eleganteren Restaurants um den Parque 93 anzutreffen
sind. **Di Lucca**, Cra. 13 No 85 32, sehr
beliebter Italiener mit Pizza und Pastagerichten sowie Risotto, passable Preise,
Tische drinnen und draussen.

Watakushi, Cra. 12 No 83-17, ☎
218 07 43, moderne Einrichtung Bam-
busbestuhlung, sehr geschätzt aufgrund der exzellenten Sushi-Bar, ausgezeichnet und teuer. **Hatsuhana**, Cra.
21 No 100-43 ☎ 610 30 56, gute Nigi-
ri und Sukiyaki, nicht ganz billig, aber
außerordentlich gut.

Usaquén

Gastronomische Vielfalt findet sich um
die baumbestandene Plaza Santa Bárbara. Cafés und Restaurants mit lau-
schigen Innenhöfen, wie der **Camino**

del Café, Cra. 6 A No 117-26 ☏ 637 51 52, Kaffee, Weine, Cocktails. **Casa Vieja**, **Irish Pub**, **La Bifería** (Steakhouse), **Bogotá Beer Company (BCC)**, Calle 119 Ecke Cra. 6 und diverse mexikanische Restaurants wie das **Mi Calle**, argentinische Parillas und japanische Sushi-Läden.

Cafés & Süßes

Die verrauchten Dichterkneipen Bogotás, das **Windsor** und das **Café Automaticó**, wo Leon de Greiff, Fernando Botero und García Márquez verkehrten, sind Geschichte. Viele der Nachwuchsdichter und Webdesigner sitzen im **Café Oma**, Cra.15 No 82-58, mit Restaurant und internationaler Presse oder in einem der zentral gelegenen **Juan Valdez Cafés**, dem aufstrebenden kolumbianischen coffee-player mit Filialen in allen zentral gelegenen Stadtteilen Bogotás, kolumbianischen Großstädten und sogar einem Ableger in New York. Dahinter verbirgt sich die einflussreiche und kapitalkräftige Federación Nacional de Cafeteros de Colombia. Ihr ist es gelungen, die Frage «Wo bleibt Starbucks?» in Kolumbien gar nicht erst aufkommen zu lassen. Die Merchandising-Abteilung bringt vom Kaffeebecher bis zum Kapuzenpulli alles zu guten Preisen unter die Leute.

Café Libro, Cra. 15 No 82-87, abends Salsa, am Wochenende Livemusik.

Crépes & Waffles www.crepesywaffles.com heißt die in Bogotá und anderen kolumbianischen Großstädten weit verbreitete Kette mit mehreren Filialen, vor allem im Norden der Stadt für Crêpes und Waffeln mit süßer und salziger Füllung, Salate, hochwertigem Eis und anderen Leckereien, z.B. im Unicentro Bogotá Local 1-89, im Cen-

tro Internacional 2. Stock, Cra. 10 No 27-91, im historischen Zentrum (Candelaria) im ehemaligen Verlagsgebäude des *El Espectador* (Edif. Monserrate), Av. Jiménez No 4-49.

Café & Crépe ist der zentrale Bergsteigertreff, Cra. 16 No 82-17 ☏ 236 26 88 ⏱ Happy hour So-Do.

🎵 *Musik & Tanz*

Das Nachtleben findet hauptsächlich als Wochenendrumba statt. Die Ausgehnacht für Bohemiens und Individualisten aller Art ist der Donnerstag. Im Zentrum des Nachtlebens steht die bisweilen neppige **Zona Rosa**, um die Carrera 13 und die Calle 80/82 und der **Parque 93**. Am Wochenende wird Eintritt oder hoher Mindestverzehr verlangt, das schließt europäische (Bier-)Preise ein.

Im von außen unscheinbaren **Salomé Pagana,** Cra. 14 No 82-16 ☏ 218 40 76, trifft sich die Szene von Do-Sa bis 3 Uhr. Das mit Patina überzogene Lokal ist eine Institution für Salsa, Son, Livemusik (Fr), seit 1988.

Die **Candelaria** holt seit einiger Zeit auch in puncto Nachtleben auf. Hier stehen die ewige Existenzialistenecke mit ihren studentischen Tresenlokalen zwischen der Av. Jiménez und den Cra. 3 und 4, beim Edif. San Sebastián und die kleinen zimmergroßen Bars bei der **Plazuleta Chorro de Quevedo** zur Auswahl. Früher las man an den kleinen Rundtischen Bücher mit abgedrehten Theorien von Erasmus von Rotterdam bis Albert Camus und tanzte anschließend wie benommen die halbe Nacht. Heute geht das Interesse zum frisch kopierten Musikvideo, der von den reihum aufgehängten Bildschirmen flimmert mit Musik von R.E.M., UB 40 oder einem alten Pink Floyd-Titel.

Breakdance in Bogotá

El Viejo Almacen, Cra. 5 No 14-23, ist ein alteingesessener Tangoladen und eine gemütliche und schrullige Kneipe.

Areito son trova y ron, Cra. 4 No 18-50 ☾ 283 99 92 ☽ täglich 16-1. Kubanische Bar, an den Wänden Bilder kubanischer Künstler, gelegentlich Live-Musik, Trova.

Taberna Dicoteca la Tía Ana, Calle 12 No 2-76, beliebter Treffpunkt für Studenten nach der Vorlesung. Die Rumba beginnt am (Freitag) nachmittag und ist (meist) um 22 Uhr zu Ende.

Café Escobar Rosas, Cra.4 No 15-01,☾ 341 79 03, kleiner Club mit Tanzfläche in einer ehemaligen Apotheke, Do/Fr Parties bis 3 Uhr.

Sit-Inns bei Bier und Son Cubano finden auf der **Plaza Chorro de Quevedo** statt. Wenn es zu kalt wird, geht man ins **Pequeño Bogotá** oder ins **Rosita Restaurante Café.**

Die besten Son- und Salsascheiben werden in der Szenekneipe **El Goce Pagano** aufgelegt, Ecke Cra. 1 No 20-04, gegenüber der Universität de los Andes an der Straße zum Monserrate und abgestimmt auf das Studentenleben, beliebtes Getränk, kubanischer Mojito, hier kann es eng und wild zugehen www.gocepagano.com ☽ Do/Fr/Sa bis 3 Uhr.

Nicht weit entfernt ist das **Quiebra Canto,** Cra. 5 No 17-76 ☾ 243 16 30. Das zweistöckige, lange Zeit leerstehende Haus, einige hundert Meter vom Candelaria-Distrikt zwischen der Cra. Septima und der Av. 19 entfernt, veranstaltet nun wieder Salsa-Konzerte an den Wochenenden, an den Donerstagen legen DJs elektronische Musik auf.

Ein weiteres weitläufiges Viertel fürs Nachtleben ist **Chapinero.** Die studentischen Treffs liegen auf der Höhe der Calle 51 zwischen Cra. 7 und 8. Das Zentrum der Gay-Szene ist **Chapinero Alto.**

Antifaz, Cra. 7 No 59-18, Live-Rumba mit Musikgruppen aus San Jacinto, dem Ursprungsort der Gaita-Musik von der Karibikküste. Cover-Charge: € 3,50, 1 Bier inkl.

Theatrón, Calle 58 No 10- 32 ☏ 249 20 92, ein großer Show- und Tanzschuppen, der einst der *rumba gay* vorbehalten war und nunmehr auch Heteros begrüßt. Am Wochenende treten *drag queens* auf, wie G*ayshira* die bekannteste Underground-Performerin von Bogotá. Beliebte Gay-Treffpunkte sind der **Boys Club**, Av. Caracas No 37-68, das Striplokal **Apolo´s Men**, Calle 85 No 11 - 18, 2. Stock ☏ 257 54 43 und das **Village-Café,** Cra. 8 No 64-29 ☏ 346 62 29, hinter einer pink gestrichenen Fassade trifft Mann auf nette Atmosphäre und gut geschenkte Drinks.

Chacha, Cra.7 No 32-26 ☏ 35 05 00 74, Disco mit mehreren Tanzsälen verteilt über die sechs Stockwerke (26.-32.Stock) des früheren Hilton Hotels, darunter der ehemalige Ballsaal mit dem riesigen Kronleuchter, Chill Out-Terrasse mit Panoramablick, Top-DJs 'from all over the world' legen House- und andere elektronische Musik auf. Cover: € 10. Schon mal reinhören unter www.elchacha.com

Die Schönen und Reichen der Stadt, und solche, die es sein möchten, treffen sich bevorzugt am **Parque de la 93** z.B. im **Salto del Ángel**, Cra. 13 No 93A-45 ☏ 654 54 54, einem Restaurant mit einem langen Tresen und Tanzlokal. Fr/Sa wird es hier voll, und man sollte einen Tisch vorbestellen, Crossover und Tropical. Covercharge: € 5. Unkonventioneller geht es in der plüschig-barock gestalteten Bar **Bardot** ab, Calle 93 B No 11 A-14, 2. Stock , ☏ 616 00 36, bei House, Techno, Reggae oder Rockmusik. Eine populare Musik-Bar ist **El Sitio**, Cra. 11A No 93 B - 12 ☏ 616 73 72, Livemusik am Wochenende, Vallenato, Salsa, Tropical.

Ein Wochenendvergnügen kolum-bianischer Art ist das Treffen auf der Aussichtsplattform an der Straße nach **La Calera**. Mit Blick auf das nächtliche Bogotá wird Aguardiente getrunken und Vallenato getanzt, dazu Maiskolben, Arepas und Fleischspieße. In Richtung La Calera beim Km 5.5 ist die Diskothek **Compostela** mit Crossover-Rhythmen. Weit draußen im noblen Vorort **Chía** liegt mit dem **Andrés Carne de Res** die unübertroffene Zentrale eines echten In-Ladens, Calle 3 No 11a-56 ☏ 863 78 80, mit weiteren Filialen im Norte von Bogotá.

Der Süden von Bogotá

Der wilde - und arme - Süden der Stadt wurde lange Zeit gemieden. Das Nachtprogramm ist volkstümlich und günstig. Die vielen einfachen und schmucklosen Diskotheken werden im Volksmund auch *cajotecas* genannt. Wer zu den wilden Rumberos/as gehört, wird sich an der klaustrophobischen Enge, die hier zumeist herrscht, nicht stören. Die Musik ist laut und kolumbianisch. Bars und Diskotheken entlang der Av. Primero de Mayo.

Dichtung und Theater

Bogotá ist neben Buenos Aires das herausragende Kulturzentrum des spanischsprachigen Südamerikas. Die Buchproduktion kann sich in puncto Vielfalt und Qualität sehen lassen. Die Theaterszene ist lebendig. Es gibt viele kleine, auch einige experimentelle Theater, vor allem in der Candelaria.

Teatro La Candelaria, mit Cafeteria, Calle 12 No 2-59 ☏ 342 03 88. **Teatro Libre de Bogotá,** Calle 13 No 2-44 ☏ 341 96 17. Größere und traditionelle Theater sind das **Nacional**, Calle 71 No 10-25 ☏ 217 45 77, und das am Ende des 19. Jahrhunderts erbaute, aufwendig restaurierte und 2010 wieder eröffnete **Teatro Colón**, Calle 10 No 5-32 ② 284 74 20. Die Außenfassade ist im italienischen Renaissancestil gehalten, das Innenleben ist opulent barock.

Im **Teatro Jorge Eliécer Gaitán** finden häufig Konzerte statt, Cra.7 No 22-73, ② 334 68 00.

Die **Media Torta**, neben der Universität de los Andes, Calle 18 ② 281 77 04, ist eine Open-Air-Bühne, auf der jeden Sonntag Musik- und Theaterveranstaltungen stattfinden. Eintritt: frei.

Alle zwei Jahre findet das *Festival Iberoamericano de Teatro* mit professionellenTheatergruppen aus aller Welt statt, während der Osterwoche.

Kinos

Kommerzielle internationale Filme werden in den Multiplex-Kinos von **Cine Colombia** www.cinecolombia.com.co gezeigt, in mehreren Lichtspielhäusern zumeist im Norden der Stadt, u.a. Unicentro, Av. Chile, Chía. Die Filme aus Hollywood sind zumeist im amerikanischen Original mit spanischen Untertiteln, Di/Do reduzierte Eintrittspreise.

Empfehlenswerte Programmkinos: **Cinemateca Distrital**, Cra. 7 No 22-79 ⊙ Mo-So 15/17/19. **Kino im Museum für Moderne Kunst (MamBo)**, Calle 24 No 6-00.

Kulturzentren

Alle großen Kulturnationen sind mit einem eigenen Kulturzentrum in Bogotá vertreten.

Instituto Cultural Colombo-Alemana (Goetheinstitut) Engagierte und freundliche Mitarbeiter, aktuelle Zeitungen und Magazine, *das* Aushängeschild der deutschen Kultur in Ko-

lumbien mit deutschsprachigen Filmen, Lesungen, Ausstellungen und anderen Kulturveranstaltungen, beliebte Deutsch-Sprachkurse für Kolumbianer/innen, Cra. 11A No 93-52 ② 601 86 00 www.goethe.de/ins/co/bog

Casa de la Poesia Silva, Calle 14 No 3-41 (La Candelaria) Hier starb der Dichter José Asunción Silva. Die restaurierte Villa hat einen Innenhof mit Arkaden. Bibliothek mit den Werken kolumbianischer und internationaler Dichter.

Bibliotheken

Biblioteca Luis Angel Arango (BLAA) www.lablaa.org ist eine der modernsten öffentlichen Bibliotheken von Lateinamerika, die ca. 900.000 Bücher besitzt und über 10 Lesesäle und eine Cafeteria verfügt. Außerdem bietet die Online-Bibliothek mit ca. 250. 000 Seiten einen jederzeit abrufbaren riesigen Fundus an allgemeiner, gut aufbereiteter Information zu Kolumbien. Die Bibliothek ist Veranstaltungsort für Konzerte, Ausstellungen und Lesungen. 1999 wurde mit 2,9 Mio. Besuchern ein weltweiter Besucherrekord erzielt, damals herrschte an manchen Tagen in der Bibliothek oft eine Atmosphäre wie auf dem Hauptbahnhof. Für Entlastung sorgen seit Beginn des neuen Millenniums drei weitere nagelneue Megabibliotheken in unterschiedlichen Stadtteilen und Problemsektoren im Süden der Stadt, die bislang ohne öffentliche Bildungseinrichtungen auskommen mussten. Die vier öffentlichen Großbibliotheken (und weitere kleine) sind zusammengeschlossen zum BibloRed, einem Informations- und Bildungsprogramm der Alcaldía von Bogotá. **BLAA**, Calle 11 No 4-14 (La Candelaria) ② 343 12 12 ⊙ Mo-Sa 8-20, So 8-16. An Feiertagen geschlossen.

Biblioteca Pública el Tintal Manuel Zapata Olivella eröffnet 2001, für die Stadtteile Kennedy, Fontibón und Bosa, Av. Ciudad de Cali No 6C-09 ☎ 450 50 77 ☀ Mo 14-20, Di-Sa 8-20, So 9.30-17.30. **Biblioteca Pública Parque El Tunal.** Diese Bibliothek wurde im Parque El Tunal, einem der größten Parks, mit vielen Freizeiteinrichtungen im Süden der Stadt errichtet. Der Park grenzt an das Problemviertel **Ciudad Bolívar**, eine der prekärsten Zonen der Hauptstadt mit über 1. Mio. Einwohnern, darunter vielen Vertriebenen, ethnischen Minderheiten, Indigenen, das durch seine schlechte Infrastruktur über lange Zeit vom innerstädtischen Bereich abgeschnitten war und Drogen- und Sicherheitsprobleme aufweist. Lange Zeit gab es in Ciudad Bolívar nur einen einzigen Baum, der im Volksmund «*del ahorcado*» («zum Aufhängen») hieß, Calle 48 B Sur No 21-13, unweit der ☉ **Portal de Tunal** ☎ 769 87 34/-37/-39/-44 ☀ Mo 14-20, Di-Sa 8-20, So 9.30-17.30.

Biblioteca Pública Virgilio Barco. Architektonisch ist die Bibliothek im Parque Simón Bolívar eine Wucht, ein spätes Meisterwerk des bekannten kolumbianischen Architekten Rogelio Salmona, Av. Carrera 60 No 57-60 ☎ 315 88 90/-75 ☀ Mo 14-20, Di-Sa 8-20, So 9.30-17.30.

Archivo General de la Nacion. Das zentrale Staatsarchiv konzentriert die wichtigsten Dokumente der kolumbianischen Geschichte seit Kolonialtagen, die zuvor verstreut in Archiven in Bogotá, Cartagena, Tunja und Pamplona aufbewahrt wurden. Der imposante Backsteinbau stammt vom Architekten Rogelio Salmona und wurde 1994 eröffnet, Cra. 6 No 6-91 ☎ 337 20 50/ -31 11 ☀ Mo-Fr 8-17.

Archivo General de la Nación

Biblioteca Nacional de Colombia ist eine der ältesten Bibliotheken Amerikas. Der Grundstock der Bücher stammt aus dem Fundus der 1767 ausgewiesenen Jesuiten, Calle 24 No 5-60 ☀ Mo-Sa 8.30-19.

Instituto Colombiano de Antropología e Historia (ICANH). Wer sich für die Indianerkulturen Kolumbiens interessiert, findet hier umfangreiches Basiswissen und Hintergrundmaterial. 16 Leseplätze, Calle 12 No 2-41 ☎ 286 00 21/ 286 00 95 www.icanh.gov.co ☀ Mo-Fr 8-17. - Candelaria-

SINCHI (Instituto Amazoniá de Investigaciónes Científicas) unterhält eine kleine, gut sortierte Bibliothek, die auf die kolumbianische Amazonasregion spezialisiert ist, Calle 20 No 5-44 ☎ 285 67 55 www.sinchi.org.co ☀ Mo-Fr 8-12 u. 13-17.

Buchhandlungen

Librería Luvina, Cra. 5 No. 26A-06 ☎ 284 41 57, Buchladen und Kulturzentrum im Barrio La Macarena, regelmäßige Lesungen und Veranstaltungen.

Librería Central, Calle 94 No 13-97 ☏ 256 95 34/ 622 74 02, ein Buchladen mit Qualität und Tradition, deutschsprachige Zeitungen und Zeitschriften. Die Librería Central war (seit 1944) jahrzehntelang der Treffpunkt der österreichischen Exilgemeinde.

Librería Lerner, Av. Jiménez No 4-35 ☏ 282 30 49, hat wohl die größte und beste Auswahl an Foto- und Bildbänden, plus Leseecke.

Librería im Centro Cultural Gabriel García Márquez ☏ 283 22 00, www.fce.com.co eine moderne und übersichtliche Buchhandlung mit allen Werken von und über GGM und allen wichtigen nationalen Neuerscheinungen, Klassikern, Bildbänden, Leseecke.

Un **La Librería,** Plazuela de las Nieves (bzw. Plazuela Caldas), Calle 20 No 7-15 ☏ 281 26 41/ 342 73 82, dreistöckige Buchhandlung der Universidad Nacional de Colombia mit aktuellen Neuerscheinungen zu Politik und Gesellschaft in Kolumbien, Terrassencafé im Obergeschoss.

Café Oma mit Buchladen und nationaler wie internationaler Presse, in der Cra.15 No 82-58 / Cra. 9a No 70-29.

Stadtverkehr

Bislang hat Bogotá keine Metro, aber seit Ende 2000 mit dem **TransMilenio** eine Art Metroersatz auf der Straße. Das neuartige Verkehrssystem wurde erstmals im südbrasilianischen Curitiba entwickelt und eingesetzt. Der TransMilenio, der die Avenida Caracas entlangfährt, sorgt für die schnellste Nord-Süd-Verbindung. Trotzdem kann der TransMilenio nur wenig Entlastung für den alltäglichen Verkehrsinfarkt bringen. Bus und Taxi bleiben die dominierenden öffentlichen Verkehrsmittel.

Es gibt mehrere **Bustypen.** Die dunkelgrünen Kurzbusse der Marke «Dodge»haben weitgehend ausgedient. Bequemer und schneller sind die Colectivos (Mikrobusse) und Ejecutivos (Schnellbusse). Die Fahrtrichtung und die Preise sind in der Windschutzscheibe angezeigt. Die obere Zahl ist der Tagestarif, die untere Nacht- und Sonntagtarif. Die Hauptrouten laufen entlang der Cra. 7, 14 (Caracas) und Av. El Dorado. Es gibt zwar Haltestellen, aber angehalten werden die Busse zumeist durch Handzeichen. Wer aussteigen will, ruft im einfachen Bus «por aqui por favor», in den Ejecutivos drückt man den Signalknopf, und der Bus hält an.

Die **Taxen** sind gelb und haben Taxameter, wenn nicht, dann stimmt was nicht, und man steigt besser nicht ein. Die Tarife hängen am hinteren Seitenfenster oder sichtbar über dem Beifahrersitz und sind moderat. Beim Einsteigen schalten die Fahrer im Allgemeinen das Taxameter ohne Aufforderung an und kassieren entsprechend der Anzeige und dem in der Liste aufgeführtem Multiplikator ab. Nachts ändert sich das Bild schlagartig. Die Taxameter werden nicht mehr eingeschaltet, und die Preisforderungen schnellen in die Höhe. Der Preis sollte vorher ausgehandelt werden. Es gibt sichere Funktaxis mit höherer Anfahrgebühr. Am Busbahnhof und am Flughafen erhält man ein Ticket, das den Preis der Fahrt und das Nummernschild des Taxi enthält. Das System hat sich gut bewährt.

🚆 Eisenbahn

Die Eisenbahn ist kein reguläres Verkehrsmittel mehr, sondern Sonntagsvergnügen. Von der **Estación de la Sabana,** Calle 13 No18-24 ☏ 375 05 57/-58/629 74 07 www.turistren.com

TransMilenio Station Museo del Oro

.co fährt die Dampflok nach Nemocón, in der Nähe von Zipaquirá ☉ Sa/So und Feiertage hin 8.30, zurück 15, Ticket € 12. Die Tickets gibt es am Bahnhof **Estación de la Sabana** kurz vor Abfahrt des Zuges oder noch besser im Voraus zu kaufen.

🚌 *Busverbindungen*

Die meisten regionalen Fahrziele im Departement Cundinamarca, die nördlich von Bogotá liegen, werden nicht vom Terminal de Transporte Terrestre (siehe unten) bedient, sondern vom Terminal de Transporte Satelite beim **Portal del Norte**, der zugleich die Endstation bzw. der Kopfbahnhof des **TransMilenio** im Norden der Stadt ist. Das gilt für alle Fahrziele im Großraum Bogotá (Region Sabana Centro), Chia, Zipaquirá, Cajcá, Guachancipá und Guatavita und zudem für einige Ziele in den nördlichen Departements Boyacá

und Santander. Der moderne Busbahnhof **Terminal de Transporte Terrestre** liegt außerhalb der Stadt, Calle 33B No 69-13 ☏ 428 24 24/ 428 10 12. www .terminaldetransporte.gov.co In den fünf Hallen sind die Schalter der Busgesellschaften versammelt, getrennt nach den regionalen Fahrtzielen in die vier Himmelsrichtungen und zudem der Ankunftsbereich für die Passagiere. **Modul 1** (Gelb) für die Südverbindungen (Corredor SUR via Soacha/ Autopista Sur). **Modul 2** (Blau) Ostverbindungen (via Caqueza, Choachi, La Calera) und die Westverbindungen (via Mosquera, Siberia, Troncal Magdalena, einige Ziele im Dep. Cundinamarca, Tolima (Norte), Caldas, Chocó, Antioquia, Costa Atlantica (via Medellín). **Modul 3** (Rot) Corredor Norte (via La Caro, Autopista Norte). **Modul 4** (Grün) alle übrigen Fahrziele und die Taxis interdepartamentales. **Modul 5**

BUSVERBINDUNGEN

Armenia - stdl. Bolivariano, Magdalena, Expr. Palmira, 8 Std. € 19.

Barranquilla - stdl. Copetran, Brasilia, 20 Std. € 48-55.

Bucaramanga - stdl. Berlinas, Copetran, Omega, 9 Std. € 22,50.

Buenaventura - Flota Sogamuxi ⊕ 17, Magdalena, Expr. Palmira ⊕ 19.30,
12 Std. € 22.

Cali - stdl. Bolivariano, Magdalena, Velotax, 9-10 Std. € 18-24.

Cartagena - Brasilia, Berlinas, Copetrán, alle 2 Std. 20 Std. € 60-70.

Cocuy - Concorde ⊕ 19, Libertadores ⊕ 20.40, Paz del Río ⊕ 6, 18.30, 20.20,
11 Std. € 18.

Cúcuta - stdl. Berlinas, Concorde, 15-16 Std. € 34-44.

Güican - Concorde ⊕ 7, 19, Libertadores ⊕ 5.10,10, 18.30, 20.30,
10 Std. € 17,50.

Honda - stdl. Rapido Tolima, 3 Std. € 8.

Ibagué - stdl. Autofusa, Exp. Palmira, 4 ½ Std. € 9-11.

Ipiales - mehrmals täglich, Bolivariano, Fronteras, 23 Std. € 40.

La Plata - (> Tierradentro) - ⊕ 8.30, 22, € 20.

Manizales - stdl. Exp. Palmira, Bolivariano, 8 Std. € 18.

Medellín - stdl. Bolivariano, Magdalena, Brasilia, 8-9 Std. € 16-26.

Muzo - via Chiquinquirá - Exp.Gaviota, Flota Reina, ab ⊕ 5-12.30, 6 Std. € 13.

Neiva - stdl. Magdalena, Coomotor, Cootranshuilla, ab ⊕ 2.30,
5 ½ Std. € 12-15.

Pasto - mehrmals täglich, Magdalena, Continental, Nachtbus ⊕ 22,
18-20 Std. € 35-44.

Pereira - mehrmals täglich Bolivariano, Magdalena, Expr. Palmira,
8 Std. € 17-20.

Pitalito - (> San Agustín) - stdl. Taxis Verdes, Coomotor, Cootranshuila,
ab ⊕ 2-14, 9 Std. € 20-24.

Popayán - Velotax, Magdalena ⊕ 6, 17, 20, 20.45, 14 Std. € 28-32.

Quibdó - Empresa Arauca ⊕ täglich 22, 20 Std. € 40.

San Agustín - Taxi Verdes, Coomotor 9, 11Std. € 22-25.

San Gil - Berlinas, mehrmals täglich, 5 Std. € 25.

Santa Marta - Brasilia, Copetran, Berlinas in den späten Nachmittag- und
Abendstunden, 16-18 Std. € 53.

Tunja - ständig, Libertadores, Concorde, Autoboy, 3 Std. € 6,50.

Valledupar - mehrmals täglich, Copetran, 16 Std. € 50.

Villa de Leyva - Libertadores, Expr. Gaviata, 3½ Std. € 8,50.

Villavicencio - stdl. Bolivariano, Flota la Macarena, 2-3 Std. € 9.

(Violett) Ankunftsbereich, Taxis. Es gibt mehrere Restaurants, ATM und eine Gepäckaufbewahrung. Alle Wege in Kolumbien führen nach Bogotá. Von hier lässt sich beinahe jeder Ort, der durch eine Straße verbunden ist, erreichen. Mit Gepäck ist es ratsam, ein Taxi in die Innenstadt oder nach Norte zu nehmen, € 3,50 vom Zentrum. Die Anfahrt mit dem Bus dauert eine halbe Ewigkeit.

✈ *Flugverbindungen*

Internationaler Flughafen El Dorado
www.elnuevodorado.com Der internationale Flughafen El Dorado von Bogotá besteht insgesamt aus drei **Flughafen-Sektoren**, die hintereinander an der Avenida El Dorado liegen. Die *Puente Aereo* ist der Flughafen für alle Inlandflüge und die Miami/NewYork Flüge der Avianca. Alle anderen nationalen und internationalen Flüge werden am Flughafen *El Dorado* abgewickelt. Flughafen-Sektor Nr. 3 ist die Frachtabteilung zwischen der *Puente Aereo* und dem Internationalen Flughafen.

In der Abflughalle des internationalen Flughafens befinden sich mehrere **ATM**, diverse Fast Food Restaurants, Cafés und ein Buch- und Zeitschriftenladen. Im Ankunftsbereich tauscht *Aerocambios* ☎ 414 87 69, Bardollar und Euros. Im 1. Stock gibt es auch einen *puesta de salud* für Gelbfieber und andere Impfungen ☎ 266 30 02 ⏰ Mo-Sa 7-19.

CUNDINAMARCA & BOYACÁ

Santander

Barbosa
Moniquirá
Santa
Sofia
Arcabuco
SNN
Iguaque
Otanche
Smaragdminen
Chiquinquirá
Convento
Ecce Homo
Sutamarchán
Villa de
Leyva
Muzo
Quipama
Ráquira
Sáchica
Tunja
La Candelaria

Duitama
Paipa
Nobs
Tibasosa
Sogamoso
Iza
Tota
Lago de Tota
Aquitán

Boyacá

Laguna de
Fúquene
Ubaté
Cuchumbá
Sutatausa
Tausa
Villapinzón
Pacho
Rocas
de Suesca
Chocontá
Nemocón
Zipaquirá
Sesquilé
Las Juntas
Sabanalarg
Catedral del Sal
Tocancipá
Embalsa de
Tominé
Chía
Guatavita
PNN
Laguna de
Guatavita
Río Guavio
Casanar
Junín
Embalsa del
Guavio
unza
Cundinamarca
Bogotá
Socha
Choachi
PNN Chingaza
Baranca de Upía
Caqueza
Las Brisas
Fusagasuga
Quetame
Villavicencio
Puerto López
Puerto
Carreño
Acacias
PNN Sumapaz
Llano Grande
Meta
San José del
Guaviare
Río Meta
San Martín

30 km

▶ Cundinamarca & Boyacá

Im Norden von Bogotá führt der Weg zu den traditionsreichen Salzminen von **Zipaquirá** und **Nemocón**. Im Osten steigen die Berge bis auf über 4000 m an. Die vielen Lagunen, die über die Hochebene verstreut sind, waren in der Mythologie der Muisca von besonderer Bedeutung. Zu den bekanntesten von ihnen zählt die **Laguna de Guatavita**. In den Höhenlagen befinden sich die ausgedehnten und artenreichen **Páramos Chingaza** und **Sumapaz**. Weiter im Osten brechen die Berge der Ostkordillere steil ab und laufen in den Niederungen des Llanosflachlandes aus. Im Westen geht es Richtung Río Magdalena, und die Temperaturen steigen mit jeder Haarnadelkurve, bis das schwül heiße **Honda** erreicht ist.

Das im Norden angrenzende **Departement Boyacá** ist die grüne Lunge der Hauptstädter/innen. Nur 2-3 Autostunden vom städtischen Trubel entfernt, kann man in die Abgeschiedenheit der Natur und der kolonial geprägten Dörfer eintauchen. Entlang der **Autopista Norte** kommt man schnell ans Ziel. Wer aber die Route über die abgelegenen und streckenweise nicht einmal asphaltierten Nebenstraßen wählt, entscheidet sich für eine wirkliche Erlebnisreise und erreicht das koloniale Kleinod und heimliche Zentrum von Boyacá **Villa de Leyva** erst am Ende eines langen, aber kurzweiligen Tages mit Zwischenstationen in der Fel-

senlandschaft von **Suesca**, dem Örtchen **Cucunubá**, verschiedenen Páramos und Lagunen und dem farbenfrohen **Ráquira** mit seiner unerschöpflichen Keramikproduktion. Das koloniale Flair der Region ist überall zu spüren. Übernachtet wird in stillen Landgasthäusern oder hinter Klostermauern, wie in der Posada San Agustín bei den Augustinermönchen. **Chiquinquirá** ist Kolumbiens bedeutendster Pilgerort. Hier verehrt man die Virgen de Rosario, die Schutzpatronin des Landes. In der Departementshauptstadt **Tunja** erstrahlen die Wände der Kirchen in Goldplatt und die Decken der kolonialen Herrenhäuser bevölkern Fabelwesen aus dem Skizzenbuch Albrecht Dürers. An den Ufern der Lagunen Fúquene, Tominé, Sisga, Cucunubá und dem **Lago de Tota** breiten sich Zwiebel- und Kartoffelfelder aus. Die regionale Küche ist deftig und schmackhaft, Fleisch und Gemüse sind frisch und gesund. **Sutamarchán** ist bekannt für seine *longanizas*, die pikant gewürzte Salami, und für die außerhalb Spaniens wildeste *tomatina* (Tomatenschlacht) der Welt.

Suesca

2585 m, 14°C, 14.000 Einwohner

Suesca liegt 65 km nördlich von Bogotá und ist das Zentrum der Felsenkletterei in Kolumbien und zudem beliebt zum Mountainbiking, Rappel und Rafting. Der begehrte Spot ist ein 4 km langes und bis zu 300 m über dem Rió Bogotá aufsteigendes Sandsteinmassiv (Rocas de Suesca), das man kreuz und quer auf Hunderten von Routen bezwingen kann. Am Wochenende kommen die Tourgruppen aus Bogotá. Einer der Veranstalter ist **Gran Pared**, Cra.7 No 50-02 www.granpared.com der Einführungskurse und Ausrüstung anbietet. Übernachtungsmöglichkeiten im **Hostal Caminos de Suesca** www.caminosdesuesca.com Einzel, Doppel, Dorm, WiFi, Gemeinschaftsküche, Restaurant, Café, auch Camping. 🚌 Vom **Portal del Norte** in Bogotá (Endstation TransMilenio) Direktbus 'Alianza' oder 'Ayacucho', 45 Min. € 2.

PNN
Laguna de Guatavita

3000 m, 11°C

Die Laguna de Guatavita, 50 km nordöstlich von Bogotá, war die wichtigste Kultstätte der Muisca, der Krönungsort des jungen Zipa, der hier den ewigen Pakt mit den Göttern bekräftigte. Seinen nackten Körper mit Goldstaub bedeckt, ließ er sich mit dem Floß in die Mitte des Sees rudern und stieg dort ins Wasser. Während der Zeremonie wurden Goldschmuck und Gefäße als Opfergaben versenkt. So nahm die Legende von El Dorado ihren Lauf. Vom Kraterrand ist es ein überwältigender Blick auf die kreisrunde, türkisschimmernde Lagune, auf deren Wasseroberfläche sich entsprechend der wechselnden Lichteinstrahlung die Wolken spiegeln und deren Hänge von einer grau, violett und rosa blühenden Vegetation überzogen sind. Auf der linken Seite klafft eine Einkerbung, die einst in den Krater geschlagen wurde, um den See trockenzulegen, um den

auf dem Grund vermuteten sagenhaften Schatz der Muisca zu heben. Ein Pfad mit mehreren Aussichtspunkten führt vom Kraterrand durch die Vegetation bis zum Ufer hinab. Nachts bilden sich über dem Wasser Nebelschwaden, die aufsteigen und die Lagune bedecken. Vom Páramo im Rücken der Lagune hat man einen Blick auf den Stausee von Nuevo Guatavita, und in der Ferne strahlt der Lichtkegel von Bogotá. Seitdem die Corporación Autónoma Regional de Cundinamarca (CAR) hier das Sagen hat, ist der Besuch der sagenumwobenen Lagune mit strikten Auflagen verbunden, Baden und nächtliche Aufenthalte sind verboten www.car.gov.co Besuchszeiten ◷ Di-So 9-16. Eintritt: € 6. 🚌 Von **Bogotá,** Portal del Norte (Endstation TransMilenio) bis Nueva Guatavita oder Sesquilé, alle 20 Min. 2 Std. € 2,80. Der Bus passiert die Abzweigung zur Laguna, 7 km bergauf vorbei an Kartoffelfeldern, entweder zu Fuß oder mit einem der gelegentlichen lokalen Transporte (Jeeps), bis zum Eingang.

Nueva Guatavita

2690 m, 14°C, 4500 Einwohner

Das 18 km von der Laguna de Guatavita entfernte Nueva Guatavita sollte das vom Stausee überschwemmte ehemalige Kolonialdorf gleichen Namens ersetzen. Die alteingesessene Bevölkerung hat den Mitte der 1960er Jahre geschaffenen Ort jedoch nie angenommen. Denn bis auf die Fassade ist nichts an der Neuschöpfung kolonial. Die Bauern waren es gewohnt, Ställe bei den Häusern zu haben, in denen sie Ziegen, Schafe und Hühner hielten. Dafür hatten die Architekten des neuen Ortes keinen Platz vorgesehen. Angenommen wurde der Ort jedoch von den Touristen, die in Guatavita nach dem anstrengenden Ausflug zur Lagune zu Mittag essen. An Sonn- und Feiertagen ist der Ort überlaufen und der Stausee (Embalse de Tominé) wird zum beliebten Tummelplatz für Wassersportaktivitäten aller Art, Segeln, Wasserski und Surfen, dann fahren auch Sammeltaxis (colectivos) zur Laguna de Guatavita. Unter der Woche ist es hier mausetot.

Zipaquirá

2600 m, 14°C, 100.000 Einwohner ① I

Zipaquirá (kurz «Zipa»), 50 km nördlich von Bogotá war für die Muisca das Zentrum der Salzgewinnung und ist es bis in die heutige Zeit geblieben. Hauptattraktion ist die **Catedral de Sal**, eine Kathedrale in der Salzmine zu Ehren der Schutzpatronin der Minenarbeiter, der Virgen del Rosario de Guasá. Die gewaltige neue Kathedrale ist seit Anfang 1996 für den Publikumsverkehr geöffnet. Die bescheidene Vorgängerkirche, die in den 1950er Jahren errichtet wurde, musste 1990 geschlossen werden, da der Salzstock einzubrechen drohte. Fünf Jahre wurde an dem Neubau gearbeitet, der nunmehr 300 Jahre halten soll. Ein Kreuzweg führt zum gewaltigen Dom mit einem Grundriss von 8500 m² und Platz und Luft für 8000 Personen. Von der Empore mit dem Erzengel Gabriel sieht man in den Dom mit den drei Kirchenschiffen. Am Ende des Mittelschiffes steht das hell erstrahlte 16 Meter hohe Kreuz. Der Altar wurde aus der alten Kathedrale herüber geschafft und wiegt 22 Tonnen. Das Taufbecken ist aus kompaktem Salz. Das Taufwasser, mit einer höheren Salzkonzentration als Meerwasser, tropft über die Seitenwände der Kuppel in ein Auffangbekken. Durch das Wasser entstehen Stalaktiten. Vier monumentale Säulen be-

Erzengel in der Catedral de Sal

grenzen die Seitenschiffe und stützen die Konstruktion. In einer Nische ist ein Bildnis der Jungfrau von Guasá. Für die Konstruktion mussten 250.000 Tonnen Salz aus der Mine geschlagen werden. Das entspricht dem Salzkonsum des gesamten Landes für zwei Jahre. Der Eingang zur Mine liegt an der Cra. 6, 10 Minuten vom Zentrum entfernt www.catedraldesal.gov.co ⊘ Di-So 9-16.45, Sonntagsmesse ⊘ 12. Eintritt: € 9 im Rahmen einer Tour.

🛏 🍴 *Schlafen & Essen*

Hotel Cacique Real, Cra. 6 No. 2 - 36 www.hotelcaciquereal.com Hotel mit kolonialen Stilelementen, 23 bequemen Zimmern, Warmwasser, WiFi, € 29/38.

Beim Park gibt es mehrere Ausflugsrestaurants mit volkstümlicher Küche, großen Portionen *bandeja paisa*, einer guten *ajiaco tipico, chorizos* und *chicharrones*. Das **Restaurante Fun Zipa,** Calle 1 No 9-99 www.restaurantefunzipa.com rühmt sich seines antiken Salzofens, in dem die schmackhaften Salzkartoffeln zubereitet werden.

🚌 Von **Bogotá,** auf der Rückseite von Portal del Norte (Endstation Trans-Milenio). Vor dem Exito Supermarkt, alle 10 Min. bis ⊙ 20, 2 Std. € 1,60 oder komplizierter mit Transporte 'Alianza' vom Terminal de Transporte (Modul 3). Am Sa/So mit dem Touristenzug **Turistren** www.turistren.com.co von Bogotás reanimierten Hauptbahnhof **Estación de la Sabana**, Calle 13 No 18-24 ⊙ 8.30, Zwischenstopp Usaquén, Calle 100 Ecke Cra. 9 ⊙ 9.20, Ankunft Zipaquirá ⊙ 11.30, hin- und zurück € 17. 🚌 In **Zipaquirá,** mehrmals täglich Busverbindungen nach Villa de Leyva vom Busbahnhof.

Nemocón

2615 m, 14°C, 11.000 Einwohner

15 km nordöstlich von Zipaquirá liegt das kleine Dorf Nemocón. Typisch für Cundinamarca ist die Plaza mit der neugotischen Sandsteinkirche. Der Ort ist umgeben von steil aufragenden bewaldeten Bergen. Der Touristenrummel um Zipaquirá hat Nemocón bewogen, die eigene, lange Zeit unzugängliche Salzmine mit der Untergrundkathedrale dem Publikumsverkehr zu öffnen und den eingestürzten Stollen frei zu räumen ⊙ täglich 9-17. Eintritt: € 7,50. Am Ortseingang steht eine alte Ziegelfabrik. 🚌 **Zipaquirá,** Colectivos von der Plaza, ½ Std. € 1.

Choachí

18°C, 9000 Einwohner

55 km östlich von Bogotá Richtung PNN Chingaza liegt hinter dem Cerro Guadelupe Choachí das «Fenster zum Mond», wie es in der Chibcha-Sprache heißt, ein attraktives Dorf in einem Tal mit heißen Quellen und dem besten Blick auf Bogotá. Während die Straßenverbindung in die Hauptstadt nach einem Erdrutsch erst vor kurzem wieder eröffnet werden konnte, kommt man auch auf einem kolonialen Fußweg hier hin, der durch Páramovegetation und andinen Bergwald führt, Touren mit www.caminantesdelretorno.com

Mehrere Unterkunftsmöglichkeiten in komfortablen Cabañas, u.a. im **Hotel Casa Espinel**, Cra. 3 No 4-20 www.choachimilco.com Essen im **Restaurante El Suizo**, Calle 2 No 4-09 ☽ 848 60 65/310 325 96 49. 🚌 Von **Bogotá**, Transoriente und Cootransfómeque, Calle 6, einen halben Block unterhalb der Av. Caracas ⊙ täglich zwischen 5.15 u. 20, 1 Std. € 2.

PNN Chingaza

Der 504 km² große Park verteilt sich 50 km östlich von Bogotá auf die angrenzenden Departements Cundinamarca und Meta. Die höchste Erhebung ist der **Cerro San Luis** mit 4020 m. Der Besucher bewegt sich zumeist auf den Wegen in Höhen über 3000 m. Die Hochtäler und Ebenen sind glazialen Ursprungs. Das Gelände ist hügelig und von tiefen Schluchten durchzogen. Aufgrund des häufigen Nebels und der Bewölkung mit Durchschnittstemperaturen um 8°C gibt es nur wenige Sonnenstunden am Tag. Oberhalb 3000 m sinken die Temperaturen nachts oft unter null Grad. Die Regenfälle zwischen April und November sind hoch. Im Dezember beginnt die Trockenzeit. Flora und Fauna des Parks sind enorm vielfältig. Allein um die Laguna Chingaza wurden 400 Pflanzenarten registriert. Zu den herausragenden Pflanzen des Páramo gehören die Frailejónes. Drei endemische Arten wachsen hier. Am eindrucksvollsten sind sicherlich die zwölf Meter hohen *uribei-frailejónes*, deren Krone auf der Spitze des

Páramo

Der Páramo ist eine einzigarti- ge Hochgebirgslandschaft, die ausschließlich im Äquatorgürtel der Anden vorkommt und auf die Staaten Kolumbien, Ecua- dor und Venezuela beschränkt ist, wobei Kolumbien den Bä- renanteil von 98 % besitzt. Der aus Deutschland stam- mende Geograph und Páramo- Experte Professor Ernesto Guhl (1915-2000) beschreibt in seinem Standardwerk «*Los páramos circundantes de la Sabana de Bogotá*»*(1982)* den besonderen Reiz der Páramovegetation. «*Der Pá- ramo ist ein Ort der Freiheit in jedem Sinne, weil sich der Mensch der Gunst der Na- tur unterwirft. Die Mehrzahl der Reisenden ist aber ungerecht mit dieser wunderbaren Landschaft verfahren, [...] der Páramo ist weder kümmerlich noch melancholisch, son- dern streng, er ist nicht feindselig, sondern grandios, die geographische und ökologische Krönung der äquatorialen Anden Kolumbiens, er ist einzigartig auf der Welt.*»

kahlen Stammes sitzt. Daneben gibt es viele Arten von Moosen, die als Was- serspeicher eine große Rolle spielen. Sie können das Vierzigfache ihres Ei- gengewichts an Wasser aufsaugen.

Von den Vögeln verwundern am meisten die 30 Kolibriarten. Der Helm- kolibri ernährt sich vom Blütennektar der Frailejónes. Anders als die übrigen Kolibriarten saugt er nicht im Flug, sondern er setzt sich auf die Blüte. Wie dem Besucher, so macht auch ihm die Höhenluft zu schaffen. In niedrigeren Höhenlagen schwirrt der Schwert- schnabelkolibri mit einem Schnabel, der seiner Körperlänge entspricht. Ge- sichtet wurden außerdem der Hokko und Haubenhokko, der Tao und der Felsenhahn. Der Artenreichtum war schon der Botanischen Expedition im 18. Jahrhundert unter Mutis bekannt, der Alexander von Humboldt darauf

hinwies. Die Lagunen von Siecha (**Sie- cha, Guasca, Teusacá**) auf 3590 m im Nordbereich gehören zu den häufiger besuchten Plätzen innerhalb des Na- tionalparks. Von den Lagunen blickt man auf die Stauseen von San Rafael und Tominé, die die Hauptstadt mit ex- zellentem Trinkwasser versorgen, ebenso wie die **Embalse de Chuza**, mit einem Fassungsvermögen von 220 Mio. m³, an deren Hängen bis in den September die Frailejónes blühen.

Der Rundgang vom Kontrollposten in Piedras Gordas führt auch nach **La Mina**, einer 1989 aufgegebenen, heute von Vegetation überwucherten Kalkmi- ne. Auch die **Laguna Chingaza** und die **Laguna del Medio** im Südbereich waren heilige Orte der Muisca und können auf organisierten Wandertou- ren von www.caminantesdelretorno .com besucht werden, genauso wie der

Hügelzug der Serranía de los Organos. Von Norden/Süden führt eine befestigte Straße durch den Park, der in mehrere Sektoren (Lagunas de Siecha, Lagunas de Buitrago) unterteilt ist. Am häufigsten genutzt wird die Zufahrt von Bogotá via **La Calera** im Norden bis zum Haupteingang in **Piedras Gordas**, 1 Std. mit dem Auto. Von der Südseite erfolgt die Zufahrt über Choachí. Am **Monte Redondo** befindet sich das Besucher- und Verwaltungszentrum des Parks, bei der Embalse de Chuza, Übernachtungsmöglichkeiten bieten die **Albergue Suasie** sowie das moderne **Campingareal** mit Fließendwasser und Stromanschluss, € 12/18 (Neben/Hauptsaison) pro Bett mit Gemeinschaftsbad oder Zelten € 3 p.P. und im Voraus bei der Nationalparkverwaltung in Bogotá zu buchen. Der Park ist nur an Wochenenden und Feiertagen offiziell zugänglich. Einzig die Nationalparkverwaltung in Bogotá ② (1) 353 24 00, erteilt eine Besuchserlaubnis, zu buchen einen Monat im Voraus, € 14, ab Gruppen mit 8 Personen ist ein Guía obligatorisch.

PNN Sumapaz

Der Nationalpark Sumapaz (gegr. 1977) hat eine Ausdehnung von 178.000 ha, liegt im Südosten von Bogotá und verteilt sich auf die Departements Cundinamarca, Meta und Huila. Er erstreckt sich über Höhenlagen von 1600-4000 m, weist daher mehrere Ökosysteme auf und beheimatet eine einzigartige Flora und Fauna. Die Hochgebirgsregion ist ein wichtiger hydrografischer Knotenpunkt mit vielen Lagunen mit kristallin klarem Wasser und einer Vielzahl an Wasserläufen, die in die Flusssysteme von Río Magdalena, Río Meta und Río Guaviare entwässern. Die Vegetation wird bestimmt von Andengräsern, Moosen, Farnen und den berühmten Frailejónes, überwiegend der Gattung *Espeletia*. Zu den seltenen Tieren gehören der kleine und scheue Andentapir, Andenhirsch, Brillenbär, Tigrillo und Puma, zudem viele Frosch-, Reptilien- und Vogelarten. Im Zentrum des Parks liegt der **Páramo von Sumapaz**, der weltgrößte seiner Art und gerade einmal zwei Stunden von der Hauptstadt entfernt. Er erstreckt sich von der südlichen Grenze des Hauptstadtdistriktes 120 km weit nach Süden. Die Vegetation des Páramos breitet sich in den feuchten Hochgebirgstälern unterhalb der Schneegrenze aus, an den Rändern des Parks hat die Viehzucht der Kolonisten Einzug gehalten. Vor einem geplanten Besuch bei der Parkverwaltung in Bogotá nachfragen und anschließend reservieren. Eintritt: € 6,50. Im Park sind keine Übernachtungsmöglichkeiten vorhanden! Während der nördliche Sektor des Parks leicht auch mit öffentlichen Transportmitteln zu erreichen ist, Anschlussverbindung vom **Portal de Usme** (Endstation Transmilenio) 1 ½ Std., kommt man nur sehr beschwerlich weiter in die kleinen Dörfer **Nazareth** und **San Juan del Sumapaz**, die zudem bis heute vom bewaffneten Konflikt zwischen Armee und Farc beeinträchtigt sind. Südlich von San Juan führt eine Trocha zum Hauptquartier der Farc in La Uribe (Departement Meta). Hier wurden Waffen und Drogen geschmuggelt und Entführungsopfer versteckt. Die von staatlicher Seite aufgebotene Militärpräsenz hat sich nicht gerade zimperlich gegenüber den einheimischen Campesinos und dem fragilen Ökosystem aufgeführt. Vor San Juan zweigt eine befestigte Straße zur wunderschönen **Laguna Chisacá** ab (Parkeingang), die von einem Meer aus Frailejónes umgeben ist. Von dort aus kann man auf Wanderpfaden zu den Lagunas Negra und Bocagrande und dem Pantano de Andabobas kommen, die in der Regenzeit aber unpassierbar sind. Im Park gibt es drei Aussichtstürme.

Ausflugsziele westlich von Bogotá

Wenige Kilometer außerhalb der Hauptstadt etwas abseits der Straße nach Giradot liegt der **Salto de Tequendama**. Dieser 140 m hohe Wasserfall gehörte einmal zum Pflichtprogramm eines Kolumbienbesuchs und wurde in vielen Zeichnungen verewigt. Heute ist der Wasserfall des Río Bogotá eine aufgestaute und leider etwas kümmerlich Kloake. Einige lohnende Ausflugsziele in südwestlicher Richtung von Bogotá sind **Fusagasugá** (kurz 'Fusa', 73 km), mit seinem milden Klima und der Orchideenzucht auf 1765 m gelegen und das kleine malerische Dorf **Pasca** (78 km) mit einem Museum über die vielen Muiscafunde

in dieser Gegend. In der Nähe des Dorfes **Icononzo** (132 km von Bogotá) haben sich zwei steile Berge zueinander geneigt und eine natürliche Brücke gebildet, ein Naturphänomen, das bereits von Alexander von Humboldt beschrieben wurde. Vom Terminal in Bogotá mit Cootransfusa und Autofusa, 1¾ Std. € 3.

Auf der Straße in Richtung Honda liegt **Guaduas** (115 km). Der 1572 gegründete Ort mit seinen gepflasterten Straßen war Durchgangsort für Maultiertreiber, Vizekönige und Revolutionshelden. Guaduas ist vor allem durch die Freiheitsheldin **Policarpa Salavarrieta** bekannt geworden, die hier geboren wurde, und 1817 im Alter von 22 Jahre von den Spaniern während der Reconquista hingerichtet wurde. Im Volksmund heißt sie nur 'La Pola' und ist eine bedeutende Identifikationsfigur des kolumbianischen Unabhängigkeitskampfes. Ihr Geburtshaus beherbergt ein Museum. Ihr Konterfei ziert den 10.000 Pesoschein. In einem anderen Haus aus der Kolonialzeit ist

CUNDINAMARCA & BOYACÁ

Guaduas, Geburtsort von Policarpa Salvarrieta

das historische **Museo Virrey Ezpeleta** (1789-1797) untergebracht, So geschlossen. Von Interesse sind auch der Konvent La Soledad und die Kirche San Miguel Arcángel. In Guaduas, wegen seiner milden Temperaturen Anlaufstation für Wochenendbogotanos/-as, gibt es eine Reihe von Unterkünften in allen Preislagen. An der zentralen Plaza neben der Kathedrale ist die **Casa Hospedaje Colonial**, Cra. 3 No 3-30 ① 846 60 41, anspruchslose Zimmer, die um einen zweistöckigen begrünten Innenhof gruppiert sind. Das Gebäude, das zu kolonialer Zeit die Geistlichen beherbergte, atmet mehr als jede andere Unterkunft hier noch die aufregende Vergangenheit. Neun Kilometer weiter auf der Straße Richtung Caparrapi ist der **Salto de Versalles**, ein 35 m hoher Wasserfall. 🚌 Vom Terminal de Transporte **in Bogotá** (Modul 3), Expr. Bolivariano, mehrmals täglich, € 6. Vom Zentrum **in Guadas**, Calle 1, Cra. 5, fahren täglich mehrere Busse nach Bogotá.

Honda

229 m, 29°C, 30.000 Einwohner ① 8

Das kolonial geprägte, oft stickig-heiße Städtchen Honda (132 km) liegt bereits im Departement Tolima und war einst der wichtigste Flusshafen des Landes, ein Umschlagplatz für Menschen und Waren zwischen dem Meer und der Hauptstadt, heute unbedeutend und verschlafen, aber voller reizvoller Ecken und Winkel. Die Stadt liegt inmitten terrassierter Hügel an der Einmündung des Río Gualí in den Río Magdalena, der hier eine Schleife zieht. Der Río Magdalena, der für das Selbstverständnis des Landes so bedeutsame und schicksalsträchtige Fluss, taugt in diesem Abschnitt nicht mehr als Transportader. Die Strom-

schnellen machten seit jeher das Weiterkommen für Schiffe schwierig, so dass der Schiffsverkehr bereits vor langer Zeit zum Erliegen gekommen ist. Über die beiden Flüsse sind ein Dutzend Brücken geschlagen, die Stadt wird daher auch als «Stadt der Brücken» bezeichnet, die älteste von ihnen, die Puente Navarro, wurde 1889 erbaut. Der kleine Altstadtkern wirkt unter der Woche wie ausgestorben und ist durchzogen von engen, gepflasterten Gassen, die von der kleinen **Kathedrale** hinunter zum alten Hafen führen. Besonders malerisch sind die **Calle de las Trampas** und die **Calle de Sello Real**. Erhalten geblieben sind einige herrschaftliche Kolonialhäuser. Am Flussufer ist vieles bereits dem Verfall preisgegeben.

🏧 **ATM,** Banco de Bogotá, Calle 12A No 11A-09.

Sehenswürdigkeiten

Mercado Municipal

Honda hat eine beeindruckende gut erhaltene Markthalle, erbaut im republikanischen Stil und mit hohen Säulengängen versehen, pathetisch auch als das «Pantheon von Tolima» bezeichnet, Calle 12 No 12 A-29.

Museen

Museo Alfonso López Pumarejo ist dem Ex-Präsidenten gewidmet, der hier 1886 geboren wurde, Calle 13 No 11-65 ⊕ täglich 8-18.

Museo del Río Magdalena, in der alten Polizeikaserne de la Ceiba, erbaut im 17. Jahrhundert, befindet sich heute das Museum mit dem ambitionierten Titel. Zu den Exponaten gehören eine ausgestopfte Seekuh, getrocknete Flussfische und eine verstaubte Fossiliensammlung. Von Interesse sind einige s/w Fotos, die Honda als Hafen der

Río Magdalena
von der fluvialen Lebensader zur verschlafenen Randregion

Der Río Magdalena hat eine Länge von 1540 km. Das hydrographische Becken des Flusses hat eine Ausdehnung von 256.622 km², in dem sich 650 Ortschaften befinden. Im Einflussbereich des Magdalena leben über 80 % aller Kolumbianer. Der Fluss transportiert enorm viel Sedimente. Die Quelle liegt auf dem Páramo de las Papas, unweit von San Agustín in 3685 m Höhe. Nach 221 km fließt der Magdalena bereits auf 472 Höhenmetern. Weitere 370 km sind es bis Honda (229 m). Der Mittellauf des Flusses verzweigt sich hinter Puerto Wilches (61 m) in eine Vielzahl von Flussarmen und Ciénagas. 1824 begann

Fähre auf dem Río Magdalena

die Dampfschifffahrt auf dem Magdalena durch den Deutsch-Kolumbianer Juan Bernardo Elbers. Bis in die 1960er Jahre wurden 60 % aller Ein- und Ausfuhren über den Fluss abgewickelt. Der Río Magdalena war die Lebensader Kolumbiens für Jahrhunderte.

Dampfschifffahrt zeigen, Cra. 10, Calle 10 ① 251 56 30, ⏲ täglich 10-13 u. 15-17.

  ## Schlafen & Essen

Die einfachen Unterkünfte liegen vorwiegend in Ufernähe, die besseren Hotels im Haziendastil außerhalb des Ortes, oft verborgen hinter einer dichten Vegetation aus hohen Bäumen und blühenden Blumen. Zur Zeit des **Carnaval de la Subienda**, Anfang/Mitte Februar, benannt nach der saisonalen Fischwanderung, die aufgrund der stark gewachsenen Verunreinigung des Flusses von Jahr zu Jahr mickriger ausfällt, wird es voll in der Stadt, und man sollte sein Hotel bereits im Voraus gebucht haben.

Hotel Los Puentes, Cra. 12 No 17-128 ① 251 30 70, einfache Zimmer mit Bad und Vent. freundlich, sauber, Dachterrasse mit Blick auf die Stadt und den Fluss, € 11/16.

Hotel La Piragua, an der Straße Honda-Mariquita bei der Puente Río Gualí ① 251 18 32, bequeme Zimmer mit a/c, Camping, Restaurant, Barbetrieb, € 35/50.

Casa Belle Epoque, Calle 12 No 12 A-21① 312 478 01 73 www.casabelleepoque.com ein stilvolles Boutiquehotel in einem restaurierten kolonialen Stadthaus, mit Patio, Pool und Sonnenterrasse, zehn Zimmer, inkl Frühstück € 33/52.

Hotel Campestre Villa Gladhys, Calle 10 No 30-40 ① (0982)51 36 41 www.hotelcampestrevillagladhys.com geräumiges Landhotel im Barrio San

Bartolomé, 3 km außerhalb von Honda auf dem Weg nach Mariquita, mit 14 bequemen Zimmern und Cabañas, Pool, Jacuzzi, Restaurant, Bar und Konferenzräume. Die Anlage ist ausschließlich Hotelgästen vorbehalten, ab € 50 pro Zimmer, spezielle Angebote mit Vollpension und Touren.

Die Spezialität der Region sind Flussfische - *bocachico, capaz* - und die Fischsuppe *viudo de pescado*. Viele **Restaurants** sind entlang der alten Bogotá-Medellín-Straße auf beiden Seiten der **Brücke del Carmen**. Lokaltypische Fischbuden findet man im **Flussviertel Pacho Mario**. Mit etwas Glück kann man hier noch echte Fischer kennenlernen.

Honda ist ein bedeutendes überregionales Straßenkreuz an der Autopista Bogotá-Medellín sowie in den Süden des Landes Richtung Ibague, in die Kaffeezone und zur Karibikküste nach Norden. Der schicke neue Busterminal liegt oberhalb des Ortes an der Umgehungsstraße. Von Honda und **Mariquita** lassen sich in einem Tagesausflug **Ambalema** und **Armero** besuchen. Diese kleinen und sympathischen Ortschaften im Norden des Departements Tolima sind interessante Besuchsziele entlang der sog. *Ruta del Tabaco*. **Bogotá/Medellín/Manizales/Ibague,** Autoboy, Arauca, Bolívariano, Rapido Tolima u.a. ständig Busse und Colectivos, € 8/12/7/5.

Mariquita

535 m, 27°C, 35.000 Einwohner ☽ 8

Nur einige Kilometer von Honda entfernt, bereits in Richtung der Zentralkordillere, liegt Mariquita, lebendig, bunt und tropisch-warm. Nur in den Abend- und Morgenstunden kommt eine frische Brise von den nahen Bergen. Die Reste des historischen Erbes ver-

modern im feuchtheißen Klima. Vom **Dominikanerkonvent** und der **Casa de la Moneda** stehen nur noch die Vorderfront. Vom einstigen Endpunkt der **Seilbahn Manizales-Mariquita** sind drei Betonpoller geblieben.

Mariquita war die Lieblingsstadt des Bogotá Gründers Gonzalo Jiménez de Quesada. Auf einer seiner Reisen nach Spanien schenkte ihm die Infantin Philipp II. ein Standbild des gekreuzigten Jesus. Der leidende Renaissance-Christus ist mit blutenden Wunden bedeckt und wird bis heute in der Kapelle **La Ermita**, Calle 2, Cra. 5/6, verehrt. Der Gekreuzigte von Mariquita hatte im 16. Jh. die gesamte Christenheit vor den heranrückenden Mohammedanern gerettet. Die Gläubigen hatten ihn in der Seeschlacht von Lepanto (1571) an den Hauptmast der vordersten Galeone genagelt. Der Retter der Christenheit wurde in der Neuen Welt zum Schutzpatron der Wanderer, die hier eine Kerze anzündeten, bevor sie den Weg in die gefürchteten Wälder antraten ☽ zur Messe ab 16.30, sonntags auch ab 9.

Die reiche Flora der Umgebung und das angenehme Klima hatten es zwei Jahrhunderte später **José Celestino Mutis** (1732-1808) angetan, einem der größten Naturforscher seiner Zeit, und ihn veranlasst, den Ort zum Stützpunkt eines einzigartigen Forschungsunternehmens, der Botanischen Expedition, zu machen. El *Sabio Mutis*, wie er genannt wurde, der einst als Leibarzt des spanischen Vizekönigs ins Land gekommen war, hat die Unabhängigkeit Kolumbiens nicht mehr erlebt, aber unter seinen gelehrigen Schülern befanden sich die späteren Revolutionäre **José de Caldas** und **Jorge Tadeo Lozano**, die zu berühmten Märtyrern des Unabhängigkeits-

Casa Mutis in Mariquita

kampfes wurden. Der dichte Dschungel um Mariquita wurde für Mutis zum lebendigen Laboratorium. Er lebte acht Jahre hier, sammelte, analysierte und klassifizierte 2696 Pflanzen wie noch keiner vor ihm. Der Sitz der *Expedición Botánica* ist heute restauriert. Im Innenhof des kolonialen Anwesens wachsen Kautschuk, Zimt und Lorbeerbäume. An den Wissenschaftler erinnert eine Büste im Garten.

Die Expedition begann zwar als Forschungsreise, entwickelte sich aber schnell zu einer wissenschaftlichen Institution, die später nach Bogotá übersiedelte. Ihre Arbeit wurde erst durch den Einmarsch der spanischen Truppen unter General Pablo Morillo, der die Unabhängigkeitsbewegung 1815 niederschlug, beendet. Drei Jahre später ließ er 104 Kisten mit 2945 Farb- und 2448 Tintenzeichnungen nach Spanien schaffen, wo sie in die große Sammlung des Königlich Botanischen Gartens von Madrid eingingen. Die **Casa de la Fundación Expedición Botánica** ist am Markt, Calle 3 No 3-41 ⏱ Mo-Fr 9-18.

 **ATM**, Banco de Bogotá, Cra. 4a No 6-56. Bancolombia, Cra. 4a No 7-02.

Schlafen & Essen

Die Mehrzahl der einfachen Hotels und Restaurants liegt an der Durchfahrtsstraße (Calle 7 oder 'Alameda'). Bessere Unterkunftsmöglichkeiten liegen in den ruhigen Seitenstraßen bei der La Ermita und in den Haziendas inmitten tropischer Gärten außerhalb der Stadt.

Hotel Real Campestre, Calle 6 No 2-77 ⏲ 252 29 32, Pool im Innenhof, unauffällige Eingangstür, € 18/30.

Hotel Boutique Casa Quinta Vacacional, Cra. 5 No 2-65 www.quintalaermita.com weitläufige Anlage, zwei Swimmingpools, Poolbillard, Internet, gute Betten, € 35/50.

La Posada de la Ermita, Cra. 5 No 2-68 ⏲ 252 54 90, Pool mit Jacuzzi, Restaurant, Bar, Internet, € 45(2).

Beliebter Treffpunkt für gutes und günstiges Frühstück ist die **Panadería y Pastellería San Sebastián**, Cra.4 Ekke Calle 7, direkt an der Straßenkreuzung gegenüber der Terpel-Tankstelle. **Restaurant Los Guaduales,** Calle 5a No 5-29, gute Fischgerichte.

🚌 Alle Busgesellschaften haben ihre Büros zentral an der Durchfahrtsstraße (Calle 7). **Bogotá,** jede Std. 4-5 Std. € 9. **Ibagué,** jede ½ Std. 2 Std. € 5. **Manizales,** jede Std. 3 Std. € 6. **Honda,** Colectivos, € 1,50.

Armero

Armero war ein kleiner Ort mit 31.000 Einwohnern und wurde am 13. November 1985 von einer Geröll- und Eislawine, die sich von den Hängen des eruptierenden Vulkan Ruiz gelöst hatte, überrollt und fast vollständig verschüttet. Der Schlammstrom riss annähernd 25.000 Menschen mit in den Tod. Heute wirkt Armero wie das Pompeji der Neuzeit. Die Plaza de Bolívar ist verschwunden. Tausende von Kreuzen gedenken der Toten. Von einigen Häusern blickt nur noch der zweite Stock aus der Geröllschicht, mit Hausnummern in Kniehöhe. Wo einst die Straßen verliefen, haben sich nun Büsche, Schilfgras und Bäume breit gemacht. Die Schnellstraße Mariquita-Ibagué durchschneidet die ehemalige Ortschaft. Bis heute ist die einst reiche landwirtschaftliche Zone kaum wiederbelebt worden. Die Fundación Armando Armero hat den Ort zu einer bedeutenden Erinnerungsstätte gemacht und ein Interpretationszentrum eröffnet. 🚌 Jeder Bus/Colectivo von/nach Ibagué. Armero liegt am Straßenkreuz nach Ambalema.

Ambalema

241 m, 27°C, 7000 Einwohner ☏ 8

Ambalema ist ein geruhsames, beinahe vergessenes Dorf am Westufer des Río Magdalena. Es lebt von seinen Erinnerungen aus nachkolonialer Zeit, als sich eine Arbeitersiedlung um die Tabakmanufaktur La Patria gruppierte. Die beeindruckend große und zweistöckige **Casa Inglesa,** Cra. 5, Calle 7, beherbergte in ihren 54 Räumen die Büros der Fabrik. Die alten Maschinen und Tabakpressen aus England stehen in der einstigen Fabrikhalle und heutigen Schule **María Auxiliadora,** Calle 7, Cra. 2, direkt gegenüber. Die überhängenden Dächer werden von krummen Holzstämmen gestützt, die Wände aus Adobe und mit Calicanto versehen, ein einzigartiger Baustil. Die Eisenbahnlinie der La Dorada Bahn verläuft entlang des Flusses. Hier fährt kein Zug mehr. Ein alter Wassertank und eine Brücke der American Steel Company aus dem Jahre 1931 rosten vor sich hin.

💶 **ATM,** Bancolombia, Cll 8 A No 4-23.

🛏️ 🍴 *Schlafen & Essen*

Hotel Los Ríos, Cra. 6 No 10-21 ☏ 285 61 62, einfache Zimmer mit Bad und Vent. Pool im Innenhof, € 20 p.P.

Hotel San Gabriel, Cra. 2 No 8-50 ☏ 285 60 31, Bogotá ☏ 283 87 34, Wochenendhotel für Bogotanos/-as. Zimmer mit a/c um einen Pool, Restaurant, € 35/50, Mo-Fr ordentliche Rabatte.

🚌 **Ibagué,** Rápido Tolima, mehrmals täglich, € 3,50. **Bogotá,** Rápido Tolima ☏ 6.30, 12.30, € 9. Ständig Colectivos zur Kreuzung an der Ibagué-Mariquita Straße, € 1,50.

Tunja

2782 m, 14°C, 170.000 Einwohner ☏ 8

In der hoch gelegenen Departementshauptstadt von Boyacá wird es nachts ziemlich kalt. Das Gründungsjahr 1539 liegt nur knapp hinter dem der 140 km entfernten Hauptstadt Bogotá zurück.

Von seiner kolonialen Architektur hat Tunja einiges in unsere Zeit hinüberretten können. Die **Plaza de Bolívar** mit dem Reiterstandbild im Zentrum ist nach wie vor sehenswert, auch wenn das Telecomgebäude und das Rathaus, errichtet in den 1970er Jahren, die Symmetrie des Platzes beeinträchtigt haben. Herausragend in Tunja sind die Deckengemälde in der **Casa del Fundador** und der **Casa del Escríbano** sowie die goldplattgeschmückten Kapellen einiger Kirchen.

Geschichte

Die Spanier erreichten das Tal von Tunja 1537 auf der Suche nach El Dorado. Hier lag Hunza, das Zentrum des Herrschaftsgebietes des Zaque Quemunchatocha. Die Spanier richteten sich vor Ort schnell ein, denn die friedlichen Muisca setzten der Eroberung kaum Widerstand entgegen und machten sich den Konquistadoren nützlich. Es gab ein gemäßigtes Klima, eine gute Anbindung an die übrigen Regionen und ausreichend willige indianische Arbeitskräfte. *Die Leyes de las Indias* richteten das Feudalsystem der Encomienda ein, das die Indianer zur Zwangsarbeit auf den Feldern und in den Minen verpflichtete und sich nur formal von der Sklaverei unterschied, die gerade dieses Gesetz unterbinden sollte. Bei der **Brücke von Boyacá**, außerhalb der Stadt in Richtung Bogotá gelegen, konnten die Truppen von Bolívar und Santander das spanische Heer am 7. August 1819 entscheidend schlagen und so die Unabhängigkeit des Landes erfechten.

Service

ⓘ Die **Touristeninformation** befindet sich in der Casa del Fundador an der Plaza Bolívar ☏ 742 32 72 ☉ 8-12 u. 14-18. @ **Internetcafé,** Aromatica de Frutas, Cra.10 No 19-83 ☉ 9-19, 600 colP /Std. 🏧 Banken mit **ATM** um die Plaza Bolívar und in der angrenzenden Fußgängerpassage, BBVA, Cra. 11. Bancolombia, Cra. 10 No 22-43, Travellerschecks und Bargeldtausch.

Sehenswürdigkeiten

La Casa del Fundador

Die Casa del Fundador befindet sich an der Plaza Bolívar. Sie war eines der luxuriösesten Häuser ihrer Zeit und wurde durch den Stadtgründer Capitán Gonzalo Suárez Rendón Mitte des 16. Jahrhunderts errichtet. Der Gründer stammte aus einer Adelsfamilie aus Malaga. Er hatte bereits einiges von der Welt gesehen, als er sich 1535 der Expedition des Gonzalo Jiménez de Quesada anschloss, die von Santa Marta den Río Magdalena flussaufwärts geführt hatte. Jiménez de Quesada überließ ihm die Gründung und den Besitz der Stadt als Lehen, bevor er nach Spanien zurückkehrte. Suárez Rendón hatte das zweistöckige Haus durch spanische und indianische Architekten entwerfen lassen. Er war der größte Encomendero von Nueva Granada und befehligte mehr als 3000 Muisca. Die wunderschönen Deckengemälde des Hauses waren lange Zeit unbekannt und wurden erst 1970 bei Renovierungsarbeiten freigelegt. An der Decke im Schlafgemach tummeln sich Fabelwesen neben Luftschlössern, und Falken ziehen am Himmel entlang. Hunde jagen Hirsche inmitten einer verwunschenen Dschungellandschaft. Die Gemälde werden Angelino Medoro zugeschrieben, der im 16. Jahrhundert aus Italien nach Tunja kam und in die Wildnis der neuen Welt einen Hauch des modernen Renaissancestils mitbrachte. Angelino Medoro wurde

CUNDINAMARCA & BOYACÁ

Deckengemälde in der Casa del Fundador

schnell zum gefeierten Liebling der kleinen Gesellschaft von Tunja, Cra. 9 No 19-68 ⏱ 8-12 u.14-18. Eintritt: € 1,50.

Casa del Escríbano

Sehenswert ist auch die Casa del Escríbano, das Haus des Stadtschreibers. Das Haus gehörte Juan de Vargas, der während der 35 Jahre, die er in Tunja verbrachte, den Posten eines Chronisten bekleidete. Im Erdgeschoss ist der typisch koloniale Innenhof mit Säulengang. Im Obergeschoss befinden sich Deckenmalereien. Ein Fresko stellt die Göttin Minerva dar, wie sie bewaffnet mit Lanze und Schild einem geflügelten Löwen entgegentritt. Auf dem anderen Gemälde hält Jupiter ein Horn gefüllt mit Früchten im Arm. Hier treffen wir den Elefanten und das Rhinozeros aus der Casa del Fundador wieder. Die Tiere sehen aus, als seien sie soeben dem Skizzenbuch von Albrecht Dürer entsprungen. Die Farben sind bunter und intensiver als in den Malereien der Casa del Fundador. Doch ist die Nachkolorierung, ausgeführt durch den Maler Acuña in den 1940er Jahren nicht unbedingt beeindruckender als die erdfarbenen Töne des Originals, Calle 20 No 8-52 ⏱ Di-Fr 9-12 u.14-17, Sa/So 10-16. Eintritt: € 1,50.

La Catedral

Die Kathedrale wurde an der Stelle der ersten strohgedeckten Kirche im 16. Jahrhundert errichtet, im gotisch-maurischen Stil. Wuchtig ist der geschlossene Altar im Rokokostil von Pedro Caballero, einem der herausragenden Künstler der sogenannten Schule von Tunja. Die Seitenkapellen haben Holzschnitzarbeiten an den Decken. Don Ruiz Mancipe, einer der reichsten Bürger der Stadt, ließ sich für viel Geld einen Begräbnistempel einrichten. Angelino Medoro malte für ihn *El Descendimiento*, die Kreuzabnahme Jesus. Zu betreten ist die Kathedrale durch den Seiteneingang in der Calle 19 ⏱ 9-12 u.14-17.

Iglesia Santo Domingo

Santo Domingo ist mit Sicherheit eine der schönsten Kirchen Kolumbiens. Sie wurde Ende des 16. Jahrhunderts erbaut. Auf der linken Seite des Haupteingangs befindet sich die Capilla del Rosario. Sie ist vollständig mit goldplattverzierten Holzdekorationen überzogen. Die Kapelle leuchtet wie ein Schmuckstück. Sie ist ein Beispiel für den *arte mestizo* (Mestizenkunst), eine Verbindung europäischer und indianischer Elemente. Kerzenleuchter in Form einer Ananas, Vogeldarstellungen in den Säulenreliefs. Die Wandreliefs stammen von Lorenzo de Lugo. Rechts sind Stationen der Kreuzigung, auf der linken Seite Auferstehung, Himmelfahrt und Pfingsten dargestellt, Cra. 11 No 19-55.

Iglesia de Santa Clara La Real

Diese Kirche wurde mit finanzieller Unterstützung des Encomenderos von Monguí, Francisco Salguero, in den Jahren 1571-74 errichtet. Auch hier gibt es schöne Beispiele der Mestizenkunst, wie die Sonnendarstellung mit menschlichem Gesicht, umgeben von Engelsgesichtern mit sechs Flügeln, an der Kuppel der Kapelle. Berühmt wurde die Kirche durch die selbstauferlegte Haft der Schwester Joséfa (1671-1742), die 53 Jahre währte, in denen sie ihre spirituellen Gedanken zu Papier brachte. Ihre Zelle ist neben der Empore zu besichtigen, Cra. 7 No 19-58 ⊘ 8-12 u.14-18. Eintritt: € 1,50.

Iglesia San Francisco

Sehenswert ist der Altar der Nuestra Señora de las Angustias aus Quito, der im Stil dem Hauptaltar der Kathedrale entspricht. Diese Kirche erfreut sich der besonderen Verehrung durch die Bauern der Umgebung von Tunja, Cra. 10 No 22-23.

Casa Cultural Gustavo Rojas

Das kleine Museum zum Gedenken des einzigen Diktators, den Kolumbien während des 20. Jh. vorzuweisen hatte, ist in seinem Geburtshaus untergebracht. Da der Mann aber auch eine soziale Ader hatte, und bei der Präsidentschaftswahl 1970 an der Spitze einer volksnahen Opposition nur durch Manipulationen um den Sieg gebracht wurde, muss man sich seiner nicht schämen, Calle 17 No 10-63 ⊘ Mo-Fr 8-12 u.14-18.

Puente de Boyacá

14 km außerhalb der Stadt an der Panamericana in Richtung Bogotá liegt die Puente de Boyacá, bei der Kolumbiens Unabhängigkeit am 7. August 1819 entschieden wurde. Kommt man von Bogotá sieht man bereits vom Bus aus rechter Hand die 1939 rekonstruierte Brücke, die aus der Sicht heutiger Zeitgenossen geradezu en miniature erscheint, an der Originalstelle stehen. Dann wendet man den Blick nach links und streift den Siegesobelisken. Eine Reihe weiterer Denkmäler zu Ehren der Sieger und der kolumbianischen Nation wurden in der flachen Hügellandschaft errichtet.

Schlafen & Essen

Die aufgeführten Hotels liegen zwischen dem Busbahnhof und der Plaza Bolívar. Vom Busbahnhof zur Plaza Bolívar führt der Weg steil bergauf.

Hotel American, Cra.11 No 18-70, überdachter Innenhof, kleine Zimmer ohne/mit Bad, Warmwasser, TV, im Erdgeschoss ist ein Billardsalon, € 10-15 p.P.

Hostería San Carlos, Cra. 11 No 20-12, schlichte Unterkunft in einem schlecht isolierten Kolonialhaus mit steifer Atmosphäre, in dessen 11 schmucklosen Zimmern sich die nächtliche Kälte breitmacht, Zimmer mit Privatbad, TV, WiFi, € 15/26/33(1/2/3).

Hotel Casa Real, Calle 19 No 7-56 ☽ 743 17 64 www.hotelcasarealtunja.com frisch restauriertes und in lebendigen Pastellfarben gestrichenes Kolonialhaus einen Block von der Plaza Bolívar, geräumige Zimmer zum Innenhof, bequeme Betten,WiFi, einfaches Frühstück, € 22/30/40(1/2/3).

Um die Plaza Bolívar liegen diverse kleine Cafés und Restaurants. **Pussini Café Bar** an der Plaza Bolívar mit Espresso-Maschine, Cra. 10 No 19-55, daneben das **Café República**, Cra. 10 No 19-77. **El Atrio**, neben der Kathedrale, Treffpunkt für lokale Schleckermäuler, Eisbomben und Empanadas.

Kevin's, Cra. 12 No 18-48 und **Tierra Boyacence**, Cra. 12 No 21-23, servieren typische Regionalgerichte. **Fonda Paisa**, Cra. 9 No 17-96 ☽ 743 23 22, schmackhafte Gerichte aus Antioquia. Das **Pila del Mono**, Cra. 8 No 19-81, ist ein gutes Restaurant in einem stimmungsvollen Kolonialhaus.

🚌 Der Busbahnhof liegt an der Av. Oriental (Bogotá-Bucaramanga), fünf Minuten zu Fuß von der Plaza Bolívar. Regelmäßige Verbindungen bestehen mit Bogotá, Villa de Leyva und mit Kleinbussen (busetas) in alle übrigen Regionen des Departements Boyacá. **Bogotá**, Libertadores u. a. ständig, 2½ Std. € 8.**Villa de Leyva**, Minibusse, alle 30 Min. 45 Min. € 2,75. **Ráquira**, einige Direktbusse, ansonsten über Villa de Leyva, Coomultransvilla, Libertadores, 1½ Std. € 3. **Chiquinquirá (> Muzo)**, Busse, Libertadores u.a. ständig, 2 Std. € 3,50. **Sogamoso**, (Mikro-)Busse, alle 10 Min. 1 ½ Std. € 3. **Duitama**, Mikrobusse, 1½ Std. € 2,50. **Barbosa (> Vélez)**, Mikrobusse, El Ricaurte, ½ stdl. 1 Std. € 3. **Bucaramanga** (via **San Gil**, 4½ Std. € 10) Expr. Bolívariano, Flota Brasilia, ½ stdl. 7 ½ Std. € 15.

Villa de Leyva

2143 m, 20°C, 9000 Einwohner ☽ 8

Das 1572 als Sommerfrische reicher Encomenderos aus Tunja und Ráquira gegründete Villa de Leyva (169 km von Bogotá) gehört zu den schönsten Kolonialdörfern des Kontinents. Die zentrale *Plaza Mayor* ist mit 14.000 m² Grundfläche die größte Kolumbiens. Inmitten des mit Kopfsteinpflaster ausgelegten Platzes mit einem kleinen maurischen Brunnen in der Mitte, erscheint das umgebende Ensemble weiß gekalkter Häuserzeilen mit der eingefassten kleinen **Iglesia de Nuestra Señora del Rosario** (Iglesia Parroquial) weltverloren.

Und der Blick schweift weiter, entlang der nackten Hügel der Umgebung hinauf in den stahlblauen Himmel. Die Sinnen strenge Region erinnerte die spanischen Eroberer an die ausgedehnte karge Hochebene bei Madrid (La Mancha), ein trockener Landstrich geprägt durch Orangen- und Olivenhaine. Villa de Leyva liegt in einem weitläufigen Bergkessel, dessen Hügel waldlos und verkarstet sind. Einzig die violett blühenden üppigen Bougainvillea, die über die Gartenmauern hängen, lockern die Strenge auf. Die kontemplative Atmosphäre des Ortes und seiner Umgebung hat jahrhundertelang Künstler, Mönche und selbst Politiker, die sich eine Auszeit zur Meditation nahmen, angezogen.

Service

ℹ️ **Touristeninformation** in der Casa del Primer Congreso, Cra. 9 No 13-04 ☽ 732 02 32 ⏰ Mo-Sa 8-13 u. 14-18, So 9-13 u. 15-17. Gut für Karten, Broschüren und Ausflüge in die Umgebung. Im Internet www.villadeleyva.net
@ **Internetcafé Q.inter.net**, Cra. 9 No

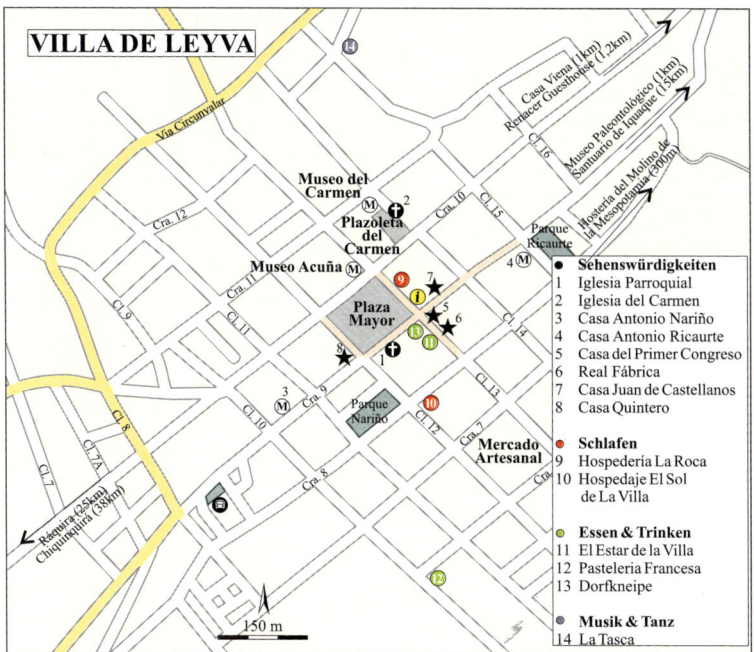

VILLA DE LEYVA

Museo del Carmen
Plazoleta del Carmen
Museo Acuña
Plaza Mayor
Parque Ricaurte
Parque Nariño
Mercado Artesanal

Casa Viena (1km), Restacer Guesthouse (1,2km)
Museo Paleontológico (1km), Santuario de Iquaque (13km)
Hostería del Molino de la Mesopotamia (500m)

	Sehenswürdigkeiten
1	Iglesia Parroquial
2	Iglesia del Carmen
3	Casa Antonio Nariño
4	Casa Antonio Ricaurte
5	Casa del Primer Congreso
6	Real Fábrica
7	Casa Juan de Castellanos
8	Casa Quintero
	Schlafen
9	Hospedería La Roca
10	Hospedaje El Sol de La Villa
	Essen & Trinken
11	El Estar de la Villa
12	Pasteleria Francesa
13	Dorfkneipe
	Musik & Tanz
14	La Tasca

Ráquira (25km), Chiquinquirá (38km)

150 m

CUNDINAMARCA & BOYACÁ

11-96. 🖼 Auch der Polizeiposten **CAI** am Busbahnhof kennt die Abfahrtszeiten für Ziele in die Umgebung. 🅴 An der Plaza Mayor befinden sich mehrere **ATM**.

Märkte & Feste

Jeden Samstag öffnet ein farbenfroher Kunstgewerbemarkt (**Mercado Artesanal**), Cra.6, Calle 12/13, seine Stände für die Besucher, ein guter Platz, um regionaltypische Produkte zu erstehen, wollene Ruanas, Hüte, Töpferwaren und Flechtwerk in guter Qualität und zu fairen Preisen. Das **Festival de La Cometa** ist ein bunter Drachenflugwettbewerb mit internationaler Beteiligung, der auf der Plaza Mitte August ausgetragen wird. Das **Festival de los Luces** ist ein prächtiges Feuerwerk am ersten oder zweiten Dezemberwochenende. Während der Osterwoche hat man in Kolumbien die Qual der Wahl an exzellenten Festivalorten, zwischen Popayán im Süden oder Mompox im Norden ist Villa de Leyva ein attraktiver und zugleich besinnlicher Ort, um das Osterfest zu feiern, wenn in den Kirchen während des **Encuentro de Musica Antigua** Barrockmusik ertönt.

🔘 Sehenswürdigkeiten

Museum Luis Alberto Acuña

Der 1993 verstorbene Künstler gehört zu den bedeutenden Muralisten Kolumbiens. Er arbeitete zudem als Restaurateur (Fábrica de los Licores, Casa de Congreso in Villa de Leyva, Casa de Escríbano in Tunja). Sein ehemaliges Wohnhaus ist heute Ausstellungsraum seiner Werke, Antiquitäten- und Raritätensammlung. Das zentrale Wandgemälde im schönen Innenhof behandelt die Mythologie der Chibcha (Muisca), das Hauptthema seines Werkes, Plaza Mayor ☉ 9-18. Eintritt: € 1,75.

Casa Antonio Nariño

In dem Kolonialhaus starb Antonio Nariño im Jahre 1823. Der glühende Patriot und Übersetzer der Erklärung der Menschenrechte war für die Kolonialverwaltung Staatsfeind Nr.1, bevor ihn Simón Bolívar mit der Vizepräsidentschaft der Republik betraute. Viele Jahre seines Lebens hatte Nariño hinter Festungsmauern verbringen müssen. Eine Tafel der Menschenrechte ist im Innenhof angeschlagen, Calle 9 No 10-39 ☉ Mo-Sa 9-12 u.14-18, So 8.30-12.30 u. 14-17.

Casa Antonio Ricaurte

Noch ein Revolutionsheld, dessen Namen mit dem von Villa de Leyva verbunden ist. Der jugendliche Hitzkopf Antonio Ricaurte (1786-1814) hatte sich schon in vielen Schlachten hervorgetan, als die Revolutionsarmee in San Mateo (heute Venezuela) der Übermacht der Royalisten zu unterliegen drohte. Ricaurte hielt seiner Truppe den Rücken frei, und nachdem die Königstreuen das Haus der Verteidiger gestürmt hatten, entzündete er mit einer brennenden Fackel mehrere Pulverfässer und jagte sich und die Besatzer in die Luft. Das Denkmal vor seinem Geburtshaus erinnert an diese Tat. Das Museum gehört der kolumbianischen Luftwaffe FAC und enthält u. a. einige Modellflugzeuge. Parque Ricaurte, Calle 15 No 8-17 ☉ Mi-So 9-12 u.14-17.

Casa del Primer Congreso

Hier versammelten sich die Vertreter von sieben vereinten Provinzen am 4. Oktober 1812, wählten aus ihren Reihen Camilo Torres zum Präsidenten und erklärten die Abspaltung von Nueva Granada. Ein kleines Museum befindet sich im ersten Stock. Gleich um die Ecke, über dem Eingangsportal der alten **Schnapsbrennerei** (*Real Fabrica de Licores*), der ältesten Kolumbiens, befindet sich ein eindrucksvolles spanisches **Wappen** des 16. Jahrhunderts (*escudo*), Calle 13 Ecke Cra.8/9.

Die zentral gelegene **Iglesia Parroquial** wurde 1608 erbaut und ist ausgeschmückt mit einem prächtigen Barrockaltar sowie Gemälden der bekann-

Koloniales Kleinod Villa de Leyva

ten Renaissancekünstler Antonio Acero de la Cruz und Vásquez de Arce y Ceballos. Die Kirche ist zur 18 Uhr Messe geöffnet.

Kirche und Konvent der Karmeliter Bettelmönche

Das Gründungsdatum des Konvents geht auf das Jahr 1645 zurück. Herausragend ist die üppig bewachsene Gartenanlage des Klosterhofes. Die **Kirche Nuestra Señora del Carmen** wurde 1850 erbaut. Kirche und Konvent bilden mit ihren hohen weißen Mauern den Rahmen für einen weiteren schönen Platz Villa de Leyvas, die **Plazoleta del Carmen**. Zum Kirchenkomplex gehört ein Religionsmuseum, das **Museo del Carmen**. In den fünf Sälen ist Kirchenkunst aus vier Jahrhunderten versammelt, in ihrer Mehrzahl Zeugnisse des Karmeliterordens. Das Museum gilt als eines der besten des Landes für religiöse Kunst ☉ Sa/So 10-13 u.14-17. Eintritt: € 1,20.

Weitere Kirchen und Konvente

Der Konvent **San Agustín**, der vom Kaplan des Eroberers Nikolaus Federmann gegründet wurde, ist der Sitz des naturkundlichen Instituto Humboldt. Die Kirche, in der Antonio Nariño begraben wurde, ist vollständig restauriert worden. Ein anderer Konvent ist **San Francisco**. In seinen Mauern arbeitet die Umweltstiftung Colegio Verde. Sie unterhält Schulungsräume zur Umwelterziehung für Kinder und Erwachsene, eine Bibliothek, Herbarien.

 *Schlafen*

Villa de Leyva ist ein beliebtes Ausflugsziel für Bogotanos/-as am Wochenende. Der Ort und seine Unterkünfte sind in den letzten Jahren touristischer und teurer geworden. Im

Großen und Ganzen haben sich zwei Kategorien für Unterkünfte herausgebildet. Im unteren Preissegment gibt es nur wenige Möglichkeiten. Das mittlere Segment liegt zwischen € 30-60. Die gehobene, stilvolle Kategorie ab € 85, jeweils für zwei Personen, ist gut vertreten und befindet sich in den mit Liebe zum Detail restaurierten Kolonialhäusern oder verstreut in der weiten Landschaft auch in der Variante Casa Campestre/Spa-Hotel. An Wochenenden und während der Hochsaison sind die Preise höher und während der Semana Santa und in der Weihnachtszeit kann es schwer sein, überhaupt etwas zu finden.

Renacer Guesthouse, Cra. 10 Ecke Calle 21 No 11, ca. 1,2 km nordöstlich der Plaza ☎ 732 12 01 www.colombianhighlands.com Koch- und Waschgelegenheit, Frühstück, Free Coffee, Wi-Fi, englischsprachig, Touristeninformation, ökologische Touren, Fahrrad- und Pferdevermietung, Unterkünfte mit/ohne Privatbad, Dorm, Camping, € 24/11/7/4.

Casa Viena, Cra. 10 No 19-114 ☎ 732 07 11 www.casaviena.com 8 Min. Fußweg von der Plaza Mayor, seit Jahren verbindet man diesen Namen mit dem bekannten Guesthouse in Cartagenas Getsemaní-Distrikt. Nun hat Hans einen kleinen Ableger mit drei Privatzimmern, teilweise mit Bad und Terrasse und einem kleinen Dorm mit drei Betten außerhalb des Dorfes eröffnet, Küchenbenutzung, einfache internationale Gerichte, WiFi, € 6,50- 22.

Hospedería La Roca, an der Plaza Mayor, Calle 13 No 6-54 ☎ 732 03 31, hohe Decken, neue Bäder, begrünter Innenhof, Flatscreen-TV, WiFi, € 22/26.

Hospedaje El Sol de La Villa, Cra. 8 No 12-28 ☎ 732 02 24, Familienpension in einer kleinen Seitenstraße, Bad, heißes Wasser, Flatscreen-TV, Wi-Fi, € 26/35.

Casa Hotel Villa Cristina, Calle 10 No 3-78, www.casahotelvillacristina .com sechs Blocks von der Plaza Mayor, freundlich, geräumige Zimmer mit hohen Decken, Hängematten in den Gemeinschaftsräumen, WiFi, € 35/53/60 (1/2/3).

Hostería del Molino de la Mesopotamia, Calle de Silencio ① 732 02 35, Res. Bogotá ① 213 34 91, restauriertes Haus aus dem Jahre 1568, das einst eine Getreidemühle war. Möbliert mit Antiquitäten aus den vorangegangenen Jahrhunderten. Zimmer teilweise mit Himmelbetten, Restaurant, Pool, € 75/80/100.

🍴 Essen

Viele Cafés und Restaurants liegen um die Plaza Mayor. Gute Optionen für eine abwechslungsreiche Küche finden sich in den beiden angrenzenden 'Centros Comerciales', jeweils an entgegengesetzten Ecken der Plaza Mayor und, entgegen ihrer Bezeichnung, keine Neubauten, sondern liebevoll restaurierte koloniale Gemäuer mit vielen verschachtelten Innenhöfen und kleinen Restaurants. **Chez Remy**, französische Küche im der **Casa de Don Juan de Castellanos**. Im 'Centro Comercial' **Casa Quintero**, Cra. 9 No 11-75, findet sich eine Reihe verschiedener Restaurants wie **La Cocina del Gato** für Fondue, Cannelloni und andere Pastagerichte, **Zarina**, leckere Küche mit libanesischem Einschlag, Falafel und vegetarische Gerichte, diverse Thaivariationen, **Restaurante Savia**, vegetarische und organische Küche sowie Fischgerichte und Hühnchen, **La Bonita**, mexikanische Spezialitäten wie Tor-

tilla-Suppe und gebackener Lachs in Mangosoße.

Dorfkneipe, Cra. 9 No 12-88 (Plaza Mayor), es gibt keinen zweiten Ort in Kolumbien, in dem eine 'Dorfkneipe' besser beheimatet wäre als hier. Lucy und Mauricio haben über ihren Umweg nach Chile bayrische Spezialitäten kennengelernt und verwöhnen ihre Gäste mit Weißwurst, Brezeln und Weizenbier.

El Estar de la Villa, Calle 13 No 8-85, einfache und ehrliche kolumbianische Küche, günstige *comida corriente*, gutes Churrasco.

Pastelería Francesa, Calle 10 Ecke Cra.6, eine französische Bäckerei, die einmal abgesehen von den unregelmäßigen Öffnungszeiten, verführerische backfrische Ware anbietet.

🎵 Musik & Tanz

Am Wochenende kann man in der Dorfdiskothek **La Tasca**, Calle 15 No 12 A-25 ein Tänzchen wagen.

Touren in die Umgebung

Das Umland von Villa de Leyva ist ein liebliches und zugleich abwechslungsreiches Trekking-Terrain, prähistorisch wie historisch bedeutsam. Wer nicht zu Fuß unterwegs sein oder mit dem Taxi herumkutschiert werden möchte, kann sich ein Mountainbike oder ein Pferd zur Fortbewegung ausleihen. Agenturen vor Ort organisieren Touren, Extremsport und vermieten Equipment. Taxis offerieren eine Rundtour zu den wichtigsten Sehenswürdigkeiten in der Umgebung, El Fósil, El Infierno, Convento del Santo Ecce Homo (€ 27) oder weiter nach Ráquira und zum Kloster La Candelaria (€ 35).

Zur Einstimmung auf den Ort und die Umgebung bietet sich ein Aufstieg zum Aussichtspunkt **Mirador 'Sagrado**

Corazon' in östlicher Richtung an. Der Weg führt von der Plaza Mayor die Calle 12 am Markt vorbei bis zu einem weißgestrichenen Tor und anschließend über das Fußballfeld. Durch das angrenzende Wäldchen gelangt man über einen teilweise steil ansteigenden und mit Geröll bedeckten Pfad, markiert durch weiße Pfeile, nach ca. 1 Std. zum Ziel.

Paläontologisches Museum (Museo Paleontológico)

Die Erde von Villa de Leyva steckt voller Versteinerungen. Schnecken und andere Mollusken finden sich in Hülle und Fülle. Sie werden nicht bloß als Souvenir verkauft, sondern fanden Verwendung als Einlegemuster für Fußböden und Fundamentsockel. Hin und wieder wird ein Saurierskelett entdeckt. Im Museum liegt der Kopf eines **Ictiosaurus**. Die Versteinerungen sind ca. 100 Mio. Jahre alt. Sie stammen aus einer Zeit, in der dieser Landstrich weitflächig von Wasser bedeckt war. Erst wenige Millionen Jahre zuvor hatte sich Lateinamerika von Afrika getrennt und war auf die Bodenplatte des Pazifik zugetrieben. Ausgelöst durch den Zusammenprall, falteten sich die Anden auf. Die Flüsse, die bisher nach Westen strömten, wie der Vorläufer des Amazonas, wurden zu einem gewaltigen Meer aufgestaut und verloren den Zugang zum Pazifik. Die Änderung des Mischungsverhältnisses von Süß- und Salzwasser setzte den Seesauriern ein Ende, 1 km außerorts, Richtung Arcabuco ⏰ Di-So 8-12 u. 14-17.

El Fósil

Das vollständige Skelett eines anderen Seeungeheuers, ein 120 Mio. alter **Kronosaurus** befindet sich sechs Kilometer außerhalb von Villa de Leyva auf dem Weg nach Santa Sofía. Das Rie-senkrokodil ist elf Meter lang und stammt aus dem Mesozoikum. Ähnliche Exemplare wurden sonst nur in Queensland, Australien, entdeckt www.museoelfosil.com ⏰ 7-18. Eintritt: € 1,75.

El Infierníto

Dieser Platz ist das alte **astronomische Zentrum der Muisca**, errichtet zu Beginn der christlichen Zeitrechnung. Für eine Agrargesellschaft war es wichtig, Trocken- und Regenzeit vorauszusagen. Die Muisca errichteten 34 Säulen in zwei Reihen, um anhand des Schattens, den die Sonne warf, die Jahreszeit zu ermitteln. Zweimal im Jahr verschwand der Schatten. Das war das Zeichen für die Muisca, dass die Sonne auf die Erde hinabstieg, um sie zu befruchten. Die kosmische Ehe wurde im März und September zu den Tag- und Nachtgleichen mit großem Pomp gefeiert. Da nimmt es nicht Wunder, dass an diesem Ort gewaltige Monolithe in Phallusform aufgestellt wurden. Der größte misst 4,85 m in der Höhe, 7, 5 km von Villa de Leyva (und 2 km nördlich von El Fósil) an einer Abzweigung der Straße nach Santa Sofía ⏰ 9-12 u.14-17. Eintritt: € 1,75.

Convento Santo Ecce Homo

Inmitten der kargen Einöde liegt das einstige Dominikanerkloster, gegründet 1620, an einem Berghang. Es besteht aus einem Gebäude mit Kreuzgang mit vier Galerien, die den Innenhof umfassen, sowie Kapelle und Friedhof, die im lokalen maurischen Stil des 17. Jahrhunderts errichtet wurden. Vor dem wuchtigen und dekorativen Eingangsportal, das zu Beginn des 19. Jh. hinzugefügt wurde, reihen sich fossile Ammoniten auf den Zaunpfosten. Viele koloniale Schätze sind vor Zeiten abtransportiert worden, aber die Kapelle wurde zwischenzeitlich entrümpelt, so dass ihre außerordentlich schöne Struktur zur vollen Entfaltung kommt. Der Blick richtet sich auf den Altar mit der Figur des leidenden Jesus und die verspielten Darstellungen der holzgeschnitzten Decke. Auf dem Friedhof liegen die Gräber längst verstorbener Pater. Der Konvent liegt 13 km von Villa de Leyva entfernt, an einer Abzweigung der Straße nach Santa Sofía, mit dem Bus bis zur Abzweigung, dann 15 Min. zu Fuß ☺ Di-Do 9-17. Eintritt: € 1,75.

Weinbau

Seit einigen Jahren wird in der Gegend um Villa de Leyva professionell Weinbau betrieben. Angepflanzt und gekeltert werden Cabernet Sauvignon, Merlot, Sauvignon Blanc und Chardonnay. Die Weingüter heißen Besucher willkommen. **Vinicola Viña de la Villa**, im Barrio Santander in Richtung Hotel Casa de los Fundadores produziert Rot- und Weißweine sowie feinen Weinessig ☺ Mo-Sa 8-12 u. 14-17. **Viñedo Mar-**

quéz de Villa de Leyva, zwischen Villa de Leyva und Sutamarchán in Richtung Convento Ecce Homo ☺ täglich 10-17. Führung durch Weinfelder und Kellerei mit abschließender Weinprobe.

Santuario de Iguaque

Das Naturreservat **Santuario de Flora y Fauna de Iguaque** umfasst eine 67,5 km² große Lagunenlandschaft, die während der Eiszeit geformt wurde. Die Laguna Iguaque ist die größte der acht Lagunen und liegt auf 3600 m. Sie ist umgeben von Páramovegetation mit Frailejónes. Für die Muisca war hier der Ursprung allen Lebens. Hier entstieg die schöne Gottheit Bachué dem See mit ihrem Baby im Arm. Die Vogelwelt ist vielfältig. Die Temperaturen schwanken zwischen 12°C und 18°C. 🚌 Vom Terminal in Villa de Leyva fährt mehrmals täglich ein Bus nach Arcabuco, € 1,50. Bei Km 12 ('Casa de la Piedra' oder 'Los Naranjos') zweigt ein Weg zum Büro des Naturparks ab, das man nach 7½ km erreicht. Eintritt: € 15. Übernachtungsmöglichkeiten vor

Viehmarkt in Boyacá

Ort im Dorm (je nach Saison € 11/15). Restaurant mit einfachen Gerichten, Camping möglich, € 3,50 p.P. Von dieser Stelle sind es 3½ Std. Fußmarsch zur Laguna Iguaque und ca. 2½ Std. zurück.

Touranbieter

Colombian Highlands, Cra. 9 No 11-02 ☎ 732 13 79, ist die Agentur des Biologen und Eigentümers des Guesthouses Renacer Oscar Giléde, der eine Reihe außergewöhnlicher Touren und Extremsportaktivitäten im Programm hat. Das Büro von **Guías y Travesías,** Cra. 9 11-02 ☎ 732 07 42, für Trekkingtouren und Mountainbike-Verleih, liegt gleich daneben.

🚍 Der Terminal liegt einige Schritte außerhalb des kolonialen Kerns. **Tunja,** Minibusse, alle 15 Min. von ⏱ 5.30-19.30, 45 Min. € 2,75. **Bogotá,** gelegentlich mit Libertadores, 4 Std. € 8,50. **Chiquinquirá (> Muzo),** Colectivos und Coop.Trans.Reina Busse, mehrmals täglich, 1½ Std. € 3,50. **Ráquira (> Bogotá),** mehrmals Minibusse, 45 Min. € 2,20. **Santa Sofía (> Ecce Homo),** Colectivos, € 1,50.

Ráquira

2200 m, 18°C, 3500 Einwohner ☎ 8

Ráquira ist die farbenfrohe Puppenstube Kolumbiens. 25 km von Villa de Leyva und 5 km abseits der Straße Tunja - Chiquinquirá entfernt. In satten leuchtenden Blau-, Grün- und Rottönen sind die Häuser einschließlich des Bürgermeisteramtes gestrichen. Jedes Haus ist ein Andenkenladen, behängt mit Mobiles. Ráquira ist das Zentrum für Töpferware. Am bekanntesten sind die Tonpferdchen in allen erdenklichen Größen. Im oberen Stock des **Centro Artesanía** ist ein kleines Töpfermuseum untergebracht. Im unteren Stock-

werk verrichten die Töpfer ihre Arbeit, bei der man zuschauen kann. Von Ráquira führt eine noch ungeteerte Straße zum **Kloster La Candelaria** (Eintritt: € 1,75) aus dem frühen 17. Jahrhundert, 7 km vom Ort entfernt. Das Kloster ist das älteste von Augustinermönchen gegründete in ganz Amerika und ist bis heute in Funktion. Die ersten Mönche lebten ursprünglich in den vielen verstreut liegenden Höhlen der Umgebung. Ihre Nachfolger führen heute gelegentlich die Besucher durch die Kapelle und den Kreuzgang und erläutern die wichtige Sammlung kolonialer Kunst. Zu den bedeutenden Ölgemälden zählen Werke von **Gregorio Vásquez de Arce y Ceballos** und den Gebrüdern Figueroa. Morgens fährt ein Bus von Ráquira nach La Candelaria. Zu Fuß sind es 1 Std. von der Plaza Mayor hinauf auf den Hügel mit dem Heiligenschrein und von dort ins Tal hinab auf der Straße zum Kloster.

🛏 🍴 Schlafen & Essen

Es gibt zwei Hotels direkt an der Plaza. **Nemqueteba** ☎ 732 04 61, Pool, Zimmer mit Privatbad, im Restaurant comida corriente und à la Carte, z.B. die in diesen Höhenlagen beheimatete Bachforelle, € 25-35. **Hotel Suaya** ☎ 735 70 29, einfache Zimmer mit Privatbad € 22(2).

🚍 **Bogotá,** Libertadores, Rápido El Carmen, zumeist via **Villa de Leyva** und **Tunja,** 4½ Std. € 7,50.

Chiquinquirá

2580 m, 14°C, 47.000 Einwohner ☎ 8

Chiquinquirá ist der wichtigste Wallfahrtsort Kolumbiens. Die Jungfrau von Chiquinquirá ist die Schutzpatronin von Kolumbien. Der spanische Maler Alonso de Narváez schuf das Bild der Jungfrau in Tunja Mitte des 16. Jahrhunderts und malte sie mit Naturfarben auf einfachem Leinentuch. Das Bildnis der Jungfrau gelangte am 26. Dezember 1586 von Tunja nach Chiquinquirá, verblasst und mitgenommen. Vor den Augen einer betenden Bäuerin nahm das Bildnis die ursprünglich strahlenden Farben wieder an. Am 9. Juli 1919 wurde die Jungfrau zur Schutzpatronin Kolumbiens erklärt, Papst Johannes Paul II. besuchte Chiquinquirá 1986. In dieser massiven **Basilica de la Virgen de Chiquinquirá** an der Plaza de Bolívar im Stil des Neoklassizismus, die Anfang des 19. Jahrhunderts fertiggestellt wurde, befindet sich das Bildnis der Jungfrau. Das ganze Jahr über ist die Kirche der Anziehungsort für Wallfahrer. Höhepunkt der Saison ist der 26. Dezember, zum Jahrestag des Wunders.

🏧 **Banco de Bogotá, ATM,** Cra. 10a No 17-57.

Artesanía

In Chiquinquirá werden neunsaitige Gitarren (*bandola*) hergestellt. Viele Artesaníaläden bieten Figuren und Spielzeug in Miniaturgröße an, die nach alter indianischer Tradition aus der harten Nuss der *tagua*-Palme gefertigt werden.

🛏️ 🍴 *Schlafen & Essen*

Eine Reihe einfacher Hotels liegt in der Nähe des Busbahnhofs (Cra. 9), weitere Hotels um die Plaza Bolívar, zehn Minuten vom Bahnhof.

Hotel Sarabita, Calle 16 No 8-12, am zentral gelegenen Parque Julio Flórez ☎ 726 20 68 , Zimmer mit komfortabler Ausstattung, Kabel-TV, Zimmerservice, Sauna, beheizter Pool, € 30/50.

Die einfachen Hotels in der Nähe des Bahnhofs bieten comida corriente in großen Portionen zu günstigen Preisen an. Zu den besseren Restaurants gehört das **El Escorial** am Parque Julio Flórez.

 Der Busbahnhof liegt an der Carrera 9, außerhalb des Zentrums. **Bogotá,** Flota Boyacá, Libertadores, alle 20 Min. 3 Std. € 8. **Tunja,** Libertadores u. a. 2 Std. € 5. **Villa de Leyva,** Colectivos und Coop.Trans.Reina Busse, 1½ Std. € 3. **Muzo** (via **Otanche**), Coop.Trans.Reina, Expreso Gaviota, bis zum frühen Nachmittag, 4 Std. € 7,50 oder mit dem Jeep via **Maripi.**

Muzo & Quipama

815 m, 24°C, 5000–10.000 Einwohner ☎ 8

Muzo ist mehr als nur ein Ort an der Westflanke der Zentralkordillere. Es ist das Zauberwort für die Smaragdproduktion Kolumbiens. In diesem landschaftlich so reizvollem Gebiet zwischen aufstrebenden Bergen und tiefen Tälern liegen die größten Smaragdvorkommen der Welt. Bereits die Muisca blickten begehrlich auf die Smaragdminen, die sich im Herrschaftsgebiet der Muzo befanden. Sie tauschten mit dem Karibvolk Smaragde gegen Salz. Den Spaniern gelang es jahrelang nicht, dieses Gebiet unter ihre Kontrolle zu bekommen. Die Indianer leisteten unter Häuptling Itoco erbittert Widerstand.

Heute arbeiten an den Hängen des Río Itoco im Tal von Matefique und den benachbarten Tälern im Westen des Departements Boyacá drei Minengesellschaften mit aufwendigem Gerät, Tecminas, Coexminas und Esmeracol, die sich allesamt im Mehrheitsbesitz des als 'Patrón' bezeichneten **Víctor Carranza** befinden. Dem schwer krebskranken Carranza werden seit Jahren Verbindungen zu den paramilitärischen Verbänden nachgesagt. Er befehligt eine Privatarmee und beherrscht den Smaragdhandel in Kolumbien quasi nach Belieben, seitdem er dafür gesorgt hat, dass in der Region nach dem blutigen 'Grünen Krieg' in den 1980er Jahren um die begehrten Edelsteine, der über 3000 Tode gekostet hatte, eine lange Phase der Ruhe eingekehrt war, die jetzt, so befürchten viele, mit der ernsten Erkrankung des Patróns ihr Ende finden und in neue Verteilungskämpfe um die Claims ausarten könnte. Im Juli 2012 wurde eine der engsten Mitarbeiterinnen Carranzas von vermummten Killern auf ihrer Finca erschossen. Ein möglicher Vorgeschmack auf das was kommen mag, sollte der 1990 geschlossene Friedensvertrag von einem der drei anderen beteiligten mächtigen Bosse in der Region aufgekündigt werden, die da heissen Luis Murcia, (alias el 'Pequinés'), Pedro Rincón und 'Pedro Orejas'. In den Industrieminen führen die Grabenschächte 60 m und tiefer hinunter. Noch interessanter als die industrielle Förderung sind die primitiven Techniken der unabhängig arbeitenden *guaqueros*. Zu Tausenden graben sie allein oder in kleinen Gruppen mit Schaufel und Wasserstrahl das Flussbett um.

Sie haben in diesem Schlammbad, das einst ein Fluss war, ihre Claims abgesteckt. Hier herrscht eine Atmosphäre wie am Klondike, und jeder hofft auf den faustgroßen, grünen Edelstein, der ihn mit einem Schlag zum Millionär macht. Aber die Möglichkeit an der Oberfläche noch einen dicken Fund zu machen, sind wohl zum Scheitern verurteilt. Gute Ausbeute verspricht nur die Förderung unter Tage und die ist den großen Minengesellschaften vorbehalten. Die armen Guaqueros leben mit dem Abraum im Bett des durchwühlten Flusses und haben zu Hunderten ihre Wellblechhütten waghalsig übereinander gebaut und mit wackligen Pfählen abgestützt.

Die Arbeiter sind in aller Regel ohne Familie. In den Zelten des Lagers stapeln sich die Bierkästen bis unter die Decke. Jeder Besucher wird zunächst als Konkurrent gesehen, später als Kunde. Man kann hier Rohsmaragde günstig erstehen, doch man muss Experte sein. Es gibt mehr als 200 verschiedene Güteklassen. Die besten sind die *gotas de aceite* (Öltropfen) und das *ojo de agua* (Auge des Wassers). Das sind wahre Meisterwerke der Natur, die allerdings hier vor Ort nicht zu haben sind. Wenn der Stein aus der Erde geholt ist, wird er einer chemischen Analyse unterzogen und dann geschliffen, um die beste Lichtbrechung zu erhalten. Das Strahlen, die Reinheit und die Farbe bestimmen den Preis. Neben der **Mine Matefique** gibt es die höher gelegene **Mine Coscuez**. Die Guaqueros haben Tunnel in den Berg geschlagen, in dem sie sich wie in einem überdimensionalen Ameisenhügel bewegen. Für den Besuch der Industrieminen braucht man eine Genehmigung, die persönlich in Bogotá eingeholt werden muss. Der Nachbarort Quípama sieht nicht ganz so wild aus wie Muzo und ist zur Übernachtung und zum Minenbesuch gleichermaßen verkehrsgünstig gelegen.

🛏️ 🍴 *Schlafen & Essen*

In Muzo sind alle Unterkünfte, ca. ein Dutzend, dem Minenmilieu entsprechend recht einfach, einige sind beim Busterminal, der Rest verteilt sich auf die Marktgegend. **El Castillo** ☎ 310 226 80 45, Eigentümer Alberto Pachón weiss noch von den Boomzeiten der

80er und 90er zu berichten, Zimmer ohne/mit Privatbad, € 8-15. **Hotel Las Vegas** ① 725 60 75, geräumige Zimmer mit Privatbad, € 20/30. **Hotel El Refugio** ① 725 60 92, Doppelzimmer mit Privatbad, € 15(2). **Hotel los Cisnes** (Quipama) Cra. 3 No 5-44 ① 311 537 80 60, € 28(2). Am Morgen vor der Fahrt in die Mine frischgepresster Orangensaft vom Stand, Restaurants mit Bergarbeiterportionen, Bäckerei an der Plaza.

Transport zu den Minen

Mina Matefique, von der Plaza in Muzo fahren regelmäßig Jeeps zur Minensiedlung **Nevera (**oder '**La Playa'),** ½ Std. Von dort das Flussbett bis Matefique hochgehen. Von Matefique gibt es Werksbusse nach Quipamá, 1 Std.

Mina Coscuez, von Muzo fahren Jeeps in Richtung Santa Bárbara. Auf dem Weg liegt das Minennest **Chacaro**, von wo man in 30 Min. über einen Berganstieg eine Ansammlung behelfsmäßiger Minenschächte erreicht, die an dieser Stelle in den Berg getrieben wurden. Nicht weit entfernt erhebt sich eine Ansammlung wackliger Pfahlbauten, die wie in Matefique bei Muzo, die Siedlung der Minerofamilien bildet. Noch endet der Asphaltbelag hinter Chiquinquirá, noch ist der Einfluss der Bosse, die mit dem Helikopter ein- und ausfliegen, mächtiger als die Lobby des Baumaschinenherstellers Caterpillar. Wer keinen 4x4 Jeep zur Hand hat, muss eine wackelige Fahrt überstehen.

🚌 **Bogotá,** Coop.Trans.Reina, Expr. Gaviota, mehrere täglich über Pacho, 7 Std. € 10. **Chiquinquirá** (direkt oder über Sutamarchán), Coop.Trans. Reina, Expr. Gaviota, mehrere täglich, 4 Std. € 6,50. **Otanche > Puerto Boyacá,** Expr. Gaviota, 2½ Std. € 4. Von Otanche geht es mit Coop.Trans.

Reina in abenteuerlicher Fahrt bergab nach Puerto Boyacá am Río Magdalena, 4 Std. € 7.

Puerto Boyacá

150 m, 28°C, 33.000 Einwohner ① 8

Puerto Boyacá ist ein geschäftiger Flusshafen am Magdalena. Die Region lebt von der Viehzucht und den Erdölvorkommen in der Umgebung. Typisch für das ländliche Kolumbien, alles verteilt sich um die zentrale, lebendige und baumbestandene Plaza Principal, Hotels, Bierkneipen, Restaurants, Kuchenbäcker und Busgesellschaften. In der Mitte des Platzes steht eine Büste mit dem Torso des liberalen Caudillos Gaitan.

🏧 **BBVA,** ATM an der Plaza Principal.

🛏️ 🍴 *Schlafen & Essen*

Hotel Nodilan, Calle 12 No 3-27 ① 738 40 55, schmucklose Zimmer mit Bad und Deckenvent., der die lauten Bierkneipen vor der Tür übertönt, € 8/10. Noch primitiver ist die **Residencias Santa Rita**, Calle 12 No 3-33 ① 738 34 84, die man aufsuchen mag, um die genauen Abfahrtszeiten der Jeeps (Camperos) nach Otanche in Erfahrung zu bringen.

Ebenfalls um die Plaza Principal, aber in einem höheren Preissegment und besser ausgestattet sind das **Hotel Boyacá,** Cra. 3 No 11-17 ① 738 32 61, TV, Vent. a/c, Kühlschrank, Internet, € 22/31 und das **Hotel Kariary,** Av. 5 No 11-67 ① 738 18 25 www.hotelkariary.com Eingang auf der Rückseite der Plaza, TV-Plasma, Minibar, WiFi, Pool, Restaurant, Wäscheservice, Sicherheitssystem, Parkplatz, € 29/36.

🚌 **Bogotá,** Omega, jede Stunde, € 12. **Medellín,** Rápido Tolima, Coonorte, € 10. Route führt über den Río

Magdalena, vorbei an **Doradal** und der **Hacienda Napoles**, 1 ½ St. € 5. **Manizales** ⊙ 5 u.8, via **La Dorada** und **Honda**, 6-7 Std. € 15,50. **Otanche** ⊙ 6 u.12, 5 Std. € 8,50, eine interessante Fahrt vom Flachland hinauf in die Ostkordillere ins 'Smaragdland'. In der Regenzeit ist diese Strecke manchmal unpassierbar. In Otanche (zwei einfache Residencias) wartet in der Regel ein Anschlussbus oder Jeep nach **Quipamá**. **Ibagué**, 5 Std. € 8,50. Der **Taxistand** ist gleichfalls an der Plaza, unregelmäßig Kollektivtaxis nach La Dorada und Doradal.

Richtung Nordosten

In nordöstlicher Richtung der Provinzhauptstadt Tunja liegen die größeren Städte des Departements Boyacá, **Paipa**, **Duitama** und **Sogamoso** in der Weite des Altiplano der Ostkordillere. 36 km nördlich von Tunja erreicht man Paipa, die Touristenhochburg des Departements mit einigen ansprechenden Hotels und Restaurants und berühmt für seine Thermalquellen, Eintritt: € 3,50.

Ein stilvolles Kolonial-Hotel 3 km außerhalb von Paipa ist die **Casona del Salitre** ⊙ (8) 785 15 08 www.haciendadelsalitre.com im Grünen, Thermalbäder und Restaurant mit internationaler Küche, beliebt bei Hochzeitsgesellschaften, € 85/125, in der Bolívar-Suite, benannt nach dem Libertador, der in der Casona nach der Schlacht auf dem Pantano de Vargas übernachtet haben soll, € 147.

Um den angrenzenden **Lago Sochagota** breitet sich eine beliebte Ausflugsregion aus mit vielen Übernachtungsmöglichkeiten und durchschnittlichen Zimmerpreisen zwischen € 25-40. Luxuriöser und teurer ist das **Centro de Convenciones**, € 55/85.

Ein gutes Restaurant ist das **Estrella del Mar** ⊙ 785 01 91, für Fisch und Meeresfrüchte.

Nicht weit von Paipa befindet sich mit dem **Hotel Campestre Hacienda Santa Rosalia**, Km 7 Duitama-Nobsa ⊙ (8) 760 07 02 www.hotelsantarosalia.com ein ehemaliges Kloster und heute eine der stilvollsten Herbergen der Region. Ruhig und bequem ist das kolonialgestaltete **Hotel Hacienda Suescún** ⊙ (8) 770 68 28, mit 17 stilvollen und bequemen Zimmern, inmitten einer parkähnlichen Anlage mit jahrhundertealten Bäumen zwischen Duitama und Sogamoso, ebenfalls eine Simón Bolívar Übernachtungsstätte, diesmal vor der siegreichen Schlacht von Boyacá. In den Salons kann man am Kaminfeuer der nächtlichen Konversation frönen.

12 km von Paipa entfernt breitet sich der **Pantano de Vargas** aus, eine Hochfläche, auf der der Unabhängigkeitskämpfer Juan José Rondón und seine 14 Lanzenreiter am 25. Juli 1819 die Monarchisten unter dem Befehl von General Barreiro zwar noch nicht besiegen, aber bis in die Nachtstunden soweit in Schach halten konnten, dass sie anschließend überraschend auf Tunja marschierten, um die Garnisonsstadt einzunehmen und damit den Spaniern, die vorwiegend den Camino Real kontrollierten, den Rückzug in die Hauptstadt Santafé (de Bogotá) versperrten. An diesem für den weiteren Verlauf des Befreiungskampfes also entscheidenden Ort wurde 1969 eine gewaltige Bronzeskulptur zu Ehren der Lanzenreiter errichtet, entworfen durch Kolumbiens wohl bedeutendsten Bildhauer (noch vor Negret und Botero) Rodrigo Arenas Betancourt. Das Denkmal und die angrenzende Umgebung wurden aufwendig restauriert

und mit einer aufregenden Beleuchtungstechnik in den Nachtstunden dramatisch in Szene gesetzt.

Duitama, Nobsa, PNN Pisba

Duitama ist das Zentrum des Radsports in Kolumbien (hier fand 1995 die Rad-WM statt, und am Ortseingang grüßt die Bronze mit dem Radfahrer auf der Weltkugel). In der Region gibt es sowohl Industriebetriebe als auch Landwirtschaft, die Höhenlagen werden von andinem Bergwald und Páramo-Vegetation bestimmt. Der **Páramo de Rusia** (nördlich von Duitama) besitzt vierzehn der weltweit insgesamt 32 Frailejónes-Arten. Vom Montaña de **Pan de Azúcar** (2800 m) hat man bei klarer Sicht einen eindrucksvollen Blick über die Berg- und Tallandschaft, sechs Std. zu Fuß von Duitama oder mit dem Pferd zu erreichen. Acht Kilometer von Duitama entfernt in Richtung Sogamoso liegt der kleine Ort **Nobsa**, in dem noch immer die traditionellen Ruanas (Ponchos) gefertigt werden.

Weiter nördlich liegt der abgelegene **PNN Pisba** mit einer Fläche von 45.000 ha zwischen 2400 und 3900 m, der einen biologischen Korridor mit dem sich anschließenden **PNN El Cocuy** bildet. Die Region ist historisch bedeutsam für die Unabhängigkeit Kolumbiens und Relikte, die an den Libertador Simón Bolívar erinnern, begegnen einem auf Schritt und Tritt. Das Befreiungsheer, angeführt von den Generälen Bolívar und Santander, überquerte den Páramo von Pisba 1819 von den Llanos Orientales kommend in Richtung Bogotá und konnte sich dem spanischen Heer beim Pantano de Vargas wie an der Puente von Boyacá siegreich entziehen. Kulinarisch wartet die Region mit *almojábanas* (Maisbrötchen) und *quesos* (Käse) auf.

Viña Marques de Puntalarga, Km 7 zwischen Duitama und Nobsa ☏ (8) 802- 26 64, auf 2600 m gelegenes und damit höchstes Weingut der Welt, das passable Rotweine und mehrfach auch in Europa prämierte Riesling-Weine produziert, Flaschenpreis ab € 16. 🚌 Von Duitama oder Sogamoso, (20 Min. € 1,50) den Busfahrer bitten, bei 'Puntalarga' anzuhalten. Von dort 5 Min. zu Fuß auf der Straße den Hügel hinauf.

Sogamoso

2569 m, 14°C, 125.000 Einwohner ☏ 8

Sogamoso ist nach Tunja die zweitgrößte Stadt von Boyacá, ein Handels- und Industriestädtchen, dessen herausragende Attraktion das archäologische Museum zur erloschenen Kultur der Muisca darstellt, landesweit das umfassendste seiner Art. Auf der Suche nach dem sagenhaften Eldorado marschierte Gonzaló Jiménez de Quesada 1537 in die damalige Provinz Sagrada de Iraca ein und traf dort auf den Kaziken Sugamuxi, was in der Sprache der Chibcha «Opfer der heiligen Sonne» bedeutet.

Sogamoso war der geheiligte Platz der Muisca, an dem ihnen *Bochica*, die höchste Gottheit erschienen war, und der Kazike von Sogamoso war der Repräsentant Bochicas auf Erden. In seinen Händen lag die Macht über den Ablauf der Zeit und die Beherrschung der Naturgewalten.

Service

📧 **C@fe Internet,** Calle 11 No 7-32, beim Terminal de Transporte um die Ecke ☉ bis 22. 🏧 Im Zentrum um die Plaza 6. de Septiembre Banken und **ATM**. BBVA, Calle 11 No 11-05. Banco de Bogotá, Cra. 10 No 11-94. Bancolombia, Calle 12 No 9-74.

Museo & Parque Arqueologico de Sogamoso

Der **Templo del Sol** war die heiligste Kultstätte, ein großer Rundbau, dessen Stützbalken die Indianer aus den Llanos herbeigeschafft hatten. Das Tempelinnere war mit Smaragden und Blattgold geschmückt und beherbergte die Gräber der höchsten Würdenträger. Als die Spanier in den Tempel eindrangen, war das Gold verschwunden, und wütend brannten sie den Rundbau nieder.

Der Legende nach hatten die Muisca die Reichtümer nach Monguí geschafft. Im Parque Arqueólogico ist heute an der Stelle, wo einst das Original stand, eine maßstabgetreue Replik des gewaltigen 15 m hohen Sonnentempels aufgebaut. An den Rundhäusern der Kaziken lässt sich die indigene Architektur studieren. Die geflochtenen Doppelwände sind aus licht- und luftdurchlässigen Bastmatten aus Zukkerrohr, durchbrochen von zwei niedrigen Türen. Das Innere des Raumes hat die Form einer Caracol-Muschel. Eine Statue des **Kaziken Sogamuxi** steht im ethnobotanischen Garten. Im Museumsgebäude werden Waffen, Werkzeuge Musikinstrumente aus Knochen und Stein, Caracol-Muscheln, mit denen sich die Priester schmückten, sowie anthropomorphe und zoomorphe Steinfiguren gezeigt.

Für die Druckkunst der Mantas wurden Holzstempel mit Symbolen verwendet. Die Vorform der Schrift fin det man in den *torteros-muiscas*, eine Art Bildersprache. Auf Steinscheiben wurden mythische, religiöse und magische Motive gemalt. Erläutert wird der bei den Muisca gebräuchliche Prozess der Mumifizierung in Hockstellung. In mehreren Glasvitrinen stehen Keramikgefäße, die zur Aufbewahrung von *chicha*, als Grabbeigabe und als Haushaltsgegenstand dienten. Im Park, der dem Museumsgelände gegenüber liegt, ist die **Fuente de Conchucua**, das heilige Bad des Sugamuxi, Calle 9 No 6-45, zehn Minuten zu Fuß vom Zentrum ☎ 770 31 22 🕐 Di-Sa 9-12 u.14-17, So /Feiertag 9-15. Eintritt: € 1,50.

🛏️ 🍴 Schlafen & Essen

Um den **Busterminal** gibt es fast ebenso viele einfache Hotelbetten (€ 8/10) wie Grillhendl-Stationen (Pollo Broaster) mit den bekannten Portionsgrößen 1, ½ und ¼ mit Arepas und Kartoffeln, die auf den Äckern in Boyacá reichlich wachsen. Im **Zentrum** findet man höherpreisige und etwas bessere Hotels, wie das **Hotel Sogamoso Real,** Cra. 10 No 13-11 ☎ 770 68 56, € 25/35 und das **Hotel Tobacá,** Calle 13 No 10-68 ☎ 770 53 77, mit Restaurant, € 35/42. Andere Traveller wird man in Sogamoso wahrscheinlich nicht finden, es sei denn, in der Familienpension **Hostel Finca San Pedro**, Km 2 Via Lago de Tota ☎ 770 42 22 www.fincasanpedro.hostel.com inmitten eines 2 ha großen Areals am Stadtrand in Richtung Laguna de Tota. Hier gibt der Yogalehrer Juan Kurse, zudem Massage, Aroma- und Musiktherapie. Taxi vom Busterminal zu € 1,50, der Minibus nach Aquitania passiert die Finca, deren Eingang durch ein weißes Tor markiert wird. Vorabbuchung per E-mail, inkl. Frühstück, WiFi, Sauna, Camping € 4,40/Dorm € 11/Doppelzimmer € 21.

Entlang der Cra. 12 und den Nachbarstraßen verteilt sich ein halbes Dutzend Restaurants und weitere Hähnchengrills sowie Cafés, Pizzerias und entlang der Hauptverkehrsstraße einige Llanero-Grillplätze. Die Llanos sind schließlich nicht weit entfernt. Warum also nicht das **Sabor y Sazón Llanero** ausprobieren? Calle 11 No 15-03, offener Llanosgrill zwischen Busterminal und Zentrum.

🚌 Die großen regionalen Busgesellschaften heißen Flota Libertadores, Sugamuxi und Concorde. **Bogotá,** 4½ Std. € 10. **Tunja,** alle 10 Min. 1½ Std. € 3. **Yopal,** Autoboy, Servicio Lanceros, mehrere täglich, 5 Std. € 10. **Arauca,** Nachtbus Flota Sugamuxi, ca. 20 Std. € 30. **Iza/Aquitania/Playa Blanca (Lago de Tota),** Cootracero, Servicio Lanceros, Cootrans.Tota, von der Puente de Pesca (Cra. 11 Ecke Calle 8), 5 Min. vom Terminal, Abfahrten stdl. je nach Fahrziel € 2-3. **Monguí,** regelmäßig Kleinbusse von Cra. 14 Ecke Calle 16 oder vom Centro Comercial Iwoka (Cra.11 Ecke Calle 23/24), 40 Min. € 1,80. **Acerías Paz del Río** (eine der ältesten Stahlschmelzen Lateinamerikas und die zweitgrößte in Kolumbien), Cootracero, alle 30 Min. von der Puente de Pesca, € 1,50.

Monguí

2920 m, 13°C, 2800 Einwohner ☽ 8

Monguí liegt 20 km östlich von Sogamoso. Es ist ein schönes Kolonialdorf inmitten der für Boyacá so typischen Landschaft aus weiten Tälern und sanft geschwungenen Hügeln in moosgrünen Farben. Gelegentlich erhebt sich ein schroffer Felsen oder eine Felsengruppe. Um die üppig bemessene Plaza mit der monumentalen Basilika stehen die flachen, weißen Häuser mit den roten Ziegeldächern und den grünen Eingangstüren und Fenstergittern. Viele der Wege sind mit Ziegelsteinen gepflastert, die in den rauchenden Köhlerhütten massenhaft in Handarbeit

hergestellt werden. Pferde und Mulas sind die Transportmittel zu den Fincas in den Bergen.

Die **Basilika** wurde zu Beginn des 18. Jahrhunderts errichtet und ist das größte religiöse Bauwerk aus jener Zeit in Kolumbien, erbaut mit romanischen Stilelementen, ansonsten schmucklos. An den Wänden im Hauptschiff hängen Bilder von Gregorio Vásquez de Arce y Ceballos. Verehrt wird die Virgen von Monguí, die den Beinamen 'Königin von Boyacá' trägt. Ihr zuliebe wertete Papst Paul VI. die beinahe vergessene Kirche 1966 zur Prozessionskirche auf. An die Kirche schließt sich der ehemalige Franziskanerkonvent an. Die Franziskaner waren die ersten Spanier, die 1550 in Monguí eintrafen. Der Ort selbst wurde erst 50 Jahre später gegründet. Die Bekehrungsbemühungen der Franziskanermönche führten zur Unruhe unter den Einheimischen, die in einem Aufstand Mitte des 18. Jahrhunderts gipfelte. Die Bauarbeiten für den Konvent begannen 1603 und dauerten 100 Jahre bis zur Fertigstellung. 1821 wurde der Konvent geschlossen, da er nach einem neu erlassenen Gesetz Bolívars unterbesetzt war. In Monguí gab es weniger als die vorgeschriebenen acht Priester, um die Messe zu halten. Der Konvent ist heute für das Publikum als Museum geöffnet.

Am Ende der **Calle de Calicanto** überquert die Puente Real gleichen Namens einen Gebirgsbach. Die Spanier errichteten diese Brücke aus den beim Bau übrig gebliebenen Steinen für die Basilika 1716. In unmittelbarer Nähe der Basilika kann man einige kleine Werkstätten besuchen, **Taller Arte Colonial** und **Centro Cultural y Artesanal Ocetá**, Calle 3 No 2-06, die Holzschnitzarbeiten nach Originalen (Kerzenhalter, Marienbildnisse) im Stil der kolonialen Kirchenkunst herstellt. Im Dorf sind einige Kunstgewerbeläden, die Artikel aus Wolle anbieten. Jeden Sonntag ist **Viehmarkt** auf der Plaza de Toros.

ⓘ **Touristeninformation,** Calle 5 No 3-24 ☎ 320 344 22 01.

Schlafen & Essen

Hotel Portón de Ocetá, Calle 5 No 1-68, am gleichnamigen Tor oberhalb der Basilika ☎ 778 26 14, einfache Zimmer mit Privatbad, € 15(2).

Hotel & Restaurante La Casona, Cra. 4 No 3-48 ☎ 778 24 98, inkl. Frühstück, einladende Familienpension, € 30(2). Das Restaurant bietet Forelle und etwas fade Fleischgerichte, hat aber einen schönen Blick ins Tal. **Pescadería, Restaurante Sanoha,** an der Plaza.

🚌 Busse/Colectivos fahren stdl. von der Plaza bis in die Abendstunden nach Sogamoso.

Trekking Páramo Ocetá

Ein guter Blick über den Ort und das Tal in den er malerisch eingebettet ist, eröffnet sich auf dem Weg zum **Páramo Ocetá**, der wiederholt als der 'schönste Páramo' der Welt bezeichnet wurde. Dieser Weg führt hinter der Basilika steil hinauf. Nach ca. 3-4 Std. erreicht man den Páramo mit seinen 1,50 m hohen, gelbblühenden Frailejónes. Einmal auf dem Páramo angekommen, verliert sich der mit dem Aufstieg immer schmaler werdende Pfad gänzlich, und man kann leicht die Orientierung verlieren. An der flachsten Stelle des Bergmassivs zur Linken befinden sich die Gipfel der sog. **Ciudad de Piedra** (3900 m), eine Felsenlandschaft mit 15 m steil abbrechenden Felsen, bewachsen mit grünen, gelben und ziegelroten Moosen, in de-

ren Mitte eine Gasse von 100 m Länge entstanden ist. Die Felsenlandschaft ist oftmals in Nebel gehüllt, wenn der Himmel aufreisst, hat man eine schöne Fernsicht bis zum Páramo de Pisba und der Sierra Nevada del Cocuy sowie den Dörfern Güicán und Chita. Eine weitere Attraktion auf dem Weg ist der Aussichtspunkt auf die **Laguna Negra,** die von zwei Wasserfällen gespeist wird. Insgesamt ein anspruchsvoller Trek, für den mindestens 6-8 Std. (besser zwei Tage) einzuplanen sind und der sich auch gut zur Höhenakklimatisation eignet, wenn man anschließend höhere Ziele, wie den Rundweg im PNN El Cocuy im Visier hat. Es bietet sich an, für den Trek einen Guía zu kontaktieren, z.B. Fernando von Andino Ecoturismo ☎ 312 521 72 90 www.fincasanpedro.com.

Tópaga

2900 m, 13°C, 2000 Einwohner

Tópaga ist noch kleiner als Monguí. Die **Jesuitenkirche** auf der Plaza ist besonders schön. Um den Indianern die Missionierung im 17. Jahrhundert schmackhaft zu machen, errichtete man einen Spiegelaltar. Die vielen Spiegel sollten die Neugier der Indianer wecken und sie ins Gotteshaus locken. 🚌 Tópaga liegt zwei Kilometer von der Hauptstraße Sogamoso-Monguí entfernt. An der Kreuzung nach Tópaga aussteigen, 25 Min. Fußweg. Gelegentlich fahren Busse sowohl aus Sogamoso als auch von Monguí direkt in den Ort.

Lago de Tota

3015 m, 11°C ☎ 8

Der Lago de Tota ist auf 3015 m der höchstgelegene und mit einer Ausdehnung von 55 km² zugleich der größte See in Kolumbien.

Die Dächer von Monguí

Die durchschnittliche Wassertiefe beträgt 30 m. Der See war ein beliebter Erholungsort der Muisca Götter. Heute zieht das Meer von Boyacá den (über-)regionalen Tourismus an. Die Ufer sind gesäumt von Zwiebelfeldern und die gebündelten weißen Zwiebelknollen heben sich leuchtend vom Grün der Landschaft ab. Am eindrucksvollsten erlebt man die Schönheit der Lagune auf einer Busfahrt rund um den See, die etwa 2½ Stunden dauert, oder unterwegs auf einem der zahlreichen Wanderwege. Die Delikatesse an der Laguna de Tota ist die fangfrische Regenbogenforelle, die hier überall zu haben ist. Zwei Orte liegen in Reichweite des Sees, **Aquitania** und **Tota**. Etwas abseits in Richtung Sogamoso liegt **Iza** ein beschauliches, unter der Woche verschlafenes, am Wochenende viel besuchtes Kolonialdörfchen mit einer begrünten, baumbestandenen Plaza, um die sich einige *loncherías* nebst Touristenbüro, Hotels und Residencias unterschiedlicher Preiskategorie gruppieren.

Iza ist bekannt für seine Artesanía (*ruanas,* traditionelle handgewebte Ponchos) und hat Thermalquellen (die

bekannteste heisst *'Piscina Erika'*) vorzuweisen, zu Fuß 20 Min. oder nach kurzer Taxifahrt zu erreichen. Eintritt: € 3,50. Aquitania ist der Hauptort, aber weniger attraktiv. Gleiches gilt für Tota, denn beide Orte liegen abseits des Sees. Daher befinden sich die attraktiveren Unterkünfte auch außerhalb dieser beiden Ortschaften. In Aquitania hat man aber vom Hügel **El Cumbre** einen guten Ausblick auf den See, zu allen Seiten eingerahmt von Bergen. Fünf Inseln und eine große Halbinsel liegen auf der Ostseite sowie die meisten Hotels. In Richtung Tota, 20 Min. von Aquitania entfernt, überrascht ein strahlend weißer Sandstrand *(Playa blanca)*, der in der Kombination mit dem grünen Wasser an Karibik erinnert, jedoch nicht in puncto Wassertemperatur. Hier gib es Bade- und Campingmöglichkeiten ☎ 312 522 30 03 (€ 1,50 p.P.) sowie ein Restaurant.

Malerisch eingebettet in die sanft geschwungenen Bergketten und Täler aus unterschiedlichen Grünschattierungen liegen Lagunen wie dunkelblaue Tupfer und fügen sich zu einem riesigen Teppichmuster, wie es sich ein Friedensreich Hundertwasser nicht schöner hätte erträumen können.

  ## Schlafen & Essen

Residencia Venecia, in Aquitania bei der Plaza, € 8/12,50. **Restaurant Don Lucho,** rechts von der Kathedrale, serviert fangfrische Regenbogenforelle und dazu einen 'Refajo', eine Art Radler aus Boyacá, eine Mischung aus Apfelsaft und Malzbier.

Zwischen Sogamoso & Aquitania

Hotel Camino Real (Km 20) gehört zur Decameron-Kette ☎ 770-06 84, 18 geräumige Zimmer (davon drei mit Kamin), Seeblick, WiFi, zwei Cabañas mit Kamin, Restaurant, Sauna, Spa, Kamin-Bar, € 60(2), höhere Tarife zur Semana Santa und den Weihnachtsferien.

Hotel Rancho Tota (Km 21) ☎ 770 80 83 www.hotelranchotota.com Cabañas für 4-7 Personen € 70, Zimmer für 2-3 Personen € 60, teilweise mit Kamin, Seeblick, Safe, bewachter Parkplatz, Restaurant.

Hotel Rocas Lindas (Km 26) Traditionshotel direkt am Seeufer ☎772 37 76, € 60(2).

🚌 **Sogamoso,** von Iza oder Aquitania im 30 Minutentakt, € 2. Von der Playa Blanca, jede Std. € 2,50.

El Cocuy

2700 m, 13°C, 6000 Einwohner ☎ 8

El Cocuy ist ein charmantes, kolonial geprägtes Bergdorf mit weiß gekalkten und türkisgrün gestrichenen Häusern, die sich um die Iglesia de Nuestra Señora de la Paz an dem zentral gelegenen Parque Principal scharen. El Cocuy ist die viertälteste Ansiedlung der Spanier auf kolumbianischem Boden. Auf den Feldern der Umgebung wachsen Kartoffeln, Mais, Weizen und Zwiebeln. Die ganze Region ist zudem bedeutsam für die Milchwirtschaft. Während der Osterwoche, Corpus Cristi und Virgen del Carmen (16. Juli) finden religiöse Feste statt. El Cocuy ist der wichtigste Ausgangspunkt für einen Ausflug in die Sierra Nevada del Cocuy. Sowohl in El Cocuy, Calle 8 No 4-74 ☎ 789 03 59 ⏰ 8-12 u. 13-17.45, als auch im kleineren Güicán gibt es ein Büro der **Nationalparkverwaltung.** Hier muss man sich registrieren lassen, den Parkeintritt (€ 16) bezahlen und erhält alle notwendigen Auskünfte über Trekkingrouten und die aktuelle Wetterlage.

Service

@ **Internetcafé El Pino.com**, Cra. 3 No 8-53 ⏰ 8-12 u. 14-20, ziemlich langsam. 🏧 **Banco Agrario de Colombia** mit der einzigen ATM im Bereich der Sierra Nevada del Cocuy, Cra. 4 Ecke Calle 8.

 ## Schlafen & Essen

Es gibt eine Handvoll zentral gelegener, einfacher Hotels.

Hotel Villa Real, Calle 7 No 4-50 ☎ (8)789 00 38, einfache Familienpension am Parque Principal mit dunklen Zimmern und harten Betten, TV, ohne/mit Privatbad € 5,25/€ 6,50 p.P. Hier ist auch ein populäres Restaurant untergebracht, das mittags und abends comida corriente Gerichte auswirft.

Hotel Casa Muñoz, Cra. 5 No 7-28, am Parque Principal ☎ (8)789 03 28 www.hotelcasamunoz.com zehn bequeme, saubere Zimmer mit Bad, Warmwasser, Kabel-TV, um einen Innenhof gelegen, Mehrbettzimmer im 1. Stock, Restaurant, € 9 p.P.

La Posada del Molino, Cra. 3 No 7-51 ☎ 310 494 50 76, stimmungsvolles Kolonialgebäude (und Museum) im blaugelben Anstrich mit sieben bequemen Zimmern, Privatbad mit Warmwasser, Kabel-TV, saisonal unterschiedliche Tarife, € 12/16 p.P., einige einfache Mehrbett-Cabañas mit jeweils 5 Betten € 78.

🚌 **Bogotá** (440 km via Soatá / Duitama), die beste Option zwischen Bogotá und El Cocuy/Güicán ist der luxuriöse Libertadores-Bus ☎ (1) 295 18 03 ⏱ 20, Abfahrt vor dem Hotel Casa Muñoz. Die Fahrt im Concorde-Bus beginnt am frühen Morgen ⏱ 4 und in den Abendstunden ⏱18, kommt auch nicht günstiger, jeweils 11 Std. € 18. Fundadores-Kleinbusse (*busetas*) von der Cra. 5 No 5-38 um ⏱ 4.30, 17.30 u. 19.30. Zum Straßenkreuz in **Soatá** mit Cootradatil um ⏱ 7, 12, 12.30, 4 Std. € 6,50 und dann umsteigen in einen Bus nach Bogotá. Mit dem Auto von Bogotá dauert es bei zügiger Fahrt ca. 7-8 Std. **Bucaramanga**, umständlich, keine Direktbusse, via Málaga und Capitanejo mit Concorde, insgesamt ca. 14 Std. Capitanejo (Dep. Santander) ist der Knotenpunkt an der Strecke Bogotá, Bucaramanga, Sierra Nevada del Cocuy. Die Flüsse Servitá und Chicamocha sind für Wildwasserfahrten ideal. **El Cocuy/Güicán**, zwischen den beiden Ortschaften bestehen täglich drei Busverbindungen mit Cootradatil ⏱12, 16, 20. Fundadores aus Bogotá nach Güicán passieren El Cocuy gegen ⏱ 6.30 und 19.30, jeweils 30 Min. € 1,50.

Güicán

2963 m, 12°C, 3500 Einwohner ☎ 8

Das kleine Dorf am Ende der Straße nennt sich auch der «Nordpol von Boyacá». Der nördliche und direktere Zugang in die Sierra Nevada del Cocuy führt durch dieses kleine Bergnest. Zwar ist auch Güicán wie das benachbarte El Cocuy eine koloniale Gründung, aber das aktuelle Dorfbild ist unverkennbar neueren Datums und besteht überwiegend aus unverputzten Zweckbauten. Güicán zählt zum traditionellen Territorium der indigenen **U'wa** und ist auch außerhalb des Landes bekannt für die Wundertätigkeit der hier den Gläubigen erschienenen **Virgen Morenita**.

 ## *Schlafen & Essen*

Hotel Guaicani, Calle 5 No 6-20 ☎ 312 463 10 66, einfache Bergsteigerunterkunft, Manager Victor Correa ist ein erfahrener Bergführer, € 7 p.P.

Cabaña Hotel El Edén, Transversal 2 No 9-58 ☎ 311 808 83 34, 15 Min. zu Fuß nördlich der Plaza, kleines Gästehaus mit (Nutz-)Garten und Campingstelle, € 2,20 p.P. Zimmer überwiegend mit Privatbad € 11p.P.

Posada Brisas del Nevado, Cra. 5 No 4-57 ☎ 310 629 90 01, eine Handvoll netter Zimmer mit/ohne Privatbad (€ 13/11) und zwei angebaute Cabañas im Hinterhof. Hier befindet sich auch das einzig nennenswerte Restaurant im Ort.

Außerhalb des Ortes

Cabañas & Camping Kanwara (3850 m) ☎ 311 231 60 04, vía **La Sierra** beim Km 14 am Abzweig nach Kanwara 4,8 km, auf einem steilen, unbefestigten Weg nach links. Man kann sich bei telefonischer Voranmeldung an der Kreuzung von den Mitarbeitern der Cabañas abholen lassen. Drei Cabañas mit je 15 Betten, Kamin, Küche Bad, € 15 p.P. außerdem Platz für 20 Zelte (€ 2,50).

Posada Sierra Nevada (3960m) ☎ 311 237 86 19 paramoynieve@hotmail.com hochgelegen und dementsprechend eisig. Kürzester Ausgangspunkt zum Ritacuba Blanco, € 12 p.P.

Finca La Esperanza (3700 m) ☽ 789 01 21, 23 km von Güicán, in Richtung des kleinen Weilers La Capilla, beim Abzweig Km 2 nach links, Platz für 20 Zelte.

La Capilla Hospedaje & Restaurant ☽ 314 249 93 95, in La Capilla, saubere, einfache Zimmer € 6,50 p.P.

Cabañas & Camping Herrera ☽ 310 341 36 49, die Herrera-Brüder auf der Südseite des Parks sind Bergführer, bieten Guíadienste, Packpferde und einige Grundnahrungsmittel an und beschränken sich ansonsten auf das Nötigste. Es ist eisig, aber günstig, das Bett ab € 7,50, Campen € 2 p.P. und die Flasche Bier zu € 1,20.

Cabañas Sizuma ☽ 314 348 97 18, vier Zimmer ohne/mit Privatbad € 12/16 p.P. betrieben von der lokalen Guíavereinigung und innerhalb des PNN gelegen, hinter Cabañas & Camping Herrera.

Camping Termales (2400 m) ☽ (1) 211 81 41, vía Panqueba-Güicán Km 5, Abzweig 200 m nach links, bei der Warmwasserquelle, zum Ausspannen, Platz für 6 Zelte.

🚌 Busbüros und Abfahrtspunkte um die Plaza. Libertadores Büro, hinter der Plaza in der Cra. 5. **Bogotá**, Libertadores ⏰ 19, 12 Std. € 20. Die einfacheren Concorde-Busse haben Abfahrten in den frühen Morgen- und späten Nachmittagstunden ⏰ 3 u. 17, zudem Fundadores ⏰ 13.30, 4.30, 18, € 19. **El Cocuy,** Cootradatil ⏰ 7, 11 ,14, 40 Min. € 1,50.

PNN Sierra Nevada del Cocuy

Die Sierra Nevada del Cocuy ist eines der schönsten Gebirgsmassive Südamerikas und besitzt die ausgedehnteste Eisfläche nördlich des Äquators. Doch auch hier wie anderswo schmelzen die Gletscher dramatisch. Die Parkfläche beträgt 3060 km² und verteilt sich auf die drei Departements Boyacá, Casanare und Arauca. Auf der Westseite liegt ein Hochpáramo glazialen Ursprungs. Eine Kette mit 19 noch überwiegend schneebedeckten Gipfeln (über 5000 m) auf einer Ausdehnung von nur 30 km und annähernd 300 Lagunen, die von Gletschern gespeist wurden, bilden das Zentrum des Parks. Hier wachsen mehrere unterschiedliche Frailejónesarten. Der höchste Berg ist der **Ritacuba Blanco** (5330 m).

Von den im Osten gelegenen Gipfeln sind einige so unerforscht, dass sie noch nicht einmal Namen tragen. Die Ostabdachung, die steil abfällt, ist kaum zugänglich und von dichtem Wald bedeckt. Die Bäume sind mit Epiphyten überzogen. Die Fauna ist reichhaltig. Die Berge bestehen aus Sedimentgestein, und es gibt viele Steilwände, die für Big-Wall-Climber interessant sind. Im Nordosten des Parks befindet sich das Resguardo der indigenen U'wa. Man sollte sich vor ausgiebigen Wanderungen bei Höhenlagen über 4000 m langsam akklimatisieren, um der Höhenkrankheit zu entgehen. Einfache Karten gibt es bei den Parkbüros in den beiden Ortschaften, IGAC-Wanderkarten in Bogotá im Maßstab 1:100 000 und 1:25 000. Die beste Jahreszeit zum Besuch der Sierra Nevada ist von Dezember bis Februar, dann ist die Sicht klar und das Wetter bleibt trocken. Vom Ritacuba Blanco und vom Castillo hat man zu dieser Zeit eine phantastische Sicht bis Mérida (Venezuela). Regenzeit herrscht zwischen März bis Mai sowie zwischen August bis Oktober. Es bestehen meh-

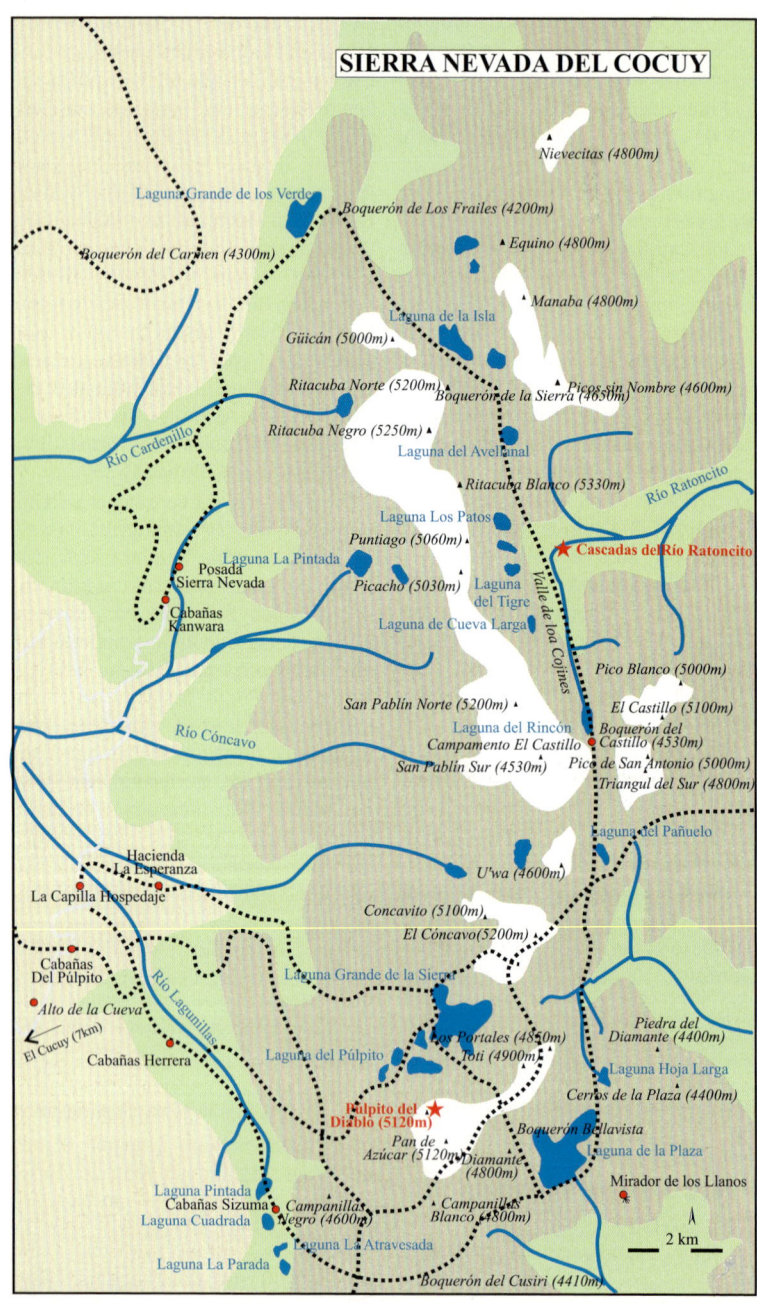

SIERRA NEVADA DEL COCUY

Nievecitas (4800m)

Laguna Grande de los Verde

Boquerón de Los Frailes (4200m)

Boquerón del Carmen (4300m)

Equino (4800m)

Manaba (4800m)

Laguna de la Isla

Güicán (5000m)

Ritacuba Norte (5200m)

Picos sin Nombre (4600m)

Boquerón de la Sierra (4650m)

Ritacuba Negro (5250m)

Laguna del Avellanal

Ritacuba Blanco (5330m)

Río Ratoncito

Laguna Los Patos

Puntiago (5060m)

★ Cascadas del Río Ratoncito

Río Cardenillo

Laguna La Pintada

Picacho (5030m)

Laguna del Tigre

Posada Sierra Nevada

Cabañas Kanwara

Laguna de Cueva Larga

Valle de los Cojines

Pico Blanco (5000m)

San Pablín Norte (5200m)

El Castillo (5100m)

Río Cóncavo

Laguna del Rincón

Boquerón del Castillo (4530m)

Campamento El Castillo

San Pablín Sur (4530m)

Pico de San Antonio (5000m)

Triangul del Sur (4800m)

Laguna del Pañuelo

Hacienda La Esperanza

U'wa (4600m)

La Capilla Hospedaje

Concavito (5100m)

El Cóncavo (5200m)

Cabañas Del Púlpito

Río Lagunillas

Laguna Grande de la Sierra

Alto de la Cueva

El Cucuy (7km)

Piedra del Diamante (4400m)

Los Portales (4850m)

Cabañas Herrera

Laguna del Púlpito

Toti (4900m)

Laguna Hoja Larga

Cerros de la Plaza (4400m)

★ Púlpito del Diablo (5120m)

Boquerón Bellavista

Pan de Azúcar (5120m)

Diamante (4800m)

Laguna de la Plaza

Mirador de los Llanos

Laguna Pintada

Cabañas Sizuma

Campanillas Negro (4600m)

Campanillas Blanco (4800m)

Laguna Cuadrada

Laguna La Atravesada

2 km

Laguna La Parada

Boquerón del Cusiri (4410m)

rere Ausgangspunkte zur Erkundung der Sierra. Von drei Seiten bieten sich Tagesausflüge an. Der fünftägige Rundgang wird für geübte Bergwanderer von Interesse sein. Auch längere Rundwege sind möglich.

Natur- und **Bergführer** vermitteln die Hotels in El Cocuy, Güicán und die Cabañas und Posadas auf dem Weg in die Sierra Nevada del Cocuy, bei Gruppen bis zu 6 Personen zwischen € 26-30 pro Tag. Auch Pferde lassen sich hier mieten, € 25 pro Tag. Für die meisten Tagestreks braucht man zwar weder Guías noch Pferde, bei längeren und abgelegenen Routen und Gipfelbesteigungen wird man aber aber auf die Logistik eines erfahrenen und akkreditierten Bergführers nicht verzichten können, hier ist mit min. € 35 pro Tag zu rechnen. **Rodrigo Arias** www.colombiatrek.com organisiert seit Jahren El Cocuy Touren von Bogotá aus, das All Inclusive Paket bietet er für € 650-700 p.P. an. Ein anderer empfehlenswerter Bergsteiger und Guía ist **Victor Correa** www.guaicani.com Kontakt aufnehmen kann man auch zu der lokalen Guía-Vereinigung **Ecoturismo Comunitario Sisuma** ☎ 314 348 97 18 www.elcocuyboyaca.com 3 Tagestouren ab € 160 p.P. Organisiert auch Transporte nach La Capilla zur Hacienda la Esperanza und den Cabañas Herrera.

Einzelne Routen

(1) Ruta Lagunillas - Púlpito del Diablo
(2) Ruta La Esperanza - Laguna Grande de la Sierra
(3) Ruta Cabañas Kanwara - Ritacubas
(4) Rundweg, der von der Laguna Grande de los Verdes durch die inneren Täler des Parks führt und einige der abgelegenen Lagunen streift

(1) Lagunillas - Púlpito del Diablo (1-2 Tagestrek)

Von **El Cocuy** gelangt man auf einer befestigten Straße in 1½ Std. zum **Alto de la Cueva** (3700 m) mit dem Parkeingang und der meteorologischen Himatstation. Der Weg führt anschließend durch das Tal der **Lagunillas**, vier hintereinander liegenden tiefblauen Lagunen, dem ein Aufstieg zur **Laguna Pintada** folgt, 1½ -2 Std. Von der kleinen Laguna Pintada steigt man zum Valle de los Frailejónes auf und quert anschließend zum **Púlpito del Diablo** (5120 m), dem wohl ungewöhnlichsten Gipfel des Bergmassivs – ein gewaltiger Granitblock in Würfelform, der auf der umgebenden Schneelandschaft aufsitzt – dann zur Lagune des Gletschers des Pan de Azúcar, 3 Std. Man kann von den Lagunillas auch in einem Tag bis zur Laguna de La Plaza wandern, muss aber zuvor den hochgelegenen Cusiri Pass (4500 m) und anschließend den fast ebenso hohen Bolas Pass überqueren. Das geht nur dann recht locker, wenn man bereits ausreichend akklimatisiert ist, 7-8 Std.

(2) Hacienda La Esperanza - Laguna Grande de la Sierra (1-3 Tage)

Von Güicán bis zur **Hacienda La Esperanza** und weiter zur **Laguna Grande de la Sierra**. Der Weg führt den Río Cóncavo entlang durch ein weites Tal, bewachsen mit den riesigen Frailejónes und steigt dann zu einer Hochfläche an, die von der Laguna Grande de la Sierra bedeckt ist. Die Lagune ist eingerahmt von fünf schneebedeckten Gipfeln. Im Norden erhebt sich El Cóncavito (5100 m). Es folgen El Cóncavo (5200 m), El Portales (4900 m), El Toti (4900 m) und den Abschluss bildet der Pan de Azúcar (5100 m), acht Stunden hin und zurück, mit dem Pferd geht's schneller. Von der Laguna kann man auf einzelnen Pfaden noch höher bis zur Schneegrenze von El Cóncavo, El Portales und El Toti aufsteigen, nochmal 2-3 Std. Hinter dem Pan de Azúcar liegt die **Laguna de la Plaza**, eingebettet zwischen den beiden Bergflanken, die die Sierra Nevada del Cocuy bilden. Der Bellavista-Pass liegt auf dem Weg und ermöglicht einen großartigen Blick über die beiden Lagunen und den **Púlpito del Diablo**. Der Weg von der Laguna Grande de la Sierra zur Laguna de la Plaza sollte nur von erfahrenen Bergwanderern gewählt werden. Für den Aufstieg wird man zumindest in der Regenzeit Pickel und Steigeisen benötigen.

(3) Ruta Cabañas Kanwara - Ritacubas (1 Tag)

Cabañas Kanwara, der ideale Ausgangspunkt, um die Schneegrenze unterhalb des **Ritacuba Blanco** (5330 m) in einem Tagesausflug zu erreichen. Für diese Route lässt sich auch ein Pferd anmieten. Zu Fuß sind 4 Std. bis zum Basislager am Gletscher einzukalkulieren. Ein früher Aufbruch ist sinnvoll, denn um die Mittagszeit hüllen sich die Berge in Wolken. Der Aufstieg zur Schneegrenze des höchsten der Gipfel ist zugleich der einfachste Trek im Gebirgsmassiv.

(4) Rundweg (5-6 Tage)

Die Sierra Nevada hat eine Ausdehnung in der Länge von ca. 20 km und in der Breite von 4 km, die man von Süd nach Nord (oder in der Gegenrichtung) entlang der Zwischentäler durchwandert. Notwendig für den Rundweg ist andine Trekkingausrüstung, also Wanderstiefel, Mütze, Handschuhe, Gletscherbrille, Sonnen-

schutz, Regencape, Zelt, Winterschlafsack und ein Campingkocher - es gibt fast überall und zu jeder Jahreszeit ausreichend Wasser und Übernachtungsplätze zum Zelten bei den Lagunen. Der Rundweg, der durch die inneren Täler der Sierra führt, kann von Norden oder von Süden eingeschlagen werden. Von Norden ist die Orientierung im Gelände, das nach wie vor nicht gut ausgeschildert ist, einfacher. Von den **Cabañas Kanwara** muss man fünf bis sechs Tage (6-9 Std. tägl.), je nachdem, ob man den Anreisetag von Güicán oder einen Akklimatisierungstag mitzählt, für den Rundweg bis zum Parkeingang am **Alto de la Cueva** veranschlagen.

1. Tag **Cabañas Kanwara - Laguna Grande de los Verdes** (9 Std.)

Ausgangspunkt sind die **Cabañas Kanwara**, von wo es über den Bergrücken in Richtung des **Ritacuba Blanco** geht (4-5 Std.), dann weiter auf einem Pfad zum **Río Cardenillo**, am Ufer entlang bis man den Wildbach kreuzt (2 Std.) und anschließend steil hinauf zum **Carmen-Pass** (4300 m) (2 Std.). Beim Abstieg vom Pass hinunter zur **Laguna Grande de los Verdes** (4100 m) der rechten Talseite folgen. Der Pfad durchschneidet das Tal und schmiegt sich an die Überhänge auf der linken Bergseite an bis die türkisgrüne Lagune ins Blickfeld rückt. Sie ist reich an Plankton und Algen und umgeben von Frailejónes (1½ Std.). In einer der Felsnischen kann man das Zelt aufschlagen.

2. Tag **Laguna Grande de los Verdes - Laguna del Avellanal** (6-7 Std.)

Der Weg folgt der Ostseite der Laguna Grande de los Verdes und steigt an zum **Paso de los Frailes** (4200 m).

Nach einem kurzen Abstieg teilt sich der Weg, rechter Hand geht es in südlicher Richtung durch Moränengelände unterhalb von Steilwänden entlang, bis nach ca. 3 Std. die **Laguna de la Isla** auftaucht, die hoch oberhalb auf der Westseite passiert wird und inmitten eines herrlichen Bergpanoramas liegt. Eine weitere Std. geht es durch Geröll langsam bergauf zum **Paso de la Sierra** (4850 m). Der Pfad ist leicht zu finden, aber während der Regenzeit oftmals schneebedeckt, während hier in der Trockenzeit Lupinen und gelbe Schlüsselblumen wachsen. Auf der anderen Seite und bei klarer Sicht von der Passhöhe bereits auszumachen, liegt die **Laguna del Avellanal** und dahinter erstreckt sich das Tal der **Los Cojines**. Rechter Hand erheben sich der **Ritacuba Blanco** und der **Ritacuba Negro**, deren Gipfel sich in der Lagune spiegeln. An der Lagune ist der Untergrund felsig, ein beliebter Zeltplatz ist daher **La Cueva**, eine Höhle, entstanden aus übereinandergeschichteten großen Felsbrocken.

3. Tag **Laguna del Avellanal - Campamento El Castillo** (5-7 Std.)

Von nun an ist der Weg streckenweise kaum noch auszumachen. Man hält sich entlang des Flussufers in Richtung Los Cojines, passiert einige Kaskaden und schließlich den Wasserfall **Cascada del Río Ratoncito**. Das Gelände öffnet sich an dieser Stelle nach Osten, Richtung Llanos. Diesen Weg lässt man links liegen. Es geht weiter entlang des Cojines Tals, benannt nach den kissenartigen Moosen, durch die hindurch man den Weg stets auf der rechten, westlichen Seite sucht. Am Ende des **Tals der Cojines** vor der **Laguna del Rincón**, (4350 m) zu der ein leichter Aufstieg in 30 Min. führt, liegt

der **Campamento El Castillo** auf der linken Seite, ein wunderschöner Ort, um zu zelten, eine mit Bäumen bewachsene Grasfläche inmitten der felsigen Gebirgslandschaft. Der Ort ist von der Route nicht einzusehen (5 Std.). Wer noch etwas weiter möchte, und klare Sicht hat, kann es in weiteren 2 Std. bis zur **Laguna del Pañuelo** (4300 m) schaffen, ansonsten ist es besser, am Campamento El Castillo die Nacht zu verbringen.

4. Tag **Campamento El Castillo - Laguna de la Plaza** (7-9 Std.)

Nach leichtem Aufstieg ist die **Laguna del Rincón** in einer halben Stunde erreicht. Anschließend wird der abgeschmolzene **Castillo-Gletscher** (4830 m) nunmehr als Muräne überquert. Auf der anderen Seite des Passes, 1 Std. entfernt, liegt die winzige **Laguna del Pañuelo** («Taschentuch»). Nun beginnt der schwierigste Teilabschnitt der Route. Der Weg hört vollständig auf und führt durch eine Muränenlandschaft. Das Gelände fällt ab, und man muss versuchen, die Höhe zu halten. Am besten, man bewegt sich nicht zu weit von den Felswänden auf der rechten Seite weg. Zwei Stunden südlich der **Laguna del Pañuelo** gibt es drei große Felsterrassen (**El Cóncavo**). Man orientiert sich an der obersten, an dieser kritischen Stelle des Weges dienen aufeinander geschichtete Steine als Wegemarkierung. Im Folgenden geht es eine Stunde über gewaltige, herabgestürzte Felsbrocken bis zur kleinen **Laguna Hoja Larga**. Nach einer weiteren Stunde wird die große und eindrucksvolle **Laguna de la Plaza** (4100 m) erreicht. Um den See, der auf einem Pfad umrundet werden kann, gibt es eine Handvoll geeigneter Zeltplätze. Bergsteiger nutzen den Ort gern als Basislager für Aufstiege zum nahegelegenen Pico Toti (4950 m) und des weiter nördlich gelegenen Concávo (5200 m). Alternativ kann man nordwestlich der Laguna de la Plaza über einen steilen Geröllanstieg den Paso de Bellavista (4800 m) erklimmen und anschließend zur eindrucksvollen **Laguna Grande de la Sierra** hinabsteigen (4 Std.), von dort geht es über die Hacienda La Esperanza nach El Cocuy zurück. (siehe (2)).

5. Tag **Laguna de la Plaza - Alto de la Cueva** (7-8 Std.)

Ein klar auszumachender Pfad führt von der **Laguna de la Plaza** nach Süden hinauf zum Höhenrücken des **Patio de Bolas**. Dann geht es abwärts und wieder hinauf zum **Paso de Cusiri** (4500 m), 3 Std. Dieser Pass markiert den Ausgang der inneren Täler der Sierra del Cocuy. Auf der rechten Seite ragen die beiden ungleichen Berggeschwister, der nackte **Campanilla Negro** (4800 m) und der schneebedeckte **Campanilla Blanco** (4900 m) empor. Nach einer weiteren Stunde auf dem Weg werden die **Lagunillas** mit einer Reihe schöner Zeltplätze erreicht. Am Ende des Tales liegt der **Alto de la Cueva** mit der Parkstation (7-8 Std.). Zu Fuß zurück gelangt man in 4 Std. nach El Cocuy.

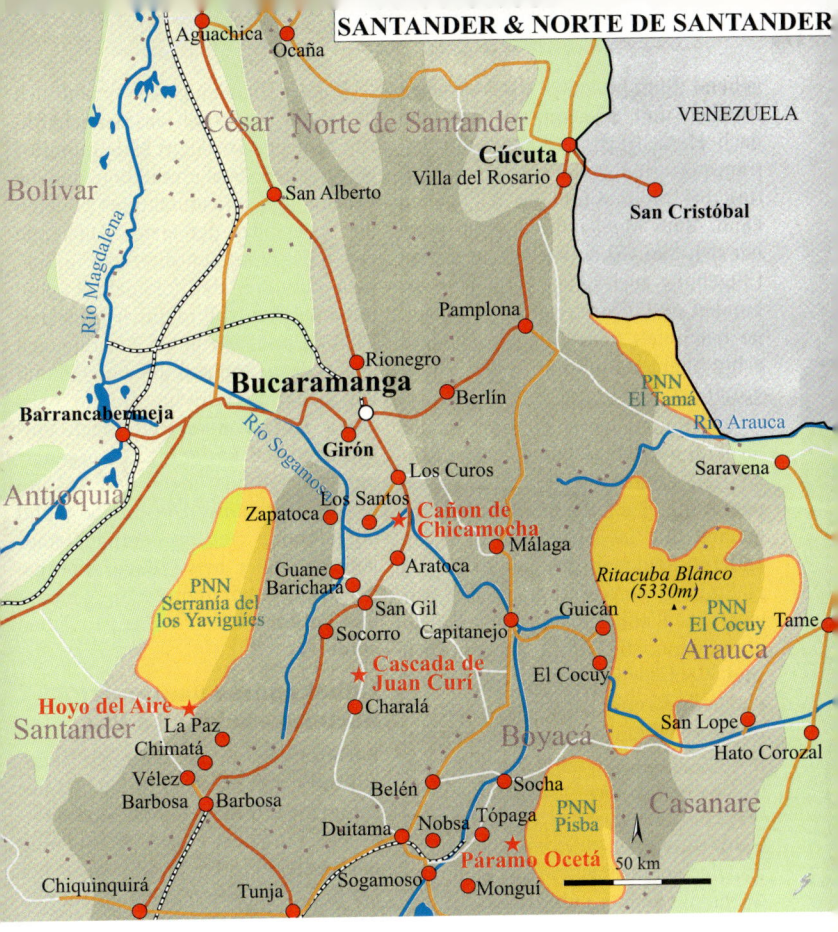

▶ Santander & Norte de Santander

Das Departement Santander begeistert seine Besucher vor allen Dingen wegen seiner aufregend zerklüfteten Landschaft, deren Vorzeigestück der atemberaubend eingeschnittene **Cañón de Chicamocha** ist, der in seinen Ausmassen allein im Grand-Canyon (USA) seinen Meister findet. Die Region erstreckt sich zwischen andinem Hochgebirge im Südosten und den Niederungen des Río Magdalena im Westen, bei angenehmen Temperaturen in mittleren Höhenlagen, zumeist zwischen 1000 und 2000 m. Das Terrain ist weitgehend dünn besiedelt, die Menschen friedlich und gelassen, so dass man nach Herzenslust und ungestört Extremsportarten von Paragliding, Rafting bis Mountainbiking nachgehen kann. Zum Mekka des Extremsports hat sich **San Gil** entwickelt, in dessen Umgebung auch einige Höhlen zu erkunden sind. Hier erwarten einen keine behüteten Spaziergänge, sondern echte Abenteuerfahrten in den Untergrund der Erde.

Die Kolonialgeschichte ist in der Struktur und den Gebäuden vieler Dörfer und Kleinstädte lebendig geblieben, wohingegen die indigene Vergangenheit hier im Gegensatz zu vielen anderen Regionen des Landes bereits zu Staub geworden ist. Santander war einst das Siedlungsgebiet der indigenen Guane, die längst ausgestorben sind. Geblieben von ihrer Kultur sind einige indigene Landschaftsbezeichnungen und einige wenige, in den Regionalmuseen verstreute Artefakte. Die Guane hatten das große Pech in einem Land mit vielen, leicht zu fördernden Goldvorkommen zu leben, die zumeist im Ufersand der Flüsse steckten, von denen die Region durchzogen ist. Das Edelmetall weckte die rücksichtslosen Begehrlichkeiten der Konquistadoren, und die einheimische Bevölkerung wurde binnen weniger Jahre dahingemetzelt, sei es durch eingeschleppte Krankheiten oder mit Waffengewalt. Die verbliebenen Ureinwohner vermischten sich anschließend mit den Einwanderern, und es entstand eine Mestizenbevölkerung. Bereits im 16. Jahrhundert kam es zu den ersten Stadtgründungen. Auf der Grundlage der traditionellen Indiowege wurde ein Straßen- und Handelsnetz (*Caminos Reales)* entwickelt und ausgebaut, das Bogotá mit der Karibikküste verband.

Vor der Unabhängigkeit befand sich in diesem Landstrich das wirtschaftliche Zentrum der längst bedeutungslos gewordenen Tabakproduktion, und die Arbeiter in den Manufakturen bildeten die Speerspitze der ersten Aufstände gegen die ferne Zentralgewalt in Spanien. Zum Erbe der Kolonialzeit gehören eine Handvoll idyllisch gelegener kleiner Dörfer. **Girón** bei Bucaramanga gehört dazu, **Socorro** und **San Gil** und vor allem **Barichara** und **Guane**. Barichara scheint dem Bilderbuch entsprungen und ist der ideale Ausgangspunkt für Wanderungen und Ausritte in die Umgebung. Die muntere und aufgeräumte Departementhauptstadt von Santander heisst **Bucaramanga**, wird die «Stadt der Parks» genannt und hat seit neuestem das Partyleben entdeckt.

Unbekanntes Santander - Barbosa - Velez - La Paz

Barbosa liegt an der zentralen Nationalstraße 45A zwischen Tunja und Bucaramanga, unweit der Departementgrenze zu Boyacá. Die Abzweigung nach **Vélez** (18 km in nordwestlicher Richtung) säumen *bocadillo*-Manufakturen, so nennt man hier den aus Zuckerrohr hergestellten süßen Geleespeck. Vélez wurde 1539 durch Martin Gallano auf Befehl von Jiménez de Quesada gegründet und ist damit die älteste Stadt von Santander und eine der ältesten Kolumbiens.

Heute findet man jedoch kaum noch Zeugen der kolonialen Vergangenheit. Das Städtchen ist nunmehr Zentrum der kleinbäuerlichen Provinz gleichen Namens, die hauptsächlich vom Zuckerrohr lebt. Bekannt im ganzen Land ist Vélez für seine Volksmusik, *La guabina y el tiple*. Jedes Jahr in der ersten Augustwoche veranstaltet die Stadt ein mehrtägiges, rauschendes Festival. In jeder Straße, in jedem Haus wird Musik gemacht und getanzt. Die *guabina* ist ein lyrischer Sprechgesang, gemischt aus spanischen und indianischen Elementen, begleitet von der *tiple*, einer zwölfsaitigen Gitarre, deren Saiten dreibündig angeordnet sind. Begleitet wird die Gitarre von einer Vielzahl von Rhythmusinstrumenten, von denen die *carraca* wohl das kurioseste ist. Es ist der Unterkiefer eines Pferdes, und man spielt sie, indem man mit einem weiteren Knochen über die Bakkenzähne reibt.

Im Zentrum von Vélez liegt die **Escuela Folclorica Luis A. Calvo**, die die Tradition dieser Musik wahrt, Schüler ausbildet und die Musikinstrumente und typischen Trachten ausstellt, die während des Festivals getragen werden. Von Vélez führt eine ungeteerte Straße nach **Puerto Olaya** am Río Magdalena, ca. 7-8 Std. Schneller und bequemer (1½ Std.) kommt man in den nicht so weit entfernten, aber weltabgeschiedenen Marktflecken **La Paz** (2000 m), inmitten einer sanft hügeligen Landschaft, die mit Zuckerrohr und Maisfeldern überzogen ist. Auf den Kuppen der unzähligen Hügel stechen hier und dort eine kleine Finca oder eine Zuckerrohrmühle, die teilweise noch von Pferdekraft betrieben wird, hervor. Dieses Gebiet ist ideal zum Trekken und Reiten, weil der Wanderer hier entlang der alten Kolonialwege (*Caminos Reales*) ziehen kann, die die Ortschaften miteinander verbinden. Man begegnet Kolonnen von Mulas bepackt mit Zuckerrohr auf dem Weg zur Mühle.

An der Straße zwischen **Chimatá** und **La Paz** führt eine Abzweigung (Tres Esquinas) zum **Hoyo del Aire,** ein immenser Erdkrater mit einem Durchmesser von 170 m und 200 m Tiefe, auf dessen Boden sich reichhaltige Vegetation mit Palmen, Zedern und Avocadogewächsen ausgebreitet hat, ein kleines Vogelparadies. In der Gegend gibt es auch eine ganze Reihe mehr oder weniger erforschter Höhlen, wie die **Cueva de la Molina** und die **Cueva del Indio** sowie die **Laguna Negra**, 10 km von La Paz entfernt. Im Dorf findet man einige einfache Hospedajes. Öffentlicher und privater Verkehr sind rar gesät.

Socorro
1230 m, 20°C, 25.000 Einwohner ① 7

93 km nördlich von Barbosa passiert die Nationalstraße zwischen Bogotá und Bucaramanga die Kleinstadt **Socorro**, die an den Hängen liegt, in deren Tal der Río Suárez fließt, ein ruhiger, sympathischer Ort mit steil ansteigenden gepflasterten Straßen und verträumten Plätzen. Die Einheit der flachen einstöckigen Häuser des letzten Jahrhunderts ist weitgehend erhalten geblieben. Um einen Blick über die Stadt zu gewinnen, lohnt der kurze Aufstieg zum **Konvent der Kapuziner,** Cra. 8 No 12-48. Der älteste Kapuzinerkonvent von Kolumbien wurde 1795 eingeweiht und von 18 spanischen Mönchen bezogen, die nach der Unabhängigkeit des Landes schnell wieder in die alte Heimat zurückkehrten. Socorro war das Zentrum der ersten Revolte der Neuen Welt gegen die spanische Vorherrschaft, ausgelöst durch den Befehl Karl III. aus dem Jahre 1780, der alle Untertanen der Kolonien verpflichtete, einen Beitrag zur Deckung der Kriegskosten im Krieg gegen England zu leisten. Dieser Befehl war für die Bevölkerung, in ihrer Mehrzahl Arbeiter und Arbeiterinnen der Tabakmanufakturen, der Tropfen,

SANTANDER & NORTE DE SANTANDER

der das Fass zum Überlaufen brachte, denn die Grenze des Erträglichen war bereits durch hohe Steuern auf Tabak und Aguardiente erreicht. **Manuela Beltran** brach das Ausführungsedikt des Vizekönigs und gab damit das Zeichen zum Aufstand im Jahre 1781. Die Kommunarden scharten sich um ihren Führer **José Antonio Galán**, und es gelang ihnen, die Bewegung bis nach Zipaquirá vor die Tore von Santafé de Bogotá zu tragen. Der Aufstand wurde noch im gleichen Jahr niedergeschlagen, und der Anführer Galán hingerichtet.

Die zweigeschossige **Casa de la Cultura** mit einem gepflasterten Innenhof war während der Kolonialzeit Wohnhaus- und Tabaklager. Im zweiten Stock befindet sich die Sala de los Comuneros mit dem Originaldokument Karl III., der Real Cedula. Im Erdgeschoss gibt es einen Raum zu Ehren von Galán, mit dem ausgefertigten Todesurteil. Seine Leiche wurde verstümmelt und einzelne Leichenteile zur Einschüchterung an die Zentren der Aufständischen geschickt. Die rechte Hand blieb in Socorro, die linke wurde in San Gil und der Kopf in Villaguardas (Cundinamarca) ausgestellt. Socorro pflegt das Erbe einer weiteren couragierten Frau. **Antonia Santos Plata** war eine Unabhängigkeitskämpferin, die in den letzten Tagen der spanischen Herrschaft gefasst und am 28. Juni 1819 in Socorro hingerichtet wurde. Ihre letzte Nacht verbrachte sie in der kleinen Kammer, links vom Eingang des historischen Gebäudes, Calle 14 No 12-35 ⊙ täglich 8-12 u. 14-17. Im **Parque de la Independencia** stehen Standbilder von José Antonio Galán und Antonia Santos Plata, die auf diesem Platz füsiliert wurde. Die Stadt ist stolz auf einen weiteren Sohn, **José**

A. Morales. Dem Komponist sentimentaler Boleros hat sie ein Festival in der dritten Septemberwoche gewidmet. Am Parque steht die **Catedral Nuestra Señora de Socorro**.

 Schlafen & Essen

Hotel Colonial, Cra. 15 No 12-45 ☎ 727 28 42, Zimmer mit Bad, TV, Internet, Restaurant, Parkplatz, € 20/30.

Hotel Tamacara, Calle 14 No 14-45, direkt an der Plaza de la Independencia ☎ 727 35 15, Pool, Restaurant, Warmwasser, Minibar, WiFi, € 30/40.

Mehrere Restaurants und Schnellimbisse entlang der Cra. 14. Es gibt einige Bäckereien in der Calle 13.

Der Busbahnhof ist in der Cra. 17 No-16-40 ☎ 727 23 77. Regelmäßige Verbindungen bestehen mit diversen Gesellschaften nach **Bogotá**, 7 Std. € 16 und **Bucaramanga** (via San Gil) 2 ½ Std. € 7, eine unregelmäßige Verbindung nach **Zapatoca**.

San Gil

1100 m, 22°C, 40.000 Einwohner ☎ 7

San Gil (96 km von Bucaramanga) ähnelt Socorro in Lage und Baustil, ist jedoch belebter und beliebter, obwohl seine kolonialen Gesamtstruktur durch einige hässliche Neubauten beeinträchtigt ist. Auf der Nordseite des schönen grünen Parque de la Libertad steht die **Catedral Santa Cruz**. Manche Straßen sind wegen der steil ansteigenden Hügel durch breite Treppenstufen verbunden. Die steilste Treppe verläuft im Zickzack hinter der Kathedrale und wird **El Caracol** genannt. Die Attraktion des Ortes ist der **Parque El Gallineral** am Ufer des Río Fonce, benannt nach den gleichnamigen jahrhundertealten Bäumen, von deren Ästen die Tillandsien, eine Bromelienart wie graue Rauschebärte herabfallen. Unter den natürlichen Vorhängen der Bäume findet man in den heißen Mittagsstunden ausreichend Schatten. Inmitten des Parks liegt ein kleiner Schwimmsee, umgeben von Cafés und Restaurants, Malecón Ecke Calle 6 ☎ 724 43 72. Eintritt: € 1,50.

Aktivitäten

San Gil hat sich zum bedeutendsten **Zentrum für Abenteuersport** in Kolumbien gemausert. Ganz oben auf der Liste der Outdoor-Aktivitäten stehen Rafting auf den wilden Flussabschnitten von Río Fonce, Suárez und Chicamocha, gefolgt von Canyoning an den 180 m hohen **Cascadas de Juan Curí.** 22 km südlich von San Gil, an der Straße nach Charalá, Eintritt: € 2,25, sowie Felsen- und Höhlenklettern. In der Nähe von San Gil gibt es einige Höhlen.

Vier Kilometer nordwestlich in Richtung Barichara von San Gil liegt die **Cueva la Antigua.** Diese Höhle nutzten die präkolumbinen Guane-Indianer als Friedhof. Die Höhle ist leicht zugänglich, zu Fuß oder mit einem Bus in Richtung Barichara. Schwieriger ist der Zugang zur **Cueva del Indio** (10 km von San Gil). Um in den Schlund der Höhle zu gelangen, muss man mit einem Seil über eine Felsenkante von 80 m absteigen. Und in der **Caverna del Yeso** beim kleinen Kolonialort **Curití** muss man einen 5 m langen unterirdischen Tunnel durchsteigen, bevor man auf Stalaktiten, Stalagmiten und alte Indianergräber trifft.

Ebenfalls bei Curití laden die natürlichen Schwimmplätze von **Pescaderito** zum entspannten Sonnenbaden ein (20 Min. mit dem Bus von San Gil und anschließend 40 Min. zu Fuß).

Information und Gleichgesinnte für Tourausflüge trifft man in den einschlägigen Backpacker-Hotels und den vor Ort ansässigen Agenturen. Spezialist für Rafting ist **Colombia Rafting Expeditions**, Cra. 10 No 7-83 ☎ 311 283 86 47 www.colombiarafting.com Wer es auf Adrenalin ausschüttendes High-Speed-Biking im Canyon Chicamocha abgesehen hat, kontaktiert die **Colombian Bike Junkies**, Calle 12 No 8-35 ☎ 316 327 61 01 www.colombian bikejunkies.com

Service

ⓘ **Touristeninformation**, Cra. 10 Ecke Calle 12 ☎ 724 46 17. 🅔 **ATM**, Banco de Bogotá, Cra. 9 No 11-56. Bancolombia, Calle 12 No 10-44.

Schlafen & Essen

San Gil hat eine Vielzahl an Unterkunftsmöglichkeiten zu bieten. Neue Backpackertreffs sind aus dem Boden geschossen wie die Pilze nach dem Regen, weil der noch junge kolumbianische Gringo-Trail zwischen Santa Marta und Bogotá hier Station macht. Die einfachen billigen Klassiker des kolumbianischen Landlebens liegen dicht daneben (zumeist in der Calle 10) und lassen sich nicht unterkriegen.

Macondo Hostel, Cra. 8 No 10-35 ☎ 724 80 01 www.macondohostel.com ist die zentrale, tonangebende Backpacker-Unterkunft in San Gil unter australischer Leitung, Einer/Zweier ohne/mit Privatbad, € 7/14/18/18/23, Innenhof mit Jacuzzi, Küchenbenutzung, WiFi, Voranmeldung vonnöten.

Sam's VIP Hostel, Cra.10 No 12-33 ☎ 724 27 46 www.samshostel.com Hier logiert der Luxus-Backpacker. Einer/Zweier ohne/mit Privatbad, € 7,50/16/20/22/25, am zentralen Parque la Libertad, Swimmingpool, Bar, Sauna, Küchenbenutzung, Gepäckaufbewahrung, Wäscheservice, WiFi.

Santander Alemán Hostel TV, Cra. 10 No 15-07 ① 724 03 29 www.hostelsantanderalemantv.com 2 Blocks von der zentralen Plaza, 12 bequeme, saubere Zimmer mit Privatbad, Kabel-TV, WiFi, Hängematten-Plätze in den Fluren, familiäre Atmosphäre, Panoramablick von der Terrasse. Dorm/ Einer /Zweier inkl. Frühstück € 8/16/22.

La Mansión de Sam Gil, Cra. 12 No 8-71 ① 724 60 44, 'der doppelte Sam' von Sam's VIP hat auch dieses Kolonialhaus am Parque de la Libertad übernommen, den ganzen Laden aufgeschickt und mit einem Bierlokal versehen, die besten Zimmer haben Balkon und Blick auf den Park. Einer/ Zweier je nach Saison inkl. Frühstück € 14/16 - 18/22.

Die durchweg einfachen Restaurants und Schnellimbisse liegen um die Plaza, entlang Cra. 9 u.10. Hier findet man auch einen frisch aufgebrühten Espresso, wohlgemerkt keinen tinto! - und jederzeit ein kühles Bier. Ein gutes kolumbianisches Restaurant ist **Al Maná**, Calle 10 No 9-42, ansprechende Tagesgerichte in Form einer verfeinerten und mehrgängigen *comida corriente*, *carne asada*, *carne linzada* etc.

An der **Plaza de Mercado**, Cra. 11 ist die Auswahl an einheimischen Frühstück- und Tagesgerichten, Tamales, Arepas Santandereña (dicke Maisarepa gefüllt mit Schweinefleisch) und Fruchtsäften nicht schlecht. Einfache internationale Gerichte gibt es bei **Gringo Mike's** (Adresse wie Colombian Bike Junkies), der vor wenigen Jahren als kleiner Sandwich-Shop begonnen hat, und jetzt die Palette auf Hamburger, Fruchtsäfte, mexikanische Burritos und Quesadillos ausgeweitet hat und zudem Cocktails ausschenkt. Wer von den alltäglichen Fleischgerichten die Nase voll hat oder generell vegetarische Speise bevorzugt geht zu **Green Food**, Calle 11 No 8-40.

🎵 Musik & Tanz

Café Con-Verso, Calle 12 No 7-81, eine eigenwillige Interpretation von Hippiebar, ausgestattet mit farbenfrohen Wandgemälden und Art Deco-Dekor, dazu gut geschenkte Drinks und Chill Out Klänge.

Santa Lucia Café, Cra. 9 No 11-68, Café im Innenhof, tagsüber ruhig, abends lebendig und am Wochenende Livemusik.

Discoteca El Trapiche, Dorfdiskothek, 2 km außerhalb von San Gíl Richtung Charalá. Die Rumba ist in San Gíl nicht *heavy*, sondern allenfalls *suave* und das auch nur am Samstagabend bei Salsa, Reggaeton und Cross-Over-Klängen.

🚌 San Gil hat gleich drei Busterminals. Der allgemeine Busbahnhof (Terminal de Transporte San Gil) liegt 2 km außerhalb des Stadtzentrums an der Nationalstraße in Richtung Socorro. Taxi € 1,50 oder *buseta* nehmen. Von hier fahren Busse und Kleinbusse der überregionalen Unternehmen Omega, Copetran, Reina, Expr. Brasilia, Berlinas, Autoboy u.a. nach **Bogotá,** mehrmals täglich, 6-7 Std. € 22. **Bucaramanga**, mehrmals täglich, 2 Std. € 8-10. **Cúcuta**, 9 Std. € 22. **Tunja**, 4 Std. € 13 und **Santa Marta**, 12 Std. € 32. Das Regionalunternehmen **Cotrasangil** hat einen eigenen Terminal de Transporte, Cra. 10 No 14-82, mit einigen Regionalzielen und regelmäßigen Verbindungen nach **Bucaramanga**, die Fahrt führt durch den eindrucksvollen **Cañón de Chicamocha**. Der **lokale Busbahnhof**, Calle 15 Ecke Cra.10, bietet regelmäßige Verbindungen nach Barichara,

Charalá (*Cascadas de Juan Curí*), Curití, Guane, Páramo und Villanueva (>Cañón de Chicamocha).

Barichara

1340 m, 21°C, 7400 Einwohner ① 7

Barichara liegt auf einem Hochplateau über dem tiefen Tal des Río Suárez. Das Städtchen ist ausschließlich geprägt von der Architektur des 18. und 19. Jh. Es sind geduckte weiße Häuser mit zumeist türkisblau gestrichenen Fensterläden, die sich entlang den schnurgerade verlaufenen, hügeligen Straßen gruppieren. Die Straßen sind mit behauenen Steinplatten gepflastert. Am Eingang des Ortes sind die Werkstätten der *picapiedra*, und man kann den Steinmetzen bei der Arbeit zuschauen. Die Kathedrale **El Templo Matriz** aus Buntsandstein überragt den Parque Principal. Das Gebäude der **Alcaldía**, ebenfalls am Parque war bis zum Beginn des 19. Jahrhunderts der Gerichtshof der Inquisition. An diese Zeit erinnert nichts mehr. Statt dessen steht heute in der Mitte des Innenhofes die Steinskulptur einer überdimensionalen Culona-Ameise, dem Leibgericht der Santandereños/-as. Das Nachbarhaus ist die **Casa de la Cultura** mit der **Touristeninformation**. Sehenswert sind außerdem der **Friedhof** mit den eng beieinander stehenden Kreuzen und die **Kapelle Jesús Resucitado**, die **Kapelle Santa Bárbara** aus dem 18. Jh. und die **Kapelle San Antonio** aus dem 19. Jh. Auch das Geburtshaus des einzigen Präsidenten aus dem Dep. Santander, **Aquileo Parra** (1825-1900), und die kleine **Tabakfabrik** lohnen einen Besuch. Barichara eignet sich ideal als Kulisse historischer Filme. Hier wurden gedreht, «Chronik einer tragischen Generation», ein Historienfilm über Antonio Nariño, basierend

Sehenswürdigkeiten
1 Casa Aquileo Parra
2 historische
  Tabakfabrik
● **Schlafen**
3 Hostel Tinto
4 Hotel Coratá
5 Hotel Misión
  Santa Bárbara
6 Posada la Nube
7 Posada de Pablo II

● **Essen**
8 Panadería Central
9 Restaurante Barichara
10 Restaurante La Casona
11 Greengoes Pizzería
12 Color de Hormiga

auf einer Idee von Gabriel García Márquez, sowie das Frühwerk von Sergio Cabrera, «Técnicas del duelo».

Schlafen & Essen

Barichara ist ein beliebter Ausflugsort zur Ferienzeit (Weihnachten, Semana Santa) und inzwischen ein beliebter Spot für besserverdienende Kolumbianer, um sich eine Ferienimmobilie zuzulegen, also eine Art 'kolumbianische Toskana', was zu einem erheblichen allgemeinen Preisauftrieb geführt hat. Außerhalb der Saison bleiben die Ein-

SANTANDER & NORTE DE SANTANDER

Barichara

heimischen unter sich und es geht geruhsam bis verschlafen zu, und einige Hotels und viele Restaurants schließen den Betrieb zeitweilig. Günstigere Privatunterkünfte kann die Touristeninformation vermitteln.

Hostel Tinto, Calle 6 No 2-61 ① 726 77 25, Travellertreff und eine der günstigsten Unterkünfte, Küchenbenutzung, WiFi, kleine Terrasse, enge Dorm / Einer / Zweier / Dreier € 6,50/18/22/26.

Hotel Coratá, Cra. 7 No 4-02 ① 726 71 10, Kolonialhaus vollgestopft mit Antiquitäten, Innenhof, Restaurant, Blick auf die Kathedrale, mit Privatbad, WiFi, je nach Saison € 25 p.P. /35-50(2) inkl. Frühstück, Backpacker finden Platz in Räumen ohne Privatbad zwischen € 16-18.

Hotel Misión Santa Bárbara, Calle 5A No 9-12 ① 726 71 63 www.hostalmisionsantabarbara.info Nettes Kolonialhaus mit Kapazität für 80 Gäste, Pool, Restaurant, begrünter Innenhof mit Hängematten, spartanische Zimmer mit Bad € 31/46.

Posada la Nube, Calle 7 No 7-39 ① 726 71 61 www.lanubeposada.com schönes Kolonialhaus mit geräumigem Innenhof mit acht geschmackvoll minimalistisch eingerichteten Zimmern und großen bequemen Betten, WiFi, sehr gutes Restaurant, je nach Saison € 66/98(2)/115.

La Posada de Pablo II, neben der Kirche Sta. Barbara ① 726 70 70, gepflegter Innenhof mit gestutztem Rasen, mittlere Preiskategorie, € 44(2), außerhalb der Saison € 33(2).

Allgemeiner Treffpunkt für einen Espresso-Café und zum Frühstücken ist die **Panadería Central**, Cra. 6 No 5-82 ① 726 70 62, unmittelbar am Parque Principal gelegen und nicht zu verfehlen, neben frischen Backwaren auch bessere Weine aus Chile, Argentinien und Spanien. Vor der Tür trudelt in regelmäßigen Abständen der Bus aus San Gíl ein.

Am Parque werden in den Abendstunden **Imbissstände** für Pizza, Perros Calientes und Fleischspieße aufgebaut.

Restaurante Barichara, Cra. 5 No 6-10, guter Mittagstisch zu € 3,50. **Restaurante La Casona**, Cra. 6 No 5-68, guter Mittagstisch zu € 4,50.

Greengoes Pizzeria, Calle 6 No 5-24, die vegetarische Pizza belegt mit Kartoffeln, Sour Creme und Gryere Käse ist die Spezialität des Hauses, außerdem vegetarische Ham-, Cheeseburger und Pesto-Gerichte.

Color de Hormiga ☎ 315 297 16 21 www.colordehormiga.com luftiges Gartenrestaurant, die Küche hat sich überwiegend der regionalen Ameisen-Spezialität verschrieben. Dem Filet Mignon wird das Insekt in zweifacher Ausführung zugeführt, als Ameisensoße und als Ameisenstreusel oben auf. Wer auf Ameisen verzichten möchte, kann sich was anderes Leckeres von der Karte aussuchen, z.B. einen Salat.

🚍 Das Cotrasangil-Büro, Cra. 6 No 5-76, ist an der Plaza neben der Bäckerei. **San Gil,** Cotrasangil, alle 30 Min. zwischen 5.30 u. 18.30, 40 Min. € 1,50. **Guane,** Abfahrten ⏰ 6, 9.30, 11.30, 14.30, 17.30, 15 Min. € 0,75. Der Bus zwischen Guane und Barichara fährt auf einer inzwischen asphaltierten 9 km langen Straße, die zwei Mal den von Geo von Lengerke im 19. Jh. angelegten und streckenweise gepflasterten Reitweg (*camino de herradura*) kreuzt.

Eine halbe Stunde außerhalb des Ortes in südwestlicher Richtung liegt der 80 m hohe **Salto del Mico**. Neun Kilometer von Barichara entfernt liegt **Guane**. Guane war das Zentrum des Indianerstammes gleichen Namens. Die Guane waren Angehörige der Chibcha-Sprachgruppe und Meister in der Kolorierung der wertvollen Baumwollmantas und der Töpferkunst. Diese Produkte bildeten den regen Tauschhandel mit den Muisca, die gegen Gold

und Silber eingetauscht wurden. Sie lebten ausschließlich von der Landwirtschaft. Kleinen Kindern wurde ein Holzbrett vor die Stirn gebunden, um das Schönheitsideal einer fliehenden Stirn zu erzielen. Nach dem Chronisten D. Juan de Castellanos soll es bei der Ankunft der Spanier etwa 100.000 von ihnen gegeben haben, deren Zahl innerhalb von drei Jahren auf 13.000 zusammengeschmolzen war. Die verbliebenen Indianer vermischten sich mit der zugewanderten Bevölkerung. Guane liegt 150 m niedriger als Barichara wie ein vergessener Ort aus dem vorletzten Jahrhundert. Man erreicht Guane noch immer am eindrucksvollsten auf dem *Camino Real* (1½ Std.), einem Steinweg aus der gleichen Zeit. Dieser Weg beginnt in Barichara oberhalb der Kirche Sta. Barbara am **Bolívar-Stein** (ein Steinquader zu Ehren des Libertador) und passiert anschließend die **Marienstätte**, beschattet von Kakteen. Von der Meseta geht es in Schlangenlinien hinab, und die Straße wird zweimal überquert. Man muss sich stets am Hang orientieren und nicht ins tiefe Tal des Río Suárez hinabsteigen, dann erreicht man Guane in 2 Std. An der Plaza ist ein kleines Museum mit einem paläontologischen und einem archäologischem Saal. Noch heute finden die Kinder von Guane in der Umgebung Fossilien. Einfache Unterkunftsmöglichkeiten und ein Restaurant sind vorhanden.

Abgelegen: Villanueva - Jordan - Los Santos

In das kleine und abgeschiedene Dorf **Villanueva** (1450 m, 20°C, 4500 Einwohner) fährt Cootransgil jede Stunde von San Gil. Von Barichara fährt man bis zur Abzweigung nach Villanueva und wartet dort den Colectivo aus San

Caminos Reales

Die ersten Wege in den Ostkordilleren stammten von den **Muisca**, **Guane** und anderen **Chibcha-sprachigen** indigenen Völkern. Es waren traditionell spirituelle Routen, die zu den heiligen Lagunen des Hochlandes führten. Die Indios pilgerten zur Laguna Guatavita, um die Zeremonie des Goldenen Häuptlings (El Dorado) zu begehen oder zur Laguna Fúquene. Es gab die heiligen Wege von Bacatá nach Chocontá und von Tunja zum Sonnentempel in Sogamoso. Andere Wege führten zu den Marktplätzen. Auf dem Markt von Sorocotá tauschten die Muisca Salz, Decken und Smaragde gegen den Goldstaub der Agatáes und die Baumwolle der Guane. Auf dem Markt von La Tora (Barrancabermeja) am Río Magdalena trafen sich die Muisca sogar mit den Kariben der weit entfernten Karibikküste und tauschten ihre feinge-

webten und eingefärbten Decken gegen Produkte von der Küste. Anders als in Peru mit seinen erstklassig ausgebauten Inkastraßen waren die Wege der Indios in Kolumbien rudimentär, schmal, oft schlammig und vielerorts von der Wildnis überwuchert. Die Konquistadoren wollten das ändern, um das Land und seine ursprünglichen Bewohner besser in den Griff zu bekommen und die Reichtümer schneller außer Landes zu schaffen. Sie begannen die Hauptrouten zu befestigen und suchten neue Verbindungen vom Hochland zum Río Magdalena und den Küstenregionen. Sie bestaunten die aus Lianen und Schilf geflochtenen Brücken der Indios, die über reißende Flussläufe führten. Die Guane und die Muzo waren Meister in der Kunst des Brückenbaus.

Camino de Lengerke Barichara - Guane

Entlang der königlichen Wege (Caminos Reales) gründeten die spanischen Hauptleute die ersten Städte der neuen Kolonie: 1539 Vélez, 1542 Malaga, 1549 Pamplona, 1572 Ocaña und Villa de Leyva, im 17. Jahrhundert San Gil, Bucaramanga, Girón und Socorro. Die Caminos Reales sind an einigen Stellen noch gut erhalten, was u.a. dem preußischen Landadeligen Geo von Lengerke zu verdanken ist, den es im 19. Jahrhundert nach Santander verschlagen hatte und der die alten Wege befestigte und für den Bau einer Brücke über den Río Suárez sorgte, damit der Río Magdalena, die zentrale Lebensader Kolumbiens, einfacher zu erreichen war. Zwischen den verschlafenen Kolonialdörfern Barichara und Guane schlängelt sich der steinerne Camino Real noch heute im Zickzack zu Tal und wird naturgetreu in Stand gehalten.

Geo von Lengerke

wurde 1827 in Dohnsen an der Weser geboren. Er stammte aus altem preußischem Adel. Als junger Mann tötete er einen Kombattanten im Duell und musste nach Amerika fliehen. In Bucaramanga begann seine Laufbahn als Hut- und Ta-

bakhändler im großen Stil. Seine Visionsgabe und sein Mut befähigten ihn, für Santander neue Handelswege zu erschließen. Er ließ kilometerlange Steinwege zwischen Bucaramanga und Zapatoca bis zu den Ufern des Río Magdalena bauen und erreichte damit die Anbindung von Santander an das internationale Handelsnetz.

Lengerke war aber mehr als nur ein Händler. Er war Abenteurer, Forscher und Frauenheld, und seine Geschichte ist mittlerweile untrennbar mit Hunderten von Legenden verwoben. Lengerke liegt auf dem Friedhof von Zapatoca begraben. Der **Camino del Lengerke** ist zwischen Zapatoca und San Vicente teilweise sehr gut erhalten und von der Straße aus zu sehen. Abseits dieses Weges in Betulia lag die **Hacienda El Florito**, heute in Ruinen. Sein bevorzugter Aufenthaltsort war die **Hacienda Montebello** (zwischen San Vicente und Bucaramanga). Die Hazienda ist mit Küche, Pferdetränken und gepflastertem Innenhof vollständig erhalten, wenn auch in keinem guten Zustand. Die spannende Lebensgeschichte Lengerkes hat der Schriftsteller Gómez Valderrama in dem Roman «La otra raya del tigre» beschrieben.

Guane - wie ein Dorf von Juan Rulfo

Gil ab. Übernachtungsmöglichkeit an der Plaza Principal, Hotel Victoria, € 6 p.P. In der Umgebung von Villanueva liegt die **Cueva de Espinal**, ein ehemaliger Friedhof der Guane-Indianer. In **Hato Viejo** befinden sich Felszeichnungen der Indianer. Nähere Auskünfte erhält man in der Casa de la Cultura von Barichara. Villanueva ist ein guter und im Gegensatz zum neu geschaffenen Nationalpark wenig touristischer Ausgangspunkt zur Erkundung des **Cañóns de Chicamocha**. In 1½ Std. erklimmt man in nordöstlicher Richtung den Höhenzug von Villanueva. Von dort führt ein Weg über 900 m steil hinab auf eine staubige Straße in der Schlucht des Río Chicamocha (2 ½ Std.), auf der man nach weiteren 20 Min. in den Geisterort **Jordan** gelangt. Über den Fluss führt eine Brücke, und auf der anderen Seite findet man eine einfache Pension und ebensolche Mahlzeiten (€ 8,50 p.P.). Von Jordan erreicht man nach zweistündigem Auf-

stieg **Los Santos**. Zunächst passiert man wieder die Brücke und schlägt dann einen steingepflasterten Pfad nunmehr 900 m bergauf ein, besser, wenn man hier nicht in der Mittagshitze unterwegs ist. Von der Plaza in Los Santos fahren Busse in Richtung Nationalstraße San Gil- Bucaramanga (> Piedecuesta). Dem Fahrer Bescheid sagen, dass man in **Los Curos** (€ 2,50) aussteigen will. Dort wartet man auf einen Anschlussbus nach San Gil oder in der Gegenrichtung nach Bucaramanga (€ 5,50).

PNN Chicamocha
(kurz 'Panachi')

Auf halber Strecke zwischen San Gil und der Departementhauptstadt Bucaramanga befindet sich der im Dezember 2006 zum Nationalpark erklärte **Cañón de Chicamocha**, ein beliebter Freizeitpark, der so ziemlich alles von Wanderungen über Reittouren, Rafting, Bungee bis hin zu Buggy-Touren zu bieten hat ◷ Di-Do 9-18, Fr-So 9-19, Mo geschlossen. Eintritt: € 4,50. Hauptattraktion ist die Seilbahn (Teleférico) die auf 6,3 km Länge zunächst auf den Grund des Cañón führt und auf der anderen Seite wieder hinauf zum Rand ◷ Mi-Do 9-11 u. 13-17.30, Fr-So 9-16.30. Hin- und zurück jeweils 20 Min. € 16,50 (inkl. Parkeintritt). Zusätzlich hat man ein Monument zu Ehren der 'Santandereanidad' errichtet, ein Museum für Guane-Kultur geschaffen, das nicht im mindesten an die Präsentation in Guane heranreicht und eine Straußenfarm eröffnet, um die man ebenfalls einen weiten Bogen machen kann. Der Aussichtspunkt mit 360°-Blick auf die Landschaft ist hingegen lohnend.

Colombia paragliding www.colombiaparagliding.com bietet phantastische (Tandem-) Flüge im Cañón an, € 85.

Zapatoca

1700 m, 19°C, 13.000 Einwohner ☻ 7

Zapatoca ist ein typisches Dorf in Santander zwischen Bucaramanga und dem Flachland des Río Magdalena. Auf dem fruchtbaren Land werden Tabak, Kaffee, Kakao und Baumwolle angepflanzt. Wer nach Zapatoca kommt, ist auf den Spuren von Geo von Lengerke. Vom **Pozo de Ahogado** dem 'Brunnen des Ertrunkenen' in der Umgebung mögen sich auch Extremsportler angesprochen fühlen. Zapatoca bietet diverse Übernachtungsmöglichkeiten und einfache Restaurants. Das Leibgericht der Leute hier ist ein gutes Stück Fleisch mit Yuka, und das essen sie am liebsten zuhause.

🚌 Es bestehen mehrmals täglich Verbindungen nach **Bucaramanga** mit Cootransmagdalena und Copetrán, 2½

Std. € 5. **San Vicente de Chucurí/ Barrancabermeja**, Cootransmagdalena, mehrmals täglich, 2 Std./6-7 Std. € 3/7,50. San Vicente de Chucurí (692 m) liegt auf der abschüssigen Straße nach Barrancabermeja und atmet bereits die schwüle Luft des Río Magdalena.

Die Vegetation wird dichter, und über die Gräben, die den Ort durchschneiden, führen Hängebrücken. 6 km hinter San Vicente in Richtung Barrancabermeja liegt die **Cascada de la India**. **Socorro,** Cootransmagdalena, gelegentlich, 5 Std. € 6,50.

Bucaramanga

960 m, 23°C, 525.000 Einwohner ☻ 7

Bucaramanga (kurz «Buca») ist eine schnell wachsende Industrie-, Handels- und Universitätsstadt ohne sichtbare Konturen bei stets angenehmen Temperaturen. Die vielen Studenten und die allgemein gute Stimmung im Land haben dafür gesorgt, dass sich Bucaramanga zu einer landesweit angesagten «Partystadt» entwickelt hat. Die beiden Zentren der Stadt sind der **Parque Santander**, Calle 35, Cra. 19 und 20, und der **Parque García Rovira**, Calle 35, Cra. 10 und 11. Die beiden zentralen Parks sind durch den tagsüber zumeist prall mit Menschen und Marktständen gefüllten **Paseo del Comercio**, eine Fußgängerzone miteinander verbunden. Über die viel befahrene Hauptverkehrsader Cra. 15 führen hohe Fußgängerbrücken. Der Parque Santander ist das Kernstück und der Ausgangspunkt des modernen Bucaramanga mit dem neoklassizistisch anmutenden Bau mit Säulenportal des **Club del Comercio** aus den 1930er Jahren und der **Catedral de la Sagrada Familia**, Calle 36 No 19-56, auf der Südseite, deren Bauzeit zwischen 1770

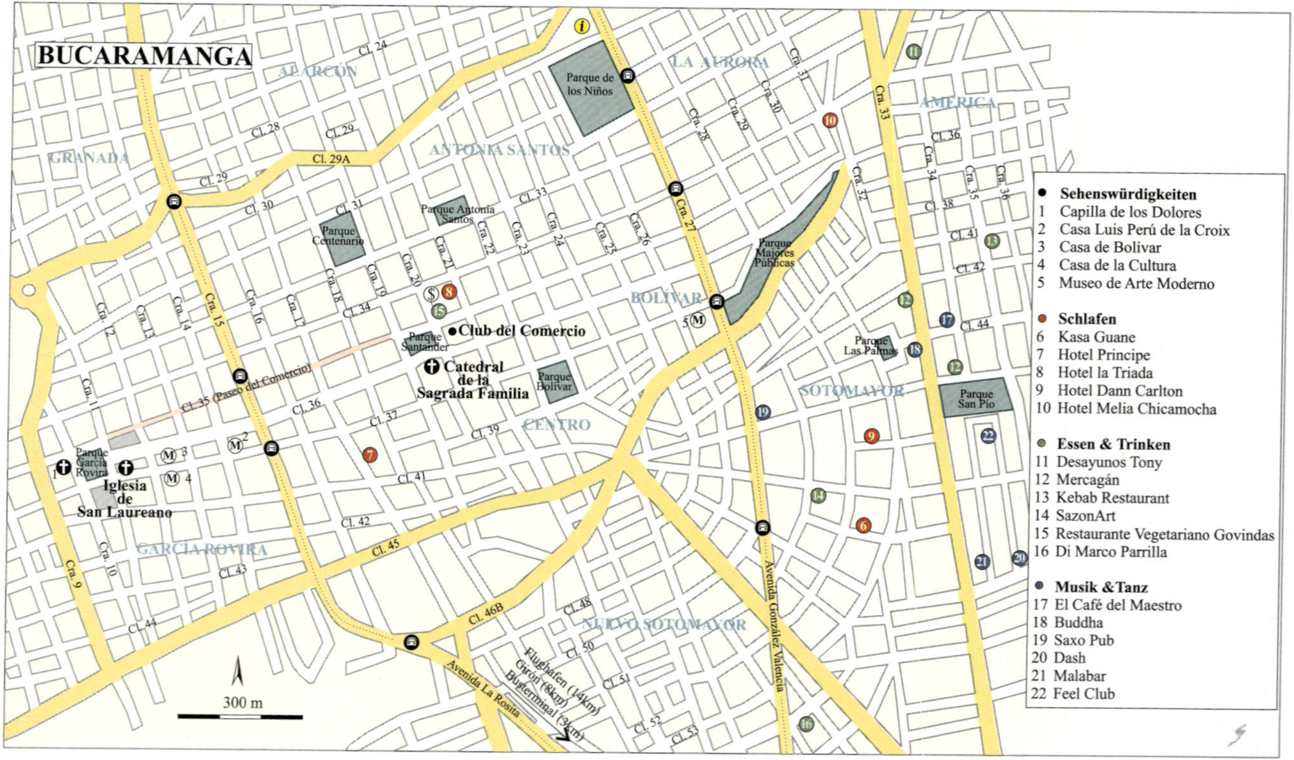
BUCARAMANGA
GRANADA
ALARCÓN
ANTONIA SANTOS
LA AURORA
AMERICA
BOLÍVAR
CENTRO
SOTOMAYOR
GARCÍA ROVIRA
NUEVO SOTOMAYOR
Parque de los Niños
Parque Centenario
Parque Antonia Santos
Parque Santander
Parque Bolívar
Parque Majores Públicas
Parque Las Palmas
Parque San Pío
Parque García Rovira
Iglesia de San Laureano
Club del Comercio
Catedral de la Sagrada Familia
Cl. 35 (Paseo del Comercio)
Avenida González Valencia
Avenida La Rosita
Flughafen (14km)
Girón (8km)
Busterminal (3km)
300 m
Sehenswürdigkeiten
1 Capilla de los Dolores
2 Casa Luis Perú de la Croix
3 Casa de Bolívar
4 Casa de la Cultura
5 Museo de Arte Moderno
Schlafen
6 Kasa Guane
7 Hotel Principe
8 Hotel la Triada
9 Hotel Dann Carlton
10 Hotel Melia Chicamocha
Essen & Trinken
11 Desayunos Tony
12 Mercagán
13 Kebab Restaurant
14 SazonArt
15 Restaurante Vegetariano Govindas
16 Di Marco Parrilla
Musik &Tanz
17 El Café del Maestro
18 Buddha
19 Saxo Pub
20 Dash
21 Malabar
22 Feel Club

und 1865 nicht ganz so lange währte wie der gleichnamige Kirchenbau in Barcelona, der bis heute nicht vollendet wurde.

Sehenswürdigkeiten

Am Parque García Rovira, zwischen Alcaldía und Gobernación stösst man auf einige wenige Überreste der Kolonialepoche der Stadt, die **Capilla de los Dolores**, Cra.10, Ecke Calle 35, die erste Kirche der Stadt, und entlang der Calle 37 die Häuser **Luis Perú de la Croix, Casa de Bolívar, Casa de la Cultura**. Luis Perú de la Croix war ein Chronist von Simón Bolívar und verfasste das Revolutionstagebuch *«Diario de Bucaramanga»*. Das Haus beherbergt die Stadtbibliothek und wird zu kulturellen Anlässen genutzt. Das Haus hat mehrere Innenhöfe mit Springbrunnen, Calle 37 No 11-18 Mo-Fr 7-12 u. 14-18. Die **Casa de Bolívar** enthält persönliche Gegenstände des Libertadors, Calle 37 No 12-15 Mo-Fr 8-12 u. 14-18. Eintritt: € 0,80. Die **Casa de la Cultura** stellt ihre Räumlichkeiten lokalen Künstlern zur Verfügung, Calle 37 No 12-46 Mo-Fr 8-12 u. 14-18, Sa 8-12, So geschlossen. Im Haus daneben, in der **Tienda de Libros Tres Culturas,** gibt es *tinto*, Selter und Kulturinformation. Lohnend könnte ein Besuch des **Museums für Moderne Kunst** sein. Das Museum hat jeden Monat wechselnde Ausstellungen zeitgenössischer Künstler, Calle 37 No 26-16 645 04 83 Mo-Fr 8-12 u. 14-18, Sa 8-12.

Service

Die Touristeninformation hat die **Policia de Turismo** übernommen, Punta de Información am Parque de los Niños, Cra. 27 Ecke Calle 32, neben der Biblioteca Publica Gabriel Turbay,

zudem mit einem Büro am Flughafen und Busterminal 634 55 07. Ein **Internet-Lokal** ist unweit des Parque Santander, gegenüber der **Migración**, Calle 41 Ecke Cra.2. diverse Banken und **ATM** um den Parque Santander.

Schlafen

Nest, Km 2 vía Mesa Ruitoque 678 27 22 www.colombiaparagliding.com der zentrale Anlaufpunkt für Paragliding-Aficionados (Parapente) in Kolumbien. 20 Min. Taxifahrt vom Zentrum und, wie könnte es anders sein, nahe der berühmten Bergplattform zum Absprung **Mesa Ruitoque** gelegen, mit Adlerblick über der Stadt. Dorm, Einzel/Doppel, inkl. Frühstück, Wäscheservice, Küchenbenutzung, WiFi, Pool, € 13/20/30,50.

Kasa Guane Bucaramanga, Calle 49 No 28-21 657 69 60 www.kasaguane.com geräumiges, komplett renoviertes dreistöckiges Haus mit großzügigen sauberen Zimmern und Gemeinschaftsräumen, Küchenbenutzung, WiFi, bevorzugt bei Budgetreisenden und Backpackern, 6er-/8er-Dorm, Einzel/Doppel € 11/9/22/30,50.

Hotel Principe, Cra. 17 No 37-69 630 43 17 www.hotel-principe.net schmuckloses zentral gelegenes Mittelklassehotel mit annehmbaren Zimmern, Kabel-TV, gute Betten, WiFi, Restaurant, Einzel/Doppel mit a/c € 30/50 oder Vent. € 26/33.

Hotel la Triada Bucaramanga, Cra. 20 No 34-22 642 24 10 www.hotellatriada.com Nähe Parque Santander, gehobenes Businesshotel mit den typischen Accessoires dieser Preisklasse, weiße Bademäntel, Dimm-Beleuchtung, Minibar, Rauchmelder, Safe, WiFi, Einzel/Doppel/Suite Junior/Suite Presidencial € 105/119/133/206 plus 10 % Steuern und der berühmte *seguro hotelero* oben drauf.

Hotel Dann Carlton, Calle 47 No 28-83 ☎ 697 32 66 www.dannbucaramanga.com.co das erste Haus am Platz, gediegenes Ambiente, es dominieren Mahagonimöbel im englischen Chippendale und Marmorverkleidung, bevorzugt von Kongressteilnehmern und Hochzeitsgesellschaften, Restaurants, Bar, Sauna, Spa, Pool, unterschiedliche Zimmerklassen mit allen Facilities zwischen € 150-300.

🍴 Essen & Trinken

Die Regionalküche Santanders hat einiges zu bieten. Zu den bekannteren Gerichten gehört die *mute santandereano*, eine gehaltvolle Suppe mit unterschiedlichen Fleischbeigaben, Mais und Kartoffeln, Tamales, Ziegenfleisch aus dem Ofen (Cabrito al horno) und nicht zu vergessen, die geröstete Ameise *hormiga culona,* die man wie Erdnüsse zum Bier knabbert.

Restaurante Mediterráneo (im Hotel La Triada), die Spezialität ist *'sobrebarriga en rollo con salsa de hormigas culonas'*, Rouladengericht mit eingelegten Ameisen.

Desayunos Tony, Cra. 33 No 33-67, Frühstück und mehr.

Mercagán, Cra. 33 No 42-12, sehr beliebtes Restaurant, Steaks unterschiedlichen Gewichts und Zuschnitts, serviert mit Yuka und Arepa, Hamburger.

Kebab Restaurant, Calle 41 No 35-30 www.kebab.com.co türkisch-arabisch-indische Küche mit dem Fokus auf Kebab, Falafel, Hummus, Curry.

Di Marco Parrilla, Cra. 28 No 54-21, italienisch-argentinische Fleischküche wechselhafter Qualität.

SazonArt, Calle 48 Ecke Cra. 27A, guter und beliebter Mittagstisch.

Restaurante Vegetariano Govindas, Cra. 20 No 34-65, leichte vegetarische Küche, entspannte Atmosphäre.

🎵 Musik & Tanz

Es gibt verschiedene Zonen, in denen was los ist. Ein guter Einstieg ins Nachtleben sind die Cafés und Bars um den **Parque Las Palmas** im Barrio Sotomayor sowie etwas weiter nördlich die angrenzende Zona Rosa, insbesondere der Bereich um das **Hotel Melia Chicamocha**. Einige der größeren Discos liegen außerhalb des Stadtzentrums, zumeist an der Straße Richtung Flughafen Palonegro. Die Rumba ist am Wochenende.

El Café del Maestro, Calle 44 Ecke Cra. 33, Café und Bar, gute Mainstream Musik, idealer Treffpunkt, um ins Nachtleben zu starten.

Buddha, Cra. 33 No 44-04, Chill Out Klänge, Lounge Musik.

Saxo Pub, zwei Mal vertreten, am Parque de las Palmas und Cra. 27 No 42-54, in der Nähe des Hotel Dann www.saxopub.com Typischer Bier-Pub, 80er Jahre Musik (Rock, Blues, Jazz) Tapas, Parilladas, am Wochenende Livemusik.

Dash, Calle 52 Ecke Cra. 35, Cocktail-Bar, Funkmusik.

Malabar, Calle 52 No 34, Diskothek und Nachtclub mit Niveau, Themenparties, A-List-People.

Feel Club, Cra. 34 No 48-70, zweistöckige Disco , Livemusik, DJs, künstlerisches Animationsprogramm, die Rumba geht bis 6 Uhr früh.

🚌 Der Busterminal ☎ 637 10 00 www.terminalbucaramanga.com liegt 15 Min. außerhalb der Innenstadt auf dem Weg in Richtung Girón. Es gibt eine 24 Std. Gepäckaufbewahrung (*guardaequipaje*) € 1 pro Gepäckstück, außerdem Kioske ein Restaurant und ein Hotel, Módulo 1 ① 637 80 00. Von hier fahren regelmäßig Busse ins Stadtzentrum ('Centro') bzw. in der Gegenrichtung 'Terminal' entlang der Cra. 15, € 0,70/ Taxi 2,80. Der Innenstadtverkehr kann gelegentlich chaotisch wirken, aber das Verkehrssystem ist einfach und die meisten Busse kommen am **Parque de Santos** (Cra. 22 und Calle 31) vorbei.

Bucaramanga hat 2012 ein neues Nahverkehrssystem namens *Metrolínea* eingeführt, vergleichbar dem TransMilenio in Bogotá. Das neue Verkehrssystem führt von Bucaramanga in die Vororte Floridablanca, Piedecuesta, Girón, Ciudadela Real de Minas, Fahrt € 0,70.

Barrancabermeja, Velotax, Copetrán u.a. regelmäßig, 4 Std. € 8. **Bogotá**, Berlinas del Fonce, Omega u.a. stdl. 10 Std. € 22. **Cúcuta**, Expr. Brasilia, Omega u.a. regelmäßig, 6 Std. € 12,50. **Medellín**, Expr. Brasilia, direkt via Barrancabermeja oder mit Expr. Bolívariano über Manizales, 10 Std. € 26. **Santa Marta**, Expr. Brasilia u.a. meist Nachtbusse, 9 Std. € 28-35. **Cartagena**, Expr. Brasilia u.a. stdl. 12 Std. € 35. **El Banco** (> **Mompox**), Omega, zwei Busse um die Mittagszeit, Copetrán, Coopmagdalena, drei Nachtbusse, 7 Std. € 17. **Malaga/Capitanejo** (> **El Cocuy**), miese Strecke, 8 Std. € 9.

Der internationale Flughafen *Palonegro* ist auf eine Bergkuppe planiert und liegt zwischen Girón und Lebrija hoch über der Stadt, abseits der Straße nach Barrancabermeja. Gute Verbindung mit dem Flughafen-Colectivo vom zentralen Parque Santander ① (7) 642 52 50 ① Mo-Sa 6-18, € 4,50, Taxi € 13,50. Bus 'Aeropuerto' fährt stdl. ins Zentrum, Cra. 15, langwierig und kompliziert. Nationale Flugziele sind **Bogotá**, **Cúcuta**, **Medellín** mit Avianca, Copa, Lan und Satena.

Girón

777 m, 24°C, 50.000 Einwohner ① 7

Die 1631 gegründete Stadt Girón mit seinem reizenden kolonialen Kern ist heute zu einem 9 km entfernten Vorort von Bucaramanga geworden. In der Architektur ist Girón weit stärker von seinen altspanischen Elementen geprägt als die übrigen Kolonialstädte im Departement Santander. Die beiden Ortshälften von Girón sind durch steinerne Brückchen verbunden. An der Plaza Principal befinden sich die **Kathedrale** und der **Mansión del Fraile**, das Geburtshaus von Eloy Valenzuela (1757-1834), dem Vizedirektor der Botanischen Expedition unter Celestino Mutis und ein Freund Simón Bolívars. Im 1. Stock gibt es ein Museum mit historischen Erinnerungsstücken des Botanikers und einige Memorabilia von Simón Bolívar ① täglich 14-18. Zwei weitere lauschige Plätze sollte man ebenfalls gesehen haben, die **Plazuela Peralta** und die **Plaza de las Nieves**, an der die zierliche Capilla gleichen Namens steht, Cra. 28, Calle 28. Interessant ist die **Friedhofskapelle San Isidro**, Cra. 28, Calle 34A. Am Wochenende ist der Ort beliebtes Ausflugsziel der Leute aus Bucaramanga.

ⓘ **Casa de la Cultura**, Calle 30 No 24-43 ① Mo-Fr 8-12 u. 14-18, Sa/So 9-12 u. 14-18.

🛏 *Schlafen*

Hotel Las Nieves, Calle 30 No 25-71 (Plaza Principal) ① 646 89 68, große Zimmer und Privatbädern, Innenhof mit Restaurant, € 20/28.

Plaza Principal Girón

Girón Chill Out, Cra. 25 No 32-06 ✆ 646 11 19 www.gironchillout.com Boutique-Hotel in historischem Gemäuer, mit Innenhof, minimalistische Einrichtung, Chill-Out-Sound, WiFi, unterschiedliche Tarife je nach Saison, ohne und mit Privatbad, € 20/37/42/54(2).

Essen & Trinken

Mansión del Fraile, an der Plaza. Im Innenhof des traditionellen Restaurants hat auch schon Simón Bolívar gesessen. Das Restaurant **La Casona**, Calle 28 No 27-47 ✆ 646 71 95, mit Innenhof an der Plaza de las Nieves und das **Callejuelas**, Cra. 27 an der Puente San José, bieten typische Gerichte der regionalen Santanderküche an (*mute, carne oreada, pepitoria, garbanzos*). *Mute*, eine herzhafte Suppe mit vielen Zutaten, u.a. Schweine- und Ziegenfleisch und Mais, gibt es meist nur am Wochenende. Alle drei genannten Restaurants sind in schönen Kolonialhäusern untergebracht und mit stilvollen Möbeln eingerichtet. Das **Hotel Las Nieves** hat neben dem Restaurant noch eine Cafeteria.

Nach Bucaramanga, Busse fahren alle 20-30 Min. bis 21 von der Ecke Cra. 26, Calle 32, ein Block von der Plaza Principal. **In Bucaramanga** fahren die Busse von der Ecke Calle 29, Cra. 26 ab.

Matanza

1550 m, 20°, 6500 Einwohner ✆ 7

35 km nördlich von Bucaramanga liegt **Matanza** mit der sehenswerten Kolonialkirche **Nuestra Señora de las Mercedes**, mit deren Bau am Ende des 17. Jahrhunderts begonnen wurde. Der Innenraum beherbergt Ölgemälde aus dem 17. und 18. Jahrhundert, verborgen hinter einem 200 Jahre alten Tor, einen Altar, verziert mit Goldplatt und Silber und besetzt mit Schnitzfiguren der Sevilla- und Quitoschule. Die Inquisition hatte im Keller der Kirche Zellen für «Ketzer» und «Hexen» untergebracht. Matanza war im 18. Jahr-

hundert ein wichtiger Ort der Gold- und Silbergewinnung. Während des Krieges der 1000 Tage wurde aus dem Gemälde der Santa Bárbara der riesige Smaragdtropfen, den sie auf der Stirn trug, herausgebrochen. Kirchenräuber schlugen später noch einmal zu, brachen in die Sakristei ein und entwendeten einen silbernen Hostienkelch, den der Künstler Cristóbal de la Torre um 1750 gefertigt hatte. Neben der Kirche zeugen das Museo de los Fundadores, die Capilla Santa Rita, das Hospital San Rafael, die Casa de Torres und der Friedhof von der bedeutenden Vergangenheit des heute unbedeutenden Ortes. Einfache, zentrale Unterkunft **Hotel Real Plaza**, Calle 6 No 4-42 ☎ 629 81 28, € 12,50 p.P.

🚌 Regelmäßige Verbindungen von / nach Bucaramanga, 40 Min. € 2,50.

Departement Norte de Santander

Das Departement Norte de Santander besteht aus vielen Facetten. Gewachsene Kleinstädte mit bedeutender Kolonialvergangenheit wie **Ocaña** und **Pamplona** atmen noch die Höhenluft der in diesem Bereich bereits abflachenden Cordillera Oriental und stehen in auffälligem Kontrast zur aufgekratzten Haupt- und Grenzstadt **Cúcuta**, die sich lieber mit der Lebensweise des benachbarten Venezuelas misst, als sich um das bergige Hinterland zu kümmern. Die Grenze zu Venezuela ist lang und teilweise unübersichtlich. Im äußersten nördlichen Winkel liegt das seit Jahren zwischen den Farc, paramilitärischen Banden und der Armee umkämpfte Kolonisationsgebiet **Catatumbo**, in dem die indigenen Barí (Motilones) beheimatet sind, die perfekt an die Lebensbedingungen des tropischen Regenwaldes angepasst sind und mit großem Mut um ihre Zukunft kämpfen.

Ocaña

1202 m, 22° C 105.000 Einwohner ☎ 7

Gegründet 1570 durch den spanischen Capitán Francisco Fernandez de Contreras, gehört Ocaña zusammen mit Pamplona zu den ältesten kolonialen Ansiedlungen im nördlichen Santander und sah sich in den ersten Jahren nach der Gründung wiederholt Angriffen durch Indianer und heftigen Winter-Überschwemmungen ausgesetzt. Nach Cúcuta ist Ocaña die zweitgrößte Stadt in Norte de Santander, eine ruhige und sympathische Provinzstadt, deren herausragendes historisches Gebäude der **Complejo Histórico de la Gran Convención**, der einstige Franziskanerkonvent, ist.

€ **ATM** der Bancolombia an der Plaza Principal.

🛏 🍴 *Schlafen & Essen*

Hotel El Príncipe, Calle 10 No 10-49 ☎ 562 37 25, 2 Blocks von der zentralen Plaza 29. de Mayo gelegen, freundlich, Vent., Privatbad mit Warmwasser, WiFi, € 17/25. Im Zentrum gibt es einige einfache Restaurants und Cafeterías um die Plaza Principal, **Centro Comercial Cedros de Libano**, für Pizza, Pita, Hamburger.

🚌 Der Terminal de Transporte liegt ausserhalb der weitläufigen Stadt und erfreut sich keiner großen Beliebtheit. Passagiere und Busgesellschaften präferieren die Büros und Abfahrtsorte an der zentralen Plaza 29. de Mayo. Die zentrale Anbindung zum Landesinneren besteht in westlicher Richtung zum Troncal de Magdalena (Santa Marta-Bucaramanga) bei Aguachica

Ocaña

(1½ Std.). Die Fahrt quer durchs Gebirge in südöstlicher Richtung nach Cúcuta ist zeitaufwendig (4½ Std.). Abfahrten nach Bucaramanga und Cúcuta ab ☽ 3-18, zur vollen Std. 4 ½ Std. € 15,50. **Omega** ☽ 561 04 59, **Copetrán** ☽ 561 01 08, **CootransUnidos** ☽ 561 00 48, **Colectivos** nach **La Playa de Bélen** (>Los Estoraques) von der Ecke Cra. 13, Cra. 8 , zwei Blocks unterhalb der Plaza 29. de Mayo beim Markt, € 2,20 p.P. (bei 4 Fahrgästen).

50 km östlich von Ocaña liegt in reizvoller Umgebung beim kleinen Kolonialdorf **La Playa de Belén** mit dem **Hotel Orquideas Plaza** ☽ 563 21 66 www.orquideasplaza.com Swimmingpool, Restaurant, bequeme Zimmer € 13/26, zwischen 1400 und 2100 Höhenmetern die 640 ha umfassende **Área Natural Única Los Estoraques**, eine außergewöhnlich schöne, wildgezackte und erodierte Felsenlandschaft mit hochaufragenden Säulen, auslaufenden Kegeln und Felsendomen, deren Entstehung bis ins frühe Mesozoikum (vor 250 Mio. Jahren) zurück-

reicht. Die Trockenzeit dauert von Januar bis April und von Juli bis September, vorherrschende Vegetation ist der Trockenwald mit einer Höhe bis zu 10 m, früher wuchsen hier auch viele *Estoraques (Calyptranthes estoraquensis)*, eine heutzutage beinahe verschwundene endemische Pflanzenart, deren Balsam für Medizin und Parfüme verwendet wurde. Die Vogelwelt ist vielfältig und es gibt in der Gegend eine Reihe archäologischer Fundstellen. Ein 45 Min. Rundweg führt durch die erodierte Landschaft, die wie ein Gesamtkunstwerk anmutet und an mittelalterliche Burgen oder Phantasielandschaften aus der Romantik erinnern. Parkeintritt: € 4,50 inkl. Guía.

Pamplona

2287 m, 16°C, 55.000 Einwohner ☽ 7

Von Bucaramanga führt die Straße nach Osten über den Páramo de Berlin auf ca. 3200 m Höhe und fällt dann um 1000 m steil ab. Tief eingezwängt in der Senke des Valle del Espíritu San-

Laden bei der Kirche in Playa de Belén (Los Estoraques)

to liegt Pamplona, versehen mit dem Gründungsjahr 1548 die älteste Stadt des nördlichen Santander, und hat ihren kolonialen Charakter weitgehend bewahrt. Früher einmal bestimmten die Minenarbeiter und Geistlichen das Stadtbild, heute dominieren die Studenten. Pamplona veranstaltet eine farbenfrohe **Semana Santa**. Ein lebendiges Volksfest ist der **Unabhängigkeitstag** (*grito de independencia*) mit Konzerten und Stierkämpfen am 4. Juli. Die Stadt ist seit ihre Gründung mehrfach von Erdbeben heimgesucht worden, daher ist von den kolonialen Schätzen nicht mehr alles im Originalzustand erhalten, dennoch sind ein halbes Dutzend Kirchen und Kapellen sowie einige aufwendig restaurierte Kolonialhäuser verblieben.

Service

🛈 **Touristeninformation** im Museum Casa Colonial, Cra. 6 No 2-56 ☎ 568 20 43 🕐 Mo-Fr 8-12 u. 14-18. 🏧 Mehrere **ATM** (Maestro) um den Parque Águeda Gallardo.

Feste Semana Santa und Grito de Independencia am 4. Juli.

Sehenswürdigkeiten

Ausgangspunkt eines Stadtrundgangs ist der weitläufige und zentrale **Parque Águeda Gallardo** mit seinen umgebenden Kolonialgebäuden und der **Kathedrale.** Ins Auge springt die weiß gekalkte **Casa del Mercado**, Cra. 5 Ecke Calle 6, eine Markthalle aus dem 19. Jahrhundert.

Museo de Arte Moderno Ramírez Villamizar, das detailgetreu restaurierte Kolonialhaus vereinigt eine Vielzahl an Werken des 1922 in Pamplona geborenen Künstlers (1929-2004), der als Expressionist begann und sich später der abstrakten Kunst zuwandte. In den mit Flusssteinen gepflasterten Innenhöfen und Ausstellungsräumen stehen reihum seine eindrucksvollen abstrakten Metallskulpturen, ein reizvoller Kontrast, der beim Betrachter eine starke Wirkung entfaltet, Calle 5 No 5-75, am Parque Principal www.ramirezvillamizar.com ☉ Di-So 9-11.30 u.14-17.30. Eintritt: € 1,50.

Einen Block vom Parque entfernt, steht die **Casa de las Cajas Reales**, restauriert und verwaltet durch das nationale Bildungsinstitut SENA und kein Museum, aber dennoch auf Nachfrage zugänglich, eines der geschichtsträchtigen Zivilgebäude mit imposanten Gängen, einst Kaserne und Sitz des Stadtrates und der Provinzregierung, Cra. 5 Ecke Calle 4.

Die **Casa Colonial** beherbergt in den gut restaurierten Gemäuern das vollständigste historische, archäologische und ethnografische Museum der Region, Calle 6 No 2-56 ☉ Mo-Fr 8-12 u. 14-18, Sa 8-12.

Das **Museo Arquidiocesano de Arte Religioso** zeigt schöne Stücke aus Europa und der Quitoschule u.a. von Vásquez de Arce y Ceballos (1638-1711), dem herausragenden nationalen Maler dieser Zeit, und seines Schülers Domingo Camargo, Calle 5 Ecke Cra. 5 ☉ Mo/Mi-Sa 10-12 u. Sa 10-12. Eintritt: € 0,80.

Die **Casa Anzoáetegui** ist das Sterbehaus von General José Antonio Anzoátegui, der hier im Alter von 30 Jahren am 15. November 1819 starb. Er war der venezolanische Held im Unabhängigkeitskrieg. Seiner militärischen Strategie wird der Sieg der Schlacht von Boyacá zugeschrieben, Cra. 6 No 7-48 ☉ Mo-Sa 8-12 u.14-18. Eintritt: € 0,80.

Von der Friedhofskapelle **La Iglesia del Humilladero** hat man einen guten Blick auf die Stadt. In der Kirche ist eine Christusfigur, die aus dem Jahre 1570 stammt. Gegenüber hat der Künstler Don Emiliano aus seinem Atelier eine **kleines Museum** gemacht und stellt seine besten Abzüge aus.

 *Schlafen & Essen*

Hotel El Álamo, Calle 5 No 6-68 ☉ 568 21 37, Ein-, Zwei- Drei- und Fünfbettzimmer mit Bad und Warmwasser in den Morgenstunden, € 13/17,50/22. Bei längerem Aufenthalt Rabatt.

El Solar, Calle 5 No 8-10 ☉ 568 20 10, lebendiges Mittelklassehotel mit geräumigen Zimmern und neuen Bädern, passables Restaurant, WiFi, € 28/48.

1549 Hostal, Calle 8B No 5-84 ☉ 568 04 51 www.1549hostal.com opulenter kolonialer Schick vereint mit modernen Annehmlichkeiten, Champagner im Kühler, ein prasselndes Kaminfeuer und Frühstück ans Bett, natürlich was für Hochzeiter und Frischverliebte, individuell eingerichtete und benannte Zimmer und Suiten, Restaurant, Bar, WiFi, € 35/53.

Eine überschaubare Auswahl schmackhafter Gerichte hat **La Casona**, Calle 6 No 7-58, zu bieten. Im Hotel **El Solar** wird Mo-Sa eine bemerkenswert abwechslungsreiche *comida corriente* serviert. Das **Town Café**, Calle 6 No 8-20 ☉ ab 15, ist ein netter Treff für Café-Variationen, Snacks und WiFi. Für den Abend empfiehlt sich ein Besuch beim venezolanischen Küchenchef **Paolo's Gourmet**, Calle 5 No 8-77, einfallsreich zubereitete Pasta, Fleisch- und Fischgerichte, ein Esserlebnis und somit ein kleiner Quantensprung für die lokale Gastronomie.

Der kleine Terminal liegt fünf Blocks südlich des Parque Águeda Gallardo, Cra. 8 Ecke Calle 4, auf der anderen Seite des Río Pamplonita an der Umgehungsstraße Bucaramanga - Cúcuta. Taxi ins Zentrum € 1,20. **Bucaramanga**, 4-5 Std. € 10. **Cúcuta**, 2 Std. € 3.30. **Bogotá**, zumeist am frühen Vormittag und in den späten Abendstunden, 16 Std. € 35. Unregelmäßige Verbindungen bestehen nach **Málaga (> Capitanejo)** über eine schlechte Straße in Richtung Sierra Nevada de Cocuy, ca. 7 Std. € 5 sowie in Richtung **Saravena** (Arauca) mit Copetrán via San Bernardo (Restaurante Los Colonos, Hospedaje El Amigo), 6-8 Std. € 12,50.

Cúcuta

318 m, 28°C, 1.000.000 Einwohner ⏱7

Cúcuta, von Juana Rangel de Cuéllar im Jahr 1733 gegründet, ist eine rasant wachsende, ausgesprochen dynamische Millionenstadt mit dem speziellen Flair einer Grenzstadt in unmittelbarer Nachbarschaft zu Venezuela. Der schwankende Puls und die wechselhafte Stimmung werden vom jeweiligen Stand der Beziehungen beider Länder und vom Wechselkurs des chronisch inflationären venezolanischen Bolívars beeinflusst. Die wilde und gelegentlich rüde Atmosphäre mag nichts für zartbesaitete Touristen sein. Wer die Dinge aber so nimmt, wie sie kommen, wird der Stadt durchaus Positives abgewinnen können.

In Cúcuta versteht man es, sich zu amüsieren, sei es auf der Tanzfläche oder im Spielcasino, und tagsüber wird hart gearbeitet und kühl gerechnet, nicht die schlechtesten Voraussetzungen für eine positive Entwicklung. Die einst blühende Schmuggelwirtschaft hat mit der internationalen Öffnung Kolumbiens an Bedeutung eingebüßt, und dem langjährigen schlechten Image der Stadt Schritt für Schritt die Grundlage entzogen. Cúcuta hatte vor wenigen Jahren noch ein schwerwiegendes Sicherheitsproblem, nächtliche Schießereien, Autodiebstähle, Überfälle waren beinahe alltäglich. Nun hegt die Stadt die Realisierung ehrgeiziger Bauvorhaben. Vieles ist neu und schick und eine ansprechende Gastroszene mit venezolanischem Einschlag hat sich bereits breitgemacht. Der neue Busterminal lässt allerdings weiterhin auf sich warten, und der bislang existierende ist, man muss es so hart sagen, ein Schandfleck und dürfte der schlechteste seiner Art für eine Stadt dieser Größenordnung in Kolumbien sein. Die lokalen Gewerbetreibenden sind innovativ und hoffen sehr, dass Politik und Bürokratie effizienter werden, und die lokale Mafia den beachtlichen Aufschwung der Stadt nicht wieder abbremst.

Service

ⓘ **Fondo Mixto**, Calle 10 No 0-30, Edificio Rosental ☎ 713 89 81 ⏰ Mo-Fr 8-12 u. 14-18. @ **Internet-Café** Aca Entre Nos, Av. 6 zwischen Calle 8/9, 1 Block vom Parque Santander. Ⓒ **Banken/ATM** um den zentralen Parque Santander. Bancolombia, Calle 10 No 5-06, tauscht auch **Travellerschecks**. Pesos, venezolanische Bolívares und US-Dollar kann man einfach, unbürokratisch und auf die Schnelle in den Wechselbuden im Busterminal eintauschen. Das birgt aber gewisse Risiken,wenn man unaufmerksam ist und nicht nachzählt. Im Stadtzentrum um den Parque Santander gibt es weitere **Wechselstuben**. Direkt am Grenzübergang ist es hingegen schwierig, wenn man im Por Puesto vorfährt, hat man kaum Zeit noch Geld zu tauschen.

Migración, Av. 1 No 28-57 (Barrio San Rafael) ☎ 583 59 12 ⏰ 7-14 u. 15-17.

Venezolanisches Konsulat, man kann froh sein, dass man als Europäer nicht länger ein Einreisevisum über Land nach Venezuela benötigt. Ab sofort gilt, freie Fahrt nach Venezuela, wenn nicht gerade einer der vielen Trancones (Staus) den Grenzübertritt erschwert. **Consulado General de Venezuela**, Av. Camilo Daza, Zona Industrial ☏ 579 19 54/ - 51/ - 56 ⏰ Mo-Fr 8-12 u. 14-16. Leicht mit dem Stadtbus «Consulado» vom Busterminal zu erreichen, € 0,35.

👁 Sehenswürdigkeiten & Orientierung

Die zentrale Verkehrsader ist die Nationalstraße Nr. 70 (auch 'Av. Diagonal Santander'), die vom Busterminal in südöstlicher Richtung bis zur Av. Libertadores führt (2,6 km), auch **El Malecón** ('Uferstraße') genannt, weil sie sich am Río Pamplonita entlangzieht und ausgedehnte Grün- und Erholungszonen vorzuweisen hat. Sie führt von der San Rafael Brücke im Süden der Stadt zur Plaza Arnulfo Briceño mit der Metallskulptur Espejo Musical. Biegt man von der Nationalstraße 70 bei der Av. 4 ab, gelangt man ins Zentrum mit dem **Parque Santander**, Av. 5/6 mit Calle 10/11. Merken sollte man sich auch die zweispurige Av. 0, die vom Malecón nach Norden abzweigt und wiederum ins Zentrum führt. Der internationale Flughafen Camilo Daza liegt 4,5 km nördlich vom Busterminal, der Grenzübergang nach San Antonio (Venezuela) ist etwa 10 km entfernt, ebenfalls entlang der Nationalstraße 70. Wenn man den Busbahnhof zu Fuß verlässt, sollte man wissen, dass hier **Carreras** grundsätzlich als **Avenidas** bezeichnet werden.

Cúcuta hat keine herausragenden **Sehenswürdigkeiten** zu bieten. Vom einem historischem Zentrum kann keine Rede sein. Wie auch Bucaramanga ist die Stadt stolz auf einige öffentliche Parkanlagen. Die **Banco de la Repú-** blica, Diagonal Santander Av. 3 E, zeigt wechselnde Ausstellungen, und das **Museo de la Cultura de Cúcuta**, Calle 14 No 1-03, ist ein Gang durch die Geschichte der Stadt anhand eines Sammelsuriums von Fotos, Dokumenten, Haushaltsgegenständen und den Werken einiger nationaler Künstler ⏰ Di-Sa 8-12 u. 14-18.

Interessant ist ein Ausflug in das 9 Kilometer entfernte **Villa del Rosario**, ein Knotenpunkt der kolumbianischen Geschichte und der erste Ort auf kolumbianischer Seite, wenn man aus Venezuela kommt. Es ist der Geburtsort von Francisco de Paula Santander. Im **Templo de Histórico** fand der erste Kongress von Cúcuta am 6. Mai 1821 statt und verabschiedete die Verfassung für das 1819 in Angosturas (heute Ciudad Bolívar, Venezuela) geschaffene Staatsgebilde namens *Gran Colombia*. Bolívar wurde Präsident und Santander Vizepräsident. Die **Quinta Santander**, das Geburtshaus von Santander, beherbergt die Academia de Historia mit der Geschichte des nördlichen Santander und einigen persönlichen Besitztümern des Gegenspielers von Bolívar. In der **Casa de la Bagatela**, gegenüber des Templo, befindet sich ein kleines anthropologisches Museum. Das Haus ist alternierender Sitz des Vizepräsidenten. Die historischen Gebäude sind durch ein Erdbeben im Jahre 1875 schwer beschädigt worden und wurden in der Folgezeit nicht mehr im Originalstil restauriert ⏰ Di-So 8-12 u. 14-18.

🛏 Schlafen

Hotel Internacional, Calle 14 No 43-13 ☏ 571 27 18, einfaches Haus mit Zimmern ohne/mit Privatbad zum Innenhof, Vent. € 12/15/22.

Hotel Amaruc, Av. 5 Ecke Calle 10, am Parque Santander, ☎ 571 76 25, zentral gelegenes Mittelklassehotel, Zimmer mit Privatbad, a/c, Restaurant, Dachterrasse, € 30/40(2).

Hotel Tonchalá, Av. 0 Ecke Calle 10 ☎571 20 05 www.hoteltonchala.com traditionsreiches Privat- und Geschäftshotel mit Kasinobetrieb, 116 Zimmer, mehrere Suiten, Restaurant, Hotelbar, Pool, € 125/139(2)/241 (Suite).

🍴 🎵 Essen & Musik

Restaurante Rodizio, Av. Libertadores No 10-121, (Malecon II) Etapa La Riviera ☎ 573 90 29, internationale Küche, überwiegend Fleischgerichte, zentraler Treffpunkt und Live-Musik am Wochenende.

Pinchos y Asados, Av. Libertadores (beim Rodizio) ☎ 575 25 00, reichhaltige Fleischküche, gute *pinchos* und *asados* serviert mit Kartoffeln und Yuka.

Mangos, Av. Libertadores No 7-22 ☎ 575 26 48, Fleischgerichte, Fisch und Meeresfrüchte.

Bier- und Musikbars ebenfalls am Malecón, darunter **Joe Camaleon** und **Beers & Coctel Lounge**, Malecón Ecke Calle 17, hinter dem Centro Comercial Ventura Plaza.

Venezuela ist gegenüber Kolumbien die berühmte **halbe Stunde** voraus, die Präsident Chávez abgezwackt hat, um das Leben nicht in der gleichen Zeitzone mit den Gringos aus Washington zu fristen.

🚌 & Grenzübertritt

Der Busbahnhof, zwischen den Av. 7/8 Ecke Calle 2, ist zunächst nur schwer als solcher auszumachen. Er ist im Ankunfts- und Abfahrtbereich mit Kiosken und Marktständen zugestellt, unübersichtlich, stickig und staubig, jedenfalls kein Prachtstück im Vergleich zum beispielhaft aufgeräumten Terminals im übrigen Kolumbien. In der Innenhalle sieht es etwas besser aus, hier befinden sich die Büros der kolumbianischen Busgesellschaften, die kleinen Wechselstellen für Bargeld und ein Posten der Polícia Nacional mit einem Fahndungsplakat für gesuchte Guerilleros. Venezolanische Busse kommen hier nicht an, jedenfalls unterhalten sie keine Büros.

Im Busbahnhof sind einige Anquatscher unterwegs, die versuchen, die anregende Grenzluft mit dummen Fragen in nervöse Unruhe zu verwandeln. «Va(n) a sellar?» ist die an Ausländer gerichtete Standardfrage und soll heißen, «Mann/Frau, du brauchst nach Venezuela einen Einreisestempel, und ich helfe dir beim Grenzübertritt.» Einen Ein-/oder Ausreisestempel für den Grenzübertritt zu erlangen ist eine Banalität, also cool bleiben, und in Ruhe einen Por Puesto (Colectivo), zumeist einen mindestens 20 Jahre alten Ami-Schlitten mit ausgeschlagener Lenkung, durchgesessen Sitzen, venezolanischer Zulassung und kolumbianisch-/venezolanischem Fahrer für die flotte Fahrt nach drüben suchen.

Der ununterbrochen geöffnete Grenzübergang liegt 13 km von Cúcuta entfernt an der Brücke Simón Bolívar, die über den Tachirafluss führt. Kurz vor der Brücke liegt das Büro der **Migración** (Ausreisestempel). Kurz hinter der Brücke liegt das **DIEX**-Büro (Venezuela-Einreisestempel) und noch einige Meter weiter beginnt San Antonio. Die Grenzbeamten auf venezolanischer Seite lesen teilnahmslos die Zeitung, während ihre kolumbianischen Kollegen Ausländerpässe mit der

Lupe durchgehen. Am meist frequentierten Grenzübergang zwischen beiden Staaten herrscht reger Stop- und Go-Verkehr, wenn nicht verschärftes Verkehrschaos, ausgelöst durch große schwere Ami-Schlitten, die mit dem letzten Tropfen Benzin beim Versuch die erste venezolanische Tankstelle zu erreichen, um den Tank mit Billigsprit zu füllen, liegenbleiben und den Verkehr blockieren. Die abgasgeschwängerte Luft und der wilde Verkehr machen auch den fleißigen Drogenhunden am Grenzübergang zu schaffen, die verzweifelt versuchen ihren Dienst ordnungsgemäß zu verrichten.

San Antonio (Venezuela > Caracas), Por Puestos, € 1,50 p.P. **San Cristobal** (Venezuela > Merida), Por Puesto 3½-4 Std. € 25 für das Auto. **Bogotá,** Copetrán, Omega, Berlinas del Fonce u.a. jede Std. 17 Std. € 35. **Bucaramanga,** Expr. Brasilia, Omega, 6 Std. € 15. Einige Busgesellschaften tragen dem Umstand Rechnung, dass der zentrale Terminal so mies ist und der Bau des geplanten neuen nicht vom Fleck kommt und betreiben daher ihre eigenen privaten Terminals, so **Copetran**, gegenüber dem venezolanischen Konsulat, **Berlinas del Fonce**, Estación Privada La Redoma ☏ 587 51 05.

✈ Vom **Aeropuerto Internacional Camilo Daza** mit Avianca, Copa, Lan und Satena. Ziele sind **Bogotá, Bucaramanga, Medellín** und **Panama City.**

KARIBIKKÜSTE

Atlantischer Ozean
(Karibisches Meer)

Santa M

Barranquilla
PNN
Isla de Salama

**Schlammvulkan
El Totumo** ★
Baranoa

Atlántico

**Cartagena
de las Indias** ○
Turbaco

Magda

PNN
**Corales del Rosario
y
San Bernardo**

San Jacinto
Plato

San Onofre
El Carmen
de Bolívar

*Golfo
de Morrosquillo*
Tolú
El Bongo
Coveñas

San Bernardo
del Viento

Sincelejo
Magangué

Lorica
Mon

Chinú

Schlammvulkan Arboletes
San Pelayo
Cereté
Suere

Golfo de Darién
Arboletes ★
Lâ Ye

Sapzurro
Capurganá
Acandí

Montería

Necoclí

*Golfo
de Urabá*
Planeta Rica
Córdoba

PANAMA
Unguia
Turbo
Río Sinú

Apartado
Caucasia
Antioquia

PNN
Los Katios
PNN
Paramillo

*Serranía de
San Jerónimo*
Río Cauca
Río Nechí
Serran

Chocó

Punta Gallinas

Cabo
de la Vela

Puerto Bolívar

PNN
Macuira

Golfo
de Venezuela

Manaure

Uribia

Riohacha

Camarones

Maicao

PNN
Tayrona

Palomino

Paraguachón

Guachaca

Minca

La Guajira

San Juan de César

Ciénaga

*Pico
Cristóbal Colón
(5775m)*
▲

Maracaibo

PNN
Sierra Nevada de
Santa Marta

Sierra de de Perijá

Nabusímake

Valledupar

Pueblo Bello

Río César

Golfo
de Maracaibo

osconia

César

Agustín Codazzi

Sierra de de los Matilones

El Banco

PNN
Catatumbu Bayí

VENEZUELA

Norte de Santander

Los Estoraques
★

Aguachica

Río Magdalena

Ocaña

Cúcuta

San Cristóbal

San Antonio

Santander

100 km

▶ Karibikküste

Die kolumbianische Karibikküste ist ein buntes Kaleidoskop auf 1600 km Küstenlinie. Sie gehört zu den abwechslungsreichsten Küstenstreifen der Welt und reicht von den immergrünen tropischen Regenwäldern im Südwesten mit dem unvergleichlichen **Los Katíos** Nationalpark bis hin zur trocken staubigen Guajirawüste im Nordosten. Dazwischen liegen weite Marsch- und Lagunenlandschaften und das höchste Küstengebirge der Welt, die **Sierra Nevada de Santa Marta** mit ihren schneebedeckten Gipfeln, Pico Colón und Pico Bolívar. Die Strände im **Taironapark** sind naturbelassen und palmenbestanden. Dahinter erstreckt sich der Dschungel.

Wer hingegen vibrierendes Strandleben sucht, findet es in **Cartagena**. Zugleich ist Cartagena die schönste koloniale Hafenstadt Amerikas, umgeben von steinernen Mauern, die Überraschungen und Geheimnisse bergen. Im Hinterland, am Ufer des Magdalenaflusses, versteckt sich ein weiteres Idyll aus alten Zeiten - Mompox. Die Bevölkerung ist buntgemischt, freundlich und stets gut gelaunt. Der Costeño ist der Nachfahre der weißen Konquistadoren, schwarzen Sklaven und der Ureinwohner. Ihre Lebensfreude drückt sich in der Musik aus. Die Cumbia und der Vallenato sind die Rhythmen dieser Region, die Inseln leben in der Rastafaritradition des Reggae. Das größte Fest ist der **Carnaval de Barranquilla**, vier Tage lang bestimmt die «Dauerrumba» das Stadttreiben. Zu den Delikatessen an der Küste gehören die vielen unterschiedlichen Fische und Meeresfrüchte und ihre Zubereitung in Kokosnussöl. Nirgendwo sonst leben in der Karibik so viele unterschiedliche ethnische Gruppen wie in Kolumbien. In der **Sierra Nevada** haben sich die Kogi und Arhuaco einem Leben abseits westlichen Fortschritts getreu den Traditionen ihrer präkolumbianischen Vorfahren verschrieben. Die Wayu in der Guajira bleiben ein Nomadenvolk, auch wenn die Ziegenherden kleiner und die Jeeps größer geworden sind. An der Grenze zu Panama (und den San Blas Inseln) leben die Kuna-Indianer.

Die Reise entlang der Karibikküste ist eine Fahrt durch die Jahrhunderte. Moderne Architektur in Barranquilla wechselt mit Kolonialfestungen in Cartagena, die Indianerhütten der Arhuaco in Nabusímake mit den Überresten der United Fruit Company im Geburtsort von **Gabriel García Márquez, Aracataca.**

Cartagena de Indias

5 m, 27-33°C, 950.000 Einwohner ☾ 5

Diese einzigartige Hafenstadt ist anders als jede andere Stadt in Kolumbien. Sie ist elegant und international, überschaubar und zugleich entrückt - in historische Ferne. Pedro de Heredia gründete die Stadt 1533 am Ufer einer ruhigen Bucht, die vom Stamm der Calamari besiedelt war. Er presste den Ureinwohnern mehr Gold ab, als Francisco Pizarro aus Peru und Hernando Cortez aus Mexiko nach Spanien schaffen konnten. Mit dem schnellen Reichtum kamen die Piraten. Der Franzose Baal war der erste, der über die damals noch unbefestigte Stadt herfiel. Cartagena entwickelte sich gleichwohl aufgrund der günstigen Lage zum prosperierenden Handelszentrum der Neuen Welt. Hier trafen die Reichtümer aus allen Ecken des Kolonialreiches ein. Silberbarren aus dem bolivianischen Potosí, Gold aus Peru und dem Chocó, Smaragde aus Muzo gingen durch die Hände der stets reicher werdenden Kaufleute. Die Piraten hingen wie die Fregattvögel über der Bucht von Cartagena und warteten auf Beute. 1586 holte sich Sir Francis Drake seinen Teil - 107.000 Golddukaten.

Die spanische Krone war nicht gewillt, diesem Treiben länger tatenlos zuzusehen. Philipp II. befahl, die Stadt mit einem steinernen Ring aus Mauern und Festungsanlagen zu umgeben. Die Arbeiten sollten bis zu ihrem endgültigen Abschluss 200 Jahre dauern. Die besten Militärbaumeister ihrer Zeit traten in den Dienst des Königs. Italiener und Holländer entwarfen eine Stadtmauer, die dem Beschuss durch Kanonen bis in unsere Tage widerstanden hat. Die Arbeiten wurden zum großen Teil durch afrikanische Sklaven durchgeführt. Die Aufrüstung führte zu astronomischen Kosten, deren Deckung die Ausbeutung der Urbevölkerung beschleunigte. Zu jener Zeit war Cartagena die wichtigste Stadt von Nueva Granada, wichtiger als die nominelle Hauptstadt Santafé de Bogotá. Einige der ernannten Vizekönige, die hier eintrafen, blieben bis zum Ende ihrer Amtszeit in ihren Mauern und verzichteten auf den mühseligen Besuch des Hochlandes.

Am 13. März 1740 begann der stärkste Angriff in der Geschichte der Stadt. Der englische Admiral Vernon hatte eine Streitmacht von 186 Schiffen mit 18.000 Mann zusammengezogen, um Cartagena einzunehmen. England hatte Spanien im Jahr zuvor den Krieg erklärt. Auf der Gegenseite wurde der Kriegsveteran Don Blas de Lezo reaktiviert, um die Verteidigung zu organisieren. Er postierte sechs Schiffe am Eingang der Bucht bei Bocachica und verlegte die wenigen Soldaten, die ihm zur Verfügung standen, in das Fuerte de San Felipe im Rücken der Stadt. Don Blas muss einer Romanfigur des Cervantes entsprochen haben. Er war einarmig, einbeinig und einäugig. Dieser alte Haudegen verlor in der Schlacht auch noch sein zweites Bein, doch die Schlacht verlor er nicht.

Auch wenn es dem siegessicheren und arroganten Engländer gelungen war, die Forts Castillo Grande und Manzanillo sowie den die Stadt überragenden Hügel La Popa zu besetzen, scheiterten seine Bemühungen, San Felipe einzunehmen. Unter den Angreifern breiteten sich Gelbfieber und Malaria aus. Vernon musste abziehen und ließ seine Wut an den Bollwerken und an allen Schiffen, derer er habhaft werden konnte, aus. Bereits zuvor hatte er eine Abordnung nach Jamaika geschickt, um den bevorstehenden Sieg zu verkünden. Es waren Goldmünzen geprägt worden, die ihn als Sieger mit einem vor ihm knienden Don Blas de Lezo abbildeten. Die Gedenkmünze trug die Inschrift: «Der Stolz Spaniens gedemütigt durch Admiral Vernon.»

Der Admiral hatte sich bis auf die Knochen blamiert. Von nun an schlief man ruhig in Cartagenas Mauern. Es sollte einige Zeit dauern, bis die Ausläufer der Französischen Revolution die Stadt erreichten. Die Bewohner erwachten erst wieder, als das Läuten

KARIBIKKÜSTE

CARTAGENA

Flughafen (5 km)
La Boquilla (8,5 km)

35

23

Hotel Santa Clara ★

C/ del Toma
C/ de las Bóvedas

C/ del Campo

SAN DIEGO

C/ del Curato
24
4
C/ del Tejadillo
C/ Sargento Mayor
16
15
C/ de los 7 Infantes
C/ Portobelo
C/ San Pedro Mártir

Pl. Fernández
de Madrid
C/ Quero

Merced
C/ de la Tablada
C/ de la Cruz

Casa Marqués de Valdehoyos ★

C/ Don Sancho
C/ del Cuartel
C/ de la Moneda

Avenida Santander

C/ Mantilla
C/ Soledad

C/ Castelbono
25

CENTRO

C/ del Coliseo Dolores

Avenida Venezuela

LA MATUNA

29
Playa de la Artillería
5
Pl. Santo
Domingo
C/ Santo de Ayos
22
Avenida Carlos Escallón

C/ de los Estribos
26

3

Avenida Daniel Lemaître
31

**Palacio de la
Inquisición** Ⓜ
C/ Baloco
C/ de la Inquisición
Plaza
Bolívar
Ⓜ
6
**Plaza de los
Coches**
1

Parque del
Centenario

Av. del Centenario
C/ de la Magdalena
14
30
21
12
11

C/ Vicaria
Santa
C/ de las Damas
C/ de la Amargura
34
Avenida Blas de Lezo
C/ de la Media Luna

Plaza Santa
Teresa Ⓜ 8
C/ San Juan de Dios
Plaza de
Aduana
Paseo de los Mártires
C/ de la Sierpe
C/ del Guerrero

**Iglesia&Convento
San Pedro Claver**
ⓘ Ⓜ
7
2
32
**Iglesia & Convento
de San Francisco**

C/ de la Ronda
ⓘ
Centro de
Convenciones
GETSEMANÍ
27
C/ Larga
C/ del Centenario
Carretero
**Iglesia Santísima
Trinidad**

Parque de
la Marina
Avenida del Arsenal
33
C/ San Juan
C/ San Antonio
C/ de Pozo
Ancho

Muelle
La
Bodeguita
Vargas
Waller
Angosto
Chancelas

Bahía de las Animas

Base Naval

300 m

EL CABRERO

Real del Cabrero

que Apolo

Laguna del Cabrero

CHAMBACÚ

Avenida Pedro de Heredia

Laguna de Chambacú

Iglesia San Roque

Avenida del Pedregal

Fort San Felipe de Barajas

C/ Real Pie de la Popa

PIE DEL CERRO

Laguna de San Lázaro

PIE DE LA POPA

Fuente Román

MANGA

KARIBIKKÜSTE

●	**Sehenswürdigkeiten**
1	Torre del Reloj
2	Muelle de Pegasos
3	Catedral
4	Iglesia Santo Toribio de Mangrovejo
5	Convento & Iglesia de Santo Domingo
6	Museo del Oro
7	Museo de Arte Moderno
8	Museo Naval
9	Museo de las Fortificaciones
10	Museo Rafael Núñez

●	**Schlafen**
11	Hostel Media Luna
12	Hostel Mamallena
13	Hotel San Roque
14	Casa Viena
15	El Viajero Cartagena
16	Hotel 3 Banderas

●	**Essen & Trinken**
17	I Balconi
18	Trattoria Di Silvio
19	Coroncoro
20	Getsemaní Café
21	Gato Negro
22	Restaurante El Bistro
23	El Santísimo
24	La Bruschetta
25	8-18
26	La Vitrola
27	La Casa de Socorro
28	La Langosta

●	**Musik & Tanz**
29	Café del Mar
30	Café Havana
31	Bazurto Social Club
32	Quiebra-Canto
33	Mister Babilla
34	Donde Fidel

●	**Einkaufen**
35	Las Bóvedas

der Freiheitsglocken erklang. Am 11.11.1811 erklärte die Stadt die absolute Unabhängigkeit vom Mutterland. Ein patriotisches Bataillon stürmte die Waffenkammern an der Plaza de la Aduana, und Einheiten des königlichen Eliteregiments Fijo liefen auf die Seite der Aufständischen über.

Simón Bolívar eilte aus Mompox herbei, um sich an die Spitze der Aufständischen zu stellen. Hier schrieb er sein berühmtes politisches Manifest, in dem er die Freiheit und Unabhängigkeit von ganz Amerika proklamierte. Von nun an hieß er der *Libertador*. Da brachte der Sturz Napoleons Ferdinand VII. auf den spanischen Thron zurück. Die abtrünnigen Kolonien sollten zurückgeholt werden. Das Oberkommando über die Streitkräfte in Hispanoamerika wurde Pablo Morillo übertragen. Im königstreuen Santa Marta rüstete er eine Flotte aus.

Das nun perfekt befestigte Cartagena wurde das erste Mal in seiner Geschichte von Spaniern angegriffen. Morillo, der den Verteidigern zahlenmäßig haushoch überlegen war, spielte auf Zeit. Er ließ die Stadt aushungern. Der Schlachtruf «Libertad o Muerte» (Freiheit oder Tod) hallte durch die Gassen. Als der Belagerer in den ersten Dezembertagen 1815 die Stadt betrat, schlug ihm Verwesungsgestank und der Atem der Pest entgegen. Die Stadt hatte ein Drittel ihrer Bevölkerung an Blutzoll zahlen müssen. Morillo ließ die verbliebenen Führer der Aufständischen standrechtlich erschießen. Wegen ihrer heldenhaften Verteidigung verlieh Simón Bolívar der Stadt den Zunamen «La Heroica». Die endgültige Befreiung kam erst 1821 nach der siegreichen Schlacht von Boyacá.

In den Wirren des Unabhängigkeitskrieges hatte sich ein kleiner Marktflecken unweit der Mündung des Río Magdalena zum neuen Handelszentrum gemausert, Barranquilla. Dort entstand der Hafen der neuen republikanischen Zeit. Vergeblich blieben die Wiederbelebungsversuche für den 1650 gegrabenen Canal del Dique, der Cartagena mit dem Magdalena verbindet. Die Dampfschifffahrt führte über Barranquilla.

Heute hat Cartagena einiges von seiner früheren Bedeutung zurückgewonnen. Es ist der zweitwichtigste Hafen des Landes am Atlantik und Touristenziel Nummer 1 für Kolumbianer wie für ausländische Gäste. Touristenhochburg ist die Halbinsel Bocagrande. Die Stadt setzt auch in Zukunft voll auf den Tourismus und mittlerweile ist ein echter Bauboom ausgebrochen. Im Norden und im Süden außerhalb der Stadt sind luxuriöse Strandressorts und Apartmentanlagen entstanden. Nationale wie ausländische Investoren haben ihre Zurückhaltung aufgegeben, und die Wohnungspreise sind die höchsten im ganzen Land. Cartagena wurde 1985 von der UNESCO zum Kulturerbe der Menschheit erklärt. Als Aushängeschild des Landes ist die Stadt immer wieder Ort für politische Gipfeltreffen.

Service

ⓘ Das zentrale Tourismusbüro ist an der **Plaza de la Aduana** ☏ 660 15 83 www.turismocartagenadeindias.com ⏱ Mo-Fr 9-13 u. 14-18 🖳 **Internetcafés,** Ausschau halten nach dem Zeichen '*Internet-Banda Ancha*' (Breitbandverbindung), € 0,50-0,75 pro Stunde in a/c gekühlten und abgedunkelten Räumen. Im Centro Historico bei der Universität, in Getsemaní **Contact Internet Café**, Calle de la Media Luna No 10-20 ☏ 664 06 81 ⏱

8-21. WiFi-Zone im Frühstückslokal Gato Negro neben dem Hostal Viena. 🏧 Diverse Banken & **ATM** für Kredit/Maestro-Karte um die **Plaza de la Aduana** und an der Av. San Martín (Bocagrande) sowie am Flughafen. Hinterm Uhrenturm und im Portal de los Dulces und in Bocagrande befinden sich einige Tauschbüros (*casas de cambio*), die täglich geöffnet haben. Die mobilen Geldtauscher auf der Straße, zumeist um die Plaza de los Coches, sind Zauberkünstler des Trickdiebstahls und locken ihre Opfer mit traumhaften Wechselkursen an. 🛗 Das Büro der **Touristenpolizei** (CAI) ist in Bocagrande am **Parque Flánagan** vor dem Hotel Caribe. **Polizeinotruf** ☎ 112 -123. **Ambulanznotruf** ☎ 667 52 44. Büro der **Migración** im Stadtteil Pie de la Popa, Cra. 20 B No 29-18 ☎ (allgemein) 153 666 01 72 www.migracioncolombia.gov.co ⏰ Mo-Fr 8-12 u. 14-17, für Aufenthaltsverlängerungen und Visa-Fragen. **Deutsches Honorarkonsulat** (Ceballos), Diagonal 30 No 54-124 ☎ 667 16 85 www.bogota.diplo.de ⏰ Mo-Fr 14-16. **Honorarkonsulat Österreich** (ohne Pass- und Sichtvermerksbefugnis), Edf. Chambacu Business Center, 6. Stock ☎ 664 74 50. **Generalkonsulat Venezuela** (Castillogrande) Cra. 3 No 8-129, Edf. Centro Ejecutivo Of. 14-02 ☎ 665 03 53.

Spanischunterricht, Nueva Lengua, Calle del Pozo No 25-95 (Getsemaní) ☎ 660 17 36 www.nuevalengua.com Gruppen- und Einzelunterricht für Anfänger, Fortgeschrittene und Businessspanisch, Kombination mit anderen Aktivitäten sind möglich, Salsa-, Merengue- oder Tauchkursen. **Amaury Martelo** ☎ 662 86 58 / 313526 39 10 amartesi@yahoo.com guter Einzelunterricht, € 12.

👁 Sehenswürdigkeiten

Die massiven (**Murallas**) Befestigungsmauern und die Bollwerke (**Baluartes**), die den Altstadtkern umgeben, stammen zum größten Teil aus dem 17. und 18. Jh. und bilden in ihrer Gesamtheit das Wahrzeichen von Cartagena de Indias. Die Befestigungsanlage ist elf Kilometer lang und beinahe vollständig erhalten. Der innere Ring umschließt den ältesten Teil der Stadt, dessen Haupttor die **Torre del Reloj** ist. Der Uhrenturm ist Ende des 19. Jahrhunderts auf die Mauer gesetzt worden. Hinter dem Uhrenturm liegt der **Kutscherplatz** (Plaza de los Coches). Zu Kolonialzeiten wurde hier der Sklavenmarkt abgehalten. Cartagena war Hauptumschlagplatz für Sklaven. Viele wurden von hier an die Minenbesitzer in Peru und Bolivien verkauft. Die menschliche Schiffsladung erhielt bei der Ankunft im Hafen die *marquilla real*, die Zollmarke auf die Brust gebrannt. Auf der rechten Schulter prangte die Eigentumskennzeichnung der Handelsgesellschaft. Heute ist dieser quirlige Platz Treffpunkt der Geldtauscher, Zuckerbäcker und Losverkäufer.

Dahinter schließt sich die **Plaza de la Aduana** mit dem Kolumbusdenkmal an. Es war das Zentrum der kolonialen Stadt mit Verwaltungsgebäuden, Justizpalast und dem Zollamt. Die **Casa de la Aduana** war eines der ersten zivilen Gebäude der Stadt und ist heute das Rathaus. An der Breitseite steht das **Herrenhaus des Marqués del Premio Real**. Die Stadtmauer führt am Meer entlang bis zum Denkmal der **India Catalina**. Das Vorbild für die India Catalina war eine hübsche Häuptlingstochter, die einst von den Gestaden des neu entdeckten Festlandes

Uhrenturm, Altstadt Cartagena

nach Santo Domingo entführt wurde. Von dort nahm sie Pedro de Heredia mit, damit sie ihm bei der Eroberung neuer Länder als Vermittlerin von Nutzen sei. Viele der Spanier waren ihrer Schönheit verfallen. Doch keinem gelang es, sie zur Frau zu nehmen.

Ein Spaziergang auf den gewaltigen Festungsanlagen mit Blick auf die karibische See ist die beste Annäherung an die Stadt. An allen strategisch wichtigen Punkten sind Schießscharten, Kanonen und Wachtürme angebracht. Betreten wird der Wall über breite Rampen. Als Baumaterial wurde Korallengestein verwendet, hier und dort mit Ziegeln verbunden. Hinter den Stadtmauern öffnen sich die engen Gassen mit den kolonialen Schätzen. Jeder Straßenabschnitt hat seinen Namen und seine Geschichte.

Convento & Iglesia de San Pedro Claver

Ins Auge stechen die Kirchtürme von **San Pedro Claver,** die Jesuitenkirche mit dem angrenzenden Konvent. Erbaut wurde die Kirche nach Plänen aus Rom im typischen Jesuitenstil des 17. Jahrhunderts. Die herausragende Kuppel des Mittelschiffs wurde erst in den 1920er Jahren dieses Jahrhunderts hinzugefügt. Der dreistöckige, gleichermaßen massiv wie filigrane Konvent ist der schönste der vielen Konvente der Stadt, und der Innenhof ist mit Palmen dicht bewachsen. Die Vorliebe gerade der Jesuiten für die Tropen ist noch gut zu spüren. Der Konvent ist mit der Außenwand auf die Stadtmauer gebaut. Der Jesuitenorden beanspruchte das Gelände für sich. Die Stadtverwaltung drohte mit Abriss und stritt 30 Jahre mit dem Orden. Dann wurden die Jesuiten verpflichtet, auf ihre Kosten eine neue Stadtmauer zu errichten, so dass heute vor dem Konvent eine weitere Mauer steht.

Ein Teil des Konventes ist als **Museum** für die Öffentlichkeit zugänglich und enthält einige sakrale Exponate und eine kleine Sammlung zeitgenös-

211

sischer afrokaribischer Kunst (*Centro de Cultura Afrocaribe*). Am eindrucksvollsten sind die einstigen Wohn- und Arbeitsräume des berühmten **San Pedro Claver** (1580-1654), dem Namenspatron der Kirche, der 1888 vom Papst heiliggesprochen wurde. Der aus Katalonien stammende Jesuitenpater nahm sich dem Elend der Schwarzen an und wurde selbst zum 'Sklave der Sklaven'. Von seiner engen und dunklen Klosterzelle sah er die Schiffe mit den halbtoten, verzweifelten Menschen aus Afrika anlanden. Er gab ihnen Essen und Trinken, Trost und medizinische Hilfe, und er taufte 300.000 von ihnen. Dem Gouverneur trotzte er das Versprechen ab, keine Sklavenmärkte an Sonn- und Feiertagen abzuhalten. Die Klosterzelle, in der er die letzten Lebensjahre verbrachte, steht zur Besichtigung. Seine Gebeine ruhen in der Kirche im unteren Teil des Hauptaltars, bestehend aus purem Carraramarmor hinter einer Glasscheibe ⏰ Mo-Sa 8-17, So 8-16.30. Eintritt: € 2,60 (So frei). Englischsprachige Führung: € 7.

Plaza de Bolívar & Palacio de la Inquisición

Die Plaza Bolívar ist das Herzstück der Altstadt, bestückt mit einem Reiterstandbild des Libertador, und hieß früher Plaza de Inquisición, weil sie zu Kolonialzeiten Schauplatz der öffentlichen Vollstreckung von Urteilen der Inquisition war. Der Bau des Inquisitionspalastes wurde 1770 beendet und beherbergt heute die **Historische Akademie** und das **Inquisitionsmuseum**, das in den einstigen Folterkammern diverse Folterinstrumente ausstellt.

Der Palast zeigt alle Charakteristiken des Barockstils des 18. Jahrhunderts, erbaut nach Plänen des Architekten Pedro de Ribera. Beeindruckend ist das gewaltige Eingangsportal, dessen Pfeiler bis unter das Dach reichen, und die hängenden Balkone. Das Tribunal der Inquisition wurde 1610 in Cartagena eingerichtet. Es war der höchste Kirchengerichtshof, zuständig für Nueva Granada, Venezuela und Santo Domingo. Die Inquisition ist eine Erfindung des Mittelalters. Der Richter sollte ursprünglich wie ein Beichtvater, Glaubensabweichler auf den Weg der Wahrheit zurückführen. Der spanische Staat setzte die Inquisitionstribunale als Machtinstrument ein, um die staatliche Einheit zu gewährleisten, die zu jener Zeit identisch mit der religiösen war. Andersgläubige wurden als Staatsfeinde behandelt.

Bekämpfte die Inquisition in Europa bevorzugt Wissenschaftler und Künstler, so waren es in Amerika die einfachen Leute. Durch die indianischen und afrikanischen Einflüsse entstand hier ein unausrottbarer Nährboden für schwarze Magie, die die Inquisition überlebt hat. Die Beschuldigten wurden gefoltert, bis sie ein Geständnis abgelegt hatten. Einige der Hilfsmittel, um dies zu erreichen, sind zu besichtigen. Zum Zwecke der Machtdemonstration veranstaltete die Inquisition sogenannte *Auto da Fé*, das waren schrill inszenierte Veranstaltungen auf dem Platz vor der Kathedrale. Dort musste öffentlich abgeschworen werden. Der Ketzer, der gleichwohl an seinem Irrglauben festhielt, lief Gefahr, auf dem Scheiterhaufen zu enden. Cartagena erlebte mehrere dieser *Auto da Fé*. Das Ende der Inquisition kam mit der Unabhängigkeitsbewegung. Das Volk stürmte am 11. November 1811 das verhasste Symbol der Unterdrükkung. Der Niedergang des spanischen Weltreiches wurde durch die Arbeit der Inquisition beschleunigt, die stets ein düsteres Relikt des Mittelalters war ⏱ Mo-Sa 9-18, So 10-16. Eintritt: € 5,75 (So frei).

Catedral

Der Bau der Kathedrale wurde 1575 begonnen und nach ihrer schweren Beschädigung durch Francis Drake im Jahre 1612 beendet. Der Hauptaltar wurde in Sevilla Mitte des 17. Jahrhunderts im typisch regionalen Barock (*lignaria*) gefertigt und stammt vom führenden andalusischen Holzbildhauer jener Zeit, Luis Ortiz de Vargas. Im Übrigen ist der Innenraum weitgehend schmucklos. Die Fassade weist einige neoklassizistische Elemente auf, vorherrschend ist der Baustil der spanischen Spätrenaissance ⏱ Di-So 10.30-19. Eintritt: € 5,25. Audioguide: deutsch.

Convento & Iglesia de Santo Domingo

Von außen wie eine uneinnehmbare Festung wirkt auch die ockerfarben gestrichene Kirche mit dem Kloster Santo Domingo. Es ist der älteste Kirchenkomplex der Stadt, erbaut zwischen 1559 und 1570. Die Außenfassade wird beherrscht von einem hohen Tor im spanischen Renaissancestil des späten 16. Jh. Nur noch der rechte Turm ist geblieben, den linken sollen die Kanonen des Admiral Vernon vom Kirchendach geschossen haben.

Das große Gewölbe des zentralen Innenraumes wirkt wie aus einem Felsen gehauen, die Seitenschiffe sind in ein diffuses Halbdunkel getaucht. Der Hauptaltar ist aus Marmor, die Figur des Gekreuzigten Jesus Christus aus feinem Schnitzwerk. Das mächtige Gebäude wird von einem Teil der Stadtmauer gestützt, an dem die engste Gasse der Stadt vorbeiführt, der Callejón de los Estribos ⏱ Di-Sa 9-19, So 12-20. Eintritt: € 5,25. Audioguide: deutsch.

Koloniale Herrenhäuser

Imponierend sind die alten Herrenhäuser der Stadt. Sie zeugen vom Reichtum der Kaufleute. Den Trutz-

Blick aus dem Inquisitionspalast

charakter der Stadt schreiben diese Häuser in ihrer Architektur fort. Die meisten sind Festungen mit massiven Mauern und Türmen, von denen sich die Stadt überblicken lässt. Dank Privatinitiative sind heute wieder viele dieser Häuser in einem guten Zustand. Andere werden umfassend, zum Teil seit Jahren restauriert, andere verfallen schon wieder, weil sie Spekulationsgut sind oder dem Bauträger das Geld ausgegangen ist. Dazu gehört das noch vor einigen Jahren prächtige Haus **El Bodegón de la Candelaria** in der Calle de las Damas, im ältesten Teil der Stadt, das heute dem Verfall preisgegeben scheint, mit einem gewaltigen Eingangstor, das mit 165 Löwenkopfbeschlägen verziert war, die nunmehr gänzlich verschwunden sind.

Türklopfer

Typisch für diese opulenten Herrenhäuser sind die langgezogenen Balkone im zweiten Stock. Das Hinterland Cartagenas bis zu den Flüssen Sinú und Cauca ist auch deshalb weitgehend entwaldet, weil die Zimmerleute bestes Balsamo- und Brasilholz aus dieser Region verarbeiteten. Hinter dem Portal geht es vom Flur in die Vorhalle und von dort in einen großen Innenhof mit einer Zisterne in der Mitte, kühl und geschützt vor der Sonne. Der Wohnsaal und die Schlafräume liegen im zweiten Stock.

Ein anderes dieser herrschaftlichen Kolonialhäuser ist die **Casa de Marqués de Valdehoyos**, das einst als Wohn- und Lagerhaus dem Marqués diente. Zur Zeit sind hier Regierungsbüros untergebracht, aber man kann einen Blick ins Innere werfen. Die Fassade wird bestimmt von den Fenstergittern feinster Holzschnitzkunst, den mächtigen Stützpfeilern am Eingang versehen mit einem Tor, in dessen Mitte ein massiver Bronzeklopfer in Form

eines Löwenkopfes prangt und den weit ausladenden Balkonen im Obergeschoss. Der Marqués besaß das Monopol für die Einfuhr von Sklaven und Pulver.

Hinter dem Hauptportal stehen rechts und links zwei steinerne Bänke. Von hier stiegen die kleingewachsenen Menschen der Kolonialzeit in die Kutsche oder aufs Pferd. Interessant sind die Deckenverzierungen aus Holz im maurischen Stil in den Hauptsälen im Obergeschoss. Vom Aussichtsturm geht der Blick auf die Karibik.

Beim Gang durch die Gassen der Altstadt lohnt es, auf Einzelheiten zu achten. Die Balkone haben unterschiedliche Formen, einige Häuser haben Fenstersimse mit Holzgittern. Eisengitter (wie in Mompox) gibt es in Cartagena wegen der Salzhaltigkeit der Luft nur wenige. Eine Vielzahl unterschiedlicher Türklopfer hängt an den Portalen (Löwenmäuler, Fische, Eidechsen). Über den Portalen sind die steinernen Familienwappen angebracht, Calle de la Factoría No 36-57 ☉ Mo-Fr 8.30-12.

Las Bóvedas

Weitere interessante Gebäude liegen im Norden der Altstadt, im Stadtteil **San Diego**. Die insgesamt 23 Bóvedas ('Gewölbekammern') wurden vom letzten großen Militärarchitekten, dem Ingenieur-Direktor der Befestigungsanlagen **Antonio de Arévalo** entworfen. Die Arbeiten begannen 1793. Mit den Bóvedas wurde die verbliebene Baulücke der Befestigungsanlagen geschlossen. Von der Hinterseite führen Luftschächte nach außen. Ins Auge springt die Symmetrie der 47 Säulen der Fassade. Die Gewölbe dienten als Kaserne und zur Lagerung von Pulver und Lebensmitteln. Dieser neoklassizistisch beeinflusste Bau war während der Independencia Militärgefängnis. Heute sind hier Andenkenläden untergebracht.

Die Altstadt war in den 1960er Jahren bereits dem Verfall preisgegeben, ehe man ihren historischen und touristischen Wert erkannte. Der Staat und private Geldgeber trieben von da an die Restaurierung und den Erhalt voran. Mittlerweile ist die Altstadt voller Boutique-Hotels, Boutiquen, Juweliere und Antiquitätenläden. Die Stimmung ist am schönsten in den Abend- und Nachtstunden, wenn vom Meer eine Brise aufkommt. Der Straßenverkehr ebbt ab, und das Klappern der Pferdehufe hallt durch die Gassen. Auf der Plaza Bolívar treffen sich die Schachspieler und die von ihren Tagesmärschen müde gewordenen *tinteros* (Kaffeeverkäufer). Wenn aus den vergitterten Rundfenstern der Inquisition milchigweißes Licht tropft, kann leicht

Straßenverkäufer vor dem Denuntiationsfenster der Inquisition

der Eindruck entstehen, die Stadttore seien geschlossen worden.

Von der **Puerta del Reloj** (Uhrenturm) nach Getsemaní führt der **Paseo de los Mártires** (Gang der Märtyrer). Pablo Morillo ließ nach mehrfacher Umbesetzung der Liste am 24. Februar 1816 zehn Anführer der Unabhängigkeitsbewegung wegen Hochverrats standrechtlich erschießen. Deren Marmorbüsten schmücken den Platz. Eine volkstümliche Version zu den zehn an diesem Orte verewigten Märtyrern gibt Gabriel García Márquez in seinen Erinnerungen zum Besten. Demnach habe der das Werk ausführende Bildhauer zunächst Name und Jahreszahlen in den Sockel eingehauen. Zur Hundertjahrfeier der Unabhängigkeit (1910) seien die Köpfe zur Säuberung abgenommen und anschließend, da niemand gewusst habe 'who is who', nach Gutdünken wieder auf die Sockel gesetzt worden.

Anlässlich der Zweihundertjahrfeier hat die Stadt zusätzlich zu den namentlich Genannten auch der vielen anonymen Opfern der spanischen Reconquista in Cartagena gedacht. Auf der gegenüberliegenden Straßenseite liegt die **Muelle de Pegasos**. Zwei geflügelte Bronzepferde bewachen die Bucht de Las Animas. Die Bucht war bis in die 1930er Jahre Landeplatz für die Wasserflugzeuge der Scadta. Vor einigen Jahren dümpelten hier noch bunt gestrichene Holzkähne und warteten auf die Abfahrt in den Chocó und an die Panamagrenze, bis man sie endgültig aus dem flachen Hafenbecken verbannte. Die neu geschaffene fußgängerfreundliche **Muelle La Bodeguita** verbindet nun die Muelle de Pegasos mit dem Abfahrtsterminal für die Ausflugsboote zu den **Islas del Rosario**. Der abgesperrte Monumentalbau, auf der gegenüberliegenden Seite der kleinen Bucht ist das **Centro de Convenciones** (Kongresszentrum).

Der äußere Befestigungsring begrenzt den Stadtteil **Getsemaní**, zu Zeiten des Vizekönigs eine Insel und erst später mit dem Zentrum verbunden. Hier war das Widerstandsnest des Volksaufstandes während der Reconquista. Und noch heute sind die Leute hier eigenwilliger als anderswo. Getsemaní ist das Viertel der Handwerker. In den kleinen Gassen mit den einstöckigen Häusern herrscht reges Treiben. Hier tummeln sich Schuhmacher, Bäcker, Metzger, und die Gerüche von Leder und frischem Brot vermischen sich mit geronnenem Blut und tropischen Früchten. Die Brücke Puente Roman verbindet Getsemaní mit dem eleganten Stadtteil **Manga**, dessen Gestaltung zu Beginn des 20. Jh. der mediterranen Leichtigkeit südfranzösischer Orte nachempfunden sein soll. An dessen Spitze liegt das **Fort San Sebastián del Pastelillo**, das die Einfahrt in die Bucht de Las Ánimas bewacht. Hier liegt der Jachthafen mit dem Spitzenrestaurant **Club de Pesca**.

Hinter dem Abfahrtsterminal an der Bucht von Las Ánimas lässt man die Altstadt hinter sich und betritt die Halbinsel **Bocagrande**, deren gewaltige Hochhäuser bereits vom historischen Zentrum zu sehen sind. Am Eingang nach Bocagande ist die **Base Naval**, der Kommandostützpunkt der kolumbiansichen Marine untergebracht. Die Av. San Martín (Carrera 2) durchzieht Bocagrande bis zum Hotel Caribe, an dessen Stelle in Kolonialzeiten die Geschütze von Punta Icacos den Zufahrtsweg von Süden absicherten. Es schließen sich die Stadtviertel **El Laguito** mit dem Hilton Hotel an der Spitze und **Castillogrande** an.

Die Spitze von Castillogrande markiert der **Club Naval** mit einem Leuchtturm. An dieser Stelle befand sich zu Kolonialzeiten die Befestigungsanlage Santa Cruz, die später als Pulverkammer genutzt wurde und 1936 in die Luft geflogen ist, und die mit dem gegenüberliegenden Fort von **San Juan de Manzanillo** feindliche Schiffe rechtzeitig ins Kreuzfeuer nehmen konnte, um sie am Einfallen in den inneren Ring der Bucht zu hindern. Auch San Juan de Manzanillo wurde komplett zerstört, aber in den 1980er Jahren behutsam wieder aufgebaut. Kolumbiens großer Architekt, Rogelio Salmona, hat sich am ursprünglichen Grundriss orientiert und

Statue Don Blas de Lezo (Cartagena)

die verbliebenen Ruinen aus Korallengestein in ein modernes und sachliches Gebäude mit einem System aus Innenhöfen integriert, das als Gästehaus der Regierung genutzt wird.

Fort San Felipe de Barajas

Beeindruckend ist das mächtige Fort San Felipe de Barajas. Diese gewaltige Festung beherrscht das Bild der Stadt. Sie liegt auf dem San Lázaro Hügel, den sie vollständig bedeckt. Das Fort sollte den einzigen Zugang der Stadt zum Festland überwachen. Initiator des Baus war 1639 der Gouverneur Francisco de Murga. Den ersten Bauabschnitt betreute der Holländer Richard Carr. Zu jener Zeit war es noch ein kleines Bauwerk, das während der Erstürmung der Stadt durch den Baron de Pointis ohne Schwierigkeiten besetzt wurde. Dies führte zum systematischen Ausbau, und das Fort, an dem alle Bemühungen des Admiral Vernon scheiterten, wurde nie wieder erstürmt. Die letzten Bauarbeiten leitete der Baudirektor Antonio de Arévalo Ende des 18. Jahrhunderts. Besichtigen lässt sich das ausgeklügelte Tunnel- und Wegesystem, die Kasematten und Pulverkammern. Das Fort erstreckt sich über mehrere Etagen, die mit Treppen verbunden sind. Einziger Zugang ist eine Rampe, an deren Ende eine Zugbrücke hochgezogen werden kann. In den Kellern befanden sich die feuchten und bemoosten Verliese für die Kriegsgefangenen. Am Fuß des Forts steht eine Statue des **Don Blas de Lezo,** Av. Arévalo, 20 Min. zu Fuß von der Altstadt, Taxi € 2,50 ◷ 8-18. Eintritt: € 7 (letzter So im Monat frei).

Fuerte de San Fernando (de Bocachica)

Ein weiteres gut erhaltenes Fort ist San Fernando (de Bocachica), erbaut zwischen 1753 und 1760. Es wurde nach der vollständigen Zerstörung des alten Forts San Luis durch Admiral Vernon an gleicher Stelle an der Einfahrt zur Bucht neu errichtet. Es liegt an der Südspitze der **Isla Tierrabomba** und lappt wie eine Zunge ins Meer. In der Mitte des Exerzierplatzes ist eine kreisrunde Öffnung mit Zu- und Abläufen eingelassen. Es ist ein Gezeitenmesser. In den vielen Gewölben hausen Fledermäuse.

Gegenüber liegen die Überreste der **Batería de San José.** Beide Forts bewachten den Eingang zur äußeren Bucht von Cartagena und konnten feindliche Schiffe ins Kreuzfeuer nehmen. Um vor Überraschungsangriffen sicher zu sein, waren beide Festungen mit einer Eisenkette verbunden. Alle Schiffe müssen nach wie vor diese Einfahrt nehmen. Bocagrande wurde zu Kolonialzeiten mit Steinpollern unpassierbar gemacht. Zu erreichen ist Bocachica nur per Boot. Einige Jungs aus dem benachbarten Dorf tauchen nach den von Touristen ins Wasser geworfenen Geldstücken. Sie zählen bis «fünf» und springen dann den Münzen hinterher, die sie mit dem Mund erhaschen. In der Hauptsaison kann so ein Schatztaucher einiges verdienen und trägt damit wesentlich zum Familienunterhalt bei. Von der Muelle Turistico fahren gelegentlich Ausflugsboote nach Bocachica (€ 6 hin und zurück). Eintritt: € 6.

San Fernando de Bocachica

Convento de la Popa

Der Konvent der augustinischen Bettelmönche liegt auf dem mit 150 m höchsten Berg der Stadt (Cerro de la Popa) und ist von allen Seiten aus zu sehen. Gegründet wurde der Konvent 1607 durch Fray Alonso de la Cruz, eine schlichte Konstruktion erbaut aus Holz und Palmenwedeln. Dem Mönch war in der Wüste von Ráquira (Boyacá) zuvor die heilige Virgen de la Candelaria erschienen und hatte zu ihm gesagt: «Geh nach Cartagena und gründe bei deiner Ankunft eine Kirche auf dem ersten Berg, den du siehst.»

Zu Zeiten seiner Gründung war der Cerro La Popa von dichtem Dschungel umgeben und ein Zufluchtsort für die *cimarrones* (entlaufene Sklaven) und Indianer, die hier ihre schwarzen Messen abhielten. Sie schmückten einen Ziegenbock und verehrten ihn als Sinnbild des Teufels. Fray Alonso soll das Tier in die Schlucht auf der Rückseite des Klosters, den **Salto del Cabrón**, geworfen haben. Der Hügel ist ein Wallfahrtsort, und am 2. Februar wird der Namenstag der Heiligen Jungfrau mit einer großen Prozession den Hügel hinauf begangen. Das Marienbild der Schutzpatronin der Stadt befindet sich im Altar der Kapelle. 1986 besuchte Papst Johannes Paul II. diesen Ort. Der Berg bietet einen grandiosen Rundblick über die Stadt, die Bucht und die

Inseln. Cartagena ist umgeben von Wasser, und man erhält eine Vorstellung von der strategischen Bedeutung zu Kolonialzeiten. Wer hier steht, meint wie Admiral Vernon, die Stadt im Griff zu haben. Der Convento liegt 2 km hinter dem Fort San Felipe de Barajas, Zugang von Pie de la Popa über eine Serpentinenstraße ohne öffentlichen Transport. Taxi, hin und zurück mit Dreiviertelstunde Wartezeit, wird für stolze € 20 angeboten. Zu Fuß ist der Weg nicht zu empfehlen.

Die Gegend unterhalb des Klosters ist nicht besonders sicher und der Aufstieg in der Karibikhitze zudem eine klimatische Herausforderung.Die organisierte Komplettour mit der Chiva, die außerdem noch zum Fort San Felipe und zur San Pedro Claver Kirche führt, hat den Nachteil, dass man sich inmitten lautstarker Gruppen wiederfindet. Am besten ist der Besuch am frühen Vormittag oder späten Nachmittag ⏱ täglich 8.30-17. Eintritt: € 3.50.

Museen

Die Schätze von Cartagena liegen in den Straßen und weniger in den Museen. Wer etwas mehr Zeit mitbringt, sollte zumindest das Museo de Oro anschauen.

Museo de Oro y Arqueologia

Das Goldmuseum widmet sich der Kultur der präkolumbianischen Sinú. Hinter der Panzertür im Erdgeschoss sind einige ihrer meisterhaften Goldschätze ausgestellt. Es sind anthropomorphe und zoomorphe Figuren, die den Toten auf ihre letzte Reise mitgegeben wurden. Zu Lebzeiten trugen die Männer vergoldeten Penisschmuck in Muschelform, die Frauen goldene Brustscheiben. Interessant ist die Verbindung der maurisch beeinflussten Goldschmiedekunst aus Mompox mit der Technik der Sinú. In einer der Vitrinen im Obergeschoss ist eine kleine Goldfigur mit einem Hut, der dem reich verzierten *vueltiao* ähnelt. Das ist der klassische Kopfschmuck der Costeños.

Die Sinú trugen Körperbemalung, deren Muster sie mit einem Rollstempel aus Ton auftrugen. Jede Familie hatte ihr eigenes Muster. Die Sinú lebten an der Küste und im Tiefland zwischen den Flüssen Magdalena und Sinú. Sie verwandelten die Tiefebene in eine Kanallandschaft und passten dadurch ihren Wohnraum den erheblich wechselnden Wasserständen der Flüsse an. Das Reich **Gran Zenú** war in drei Provinzen aufgeteilt. Der oberste Kazike regierte Zenúfana, heute der Oberlauf des San Jorge, und Teile von Antioquia, ein Gebiet mit reichen Goldvorkommen. Seine Schwester stand Finzenú vor. Die Küstenregion um das heutige Cartagena war religiöses und Handelszentrum. Ein weiteres Familienmitglied beherrschte Panzenú, reich an Fisch und Landwirtschaft. Heute ist dies das Momposiner Flachland. Den Häuptlingen unterstellt waren Unterhäuptlinge, die Abgaben zu zahlen hatten. Gran Zenú verfiel sechs Jahrhunderte vor Ankunft der Spanier, Plaza Bolívar, Cra. 4 No 33-26 ⏰ Di- Fr 10-13 u. 15-19, Sa 10-13, So 11-16.

Museo de Arte Moderno

Großformatige Bilder des verstorbenen Altmeisters und ehemaligen Museumsdirektors Enrique Grau hängen permanent im Obergeschoss des Gebäudetraktes, der einst zum königlichen Zollhaus gehörte, zudem einige Werke von Alejandro Obregón, der ebenfalls einige Jahre in Cartagena gelebt hat. Ab und zu finden temporäre Ausstellungen statt, Plaza de San Pedro Claver ⏰ Mo-Fr 9-13 u. 15-19, Sa 10-13, So 9-13. Eintritt: € 2,20.

Museo Naval del Caribe

Wer an alten Schiffsmodellen Interesse hat, kann in dieses weiträumige Kolonialgebäude, das einst den Jesuiten-

kolleg beherbergte, einen Blick hineinwerfen. Zwischen dem Hotel Santa Teresa und der Kirche San Pedro Claver, Calle San Juan de Dios ⏰ Mo-Sa 10-17.30. Eintritt: € 3.

Casa Museo Rafael Núñez

Etwas außerhalb der Stadtmauer im Barrio Cabrero steht das Geburts- und Sterbehaus des früheren Präsidenten Rafael Núñez. Núñez war zwischen 1880 und seinem Tod 1894 vier Mal Präsident von Kolumbien, zu einer Zeit, als die unbegrenzte Wiederwahl noch möglich war, der herausragende Präsident der Republik im 19 Jh. Er hob nicht nur die langlebige Verfassung von 1886 (bis 1991) aus der Taufe, sondern textete zudem die Nationalhymne. Sein Schreibtisch, von dem er die Regierungsgeschäfte erledigte, ist wohlbehalten. Zudem enthält das Museum persönliche Gegenstände und eine Bibliothek. Das Haus, im typisch antillanischen Stil aus Habarcoholz luftig gebaut, stammt aus dem Jahre 1858, Calle Real del Cabrero No 41-89 ⏰ 664 53 05 ⏰ Di-Sa 9-17.30, So 9-16. Eintritt: € 1.

Märkte

Der **Mercado Bazurto,** Av. Pedro de Heredia ist der täglich stattfindende, lebendige und bunte Markt des Volkes. Es ist ein ungeschminkter Markt auf dem an Hunderten von Ständen Obst, Gemüse, Fisch und Fleisch umgeschlagen wird. 🚌 'Bazurto' von der India Catalina, Taxi von El Centro, € 3. Wer sich hier allein nicht hintraut, kann Jorge Escandón von **Bazurto Social Tours** engagieren ⏰ 660 14 92 bazurtosocialclub@gmail.com Nicht billig, aber im stolzen Preis von € 87 für den Ausflug ist der Fischeinkauf, die Zubereitung und der Verzehr mit einigen Mojitos in Manzanillo del Mar enthalten.

Feste & Festivals

Seit 1960 wird jährlich ein **internationales Filmfestival** (gewöhnlich im Februar) veranstaltet. Die Filmtrophäe ist die India Catalina. Cartagena ist weder Cannes noch Hollywood, sondern ein überschaubares sympathisches Festival mit einigen interessanten lateinamerikanischen Filmen, die nur selten den Weg nach Europa finden. Die Stadt hat ihre Architektur hin und wieder als Filmkulisse zur Verfügung gestellt. Der herausragende Film, der hier mit dem Weltstar Marlon Brando gedreht wurde, heißt «La Quemada» und ist längst Legende. 1995 wurde «Nostromo», nach einem Roman von Joseph Conrad mit Claudia Cardinale in der Hauptrolle in Szene gesetzt.

Filmtrophäe 'India Catalina'

Ein jährlich wiederkehrendes Festival für **klassische Musik** hat sich in Cartagena etabliert (gewöhnlich Anfang Januar). Orchestermusiker und Solisten aus aller Welt kommen einmal im Jahr in Cartagena zusammen und geben mehrere Konzerte in alten Gemäuern oder unter freiem Himmel. Konzertorte sind das **Teatro Heredia**, ein verspieltes architektonisches Prunkstück in der Altstadt mit Treppen und Skulpturen aus italienischem Marmor, ein tropisches Theater mit einer vom Künstler Enrique Grau verzierten Kuppel und 750 Sitzplätzen und die Kapellen von Santa Clara und Santa Teresa. Auf der Plaza San Pedro Claver und in unterschiedlichen Stadtteilen werden frei zugängliche Konzerte gegeben   www.cartagenamusicfestival .com

Gewöhnlich Ende Januar findet das **Hay Festival** statt, ein internationales Schriftsteller-Treffen mit hochkarätiger Besetzung von Herta Müller bis Vargas Llosa. www.hayfestival.com

Das legendäre **Festival de Música del Caribe**, das Cartagena während der 80er und 90er Jahre bereicherte, soll nach langer Zeit der Abstinenz endlich wiederbelebt werden, so dass wieder Bands aus Kolumbien, Jamaika, Kuba, der Dominikanischen Republik und Zaire aufspielen können.

Am 11.11. beginnt in Cartagena nicht etwa die närrische Zeit, sondern die Feiern des Unabhängigkeitstages, verbunden mit der Wahl der **Miss Colombia**. Letztere hält die Nation schon wochenlang vorher in Atem.

Mitte Dezember klingt die Saison mit **Jazz bajo la Luna** aus. Gejazzt wird in einigen Klosterhöfen und auf den Bollwerken.

Shopping

Cartagena bietet eine Vielzahl guter Shoppingmöglichkeiten bei ansprechendem Ambiente im Herzen der historischen Altstadt, Juweliere, Modeboutiquen, Antiquitäten und Kunsthandwerk (Atresanía).

Cumbia Colombiana

Las Bóvedas, reiche Auswahl an farbenfroher landestypischer Artesanía, vom berühmten 'Vueltiao' Hut über T-Shirts bis zur Hängematte ist hier alles vertreten. Das **Museo de Artesanías y Esmeraldas** ist nur wenige Schritte von der Plaza Bolívar und gar nicht zu verfehlen, dafür sorgen schon die Kommissionsverkäufer entlang der viel begangenen Touristenroute, viel sagend heißt es, 'Gold und Edelsteine (Smaragde) aus den Minen von Muzo, Chivor, Coscuez und Peñas Blancas', zudem Kunsthandwerk, (Centro) Calle Santos de Piedra No 34-23 ☏ 660 05 54. **Jenny Amador Chaljub**, die Modemacherin aus Cartagena entwirft schicke und außergewöhnliche **Guayaberas** und **Liqui-Liquis**. Das sind die edlen karibischen Hemden, die auch Gabriel García Marquez bevorzugt trägt, und wenn Sie einen Business Termin in der Karibik wahrnehmen, legen Sie um Himmelswillen keine Krawatte an, sondern kommen Sie in der Guayabera oder im Liqui-Liqui! (Cen-

tro) Callejón de Los Estribos No 2-104 ☏ 664 14 85. **La Cava del Puro de Bolivar**, der beste Hersteller für kolumbianische Zigarren (Habanos) und der einzig autorisierte für den Vertrieb, Calle San Juan de Dios No 3-106 Local 1, ein Block von der Iglesia San Pedro Claver ☏ 664 94 82.

Strände

Bocagrande, Laguito & Castillo Grande

Bocagrande ist der moderne Stadtteil mit mehrstöckigen Hotels und Apartmenthäusern entlang der der Altstadt gegenüberliegenden Bucht, mit einem ellenlangen Strand, auf dem man die verrücktesten und schrägsten Gestalten antrifft, seien es nun Einheimische oder Ausländer. Es herrscht ein buntes, am Wochenende vibrierendes Strandleben, genau das Richtige, um Kontakt zu machen. Am besten mietet man eines der Stoffzelte mit Liegestuhl, € 2,50. Vom Handleser bis zur Zopfflechterin, von der Bibelstunde bis zum posierenden Faultier kommt alles vorbei. Auf den Wellen tummeln sich Tretboote, Wasserbananen und Wassermotorräder. In den Strandbuden trinkt man sich ein. In Bocagrande regiert der ganz normale Strandwahnsinn. Zwischenzeitlich können einem die vielen aufdringlichen fahrenden Händler, die im Minutentakt mit billiger Ramschware (Sonnenbrillen, T-Shirts, Muschelketten usw.) am Handtuch vorbei schlendern, schon gewaltig auf den Nerv gehen. Lässiges Strandleben bei Lounge oder Chill Out Klängen bietet der Sunset Beach Cartagena. Am Hilton-Privatstrand geht es etwas ruhiger zu, aber von **Ensalada de Frutas** (Fruchtsalat), **Trenzas** (Rasta-Zöpfchenflechten) und Massagen bleibt man auch dort nicht verschont. **Laguito** bietet einen vergleichsweise ruhigen, vor dem Hilton beinahe eleganten Strand und das Wasser ist flach. In der Gegend gibt es kleine Shops, Restaurants, Diskotheken und einige Clubs. Beinahe verschlafen ist der sich anschließende Residenzbezirk **Castillo Grande**. Am Strand findet man hier selten Trubel, aber die Muße, um ein Buch oder die Zeitung zu lesen. Das Meer ist glatt wie ein Spiegel, und der Blick schweift auf die vorgelagerte Insel Tierrabomba und einige weit draußen ankernde Schiffe. Zwischen dem historischen Zentrum, Bocagrande und Laguito, € 0,75, **Taxi** € 2,50.

La Boquilla & Manzanillo del Mar

Im Norden der Stadt, hinter dem Flughafen liegt La Boquilla, einst eine durcheinandergewürfelte Fischersiedlung zwischen den Mangrovensümpfen und dem Meer, hat die breite Strandlinie in den letzten Jahren Bauinvestoren in Scharen angelockt, die ein Ressort und ein Hotelkomplex nach dem anderen hochziehen. Der Service mag sich verbessert haben, aber die Ursprünglichkeit in den Strandbuden, die Fisch und Meeresfrüchte anbieten, ist dahin. Der Ressorttourismus hat die Mangrovensümpfe und das soziale Gefüge beschädigt. Gelegentlich bieten die verdrängten Einheimischen kleine Rundfahrten mit dem Kanu in die Mangrovensümpfe an, aber die Gegend ist für einen Besuch auf eigene Faust heikel geworden. Eine Bucht hinter La Boquilla liegt Manzanillo del Mar. An diesem unter der Woche verträumten Fleckchen soll sich einst der Vizekönig von seinen Amtsgeschäften erholt haben. Zwei Strände stehen zur Auswahl, und einige Restaurants und Fischbuden bieten leckere Meeresfrüchte an. Hier besteht die Möglichkeit, Pferde zu mieten. Nach La Boquilla vom Monument der India Catalina, mit dem Taxi € 3.

Schlafen

Die Mehrzahl der einfachen und günstigen Hotels befindet sich im kolonialen Stadtteil **Getsemaní** zumeist in der **Calle Media Luna**. Die kleinen Hostals liegen alle dicht beieinander, sind funktional und bieten alles Wissenswerte und praktischen Service für die hier anlandende internationale Reiseszene, vom organisierten (Halb-)Tagesausflug zu den Schlammvulkanen von Totumo bis zum beliebten Segeltörn zu den San Blas Inseln (Panama). Spätestens nach Sonnenuntergang macht sich ausgelassene Partystimmung breit. Im **historischen Zentrum** (Centro Histórico) geht es in den Nachtstunden hingegen geruhsam zu. Einige der pompösen Kolonialhäuser und Konvente

Mango dulce, mango con sal

sind in Boutique-Hotels verwandelt worden, die Hotelzimmer sind geräumiger und bieten je höher die Tarife steigen, ausschweifenden karibischen Luxus. In **Bocagrande** ist nicht die Vergangenheit, sondern die Gegenwart von Cartagena zuhause. Die Hotels hier sind weniger schick und gediegen als im historischen Zentrum, dafür moderner, höher und unpersönlicher. Der einzige Vorteil, in wenigen Schritten ist der Strand erreicht. Wer für einige Zeit ein Apartment anmieten möchte, wird am ehesten in **Bocagrande** und im angrenzende **El Laguito** fündig. Hier stehen einige, inzwischen in die Jahre gekommene Apartmentblöcke mit zum Teil recht geräumigen Zimmern. Man kann bei den Pförtnern herumfragen und sich allein oder mit mehreren ein Apartment mieten, hat einen Kühlschrank, teilweise grandiose Meerblikke, eine stete Brise, a/c und Swimmingpool.

Hostel Media Luna, Valle da la Media Luna No 10 - 46 ✆ 664 34 23 www.medialunahostel.com komplett renoviert, Pool im Innenhof (Eigenwerbung 'The Best Hostel in Cartagena') Zimmer nur mit Vent. Privatbad, WiFi, € 22/39(2). Zwei Dorm 6-8 Betten, entweder mit Bad auf dem Flur oder im Dorm € 11/15 p.P.

Hostel Mamallena, Calle de la Media Luna No 10-47 ✆ 670 04 99 www.hostelmamallenacartagena.com hat das legendäre 'Hotel Holiday' übernommen und ist ein Ableger des gleichnamigen Hostels in Panama-City, Informations- und Kontaktstelle für Segeltörns nach Panama, 23 Dorm-Betten, 15 Zimmer mit Vent. ohne/mit Privatbad, schmaler Innenhof, freier Kaffee, Waschservice, inkl. Pancake-Frühstück, WiFi € 9/22(2).

Hotel Marlin, Calle de la Media Luna No 10-35 ✆ 664 35 07 hotelmar lincartagena@hotmail.com Kabel-TV, Internet, Wasch- und Kochgelegenheit, kleine Zimmer, Dorm/Zimmer mit Vent. und a/c inkl. Frühstück, € 12/16/20/22.

Hotel San Roque, Calle Media Luna No 10-48 ✆ 664 83 23 www.sanro

quehotel.com nettes, ruhiges Hotel, einfache Zimmer zum Innenhof mit hohen Decken, inkl. kleines Frühstück, WiFi, Ventilator € 27/34(2), a/c € 32/36(2).

Casa Viena, Calle San Andrés No 30-53 ✆ 664 62 42 www.casaviena .com populär bei Reisenden, einige 2 und 4 Bett Zimmer ohne/mit Privatbad, Kabel-TV, Vent. kleiner Innenhof, Gemeinschaftsküche, € 17,50/23,50 (2), im Dorm mit a/c € 7,50 p.P.

Casa Familiar, Calle del Guerrero No 29-66 ✆ 664 83 74, Zimmer ohne/mit Privatbad, in einer ruhigen Seitenstraße der Media Luna, bestes Zimmer im 2. Stock, € 10/18 p.P.

La Casona de Getsemani, Calle Tripita y Media No 31-32 ✆ 664 13 01, schönes Kolonialhaus mit Innenhof, guter Service, 1-4 Bett-Zimmer, mit Vent. oder a/c, Privatbad, WiFi, inkl. Frühst., € 17,50/26(2)/22/30,50(2).

Hotel Yolanda, Calle del Espiritu Santo No 29-101 ✆ 664 83 10, eine kleine tropische Oase inmitten des lebendigen Getsemaní-Distrikts, angenehme Ruhezonen um den Pool, Holzfußboden in den begrünten Zimmern, Vent. oder a/c ab € 60(2).

Hotel Santo Domingo, Calle Santo Domingo No 33-46 (El Centro) ✆ 664 22 68, einfache Zimmer mit Bad, ruhig, Vent./a/c € 29/33(2).

Hotel Bellavista, Av. Santander 46-50 ✆ 664 64 11 www.htbellavista.com kleines, gemütliches und sehr einfaches Strandhotel mit langer Tradition und unterschiedlichen Zimmertypen, einige mit a/c, Kabel-TV, Internet, insbesondere für länger Aufenthalte geeignet, ab € 20 pro Tag, abseits gelegen an der Playa Marbella, zwischen Altstadt und Flughafen.

El Viajero Cartagena, Calle 7 Infantes No 9-45 (Barrio San Diego) ✆ 660 25 98 www.elviajerohosteles.com der populäre Travellertreff im historischen Zentrum. Der fitte Uruguayer Federico Lavagna hat seine Marke in Uruguay/Paraguay und Kolumbien gesetzt. Tolle Atmosphäre, schöner Innenhof, Gemeinschaftsküche, a/c, WiFi, Dorm, Einzel/Doppelzimmer mit Privatbad, € 11/26 p.P.

Centro Hotel, Calle de Arzobispado No 34-80 (El Centro) ✆ 664 04 61 www.centrohotelcartagena.com ruhiges Mittelklassehotel in unmittelbarer Nähe zur Plaza Bolívar, dem vielleicht schönsten Teil der Altstadt, geräumige Zimmer mit Blick zum palmenbestandenen Innenhof oder Balkon zur Straße, Vent. oder a/c, WiFi, € 70/87(2).

Hotel 3 Banderas, Calle Cochera del Hobo No 38-66 ✆ 660 01 60 www.hotel3banderas.com im Herzen der Altstadt, einige Schritte vom Hotel Santa Clara (Barrio San Diego), relaxte Atmosphäre in den Patios und schöne Blicke von den Balkonen im zweiten Stock, Dachterrasse mit traumhaftem Blick, plüschige Zimmer mit Privatbad, Kabel-TV, a/c, WiFi, Tarife variieren nach Lage und Saison zwischen € 85-140(2).

Hotel Monterrey, Cra. 8B No 25-103 ✆ 664 85 60 www.hotelmonterrey.com.co hervorgegangen aus dem Umbau und der Renovierung eines dreistöckigen republikanischen Hauses aus dem 19. Jh., zentral gelegen mit Blick auf den Uhrenturm und das Centro de Convenciones, Restaurant, Bar und kleiner Pool auf dem Dach, 30 Zimmer unterschiedlicher Kategorie, verziert mit Stilelementen aus der republikanischen Epoche, durchschnittlicher Zimmerpreis € 100.

Hotel Charleston Cartagena, Cra. 3 No 31-23 (Centro) ✆ 664 94 94 www.hotelescharleston.com der ehemalige Konvent Santa Teresa mit der gleichnamigen Plaza davor. Dachrestaurant, Cocktail-Lounge in der ehemaligen Kapelle, Pool, türkisches Bad und Spa, Konferenzräume, Zimmer zwischen € 150-400 (Präsidentensuite).

Hotel Santa Clara-Sofitel, Balluarte de Santa Clara (Centro) ☎ 665 15 02 www.hotelsantaclara.com Das 1995 zum Gipfel der Blockfreien eingeweihte Fünf-Sterne-Hotel ist das stilvollste Hotel der ganzen Stadt. Das ehemalige Klarissen-Kloster ist Schauplatz des Romans von Gabriel García Márquez «Von der Liebe und anderen Dämonen». Alle Zimmer haben Balkon, Minibar, Zentral-a/c, die oberen mit Meerblick, Pool, zwei Restaurants, Bar, Konferenzräume, durchschnittlicher Zimmerpreis € 300 .

🍴 Essen & Trinken

Die zum Teil deftige volkstümliche Küche der kolumbianischen Karibikküste findet man selbst im Stadtteil **Getsemaní** nur noch vereinzelt, dafür ist nunmehr der **Mercardo Bazurto** die richtige Anlaufstelle. Die meisten Traveller bevorzugen Pizza, Pasta & Co und die bekommen sie nun auch an (fast) jeder Ecke, allerdings in ganz unterschiedlicher Qualität.

In der Calle de la Media Luna, den angrenzenden Seitengassen und um die Plaza de Santísima Trinidad mit der gleichnamigen kleinen Kirche haben sich einige italienische Trattorias und Pizzerias breitgemacht, wie z.B. das ausgezeichnete **I Balconi**, Calle del Guerrero No 29-146 Ecke Calle de la Media Luna. Chef de Cuisine Mauro Dose macht seine Pasta, Brot und Salsavariationen selbst. Die Meeresfrüchte-Pizza ist besonders zu empfehlen. Von den sechs Balkonen im ersten Stock hat man einen guten Blick auf das Treiben entlang der Media Luna.

Eine andere überaus beliebte kolumbianisch-italienisch geführte Trattoria ist **Di Silvio**, Calle de la Sierpe No 9-08. Wer drinnen keinen Platz findet, kann mit den Anwohnern eine Pizza

Straßenküche im Barrio Getsemani

oder einen Hamburger vom Stand auf der in den Abendstunden belebten Plaza vor der kleinen Iglesia de la Santísima Trinidad bestellen und verzehren.

Einfache und günstige comida corriente serviert seit Jahren das traditionsreiche Restaurant **Coroncoro,** Calle Tripita y Medía No 31-28 (Getsemaní) ☎ 664 26 48.

Kolumbianische Tagesküche gibt es auch im **Getsemaní Café**, Calle San Andrés No 30-34 ☎ 317 781 56 94. Einige Essensstände, Fruchtsaft- und Ceviche-Cocktailbuden findet man vereinzelt an der Av. Venezuela, die die Barrios Getsemaní und La Matuna von San Diego trennt. Beliebt sind die im Pappbecher servierten Ceviche als Krabben-, Austern-, Caracol und Chipi-Chipi Cocktails in allen Größen und Mischungsverhältnissen. Satt werden kann man auch am Stand mit **Arepa con Queso**, gerösteten Schweineschwarten, Grillwürsten und Tamales.

Die **internationale Spitzenküche** ist in die alten Gemäuer der kolonialen Patrizierhäuser eingezogen und widmet sich bevorzugt einer Fusion aus traditioneller spanisch/französisch/italienischer Küche mit indianischen, afrikanischen und arabischen Elementen.

Gato Negro, Calle San Andrés No 30-39 (Getsemaní) ☎ 664 09 58, im 'schwarzen Kater' beginnt der Start in den Tag, bei Müsli, Nutella oder einem kräftigen Eierfrühstück a la Colombiana, hinzu kommt der ein oder andere Café, denn hier gibt es eine der seltenen und schwer erkämpften WiFi-Zonen von Getsemaní.

Malagana Cafe & Bar, Calle Tripita y Media, Künstler- und Touristencafé im Herzen von Getsemaní, Cocktails, kleine Gerichte wie Ceviche, Salate, Pasta, Sandwich.

Juan Valdez Café, fünfmal in Cartagena vertreten, an der Plaza de la Universidad in der Altstadt, in Bocagrande, Av. San Martín No 7-17 und am Kreuzfahrtterminal in Manga.

Restaurante Panadería El Bistro, Calle de Ayos No 4-48 (El Centro) ☎ 664 17 99, frisches deutsches und französisches Brot, reichhaltige, schmackhafte und regelmäßig wechselnde Tagesgerichte, Frühstück, Salate, Sandwich, Paulaner Bier und Bier vom Fass, zentrale Lage im historischen Zentrum, nur wenige Schritte von der Kathedrale entfernt.

Restaurante Bar Rincón de la Mantilla, Calle de la Mantilla No 3-32 (El Centro) ☎ 660 14 36, Aguila-Bierbar und maritim eingerichtetes Restaurant mit Mittagsmenü, für Trinker allein und in Gesellschaft.

La Mulata, Calle Quero No 9-58 (San Diego) ☎ 664 62 22, kleine Tische, hohe Decken, netter Service und eine breit gefächerte Karte an Karibikspezialitäten mit Zackenbarsch (Róbalo) in Champignon-Soße und Meeresfrüchte-Risotto.

La Cevichería, Calle Stuart No 7-14 (San Diego) ☎ 664 52 55, kleines und verwinkeltes Spezialitäten-Restaurant für Fisch und Meeresfrüchte, Empfehlung des Hauses ist die 'Paella Mulata Tropical'.

Toprestaurants

Historisches Zentrum, La Manga & Cabrero

Restaurante 1621 ☎ 650 4741, benannt nach dem Jahr der Grundsteinlegung des Konvents im ehemaligen Speisesaal der Klarissen und **Café del Claustro** (Brasserie) sind beide im Hotel Santa Clara-Sofitel (Plaza San Diego). Die beiden Restaurants servieren unter den hohen Arkaden oder in einem der stilvoll eingerichteten Innenräume. '1621' ist der Gourmetküche verpflichtet und kombiniert europäische Küche mit karibischen Elementen. Frischverliebte sollten sich den Platz am alten Brunnen unterm Sternenhimmel reservieren lassen. Das Café del Claustro eignet sich ideal zum ausgiebigen Frühstück oder Sonntagsbrunch (ab 11.30). Anschließend ein paar Runden im Pool schwimmen und schon sind die angefutterten Kalorien wieder abtrainiert. Vor Sonnenuntergang geht's dann weiter mit frisch gebackener Gourmetpizza und in den Abendstunden wird hier bei Kerzenschein diniert.

El Santísimo, Calle del Torno No 39-62 ☺ 660 15 31, vor dem Hotel Santa Clara, französische Küche mit karibischen Einsprengseln, entspannte Atmosphäre, angeboten wird ein Überraschungs-Menü zum günstigeren Preis 'Plan Milagro'.

Juan del Mar, Plaza San Diego No 8-21 ☺ 664 0148, drei Restaurants unter einem Dach. Man hat die Qual der Wahl zwischen lecker zubereitetem fangfrischem Fisch, italienischer Küche in der **Mesa Italiana** oder einer opulenten Pizza auf der Terrasse im zweiten Stock in der **Pizzeria Gourmet** mit Blick über die Türme und Zinnen der Altstadt.

La Bruschetta, Calle del Curato No 38-135 ☺ 664 55 91 www.labruschetta.com.co gediegener Laden mit italienischer Küche (Fisch- und Fleischgerichte), kubanischer Musik, chilenischen und argentinischen Weinen.

Donde Olano, Calle Santo Domingo No 33-08 www.dondeolano.com (Bistro-)Restaurant, französische und kreolische Küche, Spezialität: gegrillter Lobster in Buttersoße, dazu Gemüse und Kokosnussreis.

8-18, Calle Gastelbondo No 2-124 (Plaza Santo Domingo) ☺ 664 17 99, moderne Küche, gepaart mit up to date Design, beliebt ist der Ochsenschwanz in Rotweinsoße, bisweilen snobistisch angehauchte Atmosphäre.

Spitzenküche im Hotel Santa Clara

La Vitrola, Calle 33 No 2-01, Calle Baloco (El Centro) ☎ 664 82 43, kubanische Livemusik im Hintergrund. Exzellenter Service, gute Küche und Weinkarte, ansprechendes Ambiente. Spezialität: *ropa vieja habanera* (wörtlich 'alte Klamotte'), geschnetzeltes Rindfleisch in Tomatensoße mit schwarzen Bohnen, Reis und Yuka.

La Casa de Socorro, Calle Larga No 8b -12 (Getsemaní) ☎ 664 46 58 www.restaurantelacasadesocorro.com karibisch-kolumbianische Küche in rustikal-kolonialem Ambiente, gute Fischsuppen, Spezialität: Pargo Rojo, verschiedene Kasserollen mit Meeresfrüchten. Hier waren sie schon alle, Präsidenten, Beauty Queens, Fußballnationalspieler. Mittags rechtzeitig um ⏰ 12 kommen, sonst sind alle Tische besetzt.

La Langosta, Calle Real No 41-43 (Cabrero) ☎ 664 47 13 www.langosta-com.co Nähe Casa Rafael Núñez, seit über 25 Jahren Langusten in allen Variationen, elegante Atmosphäre, guter Service und vernünftige Preise.

Club de Pesca, Fuerte San Sebastián de Pastillo (Manga) ☎ 664 45 94, traditionsreiches Großrestaurant für Kongressbesucher und Familientreffen mit weitläufiger Terrasse auf den Festungsmauern, überwiegend Meeresfrüchte mit Blick auf den Jachthafen und Teile der Altstadt, am Wochenende Livemusik.

Bocagrande

In **Bocagrande** sind sämtliche Imbissketten des Landes vertreten sowie eine Reihe guter und hochpreisiger Restaurants, zumal in den modernen Spitzenhotels. Einfache und frische Fisch- und Meeresfrüchtegerichte zwischen € 5-10 werden in den Strandbuden serviert. Eine lange Tradition hat der **Kiosco El Bony**, Av. del Malecón Ecke Calle 6 (Bocagrande) vorzuweisen. Der einstige Boxer aus Cartagena, Bonifacio (Bony) Avila hat sich diese exponierte Stelle am Strand unweit vom Hotel El Caribe gesichert, und die Crew bekocht ihre Gäste seit Jahren mit stets gleichbleibender Qualität.

Maritime Fundstücke und Zeitungs-

Party-Chiva vor den Festungsmauern

berichte aus der eigenen Boxkarriere (abgelichtet mit Promotor Don King) zum legendären Kid Pambele aus San Basilio de Palenque und Fotos von Box-Weltmeisterin Regina Halmich schmücken die Wände der windschiefen Hütte, und die aus Arbeitern, Fischern und Reisenden zusammengewürfelte Gästeschar sorgt für eine ausgelassene Atmosphäre.

Musik & Tanz

Ein kühles Bier mit Blick auf die vorbei flanierenden Passanten und Straßenkünstler kann man gut an einem der Straßentische an der **Plaza de los Coches** (El Centro) genießen. Die Cafés und Straßenrestaurants an der **Plaza Santo Domingo** füllen sich im Laufe der Abendstunden. Tagsüber ist es ruhig, aber nach Sonnenuntergang wird der Platz um die sich auf dem Sockel räkelnde bronzene Dicke von Fernando Botero zum prall gefüllten Treffpunkt für einheimische wie ausländische Besucher. Günstigere Cafés und Fruchtbars liegen im Studentenviertel um die Plaza de la Universidad. Eine Handvoll einfacher Bars liegt um die gemütliche **Plaza José Fernandez de Madrid**. Der beliebteste Treffpunkt in der Altstadt ist in den Straßenlokalen und Bars um die **Plaza Santo Domingo.**

Tasca Bar El Baluarte, auf dem großen Bollwerk von San Francisco beim Museo Naval (El Centro). Gutes Ambiente für einen Drink, Standardgerichte, Am Wochenende Livemusik, Covercharge € 2,50.

Café del Mar, Baluarte de Santo Domingo ☎ 664 65 13, Cocktail-Bar (Restaurant) unter freiem Himmel auf der Altstadtmauer mit House, Chill-Out, Lounge-Rhythmen, Meer- und Sonnenuntergangsblick.

El Coro Lounge-Bar, im Hotel Santa Clara-Sofitel, im 17. Jh. der Chor der Klarissen-Schwestern, jetzt eine intime Bar für Cocktails und gut geschenkte kubanische Mojitos, am Wochenende Son Cubano live.

Café Havana, Media Luna Ecke Calle del Guerrero (Getsemaní), Mojitos und Daiquiris am prachtvollen Rundtresen, kubanische Gerichte wie *moros y cristianos* (Reis mit dunklen Bohnen), Livemusik am Do (Covercharge € 2,50) mit dem Flair der Mambo Kings, Son und Salsa.

Geadelt hat den Schuppen spätestens US-Außenministerin Hillary Clinton, die während des Amerika-Gipfels 2012 selten so ausgelassen zu sehen war, wie an diesem Orte. Nationale Politprominenz gibt sich auch abseits der Gipfeltreffen ein Stelldichein. Zum Reinhören lohnt ein Besuch auf www.cafehavanacartagena.com

Media Luna Bar, Calle Tripita y Media 31-55 (Getsemaní) ☎ 660 13 60 🕐 Mo-Sa 15.30-02.30, Musikbar mit den heißesten Mittwoch-Partynächten.

Awacoco, Calle Media Luna, gegenüber vom Hostel Mamallena, hinter den grünen Türen, neuer Club in Getsemaní, beliebt, am Fr/Sa Party bis in die frühen Morgenstunden.

Quiebra-Canto, Camellon de los Martines (Getsemaní), gegenüber dem Parque Centenario, im zweiten Stock, ausschließlich Salsa, beliebt bei Reisenden ist der umlaufende Balkon mit Blick auf die Szene drinnen wie draussen. Die Rumba ist am Wochenende.

Bazurto Social Club, Av. del Centenario, Cra. 9 No 30-42 (Getsemaní) ☎ 664 31 24 www.bazurtosocialclub.com bunt gestrichene Bar und gut gelaunte Menschen, Livemusik mit den Bazurto All Stars und dazu einen 'machacao', ein spezieller Cocktail aus Cartagena.

Mister Babilla, Av. de Arsenal, Calle 24 No 8B-137, großer Club und In-Disco, Covercharge € 6,50.

León de Bavaria, Av. de Arsenal No 10B-65 ☽ 664 44 12, bayrisches Bier und bayrische Gerichte, Live-Rockkonzerte mit der Banda de León ☽ Di-So 16-4.

Donde Fidel, Plaza de los Coches, Salsa und Son. Drinnen wird unter den s/w- Fotos der Revolutionsführer getanzt, draußen auf der Terrasse genießt man das günstige Bier, nimmt sich noch einen Fleischspieß von einem der ambulanten Verkäufer dazu und schaut sich das Abendprogramm mit Tanzgruppen und Feuerschluckern an.

Tu Candela, El Portal de los Dulces ☽ 664 87 87, in der Gewölbe-Bar startet oder endet die Rumba bei Salsa, Reggaeton und Vallenato, Blick vom Balkon auf den Torre de Reloj, Covercharge € 5,25 einzulösen in Cocktails.

Taberna La Quemada, Calle de la Amargura Ecke Calle de Nuestra Señora del Ladrial, wird gerade restauriert und ist berühmt geworden durch den gleichnamigen Film mit Marlon Brando. Inzwischen ist es gelungen, eine kleine Ehrentafel für den verstorbenen 'Giganten aus Hollywood' an der Hauswand anzubringen.

Tauchen

Getaucht wird bei den Islas del Rosario, Barú, Tierrabomba und Salmedina. Das Wasser ist hier ruhiger und wärmer als anderswo in der Karibik, aber die Korallenriffe sind durch industrielle Einleitungen teilweise ausgebleicht. **Cartagena Divers,** Calle Jardín No 39-45 (El Centro) ☽ 664 08 14 www.cartagenadivers.com Minikurse, Padi-Zertifizierung. **Kitesurfen aQuanaútica,** ☽ 656 82 43 www.kitesurfcolombia

.com Kitsurfing-Spot ist das stets windige La Boquilla.

Touranbieter

Aventure Colombia, Calle 38 Ecke Cra. 8 ☽ 314 588 23 78 und 664 85 00, Agentur mit der Lizenz für Treks zur Ciudad Perdida (siehe Santa Marta und Taganga). Aufgepasst, bei Zahlung mit der Kreditkarte werden hier zusätzlich 4 % Servicegebühr berechnet.

Touren durch Stadt & Buchten

zu Lande

Es gibt diverse Möglichkeiten, die Stadt zu erkunden. Zu Fuß eignen sich am besten die Abendstunden und der Sonntag, dann ist die Altstadt wie leergefegt. Für Romantiker ist die nächtliche Fahrt in der **Kutsche** durch die Gassen der ummauerten Altstadt wie geschaffen. Die Kutschen stehen in den Abendstunden an der Plaza de los Coches oder der Plaza Bolívar (historisches Zentrum) und vor dem Hotel Caribe in Bocagrande. Die Kutscher haben viele Geschichten zu Cartagenas Vergangenheit auf Lager, ca. ½ / ¾ /1 Std. zu € 20/28/33 je nach Route ☽ 315 826 11 04 zwischen ☽ 16-23.30. Eine besonders kolumbianische Form, die Stadt kennenzulernen, ist die tägliche Fahrt in der **Chiva** zwischen ☽14-18. Ausgangspunkt ist Bocagrande, von dort geht es zum Eingang der ummauerten Altstadt und anschließend zum Convento de la Popa und dem Castillo de San Felipe de Barajas. Die nächtliche Variante heißt '**Rumba en Chiva**' zwischen ☽ 20-23. Fahrt in einem offenen Partybus mit einer Vallenatocombo im Heck, Aguardiente, regionaltypischem Essen, Animateur und Diskothekenbesuch, um € 25. Zu buchen über die Hotels oder den einschlägigen Touranbieter **Rafael Pérez**

Hochzeitskutsche in der Altstadt

Excurciones, Cra. 1 No 6-130 (Bocagrande) ① 655 00 86/ 311 659 41 63. Warum macht man das? Um sich locker auf das karibische Leben einzustimmen *¡Para calentar motores!* Hinzugekommen sind die Fahrt um die Stadt herum im offenen **Doppeldekkerbus**, der Passagier kann jederzeit an 12 Haltestellen aus- und zusteigen und sich in 5 verschiedenen Sprachen vom Informationsfluss berieseln lassen www.citysightseeing.com .co Hauptsaison € 22, Nebensaison € 20 und die neumodische individuelle Form der Fortbewegung auf dem **Segway** www.segwaycartagena.com

zu Wasser

Die Ausflugsboote und Schiffe zu den Islas del Rosario & Playa Blanca stechen in den frühen Vormittagsstunden zwischen ① 8.30-9.30 ausschließlich von der **Muelle Turístico La Bodeguita** in See. Täglich fahren drei große Jachten zu den Inseln, *Alcatraz, Islas* und *El Barú* und mehrere Schnellboote mit Außenborder. Angeboten werden sowohl Rundtouren zu den Islas del Rosario mit einem Besuch von Aquarium und Delfinshow, als auch Direkttouren zur Playa Blanca (Isla Barú). Zur Playa Blanca kommt man günstiger auf eigene Faust und mit lokalen Transporten vom **Mercardo Bazurto**. Ganztägige Ausflüge von ① 8.30-15.30, Tarife um € 25, abhängig von Route und Mittagessen, € 4 Touristensteuer für die Muelle Turístico und den Besuch der Inseln, die zum Nationalpark gehören.

Zur **Isla Tierrabomba** und nach **Bocachica** mit Besuch des Forts und der nahegelegenen Strände fahren lokale Transporte hinter der Muelle Turístico ab. Die **Playa Punta Arenas** liegt direkt gegenüber dem Hilton Hotel in Laguito mit Blick auf die Skyline der Stadt, Fahrpreis: € 2,50 · 3. Herumfragen! Eintritt Bocachica: € 2,50. Dies ist die einzige Möglichkeit, die Forts auf Tierrabomba zu besuchen. **Partyausflüge auf dem Katamaran**, Dauer zwei Std. DJ an Bord und zwei Drinks p.P. (für bis zu 45 Personen) www.maxicatcatamaran.com

🛥 Wer auf dem Wasserwege **Panama** erreichen möchte, kann einen **Segeltörn** buchen. Die Yachten legen unregelmäßig von der **Muelle vor dem Club Nautico** ab und segeln 4-5 Tage. Zwei Tage sind es bis nach Panama, zwei Tage Schnorcheln und Relaxen auf den Inseln im San Blas Archipel werden drangehängt, Trips zwischen € 450-550 p.P. Up to date- Informationen zu Abfahrten, Komfort und Sicherheit können die Crew vom Hostel Mamallena cartagena@mamalena.com sowie Hans vom Hostal Viena geben. Man sollte hier auf Nummer Sicher gehen, das richtige Boot und den richtigen Skipper herauspicken, sonst kann aus der erwünschten Traumreise (die 30 Std. über das offene Meer führt) schnell ein Alptraum werden. Einen guten Ruf haben die 15 m lange 'Seeadler' von Silvia und Guido, dem Skipper aus Bayern www.sailseeadler.com und der Katamaran 'S/V Papillon' ① 314 540 541. Demnächst soll der über Jahre suspendierte Fährbetrieb zwischen Cartagena und **Colón** in Panama wieder aufgenommen werden.

🚌 Der Busbahnhof (Terminal de Transportes) liegt einige Kilometer außerhalb der Stadt im Sector Doña Manuela an der Carretera de la Cordialidad ① 663 03 17, 30-45 Min. Anfahrtsweg zum/vom Zentrum sollte man einkalkulieren. Hier gibt es mehrere Läden, eine Touristeninformation und eine Gepäckaufbewahrung (*maletero* 24 Std. Stück € 1). Zwischen Bahnhof und Stadtzentrum pendeln Busse mit der Aufschrift «Metrocar», € 0,80. Taxi: El Centro € 6,50, Bocagrande € 7,50. Weil der Terminal so weit draußen liegt, kann es für einige regionale Ziele sinnvoll sein, den Transportservice von **MarSol** ① 656 03 02/300 808 31 51 in Anspruch zu nehmen, der die Passagiere direkt vom Hotel abholt. Das bietet sich insbesondere für die Fahrt nach Magangué (>Mompox) an, € 25 p.P. Zusätzlich zu den Terminalbüros **Unitransco** ① 663 20 67, **Torcoroma** ① 663 23 79 haben **Berlinas del Fonce** ① 663 21 34 und **Expreso Brasilia** ① 663 21 19 eigene Büros in Bocagrande für das Reservieren von Bustickets.

Barranquilla, Expr. Brasilia, Copetrán, u.a. ⏰ 6-22.30, 2 Std. € 4-5,50. **Bucaramanga,** Copetrán, Berlinas del Fonce, 13 Std. € 26,50. **Bogotá,** Brasilia, Berlinas, Copetrán, alle 2 Std. 20 Std. € 60-70. **Cúcuta,** Copetrán ⏰ 9.30, 20 Std. € 40. **Magangué (>Mompox),** Expr. Brasilia, Torcoroma, mehrmals täglich, 3 Std. € 13,50, täglich ein Unitransco-Direktbus nach Mompox, 6 Std. € 17,50. **Medellín,** Rápido Ochoa, Expr. Brasilia, mehrmals täglich, 12 Std. Nachtbusse mit Schlafsitzen, € 47. **Montería (>Turbo >Panama),** Expr. Brasilia, Unitransco, 5 Std. € 18,50, Anschlussbus nach Turbo, 4 Std. € 12. **Riohacha/Maicao,** Rápido Ochoa, Expr. Brasilia, einige am Tag, die meisten in den Abendstunden, 7 Std./8 Std. € 15. **Santa Marta,** Expr. Brasilia, Berlinas del Fonce, Copetrán (alle über Barranquilla), ständig, 4-5 Std. € 12. **Sincelejo (>Tolú),** Expr. Brasilia, € 7,50, 2 ½ Std. (Direktbus ⏰ 6.30, 3 Std. € 10). **Valledupar,** Expr. Brasilia, Copetrán u.a. regelmäßig bis zum frühen Nachmittag, 7 Std. € 20. **Venezuela** (Maracaibo/Caracas), Expr. Brasilia oder Expr. Amerlujo ① 653 09 07 ⏰ täglich 8.30, 12 Std. € 58/ 20 Std. € 96.

✈ Der kleine **Aeropuerto Internacional** *Rafael Núñez* liegt im Stadtteil Crespo, 3 km und zehn Minuten vom

Stadtzentrum entfernt. Es gibt eine Hotelreservierung und eine Touristeninformation, eine Wechselstube sowie **ATM** von Bancolombia und Banco Santander. Taxi ins historische Zentrum/Getsemaní € 4, Bocagrande/ Castillogrande/ El Laguito € 5. Im Gegensatz zu Bogotá haben die Taxen in Cartagena keinen Taxameter! Wer wenig Gepäck und viel Zeit hat, kann auch für € 0,50 einen Bus ins Zentrum nehmen. Die teuersten Flugverbindungen ins Inland bestehen an Sonn- und Feiertagen. Die wichtigsten nationalen Verbindungen bestehen nach Bogotá, Cali, Cúcuta, Medellín, Pereira, San Andrés überwiegend mit Avianca und Copa. **Internationale Verbindungen** nach Panama, Caracas, Miami (mit Avianca oder Copa).

Die Umgebung von Cartagena

Isla de Barú & Playa Blanca

20 km südwestlich von Cartagena liegt die Isla de Barú mit der schönen Playa Blanca. Man kann den zuckerweißen Strand zwar auch über Land erreichen, aber leichter und schneller geht's auf dem Wasserwege, am einfachsten von der Muelle Turístico mit einer organisierten Tour oder günstiger und abenteuerlicher vom **Mercado Bazurto** (Taxi € 3) ☻ täglich außer So mit einem lokalen Transportboot in den frühen Morgenstunden bis 9, 45 Min. € 10-12. Bezahlt wird bei der Anlandung. Von der Av. Luis Carlos López an der alten Stadtmauer in Getsemaní fahren regelmäßig auch Busse nach 'Pasacaballos' am Canal del Dique, € 0,75. Der Kanal wurde 1650 von Schwarzen und Indianern gebaut, um eine Verbindung zum Río Magdalena zu schaffen, der ein Fluss mit wechselndem Lauf und

unterschiedlichem Tiefstand ist. Von Pasacaballos setzt man mit der Fähre oder dem Ruderboot über auf die Isla de Barú (€ 0,75). Auf der anderes Seite fahren Moto-Taxis und Colectivos (via Santa Ana) zur **Playa Blanca** (€ 6,50, 2½ Std.). Die Playa Blanca ist mit ihrem pulverig weißen Sandstrand, türkisgrünem Wasser und den vorgelagerten Korallenbänken der schönste Strand in der Umgebung von Cartagena. Der richtige Ort, um zu schnorcheln und im Schatten der Bäume zu faulenzen. Es gibt Essbuden mit Fischen, Krabben und Austern sowie einfache, saubere Unterkünfte. Man kann (außerhalb der Anlandezeiten der Touristenboote) auf der Isla de Barú noch weitgehend abseits des hochpreisigen Ressorttourismus auf einfache Weise relaxen. Die Einheimischen vermieten Hängematten und einfache Hütten und braten frischen Fisch. Wer ein Zelt hat, sollte es mitbringen.

Es gibt an der Playa Blanca aber längst auch luxuriöse Unterkünfte mit a/c und Rundumservice. Zelt- und Hängemattenplätze vermietet José zu € 3,50 p.P. Einfache Cabañas **La Estrella** ☎ 312 602 99 87, € 22(2). Noch ist Barú trotz der Nähe zu Cartagena dem Ressorttourismus nicht zum Opfer gefallen. Die schwarze Bevölkerung (ca. 3500 Bewohner) verteilt sich seit alters her auf die drei kleinen Dörfer Barú, Ararca, Santa Ana. In Barú betreiben die Frauen der Comunidad das **Echotel Casa Azul**. Es ist zu befürchten, dass es mit dieser Idylle demnächst vorbei sein wird, denn Stadtverwaltung und Provinzregierung haben seit Jahren ein touristisches Megaprojekt im Auge. In der Nähe der Playa Blanca soll das Beach- und Marineressort Barú entstehen. Die bitterarme einheimische Bevölkerung pocht auf den Fortbestand

ihrer traditionellen Landrechte und fordert eine angemessene Entschädigung.

Islas del Rosario

Die Islas del Rosario sind eine dem Festland vorgelagerte Inselgruppe, 35 km südwestlich von Cartagena. Der Archipel ist von mittlerweile stark geschädigten und ausgebleichten Korallenriffen umgeben (siehe Tauchen) und zum Nationalpark erklärt worden. Die Nationalparkfläche beträgt 120.000 ha und bedeckt den maritimen Festlandsockel bis 50 m Tiefe, insbesondere die Korallenbänke zwischen den Inseln Barú, Tesoro und Rosario. Zusammengenommen sind es etwa 30 Inseln und Inselchen. Die meisten der Inseln sind in Privatbesitz. Jeder, der etwas auf sich hält, hat sich hier eingekauft, der Getränkekönig

und Medienzar **Ardila Lülle** der **Politikerclan Turbay** (die kolumbianischen Kennedys) und diverse Stern(-chen) des Showgeschäfts. Der Tagestourist prescht an den kleineren Privatinseln vorbei und landet auf der **Isla de San Martín de Pajároles**, Sitz der Parkverwaltung mit dem Aquarium und der Delfinshow, Eintritt: € 11. Die **Isla Grande** ist mit einer Fläche von 200 ha die größte. Hier und auf einigen anderen Inseln findet man einige paradiesische Unterkünfte und Ressorts.

Eco Hotel las Palmeras ☎ 314 584 73 58 www.culturadelmar.com als Zwei-Tages-All Inclusive- Paket ab € 70 bietet die günstigste Möglichkeit eines Inselaufenthaltes in einer Hängematte unter dem Palmendach einer Strandhütte, Zusatztag jeweils € 70.

Hotel San Pedro de Majagua ☎ 650 44 60 www.hotelmajagua.com (Is-

Traumstrand Playa Blanca

la La Grande), traumhaft schöne Anlage mit Zimmern, einigen Suiten und Bungalows inkl. Vollpension ab € 160 p.P. in der typischen Inselarchitektur mit gewaltigen Gummibäumen, die der Maler Pierre Daguet in seinen letzten Lebensjahren umsorgte; für insgesamt bis zu 300 Gäste, zwei Strände, Restaurant, idealer Stützpunkt für Tauchgänge. Über die Isla Grande, bewachsen mit Mangroven und tropischem Trockenwald im Inselinneren führt ein Interpretationspfad.

Hotel Isla del Pirata ✆ 665 29 52 www.hotelislapirata.com 12 Cabañas mit direktem Meerzugang, Strom und Süßwasser. Zu buchen nur als Zwei-Tages-Paket mit einer Übernachtung, Vollpension, An- und Abfahrt, Fahrten zu Tauchgängen ab € 300.

Isla Rosa www.islarosa.com auf der winzigen Isla Rosa, absolute Privatsphäre, drei Zimmer für max. 15 Personen, geschmackvoll minimalistische Einrichtung, roségetünchte Wände, palmengedeckte Unterstände, Naturswimmingpool, das Hauspersonal und der Bootsführer sind im ambitionierten Preis von € 1500 pro Tag enthalten.

Jardín Botánico Guillermo Piñeres

Der Botanische Garten, 20 km vom Zentrum in Cartagena entfernt, liegt beim Ort **Turbaco** etwas erhöht auf 130 m und bewahrt noch die ursprüngliche natürliche Vegetation der karibischen Küstenregion. Der Naturreichtum und die gegenüber der stickigen Luft von Cartagenas Innenstadt vorherrschend kühle Brise hatten es schon Alexander von Humboldt angetan, der am 4. April 1801 auf Einladung des reichen Kaufmanns Don Ignacio Pombo für zehn Tage in dessen nahegelegenen Landhaus Quartier bezog.

Mit seinem Gefährten Aimé Bonpland streifte der disziplinierte Preuße täglich von fünf bis 18 Uhr herborisierend durch die dichten Wälder mit ihrer reichen Flora und Fauna, bestehend aus Eichen, Zedern und den so bewunderten **Caracoli** Bäumen, deren

Früchte die Form einer Schnecke aufweisen (das älteste Exemplar soll 500
Jahre alt sein), zudem Brüllaffen, Faul-
tiere, Schlangen und Iguanas. Selbst
die vielen erlittenen Stiche von Moskitos, Zancudos und Jején konnte die
nachhaltige Schwärmerei des großen
Amerikareisenden kaum schmälern.

☏ 673 14 74 ⊙ Di-So 9-18. Eintritt:
€ 2,80. 🚌 Stadtbus vom Zentrum
zur Tankstelle 'Bomba de Amparo' (25
Min.), von dort weiter mit einem 'Turbaco'- Bus und dem Busfahrer Bescheid
sagen, 20 Min. zu Fuß vom Ausstiegs-
punkt liegt der Eingang zum botanischen Garten.

"Kein Aufenthalt
in den tropischen Gegenden
ist mir reizender als der
in Turbaco vorgekommen."
Alexander von Humboldt

Volcán de Lodo El Totumo

Etwa auf halbem Wege zwischen Cartagena und Barranquilla liegt an einem
Abzweig die **Ciénaga del Totumo**. Unmittelbar vor dem See erhebt sich am
Ende der Zufahrtsstraße (1 km) ein 15
m hoher kegelförmiger Schlammvulkan. Man besteigt ihn über eine Holz-
treppe und taucht in eine graue, cre-
mige und blubbernde Masse ein, wie
eine angenehme Hautkur oder ein Fan-
gobad. In der 50 m entfernten Ciénaga
wird die Kruste anschließend abgewa-
schen, und wenn man Glück hat, und
es ist nicht all zu voll, schauen schon
mal die fischenden Reiher und Pelikane
vorbei. Vom Kraterrand hat man einen
weiten Blick über die von kleinen, grünen Inselchen durchzogene Ciénaga.

Humboldt hat sich über diese selt-
samen Gebilde namens 'Schlamm'-
oder 'Luftvulkan' während seiner zehn
Tage im Landhaus des Herrn Pombo
den Kopf zerbrochen, ihn interessierte

vor allen Dingen die chemische Zu-
sammensetzung dieser zähflüssigen
Brühe, wobei er auf ein Stick- und
Wasserstoffgemisch tippte. Der Erklärung der Eingeborenen, die häufige
Besprengung einstiger Feuervulkane
durch die katholischen Priester mit
Weihwasser habe sie in Luftvulkane
verwandelt, schien ihn eher zu amüsieren. Eintritt: € 2. Zu erreichen mit
dem Bus aus Cartagena oder Barranquilla.

Alle **Touranbieter** in Cartagena und
die Hostals in Getsemaní haben den
Schlammvulkan ins Programm genommen und bieten Morgens- (⊙ 8.30
inkl. Lunchbox) und Nachmittagstou-
ren (⊙ 13.30) an, zwischen € 11-18
p.P. Die Einheimischen leisten hierbei
Gesellschaft und diverse Hilfsdienste
vom Aufbewahren von Kleidungsstük-
ken, Handtuchhalten, Fotoshooting, bis
zur Massage und erwarten ein ent-
sprechendes Trinkgeld. Zum Abschluss
der Schlammvulkan-Tour geht's noch
zu einem kurzen Abstecher in die Mangrovensümpfe von La Boquilla oder an
den Strand von Manzanillo del Mar.
Der Trip auf eigen Faust ist langwierig
und kompliziert, bietet aber den Vorteil
das kleine Schlammloch nicht mit vielen anderen teilen zu müssen. 🚌
Vom Busterminal stdl. Verbindung
nach 'Galerazamba', aussteigen in Lo-
mito Arena, 2 Std. € 2,50. zurück spätestens um ⊙ 15.

San Basilio de Palenque

10 m, 28°C, 2500 Einwohner

Viele Schwarze flohen während der
Kolonialzeit ins Hinterland. Inmitten
der Sümpfe und Lagunenlandschaft
gründeten sie versteckte Ansiedlungen.
Der berühmteste Anführer war Domingo Biohó, der das erste *palenque*, die
erste freie Schwarzensiedlung auf dem

Schlammvulkan El Totumo

amerikanischen Kontinent, bereits 1606 gründete. Der Gouverneur schickte Militär zu Strafaktionen aus, und es gelang, das Dorf ein- und den Anführer gefangen zu nehmen. Die Flucht vieler Sklaven setzte sich fort, und es entstanden weitere Siedlungen. Die Freiheitsbewegung wurde im 18. Jahrhundert so einflussreich, dass die Stadtverwaltung mit den Schwarzen Verhandlungen über die Anerkennung der *palenques* führen musste.

Von diesen freien Dörfern ist San Basilio bis heute geblieben. Die Schwarzen haben sich hier nicht mit der Mestizenbevölkerung der Umgebung gemischt. Sie sind selbstbewusst und pflegen ihre Traditionen. Die ungewohnte Anordnung der Hütten an schmalen Pfaden unterscheidet sich wesentlich von denen benachbarter Dörfer an der Küste. Die üppigen Fruchtfrauen am Markt oder am Strand von Cartagena, die *Palanquerus* stammen von hier. Mit ihren Blech-

schüsseln mit den Früchten auf dem Kopf sind sie aus dem Stadtbild Cartagenas nicht mehr wegzudenken. In Palenque findet vom 12.-15.Oktober das **Festival del Tambores** statt. Der Musiker Rafael Cassiani ist ein Meister auf der *marimbola* und heißt interessierte Gäste willkommen. Die *marimbola* ist ein Resonanzkasten, bespannt mit Metallplättchen, die mit den Fingern gezupft werden. Das einem Xylophon verwandte Instrument dominiert das Sextett von Palenque, zu dem die maracas, claves, timbales und zwei tambore gehören. Die *marimbola* kam aus Kuba, wo sie bereits vor längerer Zeit durch die Trompete ersetzt wurde.

Der berühmteste Palenquero unserer Tage ist der erste kolumbianische Boxweltmeister Kid Pambele. Als Kind schlug er sich als Straßenverkäufer in Cartagena durch, fing erst mit 18 Jahren zu boxen an und wurde 1972 Weltmeister im Weltergewicht. Von einem Teil der Siegprämien bezahlte er seinem Heimatdorf die Strom- und Wasserleitung. 🚐🚐 Pick ups und Jeeps vom Mercado Bazurto, außer So, 1 Std. € 2,25. Vom Busterminal, jeder Bus Richtung Sincelejo, z.B. Cooptorcoroma, Flota Brasilia. In Malagana an der Abzweigung nach Palenque aussteigen, von dort weiter mit dem Pick up.

Mompox

30 m, 29°C, 32.000 Einwohner ① 5

Mompox (oder Mompós) ist eine der ungewöhnlichsten Kolonialstädte Amerikas. Sie liegt weder an der Küste noch im Hochland, sondern an einem Seitenarm des Magdalena, umgeben von Ciénagas, Sümpfen und Kanälen. Das Momposiner Flachland ist eine gewaltige Tieflandsenke, die bis zu 25 m unter dem Meeresspiegel liegt. Es ist das Schwemmland der Flüsse Magdalena, San Jorge, Cauca und Cesar, die das Land acht Monate im Jahr überfluten. Heute erscheint sie dem Reisenden wie eine stehen gelassene Filmkulisse inmitten der Tropen. Nähert man sich Mompox von der Flussseite, erwartet man nicht eine Vielzahl unterschiedlicher Kirchtürme, Straßenlaternen, Denkmäler und Säulenarkaden, sondern viel eher die am Unterlauf des Magdalena typischen weißgekalkten Hütten mit Strohdächern. Das Gründungsdatum der Stadt ist umstritten. Am wahrscheinlichsten ist wohl, dass Mompox 1540 auf Befehl von Alonso de Heredia, dem verwegenen Bruder des Stadtgründers von Cartagena, als Handelsstützpunkt auf dem langen Weg zwischen der Küste und dem soeben gegründeten Bogotá errichtet wurde. Mompox entwickelte sich rasch zu einer der bedeutendsten Städte von Nueva Granada und stand in ständiger Konkurrenz zu Cartagena. Alle bedeutenden Kirchenorden (Franziskaner, Dominikaner, Augustiner und Jesuiten) ließen sich hier nieder und errichteten architektonisch einzigartige Kirchen. Die Stadt wurde zum Zentrum der Philosophie und der bildenden Künste.

Die hohen Portale, die verzierten schmiedeeisernen Gitter vor den Fenstern und die Fenstersimse lassen unschwer den andalusischen Einfluss der Architektur erkennen. Die ersten Familien der Stadt kamen aus Sevilla und verbrachten die heißen Mittagstunden in den hohen Räumen ihrer großzügig gebauten Häuser und in den üppig bepflanzten Innenhöfen, in denen heute noch die Brunnen stehen. In manchen der herrschaftlichen Häuser steht auch heute noch ein Piano. Mompox erhielt die erste Universität der Küste, gegründet 1769 durch Pedro Martínez de Pinillos, und es war die erste Stadt, die am 6. August 1810 ihre Unabhängigkeit von Spanien verkündete. Zwei Jahre später war sie das Rückzugsgebiet für den beinahe schon geschlagenen Simón Bolívar. Ein Bataillon mit 400 Momposinern stellte sich dem Libertador rettend zur Seite, so dass dieser bewegt aussprach: «Wenn ich Caracas mein Leben verdanke, so verdanke ich meine Ehre Mompox.» Mit Beginn der modernen Dampfschifffahrt auf dem Magdalena verlor Mompox an Bedeutung, da die Schiffe den breiteren und tieferen Brazo de Loba befahren mussten. Es versank in einen tiefen Dornröschenschlaf, der bis heute andauert. Flussaufwärts im Parque Santander tummeln sich die Brüllaffen in den Bäumen. Das gebräuchlichste Verkehrsmittel ist das Fahrrad, und mit Einbruch der Dämmerung stellen die Momposiner ihre Schaukelstühle vor die Häuser. Dann ist die Luft erfüllt von einem Konzert der Frösche und Grillen.

Bolivar in Mompox

👁 *Sehenswürdigkeiten*

Am Markt entlang des Flussufers herrscht die Atmosphäre eines arabischen Basars. Die **Markthalle,** verbunden mit dem historische Anleger und Blick zum Fluss, wurde komplett restauriert. Die lauschige Uferstraße **Calle de la Albarrada** führt in südlicher Richtung zur **Plaza Real de la Concepción.** Hier steht die **Casa Piñeres,** versehen mit einem Arkadengang, Im Haus der Brüder Piñeres, die wegen ihrer Teilnahme an der Unabhängigkeitsbewegung 1811 standrechtlich erschossen wurden, hat Alexander von Humboldt vom 25 April bis 5. Mai 1801 übernachtet, in dem Zimmer, das an die Außenwand der **Iglesía de la Inmaculata Concepción** (gegr. 1541) angrenzt. Humboldt war fleißig wie immer, aber genervt. Die zehn Tage in Mompox waren eine Qual, der Ort zu heiß, und die Zancudos stachen ohne Unterlass.

Weiter die Calle de la Albarrada entlang mit Blick auf den Fluss kommt die **Casa de los Portales de la Marquesa** in Sicht. Ihre schöne Außenfassade besteht aus vier immensen Portalen, in die jeweils kleine Eingangstüren eingelassen sind. In den großzügigen Räumen mit den höchsten Decken von Mompox lebte die Marquesa de Torre-Hoyos. Weitere herausragende Häuser in der erhaltenen Originalstruktur stehen in der Hauptstraße **Calle Real del Medio.** Hervorzuheben ist die **Casa Germán de Ribon,** bewohnt von einem der vielen Märtyrer der Unabhängigkeitsbewegung, und heute die **Casa de la Cultura,** mit dem Sitz von historischer Akademie und Museum 🕐 Mo-Sa 8-12 u. 14-17, So 9-12. Gegenüber liegt eine der eindrucksvollen kleinen Kirchen, **Iglesía San Agustín,** erbaut 1606. Diese Kirche bewahrt für die Osterprozession in einer großen Vitrine den Santo Sepulcro, den goldverzierten heiligen Sarg, auf.

Ein weiteres Mompox typisches Kolonialhaus liegt nur einige Schritte weiter entfernt, die **Casa Bolívariana** mit dem **Museo de Arte Religioso,** Calle

(Detailansicht) Iglesia Santa Bárbara

Insgesamt gibt es sechs **Kirchen**, die sich in Ockergelb oder Karminrot vom Weiß der Häuser abheben und eine einzigartige Formensprache aufweisen. Am verspieltesten ist die **Iglesia Santa Bárbara** auf dem weiteren Weg entlang der Calle Albarrada und angrenzend an den Parque Santander, erbaut 1613. Den Turm schmücken vier Löwenköpfe, über deren Häuptern ein Balkon schwebt. Der unbekannte Architekt hat sich von einem Märchen aus 1001 Nacht inspirieren lassen. Eine arabische Prinzessin hatte sich unsterblich in einen christlichen Prinzen verliebt. Der Vater sperrte seine Tochter in einen Turm, bewacht von Löwen. Vom Balkon musste sie den Gebeten beiwohnen. Die Prinzessin blieb standhaft. Als der Vater sie auf dem Platz bestrafen wollte, zuckte ein Blitz vom Himmel, der ihn köpfte. Im Zentrum des Hauptaltars steht die Prinzessin mit einem Modell des Kirchturms und den Kopf des Vaters zu ihren Füßen. Der Turm der **Kirche San Francisco,** Calle Real del Medio Ecke Calle 20, ähnelt einem Leuchtturm. Von allen Kanzeln der Kirchen von Mompox findet man hier die schönste im maurischen Stil in Holz gearbeitet. Der Hauptaltar ist mit unterschiedlichen Hölzern in Einlegearbeit gefertigt. Schräg gegenüber liegt San Juan de Dios, erbaut im 17.Jh., mit dem eindrucksvollen dreifaltigen Portal. Der **Friedhof** (Cementerio Municipal) mit der spätklassizistischen Kapelle stammt aus dem Jahre 1830. In den Mausoleen in strahlendem Weiß, verziert mit Carraramarmor wurden die berühmten Momposiner beigesetzt.

Seit altersher ist Mompox bekannt für die filigranen **Goldschmiedearbeiten**, die auch heute noch nach traditionellen Techniken gefertigt werden.

Real del Medio gegenüber der Casa Doña Manuela. Auch hier übernachtete der rastlose Simón Bolívar mehrere Male. Wie so oft bei historischen Regionalmuseen ist der Schein verheißungsvoller als der Inhalt. Neben den Monstranzen der alten Familien von Mompox und Marienfiguren für die Osterprozession stehen hier eine alte Olivetti-Schreibmaschine und zwei verrostete Banksafes ⏲ unregelmäßige Öffnungszeiten. Das geräumige Kolonialhaus **Casa (Ex-)Hostal Doña Manuela**, Calle Real del Medio No 17-4, gehörte einst dem Gründer der Universität Don Pedro Martínez de Pinillos und seiner Ehefrau Doña Manuela Tomasa de Najera. Bis 2012 war es das erste Hotel der Stadt, in dessen großzügigem Innenhof ein Riesenkautschuk Schatten spendet, doch zur Zeit steht man vor verschlossener Tür am imposanten Eingangsportal.

Friedhofskapelle in Mompox

Dabei haben sich spanisch-maurische mit indianischen Einflüssen verbunden. Die momposiner Filigrantechnik wird *trefilación* genannt. Die Barren werden mittels Hammertechnik zu gezwirnten Metallfäden verarbeitet, aus denen die Grundform der Stücke besteht. Die Hohlräume werden mit feineren Drähten verbunden, die durch Kaliberlehren verschiedener Größen gezogen werden. Die Drähte werden an den Enden verlötet. Glanz und Politur entstehen durch Ätzen.

In der Werkstatt des verstorbenen Goldschmieds 'Guillermo Trespalacios', **Taller Trespalacios Ofebre**, werden feingliedrige Goldfischchen hergestellt, neben der Kirche Santa Bárbara. In der **Casa del Artesano**, Calle de la Albarrada Ecke Calle 20 (beim Markt), werden die berühmten Momposiner Schaukelstühle gefertigt. 1987 wurde in Mompox die «Chronik eines angekündigten Todes» mit Ornella Muti verfilmt. Die Stadt füllt sich während der Semana Santa, deren Prozessionen die farbenprächtigsten mit denen von Popayán sind. Dann verdoppeln sich die Hotelpreise.

Service

ⓘ Aktuelle Reiseinformationen im Travellerhostel La Casa Amarilla. @ Diverse Internetcafés in der Calle Real del Medio. 🏧 **ATM** bei der BBVA, Calle Real del Medio Ecke Plaza Bolívar, direkt gegenüber liegt eine Wechselstube.

Ausflüge in die Umgebung

Von Mompox kann man interessante Ausflüge auf die Flussinseln der Umgebung machen, Touren zur **Ciénaga de Pijiño** (Isla Guayacan, Isla Verde) und anderen Gewässern. Zu beobachten gibt es eine reiche Vogelwelt, Kaimane, Capybaras. Ansprechpartner für eine Tour sind Chipi, Calle de Atrás No

17-65, Islandes Tour und Richard Mc Coll in der Casa Amarilla. Für kleine Touren lassen sich auch Fahrräder ausleihen.

 Schlafen & Essen

La Casa Amarilla, Cra. 1 No 13-59 (La Albarrada con Santa Bárbara) ☎ 685 63 26 www.lacasaamarilla mompos.com So ein Traveller-Guesthouse in einem der ursprünglichen Häuser hat lange gefehlt. Richard Mc Coll ist Reisejournalist und Hotelier aus Leidenschaft. Er versorgt seine Gäste mit allem Wissenswerten zur näheren und ferneren Umgebung. Küche, Aufenthaltsraum und Garten, Dorm € 7, Zimmer mit Privatbad in mehreren Ausführungen von einfach bis luxuriös (a/c, WiFi) € 20-108 .

Hotel Bioma, Calle Real del Medio No 18-59 ☎ 685 67 33 www.bioma .com Boutique-Hotel mit Pool und großzügiger Dachterrasse mit Chill Out Zonen, 12 Zimmer mit Flachbildschirm, moderne Bäder, WiFi, um € 100.

Es gibt mehrere Bäcker und einfache Restaurants. Gehobenere Ansprüche zu erfüllen bemüht sich der **Comedor Costeño,** Calle de la Albarrada No 18-45.

Luna de Mompox, Calle de la Albarrada, kühle Drinks und Salsamusik am Ufer des Río Magdalena, die beste Medizin, um den 'Zancudos' zu trotzen. Unter der Woche geht es sehr geruhsam zu.

Mompox ist mit der Außenwelt per Bus, Boot & Kollektiv-Taxi verbunden. Zwischen Mompox und dem 30 km entfernten Anleger in **La Bodega** verkehren regelmäßig Kollektivtaxis, 45 Min. € 4. Dort steigen die Fahrgäste in die *chalupas* (Schnellboote mit Außenborder) nach Magangué,

20 Min. € 3,10, betrieben von der Coop. Coomultramag ☎ 687 55 55.

Magangué (100.000 Einwohner) ist ein lebendiger Flusshafen mit aufgereihten Essständen und Garküchen am Río Magdalena und nennt sich «La Princesa del Río». Von Magangué bestehen regelmäßige Verbindungen nach Cartagena mit Expr. Brasilia, Rápido Ochoa, Unitransco, stdl. 4½ Std. € 12.

Zwischen Magangué und Cartagena liegt **San Jacinto** (24.000 Einwohner). Der Ort ist bekannt für seine leuchtend bunten Hängematten, die heute zunehmend maschinell gefertigt werden und entlang der Durchgangsstraße an unzähligen Stände aufgehängt sind. Im Angebot sind auch Arhuaco-Mochilas und Schaukelstühle aus Mompox. San Jacinto ist die letzte Heimstatt der sterbenden *Gaitamusik.* Direkte Busverbindungen nach **Cartagena** und **Barranquilla** von Mompox sind grundsätzlich abhängig von der Regenzeit und den Abfahrtszeiten der **Autofähre in La Bodega.** Expr. Brasilia neben der Kirche Santa Barbara am Parque Santander ☎ 685 59 73 ⏰ 6, 7½ Std. € 20. Unitransco versucht eine tägliche Direktverbindung aufrechtzuerhalten, Abfahrten in Cartagena ⏰ 7. Außerdem pendeln 2-3 mal am Tag Autofähren zwischen La Bodega und der gegenüberliegenden Seite mit Straßenanschluss.

Eine wenig befahrene Route geht in nordöstlicher Richtung durch das Schwemmland des Río Magdalena bis nach **Bosconia,** an der Straßenkreuzung zwischen **Santa Marta, Valledupar** und **Bucaramanga.** Täglich fährt ein 4x4 Pick Up die Strecke Mompox-Valledupar und zurück, vom Büro gegenüber der Residencia La Unión, 6 Std. € 20. p.P. Von Mompox geht es in Richtung La Bodega von der Abzwei-

Bootsanleger in Magangué

gung in Talaígua mit der Autofähre über den Fluss nach Santa Ana (Dep. Magdalena), weiter über Pueblito bis La Gloría an der Hauptstraße, zu großen Teilen eine Schlaglochpiste durch Vieh- und Weideland.

In **Santa Ana** gibt es mehrere kleine Hotels (Hotel Estrella de Venus, Hotel Santa Ana Plaza) und einfache Restaurants mit comida corriente. Bosconia ist eine umtriebige Ecke. Hier stehen reihenweise Busse und Minibusse beiderseits der Straße mit Fahrzielen in die nähere und fernere Umgebung. Von Mompox nach Bucaramanga führt der Weg über **El Banco** (40.000 Einwohner) an der Gabelung des Río Magdalena in die beiden Flussarme, Brazo Mompox und Brazo de Loba, ein stickig heißer Flusshafen, der vom Fischfang und der Landwirtschaft lebt und im Juni das ausgelassene **Festival de la Cumbia** feiert. Es gibt einen ① 6 Bus mit Anschluss nach Bucaramanga um ① 9, ansonsten 4x4 Pick Ups, 2 Std. € 15. p.P. Von Bucaramanga Nachtbusse mit Cotransmagdalena und Cotaxi nach El Banco, 12 Std. € 26.

Nordöstlich von Cartagena

Barranquilla

10 m, 28°C, 1,5 Mio. Einwohner ① 5

Barranquilla ist die viertgrößte Stadt Kolumbiens und die größte Hafenstadt an der Karibikküste, auch wenn sie nicht direkt am Meer, sondern einige Kilometer stromaufwärts am Westufer des Magdalena liegt. Die Stadt gilt für Reisende als nicht sonderlich attraktiv und wird auf dem Weg zwischen Cartagena und Santa Marta zumeist links liegen gelassen. Das ist nachvollziehbar, wenn man im Terminal de Transporte anlandet und der umständliche Weg ins Zentrum oder El Prado vor einem liegt. Aber einmal angekommen, stellt man fest, dass diese Stadt durchaus ihre Reize hat. Die Leute hier sind temperamentvoll, aufgeschlossen und unkompliziert.

Vor weniger als 200 Jahren war hier bloß eine Viehtränke mit dem Namen 'Barranca de San Nicolás'. Erst zu

Beginn der republikanischen Epoche setzte die rasante Entwicklung ein. Barranquilla überflügelte die einstigen Handelsstädte Cartagena und Santa Marta, und die Dampfschiffe verkehrten entlang des Río Magdalena. Barranquilla wurde zum Ankunftshafen der vielen Einwanderer des 19. und 20. Jahrhunderts, Italiener und Deutsche, Türken und Libanesen, die sich zum Teil hier niederließen, so dass die Stadt die modernen Errungenschaften aus Europa als erste erreichten. Die erste kolumbianische Fluggesellschaft Scadta (Sociedad Colombo Alemana de Transporte Aéreo) wurde 1919 in Barranquilla gegründet. Die Fluglinie verlief entlang des Río Magdalena mit Start- und Landeplätzen für die Wasserflugzeuge.

Das **Zentrum** aus den goldenen 1920er Jahren um den Paseo Bolívar war jahrelang in keinem guten Zustand und mit Verkaufsständen und hupenden Fahrzeugen verstopft. Inzwischen hat man wie in den meisten kolumbianischen Großstädten auch in Barranquilla damit begonnen den Straßenverkehr zu entzerren, neue Verkehrssysteme (Transmetro) einzurichten und die öffentlichen Plätze wieder begehbar zu machen. Einige Kilometer entfernt vom alten Zentrum, im bürgerlichen Residenzviertel **El Prado**, ab Calle 50 und Cra. 55 erstrahlen viele der republikanischen und Art Deco Villen in altem Glanz. Die Cra. 53 ist die Prachtstraße der Stadt, die Calle 72 die Einkaufsstraße.

Service

ⓘ **Touristeninformation** im Edificio de la Aduana, Fondo Mixto de Atlántico. @ **Internet**, beinahe an jeder Straßenecke im Zentrum und in El Prado. ⓒ Die meisten Banken mit **ATM** findet man in El Prado, entlang der Calle 70, zwischen den Straßenzügen 52-54 und im Zentrum zwischen den Straßenzügen 34-37. **Deutsches Honorarkonsulat**, Calle 77 B No 57-141, Centro Empresal de las Américas Of. 309 ☏ 368 53 84. **Honorarkonsulat Österreich**, Via 40, No 64-198, Zona Industrial, Loma No 3 ☏ 368 20 50.

Feste & Festivals

Das Ereignis des Jahres ist der viertägige '**Carnaval de Barranquilla**', Ende Februar/Anfang März, die farbenprächtigste und ausgelassenste Fiesta in Kolumbien und eine der besten von Lateinamerika. Die Vorbereitungen für die Umzüge beginnen im Dezember. Im Januar finden Tanznächte, die Wahl der Karnevalsprinzessin und der Kinderkarneval statt. 40 Tage vor Ostern erreichen die Feiern ihren Höhepunkt.

Den Auftakt bildet die **Batalla de Flores**, ein farbenprächtiger Umzug entlang der Via 40 (zwischen Calle 83 und 40), den man nicht verpassen sollte. (Bus vom Zentrum beim Bolívardenkmal, 'Via 40-Porvenir-Paraíso'). Die besten Tanzgruppen präsentieren ihren Stadtteil. Die maskierten Tanzgruppen der *mono-cucos, marimondas, cumbia, chirimía und merecumbé* wechseln einander ab. Beginn: Sa 13 Uhr. Die **Batalla de Flores** findet ihre Fortsetzung am Sonntag an gleicher Stelle ab 10 Uhr. An der **Via 40** sind Zuschauerbühnen - *palcos* - aufgebaut. Wer sich unters Volk mischt, bleibt auf der Straße und nimmt teil an der unvermeidlichen Wasser- und «Maizenaschlacht».

Neben den Umzügen gibt es Tanzveranstaltungen. Über die Stadt verteilt sind Festivalbühnen, wo allabendlich Konzerte stattfinden. Viele Gruppen aus der Karibik gastieren in der

Carnaval de Barranquilla

40 No 36-135 ☏ 330 38 64 ⏰ Mo-Fr 8-12 u. 14-17.

Museo Romántico, mit Exponaten aus der Stadt- und Karnevalsgeschichte, Cra. 54 No 59-199 ⏰ Mo-Fr 9-11.30 u. 14.30-17.30. Eintritt: € 2. Das kleine **Museo de la Antropología** ist in der Fakultät der Schönen Künste (Facultad de Bellas Artes) untergebracht, einer Villa im republikanischen Stil, Calle 68 No 53-45 ⏰ Mo-Fr 8-12 u. 14.30-17. Jüngeren Datums ist der **Parque Cultural del Caribe**, Calle 36 No 46-66 www.culturacaribe.org ein ambitioniertes Kulturzentrum mit Grünanlagen und dem **Museo del Caribe**, das dem Lebensraum, der Kultur und Geschichte der kolumbianischen Karibik gewidmet ist, Calle 36 No 46-66 ⏰ Mo-Fr 8-17, Sa/So 9-18. Eintritt: € 4,50.

Schlafen

Am und um den Paseo Bolívar (Calle 34) liegen die einfachen und preiswerten Unterkünfte. Viele der Hotels sind Häuser aus den 1930er Jahren mit hohen Räumen, deren Bausubstanz verfällt. Schöner und sicherer ist es in El Prado.

Hotel Skal, Calle 41 No 41-35 ☏ 351 20 69, beliebtes Travellerhotel, altes republikanisches Gebäude im Zentrum, große luftige Räume mit Vent./a/c, Pool, € 12/18.

Hotel Villa Dilia, Calle 47 No 68-40 ☏ 358 33 53, sauber, sicher, guter Service, Zimmer mit a/c, Minibar und Privatbad, € 30-35.

Howard Johnson Hotel, Cra. 48 No 70-188 ☏ 368 21 83, frisch renoviertes Mittelklassehotel, zentrale Lage in El Prado, freundlich, spezielle Wochenendtarife (2 Nächte für den Preis von einer) kleiner Pool, a/c, WiFi, inkl. Frühstück € 60/80(2).

Stadt. Mo/Di finden das **Festival de las Orquestras** mit internationalen Gruppen im Baseballstadium statt. Am Dienstag wird **Joselito Carnaval**, das personifizierte Symbol des Karnevals, zu Grabe getragen, in dem er sich bis zum nächsten Jahr ausruht.

👁 *Sehenswürdigkeiten*

Die Stadt hat eine ganze Reihe architektonisch interessanter Bauten im Art Deco-Stil vorzuweisen, überwiegend im begüterten Stadtteil El Prado, die zwischen den 30er und 50er Jahren entstanden sind, genau zu der Zeit, als Barranquilla kulturell und wirtschaftlich bedeutender war als die anderen kolumbianischen Großstädte. Einige Jahre älter (erbaut 1917) ist das **Edificio de la Aduana (Zollamt),** im neoklassizistischen Baustil, heute Kulturzentrum mit der Biblioteca Piloto und die Touristeninformation des kleinen Departements Atlántico, Via

The Meeting Point Hostel, Cra. 61 No 68-100 ☎ 368 64 61, der Italiener Gianni und seine Familie haben das erste Traveller-Hostel in B/quilla eröffnet, zentrale Lage in El Prado, großes Haus mit Terrasse und Innenhof, Dorm, Einzel und Doppelzimmer ohne/mit a/c, € 10/12/15/30(2).

Hotel El Prado, Cra. 54 No 70-10 ☎ 369 77 77/ 369 77 79 www.hotelelpradosa.com Das Spitzenhotel von Barranquilla stammt aus der Glamourzeit der 1930er Jahre und ist Nationalmonument. Hier übernachteten Greta Garbo und Grace Kelly. Zwei Restaurants, Pool, WiFi, Zimmer mit allem Komfort, unterschiedliche Kategorien, ab € 80/95, Präsidentensuite € 392.

Hotel Dos Mundos, Calle 72 No 47-59 ☎ 358 13 22, Hotel mit Säulenportal, Zimmer mit Zentral-a/c, Minibar, arabisches Restaurant, € 50/70.

🍴 Essen & Trinken

Um den Paseo Bolívar angesiedelt sind einfache comida corriente Restaurants. Auf der Straße wird von der *empanada* bis zu Fischgerichten alles angeboten. Frischen Fisch gibt es an den Ständen in San Andresito, zwischen Paseo Bolívar und dem Aduanagebäude. In El Prado ist die Auswahl natürlich größer. Neben Fast Food, Pizza und Filialen von **Juan Valdez** (im Shopping Carrefour Prado) gibt es einige Spitzen- und Spezialitätenrestaurants.

El Portal del Marisco, Cra. 43 No 84-62 ☎ 359 53 97, gute Fischgerichte und Meeresfrüchte.

El Merendero, Cra. 43 No 70-42 ☎ 356 56 38, Fleisch vom Grill.

El Tremendo Guandú, Cra. 43 No 74-141 ☎ 358 73 83 große Auswahl an heißen Suppen. Das Flaggschiff ist die Sancoco de *guandú*, mehrfach ausgezeichnete, regionaltypisch deftige Küche.

Nena Lela, Cra. 49C No 75-47 ☎ 358 68 43, Italiener mit Pastagerichten.

Pepe Anca Steakhouse, Cra. 49C No 76-164, das beste für Fleischgourmets, argentinisches Angus beef, fast ein Pfund für etwas mehr als € 20.

La Fonda Antioqueña, Cra. 52 No 70-73, Paisaküche, rustikale Atmosphäre.

Los Helechos, Cra. 52 No 70-70 ☎ 356 74 93, Paisaküche mit Musik.

Bora Bora, Cra. 53 No 79-103 ☎ 378 33 64, Thaiküche mit kolumbianischem Einschlag.

🎵 Musik & Tanz

Hotel Barranquilla Plaza, Bar im 26. Stock mit phantastischer Weitsicht, zudem ein gutes Restaurant, das sich um die zeitgenössische Interpretation internationaler Küche bemüht.

La Cueva, Cra. 43 No 59-03, Fr/Sa Salsa oder Jazz, an der Bar unbedingt den Mango Margarita probieren.

Piche Caliche, Calle 96 No 46-32, Treffpunkt für wilde Studentenparties, flat-rate Trinken für € 8.

Freunde des Vallenato gehen in die **Disco 7.**

🏖 Strände

Lohnend ist ein Abstecher zur Mündung des Río Magdalena ins Meer bei **'Bocas de Ceniza'** mit dem empfehlenswerten Fischrestaurant **El Provedor** auf der lang gestreckten Landzunge, am Ende der Vía 40, wobei man das Hafen- und Fischerviertel **Las Flores** passiert, das noch vor wenigen Jahren aus einer malerisch-wilden Pfahlbausiedlung bestand, die, wenn auch nur als schemenhafte Kulisse, dem bereits 1988 gedrehten und heu-

Carnaval de Barranquilla

te fast vergessenen Hollywood-Film 'Tropical Snow' mit David Carradine als Drogenboss die richtige Würze verliehen hat. Einige der noch verbliebenen Stelzenhäuser sind nunmehr stimmungsvolle Fischrestaurants mit Blick auf den Fluss.

Kolumbiens Rock- und Popstar **Shakira** hat ein Herz für ihre Heimatstadt Barranquilla und hier ein Schulprojekt für die sozial schwachen Bevölkerungsteile der Stadt initiiert, während im **Parque Metropolitano** ihre eigene überlebensgroße Statue steht. Die populären Strände der Stadt breiten sich nach Nordwesten in Richtung Puerto Salgar, versehen mit einem alten spanischen Fort, und Puerto Colombia aus. Eine gute Surf und ausgelassene Parties, zumal in der Karnevalszeit, findet man an der '**Playa Kilimanjaro'** (**Pradomar**).  Calle 2 No 22-61, 25 Min. € 0,80, Taxi € 6,50.

Eindrucksvolle Sonnenuntergänge zeichnen auch den Strand Castillo de Salgar aus. 17 km nordwestlich von Barranquilla liegt **Puerto Colombia** (25.000 Einwohner), ein Seebad mit Strandbuden, die frischen Fisch und Meeresfrüchte anbieten. Hauptattraktion des Ortes ist der Pier, der 2 km ins Meer führt. Hier legten einst die Schiffe aus Übersee an. Die Wellen haben dem 1888 errichteten Bauwerk schwer zugesetzt. Die Stahlträger sind verrostet, und der Beton bröckelt. Abseits der Küste an der Nationalstraße nach Cartagena liegt 11 km von Barranquilla entfernt **Galapa** (25.000 Einwohner), bekannt für die hier fabrizierten traditionellen Karnevalsmasken. Die leuchtend bunten Tiermasken aus Holz stellen Stier (*el torito*, die wichtigste Figur des Karnevals), Jaguar, Hund, Esel, Ziege u. a. dar.

 Der Busterminal liegt am südlichen Rand der Stadt im Barrio La Soledad, 7 km vom Zentrum entfernt. Ähnlich wie in Bogotá ist der Terminal auch hier in vier Module eingeteilt. Und wie in jeder anderen großen Stadt des Landes, so gibt es auch hier eine 24

Std. geöffnete Gepäckaufbewahrung (*guardaequipaje*), Restaurants, Internet und **ATM**. Im Allgemeinen aber ist der Terminal weder einladend noch übersichtlich. Am Ausgang stehen die Taxis für die Fahrt ins Zentrum/ El Prado, € 6,50/7,50. Vor dem Terminal fahren auch die Stadtbusse ins Zentrum (45 Min.) und El Prado (ca.1 Std.). Im chaotischen Stadtverkehr kommt man schneller und günstiger auf dem Mototaxi voran, mit Gepäck ist das allerdings nicht zu empfehlen.

Santa Marta, Rápido Ochoa, Expr. Brasilia u.a. 1½ Std. € 3,50. **Riohacha/Maicao**, Rápido Ochoa, Expr. Brasilia u.a. 5/6 Std. € 14/16. **Cartagena**, La Costeña, Expr. Brasilia, Copetrán u.a. € 5,50. **Mompox**, Unitransco ☺ 7.30, 6 Std. € 17,50. **Valledupar**, Cootracosta, Expr. Brasilia u.a. mehrmals vormittags, 5 Std. € 15. **Medellín**, Expr. Brasilia, Rápido Ochoa, mehrmals täglich, Tages- und Nachtbusse, 12 Std. € 45. **Bogotá (via Bucaramanga)**, Copetrán, Expr. Brasilia (Direktbusse über La Dorada), einige Nachtbusse, 18 Std. € 48. **Venezuela** (Maracaibo/Caracas), Expr. Brasilia/ Expr. Amerlujo ☺ tägl. 23, 9/18 Std. € 37/ 74.

✈ Der **Aeropuerto Internacional** *Ernesto Cortissoz* liegt in La Soledad, zehn Kilometer südlich der Stadt, hier findet man einen Schalter der Banco Popular und mehrere **ATM**, zudem ein Restaurant, ein Café und einen Hamburger-Schnellimbiss. Im Stadtteil El Prado sind alle bedeutenden nationalen und einige internationale Fluggesellschaften mit Büros vertreten. 🚌 'Aeropuerto', € 0,60. Regelmäßige Verbindungen nach Bogotá, Cali, Medellín, San Andrés, Aruba, Curaçao, Panama-City, Miami.

Vía Parque Isla de Salamanca

Auf der Barranquilla gegenüberliegenden Flussseite des Río Magdalena erstreckt sich der 'Vía Parque' Isla de Salamanca (56.200 ha), der einzige dieser Kategorie (weil man auf der Küstenstraße zwischen Barranquilla und Santa Marta durch die Mangrovenlandschaft hindurchfahren kann) und gemeinsam mit der sich anschließenden Ciénaga Grande de Santa Marta seit 1998 der internationalen Ramsar-Konvention zum Schutz der Feuchtgebiete unterstellt. Zwei Jahre später wurde es zum UNESCO-Biosphärenreservat erklärt.

Die Insel, streng genommen sind es mehrere kleinere Inseln im Mündungsdelta des Río Magdalena, sind das Resultat von Fluss- und Meeresablagerungen. Die Hauptattraktion sind die Mangrovensümpfe mit vier unterschiedlichen Mangrovenarten und die reiche Vogelwelt. Man kann bei '**Los Cocos**' (10 km hinter Barranquilla) auch aussteigen und über einen Holzdamm in die Landschaft, bestehend aus Mangroven und Trockenwald hineinspazieren. Kanutouren durch das Marschland des Río Magdalena und seiner kleinen Seitenarme sind möglich, und zu manchen Zeiten landen hier die Meeresschildkröten zur Eiablage an. Kanutouren organisieren Marlis Peralta ☎ 313 583 10 05 oder Omar Gutierrez ☎ 312 654 49 84. Eintritt zum Park: € 15.

Ciénaga Grande de Santa Marta

Entlang der Küstenstraße Barranquilla-Santa Marta erstreckt sich das **Santuario de Fauna y Flora Ciénaga Grande de Santa Marta,** mit 450 km² die größte Küstenlagune der kolumbianischen

Karibik und seit 2000 zum UNESCO-Biosphärenreservat erklärt. Mit ihrem Namen verbindet sich zugleich die größte Umweltsünde Kolumbiens. Der Río Magdalena formte an dieser Stelle einst eine breite Trichtermündung. Durch Ablagerung von Sedimenten entstand eine Sandbank, die heutige Isla de Salamanca. Es bildete sich eine Lagune, die Ciénaga Grande.

Entscheidend für das Leben in diesem 6000 Jahre alten Ökosystem ist das Mischungsverhältnis zwischen Salz- und Süßwasser. Dieses Gleichgewicht wurde durch den Bau der Küstenstraße und einer weiteren Straße südlich von Barranquilla zerstört. Bis in die 1960er Jahre versorgte der Río Magdalena die Lagune mit 200 Kubikmeter Wasser pro Sekunde. Die natürlichen Kanäle, die die Ciénaga mit dem Magdalena verbanden, wurden zugeschüttet. Die Ciénaga begann zu versalzen. Heute sind 200 km² Mangrovenwald abgestorben. Kilometerlang ragen die vertrockneten Baumgerippe aus dem Sumpf entlang der Straße. Die morbide Ästhetik des Waldfriedhofes zieht den Betrachter in seinen Bann.

Der Besuch dieser Region hat noch aus anderen Gründen seine bedrückenden Seiten. Die Anwohner leben ausschließlich vom Fischfang, und die Ciénaga ist noch immer eine der ärmsten Regionen des Landes, ohne Infrastruktur, insbesondere ohne Trinkwasserver- und Müllentsorgung. Die einzigen Ortschaften inmitten der Weite der Ciénaga Grande sind die Pfahlsiedlungen **Nueva Venecia** und **Buenavista**. Diese Siedlungen bestehen seit über 100 Jahren, und es haben sich dort einzigartige Sitten und Gebräuche gehalten, die ein Massaker, das der Paramilitär 'Jorge 40' an den Bewoh-

nern am 22. November 2000 verübte, nicht auslöschen konnte.

Hier existiert noch die einst in dem gesamten Gebiet anzutreffende Fisch- und Vogelvielfalt. Die regenreichsten Monate sind Mai/Juni sowie Oktober-Dezember.

Santa Marta

6 m, 28°C, 450.000 Einwohner ☽ 5

Schon auf dem Sinkflug von Bogotá nach Santa Marta erblickt man rechter Hand die Höhenzüge der Sierra Nevada, schemenhaft durch die aufgerissenen Wolkenbänke, die sich um das Bergmassiv ballen. Entlang der Bahnlinie wird Industriekohle, der augenblicklich begehrteste Rohstoff der Region, verschifft. Santa Marta war der erste spanische Verwaltungssitz auf dem amerikanischem Festland. **Rodrigo de Bastidas** gründete die Stadt 1525 und war der erste Gouverneur.

Die Erforschung des Inlandes ging von hier aus, und die bekannteste Expedition, die 1536 von Santa Marta aufbrach, war die des Gonzalo Jiménez de Quesada, die zwei Jahre später mit der Gründung von Bogotá ihr Ende fand. Santa Marta war ständigen Angriffen von Tairona- und Karib-Indianern ausgesetzt. Als dann noch die Angriffe französischer und englischer Filibuster hinzukamen, verlegten die Spanier ihr Handelszentrum nach Cartagena. Santa Marta blieb eine abgelegene Provinz. Ein neuer Aufschwung begann erst mit dem Bau der Eisenbahn nach Ciénaga 1887, die später bis nach Fundación führte. Die United-Fruit-Company machte die Region zu einem der größten Bananenproduzenten. Der Boom dauerte nur wenige Jahrzehnte an. In den 1940er Jahren wurde ein Großteil der Plantagen aufgegeben. Santa Marta ist nur wenig ge-

250

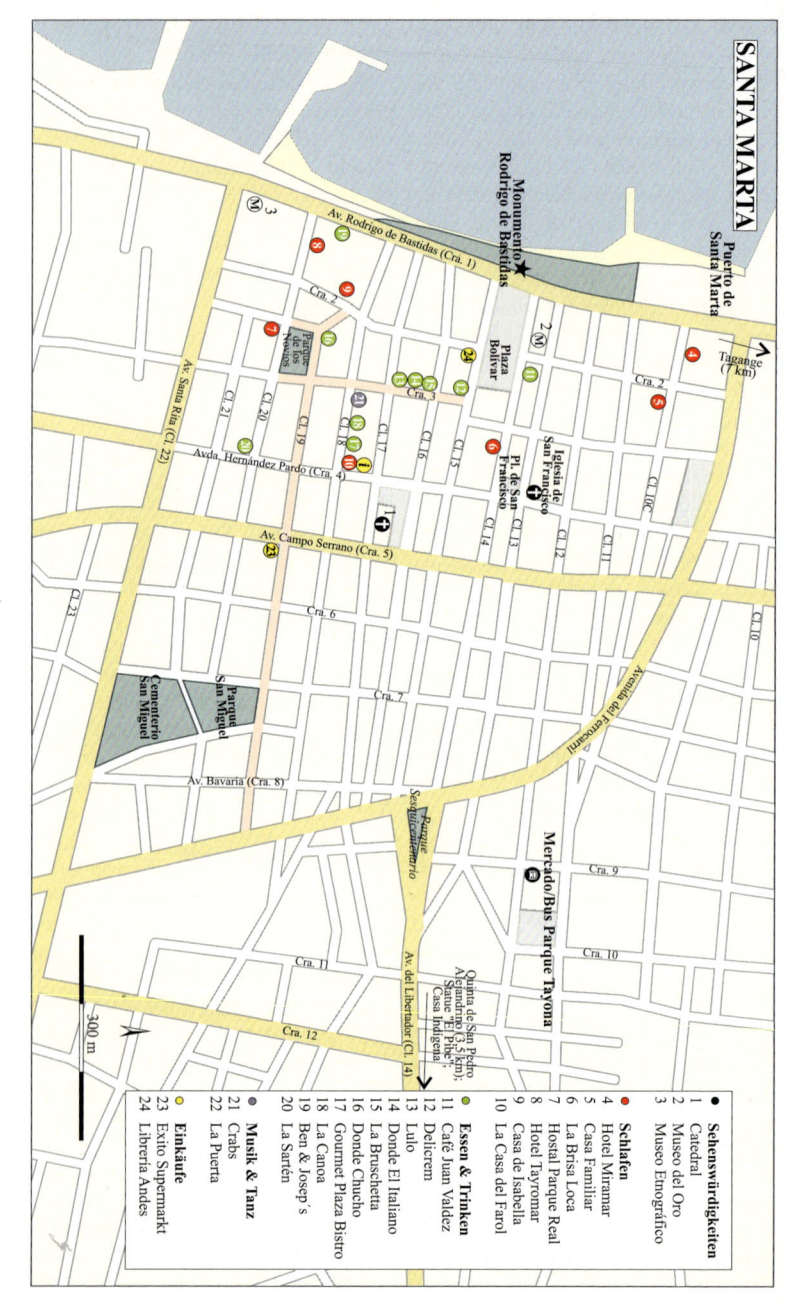

KARIBIKKÜSTE

SANTA MARTA

Puerto de
Santa Marta

Monumento
Rodrigo de Bastidas

Av. Rodrigo de Bastidas (Cra. 1)

Cra. 2

Plaza
Bolívar

Iglesia de
San Francisco

Pl. de San
Francisco

Parque
de los
Novios

Avda. Hernández Pardo (Cra. 4)

Av. Campo Serrano (Cra. 5)

Cra. 6

Cra. 7

Parque
San Miguel

Cementerio
San Miguel

Av. Bavaria (Cra. 8)

Av. Santa Rita (Cl. 22)

Cra. 9

Cra. 10

Mercado/Bus Parque Tayona

Cra. 11

Cra. 12

Av. del Libertador (Cl. 14)

Quinta de San Pedro
Alejandrino (5 km);
Statue "El Pibe";
Casa Indígena

Taganga
(7 km)

300 m

Sehenswürdigkeiten
1 Catedral
2 Museo del Oro
3 Museo Etnográfico

Schlafen
4 Hotel Miramar
5 Casa Familiar
6 La Brisa Loca
7 Hostal Parque Real
8 Hotel Tayromar
9 Casa de Isabella
10 La Casa del Farol

Essen & Trinken
11 Café Juan Valdez
12 Delicrem
13 Lulo
14 Donde El Italiano
15 La Bruschetta
16 Donde Chucho
17 Gourmet Plaza Bistro
18 La Canoa
19 Ben & Josep's
20 La Sartén

Musik & Tanz
21 Crabs
22 La Puerta

Einkäufe
23 Éxito Supermarkt
24 Librería Andes

blieben, was an die Kolonial- und Piratenzeit erinnert. Häuserfassaden mit barbusigen Meerjungfrauen sieht man vereinzelt, schattige Gassen, in denen fahrende Händler Schmuggelgut anbieten und einige kleine Parks, unter deren schattenspendenden Bäumen sich die heiteren und toleranten Bewohner dieser attraktiven Provinzhauptstadt gerne auf ein gekühltes Bier oder ein Erfrischungsgetränk treffen. Entlang der **Avenida de la Playa** reihen sich die Bars und Restaurants. Gegenüber auf der schmalen Strandseite wurden einige klobige Bronzestatuen aufgestellt, die die präkolumbinen Tairona darstellen. Von hier kann man die Sonne hinter der Leuchtturminsel **El Morro** versinken sehen. In der Bucht landen die Containerschiffe aus Übersee an.

Service

ⓘ **Touristeninformation**, Calle 17 No 3-120 ☎ 438 25 87 ☉ Mo-Fr 8-12 u. 14-18. **Fondo de Promoción Turística**, Calle 10 No 3-10 (El Rodadero) ☎ 422 75 48 ☉ Mo-Fr 8-12 u. 14-18, Sa 8-12. **Fundación ProSierra**, Calle 17 No 3-83 ☎ 421 17 46 www.prosierra.org bei der Plaza de la Catedral, NGO zum Schutz der natürlichen Ökosysteme der Sierra Nevada de Santa Marta. **Casa Indígena,** Cra. 19 A No 23-05 ☉ Mo-Fr 8-12 u. 14-17, Sitz der Indigenen-Organisation Gonawindúa Tayrona und der beste Ort, um einen Kogi-Mochila zu erstehen, auch organischer Kaffee von der Sierra Nevada de Santa Marta ist im Angebot. **Libreria Andes**, Calle 15 No 2-66, sympathischer Buchladen mit der täglichen Tageszeitung. @ Diverse **Internetcafés & WiFi-Zonen** im Zentrum, Cafe Juan Váldez, Calle 14 zwischen Cra. 2 u. 3, im kleinen schattigen Park neben der Alcaldía, an der Stelle, wo einst das legendäre 'Café Fruchtpalast' stand. **Tamá Café**, Calle 17 No 2-43, organischer Kaffee & WiFi. Ⓒ **ATM** an der Plaza Bolívar und der Plaza San Francisco. **Banco Popular,** Cra. 3 No 14-30, Bardollar, Travellerschecks, VisaCard, Maestro. **Banco Santander**, Calle 14 No 3-04, ATM. **Bancolombia**, Cra. 3 No 14-10, Maestro, ATM. **Cambios Tayrona**, Calle 14 No 4-45 Lokal 25 C (Edif. Royal Plaza) ☎ 320 506 00 76, Bardollar und Eurocash zu einem besseren Kurs als in Taganga.

Touranbieter

Eugenia y Volker Winkelmann ☎ 422 17 26/ 301 278 59 42 www.santa-marta.de sachkundig, engagiert und deutschsprachig.

Aviatur, Calle 15 No 3-20 ☎ 421 38 48 ☉ Mo-Fr 8-12 u. 14-16, Reservierung für die Ecohabs im PNN Tairona.

Trekkinganbieter zur Ciudad Perdida

Baquianos Tour, Calle 10C No 1C-59 (Hotel Miramar) ☎ 431 96 67 www.lostcitybaquianos.com

Turcol, Cra.1 No 20-15 ☎ 421 22 56 www.buritaca2000.com

MagicTours, Calle 16 No 4-41 ☎ 421 58 20 und in Taganga.

⊙ Sehenswürdigkeiten

Museo de Oro Tairona

Solange die historische Casa de la Aduana umfangreichen Restaurierungsarbeiten unterzogen wird, ist das sehenswerte Museo de Oro in das benachbarte Gebäude der Banco de la República, ebenfalls am Parque Bolívar umgezogen. Anhand von Schautafeln wird die Kultur der heutigen Kogi sowie ihrer Vorfahren, der Tairona anschaulich erläutert. Die wichtigste Gründung

Straßenszene in Santa Marta

der Tairona war **Ciudad Perdida**, hier mit einem Modell vertreten. Gezeigt werden Gebrauchsgegenstände, wie die *mochilas* und der *poporo,* und in ihrer mythologischen und sozialen Bedeutung erläutert, Cra. 1 C-37, an der Plaza Bolívar ⏲ Mo-Fr 8-11.45 u. 14-17.45, Sa 9-13. Eintritt: frei.

Museo Etnográfico de la Universidad de Magdalena (MEUM)

Des ethnografische und historische Museum im ehemaligen Hospital beschäftigt sich in mehreren Sälen mit den wichtigsten Stationen der Regionalgeschichte von Santa Marta, angefangen bei der Stadtgründung, den Indianerrevolten und dem Aufstand der Bananenarbeiter bis hin zu den Guerillaaktivitäten in der Sierra Nevada, Cra. 1 Ecke Calle 22 ☽ 431 75 13 ⏲ Mo-Sa 8-16. Eintritt: € 2.

Catedral

Die Kathedrale ist die älteste von Kolumbien, wurde aber erst im 18. Jahrhundert fertiggestellt. Hier ruhen die Gebeine des Stadtgründers Rodrigo de Bastidas, und kurzzeitig waren auch die Gebeine von Simón Bolívar, an diesem Ort bestattet, bevor sie 1842 nach Venezuela heimgeholt wurden, Cra. 4, Calle 17.

Santa Marta war die letzte Station im Leben von Simón Bolívar. Der abgesetzte Libertador fand, bereits schwer krank, Asyl in der Quinta de San Pedro Alejandrino. Die zum nationalen Denkmal erklärte Hazienda liegt im Vorort Mamatoco, vier Kilometer westlich des Stadtzentrums. Die 1608 erbaute Zukkerrohrfarm liegt in einem Park, der mächtige Bäume hat. Es ist die erklärtermaßen wichtigste Gedenkstätte für Simón Bolívar in Kolumbien. Ein Gebäudekomplex, bestehend aus der **Hazienda**, dem **Vaterlandstempel** und dem **Museo Bolívariano**. In einem der Zimmer starb Simón Bolívar am 17. Dezember 1830. In dem Wohnhaus stößt man auf einige wenige persönliche Gegenstände. Das hier geschaffene Museum für zeitgenössische Kunst soll als Begegnungsstätte der Künstler aus allen Ländern dienen, die einst von Bo-

Tintero in Santa Marta

lívar befreit wurden. Die bolivarianische Einheitsidee ruht im Altar de la Patria, einem monumentalen Mausoleum im Zentrum der Anlage, über dem der Geist entrückter Heldenverehrung schwebt ⏱ täglich 9.30-16.30. Eintritt: € 4,40. 🚐 **Mikrobusse** von der Cra. 1 mit der Aufschrift «Mamatoco» fahren an der Hazienda vorbei.

Monumento Carlos Valderrama

Kurios aber wahr, wenn man die Leute an der Karibikküste nach dem bedeutendsten lebenden Costeño fragt, ist die spontane Antwort zumeist Carlos «El Pibe» Valderrama. Daher ist es nicht verwunderlich, dass der Fußballer mit den Korkenzieherlocken und einstige Kapitän der kolumbianischen Nationalmannschaft dem allseits verehrten Literaturnobelpreisträger Gabriel García Márquez zumindest eine Sache voraus hat, eine Statue in Überlebensgröße, aufgestellt vor dem Fußballstadion Eduardo Santos, der Spielstätte des heimischen Clubs Unión

Magdalena, der heute in der zweiten Liga zu finden ist. An diesem Ort begann die steile Fußballerkarriere von El Pibe, Cra. 18 zwischen Av. Libertador und Calle 22.

🚂 Längst verkehren keine regulären Personenzüge mehr zwischen Bogotá und Santa Marta und vor einiger Zeit schien auch der Güterverkehr von Santa Marta ins Hochland auf der Schiene keine Zukunft mehr zu haben, weil die lokale Tourismuslobby den Transport und die anschließende Verschiffung von Kohle als geschäftsschädigend empfindet und daher am liebsten ganz abschaffen möchte. Die Kohlezüge dürfen vorerst aber weiter rollen. Eisenbahnfreaks und den letzten Abenteurern des Schienenstranges steht diese einzigartige Zugfahrt, die zu den weltweit spektakulärsten zählt, nicht länger zur Verfügung. Sie müssen sich mit der Reisebeschreibung von Rámon Chao «Ein Zug aus Eis und Feuer» trösten. Die Gegend hinter dem Bahnhof ist auch tagsüber nicht ganz sicher.

🛏 Schlafen

Viele der alten Hotels entlang des Malecón sind in die Jahre gekommen und nicht sonderlich einladend, aber eine Reihe attraktiver liebevoll restaurierter Unterkünfte in der Altstadt wiegt den Nachteil auf, nicht in der ersten Reihe mit Blick auf die Bucht und den Containerhafen zu liegen.

Hotel Miramar, Calle 10 C No 1C-59 ① 423 32 76, der Reise-Klassiker der ersten Stunde, wenn auch nicht mehr der zentrale Treffpunkt vergangener Tage, Restaurant im Innenhof, Bar, Internet, Satelliten-Fernsehen, € 6 p.P. gute Informationsquelle für Touren in die Umgebung, Fahrten in den Parque Tairona und Vermittlung von Guías zur Ciudad Perdida.

Casa Familiar, Calle 10C No 2-14 ① 421 16 97, neuer Anbau, sauber, freundlich, hilfsbereit, Frühstück, Snacks. Zimmer mit Bad, Vent. € 7,50 p.P. außerdem Dorm und Gästeküche

Casa Aluna, Calle 21 No 5-72 ① 432 49 16 www.alunahotel.com benannt nach dem Lebenskonzept der Kogi, 'die Weisheit anzustreben und die Schlechtigkeit des eigenen Daseins abzulegen'. Das charmante Gästehaus von Patrick bietet viele Annehmlichkeiten, Dachterrasse, Innengarten, Büchertausch, Wäscheservice, WiFi, Dorm und Privatzimmer mit Bad, € 9/18/26(2), einige Zimmer mit a/c € 26/35(2).

La Brisa Loca, Calle 14 No 3-58 ① 3183 030 666 www.labrisaloca.com ein lebhaftes Traveller-Hotel mit einer Bar, Pool im Innenhof, Dachterrasse, Küchenbenutzung, WiFi, Dorm und Privatzimmer € 15/30.

Hostal Parque Real, Calle 21 No 2A ① 431 00 16 www.hostal-parque-real.com zentral gelegenes, einfaches ruhiges Hotel am Parque de los Novios, a/c, WiFi, Privatbad, € 26.

Hotel Tayromar, Calle 20 No 1C-71 ① 423 20 22/ 421 73 24 reservas@hoteltayromar.com zentral gelegenes Hotel mit Parkplatz, großzügigen Zimmern und Bädern, a/c, TV und mit Glück ist sogar der Safe im Schrank funktionsfähig, € 30-35(2).

La Casa, Calle 18 No 3-53 ① 421 24 83 http://lacasasantamarta.com mit Liebe zum Detail eingerichtetes Dreizimmer-Boutique Hotel, das den drei großen Landschaftsräumen Karibik - Pazifik - Amazonas und ihren indigenen Kulturen gewidmet ist, zwischen € 35-78(2).

La Casa del Farol, Calle 18 No 3-115 ① 423 15 72 www.lacasadelfarol.com Boutique Hotel mit individuell gestalteten Zimmern, WiFi, € 87/130(2).

La Casa de Isabella, Cra.2 No 19-20 ① 431 20 82 www.casadeisabella.com ein weiteres zentral gelegenes Boutique Hotel, zehn individuell gestaltete Zimmer und Suiten um einen Patio mit Flatscreen-TV und feinen Bädern, Mosaikfußböden, Weinlokal mit hohen Decken, Dachterrasse mit Pool, WiFi, schön, luxuriös und teuer, € 125-187.

The Dreamer Hostel, Diagonal 32 Los Tropillos (Mamatoco) ① 433 32 64 www.thedreamerhostel.com Am Stadtrand und daher (fast) schon im Grünen liegt diese Travelleroase, die dem Stil eines modernen Ranchos der indigenen Wayu nachempfunden ist, nur 5 Min. entfernt ist das Buenavista Shopping Center mit Supermärkten und Kino. Hängematten vor den geräumigen Zimmern, Liegeplätze um den Pool, unterschiedliche Dorm, Vent. oder a/c, € 8/9/10, Einzel- und Doppelzimmer Vent./a/c, € 26-40(2).

Reserva Biologica Caoba www
.reserva-biologica-caoba.com ein 30 ha
Naturreservat außerhalb von Santa
Marta, aufgebaut durch den deutschen
Biologen Eberhard Wedler und seine
Frau Katherine an der Stelle eines prä-
hispanischen Tairona-Dorfes, € 87 p.P.
inkl Vollpension.

Außerhalb der Stadt zwischen dem
Flughafen und El Rodadero liegen einige Beachressorts. Dazu gehören das
Decameron Galeón, Km 17 Richtung
Cienaga ☎ 432 06 30, bestehend aus
einem Hotel-Tower und hufeisenför-
mig angelegten Cabañas am 200 m
langen Pozos Colorados Strand. 20
Busminuten östlich von Santa Marta
liegt der Touristensektor **El Rodadero**.
Die von Hochhäusern eingerahmte
Bucht ist am Wochenende und zur Ferienzeit beliebtes Ausflugsziel für Kolumbianer. Die Hotels sind moderner
und oftmals teurer als im Stadtzentrum. Der Strand ist zwar feinsandig,
aber nicht immer im saubersten Zustand, und die Verleiher von Wasser-
motorrädern verlangen horrende Preise. Die Rumba findet in der Großdisco
La Escollera oder alternativ im **Barak
ZonaRock**, Cra. 4 No 8-70 ☎ 318 623
52 35, gegenüber der Mobil-Tankstelle,
statt. Illustrer Treffpunkt ist das exzellente Fischrestaurant **Donde Chucho**,
Calle 6, Cra. 3 ☎ 422 17 52, im Zentrum von El Rodadero. Weitere kleine
Restaurants befinden sich entlang der
Strandpromenade, Cra. 1C.

🍴 Essen & Trinken

Entlang der verbreiterten Strandpromenade (Cra. 1) findet sich eine Vielzahl an Essensmöglichkeiten, von der
Pizza, über Hamburger, bis zu regionalen Fischgerichten und saftigen Steaks.
Einige der besseren Restaurants sowie
(Musik-) Bars liegen um die lauschige

Parque de los Novios und in den angrenzenden Fußgängerzonen.

Punta Betin, Cra. 1 No 18-29, vor
dem Gebäude des Hotel Panamerican
zum karibischen Frühstück, die klassischen Eiergerichte mit Arepa dazu
Milchkaffe oder lauwarme Schokolade,
passable Fruchtsäfte.

Ben & Josep's Bar und Restaurant,
Cra. 1 No 18-67 ☎ 280 50 39, neben
dem Parkhotel, für dicke und saftige
Steaks, Mojitos, eisgekühlte Biere,
Fruchtsäfte.

Donde Chucho, Calle 19 No 2, am
Parque de los Novios ☎ 421 46 63, un-
übertroffen bei Fisch und Meeresfrüchten, ebenso gut ist der gleichnamige Ableger in El Rodadero.

La Canoa, Calle 18 No 3-75, argen-
tinisch-französische Kreativküche.

Donde L´Italiano, Cra. 3 No 16-
26, ein echter Italiener, der den Kontakt zu seinen Gästen pflegt, gute Pasta, einfache Weine, schmackhafte Tagesgerichte.

La Bruschetta, Cra. 3 No 16-2, Restaurant, Frühstück, Brunch, guter Espresso, feine Backwaren.

La Sartén, Calle 21 Ecke Cra. 4, traditionelle Fisch- und Fleischgerichte,
Parrilla & Mariscos, beliebter Mittagstisch, Ableger in Rodadero, Cra. 4 No
7-70.

Agave Azul, Calle 14 No 3-58, mexikanische Tacos und Burritos, Fleisch-
und Fischgerichte ⏰ Di-Fr Tagesgerichte, Happy hour Margaritas.

Delicrem, Calle 15 Ecke Cra. 3, die
älteste Eisdiele der Stadt und berühmt
für die vielen Eissorten Zapote/Bana-
ne/Mango/Maracuja.

🎵 Musik & Tanz

Die Szene in Santa Marta ist überschaubar, es herrscht ein ungezwunge-

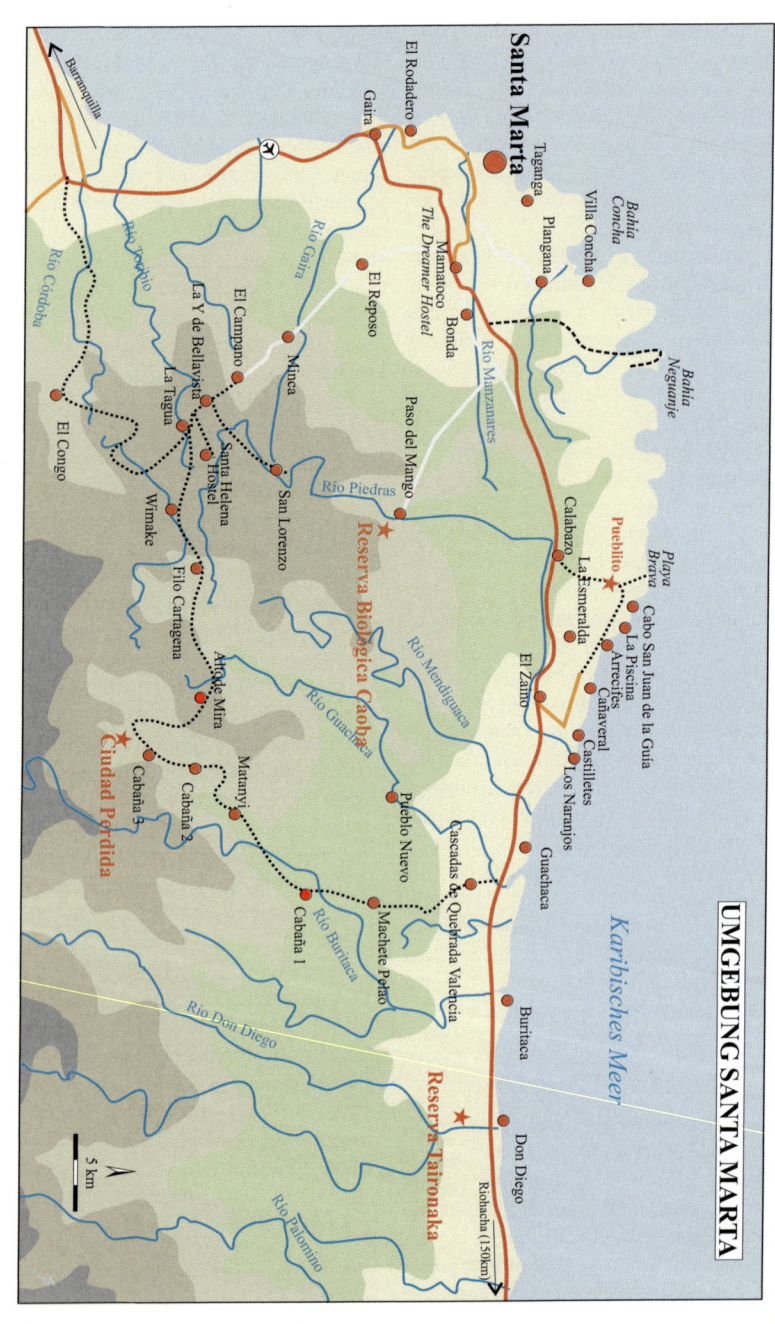

KARIBIKKÜSTE

UMGEBUNG SANTA MARTA

Santa Marta

El Rodadero
Gaira
Taganga
Bahía Concha
Villa Concha
Playana
Mamatoco
Bonda
The Dreamer Hostel
El Reposo
El Campano
La Y de Bellavista
La Tagua
Minca
Santa Helena Hostel
San Lorenzo
Wimake
Río Cartagena
El Congo
Paso del Mango
Río Piedras
Reserva Biológica Caoba
Arco de Mira
Ciudad Perdida
Cabaña 3
Cabaña 2
Matanyi
Cabaña 1
Machete Pelao
Pueblo Nuevo
Cascadas de Quebrada Valencia
Calabazo
Pueblito
Playa Brava
Cabo San Juan de la Guía
La Piscina
Arrecifes
Cañaveral
Castilletes
Los Naranjos
La Esmeralda
El Zaíno
Guachaca
Buritaca
Don Diego
Reserva Tairona
Río Manzanares
Río Guachaca
Río Mendiguaca
Río Buritaca
Río Don Diego
Río Palomino
Río Gaira
Río Toribio
Río Córdoba
Bahía Neguanje
Karibisches Meer
Barranquilla
Riohacha (150km)

5 km

ner und fließender Übergang von den Tagesaktivitäten zum Nachtleben und Wochenendvergnügen und in umgekehrter Reihenfolge. Tagsüber und in den Abendstunden trifft sich alle Welt an der Bucht und der Av. la Playa. Wild getrunken, getanzt und gelacht wird in der **Heladería** in der Cra.1. Auf den Tischen sammeln sich die Bierflaschen und im Innenraum schieben Tanzpaare zu Vallenatoklängen zu vorgerückter Stunde übers Parkett.

La Puerta, Calle 17 No 2-29 ⏲ Di/Mi 18-1, Do-Sa -3. Hier treffen sich Einwohner und (ausländische) Besucher zum Trinken, Reden und Tanzen, Musikmix aus Rock, Salsa und Vallenato.

Crabs, Calle 18 No 3-69 ⏲ Mi-Sa 20-3, Billard, Rockvideos, eisgekühlte Biere und Mojitos.

🚐 Kleinbusse und Colectivos in den **PNN Tairona** und nach **Minca,** 40Min. € 1,50, fahren von der Marktgegend, Cra. 11, Calle 11 und der Straßenkreuzung in **Mamatoco.** Der **Terminal de Transporte** liegt auf halbem Wege zwischen dem Zentrum und El Rodadero am Troncal de Caribe, Calle 15 Ecke Cra.13. Die Taxis warten vor dem Eingang € 2,20 (Zentrum), € 3,50 (Taganga), drinnen findet man eine **ATM** von Servibanca für Master/VisaCard, einfache Restaurants und Kioske. **Riohacha/Maicao,** Expr. Brasilia, Copetrán, Cootragua u.a. alle 30 Min. 2½ Std./4 Std. € 8/11. **Barranquilla,** Expr. Brasilia, La Costeña u.a. alle 30 Min. bis ⏲ 20.30, 2 Std. € 3. **Cartagena,** Expr. Brasilia, La Costeña u.a. bis ⏲ 20, 4 Std. € 9. **Valledupar,** Copetrán bis ⏲14.30, 4 Std. € 8. **Aracataca,** direkt oder via Fundación, Copetrán, Expr. Brasilia, € 2,50-3,50. **Mompox,** in Bosconia auf dem Weg nach Valledupar umsteigen, € 10. **El Banco,** Copetrán ⏲

9 u.10, 6 Std. € 10. **Bucaramanga (> Bogotá),** Tages- und Nachtbusse, Expr. Brasilia, Berlinas, Copetrán, 9 Std. € 20. **Medellín,** Expr. Brasilia, Rápido Ochoa, 5 Busse ⏲ letzter 19.30, 15 Std. € 32. **Bogotá,** Copetrán, Expr. Brasilia, mehrmals, 18 Std. € 36. **Venezuela,** täglich Abfahrten mit Expr. Amerlujo ☏ 430 41 44 ⏲ 12, Maracaibo, 7-8 Std. € 42, Caracas, 17 Std. € 84.

✈ Der **Aeropuerto Simón Bolívar** liegt 15 km südlich der Stadt, hinter El Rodadero in Richtung Barranquilla. Mikrobusse fahren von der Av. La Playa (Cra.1). Tägliche Verbindungen nach Bogotá und Medellín mit Avianca und Lan.

Taganga
5000 Einwohner ☏ 5

In entgegengesetzter Himmelsrichtung von El Rodadero liegt der kleine **Fischerort** und die **Travelleroase Taganga,** keine zehn Minuten vom Zentrum Santa Martas entfernt, jenseits der nächsten Hügelkuppe. Taganga war ein bedeutender spiritueller Ort der alten Tairona und hat sich nun in kürzester Zeit zu einem der wichtigsten Backpacker-Orte in Kolumbien entwickelt. Hier herrscht ein einzigartiges Flair, das sich aus der bunten Mischung aus Fischern, Schmugglern, Hippies und Touristen speist. An kaum einem anderen Ort des Landes kann die Stimmung entspannter sein, wenn sich Bongotrommeln und Gitarrenklänge über das sanfte Rauschen der Wellen legen. Zu Ostern und über Weihnachten platzt der Ort hingegen aus allen Nähten. Dann sind die Strände mit kolumbianischen Touristen aus Barranquilla und Bogotá überfüllt, und aus den Boxen an den Restaurant- und Bartischen dröhnt bretterlaut der Vallenato.

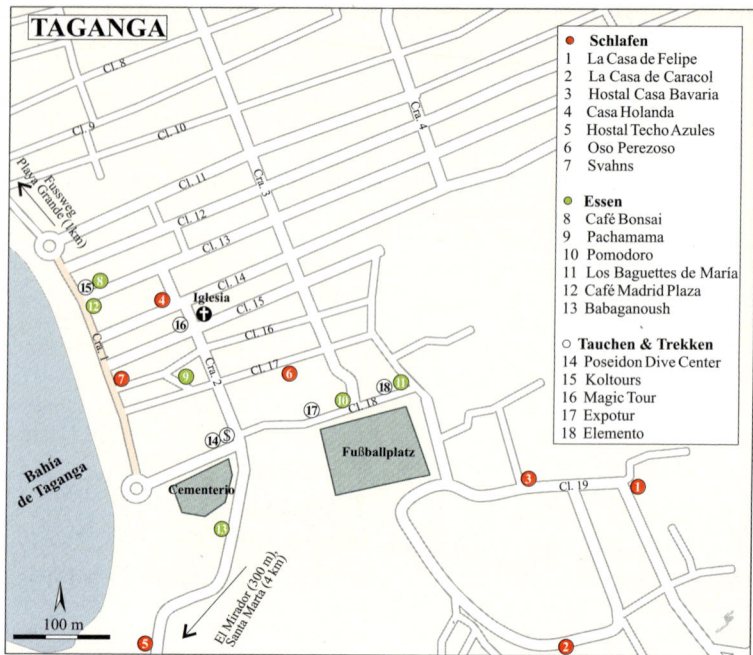

Ein reger Fährbetrieb bringt die ausgelassenen Urlauber zu den Nachbarbuchten. Die Sonnenuntergänge sind traumhaft, und die Zeiten als Taganga noch ein verschlafener Fischerort war, sind endgültig vorbei. Schmale und steile Pfade führen von Taganga über die kargen, kakteenbewachsenen Hügel von einer Bucht zur anderen. Hier liegen die Strände von Playa Grande, Sisiwuaca, Monowuaca und einer Handvoll kleinerer, einsamer Strände dazwischen. Das Meer ist türkisgrün und plätschert träge gegen die Strandlinie. In den Strandbuden wird frischer Fisch serviert. *Pargo rojo, sierra, lebranje* und *albacora*, und man kann sich, wenn man Ruhe sucht und gelegentlich findet, mit einem Buch in der Hängematte verkriechen. Am Wochenende muss man dafür eine der entfernteren Buchten aufsuchen.

Wer nicht auf den schmalen und gelegentlich steilen Pfaden zu Fuß gehen möchte, kann sich zu den Stränden mit dem Boot bringen lassen. Taganga-Playa Grande, hin und zurück € 4. Die Unterwasserwelt zwischen Taganga und dem Parque Tairona ist noch intakt und immer wieder überraschend. Weitflächige Korallenbänke, Unterwasserhöhlen und Kanäle gibt es bei **Neguanje**. Und vielleicht stößt der Taucher auf ein abgestürztes Flugzeugwrack oder abgesoffenes Mini-U-Boot der Narcos. Taganga hat mehrere Tauchschulen, die wissen, wo es schön und interessant ist.

Service

In Taganga gibt es diverse **Internetcafés** und -bars und viele Hotels haben WiFi. Die einzige **ATM** steht an der zentralen Kreuzung am Ortseingang

Taganga Playa Grande

neben dem Polizeiposten und funktioniert nicht immer. Bartauschen ist nach einigem Herumfragen bei Hotels und Restaurants möglich, aber der Wechselkurs ist schlechter als im nahegelegenen Santa Marta. 🚌 Mikrobusse aus Santa Marta entlang der Cra. 5 alle zehn Minuten, zurück ⏰ bis 21.30. Wer später noch in die Stadt möchte, muss ein Taxi nehmen, € 3,50. **Academia Latina**, Calle 14 No 1B-75 (Casa Holanda) www.academia-latina.com Spanisch lernen ab € 65 pro Woche (Minimum 10 Unterrichtsstunden).

🛏️ *Schlafen*

Der Backpacker-Aufschwung der letzten Jahre hat für eine Vielzahl guter neuer Übernachtungsmöglichkeiten gesorgt. Die meisten Unterkünfte schlagen zur Hochsaison die Tarife bis zu 50 % auf.

La Casa de Felipe, Cra. 5 A No 19-13 ☎ 421 91 01 www.lacasadefelipe .com Felipe gehört in Taganga zu den Hoteliers der ersten Stunde. Die schöne Anlage liegt weit oberhalb der Strandlinie und ist bestens ausgeschildert, begrünte Terrasse mit Hängemattenplätzen und Meerblick, Internetplätze an der Lobby. Dorm € 7 p.P. Zimmer mit Vent. € 20/26(2). Apartments und Cabañas mit Kochgelegenheit, Bad, Vent. für 2-4 Personen € 44/52.

La Casa de Caracol www.karibiktrip.com Bungalow mit Anbau von Diana aus der Schweiz und Javier, 7 Min. zu Fuß vom Strand entfernt, sehr sympathisch, ruhig, verwunschener Garten, Büchertausch, ein Zimmer mit 2 Betten und Hängematte, ein Apartment mit 4 Betten, WC, Dusche, Küche, Terrasse mit Hängemattenplätzen, je nach Personenzahl und Zimmerbelegung zwischen € 13 26 p.P.

Hostal Casa Bavaria, Calle 17 Ecke Cra. 4 www.hostalbavaria.com der Ankerplatz, zumindest für alle Bayern in Taganga. Jürgen hat sein Hostal mit der Zeit immer weiter ausgebaut und verschönt, so dass hier für jeden Geschmack und Geldbeutel ein Zimmer zu finden ist. (Einzel-) Doppel- und Dreibettzimmer mit Vent. € 13/ 22(2), mit Privatbad und a/c im Obergeschoss, € 44(2), große Dachterrasse mit Ausblick und Hängemattenplätzen, GemeinschaftsBBQ, Wäscheservice, WiFi, angrenzendes Frühstücksrestaurant.

Casa Holanda, Calle 14 No 18-75 www.micasaholanda.com übersichtliche saubere Zimmer mit guten Betten, a/c, WiFi,zentral gelegenes (Terrassen-)Restaurant, gute Pancakes zum Frühstück, Cocktails in den Abendstunden, € 30/40(2).

Hostal Techo Azules ☎ 421 25 12 www.techoazules.com schöne Anlage beim Mirador an der Straße über Taganga. Hängemattenplätze, Dorm € 11, Doppelzimmer mit/ohne Privatbad ab € 30(2), Cabañas mit mehreren Betten, Küche, a/c zwischen € 50-60.

Oso Perezoso, Calle 17 No 2-36 ☎ 421 80 41, Hang Out-Stimmung auf der luftigen Dachterrasse mit Blick über die Palmen aufs Meer, Hängematte € 5,80, kleine und luftige Zimmer mit Vent. und teilweise mit Privatbad, Frühstück, WiFi ab € 10.

Svahns, Cra. 1 Calle 16 No 1 B - 04 ☎ 318 539 90 98 www.svahns.com Luxusapartments, die man an diesem Ort nicht vermuten würde, King Size Betten, Flatscreen TV, a/c, Küche mit Kühlschrank, Designerdusche, Gemeinschafts-BBQ Dachterrasse mit Seeblick, Chill Out Zone, je nach Zimmergröße € 52-87(2) plus 50 % in der Hochsaison.

🍴 *Essen & Trinken*

Viele Buden entlang der Playa Taganga und in den weiteren Buchten servieren frischen Fisch. Der Touristenboom hat dafür gesorgt, dass Großbildschirme Einzug gehalten haben über die die Spiele der Champions League und Musikvideos flimmern. Für eisgekühlte Getränke und Aguardiente gab es früher einmal nur den gut bestückten Kiosk **Los Paisas** mit den riesigen Kühlschränken an der Strandlinie, den gibt's immer noch mit Verpflegung und eisgekühlten Bieren zu fairen Preisen.

Café Bonsai, Calle 13 No 1-07 www.cafebonsai.com a/c- Restaurant mit umfangreicher Getränkekarte, guter Musik und kostenlosem WiFi, abwechslungsreiche Küche, Spezialität: Hühnchen in Ingwersoße, Fleischspiesse in Steakqualität.

Pachamama, Cra. 1 zwischen Calle 16 u. 17, charmantes Hinterhofrestaurant mit französischer Kochkunst, zartes Thunfisch-Carpaccio und diverse Meeresfrüchte-Gerichte, Bar mit Happy hour (-50 %) zwischen ⏱ 18-22.

Restaurante Pomodoro, Calle 18 Ecke Cra. 3, ein einfacher und beliebter Treff für eine gute Pizza aus dem Ofen.

Los Baguettes de María, Calle 18 No 3-47 ☎ 421 93 28, hat mindestens zehn verschiedene Baguette-Varianten und noch mehr Satelliten-TV Programme zu bieten.

Café Madrid Plaza, Cra. 1 Ecke Calle 13, echter Espresso, Fruchtsäfte, Cocktails, warme Gerichte von morgens bis abends, Fußball-TV-Bar.

Babaganoush, Cra. 1 No 18-22, asiatisches Flair und internationale Küche, Maître de Cuisine Patrick Verdegall hat schon in der Casa de Felipe aufgekocht und sorgt auch hier für volle Tische mit Panoramablick auf die Bucht.

Musik & Tanz

Das Nachtleben von Taganga (Mi-Sa) konzentriert sich hauptsächlich auf einen Spot entlang der Küstenstraße in Richtung Santa Marta mit Blick auf die Bucht. **El Mirador**, Cra. 1B No 18-107 ☽ 421 42 21 ☉ 20.30-5, ist der angesagte Traveller-Tanztempel bei bassgesteuerter Lautstärke und ideal, um Kontakte zu knüpfen.

Tauchen & Trekken

Der versierte Tauchlehrer Max führt seit langem den **Poseidon Dive Center**, Calle 18 No 1-69 ☽ 421 92 24 www.poseidondivecenter.com Im Programm sind Tief-, Nacht-, Navigation-, Drift-, Wrack- und Tarierungstauchgänge für Anfänger und Fortgeschrittene. Alle Tauchgänge werden vom Boot durchgeführt.

Koltours, Calle 13 No 1 - 06 A(direkt an der Strandpromenade) ☽ 310 684 83 21 http://koltours.com Willi Fröhlich bringt den richtigen Abenteuerspirit mit, damit Individualreisende das Besondere und Einzigartige an Kolumbien erleben können. Sein Schwerpunkt sind Touren in die Umgebung von Santa Marta, PNN Tairona, Minca, Sierra Nevada, Cabo de la Vela (Guajira), auf Wunsch organisiert Willi auch außergewöhnliche Touren in andere Landesteile.

Magic Tours ☽ 421 91 86 www.magictourstaganga.com fährt in den PNN Tairona, zu anderen Zielen an der Karibikküste und sucht vor Ort Leute für die Treks zur Ciudad Perdida.

Expotur, Calle 18 No 2- 07 ☽ 421 95 77 www.expotur-eco.com lizenzierte Agentur für Treks zur Ciudad Perdida.

Elemento, Calle 18 No 3-31 ☽ 421 08 07 www.elementooutdoor.com für rasante Mountainbike-Abfahrten.

PNN Tairona

Der PNN Tairona umfasst ein 150 km² großes Gebiet, eingegrenzt von der Bucht von Taganga im Westen und dem Río Piedras im Osten, das zu den schönsten und abwechslungsreichsten Abschnitten der gesamten Karibikküste zählt. Da ist es nicht verwunderlich , dass dies auch der populärste Nationalpark in Kolumbien ist, sowohl für Kolumbianer als auch für die internationale Reiseszene. Während der Weihnachtszeit und der Semana Santa sind die Kapazitäten zumeist restlos ausgelastet, und bei 6500 gezählten Tagesbesuchern wird ein Besucherstopp verhängt. Zwischen Februar und November sind die schönen wilden Strände eingerahmt von gewaltigen Rundfelsen auch schon mal einsam oder intim zu nennen. Die Ausläufer der Sierra Nevada lappen an diesem Küstenabschnitt ins Meer wie die gespreizten Finger einer Hand. Buchten mit schäumendem Wellengang wechseln mit kristallin weißen Stränden an träger See. In der Landschaft verstreut liegen übergroße gerundete Felsen wie zurückgelassene Dinosauriereier. Dahinter erheben sich dicht bewachsene Berge, in deren Gipfeln sich die Nebel verfangen. Sie sind aus Vulkangestein des Tertiär und mit abrupten Steigungen versehen. Dort wachsen Feuchtwälder, Palmen, umschlungen von Lianen, bis zu 35 m Höhe. Unterhalb dieser Zone stehen *jobo-*, *naranjuelo-* und *ceibu-*Bäume. In unmittelbarer Küstennähe wachsen Feigenkakteen und Kokospalmen.

Die Fauna ist vielfältig. Hier leben Brüllaffen, Leguane, Dutzende von Fledermausarten, Schlangen und Vögel.

Naturbelassene Strände im PNN Tairona

Die Küstenlinie ist gesäumt von Korallen. Bahía Concha und Negangue sind die bevorzugten Tauchplätze. Im Park wurden bedeutende archäologische Funde aus der Zeit der Tairona-Kultur gemacht. Das Ethnologen-Ehepaar Reichel-Dolmatoff hat in den 1950er Jahren die Ruinen von Pueblito ('Chairama') freigelegt. Zu Zeiten der Tairona verband ein weit verzweigtes Wegesystem die Ortschaften an der Küste untereinander und mit den höheren Lagen der Sierra Nevada. Entlang dieser, zum Teil heute noch existierenden und gelegentlich gepflasterten und mit Treppen versehenen Wege wurde reger Handel betrieben und Salz, Fisch und Muscheln gegen Mais, Kartoffeln und Baumwolle getauscht. Die Handelswege waren auch die Wallfahrtswege zu den Zeremonienzentren und heiligen Lagunen in den Bergen.

Als die spanischen Eroberer zu Beginn des 16. Jh. einfielen, war die Region dicht besiedelt, und die hochstehende Tairona-Gesellschaft, organisiert nach Militärwesen und Priesterkaste, in zwei Konföderationen aufgespalten. Die Küstenbewohner hatten sich unter Führung der Stadt Bonda, nahe dem heutigen Santa Marta zusammengeschlossen, während die Bergbewohner von Pocigueica vereinnahmt worden waren. Die Tairona waren nicht gewillt, sich den Spaniern freiwillig zu unterjochen und zettelten mehrfach Rebellionen an. Der letzte große Aufstand erfolgte 1599 und wurde blutig niedergeschlagen. Den Überlebenden gelang es, sich in die unzugänglichen Höhenlagen der Sierra Nevada zurückzuziehen. Später entwickelten sich aus ihnen die bis heute existierenden Gemeinschaften der Kogi.

Der Parkeingang liegt in **El Zaíno**, 34 Kilometer von Santa Marta an der Straße nach Riohacha. Von hier führt eine asphaltierte Straße nach 4 km zum längsten Strand des Parks in **Castilletes**. Zu manchen Zeiten landen hier Meeresschildkröten zur Eiablage an, der Wellengang kann hoch sein, der Campingplatz ist außerhalb der Saison beschaulich, Camping Castelletes, Platz € 5, Zelt € 10,50. Die Straße führt weiter und endet in **Cañaveral** mit dem Besucherzentrum des Parks und den emblematischen **Ecohabs** ☏ 344 27 48 www.concesionesparques-naturales.com Die Ecohabs sind über einen Hügel verteilte, traumhaft gelegene Luxus-Cabañas im Baustil der runden Kogi-Bohios. Sie können ausschließlich über **Aviatur** (siehe INFO-Kapitel) in Bogotá oder Santa Marta gebucht werden, sind für 2-4 Personen gedacht und kosten ab € 240 inkl. Frühstück (plus 20 % Aufschlag in der Hochsaison). Dazu gehört ein Restaurant mit einer ansprechenden vielfältigen Speisekarte (Fisch, Fleisch, Meeresfrüchte und Salate), das auch Nicht-Gästen der Anlage offen steht. Aviatur betreibt auch einen Zeltplatz für Durchschnittsverdiener, der allerdings liegt hinter den Pferdeställen für die Ecohabs-Gäste, € 6. In Cañaveral gibt es auch ein kleines, selten geöffnetes, archäologisches Museum mit einigen Ausgrabungsstücken der Tairona-Kultur (Museo Chairama). Die Strände sind an dieser Stelle nicht beschattet, und die starke Strömung lädt nicht zum Baden ein. Nach ca. einer Stunde Fußweg von Cañaveral erreicht man die Strände von **Arrrecifes,** einer der Haupttreffpunkte unter den Besuchern, entweder zu Fuß oder auf dem Rücken eines angemieteten Pferdes, € 7. Es gibt hier mehrere Restaurants, Campingareale einige Cabañas für diejenigen, denen ein festes Dach über dem Kopf lieber ist, als ein provisorisches Strandleben. Sonst sucht man sich einfach einen Platz, hängt sich mit der Hängematte zwischen die vielen Kokosnusspalmen oder mietet ein Zelt an, zumal in der Regenzeit.

Camping Don Pedro ☏ 315 320 80 01, kurz vor Arrecifes.

Yuluka ☏ 344 27 48, Hängematten € 9, Zeltplätze € 5 p.P. Bequeme Cabañas inkl. Frühstück ab € 153, gute Waschräume, gute Küche, betrieben von Aviatur.

Finca El Paraíso ☏ 317 312 19 45, in unmittelbarer Strandlinie, mit Hängematten und Zelte zum Vermieten, grenzt unmittelbar an

Bukaru ☏ 316 414 68 46 www.tay-ronaparaisobukaru.com Duschen, Gepäckaufbewahrung, Campingstelle ab € 4,50, Zelte mit Matratzen € 11 p.P. Hängematten mit Moskitonetz € 5,25, Cabañas ab € 52(2). Die Restaurants in Arrecifes bieten kleine, relativ teure, aber schmackhafte Portionen an. Hier hat sich auch William mit seiner Backstube Pan Tairona eingerichtet, mit leckeren, frischen Backwaren und Arequipas. William ist der stolze Großvater des früheren Schweizer Fußballnationalspielers Johan Vonlanthen.

Der vorgelagerte Strand ist wild und schön, aber die Meeresströmung ist tückisch, zum Baden schaut man sich am besten nach einer stillen Bucht in westlicher Richtung um. Auf dem weiteren Fußweg in diese Richtung folgen die traumhaften Strände von **La Aranilla** und **La Piscina,** ein heiliger Platz für die Kogi und Arhuaco, die an dieser Stelle Mutter Erde *pagamentos* (Opfergaben) entrichten. Das Meer ist an diesen beiden Stellen ruhig und ideal zum Schwimmen und Schnorcheln. Auf dem weiteren Weg nach Cabo San Juan de Guia liegen etwas abseits des Weges und hinter dem Unterholz verborgen durch das der Weg füllt, die selten besuchten Strände **Playa del Puerto** und **Playa Caiman.** Schließlich erreicht man die Landspitze von **Cabo San Juan de Guia.** Hier breitet sich ein weiter Strand aus, und die zurücktretende Vegetation eröffnet einen exzellenten Rundblick über das Meer und die aufgetürmten Felsen und Felseninselchen. Während der Ferienzeit ist dieser Ort oft überfüllt und lärmig. Restaurant und **Camping Cabo San Juan de la Guía** berechnet € 7 für die Hängematte, € 6,50 für den Zeltplatz und für die Zeltvermietung € 13 p.P. Der weithin sichtbare Hängemattenturm *(Mirador)*, ist ein guter Aussichtspunkt, aber zum Übernachten, kalt, windig und nicht beleuchtet, € 11 p.P. Gleich hinter Cabo San Juan liegt der schwer zugängliche Nacktbadestrand (Playa Nudista) verborgen, kristallklares, ruhiges Wasser und wenig besucht.

Die meisten Besucher lassen es bei einem Strandspaziergang bewenden und verpassen mit der Wanderung nach **Pueblito** eine interessante und eindrucksvoll gelegene Anlage der alten Tairona. Da der Weg vom Strand noch nicht befestigt ist und über viele Felsen und Spalten führt, sollte er mit kleinen Kindern nicht gegangen werden. Von Cabo San Juan de la Guía sind es 1½ Std. durch den Dschungel mit großartigen Ausblicken zurück über die Küstenlinie bis nach Pueblito, einer Ansammlung wieder errichteter Rundhütten aus der Zeit der präkolumbinen Tairona, die den Ort 'Chairama' nannten. Die Kogi pflegen sorgsam ihr Erbe und lassen es durch eine Familie bewachen. Hinter Pueblito gibt es noch eine Abzweigung zur weniger besuchten **Playa Brava** mit einfachen Übernachtungsmöglichkeiten. Folgt man hingegen dem Hauptweg, erreicht man nach ca. 2½ Std. **Calabazo**, eine Ortschaft am Troncal del Caribe und zugleich den Parkausgang. Der Weg führt über eine Hügelkette, auf der sich dichte Vegetation mit verstreuten kleinen Fincas abwechseln. Einer Vorabgeneh-

migung zum Besuch des Parks bedarf es nicht. Man zahlt am Eingangsposten in El Zaíno das Eintrittsticket (€ 15) ⊙ täglich 8-17, bzw., wenn man mit dem Boot aus Taganga anlandet, am Strand von Cabo San Juan de Guía. Die Wege sind recht gut ausgeschildert, mit Kilometer-, Zeit- und sogar Prozentangaben, die die abnehmende Entfernung zum anvisierten Ziel beziffern.

🚢 einstündige Bootsfahrt von Taganga nach Cabo San Juan de la Guía, täglich gegen ⊙ 10, Minimum vier Personen, € 17,50 p.P. 🚌 **Colectivo** vom Markt, Calle 11 Ecke Cra. 11, zum Haupteingang nach **El Zaíno**, 20 Min. € 2. Bis nach Cañaveral sind es fünf Kilometer auf asphaltierter Straße und anschließend 1 Std. zu Fuß bis Arrecifes. Taxi zum Eingang € 4,50.

Östlich vom PNN Tairona

Bereits außerhalb des Parks liegt die **Playa Los Naranjos** an der Mündung des Río Piedras ins Meer. Ungewöhnlich übernachten lässt es sich hier in der **Finca Barlovento** ☎ 321 522 1 292 www.fincabarloventosantamarta.com spektakulär erbaut auf einem Felsen zwischen Meer und Flussmündung mit Blick auf die im Rücken mächtig aufsteigende Sierra Nevada, ein Zimmer mit Privatbad, zwei weitere mit geteiltem Bad. Die Brandung übertönt alles andere und die Meeresbrise macht eine a/c überflüssig, inkl. gutem Frühstück und Abendessen € 65 p.P. Die **Playa Casa Grande** 3 km östlich von El Zaíno ist ein anderer, langer und wenig frequentierter Sandstrand hinter der Einmündung des sich wild ins Meer ergießenden Río Mendihuaca. Idealer Surfplatz und die umgebende Vegetation ist, da die Niederschlagshäufigkeit in diesem Abschnitt höher ist als anderswo, besonders üppig. Campingmöglichkeit und Restaurants vorhanden. Eintritt zu diesem Privatstrand mit benachbarter Lagune € 2,20.

Zurück auf der Nationalstraße in Richtung Osten folgt die Ortschaft **Guachaca** (Km 52), bewohnt mehrheitlich von Kolonistenfamilien. Dieser Gemeindedistrikt, versehen mit einem direkten Straßenzugang zur Sierra Nevada (mit Abzweig zur Ciudad Perdida), war jahrelang ein heißes Pflaster und von Paramilitärs und Drogendealern beherrscht. Daher gab es hier auch ein 5-Sterne Hotel. Lange Strände bieten die Dörfer Buritaca (Km 48) und Palomino. **Buritaca** liegt an der Mündung des gleichnamigen Flusses ins Meer, der an dieser Stelle einen weiten Sandstrand gebildet hat, der bei Badenden sehr beliebt ist. Buritaca ist nach wie vor ein verschlafenes Nest, so wie es Taganga vor Jahren einmal gewesen ist. Die Küche ist karibisch einfach, frischer Fisch und Langusten mit Reis und Patacones. **Hotel Wayuu** ☏ 421 85 21, bequeme Zimmer mit Balkon aufs Meer, Vent., a/c und Restaurant, € 22. **Palomino** (Km 72) abseits der Nationalstraße von Santa Marta nach Riohacha liegt bereits im Departement Guajira, auch ein Grund warum der Tourismus hier noch nicht so entwickelt ist und das traditionell einfache Strandleben vorerst weitergeht. Zwischen der Mündung des Río Palomino und des Río San Salvador erstreckt sich der von Treibholz ungeschminkte kilometerlange Sandstrand Playa Palomino, der auch von den indigenen Kogi und Arhuaco aufgesucht wird, um Muscheln zu sammeln, deren Kalk sie für das Kokakauen zur Freisetzung der Alkaloide benötigen. Es gilt hier eine schwierige Auswahl zwischen weit verstreut liegenden schick eingerichteten Cabañas, einfachen Strandhütten oder dem Zelt zu treffen.

La Casa de Rosa ☏ 315 445 95 31, Campingplatz € 2,50 p.P. Zelt 3,50 oder Hängematte € 3 p.P. herrliche Ruhe, keine Elektrizität und Wasser aus dem Eimer. Die beiden Schwestern Milena und Paolina bereiten das Abendessen zu.

Finca Escondida ☏ 320 560 82 80, Mathias und Mara haben diese geräumige Finca mit Restaurant direkt am Strand erbaut, sehr saubere und schnörkellose Zimmer, 4 Bett-Zimmer € 11 p.P. Doppelbett mit Bad € 36-40. Es gibt sogar eine 'Suite Presidencial' mit King Size Bett, Terrasse mit Couch, Hängematte und Blick auf den Strand, € 50. Das Essen ist reichhaltig und schmackhaft, die Biere eisgekühlt.

Playa las Marias, unweit der Finca Escondida, hinter einem Pavillon mit Restaurant am Strand befinden sich die Unterkünfte im Haupthaus inkl. Frühstück € 26 p.P. Zelt € 11, Hängematte € 8,50.

Reserva Natural El Matuy ☏ 315 751 84 56 reservas@agroecotur.org, sechs schlicht eingerichtete Cabañas aus natürlichen Baumaterialien mit weitflächigen Terrassen und überdachten Hängemattenplätzen inmitten des typischen saisonalen Trockenwaldes, Zugang zur Lagune und zwei Flussmündungen, die die Reserva markieren, keine Elektrizität, inkl. Vollpension € 66 p.P.

🚌 Regionalbusse und Mikros zwischen Santa Marta und Riohacha passieren regelmäßig die Ortschaften entlang der Nationalstraße. In Santa Marta erwischt man sie am besten am Markt oder an der Abzweigung in Mamatoco.

Arhuacofamilie an der Playa Palomino

PNN Sierra Nevada de Santa Marta

Im Rücken von Santa Marta erhebt sich die Sierra Nevada, deren Flanken zum höchsten Küstengebirge der Welt ansteigen. Der Pico Colón und der Pico Bolívar sind mit 5770 m die höchsten Erhebungen Kolumbiens, nur 42 Kilometer Luftlinie vom Meer entfernt. Früher glaubte man, die Sierra Nevada sei einst Teil der Zentralkordillere gewesen und durch einen immensen Grabeneinbruch in weit zurückliegender Zeit von den Anden getrennt worden. Wahrscheinlicher ist, dass sich das Gebirge kurze Zeit nach den Anden, zu Beginn des Quartiär erhoben hat. In der Sierra bestehen neun Klima- und Vegetationsstufen. Vom tropischen Regenwald, über den Páramo, bis zur Schneeregion sind auf relativ kleiner Fläche alle Stufen vertreten.

Die Sierra weist einen hohen Anteil endemischer Tier- und Pflanzenarten auf, d.h. Arten, die nur hier vorkommen. Mehr als die Hälfte der hier wachsen-den Pflanzen und 70 Vogelarten sind auf die Sierra beschränkt. Mit zunehmender Höhe nimmt der Anteil der endemischen Arten zu, die Artenvielfalt hingegen ab. Da wundert es nicht, dass dieses Gebirge ein fragiles Ökosystem darstellt. Bereits heute zeigen sich die Auswirkungen der globalen Erderwärmung im dramatischen Gletscherschmelzen. Gab es 1975 noch 105 km² Eisfläche, so waren es 1981 nur noch 35 km², und die jährlichen Verluste betragen ca. 3 % der verbleibenden Restflächen. Die Gletscher speisen die Flüsse, deren Wasserhaushalt gestört ist, und die Páramos trocknen aus. All dies beobachten die Herren der Sierra, die Kogi und Arhuaco, besorgt. In der Mythologie der Kogi hat die Welt die Form eines auf die Spitze gestellten Eies. Das Ei enthält neun Ebenen in Form übereinander liegender Scheiben. Die Kogi leben in der Mitte. Die oberen vier Scheiben sind die der Sonne. Das Übel kommt von den unteren vier Scheiben. Die klimatischen Veränderungen haben den seit der Konquista bestehenden Argwohn gegen die Weißen noch verstärkt.

Die Ureinwohner der Sierra haben als Bewohner dieses komplexen Mikrokosmos ein tieferes Verständnis für den Zustand der Welt entwickelt, als es uns Zivilisationsmenschen bisher gelungen ist. Erhaben und verärgert nennen sie uns den «kleinen» Bruder. Die Sierra Nevada ist auch Kolonisationsgebiet. Das hat zu Konflikten zwischen den Indianern und den neuen Siedlern geführt. Die Spanier hatten einst um die Sierra einen Bogen gemacht, zu mühsam war die Erschließung, und goldene Schätze schienen dort nicht verborgen. Als sich die besiegten Tairona, um der Encomienda zu entgehen, ab dem Jahr 1600 stets höher in die Berge flüchteten, wurde ihre Arbeitskraft von den Spaniern durch die der schwarzen Sklaven, die zunächst in Santa Marta und später in Cartagena eintrafen, ersetzt.

Erst zu Beginn des 20 Jh. setzte das wissenschaftliche Interesse an dieser Region ein. Der Archäologe und Völkerkundler Konrad Theodor Preuss unternahm vom November 1914 bis April 1915 eine Forschungsreise zu den 'Kágaba', wie die Kogi damals noch genannt wurden. Und dann sollten noch einmal weitere 25 Jahre vergehen, bevor die von Preuss begonnene Forschungsarbeit durch Gerardo Reichel-Dolmatoff, den wohl bedeutendsten Ethnologen Kolumbiens, seine Fortsetzung fand. Mit der Zuwanderung von Kolonisten wurden die niedriger gelegenen Flächen zum Kaffeeanbaugebiet. In den 1970er Jahren verwandelte sich die Sierra wegen des exzellenten Klimas und der Unzugänglichkeit bei gleichzeitiger Nähe zu den Verladehäfen in Barranquilla und Santa Marta zu einem der größten Marihuana Anbau-

gebiete der Welt. Angelockt von den Verheißungen des «Free Dope» und indianischer Philosophie fanden sich Hippies aus aller Welt ein. Am Río Palomino entstand eine Kommune.

In den 1980er Jahren löste Koka den Anbau von Cannabis Sativa weitgehend ab. Die Gewinne der Mafia stiegen ins Unermessliche, die Zeiten wurden rauer, und die Hippies, Kogi und Campesinos wurden zu Opfern des ausgebrochenen Landverteilungskampfes. So manche Leiche schwamm in dieser Zeit den Palominofluss hinunter. Die Landkonflikte und der Drogenhandel nahmen in den späten 1990er Jahren noch an Heftigkeit zu, als die abgelegenen Bergtäler und Küstenabschnitte zu einer Bastion der Paramilitärs unter ihrem ruchlosen Anführer 'Jorge 40' wurden, der einen blutigen Krieg gegen die im Hinterland agierenden Verbände der Farc- und Eln-Guerilla führte und Morde und Massaker an Indigenen und Kolonisten befehligte.

Nach der Entwaffnung der Paramilitärs 2006 ist ein vorerst noch zerbrechlicher Frieden in das Land der Indigenen eingekehrt und damit einhergehend die Stärkung ihrer traditionellen Lebensweise.

Ciudad Perdida

Die verlorene Stadt der Tairona 'Ciudad Perdida' wurde erst in den frühen 1970er Jahren von dem Grabräuber Florentino Sepúlveda und seinen beiden Söhnen entdeckt und in den folgenden Jahren auch wissenschaftlich freigelegt und erschlossen. Ciudad Perdida liegt noch immer eingenommen vom Dschungel an den steilen Hängen des oberen Río Buritaca zwischen 900 und 1200 m. Der indigene Name des Ortes ist 'Teyuna'. Er besteht aus 200 ovalen und runden, heute von der Ve-

Die Sierra Nevada gehört den Indigenen

getation befreiten Plattformen, auf denen die Häuser dieser einst mächtigen Stadt der Tairona errichtet wurden. Die Grundmauern der Plattformen sind bis zu zwölf Meter hoch und in Terrassenform angelegt.

Ursprünglich standen hier die auch bei den heutigen Kogi typischen Rundbauten, gedeckt mit Stroh und hatten einen Durchmesser von 4-12 m. Die Stadt war dem Gelände vollständig angepasst. Zwischen den Plattformen verlaufen Wege aus Steinplatten. Wegen der heftigen Regenfälle war die Bergflanke mit einem Be- und Entwässerungssystem versehen, das zugleich der Bewässerung der Felder diente. Die Regenfälle betragen über 4000 mm pro Jahr. Die wichtigen Tempel liegen auf dem höchsten Bergrücken. Einige gewaltige Palmen heben sich aus den Mauern und betonen die mysteriöse Lage des Ortes.

Nach jüngst gewonnenen Erkenntnissen geht die Erstansiedlung bis auf die Zeit um 650 n.Chr. zurück, die weitere Stadtentwicklung erreichte ihren Höhepunkt zwischen 1000-1200 n.Chr. und soll bis zu ihrem Niedergang ins 16. Jh. gereicht haben. Mit Blick auf das freigelegte Gelände lässt sich vermuten, dass an diesem Ort 1500-2000 Menschen gelebt haben. Die spanischen Eroberer haben die Stadt nie betreten, und es erging ihr so wie anderen berühmten Siedlungen, die der Dschungel verschluckte, Palenque in Mexiko und Machu Picchu in Peru. Am Eingang der Stadt steht ein gewaltiger Fels. Der Stein ist von Linien überzogen und gilt als der Bauplan der Anlage, **Piedra de Mapa**.

Der Trek

Zur Ciudad Perdida gelangt man auf einem Sechs-Tage-Trek, der ausschließlich mit einer der für diese Route offiziell lizenzierten Agenturen zu machen ist. Der mehr oder weniger gleiche Trek kann bei guter Kondition und kürzerem Zeitbudget auch auf fünf oder vier Tage abgekürzt werden, kostet jedoch stets und über alle Agenturen gebucht identische € 283 p.P. (650.000 colP). Folgende Agenturen stehen zur Verfügung: Guias y Baquianos Tour (Santa Marta), Turcol (Santa Marta), Magic Tour (Santa Marta & Taganga), Aventure Colombia (Cartagena). In der Hauptsaison starten die Treks fast jeden Tag von Santa Marta oder Taganga. Die eine Zeitlang über Aviatur angebotenen Helikopter-Flüge wurden 2010 verboten, da die Starts und Landungen auf dem fragilen Terrain Schäden an der archäologischen Stätte hervorgerufen haben. Die Gesamtlänge des Treks beträgt 39,5 km.

Der bevorzugte Weg führt vom Troncal de Caribe hinter Guacháca ab in die Ortschaft **El Mamey** (12 km). Dort endet die Straße, und es geht von **Machete Pelao** weiter bis **Adán** (3 Std. 7,6 km), eine kleine Ansiedlung von Kolonisten. In der Umgebung sind einige natürliche Wasserbecken zur Abkühlung, Übernachtung im Camp Adán.

Am zweiten Tag geht es im Tal des Río Buritaca bergauf, passiert wird die kleine Kogi-Ansiedlung Mutanyi, Übernachtung im Camp Mumake (4 Std. 7,5 km). Am dritten Tag bleibt das Terrain steil und über die Pfade der Kogi geht es an einzelnen Hütten und archäologischen Fundstellen aus der Tairona-Zeit vorbei in Richtung Ciudad Perdida. Übernachtet wird im Camp Paraíso (5 Std. 7,5 km) noch 1 km unterhalb der Ciudad Perdida.

Nachdem am nächsten Morgen der Río Buritaca überquert ist, beginnt der Aufstieg über die lange Treppe mit den annähernd 2000 Stufen zur Ciudad Perdida, die am frühen Nachmittag erreicht wird. Je nach Tourplanung bleibt man hier den ganzen Tag und besichtigt den archäologischen Komplex und

den umgebenden Dschungel mit einem erfrischenden Bad in einem der natürlichen Wasserbassins (Pozo de la Juventud) oder geht am Nachmittag bereits zurück zum Camp Mumake.

Am fünften bzw. sechsten Tag geht es vorwiegend bergab zum Ausgangspunkt an der Straße. Dies ist der kürzere, streckenweise sogar steilere, aber gleichwohl leichtere Weg und insbesondere in der Regenzeit weniger schlammig.

Die selten gegangene und 2011/12 wegen Erdrutsch geschlossene Alternativtour über **La Tagua**, eine kleine Ortschaft, die auf der Straße hinter Minca liegt, ist der längere und weniger frequentierte, aber landschaftlich und kulturell eindrucksvollere Fußmarsch, drei Tage zumeist bergauf bzw. in der Gegenrichtung bergab.

Von La Tagua geht es durch tropischen Regenwald, abgelöst in den höheren Lagen von Nebelwald bis nach **Filo Cartagena** im Tal des Río Guachaca. Der einstige Kolonistenort wurde nach Landrückkäufen den hier traditionell ansässigen indigenen Wiwa zurückübertragen, es gibt eine Schutzhütte der NGO Fundación Pro-Sierra Nevada. Am zweiten Tag werden Flüsse mit kristallinem Wasser passiert bis **Alto de Mira** erreicht ist, eine weitere kleine Ruinenstätte, bei der Ausgrabungen durchgeführt werden. Hier befindet sich auch eine meterologische Station, die wichtige Daten sammelt und eine weitere Schutzhütte für Wanderer. Zwischen Filo Cartagena und Alto de Mira liegt das letzte größere und zusammenhängende Waldgebiet an den Hängen der Sierra Nevada de Santa Marta und traditionelles Indianerterritorium. Am letzten Tag erreicht man nach mehrmaliger Durchquerung des Río Buritaca die Ciudad Perdida;

die letzten 100 m über eine steil ansteigende Steintreppe.

Im Schnitt wird pro Tag nur vier Stunden marschiert. Es geht früh los, um der tropischen Hitze auszuweichen. Zu jeder Jahreszeit werden Touren durchgeführt. Am besten ist natürlich die Trockenzeit von Dezember-Februar und der *veranillo* (Juni/Juli). Die stärksten Regenfälle gehen im Oktober/November nieder. Die Gruppen bestehen aus 4-12 Leuten. Übernachtet wird in schön gelegenen einfachen, aber gut unterhaltenen Camps in Betten oder Hängematten mit Moskitonetzen. Viele Guías sind zweisprachig, englisch/spanisch, manche können auch deutsch. Im Tourpreis sind die Anreise zu den Ausgangspunkten, Packtiere, die gut proportionierten und schmackhaften Mahlzeiten, Hilfsgelder an die indigenen und lokalen Gemeinschaften für den Erhalt der Wege und Einrichtungen sowie ein wie auch immer zu bemessender Reiseversicherungsbeitrag enthalten. Mitnehmen sollte man einen leichten Schlafsack, bequeme Wanderschuhe, Sandalen, mehrere T-Shirts (auch langärmelig), zwei Hosen, mehrere Paar Socken, Fleece, Badesachen, Regenjacke, Handtuch, Waschzeug, Wasserflasche, Taschenlampe, effektives Moskitorepellent, Sonnenschutz. Die Sierra Nevada ist das traditionelle Land der hier lebenden indigenen Völker und in ihren Augen ein lebendiger und heiliger Körper. Respektieren Sie das, schießen Sie keine aufdringlichen Fotos, wenn Sie auf dem Weg Indigenen begegnen, und hinterlassen Sie keinen Abfall!

Minca

650 m, 22°C, 600 Einwohner ☎ 5

Dreißig Minuten von Santa Marta entfernt, hoch in den Bergen liegt das kleine Dorf Minca am gleichnamigen Fluss und nennt sich die 'kühlste Stadt der Sierra Nevada'. Trotzdem gibt es in dieser Höhe mehr Moskitos als auf Meereshöhe, aber die unruhigen Zeiten, als der Ort und die Umgebung zwischen Guerilla, Militär und Paramilitär umkämpft war, sind vorbei. Die Vegetation aus meterhohen Bambus und Kaffeesträuchern und vielen exotischen Pflanzen ist dicht, vielerorts rauschen Wasserfälle. Minca ist ein beliebter Treffpunkt nationaler wie internationaler Künstler und Aussteiger. Die Umgebung ist ein ideales Wanderterrain mit natürlichen Pools und Wasserfällen und bekannt für ihre außergewöhnliche Vogelvielfalt.

Service

ⓘ In Minca gibt es eine Touristeninformation, @ Internet, aber weder eine ATM noch die Möglichkeit zum Geldwechseln.

Die Reserva Natural de los Aves El Dorado ist 21,8 km von Minca entfernt, Richtung La Tagua www.proaves.org

Schlafen & Essen

Finca Sans Souci ☎ 310 590 92 13 sanssouciminca@yahoo.com Christophs Finca liegt oberhalb des kleinen Dorfzentrums mit den beiden Kneipen und der Haltestelle, umgeben von meterhohen Bambusstauden und eingerahmt von Kaffeepflanzungen und Mangobäumen, Blick über den kleinen Pool und die benachbarten Hügel hinunter ins Tal bis nach Santa Marta, Zeltplatz € 4,50 p.P. Dorm € 6,50, die Cabaña (für bis zu 4 Pers.) € 15 p.P. Ideal für Selbstversorger.

Hotel Minca ☎ 421 99 58 www.hotelminca.com ansprechend restaurier-

Organischer Café in Minca

te, zentral gelegene Herberge mit schönen (Nichtraucher-) Zimmern mit Privatbad, Warmwasser, Vent. Einzel-, Zweier-, Dreierzimmer umgeben von einer weiten Terrasse, die mit Hängematten bestückt ist, zwischen € 30-70 inkl. Frühstück.

Casa Loma ☎ 313 808 61 34 www.casalomaminca.com die beliebte Backpacker-Unterkunft von Jay und Steph liegt auf einer steilen Anhöhe oberhalb von Minca, 15 Min. oberhalb der Kirche, abwechslungsreiches Essen, kalte Biere, Campingareal im Stil einer Tairona-Zeremonienstätte, Hängematte € 5,20, Dorm € 9, Privatzimmer zwischen € 28-35.

Es gibt einige Restaurants mit traditioneller Hochlandküche (Tamales, Sancocho de gallina, Carne asada), **Doña Ana**, **Los Paisas somos Así**, **Tienda Café Minca** (ein Artesanía-Shop mit organischem Kaffee).

Touren

Pozo Azul (¾ Std. zu Fuß oberhalb der Finca Sans Souci) ist der ideale Einstieg für Minca, ein Wasserbecken inmitten tropischer Vegetation, gespeist von Gebirgsbächen der Sierra Nevada. Auf dem Rückweg kann man in der alten Kaffeefinca La Victoria vorbeischauen.

Los Pinos, der Tagestrek beginnt mit einem 2-3 Std. strammen Marsch bergauf, der sich auch mit dem Mototaxi bis 'El Campero' abkürzen lässt (€ 3,50), von dort auf einem je nach Jahreszeit staubigen oder schlammigen Pfad nach rechts durch den Nebelwald. An einem klaren Tag kann man mit Glück einen großartigen 360° Blick auf die Nevados der Sierra Nevada und die Karibik genießen. Der Tagestrek (5-8 Std.) schließt einen Besuch von Pozo Azul und Las Cascadas ein. Los Pinos ist auch ein Ausgangspunkt für die wilde Abfahrt ins Tal mit dem Mountainbike.

🚌 Colectivos am Markt in Santa Marta, Calle 11 Ecke Cra. 12, ¾ Std. € 2,60 für 4 Personen. Taxi ca. € 17, Mototaxi (€ 2,60) von der Abzweigung 'La Y' an der Nationalstraße zum PNN Tairona.

Aracataca
40 m, 28°C, 50.000 Einwohner

Aracataca ist der Geburtsort von Gabriel García Márquez und das Vorbild für sein literarisches Macondo. Der Ort erlebte seine Blütezeit zu Beginn des 20. Jahrhunderts, als die United Fruit Company Bananenplantagen anlegte. Das bis dahin vergessene, schwülfeuchte Sumpfland wurde durch die Eisenbahn mit der Küste verbunden. Nach Ende des Bananenkrieges und dem Abzug der Company versank der Ort erneut in die Bedeutungslosigkeit. Am verlassenen, weißgetünchten Bahnhof, der nun mit gelben Schmetterlingen verziert ist, wie so manch anderes Bauwerk und damit auf das Wappentier der Phantasie aus den Werken von GGM verweist, fährt gelegentlich ein Güterzug aus Santa Marta vorbei. Am **Prado de Sevilla** stehen noch zurückgelassene Einrichtungen der Bananengesellschaft. Auch die **Casa de Telegrafista** (Calle 9), für kurze Zeit der Arbeitsplatz des Vaters von GGM, existiert noch. Die neu gestaltete **Casa Museo de Gabriel García Márquez** (Cra. 5a und 1½ Blocks von der zentralen Plaza entfernt) ist hingegen ein vergrößerter Nachbau des ursprünglichen Hauses mit einigen Abweichungen vom ursprünglichen Grundriss, insbesondere einem größeren Flur und offener Küche, ausgelegt für die Bedürfnisse der Besucher. Auch die kleine Casa de Abuelo wurde bei der Gestal-

tung des Areals mit einbezogen.

Aracataca ist noch immer ein Ort des ungeschminkt karibischen Lebens, voller Billiardsalons, Garküchen, kleiner offener Läden. Das Leben spielt sich entlang der Hauptstraße (Calle 8) ab, die einzige, die in den Abendstunden mehr oder weniger beleuchtet ist, und ist angereichert mit literarischen Zitaten, wobei nicht allein «Hundert Jahre Einsamkeit» Referenz erwiesen wird, sondern auch dem mexikanischen Schriftsteller Juan Rulfo, dem Schöpfer des Pedro Páramo, auf einem Platz am Ende der Cra. 3, zwischen der Hospedaje El Porvenir und dem Bahnhof, wo die jeweiligen Anfangs- und Schlusssätze der beiden Meisterwerke der Weltliteratur gegenüber gestellt werden. Die Bewohner des Ortes aber sehen sich nicht als Romangestalten und haben dem Vorschlag des Bürgermeisters, Aracataca in Macondo umzubenennen, im Jahr 2006 eine Absage erteilt.

🛏 🍴 *Schlafen & Essen*

The Gypsyresidence, Cra. 6 No 6 - 24 (Barrio Nariño) ☎ 321 251 74 20 www.thegypsyresidence.com auch bekannt als 'Casa Mr. Tim Buendia', saubere und bequeme Unterkünfte, Sechsbettzimmer Dorm € 8,50, zwei Privatzimmer € 15 p.P. Zu erreichen mit dem Ciclotaxi (Fahrrad) vom Busstop 'La Vuelta del Estadio' (€ 0,80). Organisiert Aracataca-Tagestouren mit dem Fahrrad.

Mehrere einfache Hospedajes und Restaurants liegen zentral im Ort, unweit der Kathedrale. **Residencias Bucaramanga**, Calle 8 No 1-69, **Residencia Macondo**, Calle 8 No 1-41, sauber, Zimmer mit Bad, € 12(mat.).

🚌 Von der Bushaltestelle hinter

Konterfei GGM in Aracataca

dem Bahnhof fahren regelmäßig Busse und Colectivos nach **Santa Marta,** 1½ Std. € 4,50, und in die Gegenrichtung nach Fundación, Bosconia und **Valledupar,** € 5.

Valledupar

168 m, 350.000 Einwohner ☽ 5

Valledupar ist die gemütliche, aber gesichtslose Hauptstadt des Departements Cesar. Obwohl die Stadt bereits im 16. Jahrhundert gegründet wurde, war sie bis zur Mitte unseres Jahrhunderts völlig unbedeutend. Die Region um Valledupar war geographisch zwischen der Sierra Nevada im Westen, dem Gebirge Sierra de Perija und der Guajira Wüste im Norden von allen Handelsrouten abgeschnitten. Bis in die 1970er Jahre setzten sich die Motilones, ein Stamm der Kariben, gegen die heranrückenden Siedler zur Wehr und überfielen Dörfer. In der Kolonialzeit flüchteten sich in dieses unwegsame Gebiet entlaufene Negersklaven und gründeten im Dschungel versteck-

te Dörfer, die *palenques*. Sie vermischten sich mit den hier lebenden Indianerstämmen.

Die ursprüngliche Vegetation, der Naturglaube der Indianer und die Traditionen der Schwarzen führten zur Entstehung einer einzigartigen Kultur, deren musikalische Ausdrucksform der Vallenato ist. Am Ortseingang steht das Denkmal zu Ehren des Vallenato-Ensembles. Jedes Jahr, vom 27.-30. April, findet das **Festival de la Leyenda Vallenata** statt. Ort des Festivals ist die Plaza Alfonso López. Um die Plaza stehen einige koloniale Wohnhäuser. Von dort gehen die alten Gassen ab. Valledupar ist der Ausgangspunkt zum Besuch der Arhuaco-Siedlungen in der Sierra Nevada de Santa Marta.

Service

ⓘ **Informationen** in der Casa de la Cultura, Cra. 12, Calle 15 ☾ Mo-Fr 8-12 u. 14-18. **Casa Indígena**, Of. Kankuama, Av. Hurtado ☽ 573 42 21 cabildokankui@hotmail.com @ **Internet**, Calle 16 B zwischen Cra. 9 und 10.

Die meisten Banken mit **ATM** und zahlreiche Casas de Cambio befinden sich um die Plaza Alfonso López.

Sehenswürdigkeiten

Erwähnenswert ist der Ausstellungsraum der **Banco de la República** (Sala Multiple) mit wechselnden Ausstellungen, Cra. 9 No 16-13 ⏰ 8-12 u. 14-17. Wer während des Festivals seinen Aguardientekopf kühlen will, kann dies in einem der in der nahen Umgebung liegenden Naturbäder tun, **Balneario Hurtado** im Río Guatapurí, drei Kilometer außerhalb der Stadt am Parque Lineal. Abgelegener und wilder ist der **Balneario La Mina** am Río Badillo, in Richtung der Ortschaft Atanquez. Moskitorepellent nicht vergessen. Zu erreichen mit dem Kollektivtaxi (¾ Std. € 3) oder dem Mototaxi € 4,50.

Artesanía

Galería Chico Ruiz, Cra. 5 No 13B, mit Zeichnungen von den indigenen Arhuaco. Mochilas findet man in der **Casa de las Hamacas**, Calle 17 No 6-44 oder bei **Artesanías Vallenatas** direkt an der Plaza Alfonso López.

Schlafen

Hotel Casablanca, Cra. 8 No. 17-61 ☎ 570 72 42, zentrale Lage, saubere, kleine fensterlose Zimmer, Vent. Privatbad, TV, € 9/11(2).

Provincia Hostel, Calle 16A No 5-25 ☎ 580 05 58/ 300 241 92 1 www.provinciavalledupar.com einen Block entfernt von der zentralen Plaza Alfonso López. Einfaches Backpacker-Hostel mit BBQ, Internet, Küchenbenutzung, Fahrradverleih, freundlich und hilfsbereit, Dorm € 9, private Zimmer mit Bad, a/c, TV, WiFi, € 26.

Casa Rosalia, Calle 16 No 10-10 ☎ 574 41 29 www.lacasarosalia.com helles und geschmackvoll gestaltetes Boutiquehotel in der historischen Calle Grande, fünf individuell gestaltete großzügige Zimmer, inkl. Frühstück € 54/67(2).

Essen & Trinken

In zentraler Innenstadtlage befindet sich eine Vielzahl von Restaurants.

Compae Chipuco, Calle 16 No 6-05, ansprechende und abwechslungsreiche comida corriente unter einem mächtigen Mangobaum.

Parrillada El Joe, Calle 16 A No 11-40, üppige regionaltypische Fleischgerichte.

Antore Pizza, Calle 12 No 17-46, Pizza und Pasta.

Musik & Tanz

Café Plaza Mayor, zentral gelegene Café-Bar, Cra. 6 No 15-70.

Am **Parque Lineal** (Taxi € 1,80) beginnt die Open Air-Party bei mitgebrachten Getränken und dem aufgedrehten Sound aus der Auto-Stereoanlage.

Diskotheken La Licorera, Cra. 9 No 9-36, La Iguana, Cra. 9 No 10-44 (Barrio Novalito) ⏰ Mi-Sa ab 21. Der Treffpunkt für alle Vallenato-Verrückten.

 Der Busbahnhof liegt vier Kilometer außerhalb der Stadt. Taxi vom Zentrum € 1,80. **Santa Marta**, Copetrán u.a. vormittags direkt, nachmittags via Ciénaga (B/quilla), 2-3 Std. € 10. **Bucaramanga**, Expr. Brasilia, 8 Std. € 26. **Mompox**, Cootracegua, in den frühen Morgenstunden mit dem 4x4 Pick Up, 5 Std. € 15. **Maicao**, Cootracegua, Copetrán, mehrmals täglich, 4 Std. € 9, zudem Sammeltaxis. **Riohacha**, Copetrán, Cootracegua, vormittags einige Direktbusse, 3-4 Std. € 8,70. **Bogotá**, Copetrán u.a. 18 Std.

€ 45. **Cartagena**, Copetrán u. a. (über Ciénaga/B/quilla), 5-6 Std. € 12. **Pueblo Bello,** Jeeps und Pick Up, Cootransnevado, Cra. 7A No 18B-37, alle 30 Min. 1½ Std. € 3.

✈ Der Flughafen liegt fünf Kilometer vom Stadtzentrum entfernt, in der Nähe des Busbahnhofs. Tägliche Flüge nach Bogotá mit Avianca.

Pueblo Bello

1200 m, 20°C, 12.000 Einwohner

Pueblo Bello, 35 km von Valledupar entfernt, ist ein interessantes Dorf am Aufstieg zu den Gipfeln der Sierra Nevada, das sich rechts und links der Straße erstreckt und überwiegend von eingewanderten Kolonisten und zudem von den hier seit alters her beheimateten Arhuaco bewohnt wird, deren Resguardogrenzen nun mehr bis zu diesem Ort reichen. Eine Reise in das höher gelegene traditionelle zeremonielle Zentrum der Arhuaco Nabusímake ist für den gewöhnlichen Tourismus inzwischen tabu, und die Arhuaco fangen

bereits hier bzw. am 2 km weiter nördlich gelegenen Tor an der Zufahrtsstraße unerwünschte Besucher ab.

Interessierte können Grundlagen der indigenen Kosmovision beim Mamo (spiritueller Führer) Luis Guillermo Izquierdo (www.fundamarin.org) erfahren und sich mit Geduld und guten Argumenten um eine Einladung in das Resguardo bemühen.

 ## Schlafen

Einige Unterkünfte liegen entlang der Hauptstraße. **Hotel el Encanto**, gegenüber der Jeepstation, Restaurant, einfach, € 10(2). **Wraku Hotel**, ½ km nördlich des Dorfes ☎ 580 90 90, sechs einfache und saubere Hütten mit Vent. einfaches Restaurant, Campingareal vor der Tür, € 10 p.P.

🚌 Nach **Nabusímake** fährt täglich ein Jeep in den Vormittagsstunden ab. 25 km, 2½ Std. € 4. In der Trokkenzeit kann man den Rückweg bergab zu Fuß antreten (ca. 5 Std.).

Dort angekommen gibt es weder Fahrzeuge noch Elektrizität. In der Umgebung des Zeremonienzentrums liegen ein Dutzend Fincas und eine Schule. Wann Nabusímake gegründet wurde, weiß niemand so genau. In der Erinnerung der Indianer soll es um 1780 gewesen sein.

Eine meterhohe Mauer aus Natursteinen umgrenzt das Dorf. Die beiden Zugangstore werden nur bei offiziellen Zusammenkünften und Zeremonien geöffnet. Sonst ist das oft verlassene Dorf ausschließlich über eine Einbaumleiter zu betreten. Etwa 40, zumeist rechteckige Häuser stehen rechts und links der Steingassen. Sie haben einen breiten Sockel aus großen, runden Kieselsteinen. Die Mauern sind weiß gekalkt, eine Konstruktion aus Bambus und Lehm *(bahareque)* und die Dächer strohgedeckt. Am Dorfplatz erinnert nur noch der kuriose Glockenturm an die Kapuziner, die Ende des 19. Jahrhunderts nach Nabusímake kamen und den Namen des Ortes in San Sebastián de Rábago abänderten. Viele *colonos* verwenden gelegentlich noch heute diesen Namen, obwohl er wegen des Protestes der *mamos* gegen die Missionierung offiziell gestrichen wurde.

Am Ausgang des Dorfes steht das *kankurua,* das Zeremonienhaus. Das Männerhaus ist eine große Rundhütte, strohgedeckt bis zum Boden mit zwei Türen, die sich gegenüberliegen. Hier halten die *mamos mayores* und *mamos menores* (große und kleine Häuptlinge) mit den Ratgebern ihre Versammlungen ab. An anderen Tagen treffen sich die durchreisenden Männer, in den frühen Morgen- und den Nachmittagsstunden. Sie sitzen in Gruppen auf den breiten Steinfundamenten der Häuser, tauschen gegenseitig Kokablätter zum Zeichen der Brüderlichkeit und schaben unermüdlich an ihren *poporos,*

während sie über sich und den Zustand der Welt philosophieren.

Das Tal von Nabusímake liegt eingebettet zwischen den Bergketten der Sierra. Die durch die Abholzung ausgelöste Erosion hat die Erde an vielen Stellen lachsrot hervortreten lassen. Die einzigen Geräusche kommen vom Rauschen des Flusses, über den schmale Hängebrücken führen. Geduckt in die hügelige Landschaft stehen die strohgedeckten Rundhäuser einzeln oder in kleinen Gruppen zusammen. Eilenden Schrittes sind die hochgewachsenen Arhuaco unterwegs. Sie tauchen auf leisen Sohlen wie aus dem Nichts auf. Mit erhobenem Kopf laufen sie entlang der Bergrücken. Das Weiß ihrer Kleidung und die kupferbraune Haut hebt sich gegen das Felsenrot ab, und das blauschwarze, dichte, lange Haar, gebändigt durch die weiße Haube, flattert im Wind.

Der starke Bartwuchs ist ungewöhnlich für Indianer, und die tiefschwarzen Augen suchen nicht den Blick des Fremden, wenn sie mit ihm eine wortkarge Konversation führen. Die Arhuaco sind einsilbig und misstrauisch gegenüber Fremden und sie halten sich an die Devise: «Sage niemals alles, was du weißt, und glaube nicht alles, was du hörst.» In Nabusímake gibt es einfache Zimmer in strohgedeckten Arhuaco-Hütten, in denen man auch Mahlzeiten bekommen kann.

Die Guajira

Nordöstlich der Sierra Nevada de Santa Marta liegt das Departement Guajira. Die typisch üppige Vegetation verschwindet, und der Boden ist überzogen von halbhohen *divi-divi*-Sträuchern und Kakteen. Es ist trocken und staubig. Kurze Regenfälle gibt es allenfalls im September und November. Nach Norden wird das Land zur Sandwüste. Die Guajira ist reich an Bodenschätzen, Kohle, Erdöl, Erdgas, Phosphat. Seit Ende der 1980er Jahre durchschneidet eine Bahnlinie die Guajira. Die Waggons werden in der Kohlenmine Cerrejón beladen und in Puerto Bolívar an der Bahía Portete verschifft. Die Bahnlinie verläuft 140 km schnurgerade durch die Wüste.

Die Guajira ist die Heimat der Wayu, deren Zahl in Kolumbien auf 280.000 geschätzt wird. Von ihnen leben auch heute noch viele vom Fischfang und den umherstreifenden Ziegenherden. Die Wayu pflegen (neben dem Spanischen) ihr Idiom Wayunaiki, das zur Arawak-Sprachfamilie gehört. Sie hatten einst, als Jäger und Sammler aus Guyana und vom Orinoko kommend, die Halbinsel bevölkert und ihre Gemeinschaftshütten zugunsten von Familienunterkünften (Rancherías) aufgegeben.

Die Abgelegenheit und die Dürre der Guajira sowie die heftige Gegenwehr ihrer Bewohner machten das Land für die spanischen Eroberer wenig interessant, die auf eine eingehende Erkundung verzichteten. Die Küste war reich an Perlen, und die Guajiros tauschten sie gegen Vieh ein. Bis weit in unser Jahrhundert dauerte die Abgeschiedenheit an, so dass noch Papillon, der auf seiner Flucht von der Teufelsinsel hier strandete, glaubte, das Paradies gefunden zu haben. Besonders angetan war er von der Anmut der Frauen, die großgewachsen sind und feine Gesichtszüge haben. In ihrer Physiognomie wie auch in ihrer Kleidung gibt es Ähnlichkeiten mit anderen Wüstenvölkern, so dass ein Hauch Arabiens durch das Land weht. Noch heute ist es üblich, dass ein Mann mehrere Frauen hat. Er muss nur in der Lage sein, den Brautpreis zu entrichten, der früher in Ziegen bezahlt wurde.

Die Gesellschaft der Wayu ist matrilineal organisiert. Verwandt sind nur die Geschwister der Mutter. Die Frauen haben einen bedeutenden Einfluss in der Gesellschaft, auch deshalb, weil sie über eigene finanzielle Mittel verfügen. Als Folge des matrilinealen Systems sind *clans* entstanden, von denen die wichtigsten die *epiayue* im Norden und die *epinayue* im Süden sind. Durch die Heirat wird auch eine Regelung über das wichtigste Gut getroffen, das Recht der Brunnenbenutzung für die matrilinearen Verwandten der Frau. Die Frauen tragen lange, luftige Gewänder, die *mantas*. Der Lendenschurz der Männer, der *nurati,* ist bei der jüngeren Generation aus der Mode gekommen, und selbst die Älteren haben in den Dörfern ein Handtuch umgelegt.

Die sozialen Unterschiede innerhalb der Wayu-Gemeinschaft sind groß. In den Städten Maicao und mehr noch in Maracaibo, Venezuela, gibt es eine Menge gut verdienender Kaufleute. Doch auch wenn sie in Steinhäusern leben, so steckt doch den Guajiro ihre Nichtsesshaftigkeit im Blut, und ein PS-starker Jeep mit Klimaanlage ist wichtiger und prestigeträchtiger als eine Wohnungseinrichtung. So finden sich im Hintergarten der leeren Steinhäuser die typischen Unterstände, errichtet aus *divi-divi*-Stämmen, um die reisenden Verwandten in Hängematten unterzubringen. Die engen Verbindungen zu beiden Seiten der Grenze haben eine intensive Schmuggelwirtschaft begünstigt. In früheren Jahren landeten in der Wüste mit Drogen beladene Flugzeuge zwischen, die waren auf dem Weg in die Vereinigten Staaten.

Wayu-Ältester

Die Guajira ist eine einzigartige Region in Lateinamerika, und wer sie bereist, kann hier den Zauber der Wüste erleben. In diesem menschenleeren Gebiet wird jede Begegnung mit einem Fahrzeug zu einer kleinen Sensation. Oftmals hört man nur den Wind und erlebt abends einen grandiosen Sternenhimmel. Das Reisen allerdings ist wegen der großen Hitze und der schlechten Verkehrsanbindung beschwerlich. Aus traditionellen Gründen sind Hotelunterkünfte mit Betten kaum verbreitet. Es empfiehlt sich, eine Hängematte dabeizuhaben.

Riohacha

3 m, 28°C, 220.000 Einwohner ☾ 5

Riohacha ist die Hauptstadt des Departements Guajira und wurde 1545 durch den deutschen Abenteurer und Feldhauptmann Nikolaus Federmann (*Nicolás Federmán*), der in den Diensten des Augsburger Handelshauses der Welser stand, gegründet, auf seinem Weg nach dem erhofften 'Eldorado'. Die Stadt entwickelte sich binnen kurzem zu einem bedeutenden Handelsstützpunkt, deren Reichtum die Perlenschätze waren. Sir Francis Drake eroberte Riohacha 1596, anschließend wurde der Ort wiederholt durch Angriffe von Piraten und den Wayu zerstört. Einmal überrannten 30.000 Indianer die Stadt. Die spanische Verwaltung gab Riohacha als Handelsmetropole schließlich entnervt auf, und die Stadt versank im 17. Jh. in der Bedeutungslosigkeit. Vom Sandstrand ragt ein 400 m langer Anlegesteg ins Meer. Ein Geschenk der teilprivatisierten Erdölgesellschaft Ecopetrol an die Stadt. Eine kleine namenlose Statue des Stadtgründers steht auf dem Platz schräg gegenüber der Touristeninformation. Selten geworden ist die einst dominierende regionaltypische Architektur aus fensterlosen Flachbauten (Ranchería), und in der Nähe des Busterminals ist ein riesiger Carrefour-Supermarkt hochgezogen worden, der das Gesicht der Stadt verändert hat. Riohacha ist für die Besucher aus Übersee aber zuallererst die Strandprome-nade (Av. La Playa), deren Nebenstra-ßen vom Handwerk und lokalen Klein-handel bestimmt sind.

Service

ⓘ Das **Tourismusbüro** ist an der Av. de la Playa und ebenso pink gestrichen wie die Stämme der Palmen am Strand ☎ 727 10 15 ⏰ Mo-Fr 8-12 u. 14-18. 🏧 Mehrere **ATM** entlang der Av. de la Playa (Primera) und um die zentrale Plaza José Prudencio Padilla, benannt nach einem kolumbianischen Seehel-den aus der Zeit der Unabhängigkeits-bewegung.

👁 Sehenswürdigkeiten & Touren

Der Markt (**Mercado Municipal**) lohnt einen Rundgang in den frühen Mor-genstunden. Unter freiem Himmel werden Ziegen geschlachtet und ge-häutet. 17 km von der Stadt entfernt in Richtung Valledupar befindet sich eine traditionelle Ansiedlung der indigenen Wayu, die aus einer Gruppe von fünf bis sechs flachen Häusern besteht, die ein Gehöft, vergleichbar einer Wagen-burg, bilden. Die Ranchería **Iwou'yaa** («Stern, der den Frühling ankündigt») empfängt seit über zwei Jahrzehnten auswärtige Besucher, die hier nach dem Brauch der Wayu sogar heiraten können. Von saisonalem Interesse ist das Naturschutzgebiet **Santuario de Flora y Fauna Los Flamencos** beim kleinen Ort **Camarones**, 25 km ent-fernt in Richtung Santa Marta, am Mündungstrichter des gleichnamigen Flusses (Parkeingang 'Bocas de Cama-rones'), mit einer Ausdehnung von 70 km^2, zu erreichen von Camarones mit einem Colectivo vom Kreisverkehr mit dem Denkmal zu Ehren von 'Francisco El Hombre'.

Die ortsansässigen Wayu leben im Halbschatten der *divi-divi*-Bäume, hal-ten Ziegen und ernähren sich vom Fang der Krebse in den angrenzenden Ciénagas. Das Mischwasser der Ciéna-gas lockt scharenweise rosa Flamingos an, die spektakuläre Hochnester aus Schlamm bei Niedrigwasser bauen, sich im März paaren und im April und Mai brüten. Die Schwärme lassen sich am besten in der Regenzeit zwischen September und Dezember beobachten.

Auch Meeresschildkröten landen in dieser Gegend zur Eiablage an. Eine Aufzuchtstation päppelt orientie-rungslose und geschwächte Schildkrö-ten auf. Neben den vorherrschenden *divi-divi* Sträuchern wachsen hier un-terschiedliche Mangrovenarten. Um den oft weit draußen stehenden Fla-mingos näher zu kommen, benötigt man ein Kanu und einen Bootsführer (€ 15).

Während man relativ leicht nach Cabo de la Vela kommt, sollte man **Touren in die Alta Guajira**, nach Pun-ta Gallina, Puerto Estrella, Nazareth und die Serranía de la Macuira, bereits im Voraus und im Idealfall maßge-schneidert buchen.

Kaí Ecotravel ☎ 311 436 28 30 www.kaiecotravel.com kennt die bes-ten Ecken und unterhält gute Kontak-te zu den Wayu.

Artesanía

Entlang der Strandpromende haben die Wayu ihre Artesanía auf dem Bo-den drapiert. In der Casa de la Manta Guajira, Cra. 6 No 9-35, erhält man die traditionellen Kleider (*manta*), Ta-schen, Perlenketten und Hängematten.

 Schlafen

Die Hotelsituation in Riohacha ist wie im übrigen Departement Guajira nicht berauschend, die Hotelpreise sind überhöht und selbst die besseren Hotels schreiben nicht ohne Grund anderorts ungenannt bleibende, vermeintliche Selbstverständlichkeiten wie 24 Std. Wasser und saubere Bettlaken auf ihre Visitenkarten.

Mi Casona, Calle 2 No 10-16 ① 728 56 80, Strandnähe und sehr einfache, enge Zimmer mit Bad, a/c, € 26/31(2).

Hotel Las Brisas del Norte, Cra. No 1-32 ① 728 00 47, zentrale Lage bei der Plaza Padilla, gute Betten, mäßige Dusche, a/c, gelegentlicher Wochenendlärm von der Disco nebenan, inkl. Frühstück ab € 45.

Hotel Casa Grande, Calle 15 No 25-15 ① 727 62 48 hotelcasagrande-riohacha@hotmail.com am Stadteingang gelegen, vermutlich die beste Wahl in Riohacha, mit 35 komfortablen Zimmern, Vent. a/c, Kabel-TV, Privatbad, Pool, Parkplatz, WiFi, Restaurant mit exzellenter Küche, comida corriente und Spezialitäten wie Meeresfrüchte und das typische *momona* (gegrilltes Kalb nach Llanera-Art), € 30/50/70.

🍴 Essen & Trinken

Entlang der Promenade (Av. La Marina oder 'Primera') reihen sich Restaurants und Bars, zum Teil noch in der traditionell luftigen Bauweise der Ranchos aneinander, man findet Schnellimbisse und Eissalons. Vor dem Anlegesteg werden Kokosnüsse-und Krabbencocktails feilgeboten. Einmal in der Guajira kann man eines der typischen Fleischgerichte der indigenen Wayu probieren, deren Spezialität die unterschiedliche Zubereitung von Ziegenfleisch (chivo) ist, gegrillt (asado), guisado (geschmort) oder als 'friche' in Eigen-

blut geröstet, am besten serviert mit Arepas aus Maismehl. Dazu wird 'chirrinche' ein hausgemachter Schnaps (oder auch ein Bier) getrunken.

Donde Aurora, Cra. 8 zwischen Calles 23/24, ein typisches, weil provisorisch gestaltetes Lokal mit Plastikstühlen und Tischen vor der Tür und stets frisch zubereiteten 'friche'. Nach Sonnenuntergang den Taxifahrer fragen.

Asados Don Pepe, Calle 1 Ecke Cra.10, große Portionen *parrillada* (Fleisch vom Grill) mit Kartoffeln und Salat in den Abendstunden.

Los Marinos, zentraler Treffpunkt an der Av. de la Playa, Bar und Vallenato-Disco.

🚌 Der Busbahnhof liegt außerhalb des Stadtzentrums Richtung Santa Marta, Calle 15 mit Cra.11. Im Terminal sind die Büros von Expr. Brasilia, Copetrán und einigen regionalen Kooperativen untergebracht. **Maicao,** Copetrán, Expr. Brasilia u.a. 1 Std. € 2,50. **Santa Marta/Barranquilla/Cartagena,** Copetrán, Expr. Brasilia, 3 Std. € 7/ 4½ Std. € 11/ 6 Std. € 14. Die Fahrt kann wegen der vielen Kontrollpunkte von Zoll und Immigration vor Santa Marta länger dauern. **Valledupar,** Copetrán, Expr. Brasila oder mit dem Kollektivtaxi vor dem Terminal, 3 Std. € 11. **Uribia (Manaure/ Cabo de la Vela),** Kollektivtaxis von Cootrauri, Calle 15 No 5-39 ① 728 00 00 von ⏰ 5 -18, 1 Std. € 5 p.P. Der Markt in Uribia ist der Verkehrsknotenpunkt zu den weiteren Zielen in der Guajira mit Pick Ups in die abgelegenen Orte und Colectivos nach Riohacha und Maicao. Die Weiterfahrt nach Cabo de la Vela, 2½ Std. € 6 im Pick Up. Die Fahrt ist staubig und auf den harten Sitzbänken unbequem. Letzter Anschluss in Uribia ⏰ 13. Für Anschlussverbindungen von

Festival de la Cultura Wayu

Während der Tage des Festivals verwandelt sich die zentrale Plaza Colombia in Uribia in ein Nomadenlager mit behelfsmäßigen Ranchos, errichtet aus den harten Hölzern der *divi-divi* und dem getrockneten Mark (*yotojoro*) der abgeschlagenen Cordon - Kakteen, dazwischen liegen die Sättel für die geschmückten Pferde und die Trommeln, auf denen der Rhythmus

'...Wer ist die Schönste im ganzen Land?'

bei den Musik- und Tanzwettbewerbe geschlagen wird. Aus allen Teilen der Guajira einschließlich Venezuelas strömen die Clans der Wayu herbei, um gemeinsam zu singen, zu tanzen und Wettkämpfe auszutragen. Der Duft frisch gerösteten Ziegenfleisches durchzieht die Szenerie. Höhepunkt des dreitägigen Festes ist der Umzug durch den Ort, wobei jeder Clan sein Wappenzeichen präsentiert. Die Frauen bemalen ihre Gesichter mit Paipa, ein Gemisch aus Ziegenfett und Pottasche, und rotbraunen Spiralen und konkurrieren um die farbenprächtigste *manta*. Aus ihrem Kreis wird die *majayura*, die Schönheitskönigin, gewählt. Die Männer tragen den *nurati*, den Lendenschurz, an dem üppige Wollbommeln hängen. Auf dem Kopf sitzt eine Krone aus Pfauenfedern. Der wichtigste Tanz ist die *chichamaya, ein* Brauttanz, bei dem die Zuschauer einen weiten Kreis um das zum schnellen Rhythmus der Trommeln tanzende Paar bilden. Mal vorwärts-, mal rückwärts laufend, versucht der Mann, den Fängen der Frau zu entkommen. Die Wayu bestechen durch ihr ausgeprägtes Selbstbewusstsein. Sie haben einen eigenen Weg gefunden, ihre Traditionen mit den Herausforderungen der modernen Welt zu verbinden.

KARIBIKKÜSTE

Bedeutung ist auch das Straßenkreuz in **Quadro Vias** zwischen Uribia, Riohacha/Maicao und Valledupar.

✈ **Aeropuerto Almirante Padilla**, 3 km südwestlich der Stadt (Taxi € 2,50), tägliche Verbindungen nach Bogotá mit Avianca, Calle 7 No 7-04 ✆ 727 36 24.

Uribia & Manaure
30 m, 29°C, 45.000 Einwohner

Uribia bezeichnet sich als *Ciudad Indígena de Colombia*. Einmal im Jahr findet hier das dreitägige Festival de la Cultura Wayu an einem Wochenende zwischen Mitte Mai und Anfang Juni statt. In den Artesaníaläden werden während des ganzen Jahres *mantas, mochilas, chinchoros, wayuunaiki* (bunt bestickte Hängematten) und *waireiñas* (Sandalen mit Bommeln) verkauft. An der Plaza hat die Bancolombia eine ATM installiert.

Manaure liegt 63 km nördlich von Riohacha. Der Ort wurde 1723 durch Kapuzinermönche gegründet und wird beherrscht von den Salinen. Hier liegt das Salzzentrum Kolumbiens und die

Produktion deckt 90 % des landesweiten Bedarfs. Das Salz, das bei Niedrigwasser in dem Staubecken zurückbleibt, tragen Arbeiter mit Schaufeln ab. An der Landspitze der Bucht von Manaure ragt ein kristallinweißer Salzberg in den Himmel. Einige Flächen werden industriell betrieben, andere von den Wayu im Familienbetrieb. Vom **Parador Turistico Acuaru** hat man ein gutes Panorama. In der Nähe von Manaure (**Musichi**, 10 km) kann man zur richtigen Jahreszeit und mit Glück Flamingos und andere Zugvögel beobachten.

Schlafen & Essen

Hotel Juyasirian, Calle 14 A No 9-06 ☽ 717 72 84, ein Block von der Plaza entfernt ist die erste Adresse in Uribia, mit Restaurant, Zimmer mit Privatbad, a/c, € 26(2). Weitere einfache Restaurants befinden sich an der Plaza.

Hotel Palaaima, Calle 6 No 7-34 ☽ 717 84 55, die beste Option in Manaure, zweistöckiges weißgekalktes Gebäude mit einem Innenhof. Die 14 Zimmer mit Vent. a/c, Privatbad, tragen die Namen der unterschiedlichen Wayu-Clans, € 15/20.

Es gibt **einfache Restaurants** und Bäcker am Markt und entlang der Hauptstraße (Avenida), die an der Plaza vorbeiführt und am Strand endet. Nach der regionalen Spezialität *'friche'* fragen.

Cabo de la Vela

2 m, 28°C, 1200 Einwohner

Der besondere Reiz von Cabo de la Vela liegt in den schönen weiten Stränden und in der Silhouette der kahlen, rot und orange gefärbten Hügel gegen den stahlblauen Himmel und die türkisgrüne See. Das Meer ist reich an Langusten, Krabben und *pargo rojo*. Das Dorf besteht aus weit auseinander liegenden Hütten entlang der Strandstraße an der Playa El Cabo, wo das Meer ruhig und glatt wie ein Handtuch daliegt. Dazu sorgt eine stete Brise aus Nordost für ideale Bedingungen zum Wind- und Kitesurfing. Die Sonnenuntergänge sind zauberhaft, und nachts leuchtet ein Sternenmeer am Firmament.

Trotz des ständigen Windes ist es tagsüber so heiß, dass es fast unmöglich ist, lange Spaziergänge zu unternehmen. Am Strand gibt es kaum Schutz vor der Sonne. Wie die Bewohner empfiehlt es sich, sich in den heißen Mittagsstunden in den Schatten einer Hütte zu verkriechen. Am schönsten ist die Playa **El Pilón de Azúcar**, ein weiß-goldener Sandstrand vor dem grüngefärbten Meer, 6 km hinter El Cabo (1½ Std. zu Fuß, Wasser mitnehmen!) benannt nach dem weißen Felsen im Meer, der in der Sprache der Wayu *Kamaici* («Herr des Meeres») heißt und auf 120 m aufsteigt, mit einem großartigen Panoramablick über diese einzigartige Landschaft, die gezackte Meereslinie, die schroffen kargen Hügel und die Salare in der Ferne.

Der Leuchtturm **El Faro** liegt an der Landspitze, 45 Min. zu Fuß und in nördlicher Richtung. In der Nähe befindet sich **El Ojo de Agua**, ein natürlicher Pool und heiliger Ort der Wayu, an dem sie ihrer Vorfahren gedenken.

Schlafen & Essen

In Cabo de la Vela herrscht chronischer Wassermangel. Einfache Unterkünfte, Ranchos, Albergues und Hospedajes, zumeist betrieben von Wayu-Familien, sind hingegen überreichlich vorhanden. In der ersten Linie nächtigt man

KARIBIKKÜSTE

Sonnenuntergang am Cabo de la Vela

zumeist in der Hängematte und fröstelt nachts in der Brise, auf der anderen Seite der Strandstraße findet man auch ein Bett mit Vent./ a/c, jedenfalls solange der Generator läuft. In den Hütten-Restaurants werden fangfrischer Fisch, Langusten und Krabben zubereitet und mit Reis, Patacones und gelegentlich Salat serviert.

Hospedaje Glamar, Doña Gladys vermietet Betten, € 10 p.P. und Hängemattenplätze, € 5, Bad und Klonutzung mit dem Wassereimer außerhalb und je nach Laune der Gastgeberin ohne oder mit Aufpreis.

Hotel Jarrinapi ① 311 683 42 81, Cabañas mit Hängemattenplätzen € 5 p.P. oder Zimmer mit Privatbad und 24 Std. Wasser € 20, eigener Generator mit regelmäßiger Stromversorgung von ① 14-6, gelegentliche Internetverbindung, Restaurant.

Donde Mamicha, Hospedaje und Restaurant, das bevorzugt von Tourgruppen angefahren wird. Einige a/c-Zimmer liegen nach hinten zu einem Patio und sind sauber, € 26(2).

Refugio Pantu ① 313 581 08 58, liegt am nördlichen Ende der Strandstraße, außerhalb des lang gestreckten Dorfes und abseits der übrigen Unterkünfte in Richtung El Faro. Restaurant und Cabañas in lokaltypischer Bauweise, versehen mit schicken Bädern, Hängematte € 9, Bett € 18 p.P.

Pick-Ups zwischen ① 4-6. Expresstour von/nach Uribia € 25.

Alta Guajira

Hinter Cabo de la Vela ist Schluss mit öffentlichen Transporten, und man ist auf eine organisierte Tour angewiesen. Das eigentliche Abenteuer beginnt erst jetzt in der **Alta Guajira**, damit wird der am weitesten im Norden liegende Teil der Halbinsel beschrieben. Hier findet man Orte von berauschender landschaftlicher Schönheit und natürlicher Abgeschiedenheit, wie die felsigen Buchten der **Bahía Hondita** und die Trockennebelwälder von **La Macuira**. Der weitere Weg von Cabo de la Vela nach Norden über Land führt erst wieder einige Kilometer in Richtung Uribia zurück und zweigt bei Alpiro ab.

Die Bahnlinie des Kohlezuges wird kurz vor **Puerto Bolívar** passiert. Der Verladehafen für die weltgrößte Kohlemine im Tagebau **El Cerrejón** kann ebenso wie die Mine selbst nach Voranmeldung von mindestens fünf Tagen besucht werden www.cerrejoncoal .com 1½ Std. hinter Puerto Bolívar liegt **Punta Gallinas**, zugleich der nördlichste Punkt von Kolumbien wie der von Südamerika, eine Ranchería Wayu vor der eindrucksvollen Kulisse der Berg- und Dünenlandschaft der **Playa Taroa.**

Von Cabo de la Vela (75 km) ist die Landspitze einfacher per Boot mit Aussenborder zu erreichen, Valenciano organisiert Bootsausflüge ☏ 320 525 223, 2 ½ Std. hin, 2 Std. Aufenthalt, 2 ½ Std. zurück (€ 66 p.P.). Das Wayu-Paar Ignacio und Leonida betreibt die Hospedaje Alexandra ☏ 316 644 40 50 hospedajealexandra@hotmail.com Übernachtung in der Hängematte, € 7,50 oder im einem Rancho mit Bett und Bad € 17.

Im Nordosten der Guajira Halbinsel liegt **Nazareth** am Fuße der **Serranía de la Macuira.** Die Wayu leben verstreut in einigen Rancherías. Von Nazareth führt ein Weg bis zu den **Cumbres de Itujor.** Zwei Stunden von Nazareth entfernt liegt **Puerto Estrella**, das älteste Dorf der Halbinsel und der Heimatort der letzten Wayu Prinzessin Isabel Iguarán. Die Serranía ist eine 250 km² große Oase inmitten der Wüste, 35 km lang, 17 km breit, mit Erhebungen bis zu 850 m. Auffrischende Winde aus dem Nordosten treffen hier auf die feuchtwarme Meeresluft der Karibikküste. So ist es zu erklären, dass man in der Serranía Nebelwälder findet, denen der Anden vergleichbar, die dort jedoch erst auf 3000 m Höhe anzutreffen sind.

In diesem außergewöhnlichen Mikroklima findet der Ornithologe 99 unterschiedliche Vogelarten. Unter den 349 Pflanzenarten kann man eine große Anzahl verschiedener prächtiger Orchideen und Bromelien bewundern. An den Flussufern wachsen die *caracoli*, die typischen Karibbäume, in denen die Weißkopfaffen herumspringen, und im flachen Teil des Parks die Wüstenpflanzen, Kakteen und Stachelbüsche. Die Serranía bildet für die Wayu die Verbindung zwischen Himmel und Erde. Hier sind ihre Friedhöfe, die man besichtigen kann.

Maicao

50 m, 29°C, 125.000 Einwohner ☏ 5

Maicao ist die heiße, lange Zeit verwahrloste Grenzstadt zwischen Kolumbien und Venezuela. Die Stadt lebt vom Schmuggel, und das Straßenleben ist bestimmt vom emsigen An- und Verkaufsgeschäft. Die Marktstände und Gruppen von fliegenden Händlern, viele Wayu in ihrer traditionellen Kleidung erinnern bisweilen an einen orientalischen Markt. Maicao hat auch eine größere arabisch-muslimische Gemeinde und seit 1997 die zweitgrößte Moschee in Lateinamerika, Mezquita de Omar Ibn Al Jattab. Der arabischen Gemeinde sind auch zwei nennenswerte arabische Restaurants mit Spezialitäten wie Hummus und Gyros zu verdanken, und zudem hat auch die üppige venezolanische Grill-Küche hier ihren Platz.

Service

BBVA, Cra. 9 No 11-35 mit einer **ATM**. US-Dollar, kol.Pesos und venezolanische Bolívares kann man in Maicao und am Grenzübergang tauschen. Herumfragen, wer den besten Kurs gibt.

Schlafen & Essen

Aufgrund des fluktuierenden Kommerzes gibt es eine große Anzahl von Unterkünften in allen Preiskategorien, wobei die einfachen Unterkünfte überwiegen. Die durchschnittlichen Zimmer haben Bad, Vent. oder a/c und kosten € 15-25 p.P.

Expr. Brasilia und Rápido Ochoa haben eigene Busbahnhöfe. Hier kann man Bolívares/Pesos tauschen, essen und den *por puesto* nach Maracaibo (Venezuela) nehmen. Der Fahrer wartet an der Grenze in Paraguachón bis die Formalitäten erledigt sind. Der **Grenzübergang Paraguachón** liegt 12 km hinter Maicao in Richtung Maracaibo. Inmigración und DIEX (für Venezuela) erledigen die Grenzformalitäten.

Südwestlich von Cartagena

Tolú & Corveñas

3 m, 28°C, 45.000 Einwohner ☺ 5

Hinter Sincelejo, der Hauptstadt der Viehzüchterprovinz Sucre und bekannt für ihre 'corralejas', bei denen sich Stiere und Zuschauer einen wilden Wettlauf, ähnlich dem im spanischen Pamplona liefern (Ende Januar), liegen die in der Saison beliebten Strandressorts von Tolú und Corveñas am Golfo de Morrosquillo. Anfang der 1950er Jahre lebte und arbeitete der junge Maler Fernando Botero hier neun Monate lang und bezahlte sein Essen mit Wandgemälden in der Fonda von Doña Isolina.

Viele der niedrigen Häuser sind noch mit Palmenwedeln gedeckt und das überhängende Dach wird von Holzstämmen gestützt, Mobiles klimpern im Wind. Statt Kraftfahrzeugen gibt es Fahrradtaxis (Bici-Taxis). Läden, Restaurants und Internet-Cafés sind vorhanden. Die Strände sind allerdings oft nicht breiter als ein Handtuch.

An der Strandpromenade liegen die Hotels und Diskotheken. In der Hauptsaison (Dezember-Februar) füllt sich der Ort mit Paisa-Urlaubern. Dann läuft die 24 Stunden Rumba. Der vermeintlich schickere und kleinere Badeort Corveñas, 20 km südwestlich, unterscheidet sich durch die breiteren Strände und ein höheres Preisniveau von Tolú. Diverse Cabañas und Hotels liegen an der Küstenstraße zwischen beiden Ortschaften.

Service

ⓘ **Touristeninformation**, Cra. 2 No 15-40, im Gebäude der Alcaldía an der Plaza Pedro de Heredia ☎ 286 05 99 ⏰ 8-12 u. 14-18. @ **Internet iC@fe**, Calle 17 No 2-20 ⏰ 9-22.30. ⬛ **ATM**, Bancolombia an der Plaza Pedro de Heredia. **Mundo Mar,** Cra. 1 No 14-40 ☎ 288 44 31 www.clubnauticomundomarina.com beim Jachthafen (Muelle Turistico de Tolú). Anbieter für Tagestouren zu den Islas de San Bernardo im Golfo de Morrosquillo ⏰ 8.30-16, inkl. Mittagessen € 20.

 ## Schlafen & Essen

Tolú bietet reichlich Unterkunftsmöglichkeiten. Wer Boteros Frühphase nachempfinden möchte, kann außerhalb der Saison günstig ein Haus am Strand mieten.

Hostal Villa Babilla, Calle 20 No 3-40, zwei Blocks vom Strand entfernt ☎ 288 61 24/ 312 677 13 25 www.villababillahostel.com Alex und Laffi sind lange unterwegs gewesen, bevor sie sich mit ihrem Guesthouse in Tolú niedergelassen haben. Neben ihrer Gastfreundschaft bieten sie verschiedene

Aktivitäten an, u.a. Touren in die Ciénaga La Caimanera und Salsakurse, € 14/18(2).

Ibatama del Mar, Cra.1 No 19-45 ① 288 51 10, erste Strandlinie, einige Zimmer mit Vent. € 8,50/13, andere mit a/c € 18/26(2).

El Velero, Cra. 1 No 9 -26 ① 312 658 01 29 www.hostalelvelero.com neues Beachhotel mit geräumigen Terrassen und bequemen Zimmern, mit Vent. und a/c, Kabel-TV, Privatbad, € 20/30(2).

🍴 Essen & Trinken

Comida corriente, Fischgerichte und mariscos gibt es in jeder Güte und Preiskategorie am Malecón in der Avenida La Playa. Frische Backwaren und Arepas an der zentralen Plaza Pedro de Heredia.

Islas de San Bernardo

Einige der zehn Inseln und Inselchen des Archipels sind total abgeschieden und mit Luxusressorts bestückt. Die kleine Insel **Santa Cruz** (El Islote) hingegen ist die am dichtesten bevölkertste Insel der Welt, auf einem ha Fläche drängeln sich 1247 Menschen in 97 Häusern Wand an Wand. Beinahe alle Inseln weisen Mangrovenbestand und weiße Sandstände aus und bieten gute Möglichkeiten zum Baden und Schnorcheln. Auf der Isla Palma hat **Decameron** am schönsten Strand des Archipels ein Luxusressort errichtet ① 310 360 96 47 www.decamaron.com Zimmer ab € 160. Die **Isla Palma** ist eine Privatinsel und gehört zum Nationalpark Islas del Rosario y de San Bernardo (siehe Cartagena). Ebenfalls von den Tagesausflüglern angesteuert wird die **Isla Múcura**, auch hier kann man sich Schnorchelausrüstung ausleihen. Übernachtungsmöglichkeiten bei **Donde**

Wilber ① 316 605 58 40, einfache ortstypische Cabañas, betrieben von Insulanern, € 12 p.P. oder für 'Big Spender' im Luxusressort **Hotel Punta Faro** www.puntafaro.com 3 Tage/Nächte Vollpension ab € 830, hoteleigener Transport mit hoteleigenen Schnellbooten auch von/nach Cartagena.

🚌 Die Busse fahren an der Plaza Pedro de Heredia sowie am Terminal de Transporte ab. Busgesellschaften **Expr.Brasilia/Unitransco** ① 288 51 80. **Rapido Ochoa** ① 288 52 57. **Caribe Express** ① 288 52 23. **Transportes Luz**, Calle 16 No 10-79 ① 288 60 69, a/c-Kleinbusse (*aerovan*), etwas teurer und ideal für Gruppen und direkte Verbindungen entlang der Küste. **Cartagena**, mehrmals täglich, 3-4 Std. € 12. **Medellin**, mehrmals täglich, 7 Std. € 24. **Montería**, 2 Std. € 8. **Sincelejo**, regelmäßig Mikros/Colectivos, 1Std. € 2.

San Bernardo del Viento

12 m, 28°C, 31.000 Einwohner ① 4

Hinter der Ortschaft San Bernardo liegen die kilometerlangen Strände von El Viento. Noch immer herrscht hier die Muße des einfachen Strandlebens. Meeresrauschen, Kokospalmen, Eseltransport statt Autoverkehr.

Die dunklen Sandstrände sind langgezogen und außerhalb der kurzen Tourismussaison nur wenig frequentiert. Die Bewohner leben vom Fischfang. Die Cabañas sind durch Palmenhainen getrennt, und man kann die Stille mit dem Blick aufs Meer genießen. Das Hinterland der hier ansässigen Zenú (bzw. Sinú) ist reich an archäologischen Funden. Am Strand kann es noch immer passieren, dass Grabräuber Keramiken und sogar Goldfiguren anbieten. Bereits Pedro de Heredia, der Gründer von Cartagena, hatte die Goldschätze der Zenú nach Spanien geschickt.

Schlafen & Essen

Es gibt ein großes Angebot an Unterkunftsmöglichkeiten. Handeln außerhalb der Saison ist drin!

Piel Canela, einen Kilometer vor Punta de Piedra (Eingang via Pompeya), Cabañas aus Stein, Vent. Restaurant und Grundversorgung, freundlich, sauber, € 15.

Cabañas Santa María de los Vientos ① 310 444 76 67 www.santama riadelosvientos.com attraktive Steinhäuschen und davor ein privater Palmenstrand, Bad, Vent. oder a/c, Kühlschrank, Bar, Pool, Restaurant, € 35 p.P. inkl. Vollpension.

Los Tambos del Viento ① 775 81 87 www.lostambosdelcaribe.com ist die größte Ferienanlage weit und breit, Ausstattung und Preis entsprechen den Cabañas Santa María. Von hier werden Fahrten zur kleinen **Isla Fuerte**, Schnorchel- und Tauchtouren organisiert. Weitere Ausflugsziele sind ein Schlammvulkan, Kanufahrten durch den schönen Caño de la Balsa und zur Einmündung des Rio Sinú ins Meer.

Jeeps fahren vom Ortskern in San Bernado direkt an den Strand, 12 km, € 1,50. Regelmäßige Verbindungen bestehen nach **Montería**, 1 ½ Std. € 3 (via Lorica, 20 km). Lorica liegt am Rio Sinú, und war in früheren Zeiten ausschließlich über den Fluss mit dem Umland verbunden. Aus jener fernen Zeit stammen noch die alte Markthalle und einige Warenhäuser an der angrenzenden Plaza de Bolívar. Der Busbahnhof liegt einen Kilometer außerhalb des Zentrums. Busse nach Montería (€ 2,50) und **Cartagena**, 4 Std. € 13, entlang des Troncal del Caribe. Regelmäßig Jeeps nach San Bernardo del Viento und Corveñas/Tolú, € 2.

Montería

18 m, 28°C, 340.000 Einwohner ① 4

Montería ist die Hauptstadt des Departements Córdoba und erstreckt sich zu beiden Seiten des Río Sinú, eine aufstrebende Viehzüchterstadt mit den ersten Anzeichen bürgerlichen Wohlstandes, der sich in den Banken, Reisebüros und Restaurants niederschlägt. In dieser Hinsicht hebt sich die Stadt vom ärmlichen Umland ab. Glücklicherweise haben die Stadtplaner die großen schattenspendenden Eichen und Zedern an der Uferallee stehen lassen, die zu einem Spaziergang am Fluss einladen. Ein Dutzend Fähren (*planchónes*) gleitet, von Seilwinden gezogen, über den Fluss. Auf der Ostseite liegt der Erholungspark Ronda del Sinú mit Restaurants einem Open-Air Theater und freilaufenden Affen und Iguanas. Montería trug über viele Jahre den Zusatz, «Stadt der Schwalben», die zu bestimmten Zeiten des Jahres in Scharen auftauchten, und den Zusatz «Stadt der Fahrräder», die bis in die 1960er Jahre das alles dominierende Verkehrsmittel darstellten.

Service

ⓘ **Tourismusinformation,** Cra. 3 zwischen Calle 26 und 27. Ⓒ **ATM** Banco de Bogotá, Calle 28 No 3-03. Bancolombia, Av. 1 No 30-32. BBVA, Cra. 3 No 31-06.

Die Umgebung von Montería

18 km nördlich hinter dem Straßenkreuz bei Cereté liegt **San Pelayo**. Ende Juni findet hier das **Festival del Porro** statt. Porro und Fandango sind eine mit der Cumbia verwandte Blasmusik mit antillischen Wurzeln. Die Musikkapellen der umliegenden Dörfer spielen

Im karibischen Hinterland

bis zum Morgengrauen. Beim Tanzen dreht sich die Frau mit geschürzten Röcken und schwingenden Hüften in den weit geöffneten Armen des Mannes, der dazu den vueltiao-Hut kreisen lässt. 67 km westlich am Meer liegt **Arboletes**, ein kleines Seebad, dessen Attraktion ein kurioser Schlammvulkan am Strand ist (vergleichbar dem von Totumo bei Cartagena).

Schlafen & Essen

Hotel Better, Cra. 2 No 36-26 ☎ 782 42 69, Zimmer mit Bad, Vent. a/c, herrlich kitschiges Hotel, € 25(2).

Montería Real Hotel, Calle 29 No 6-26 ☎ 782 43 31 www.hotelcasareal-monteria.net Bar, freundliche Zimmer mit Privatbad, a/c, WiFi, € 35/45.

Hotel Sinú, Cra. 3 No 31-38 ☎ 782 33 55 www.hotelsinu.com Zimmer mit a/c, TV-Kabel, Minibar, Restaurant, Pool, € 45/62.

La Bonga del Sinú, Cra. 1 No 27-34, Barrestaurant mit Blick auf den Fluss, gute Steaks. Weitere Restaurants liegen an der Uferstraße.

Terminal de Transportes, Calle 41 No 20-11 ☎ 784 90 00. Expr. Brasilia ☎ 784 90 30/ -31. Rápido Ochoa ☎ 784 90 11. Sotracor ☎ 784 90 24. **Medellín**, Rápido Ochoa, Expr. Brasilia, mehrmals täglich, 7 Std. € 25. **Cartagena**, Expr. Brasilia, mehrmals täglich, 4 ½ Std. € 20. **Cereté / San Pelayo**, 30 Min. € 1,50. **Arboletes**, Sotracor, alle 45 Min. 2 Std. € 2,50. **Turbo**, Sotracor, 5 Std. € 18.

Der **Aeropuerto Los Garzones** liegt an der Straße nach Cereté. Tägliche Flüge nach Bogotá und Medellín mit Avianca und Satena, Av. 1A No 30-38 ☎ 782 43 44.

San Andrés de Sotavento & Tuchin

110 m, 28°C, 35.000 Einwohner

San Andrés de Sotavento liegt bei Chinú, 14 km von der Abzweigung der Sincelejo-Montería Straße entfernt, eine kleine Ortschaft im Resguardo der indigenen Zenú. Der traditionelle Grundriss des Ortes besteht aus in Dreiecken angeordneten Häusergrup-

Vueltiao-Hüte

Die in ganz Kolumbien berühmten vueltiao-Hüte werden in Tuchin, einem Dorf der indigenen Zenú gefertigt. Das Material besteht aus Fasern der caña flecha. Für das schwarz-weiß Muster wird ein Teil der Fasern eingefärbt. Die gesamte Familie, vom Dreijährigen bis zur Großmutter, stellt die Hüte her. Am Hutkranz erkennt man die Qualität. Am weitesten verbreitet ist der

Nationalsymbol Vueltiao-Hut

quintenero, geflochten aus 15 Faserpaaren, den riplas und der «19», entsprechend aus 19 Zopfpaaren. Am feinsten und teuersten sind die «23er». Das sind die leichtesten Hüte. Die Muster an der Krempe sind stilisierte Darstellungen aus der Tier- und Pflanzenwelt. Früher erkannten sich daran die verschiedenen Clans. Auch heute ist der vueltiao mehr als nur eine Kopfbedeckung. Er ist das Bekenntnis zu einem Kolumbien mit seinen indianischen und ländlichen Wurzeln. Daher lassen sich gerade Politiker gern mit dem vueltiao ablichten. Wegen der großen Nachfrage verwässert die traditionelle Herstellungstechnik. Viele Fasern werden bereits chemisch gefärbt anstelle des nächtlichen Schlammbades, und genäht wird mit der Maschine. Das Sortiment wurde auf Kappen, Haarreifen und Ohrringe erweitert.

pen mit entsprechend verlaufenden Straßen und geht bis auf präkolumbine Ursprünge zurück. Die Zenú kamen relativ früh mit den spanischen Konquistadoren in Kontakt und versuchten sich, anders als die benachbarten und kriegerischen Emberá und Emberá-Katio Völker, mit den neuen Eroberern zu arrangieren.

Das verschaffte ihnen bereits in der Kolonialzeit die Zuteilung eines indigenen 'Schutzgebietes' (Resguardo) mit einer Landfläche von 82 km². Die Akkulturierung führte allerdings auch dazu, dass die Zenú ihre Sprache mit Beginn der Unabhängigkeit des Landes fast vollständig verloren, und der kolumbianische Kongress in Bogotá zu Beginn des 20. Jahrhunderts ihr Res-

guardo wieder einkassierte, schließlich gab es nach der Logik der Regierenden hier ab sofort keine Indigenen mehr.

Erst 1990 erlangten die Zenú erneut die Zuteilung eines Resguardo, zunächst eine Fläche von 10 km², die später auf 23 km² ausgeweitet wurde. Die Zenú sind als große Flechtkünstler bekannt und das Paradestück ihrer Produktion ist der Vueltiao - Hut.

Die Familie von Clemente Cheverrey unterhält in ihrem Haus die Casa de la Cultura und hat in langjähriger Kleinarbeit Zenú-Keramiken, Grabbeigaben und Werkzeuge zusammengetragen. Zehn Minuten von San Andrés de Sotavento entfernt liegt Tuchin. Heimstatt des renommierten Kunsthandwerkers Medardo de Jesús Suárez (im Barrio Libertad), der die Flechttradition bewahrt und sie an die Jüngeren weitergibt.

Turbo

2 m, 28°C, 120.000 Einwohner ① 4

Turbo ist der letzte größere Hafen Kolumbiens vor der Panamagrenze und liegt am Golf von Urabá. Auch wenn es auf den ersten Blick nicht so aussehen mag, Turbo ist ein internationaler Seehafen von dem aus die Bananen aus dem Hinterland nach Übersee verschifft werden und zudem ein Flusshafen für Schnellboote nach Capurganá zur Grenze mit Panama. Gelegentlich landet auch Schiffs- und Bootsverkehr aus Quibdó flussabwärts am Río Atrato, der auf der gegenüberliegenden Seite in den Golf mündet, an. Diese Route allerdings gilt nach wie vor als gefährlich. Kein Wunder also, dass sich Turbo zu einem Schmugglerparadies entwickelt hat. Die Läden bieten eine reichhaltige Palette an Elektroartikeln, Spirituosen und Delikatessen an, wie man sie bis Cartagena (oder Panama City) vergeblich sucht.

Der Ort besteht zum größten Teil aus schnell zusammengezimmerten Holzhütten und Steinhäusern, vor denen sich ein buntes Gewirr aus allerlei Markenartikeln stapelt. Im Hafenbecken liegen Dutzende verrosteter und abgesoffener Kähne. Die Leute verkehren mitunter im rauen Ton miteinander, sind Gringos gegenüber jedoch nicht feindselig eingestellt. Turbo ist das Zentrum der Bananenregion Urabá, die dem Departement Antioquia zugeschlagen wurde. Der Straßenanschluss an die Hauptstadt Medellín erfolgte in den 1950er Jahren. Die Region Urabá war und ist noch immer eine der am stärksten von der Violencia,

Schutzgelderpressungen und Entführungen heimgesuchten Ecken des Landes, insbesondere um die Ortschaften Apartadó und Chigorodó. Seit den 1990er Jahren hat es immer wieder schwere Kämpfe zwischen Guerilla, paramilitärischen Gruppen und der regulären Armee gegeben. Die ländliche und indigene Zivilbevölkerung hat Massaker und Vertreibungen erleiden müssen. In der Stadt selbst wird man davon als Reisender nicht viel spüren, dennoch sollte man zumal nachts die in Hafenstädten übliche Vorsicht walten lassen.

Turbo ist der Ausgangspunkt für Reisen nach Capurganá und weiter in Richtung Panama. Der Bootsanleger liegt direkt an der Plaza Mejía. Der Unternehmer Gonzalo Mejía (1884-1956) war der Initiator der Carretera al Mar, die Medellín mit dem Golfo von Urabá verbindet. Sein ausgestreckter Arm zeigt in Richtung Medellín. Wer noch Zeit vor der Abfahrt seines Bootes oder Busses hat, sollte nicht versäumen, an der Plaza Principal das archäologische und ethnographische **Museo del Hombre del Darién** aufzusuchen, mit Exponaten der Kuna und Emberá-Katío.

Service

@ **Internetcafé Turbo Internet.com,** Cra.13 ① Mo-Fr 10-20, Sa/So -21. Ⓒ **ATM,** Banco de Bogotá, Calle 101 No 12-131. Bancolombia, Calle 101 No 14-55.

Schlafen & Essen

Hotel Marcela, Cra. 14B No 100-54, Gemeinschaftsbad, Vent. sauber, nett, Gepäckaufbewahrung, sicher, € 5 p.P.

Residencia Florida, Cra.13 No 99 A-56 ① 827 35 31, einfache, freundliche und lebendige Unterkunft an der zentralen Plaza Mejía, Vent. Privatbad, WiFi, 9/12(2). Falls erwünscht bucht Manager Jhon das Ticket für das Schnellboot nach Capurganá.

Hotel 2000, Calle 101 No 12-115 ① 827 22 14, einige Minuten von der Plaza Mejía, sauber, sicher, geräumige Zimmer mit Vent. oder a/c, € 26/39(2).

An vielen Straßenecken werden knusprige Pommes Frites und salchipapas (kolumbianische Variante der Currywurst) angeboten. Wie immer in den abgelegen Orten gibt es auch hier ein Restaurant 'El Paisa', Calle 101 No 14 B-21, und der kocht für gewöhnlich am besten.

🚤 Schnellboot (*voladora*) vom Anleger. Cootransflumar ① 872 92 80.

Capurganá (Acandí), mehrmals täglich in der Hochsaison (Dezember/Januar) ab ⊙ 6 und nur einmal um ⊙ 8.30. Außerhalb der Saison via Acandí, 2 Std./ 3 Std. € 18/25. Gepäck wird ausgewogen und extra berechnet. Tickets am besten am Vortag buchen / oder früh um ⊙ 6 des Fahrtages kaufen und die Zeiten checken! Während der Fahrt Regenschutz bereit halten!

🚌 **Montería** mit Sotracor ① 784 90 23, 5 Std. € 18. Nach **Medellín**, mehrere Tag- und Nachtbusse, 9 Std. € 30, sind es 373 km und zwei Varianten über Land. Der direkte Weg via Dabeiba ist der unsichere der beiden Alternativen, in diesem Gebiet operieren nach wie vor Einheiten der Farc-Guerilla. Daher wählen die Busgesellschaften zumeist die längere, aber sichere Route über Montería und Caucasia. Turbo hat bislang keinen Terminal. Alle Busgesellschaften haben ihre Büros im Zentrum. Cootranssurocidente, Calle 99A, Cra.14 ① 827 39 88. Sotrauraba ① 827 20 39. Gómez Hernández, ① 827 20 28 (beide Calle 101, Cra. 13).

✈ Zwei Flughäfen stehen zur Auswahl. Der kleine Aeropuerto Gonzalo Mejía wird nur von der ADA angeflogen. Fünf Kilometer außerhalb der Stadt in Apartadó liegt der größere Aeropuerto Antonio Roldan Betancur, der auch für Düsenjets geeignet ist und den die Regionalgesellschaften ADA ① 313 686 09 26, Lan Colombia und Satena anfliegen.

Chocó Urabá & PNN Los Katios

Der 720 km² umfassende PNN Los Katios ist zur Zeit (Anfang 2013) bis auf Weiteres für touristische Aktivitäten gesperrt. Die Parkverwaltung räumt unumwunden ein, dass dieses Verbot wegen der prekären Sicherheitslage verhängt wurde. Es mag sich wieder ändern, denn grundsätzlich ist hier eine Infrastruktur aus besseren Zeiten vorhanden. Vor einem geplanten Besuch sollte man daher Kontakt zur Parkverwaltung (in Bogotá) aufnehmen. Die Parkfläche gehört zur Region des Chocó-Urabá (links des Río Atrato bis zur Panamagrenze), in der die allgemeine Sicherheitslage heikel und unübersichtlich ist. Hier kommt es regelmäßig zu Kampfhandlungen zwischen Farc-Einheiten und der regulären Armee. Neu organisierte, schwer bewaffnete paramilitärische Banden ('Águilas Negras') sichern den Kokainhandel entlang der Küste und kontrollieren das Transportwesen und Teile der Zivilverwaltung, so dass es nicht ratsam ist, hier als Gringo aufzutauchen oder gar 'Abwege' einzuschlagen, schade drum. Der PNN Los Katios ist seit 1994 UNESCO-Naturerbe, eine der landschaftlich schönsten und artenreichsten Ecken der Welt und bildet gemeinsam mit dem Nationalpark und Biosphärenreservat Darién (Panama) den «Tapón del Darién». Der «Stöpsel» sollte den Norden des Doppelkontinentes einst vor der Maul- und Klauenseuche und der Malaria bewahren. Hier befindet sich das letzte große zusammenhängende Waldgebiet im Einflussbereich der Karibik.

Außerhalb der Parkfläche existieren im gesamten Chocó-Urabá allenfalls rudimentäre Verkehrsverbindungen. Die wenigen existierenden Straßen und Wege werden häufiger von Maultieren und Pferden als von Kraftfahrzeugen genutzt. Gegenüber von Turbo auf der anderen Seite des Golfo de Urabá liegt im Schwemmland der Mündung des Río Atrató **Unguía** (15.000 Einwohner), eine Art Frontstadt und in ihrer Art typisch für die Besiedelung dieser Region durch Kolonisten aus dem Inland seit den 1960er Jahren. Tagsüber sind Türen und Fensterläden der Häuser geschlossen, und die Barschilder der Billardsalons klappern im Wind. Die Cowboys haben ihre weißen Schals über die Schulter geworfen, und die Sporen glänzen im Sonnenlicht. Die Läden an der Hauptstraße verkaufen Sattelzeug. Die Schlachter wiegen ihr Fleisch.

In Unguía gibt es eine Handvoll preiswerter Unterkünfte, Bootsverbindungen nach Turbo, gelegentliche Jeepverbindungen nach El Gigal & Balboa. Zum PNN Los Katios (5 Std.) führt ein Fuß-/Reitweg, der ohne das schützende Blätterdach in der Trockenzeit staubig und heiß sein kann, es sei denn der Wind braust über die Weidelandschaft und sorgt für ein wenig Kühlung. Der nicht-aktive Posten in Peyé markiert die nördliche Grenze des Nationalparks. Der kleine Río Peyé trennt den Dschungel mit seinen Zedern, Mahagonis, Zedern und Jequitibábäumen brutal von der abgeholzten Weideland-

schaft mit den Zeburindern. Auf halben Wege liegt **Raicero**, ein kleines Hüttendorf im indigenen Resguardo Arquia, eines von zwei in Kolumbien bestehenden Dörfern der Kuna-Indianer mit 75 Familien (das andere ist Caimán bei Turbo). Das Gebiet wurde den Kuna rückübereignet und wieder aufgeforstet.

Die Kuna leben von der Landwirtschaft und betreiben eine eigene Rinderzucht. Ihre Längshütten stehen weiträumig voneinander getrennt, verbunden durch ein Netz von Pfaden. Die Frauen tragen den traditionellen Schmuck, einen massiv goldenen Nasenring und über der Brust die *mola,* ein mehrfarbiges besticktes Tuch mit Mustern aus der Mythologie der Kuna, bekannt als viel vertriebener Artesaníaartikel. Um die Waden und die Handgelenke tragen sie festgeschnürte engmaschige Perlenketten (*wini*).

Der Weg von Unguía nach **El Gigal** (3000 Einwohner) führt über **Santa María La Antigua**. Dies war die älteste Stadt Kolumbiens, gegründet durch **Núñez de Balboa**, 1510, der Pazifikentdecker, der hier auf den späteren Eroberer des Inkareiches, **Francisco Pizarro**, traf, zwei unterschiedliche Charaktere, deren Lebensläufe sich an diesem abgelegenen Ort in einem flüchtigen Moment der Weltgeschichte kreuzten. Heute hausen hier eine Handvoll Menschen in halbverfallenen Hütten. Von Santa María blieben nur einige verrostete Nägel und Ziegelsteine. Santa María La Antigua lag vor 500 Jahren direkt am Meer. Durch die Sedimentation des Río Tanela ist es mit der Zeit landeinwärts gewandert. El Gigal ist wie Santa María La Nueva und Balboa in den 1960er Jahren auf Initiative des Klaretianer-Paters Alcides Fernández gegründet worden. Zu jener Zeit war das Gebiet dichter Regenwald und von den Emberá-Katío bewohnt. Der «**fliegende Priester**», wie Alcides wegen seiner Flugleidenschaft genannt wurde, entdeckte das Gebiet vom Cockpit seiner Piper. Es erschien ihm ideal für die Ansiedlung der durch die Violencia heimgesuchten Bauern aus Antioquia, Tolima und Córdoba. Mit Missionseifer wurden die Rodungsarbeiten vorangetrieben. So trifft man heute in Reichweite des Meeres auf eine Enklave weißer Hochlandcampesinos.

Auf der anderen Seite des Río Cuti liegt eine kleine Ansiedlung der Emberá-Katío. Beim Durchwaten des Flusses sollte man wegen der Schlammbeißer (*pez sapos*) die Schuhe anbehalten. Die Fische können schmerzhafte Bisse verursachen. Von Gigal zweigt ein Weg nach **Titumaté** (600 Einwohner) zur Küste ab (2 Std.) mit Bootsverbindungen nach Turbo und Acandí (jeweils 1 Std.), ein anderer Weg führt landeinwärts nach **Balboa** (5 Std.). Weiter kommt man zu Fuß oder mit dem Pferd (*bestia*).

Balboa ist von den weißen Siedlern in eine Hochlandidylle verwandelt worden. Es liegt inmitten sanfter Hügel. Auf der höchsten Erhebung steht die Kapelle, vor der der fliegende Pater begraben liegt. Die bedeutendste Ansiedlung zwischen Turbo und der Panamagrenze ist **Acandí** (10.000 Einwohner) mit kilometerlangen, dunklen Stränden, die bevorzugt von der Ledernackenschildkröte (*tortuga caná*, Dermochelys coriacea) zwischen Februar und Mai zur Eiablage aufgesucht werden. Der Höhepunkt ihrer Saison fällt mit der Semana Santa zusammen. Noch in den 1990er Jahren machten 15.000 Einheimische und 5000 Touristen Jagd auf die Eier, bis sich die Fundación Darién, die Nationalparkver-

Grüner Iguana, beliebte Jagdbeute der Emberá-Katío

waltung, Indigenen- und Fischervereinigungen und die Alcaldía darauf verständigten, die Strände unter Naturschutz zu stellen.

Von der Flugpiste Alcides Fernandes Gómez trotten die Pferdewagen in den Ort. Flugverbindungen mit ADA ☎ 313 686 09 25, Mo/Mi/Fr Flüge nach Turbo und Medellín. Die traumhaften Buchten der benachbarten Strandsiedlungen **Triganá** und **San Francisco**, ebenfalls von Turbo (1½ Std.) und Capurganá (1 Std.) zu erreichen, sind durch weite Korallenriffe geschützt, und das Wasser leuchtet in Blau und Türkis. So schön die Unterwasserwelt hier aussieht und so sehr engagierte Entrepreneure an kreativen Tourismus-Konzepten stricken, die Geisel des neu formierten und wieder erstarkten Paramilitarismus bedroht die noch junge touristische Entwicklung.

🛏 🍴 *Schlafen & Essen*

Villa Daniela (Hostal & Camping) ☎
321 636 60 22 www.villadanielatriga-
na.com Unterkünfte in der Ecolodge,
Vent., Privatbad, Hängemattenplätze
unterm Palmendach. Nebensaison/
Hauptsaison € 22/30(2).

Capurganá & Sapzurro

Capurganá & Sapzurro (3000 Einwohner), unweit der Grenze zu Panama
sind eingeschlossen zwischen den
dschungelbewachsenen Ausläufern der
Serranía del Darién und dem Meer. Der
Ort hat zwei Gesichter, in der Hauptsaison ist es ein lebendiger Badeort,
mehrheitlich für strandhungrige Hochlandkolumbianer, außerhalb Dezem-
ber/Januar ein idyllisches, selbstver-
gessenes Strandparadies. Wenige Meter vom Ufer laden die Korallenbänke
zum Schnorcheln ein. Capurganá ist
ein bevorzugtes Tauchrevier mit Unterwasserhöhlen und Korallenriffen.

Die **Playa Soledad** ist ein weißer
Sandstrand wie aus dem Bilderbuch,
eine 3 std. Wanderung östlich von Capurgana gelegen oder 30 Min. mit dem
Boot. Kurze Wanderungen führen entlang der Küste (**El Aquacate**) und in
den angrenzenden Dschungel zu natürlichen Badepools und Wasserfällen
(**El Cielo**). Der Fußweg (1 Std.) nach
Sapzurro führt über eine Hügelkette
mit dichter Vegetation, die das Meer
von den dahinter liegenden Viehweiden trennt. Beim Sportplatz steigt der
Weg steil an mit Panoramablicken auf
Capurganá. Sapzurro ist eingerahmt
von einer grünbewachsenen Hügelkette, die bis Cabo Tiburón reicht und
lässt sich einfacher auch mit dem Boot
ansteuern. Jenseits des nächsten Hü-
gels liegt **La Miel** (Panama) mit einem
weiteren schönen, weißen Sandstrand.

Ein kurzer Abstecher von Sapzurro
führt zur **Cascada La Diana.** Auf dem
Weg dorthin hört man die Rufe der
Brüllaffen.

Service

💳 Es gibt weder ATM noch Bank. Das
beste ist, man hat ausreichend US-Dollar in der Tasche, die sich problemlos
eintauschen lassen. Weniger aussichts-
reich, aber möglich, um an Bargeld zu
kommen, ist der Einsatz der Visa-Karte
bei einem Hotel oder bei der Tausch-
schule von Eduardo und Marcela am
Anleger für NAUI und PADI-Zertifikate
☎ 316 781 62 55 www.diveand-
green.com **Migración** am Hafen für
den Ein- bzw. Ausreisestempel ☎ 311
746 62 34 ⏲ Mo-Fr 8-17, Sa 9-16.

🛏 🍴 *Schlafen & Essen*

Das Hotel-/Restaurantangebot ist vielfältig und reicht von charmanten einfachen Posadas bis zur Hotelzitadelle
im Marbella-Stil. Die Preise steigen
während der Hauptsaison (Weihnach-
ten/ Osterwoche /Sommerferien) um
ca. 30 %. Camping ist am besten im
stets relaxten Sapzurro. Die großen
Hotels bieten preislich reduzierte Angebote 4-5 Tage, inkl. Vollpension,
auch in Kombination mit Flügen und
Tauchexkursionen. Solche Angebote
lassen sich im Internet oder in einem
Reisebüro in Medellín oder Bogotá erfragen und buchen. Das Angebot an
Fisch und Meeresfrüchten ist üppig
und wird in den Hotelküchen wie den
kleinen Strandrestaurants phantasievoll zubereitet. Der Klassiker auf die
Schnelle heisst *'camarones con patacón'*
(Crêpes gefüllt mit Krabben). Unbedingt probieren!

Hostal Los Delfines (Capurganá)
☎ 310 421 57 03, einfache Unterkunft, a/c, Bad, TV, € 7,50 p.P. Manager

Anibal Palacio hält nach der Ankunft der Boote aus Turbo an der Pier nach neuen Gästen Ausschau.

Cabañas Darius, 30 m von der Playa Roca (Capurganá) ☎ 314 646 89 74 dariuscapurgana.es.tl luftige und ansprechende Zimmer, helle, saubere Bäder, Sommerküche, Dorm/Privatzimmer, € 7,50/10 p.P. Der Amerikaner Joey holt seine Gäste von der Pier und der Flugpiste ab.

Hotel Almar (Capurganá) ☎ 436 67 62 www.almar.com.co erste Strandlinie an der Top Playa Blanca, beliebte Ressortanlage für Gruppen und Familien, Zimmer mit a/c, Privatbad, WiFi, Pool und Sonnendeck, Restaurant, Tauchequipment, € 120 p.P. inkl. Vollpension, außerhalb der Saison All-Inclusive Angebote.

Casa Blanca (Capurganá) ☎ 313 649 58 27 www.lodgecasablanca.com ein doppelstöckiges Strandhaus in schlichtem, blendendem Weiß, außen wie innen, Zimmer mit a/c, Bad, TV, Restaurant, Tauchequipment, Pauschalarrangements inkl. Halbpension, 4 Nächte/3 Tage € 210 p.P. /€ 170 p.P. (Nebensaison).

Paraiso Sapzurro / Camping El Chileno (Sapzurro) ☎ 313 685 98 62, Campieren im Zelt oder in der Hängematte unter Palmen, direkt am Strand, Platz € 4,50 und € 5,25 p.P.

Campamento Wittenberg (Sapzurro) ☎ 311 436 62 15, wer das einfache Strand-und Piratenleben sucht, ist hier an der Grenze zu Panama richtig, Hängematten, preiswerte Zimmer, leckeres Frühstück, gelegentlich WiFi, € 4,50/9. Der französische Manager organisiert Angel- und Segeltörns.

Zingara (Sapzurro) ☎ 311 436 62 15, das Holzhaus der sympathischen Clemencia bietet ihren Gästen zwei einfache, luftige Zimmer, Privatbad,

Terrasse mit Hängematten, Küchenbenutzung, € 18 p.P.

🚤 Schnellboot nach Turbo (Acandí) 2 x täglich ⏰ 6 u. 8.30, Nebensaison ⏰ 7.30, 2-3 Std. € 25. Nach **Puerto Obaldía** (Panama) fahren im Prinzip täglich Schnellboote vom Anleger in Capurgana ⏰ 7.30, € 15 p.P. Puerto Obaldía ist der erste größere Ort und eine Militärbase auf Panama Seite. Hier erhält man den Einreisestempel. Übernachtungsmöglichkeiten sind vorhanden. Mehrmals tägliche Flugverbindungen nach Panama City mit Air Panama ☎ 507 316 90 00 www.flyairpanama.com € 60. Wer noch länger die Küste entlang reisen möchte, kann versuchen, ein Boot nach Mulatupo oder El Porvenir (San Blas Islands) zu erwischen und von dort nach Panama City fliegen, oder mit dem Boot nach Miramar und von dort mit dem Bus nach Colón fahren. Mit dem überdachten Motorboot **Darien Gapster** kann man von Sapzurro eine 4 Tagestour ins San Blas Archipel zu den Kuna Yala buchen, € 275 p.P. ✈ Regelmäßige Flugverbindungen mit ADA von/nach Medellín, € 175.

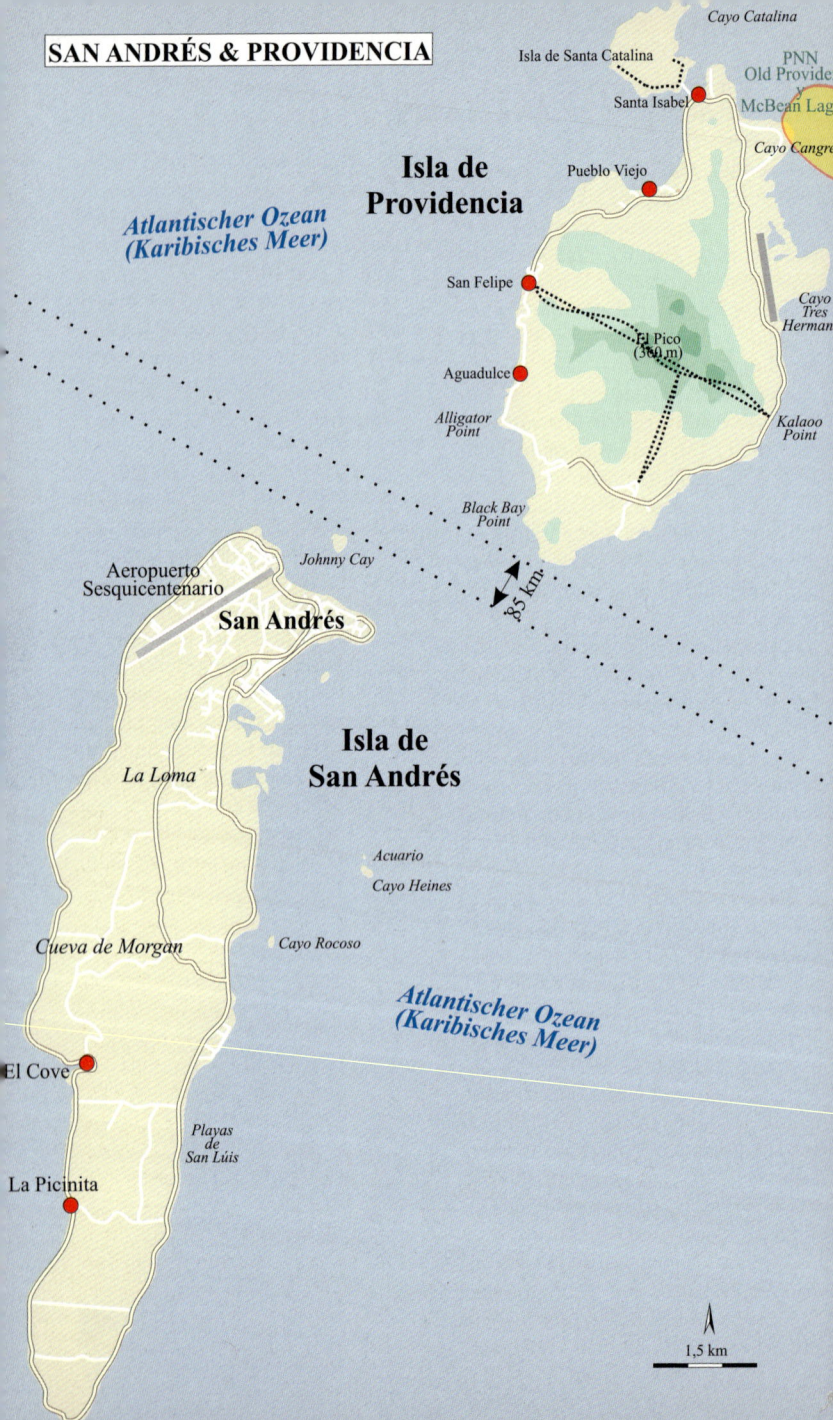

SAN ANDRÉS & PROVIDENCIA

Cayo Catalina

Isla de Santa Catalina

PNN
Old Provider
y
McBean Lago

Santa Isabel

Isla de
Providencia

Pueblo Viejo

Cayo Cangre

*Atlantischer Ozean
(Karibisches Meer)*

San Felipe

*Cayo
Tres
Hermano*

El Pico
(360 m)

Aguadulce

*Alligator
Point*

*Kalaoo
Point*

*Black Bay
Point*

85 km

Johnny Cay

Aeropuerto
Sesquicentenario

San Andrés

Isla de
San Andrés

La Loma

Acuario

Cayo Heines

Cueva de Morgan

Cayo Rocoso

*Atlantischer Ozean
(Karibisches Meer)*

El Cove

*Playas
de
San Lúis*

La Picinita

1,5 km

▶ San Andrés & Providencia

Fast 800 km vom kolumbianischen Festland entfernt, und näher an der Küste Nicaraguas liegen die Karibikinseln San Andrés, Providencia & Santa Catalina. Aus der Luft sieht San Andrés aus wie ein Seepferdchen, umgeben von Korallenriffen. Blau, Violett und Rosa schimmern die Farben durch das smaragdgrüne, glasklare Wasser. Die Wellen schlagen sanft an den kristallinweißen Sandstrand, der von Palmen umsäumt ist. Providencia & Santa Catalina erscheinen hingegen wie frische, grüne Farbtupfer.

Die Geschichte der Inseln ist angefüllt mit Abenteuern von Piraten, Plünderungen und versteckten Schätzen. Wahrscheinlich wurden die Inseln von Christopher Columbus im Jahre 1502 entdeckt und daraufhin als Stützpunkt von den Spaniern genutzt. Santa Catalina, die kleinste der drei Inseln, diente als Festung, um den Zugang nach Providencia zu bewachen. Trotzdem nahm der holländische Pirat Edward Mansfelt 1660 das Fort ein und nutzte nun seinerseits das Archipel als Operationsbasis. Den Spaniern gelang es, die Inseln vier Jahre später zurückzuerobern, um sie erneut 1670 an einen noch weitaus gefürchteteren Piraten, nämlich **Henry Morgan** zu verlieren. Morgan griff jedes Schiff an, das Gold aus der Neuen Welt an Bord hatte und durch seine Gewässer fuhr. Auf den Inseln versteckte er seine Kriegsbeute, eine unvorstellbar große Schatzkammer,

die von vielen gesucht, jedoch bis heute von niemandem gefunden wurde.

Die erste Besiedlung von Providencia erfolgte im Jahre 1629. Eine Gruppe englischer **Puritaner** siedelte sich an, die dem Zugriff der absolutistischen Herrschaft Karl I. und den Repressionen der anglikanischen Kirche entflohen war. Die Abtrünnigen wollten eine Weltanschauung verwirklichen, für die in Europa kein Platz war. Wer die Gleichheit unter den Menschen anstrebte, hatte die feudale Ordnung der Alten Welt zu verlassen. Das humanistische Ideal galt jedoch nicht für die schwarzen Sklaven, die überwiegend von den Inseln Tortuga und Jamaika kamen. Die Afro-Kultur begann mit der Konvertierung zur puritanischen Kirche und dem Erlernen der englischen Sprache zu verwässern.

Im 19. Jh. machten die Spanier ihren Einfluss geltend und verlagerten nun ihrerseits den Kampf um die Weltherrschaft mit den Engländern auf die Inseln. Die Schwarzen mussten Spanisch lernen und zum katholischen Glauben konvertieren. Zur Zeit der Unabhängigkeitsbewegung nahm der **Comodoro Louis Aury**, ein französischer Pirat, die Inseln ein und rief die Unabhängigkeit aus. Er bewunderte Simón Bolívar und unterstellte seinen Kleinstaat der neu geschaffenen kolumbianischen Republik. Simón Bolívar nahm keine Notiz vom Geschenk des entfernten Verehrers und verkannte den strategischen Wert der weit abgelegenen Inselgruppe. So «vergaßen» die Kolumbianer die Inseln bis in die Mitte des 20. Jahrhunderts, erst die moderne Luftfahrt schaffte eine Anbindung ans Festland und scharenweise Festlandkolumbianer auf die Inseln. Seit einigen Jahren erhebt Nicaragua Anspruch auf die Inseln und Teile des kolumbianischen Seegebietes. Kein Land der Welt verzichtet gerne auf eine touristische Einnahmequelle, reiche Fischgründe und vermutete Erdölreserven vor der Haustür. Der internationale Gerichtshof in Den Haag hat die Souveränität Kolumbiens über die Inseln in einer Entscheidung im Dezember 2007 zwar bestätigt, allerdings die Frage nach dem Verlauf der Seegrenzen zwischen beiden Staaten offen gelassen und den streitenden Parteien zur Lösung überantwortet.

Der Ursprung des schwelenden Grenzkonfliktes reicht weit zurück. Die Karibikküste von Kolumbien bis Honduras, einschließlich der vorgelagerten Inseln, gehörte zu Kolonialzeiten zum Vizekönigreich Nueva Granada. Nach Auseinanderfallen des Kolonialreiches und der Entstehung neuer, unabhängiger Staaten war die Zugehörigkeit der Inseln lange Zeit unklar. Kolumbien versteht sich als der Rechtsnachfolger von Nueva Granada und tauschte «seinen Anspruch» auf die Moskitoküste Nicaraguas 1928 gegen die Inseln ein. Seitdem bildet der 82. Längengrad die Grenze zwischen Nicaragua und Kolumbien.

Kreolisch eingefärbtes Englisch ist die bevorzugte Sprache der einheimischen schwarzen Insulaner (**Raizales**) geblieben und wird mit spanischen Ausdrücken gemischt. Die zugewanderten Festlandkolumbianer reden spanisch. Die ethno- und soziolinguistische Tradition auf San Andrés und Providencia, die an der Schnittstelle des englisch- vom spanischsprachigen Amerika liegen, ist lebendig. Afrokaribische, britische und lokale Elemente bestimmen die Folklore und machen den Reiz der Musik aus. Die Bands spielen Reggae, Calypso und Soca. San Andrés ist einmal im Jahr Treffpunkt der besten Musikgruppen der Karibik, die sich zum Green Moon Festival einfinden. Die herausragende Attraktion der zusammen nicht einmal 57 km² großen Inseln ist der sie umgebende, an manchen Stellen türkis, anderenorts tiefblau erscheinende Archipel zwischen Nicaragua, Jamaika und Kolumbien.

Die riesige Meeresfläche von 300.000 km², was 10 % der gesamten Karibik entspricht, wurde im Jahr 2000 von der UNESCO zum **Biosphärenreservat Seaflower** (benannt nach dem Schiff der ersten puritanischen Siedler) erklärt. Dazu zählen zwei Korallenriffe, fünf Atolle und weitere Korallenbänke. Allein das Korallenriff um Providencia misst 255 km² und ist damit das zweitgrößte in der Karibik und nach Belize und dem Great Barrier Riff das drittgrößte der Welt. Treib-(Netz)-Fischerei ist in dem gesamten Meeresreservat verboten. Das Kerngebiet mit einer Ausdehnung von 65.000 km² besitzt seit 2005 den Status einer **Marine Protected Aerea** (MPA). In dieser **absoluten Schutzzone** bestehen strenge Auflagen für die Fischerei und den Tourismus, einige Bereiche sind der Meeresforschung vorbehalten und dürfen nicht befahren werden. In diesen und weiteren Zonen herrscht ein absolutes Fischereiverbot. Auch die Speerfischerei an den Riffs ist verboten und unter Strafe gestellt. Überwacht werden sollen die neu eingeführten Regu-

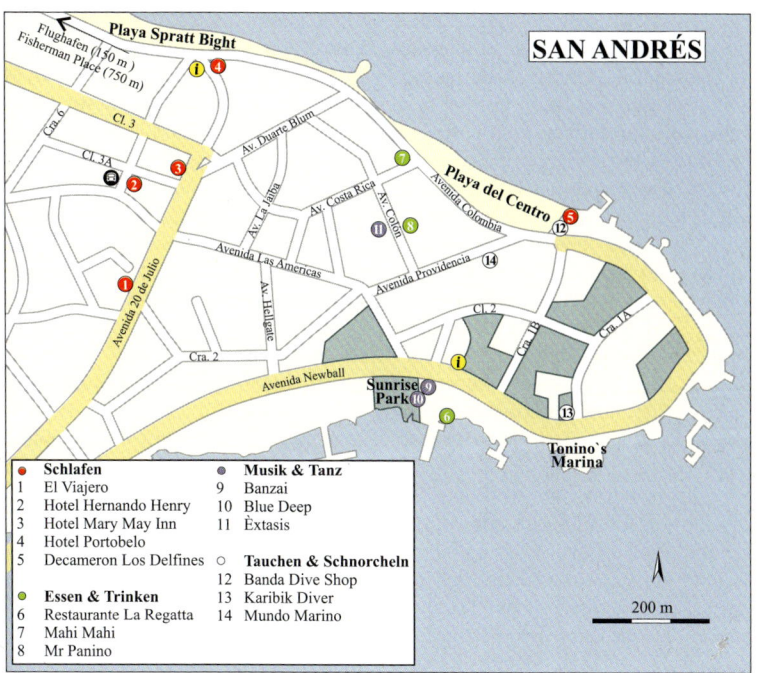

SAN ANDRÉS

Schlafen		Musik & Tanz	
1	El Viajero	9	Banzai
2	Hotel Hernando Henry	10	Blue Deep
3	Hotel Mary May Inn	11	Èxtasis
4	Hotel Portobelo		
5	Decameron Los Delfines		Tauchen & Schnorcheln
		12	Banda Dive Shop
	Essen & Trinken	13	Karibik Diver
6	Restaurante La Regatta	14	Mundo Marino
7	Mahi Mahi		
8	Mr Panino		

200 m

larien durch die regionale Umweltbehörde **CORALINA** www.coralina.gov.co Effektives Umweltmanagement ist auf dem Archipel, das jährlich 350.000 Besucher (davon 15 % Nicht-Kolumbianer) empfängt, eine tägliche Herausforderung. **Fünf-Sterne-Ressorts sind nicht existent** und auch nicht geplant, stattdessen soll der Massentourismus in einen streng ökologisch ausgerichteten Tourismus überführt werden, um die Zukunft der Inseln zu sichern.

San Andrés

28°C, 100.000 Einwohner ② 8

San Andrés ist 13 km lang und drei km breit. Wie auf (beinahe) jeder Karibikinsel ist das Preisniveau hoch. Außer Fisch- und Meeresfrüchten muss alles vom Festland eingeflogen werden, da auf der Insel nur Palmen und einige Mangobäume wachsen. In den 1950er Jahren erklärte die Regierung San Andrés zur Freihandelszone. Bettenburgen schossen aus dem Boden, und die Fluggesellschaften schlossen sich mit Billigangeboten an. Die Ferieninsel gewann an Attraktivität unter den Inlandkolumbianern. Trinken, Baden und Einkaufen konnten ideal miteinander verbunden werden. Die Aussicht, Handelsgeschäfte zu machen, hat Kolumbianer aus dem ganzen Land angezogen, die sich hier niedergelassen haben, so dass San Andrés heute eine der dicht besiedelsten Karibikinseln ist.

Die Alteingesessenen (Raizales) sind auf San Andrés längst in der Minderzahl. Sie sprechen ihren eigenen Dialekt, den patois (bendé), eine Mischung aus Englisch, Französisch, Spanisch und Portugiesisch. In **El Centro** sind die meisten Hotels, Restaurants und Geschäfte. Wesentlich kleiner, wenig touristisch und Heimstatt der Insulaner sind **San Luis** und **La Loma**. Eine Straße führt rund um die Insel, mit einigen Abzweigungen ins Innere der Insel. Hauptattraktion von San Andrés sind die Cays bzw. Cayos (span.). **Johnny Cay** heißt die kleine Insel, die man von der Uferpromenade aus sieht. Jeden Sonntag steigt hier die Reggaeparty unter den Palmen am weißen Strand. Hier kann man schnorcheln, im transparenten Wasser dümpeln, tanzen, *coco loco* (Rum in der Kokosnuss) trinken oder ganz einfach faul auf dem Handtuch liegen. Boote fahren ständig hin und her. ⛴ Abfahrt bei der Muelle. Haynes Cay und die Isla Aquario (Aquarium Island) liegen in einer Bucht umgeben von Korallenbänken wie ein natürliches Aquarium. In diesem beliebten Schnorchelparadies lässt sich die Vielfalt- und Farbenprächtigkeit der karibischen Unterwasserlandschaft erschnuppern. **Haynes Cay** erreicht man zu Fuß über das flache Wasser von Aquario.

2 Std. mit dem Ausflugsboot entfernt sind die flachen und ausschließlich mit Kokospalmen bewachsenen Keys von **Albuquerque** und **Bolívar** (bzw. Southwest Cays), die 32 km von der Hauptinsel entfernt in südwestlicher Richtung auf einem Riff liegen, das ein Atoll bildet. Eine andere Form, die Unterwasserwelt kennenzulernen als in klassischer Tauchermanier, ist die Tour mit dem **Unterwasserboot La Barracuda**, taucht bis auf 100 m Tiefe. 45 Min. dauert der Unterwasserspaß und kostet € 60 pro Person. Auf der Hauptinsel gibt es zwei beliebte Strände. **Spratt Bight** liegt direkt in der Hotelzone. Er erstreckt sich vom Hotel El

Isleño bis zur Muelle de los Pescadores. **Sound Bay** liegt südlich von San Luis. Der Name kommt von den Geräuschen, die das Meer an dieser Stelle verursacht. Der Strand ist bei den Einheimischen sehr beliebt. Pax Hole oder La Piscinita, der kleine Pool, liegt drei Kilometer vom Hafen El Cove entfernt. Umschlossen vom Korallenriff sieht man durch das klare Wasser auf den Grund, ideal zum Schnorcheln und Tauchen. Den südlichen Zipfel der Insel bildet **Hoyo Soplador**. Das Meer sprüht durch ein Loch im Korallenriff eine Fontäne. La Cueva de Morgan liegt nördlich von El Cove. Angeblich hat der Pirat hier seinen Schatz im Höhlenlabyrinth unterhalb des Pools der Korallengrotte versteckt.

La Loma und **San Luis** sind zwei kleine Dörfer, in denen man den typischen Charme der von den Antillen beeinflussten Architektur findet, Holzhäuser mit großzügiger Veranda in leuchtenden Farben. San Luis liegt an der Küste im Osten und La Loma im Zentrum der Insel. Auf der höchsten Erhebung (80 m) steht die **älteste Baptistenkirche Amerikas**, erbaut 1847. Das verarbeitete Pinienholz stammt aus Alabama. North Cliff ist 20 Min. zu Fuß vom Flughafen entfernt. Vom Hügel hat man einen ausgezeichneten Blick auf die Stadt und das Korallenriff.

Alle Ziele auf der Insel sind mit dem **Bus** zu erreichen, der um die Insel zirkelt (€ 3), mit der **Touristenchiva** oder dem **Touristenzug**. Buggys, Motorräder und Mofas werden an verschiedenen Ecken in El Centro angeboten. Der Preis/Leistungsvergleich lohnt sich. Das Mieten eines Fahrrades kostet € 7 pro Tag. Mit dem Fahrzeug unzugängliche Ecken der Insel können auf dem Pferderücken erkundet werden.

Service

🛈 **Secretaría de Turismo**, Av. Newball (San Andrés Zentrum) ☎ 8513 08 01 🕐 Mo-Fr 8-12 u. 14-18. Praktische Inselinformationen bieten die Hotels. Aktuelle Neuigkeiten auf www.sanandres.gov.co 🖂 **Internet-Cafés** am Malecón (Strandstraße) und in den Malls. 🆔 **ATM**, Bancolombia, Av. Atlantico No 1A-36. Banco de Bogotá, Av. Colón No 2-86. Viele Geschäfte und Hotels wechseln Bardollar und Euros. **Migración**, Cra. 7 No 2-70 (Swamp Ground) ☎ 512 18 18 cf.sanandres@migracioncolombia.gov.co **Honorarkonsulat Österreich** «La Bombonier», Av. Juan XXII. ☎ 512 34 30

Festival & Kultur

Green Moon Festival, Mitte April. Musikfestival mit Gruppen aus der Karibik. Reggae, Reggaeton, Soca, Calypso, Salsa. In der **Casa de la Cultura**, finden jeden Freitagabend traditionelle Tanz- und Musikveranstaltungen (Caribbean Evening) statt. **Museo Casa Isleña** (Island Museum), Av. Circunvalar Km 5 ☎ 512 34 19, ein detailgetreu restauriertes typisch antillanisches Holzhaus und beliebter Anlaufpunkt für Reisegruppen.

Schlafen

El Viajero, Av. 20 de Julio 3A-12 ☎512 74 97, der Backpacker-Treffpunkt auf der Insel, Kontakte macht man in der Bar auf dem Dach, der Strand ist eine Steinwurf entfernt, alle Zimmer einschließlich der Dorm haben a/c, die Privatzimmer Flachbildschirme, Dorm € 13, Privatzimmer € 33/50.

Hotel Hernardo Henry, Av. Las Américas No 4-84 ☎ 512 34 16, beim Flughafen, einfach, sauber, gut, Zimmer mit Vent. inkl. Frühstuck € 22/34, Zimmer mit a/c € 26/44.

Hotel Mary May Inn, Av. 20 de Julío No 3-74 ☎ 512 56 69, kleines freundliches Haus mit etwas angestaubtem Mobiliar, Zimmer mit Vent. und Privatbad, € 26/39.

Hotel Portobelo (San Andrés Zentrum) Av. La Playa No 5a-69 ☎ 512 70 08 www.portobelohotel.com erste Strandlinie, a/c, einige Zimmer mit Meerblick und Balkon, WiFi, inkl. Frühstück € 54/66.

Decameron Los Delfines, Av. Colombia No 16-86 ☎ 512 40 83 www.decamaron.com Die Luxuskette hat das Los Delfines konsequent in ein persönliches, beinahe intimes Boutique Hotel mit wenigen Zimmern um den Pool verwandelt, gutes Restaurant, Zimmer mit a/c, Minibar, WiFi, € 140 p.P.

Katty's Paradise (San Luis, Nähe Cocoplum Bay), 70 m vom Strand entfernt, Kontakt über Karibik-Diver ☎ 512 01 01, günstig und etwas für Selbstversorger, Gästezimmer, Dachstudio und Gästehaus (für 4) mit Privatatmosphäre, Koch- und Waschgelegenheit vorhanden, € 53.

Beach Hotel Cocoplum, Via a San Luis 43-39 (Cocoplum Bay) ☎ 513 21 21 www.cocoplumhotel.com 42 Zimmer, individuelle und private Atmosphäre, Doppelzimmer, Junior- und Familiensuiten. Restaurant mit Meeresfrüchten und karibischen Spezialitäten, Barservice, Pool, Chill Out und Karibikfeeling, € 70 p.P. inkl. Frühstück.

🍴 *Essen & Trinken*

Selbst auf San Andrés wird in den offenen Restaurants entlang der Strandpromenade comida corriente angeboten. Sie ist teurer als auf dem Festland, jedoch nicht phantasievoller. Gut und dennoch günstig isst man im **Fisher-**

man's Place, Av. Colombia (El Cove) ☎ 512 27 74, an der Strandpromenade hinter dem Flughafen. Schnörkellose und schmackhafte Inselküche, bestückt mit dem Fang der lokalen Fischergemeinschaft, Spezialität einmal mehr: Red Snapper, Lobster und Garnelen.

Restaurante La Regatta, Av. Newball ☎ 512 04 37, das beste Restaurant der Insel hat natürlich auch die beste Lage. Essen an Deck mit Blick auf den türkisblauen Ozean und fangfrische Meeresfrüchte auf dem Teller. Was will man mehr? Natürlich hat das seinen Preis.

Mahi Mahi, im Hotel Cacablanca, Av. Colombia ☎ 512 41 15 www.sanandresisla.com.co/mahi-mahi exzellente Thai- und lokale Inselküche mit Blick auf's Meer.

Mr. Panino, Edf. Breadfruit Local 106-107 ☎ 512 05 49, Freunde der italienischen Küche kommen hier auf ihre Kosten. Vom Sandwich (Panini) bis zur hausgemachten Pasta.

🎵 Musik & Tanz

Alle größeren Hotels haben ihre eigene Diskothek. Discoteca Éxtasis im Hotel Sol Caribe, Av. Colón ☎ 512 30 43, ist die bekannteste unter den Hoteldiskotheken. Hier wird überwiegend Musik des Festlandes gespielt ⏲ Mo-Do 20.30-3, Fr/Sa -4. Cover: € 8.

Blue Deep Disco, im Hotel Sunrise, Av. Newball, Großdisco mit mehreren Bar- und Tanzzonen, Lasershow, gutes Soundsystem, Livemusik, meist Salsa oder Reggae ⏲ Mo-Do 20.30-3, Fr/Sa -4. Cover: € 5.

Banzai, Av. Newball Local 119, hier bekommt man eine gehaltvolle Piña Colada oder einen gut geschenkten Rum zu zivilen Preisen und entspannter Reggaemusik, beliebt bei Insulanern wie Besuchern ⏲ 19-2.

🤿 Tauchen & Touren

Die Gewässer um die Insel San Andrés zeichnen sich durch gute Sichtweiten (30-50 m) und hohe Wassertemperaturen aus. Es gibt über 20, teilweise spektakuläre Tauchplätze und beinahe ein Dutzend Tauchschulen. Die lizenzierten Tauchlehrer verfügen über PADI, NAUI und FEDECAS.

Tauchkurse bieten an: Karibik Diver, Av. Newball 1-248 Edf. Galeón ☎ 512 01 01 www. karibikdiver. com Inhaber und PADI-Tauchlehrer Werner Koester spricht deutsch. Banda Dive Shop, Hotel Lord Pierre L-104 ☎ 513 10 80 www.bandadiveshop.com (Englisch/Spanisch). Paradise Dive Shop, Centro Comercial New Point Plaza Local 127 ☎ 512 35 61, www.paradisediveshop. com (Englisch/Spanisch).

🚤 Mundo Marino, Centro Comercial New Point Plaza 234 ☎ 512 17 49, promotet eine zweistündige feucht-fröhliche Bootsfahrt als 'Captain Morgan Party'. Flatrate auf alle nationalen Getränke ⏲ Di,Do und Sa ab 20.30, € 25 p.P. Tickets für den Submarino Nautilus € 20, für Nichttaucher, die in dem Glasbodenboot die Korallenriffe im Nordosten der Insel bestaunen wollen.

Fährverbindung Providencia Katamaran 'El Sensación' verbindet die Inseln San Andrés und Providencia. Abfahrt in San Andrés vor der Casa de la Cultura ⏲ 7.30. Abfahrt Providencia am Muelle Departamental (Anleger) ⏲ 15.30. Fahrzeit ca. 2 ½ - 3 Std. € 105 (hin und zurück), einfache Fahrt € 57 www.catamaranelsensation.com

✈ Der Aeropuerto Gustavo Rojas Pinilla (oder 'Sesquicentenario') liegt nur wenige Meter von San Andrés Centro entfernt. Tägliche Verbindungen bestehen nach Bogotá, Cali, Car-

Cayo Cangrejo Isla Providencia

tagena, Medellín und Barranquilla mit **Avianca** ☎ 512 33 49 und **Copa Airlines Colombia** ☎ 512 33 49. Mindestens zweimal pro Tag fliegen **Satena** ☎ 512 31 39 und gelegentlich die Charter-Airline **Searca** ☎ 512 22 37 auf die Nachbarinsel Providencia, Roundtrip ab € 175.

Bei einem San Andrés Besuch ist es oft günstiger, bereits auf dem Festland ein kombiniertes Flug/Hotelangebot in einem der Reisebüros zu buchen (z.B. 4 Tage/3 Nächte). Wer länger auf San Andrés verweilen oder noch die Nachbarinsel Providencia besuchen möchte, kann den Rückflugtermin offen lassen. Bei nationalen Flügen mit Ziel San Andrés wird eine Inselsteuer fällig, die am Flughafen des Abflugortes zu entrichten ist (€ 20). Die einzige internationale Direktverbindung besteht zur Zeit nach Panama-City mit **Copa** ☎ 512 62 48.

Providencia

28°C, 5000 Einwohner ☎ 8

80 km und 20 Flugminuten von San Andrés entfernt liegt das 1/ km² kleine Providencia, grüne Kegelberge inmit-

ten türkisgrüner See, die in sieben unterschiedlichen Farbtönen schillern. Providencia ist wie ein natürlicher Garten in dem *mango, guanábana* und *tamarindo* wachsen. Quellwasser versorgen die Insel mit ausreichend Trinkwasser. Die Inseln sind vulkanischen Ursprungs und lockten nicht nur die Piraten. Heute sind sie die ökologische Alternative zu San Andrés. Es gibt keine Hochhäuser (und das soll auch in Zukunft so bleiben), kaum Privatautos und auch kein Kommerzzentrum. Spaziergänge, Reiten, Tauchen, in die Sterne gucken und den roten Krebsen bei ihren Strandwettläufen hinterherschauen sind die Hauptaktivitäten auf Providencia. Seit den ersten Besiedlungstagen war Providencia ein Zufluchtsort für Aussteiger und Andersdenkende und ist es bis heute geblieben.

«Providencia hat seine Gemütsruhe inmitten der stürmischen Welt bewahrt wie im Auge des Hurrikans»

René Rebetez (1933-1999)
Schriftsteller und
langjähriger Insulaner

SAN ANDRÉS & PROVIDENCIA

Die Architektur der Insel ist vom Stil der Antillen bestimmt. Holzhäuser mit einladenden Terrassen in Pink, Gelb und Orange strahlen gegen den immer blauen Himmel, und Zäune aus Riesenmuscheln begrenzen die Gärten. Der Hauptort der Insel ist **Santa Isabel/Old Town**, hier findet man einige kleine Supermärkte, Mopedverleiher, die kleine Insel-Bank mit **ATM**. Gegenüber der Alcaldía in Old Town ist die **Seaflower Bakery and Coffee Shop**, das gemütliche Café des Belgiers Jean Claude für ein Sandwich und frischen Kaffee, ein anregendes Buch und kreative Beach-Wear im Bali-Design. Rund um die Insel führt eine kleine Berg- und Tal-Straße an den kleinen Ansiedlungen vorbei.

An der Westseite liegen die Sandstrände von **Aguadulce** und der **South-West- Bay**. Aguadulce an der kleinen Fresh-Water-Bay ist das touristische Zentrum mit einigen Artesanía-Läden wie **Arts & Craft's** ☎ 514 82 97 ⏰ 13.30-21, des Franzosen «**El Frenchie**», für gute und gesunde Fruchtsäfte, einen selbstgemachten süßen Insel-Wein aus Tamarinden oder einen starken Nachmittags-Espresso. In Aguadulce sind auch die meisten Hotels und Restaurants, die mit selbstbemalten Schildern auf sich aufmerksam machen. In der **South-West-Bay** gibt es nur wenige Unterkunftsmöglichkeiten. Am Strand spenden die hohen Palmen Schatten. Dahinter liegen Mangroven, in denen die Reiher fischen. Geschickten, flügellosen Jägern auf zwei Beinen gelingt es nach Einbruch der Dunkelheit und mit der Fakkel in der Hand den blitzschnellen Krebsen hinterherzujagen, um das Abendbrot anzureichern. Große Langusten und anderes Meeresgetier landen bei El Niño Divino auf dem Teller.

Die Frauen im Dorf backen Kokosnussbrot. Einmal im Jahr, Mitte Oktober, finden auf dem 300 m langen Strand Pferderennen (**Carreras de Caballos**) statt. Dann jagen die schwarzen Jungen auf den von Henry Morgan auf die Insel gebrachten englischen Hengsten ohne Sattel und Steigbügel über den Sand. Ein weiterer schöner Strand ist Manzanilla im Süden der Insel. Die kleine **Isla Santa Catalina** hat kleine einsame Buchten und ist mit Providencia durch eine buntbemalte Pontonbrücke verbunden, die **Muelle de los Enamorados**, die über den Canal Aury führt. Sie verbindet Santa Isabel, das Geschäftszentrum der Insel, mit der mangrovenbestandenen Nachbarinsel von nicht mehr als 1 km² Größe. Alte, verrostete Kanonen sind geblieben von der Festung Aury. Das im 16. Jh. von den Spaniern erbaute Fort wurde vom Piraten **Henry Morgan** eingenommen und als Operationsbasis genutzt. Morgan's Head ist ein vorspringender Felsen, der durch Erosion die Form eines Menschenkopfes hat. Auf den Inseln glauben viele an Schwarze Magie. Auf Santa Catalina steht ein Baum am Wegesrand, in den Puppenarme, Masken, Kräutertinkturen und andere Kuriositäten gehängt werden. **Old Town** ist die älteste Ansiedlung der Insel mit einem Blick auf den Hafen und Santa Catalina. Die beste Aussicht bietet der **Big Hill** oder **El Pico** (320 m). Ein Weg führt von Bottom House oder Smooth Water Bay in einer guten Stunde nach oben.

Service

ⓘ **Aeropuerto El Brujo** ⏰ 8-12 u. 14-18 und im Tourismusbüro in Santa Isabel im Gebäude Aury. <@>**Internet** in Santa Isabel und Fresh Water Bay. 🏦 Der Einsatz der Kreditkarte zwecks Beschaffung von Bargeld beschränkt sich auf die einzige **ATM** der Banco de Bogotá in Santa Isabel.

Taxicolectivos zirkeln um die Insel € 1, zum Flughafen € 6 p.P. Mit dem eigenen Transport ist man unabhängiger. Mountainbike- und Mopedvermietung z.B. über Paradise Tour, Contact ☽ 514 82 83 www.oldprovidence.com € 8/20 pro Tag.

 ## Schlafen

Die Unterkünfte sind preiswerter als auf San Andrés, und die Tarife sind außerhalb der Saison (Weihnachten-Ostern) verhandelbar. Die Atmosphäre ist familiär. Die meisten Zimmer und Apartments haben einen Ventilator oder a/c und einen Kühlschrank bzw. Minibar. Eine Reihe der Hotels haben sich dem Buchungssystem der All-inklusiv Hotelkette Decameron www.decamaron.com angeschlossen. Im Folgenden eine Auswahl:

Miss Elma (Playa Aguadulce) ☽ 315 303 42 08 gehört zu den günstigen und sehr beliebten Unterkünften. Vier große Zimmer mit Bad, a/c, Minibar, Sat- TV, Meerblick, inkl. 3 Mahlzeiten € 78 p.P.

Posada del Mar (Playa Aguadulce), 30 freundliche Zimmer mit Balkonen zum Meer mit Hängematten, Kühlschrank, Sat-TV, a/c, ab € 70 p.P.

Cabañas Miss Mary (Southwest-Bay) ☽ 514 84 54, direkt am Strand, von den acht Zimmern hat die Hälfte Meerblick, a/c, Minibar, Sat-TV, Restaurant, ab € 53/78 inkl. Frühstück.

Hotel Sirius (Southwest-Bay) ☽ 514 82 13 www.siriushotel.net acht Zimmer, vier Suiten, mit Kühlschrank, Sat-TV, a/c, eines der günstigeren Hotels auf Providencia, direkt am Strand, Tauchgänge, WiFi, Zimmer ab € 72(2).

Hotel Flamingo Trees (Santa Isabel) ☽ 514 80 49, Zimmer mit Kühlschrank, TV, Cafeteria, € 26/43.

Hotel Deep Blue, ☽ 851 484 23 www.hoteldeepblue mit Blick auf den Cayo Cangrejo. Das 12 Zimmer-Boutiquehotel hat komfortable, luxuriöse Zimmer, Restaurantdeck, Überlaufpool in etwas abgelegener, aber außergewöhnlicher Location. Das hat seinen Preis, ab € 220(2) inkl. Frühstück.

 ## Essen & Trinken

Fast alle Hotels, zumal in Aguadulce, haben ein Restaurant. Günstige Gerichte und einfache Inselküche bietet z.B. **Miss Elma (**Aguadulce) an. Große Langusten leckere Fischgerichte und eine gehaltvolle Sopa de mariscos gibt es im **El Niño Divino**, eine Strandbude an der South-West-Bay. **Pizza's Place** (Aguadulce) für Sandwich und Pizza. **Café Studio** (South-West-Bay) ☽ 514 90 76, ausgefallene Meeresfrüchte-Kreationen, ergänzt durch Kräuterzugaben aus dem eigenen Garten ⏲ So geschlossen.

 ## Musik & Tanz

Roland's Bar (Playa Mazanillo) ☽ 514 84 127, «the place to go», in den späten Abendstunden geht hier die Party ab. Eigentümer Roland Bryan pflegt die Rastafari Kultur, legt Bob Marley auf, mixt eisgekühlte *coco locos* und serviert frittierten Fisch. Er vermietet auch Zimmer, € 25 p.P. Zu erreichen über eine kleine Seitenstraße im Süden der Insel, am besten mit dem Moped oder Mountainbike.

Tauchen & Touren

Providencia ist noch immer ein Geheimtipp für Taucher aus aller Welt. Perfekte Temperaturen, ausgedehnte

Kugelfische, Schnapper- und viele Barscharten, darunter der endemische Providencia-Barsch (Hypoplectrus providencianus). Weitere Tauchplätze werden vorgestellt unter www.providenciadive.com **Sonny Dive Shop** (Bahía Aguadulce) ☎ 514 82 31 info@sonny diveshop.com/ www.dive-providencia.com (Englisch/Spanisch). **Felipe Diving** (Bahía Aguadulce) ☎ 514 87 75 www.felipediving.com

Die Hotels bieten Inseltouren mit dem Boot zu allen touristischen Attraktionen. Tauchen, Schnorcheln an den Korallenbänken (€ 15 p.P.), Sonnenuntergang am Cayo Cangrejo mit einer Flasche Schampus, Bootsfahrt mit Musik zu attraktiven Touristenplätzen. **Body Contact** (Playa Aguadulce) ☎ 514 81 18, vermietet Mountainbikes für € 7 pro Tag und Pferde.

✈ Mit **Satena**, Büro im Flughafengebäude ☎ (8) 514 92 57 und **Searca** zweimal täglich, in der Hauptsaison öfter, Gepäckbegrenzung auf 10 kg plus 5 kg Handgepäck p.P. Rückflug rechtzeitig reservieren! Taxi nach Santa Isabel und Aquadulce € 10. ⛴ Mit dem Katamaran www.catamaranelsen sation.com von/nach San Andrés.

SAN ANDRÉS & PROVIDENCIA

Korallenriffe und die außergewöhnliche Artenvielfalt, besonders um die kleine **Isla Cayo Cangrejo**, schaffen ideale Bedingungen. Nur einige Kilometer vor der Küste liegt bis zu 35 m unter der Meereslinie der enorme Felsen **Turtle Rock**, eine phantastische Unterwasserwelt aus Schwämmen, Muscheln, Algen und Korallen, die leicht zu erreichen ist. Die Höhlungen in und in der Umgebung des stark erodierten Felsen weisen intensive Rot- und Orangefärbungen auf. Planchon bezeichnet einen anderen spektakulären Tauchplatz, ein versunkenes Versorgungsboot für die deutschen U-Boote aus der Zeit des 2. Weltkrieges, dessen Rumpf aus einer dichten Korallenbank in 16 m Tiefe herausragt. Zur Meeresfauna um Providencia gehören mehrere Hai- und Schildkrötenarten, Stachel- und Mantarochen, Muränen, Trompetenfische, Schmetterlingsfische, Große Papageienfische, Ballon- und

PAZIFIKKÜSTE (CHOCÓ)

Punta Ardita
Juradó

Serranía de Los Saltos

Alto de Tres Morros (2400 m)

Medellín

PNN Las Orquideas

Antioquia

Cerro Quiparado (2150 m)

Río Atrato

Río León

Nabugá
Playa Flores
Playa Potes
Playa Huina
Bahía Solano
Cascada del Amor ★
El Valle

Serranía de Baudó

Cerro Ocaidó (2740 m)

PNN Ensenada de Utría ▲ 1070m

Choco

Fallones de Citará

Pazifischer Ozean

Morromico
Jurubidá
Nuquí
Playa Olímpica
Panguí
Guachalito
Termales
Arusí
Coquí
Jovi

Quibdó

Medellín

Yuto

Cabo Corrientes

Alto Baudó

Cerro de Coquí (1204 m)

Pereira

Río Baudó

Las Animas
El Dos
Istmina
Andagoya

Tadó

Raspadura Ecce Homo ★

Risaralda

PNN Tatamá

Bajo Baudó

Condoto

Novitá

Río San Juan

Serranía de Los Parraguas

Cerro Torrá (4670 m)

50 km

▶ Pazifikküste

Zur kolumbianischen Pazifikregion gehören das Departement Chocó sowie die sich im Süden anschließenden Landstriche der Departements Valle del Cauca, Cauca und Nariño. Es ist die am wenigsten erschlossene Küstenregion des tropischen Amerikas und zudem eine der arten- und regenreichsten der Erde. Es ist aber auch die ärmste Region Kolumbiens und somit in jeder Hinsicht ein Landstreifen der Superlative. Man schätzt, dass über 2000 Pflanzenarten nur im Chocó wachsen und sonst nirgendwo. Der Anteil endemischer Vogel- und Amphibienarten soll der höchste von Südamerika sein. Von den beiden Hauptflüssen ist der Río Atrato bezogen auf seine Länge von 750 km der wasserreichste Strom und der Río San Juan der wasserreichste der Pazifikzuflüsse. Der Río Atrato hat 150 schiffbare Zuflüsse. Am Río San Juan liegen die weltgrößten Platinvorkommen. An der Küste wechseln sich dschungelbewachsene Steilhänge und kilometerlange Sandstrände ab. Der Pazifik hat eine Vielzahl von Grotten hinterlassen und vor der Küste Hunderte von bizarren Inselchen geformt. Im **Golfo de Utría** und vor der **Isla Gorgona** gibt es sogar die im Pazifik so seltenen Korallenbänke.

Hinter der Küste erheben sich die Gebirgsketten der **Serranía de los Saltos** und der **Serranía de Baudó** mit dem Alto del Buey auf über 1000 m. Die Pazifikregion ist weitenteils recht dünn besiedelt. Hier leben etwa 1,5 Mio. Menschen. Die Bevölkerung setzt sich zu 90 % aus den Nachfahren schwarzer Sklaven, 5 % indianischer Urbevölkerung und 5 % weißen Kolumbianern zusammen. Die Schwarzen leben entlang der Küste und den großen Flüssen. Die Indianer, deren größte Gruppe die der Emberá ist, besiedeln deren Oberläufe. Die meisten Weißen sind Kaufleute aus Antioquia und haben sich in den Städten Buenaventura und Quibdó niedergelassen. Der Großteil der Bevölkerung lebt in einfachsten Verhältnissen. Die Lebenserwartung der Menschen ist geringer als im übrigen Kolumbien, und die Geburtenrate ist die höchste des Landes. Die Verkehrsanbindungen an das Kolumbien des Hochlandes sind schlecht. Die einzigen Straßenverbindungen führen nach Quibdó, Buenaventura und Tumaco. Das traditionelle Transport- und Beförderungsmittel ist das Schiff entlang der Küste und das Kanu in den Flüssen und Kanälen des Inlandes.

Nach einer waghalsigen Durchquerung des Darién-Dschungels entdeckte Núñez de Balboa 1531 den Pazifik. Die Region wurde daraufhin jedoch nicht besiedelt. Einzig die reichlichen Goldvorkommen waren von Interesse, und die Encomenderos aus Cali und Popayán schickten die schwarzen Sklaven in die Minen. Die Tradition der Ausbeutung hält bis heute an. Nach wie vor wird nach Gold und anderen Metallen geschürft, und rücksichtslos werden Edelhölzer geschlagen. Zwar hat die Regierung die Gefahr für die Region erkannt und unterstützt diverse Initiativen für ökologisch nachhaltigen Tourismus (wie im Nationalpark Ensenada

Am Río Atrato

de Utría), doch die Interessen des Staates sind vielfältig, und im Westen lockt verführerisch der große pazifische Wirtschaftsraum. Daher sind auch die Pläne für einen Tiefwasserhafen in Tribuga, in unmittelbarer Nähe zum einmaligen Naturreservat Utría genau so wenig vom Tisch wie die Planung eines Tiefseehafens in der Bahía Malaga bei Buenaventura.

Der anhaltende Protest der indigenen Emberá und Waunana, ihren Lebensraum angemessen zu respektieren, dürfte nicht der ausschlaggebende Grund für die staatliche Zurückhaltung und weitgehende institutionelle Abstinenz in der wohl exotischsten aller kolumbianischen Ecken sein, vielmehr die massive Präsenz aller am internen Konflikt beteiligten Gruppen, Paramilitärs, Eln- und Farc- Guerilla. Für diese Gruppen ist die Pazifikregion der entscheidende Korridor, den man sich gegebenenfalls freischießt, um die Drogenpakete nach Panama und weiter nach Norden zu befördern. Bevor hier also staatlich und private Infra-

strukturmaßnahmen in größerem Umfang durchgeführt werden können, muss das Militär den Landstrich befrieden und das ist schwer genug. Bislang bleibt der Chocó die verlassene und vergessene Region Kolumbiens, gebeutelt von der sich nur schwer wieder einzudämmenden Violencia, einer korrupten Verwaltung und dem anhaltenden Desinteresse in der weit entfernten Hauptstadt.

Reisen in der Pazifikregion ist kompliziert und beschwerlich, die vielen Regenfälle und die unzureichende Infrastruktur limitieren die Fortbewegung über Land, wenn sie sie nicht gänzlich vereiteln. Gleichwohl sollten die aufgezeigten Schwierigkeiten nicht von einem Besuch abschrecken, denn die Naturwunder in der **Ensenada de Utría** oder auf und um die **Isla Gorgona** sind weltweit einzigartig. Der gewaltige Fischreichtum entlang der Pazifikküste hängt zu einem guten Teil an der Migration riesiger Anchovis-Schwärme **'La Agallona'**, die sich jedes Jahr zwischen April und Juni ereignet,

Ausnehmen von Bocachicos

und gewaltige Meerbrassen, Riesen-zackenbarsche, Thunfische, Stachel-makrelen, Butterfische, Schwertfische, Haie und Rochen mit sich bringt. Wenn dann noch die **Buckelwale** zwischen Juli und September an der Küste auf-tauchen, um ihren Nachwuchs zur Welt zu bringen und auf das harte Le-ben in den kalten südlichen Gewässern vorzubereiten, zeigt sich Kolumbien mal wieder von seiner schönsten und beeindruckenden Seite. Relativ nieder-schlagsarm sind die Monate Januar bis März.

Quibdó

32 m, 28°C, 225.000 Einwohner ☽ 4

Quibdó liegt am Zusammenfluss von Río Quito und Río Atrato, daher der Name, der in der Sprache der Indige-nen 'zwischen den Flüssen' bedeutet. Die Provinzhauptstadt des Departe-ment Chocó soll 1648 durch den Fran-ziskanerpater Matías Abad mit dem Namen 'Citará' gegründet und kurz

darauf von den Indigenen zerstört wor-den sein. In einem zweiten Anlauf, 1654 wiederholten die Jesuitenpadres Francisco de Orta und Pedro Cáceres die Stadtgründung. Die Hauptstraße heißt 'Alameda' wie die Prachtstraße im Zentrum von Buenos Aires, und sie verläuft quer durch den Ort bis zum Fluss. Hier sind die Geschäfte, die von den wenigen Weißen, zumeist Paisas aus Antioquia, betrieben werden. Die Alameda mündet in den kleinen Park vor der **Kathedrale San Francisco de Asís** aus grauem Waschbeton. Hinter dem Altar hängt ein Triptychon von Maximino Cerezo Barrelo, einem Kla-ritianermönch, das Christus als schwarzen Befreier darstellt.

Die Lebensader Quibdós ist der Río Atrato. Am Ufer gegenüber der Kathe-drale neben dem Konvent ist das Holz-lager. Barfüßige Arbeiter schultern 100 kg schwere Edelhölzer und tragen sie zu den verladebereiten Lastwagen. Ver-einzelte Holzkähne warten auf die Fahrt flussabwärts. In der Markthalle und auf der zum Flussufer führenden Treppe stehen die Fischfrauen und schuppen unentwegt *bocachico*. Das Schuppenpatt glänzt in der Sonne. Die Langboote sind farbenfroh, beladen mit Bananenstauden, Ananas und *chontaduro*. Die Frauen stehen bis zur Hüfte im Flussbett, waschen sich, die Kinder und die Wäsche. Der heiße Tag klingt bei einem Bier in einem der vie-len Cafés an der Flusspromenade aus. Kleine Kanus bringen Passagiere auf die gegenüberliegende Seite, während die Sonne hinter dem Río Atrato ver-sinkt.

Die malerische Atmosphäre ist durch die Ausbreitung der Violencia im Departement Chocó nicht mehr so un-getrübt. Geschätzte 10 % der Bevölke-rung sind Binnenvertriebene, und die

Hauptspeise der Chocoanos, der grätenreiche *bocachico* reicht für immer weniger Menschen. Die Stadt ist von einem Gürtel aus Armut und Entwurzelung umgeben, der in den Dschungel hineinwuchert. Hier enden die Schlammpfade und die Trinkwasserversorgung. Eine resignierende Stimmung hat sich breitgemacht, und achselzuckend schiebt man die Schuld auf den Río Atrato, der die Probleme gebracht habe und sie auch wieder davontragen soll.

Service

ⓘ **Casa Indígena,** zum Besuch der abgelegenen Indianergemeinschaften der Emberá oder Waunana bedarf es einer Genehmigung der **OREWA** (Organización Regional Emberá und Waunana), Calle 19 No 4-54 (Barrio San Vincente) ℡ 671 23 40 www. orewa.org @ Diverse **Internetcafés**, Cra. 5, Calle 25 und Calle 26, Cra. 2, gegenüber vom Busbüro der Empresa Arauca. ⓒ **ATM**, Bancolombia, Cra. 2 No 24-32.

Das wichtigste **Fest** im Jahr ist das **San Pacho Festival**. Es gilt der Verehrung des heiligen Franz von Assisi. Zwei Wochen vor dem 4. Oktober steht die Stadt Kopf. Die Stadtteile sind lange vorher mit der Vorbereitung beschäftigt und wetteifern in Paraden und Umzügen mit phantasievollen Kostümen um den begehrten Preis für das beste *barrio*.

 ## Schlafen & Essen

Hotel los Farallones, Calle 28 No 1-70 ℡ 671 37 77, Privatbad, TV, a/c, Restaurant, tauscht Dollar, € 30/35.

Hotel Los Robles, Calle 28 No 1-88 P-2 ℡ 671 23 95, Zimmer mit Privatbad, etwas günstiger als das Farallones.

Hotel Camino Real, Calle 28 No 1 - 124 (Los Robles) ℡ 671 24 37

Am Río Atrato

www.hotel-camino-real.com 30 geräumige Zimmer mit Privatbad, Kabel-TV, WiFi, Cafetería, Restaurant, Vent. € 28/37 oder a/c € 34/45.

Um den **Parque Mosquera** sind viele kleine Lokale mit gutem *ceviche*.

ACIA, Cra. 3 No 23-26, Volksküche zu günstigen Preisen im ältesten Haus von Quibdó.

El Paisa, Cra. 4 No 25-54 ℡ 671 11 15, hat große Portionen (*bistek de caballo, arroz con camarones*), gute Antioquiaküche, reelle Preise, beliebt.

Club Nautico, Cra. 1, Essen mit Blick auf den Río Atrato, gute Fischgerichte.

El Buen Gusto, Calle 25 No 5-03 ℡ 671 69 56, gute Ceviche.

San Remo, Cra. 5, Calle 31, eine Kneipe/Bar, in der man den Tag ausklingen lassen kann. In der Calle 31, zwischen Cra. 2 und Cra. 3, gibt es noch weitere Bars zum Trinken und Tanzen.

🚢 Der Río Atrato ist die Lebensader des Chocó. Entlang seines Weges bis zur Einmündung in den Golf von

Expedition ins Hinterland

Urabá wird er von Dutzenden von Zuflüssen gespeist, die zugleich den einzigen Zugang zu den meisten Dörfern im Inneren des Departements bilden. Die Flussfahrten auf dem Río Atrato waren in den letzten zehn Jahren Fahrten durch ein umkämpftes (Bürger-) kriegsgebiet, und mit dem Wasser schwamm viel zu viel Blut den 750 km langen Fluss hinunter.

Der schreckliche Höhepunkt des von Paramilitärs und Guerillaeinheiten angerichteten Gemetzels ist das Massaker an 74 Menschen, die sich im Juli 2002 zum Schutz in die Kirche von **Boyaja** geflüchtet hatten. Vor einer Fahrt sollte man beim Posten der Flusspolizei, am Malecón Ecke Calle 24, den aktuellen Stand der Dinge erfragen. Nach dem massierten Einsatz bewaffneter Flusspatrouillen der kolumbianischen Marine und Eliteeinheiten des Heeres sind zur Zeit mehrmals pro Woche *voladoras* (Schnellboote) zwischen Quibdó und Turbo auf dem Río Atrato unterwegs.

Verbindungen nach außerhalb des Departementes bestehen mit Medellín (250 km) und Pereira (200 km). Beide Straßenverbindungen sind in einem schlechten Zustand und werden zur Zeit ausgebaut. Entlang der beiden Nationalstraßen leben Gemeinschaften der Emberá und Emberá-Chami. Nach wie vor ist die Sicherheitslage trotz Militärcheckpoints auf der Strecke prekär. Von Zeit zu Zeit kommt es vor, dass schwer bewaffnete Verbände der Farc Straßensperren errichten, Busse und Lkws anhalten und abfackeln.

Für kurze Strecken innerhalb des Departementes kann man in den Chivas und Bussen von **Transportes Progreso del Chocó**, Cra. 1 No 29-91 ① 671 02 09, mitfahren. **Istmina / El Dos/ Raspadura** 2-3 Std. € 5. In **Yotu** setzt die Fähre über den Río Quito.

Der Aeropuerto El Caraño ist mit dem Bus 'Aeropuerto' von der Calle 24 Ecke Cra. 4 zu erreichen bzw. 'Centro' in umgekehrter Richtung. Flugverbindungen bestehen nach Bogotá, Cali, Medellín mit **Satena**, Bahía Solana, Nuqui und Medellín mit **ADA**, Bogotá, Medellín und Pereira mit **Lan Colombia**. Gelegentlich heben auch gecharterte Leichtflugzeuge von **Aexpo** (Aeroexpresso del Pacifico), Calle 26, Cra. 2 ① 311 300 59 06, in Richtung Pazifikküste ab, um € 60 p.P.

Die Umgebung von Quibdó

Südlich von Quibdó an der Straße nach Istmina (75 km) liegt das Goldgräbernest **El Dos**. Von hier führt ein Fußweg zum 20 Minuten entfernten **Raspadura**. In Raspadura verehren die Afrokolumbianer ihren **Ecce Homo**. Es ist ein Bild, das einen sehr menschlichen Christus, ohne Kreuz und Todeskampf, in einsamer Gelassenheit zeigt. Diese Art der Christusdarstellung war der katholischen Amtskirche jahrhundertelang suspekt, und sie versuchte den Sinkretismus, die Vermischung von katholischem und afrikanischem Glauben, zu unterbinden. 365 Tage im Jahr, meist mehrmals am Tag, wird das Christusbild auf einer Monstranz um den Kirchplatz getragen. Das Kircheninnere ist erfüllt vom flackernden Widerschein bunter Kerzen.

Istmina ist die wichtigste Goldgräberstadt des Chocó am Ufer des Río San Juan. Eine halbe Stunde mit dem Kanu flussabwärts liegt eine der größten industriellen Goldminen, die von einer US-amerikanischen Gesellschaft betrieben wurde und heute stillgelegt ist. Wer sich für aufgegebene Industrieanlagen in tropischer Vegetation interessiert, den wird das verlassene Wasserkraftwerk magisch anziehen. Von Istmina fahren Boote den Río San Juan flussabwärts bis **Palestina**, von wo aus wiederum Anschluss nach Buenaventura besteht. 30 km südlich von Istmina am Ende der Überlandstraße liegt der Ort **Novitá**, zu Sklavenzeiten ein Sammellager. In der Kirche werden noch Fußeisen und Fesseln aufbewahrt.

Um die typischen Dörfer der schwarzen Landbevölkerung kennenzulernen, sollte man den Río Atrato verlassen und in einen seiner Nebenarme fahren, z. B. in den **Río Munguidó**, nordwestlich von Quibdó. Die Flusslandschaft führt an Bananenstauden, Papayabäumen und Zuckerrohr vorbei. Die *chontaduro*-Palme ragt aus den Anpflanzungen heraus. Zusammenhängenden Regenwald findet man hier nicht mehr. Auf dem Fluss sind Holzflöße und Kanus unterwegs, einige mit dem Außenborder, andere stoßen das Kanu mit den *palancas*, den langen Ruderstäben, vom Grund ab. An den Flussufern sind Fischreusen aufgestellt, in denen sich die Fische bei ansteigendem Wasser verfangen sollen. Andere werfen die *atarraya*, das Fischnetz, aus. In den Dörfern gibt es keine Residencias. Man kann bei einer der Familien schlafen. Eine Hängematte und ein Moskitonetz mitzunehmen ist sehr empfehlenswert.

In entgegengesetzter Richtung von Quibdó - zunächst den Río Quito und anschließend den Río Patò flussaufwärts - eröffnet sich eine andere, anstrengende, aber wenn sie denn gelingt, spektakuläre Route über die **Serranía del Baudó** (siehe Nationalpark Ensenada de Utría). Wer eines der Dörfer, z. B. Tambó, Campo Bonito oder Pie de Patò (am Fuße der Serranía de Baudó) besuchen möchte, ohne eine *expreso*-Tour zu buchen, nimmt Kontakt zur ACIA (Asociación Campesina Integral del Atrato) auf, eine Genossenschaft, die gemeinnützige Läden betreibt, den Verkauf der Landwirt-

Riesenzackenbarsche

schaftsprodukte regelt und die Transporte zwischen den Dörfern und Quibdó organisiert, Cra. 3 No 23-26 ② 671 25 07.

Nuquí

5 m, 28°C, 8000 Einwohner ② 4

Nuquí ist ein kleines Fischerdorf, wie viele andere entlang der Küste, aber aufgrund seiner verkehrsgünstigen Anbindung durch Hafen und Flugpiste der ideale Ausgangspunkt zur Erkundung der umliegenden Strände, Buchten und Wasserfälle im vegetationsreichen Hinterland. Dem Ort ist ein Inselchen vorgelagert, gegenüber der Einmündung des Río Nuquí ins Meer.

Auf der gegenüberliegenden Flussseite erstreckt sich die kilometerlange **Playa la Olímpica,** bei Ebbe ein extrem weiter Sandstrand, bis zum Fischerdorf **Panguí.** Noch weiter südlich liegen die traumhaft schönen Buchten von **Coquí, Gauchalito, Termales** und **Arusí,** die von Nuquí mit dem Boot zu erreichen sind, bis hin zum **Cabo Cor-** rientes, dem westlichsten Punkt des kolumbianischen Festlandes. In entgegengesetzter Richtung und 1 Std. nördlich von Nuquí liegt das Dorf **Jurubidá** auf einer Sandinsel zwischen dem Río Chorí und dem Río Jurubidá. Dem Ort und dem Strand vorgelagert, erheben sich ein Dutzend malerischer Felseninseln aus dem Wasser. Die äußerste der Inseln beherbergt eine Nistkolonie von Maskentölpeln. Die größte, **El Morro,** ist bei Ebbe zu Fuß zu erreichen.

In der nächstgelegenen Bucht von **Morromico** sollen einmal mehr die Schätze des Piraten Henry Morgan versteckt sein. An den Flussläufen von Río Nuquí, Chorí, Coquí, Joví und Jurubidá liegen die Dörfer der Emberá-Indianer. Die Emberá leben aufgrund der abgeschiedenen Lage dieser Region noch weitgehend traditionell und bewegen sich auf den Flüssen in ihren hölzernen Einbäumen, sogenannten 'chingo'. Sie kommen nach Nuquí, um ihre außerordentlich hochwertige und kunstvolle Artesanía anzubieten. Die landschaft-

Weite Strände am Pazifik

lich und kulturell reizvolle Region zwischen Bahía Solano im Norden und Cabo Corrientes im Süden ist ein einzigartiger touristischer Schatz, der in den letzten Jahren aufpoliert wurde, wobei die Initiativen der ortsansässigen afrokolumbianischen und indigenen Gemeinschaften dafür sorgen, dass die Region in ihrem ethnisch-kulturellen Kontext gestärkt wird und die Einkünfte vor Ort für eine behutsame Weiterentwicklung Verwendung finden.

Service

@ **Ciber Alfredo** ☎ 314 611 15 20, verfügt über die einzige Internetverbindung weit und breit. ☐ In Nuquí gibt es **keine** Bank, **ATM** oder sonstige Möglichkeit zum Geldwechseln. **Mano Cambiada** ☎ 683 65 50 manocambiada.org die kommunitäre Organisation betreibt ein Ecotourismusprojekt mit Sitz beim Flughafen. **Transporte Ecce Homo** bietet (Tour-) Ausflüge zur Playa la Olímpica und den Río Nuquí flussaufwärts an, außerdem nach Gua-

chalito, Jurubidá, Morromico und in den PNN Ensenada de Utría. Das **Fest** zu Ehren der **Virgen del Carmen,** der Schutzpatronin der (See-)Fahrer, wird am 16. Juli mit Prozessionen zu Land und zu Wasser begangen. Beim kleinen Flughafen hatten die Emberágemeinschaften aus der Umgebung lange Jahre an einem provisorischen Stand ihre Artesanía in Eigenregie angeboten. Die gewachsene Nachfrage durch den Tourismus hat dazu geführt, dass es nunmehr einen echten Laden gibt, **Artesanías Margot** ☎ 683 60 58.

🛏 🍴 Schlafen & Essen

Donde Jesusita ☎ 683 64 89, ist seit Jahrzehnten eine Institution, Haus mit einfachen luftigen Zimmern beim Anleger, € 13 p.P.

Hotel Nuqui Mar ☎ 311 306 28 52 nuquimar@hotmail.com unter der Obhut des benachbarten Militärpostens, frische neue Zimmer und eine Suite im Obergeschoss mit Balkon und Kochgelegenheit, € 20 p.P. /65.

Hotel Vientos de Yubarta ☎ 312 217 80 80 ameli_06@hotmail.com 1 km nördlich des Ortes, schlichte Zimmer mit Privatbad, gute Betten, Restaurantbetrieb, inkl. zwei Mahlzeiten € 38 p.P.

Peñas de Guachalito ☎ 313 7743 552, eine von vielen weiteren hier in den letzten Jahren errichteten Cabañas von einfach bis luxuriös entlang der Bucht von Guachalito (30 Min. mit dem Boot von Nuquí), eingerahmt von Kokospalmen und den leuchtend rotorange blühenden Helikonien. **Ecolodge El Cantil** www.elcantil.com 40 Min. südwestlich von Nuqui per Boot zu erreichen, besser und teurer als die meisten der anderen Unterkünfte zwischen Guachalito und Tamales, charmante Hütten in exponierter Lage, exzellentes Restaurant, kurze Wanderungen zur **Cascada del Amor** und den Thermalquellen, während der Saison Walbeobachtungstouren, Package 2 Nächte/Vollpension ab € 180.

Cabañas Pijiba www.pijibalodge .com von Gonzalo Trujillo und Marta Llano, ein mehrfach ausgezeichnetes ('ecotourism-award') Vorzeigeprojekt für ökologischen Tourismus. Gonzalo, Ex-Fischer aus Medellín und seine Frau haben sich dem Naturerhalt verschrieben und ihr Haus in ein kleines Hotel verwandelt. Hinzugekommen sind vier Bungalows aus Palmenholz, die vom Dschungelgrün umgeben sind. Die Gäste werden vom Flughafen abgeholt und mit dem Außenborder in die 50 Min. entfernte Anlage gebracht. Dschungeltreks und Tauchtouren gehören zum Programm. Die Küche des Hauses bietet täglich frisches Obst und fangfrischen Fisch. Trujillo und Gonzalo setzen sich bei den lokalen indigenen Gemeinschaften für Sonnen-und Wasserenergie an Stelle von Dieselmotoren ein, drei Nächte, exzellente Küche, all inclusive € 320 p.P.

Refugio Salomon ☎ 313 756 79 70, einfache Zimmer am Strand von Termales, wo die Dorfgemeinschaft weitere Unterkünfte baut, östlich des größeren Fischerdorfes Arusi, € 30 p.P. inkl. Vollpension.

Hospedaje y Restaurante Jessica ☎ 311 753 41 10, freundliche, einfache und saubere Unterkunft in Jurubidá.

Morromico ☎ 8521 41 72 www.morromico.com 10 Min. mit dem Boot von Jurubidá, traumhaft gelegene Anlage eingerahmt von Meer und Dschungel von Javier und Gloria. Vier Zimmer, bestückt mit Einzel- oder Doppelbett, Küche mit täglich frischem Fisch, Pargo in Kokosnussmilch, Thunfischsteak oder eine köstliche Ceviche, einsame Strände vor der Tür und den Dschungel im Rücken, ab € 78 p.P. inkl. dreier Mahlzeiten. Von hier aus kann man auch einige anstrengende und schweißtreibende Treks zu den Emberá Gemeinschaften im Hinterland ins Auge fassen.

Auf dem Weg vom Strand zum Flughafen gibt es einige einfache Wohnzimmer-Restaurants, die gebratenen Fisch anbieten, dazu Kokosnussreis oder Patacones.

🚢 Der Schiffsverkehr am Pazifik ist abhängig von den Gezeiten. Bei Niedrigwasser ruht der Verkehr. Die kleinen Ortschaften südlich und nördlich von Nuquí werden regelmäßig von Holzkanus mit Aussenborder angelaufen. Schnellboote mit Doppelmotoren von **Transporte Maritimo** ☎ 314 764 93 08, Mo/Fr nach **Bahía Solano/El Valle** (2 Std. € 30/25) mit gelegentlichen Zwischenstopps in Jurubidá und der Isla La Esperanza (Playa Blanca). Abfahrten nach **Jurubidá** Mo/Mi/Fr

Emberá-Kinder

(45 Min. € 8), Schnellboote nach **Co-quí & Arusí** Mo/Mi/Fr (45 Min. € 10), einfache Boote Di/Do/Sa (1 Std. € 8). Transportschiffe wie die *Nuqui Mar* im Wochenturnus nach **Buenaventura** 16 Std. € 45, Kontaktmann ist Gigo ☎ 312 747 83 74.

☎ **Aeropuerto Reyes Murillo** ☎ 683 60 01. **Satena** ☎ 683 60 57, Mo/Mi/Fr nach Medellín (50 Min.) und **ADA** ☎ 683 63 64, Mo/Mi/Fr/So (via Quibdó) fliegen zum innerstädtischen Aeropuerto Olaya Herrera in Medellín. **Aexpa** www.aexpa.com.co Kleinflugzeuge für 5-8 Passagiere, mehrmals in der Woche nach Quibdó, Pereira und Buenaventura. Charterflieger von **Searca** von /nach Medellín.

Bahía Solano

5 m, 28°C, 9500 Einwohner ☎ 4

Das kleine Bahía Solano ist das Zentrum der nördlichen Pazifikküste. Es bietet die ideale Urlaubsmischung aus Entspannung und Abenteuertouren entlang der Küste und ins Hinterland. Die Ansiedlung liegt am Ende einer tief eingeschnittenen Bucht mit ruhiger See. Zu beiden Seiten steigen grünbewachsene Hügel empor. Entlang der Quebrada Chocolatal gelangt man nach 1 Std. zur **Cascada Chocolatal** mit einem natürlichen Badepool. Ein überwucherter Pfad führt zu einem Aussichtspunkt über den Ort mit dem Schrein der Virgen María. Die paradiesischen Strände außerhalb des Ortes sind zu Fuß nur schwer zu erreichen, und man muss die Gezeiten im Auge behalten.

Zunächst fast ausschließlich als Zentrum mit dem Schwerpunkt Sportfischerei für reiche Caleños und Paisas geplant, versucht man seit einiger Zeit den ökologischen Tourismus zu stärken und voranzutreiben. Die Einrichtung einer geschützten Meereszone ist angezeigt, um die reichen Populationen an *pargos* und *sierras* auch für die Zukunft zu bewahren. Im Sektor um **Cabo Marzo** hat man noch vor einigen Jahren Jagd auf den *sierra wahoo*, den *jurel* oder einen der legendären Segelfische gemacht, und die begehrte Tro-

Die Emberá

Die Emberá stellen mit annähernd 60.000 Angehörigen die größte Gruppe unter den Indigenen des tropischen Regenwaldes und leben an beinahe allen Flüssen des pazifischen Küsten- und Hinterlandes. Die Emberá und die mit ihnen verwandten Waunana stammen ursprünglich aus dem Amazonasgebiet und gehören zur einstmals großen Karibenfamilie.

Anbaumethoden und Jagd

Sie leben von der Subsistenzwirtschaft, kultivieren Mais, Reis, Zuckerrohr, *chontaduro* und *plátano* (Backbanane). Für den ersten *plátano* säubern sie mit der Machete die Bodenvegetation, wobei die Bäume stehen bleiben. Dann säen sie aus, und erst später werden einige Bäume gefällt. Auf diese Weise trägt der nährstoffarme Boden im Durchschnitt drei Jahre. Danach muss er fünf bis zehn Jahre ruhen, um erneut bepflanzt zu werden. Während dieser Zeit ziehen die Emberá weiter und jagen, soweit es noch möglich ist, Gürteltiere, Berghühner, *paujiles* (ein tropischer Wildfasan), Wasser- und Wildschweine. Pfeil und Bogen und der Speer sind weitgehend durch die Jagdflinte ersetzt worden und werden fast ausschließlich zum Fischen benutzt.

Häuser

Die Häuser der Emberá sind rechteckig und stehen auf zwei Meter hohen Pfählen zum Schutz vor heftigen Regenfällen, die innerhalb von Stunden zu Überschwemmungen führen können. Auch die unliebsame Begegnung mit Schlangen soll auf diese Weise vermieden werden. Die mit  Palmenwedeln gedeckte Hütte ist zu allen Seiten offen. Eine Leiter, gefertigt aus einem Baumstamm, führt auf den *tambo*. Zwei Dutzend Häuser stehen eng beieinander, und die Bewohner haben Blickkontakt. Die Familie schläft nachts zusammen auf einem *yueporo*, einer Schlafmatte aus Baumrinde.

Kleidung

Die Frauen tragen ein Hüfttuch und die Männer einen Lendenschurz. Die traditionelle Kleidung wird insbesondere westlich des Río Atrato getragen, wo die Emberá am traditionellsten leben. Männer und Frauen bemalen sich mit dem Saft der *jagua*, einer Waldfrucht, aus der ein transparenter Saft gewonnen wird, der auf den Körper aufgetragen, erst nach Stunden schwarz wird. Zur Körperbemalung werden auch Holzstempel benutzt. Die Farbe soll vor den bösen Geistern (*jaís*) schützen.

Kunsthandwerk

Die Frauen stellen *güeguerre*, Handtaschen aus Palmenfasern her, die von den Männern als Artesaníaartikel verkauft werden. Die besten Exemplare sind so eng geknüpft, dass kein Tropfen Wasser hindurchkommt.

Jaibaná-Zeremonie

Die wichtigste Persönlichkeit im Dorf ist der *jaibaná*. Es ist der Medizinmann, dem Heilkräfte zugesprochen werden. Die Welt der Emberá besteht aus drei Ebenen. Unter der realen, der *anteatuna,* liegt die Unterwelt. Sie wird bewohnt von den *yhámberas,* Geister, die sich in Tiere verwandeln, wenn sie aus der Unterwelt auftauchen, um im Wald und an den Flüssen nach Nahrung zu suchen. Wird ein Mensch krank oder stirbt, glauben die Emberá, dass ein Raubtier seine Seele entführt habe, um sie zu verschlingen. Die Männer jagen die Tiere, die wiederum die Männer jagen. Die Beziehung zwischen Mensch und Tier ist ein wechselndes Rollenspiel.

Der erste *jaibaná* kam aus der Unterwelt. Bei den Zeremonien verwandeln sich Männer und Frauen durch die Bemalung in Tiere und vereinigen sich mit den *yhámberas.* Die Heilungszeremonie, an der das ganze Dorf teilnimmt, findet in Vollmondnächten statt. Im Haus des *jaibaná* wird ein Unterstand aus Zuckerrohr errichtet, der entfernt an einen Altar erinnert.

Macheten in einer Emberáhütte

Obenauf stehen kleine Kürbisgefäße, gefüllt mit *muischika.* Das *chicha*-Getränk ist der Lieblingssaft der *jaís* und darf nur von Jungfrauen zubereitet werden. An der Zuckerrohrkonstruktion hängen Tierfiguren aus Balsaholz. Von der Decke baumelt das Geisterschiff, bemannt mit geschnitzten, wild dreinblickenden Figuren. Sie sind mit Gewehren und Schlagstöcken bewaffnet. Der Kranke liegt zunächst in der Zuckerrohrhütte. Der *jaibaná* beginnt *chicha* zu trinken und den Kranken in Rauch einzuhüllen. Er tanzt singend um das Geisterhaus.

Dann verlässt der Kranke sein Lager, und der *jaibaná* berührt ihn an verschiedenen Stellen seines Körpers mit dem *bastón.* Der Heilungsstab aus *chontaduro*-Holz ist mit einer zoo- oder anthropomorphen Figur verziert, die in Beziehung zur Krankheit steht. Jede Krankheit muss mit einem unterschiedlichen *bastón* behandelt werden. Die *bastónes* für die Behandlung von Kindern sind kleiner als die für Erwachsene. Die *bastónes* sind aus Hartholz, die *jaís* hingegen aus Weichholz. Der *jaibaná* entzieht dem Kranken die bösen Geister, die die Krankheit verursachen und macht sie zu seinen eigenen. Dann ruft er die *jaís* an, die mit ihm in Verbindung stehen, damit sie ihn unterstützen. Die Männer und Frauen tanzen in entgegengesetzter Richtung um das Krankenlager. Der Rhythmus der eintönigen Bambuspfeifen vermischt sich mit den Schlägen der Trommeln. Die Musik soll die Kraft der bösen Geister auf die Balsafiguren übertragen. Nach Beendigung der Zeremonie, die bis zum Morgengrauen dauert, wird die Zuckerrohrhütte, die nunmehr ausgedient hat, zum Fluss getragen. Die *jaís* verlassen das Dorf flussabwärts.

Bizarre Felsformationen prägen die Pazifikküste

phäe war der bis zu 400 kg schwere Schwarze Marlin. Draußen vor der Küste tummeln sich während der Saison auch die Buckelwale. Zum Tauchen geht es hinab zum gefluteten Wrack der *San Sebastián de Belalcázar*, einem ehemaligen Kriegsschiff das einst der US-Marine gehörte, und jetzt in 50 m Tiefe am Eingang zur Bucht liegt. Hier ist mit den Jahren ein Korallenriff entstanden, in dem die riesigen *pargos* bereits heimisch geworden sind, und die neugierigen Muränen strecken ihre hässlichen Köpfe den Tauchern entgegen. Das Tauchparadies liegt in der Bucht Bahía Tebada. Die Bucht ist von Bahía Solano mit dem Boot zu erreichen. Zur Walsaison (Juli -Oktober) lassen sich Ausflüge arrangieren.

Service

🅔 In der kleinen Filiale der Banco Agrario de Colombia ☎ 682 75 32 ⏰ Mo-Fr 8-14 steht eine **ATM**. **Migración** im Barrio el Carmen ☎ 682 69 84 ⏰ Mo-Fr 8-12 u 14-16, Sa 8-12, für den Aus- und Einreisestempel.

Schlafen & Essen

Im Dorf und an den umliegenden Stränden gibt es ein Dutzend Hotels, Posadas und Lodgen. Eine unvollständige Übersicht zu den Unterkünften in Bahía Solano, El Valle und Nuquí bietet www.hotelesmarselva.com

Hotel Bahía, Calle 3a No 2-40 ☎ 682 70 47, im Ortskern, Zimmer mit Bad, Vent. oder a/c, Restaurant, € 13/ 17/20.

Hotel Balboa Plaza, Cra. 2 No 6-73 ☎ 682 70 75. Der in dieser Umgebung reichlich deplatziert wirkender Betonbau sollte mal das erste 4-oder gar 5-Sterne-Hotel an der kolumbianischen Pazifikküste werden und ist aus Drogengeldern hochgezogen worden. Das inzwischen renovierungsbedürftige Hotel und die Szenerie schienen von Anfang an dem römischen Kondominium im gallischen Wald nachempfunden ('Asterix und die Trabantenstadt'), und die jahrelange Fertigstellung ging in einem Tempo vonstatten wie die Beladung der römische Galeere in

Sonnenuntergang am Strand El Almejal

'Asterix auf Korsika'. Pool, große Zimmer € 30/50.

Nach kurzer Fahrt mit dem Außenborder (oder einem dreistündigen Spaziergang) ist die an der Einfahrt zur Bucht liegende **Playa Huina** erreicht, benannt nach der hier ansässigen Emberá-Gemeinschaft, ein paradiesischer golden-weißer Strand mit Kokospalmen, umgeben von Dschungelbewuchs und mit weiteren Lodgen bestückt.

Los Guásimos ① 312 833 0760, ein abseits auf einem Hügel thronendes Haus mit einer Veranda am Ende des Strandes, mit Küche und BBQ, bestens geeignet für eine kleine Gruppe von Tauchern oder Wochenendausflüglern, € 12 p.P.

El Refugio de Mr. Jerry ① 315 537 93 54, Ökolodge mit Veranda ebenfalls mit Vollpension, € 40 p.P. In den Pauschalarrangements sind drei Mahlzeiten pro Tag enthalten. Zu den traditionellen regionalen Fischgerichten gehören die schmackhafte *sierra wahoo* oder ein gebratenes Thunfischfilet.

Playa de Oro Lodge ① 436 178 09 (Medellín), Cabañas mit Terrasse und Hängematte, Vent., Privatbad, € 75 p.P. inkl. drei Mahlzeiten.

Posada Choibana ① 310 878 12 14 www.choibana.com an einem kleinen Strand mit Fischerdorf hinter der Playa Huina, einfache Unterkünfte, teilweise mit Privatbad, Solarenergie und Generator, inkl. Mahlzeiten € 52 p.P.

🚢 Der Schiffsverkehr verbindet Bahía Solano mit Buenaventura im Süden, Juradó im Norden und weiter bis nach Jaqué (Panama). In Buenaventura von der *Muelle El Piñal* ① (2) 242 47 85, unregelmäßig mit dem Transportschiff *Renacer El Pacifico* (Abfahrten am späten Nachmittag, Sammelkajüte, 24 Std. € 52). **Jaqué (Panama),** Außenborder alle zwei Tage, 6-8 Std. € 75 p.P. und vereinzelt Transportschiffe. Von Jaqué bestehen Boots- (€ 15) und Flugverbindungen mit Air Panama nach Panama City (€ 75). **Nuquí** (siehe Nuquí).

🚌 Bahía Solano und El Valle sind durch eine 14 km Dschungelpiste (die einzige Straße an der kolumbianischen Pazifikküste) miteinander ver-

Überfahrt mit dem Einbaum

bunden, die am Flughafen vorbeiführt. Eine Chiva und ein Jeep sind auf dieser Strecke mehrmals am Tag unterwegs, 1 Std. € 4.

✈ Jeden Tag starten und landen auf dem Aeropuerto José Celestino Mutis die Maschinen von Satena und ADA (via Quibdó). Auch gecharterte 19-sitzige Beechcrafts der Gesellschaft Searca www.searca.com.co fliegen Bahía Solano gelegentlich an. Fluggepäck ist auf 10 kg p.P. begrenzt!

El Valle

5 m, 28°C, 3500 Einwohner ☽ 4

El Valle ist ein Fischerdorf mit dem für die Pazifikküste typischen Holzpfahlbauten. Außerhalb des Zentrums liegt der Strand **El Almejal**. Der Pazifik schäumt über herausragende schwarze Felsen. Zu Tausenden flitzen hier die roten Krebse über den dunkelbraunen Sand. Ihre Zahl multipliziert sich im Februar/März, wenn die weiblichen Tiere ihren Nachwuchs aus der Obhut entlassen.

Bei Ebbe zieht sich das Meer weit zurück und hinterlässt einen breiten Strand, auf dem das verdunstende Wasser wie ein großer Spiegel wirkt, der die Wolkenballungen reflektiert. Pelikane segeln in Formation über die Dünung. 2 Std. nördlich von El Valle liegt die **Cascada El Tigre**, ein breiter Wasserfall mit vielen natürlichen Bekken, um nach der Wanderung ein erfrischendes Bad zu nehmen. An der **Playa Cuevita**, 5 km südlich, finden sich in der zweiten Jahreshälfte unterschiedliche Meeresschildkröten zur Eiablage ein, zu deren Schutz das kommunitäre Projekt **Estación Septiembre** gegründet wurde ☽ 411 535 65 04. Eintritt: € 4,50.

🛏 🍴 Schlafen & Essen

Einige Hütten, die günstig Zimmer vermieten, liegen auf dem Weg vom Strand El Almejal zum Río Valle.

Hotel Valle ☽ 682 79 05 (Playa Alegre) hotelvalle@gmail.com gute Wahl, Zimmer ohne/mit Privatbad,

Apartments € 9/12/18 p.P. offene Terrasse mit Hängemattenplätzen.

Humpback Turtle ☎ 312 756 34 39 www.humpbackturtle.com Beachhostel & Bar am entfernten Ende der Playa El Almejal mit einer geräumigen Hütte für Hängematten (Dorm) und privaten 'Suites' zwischen € 4,50 -15 p.P. Restaurant, Küchenbenutzung, Surfbrett, Kayakverleih.

Cabañas El Almejal (Playa El Almejal) www.almejal.com.co Info Medellín: ☎ (4) 230 60 60, luxuriöse Cabañas mit Bad, Vent., Terrasse, Restaurant, € 75 p.P. inkl. drei Mahlzeiten. Von einer Aussichtsplattform lassen sich während der Saison (Juli-Oktober) die Buckelwale beobachten.

Im Dorf gibt es einen Bäcker und mehrere Läden mit Grundnahrungsmitteln. Fangfrischer Fisch wird am Strand verkauft, den besonders schmackhaft Doña Rosalia in ihrem Wohnzimmerrestaurant **Rosas del Mar,** bei der Kirche, zuzubereiten weiß, ein guter Platz um die regionalen Spezialitäten zu probieren, *sancocho de pescado* ('tumba catre'), Fisch in Kokosnuss mit Reis und Patacón oder die typische Käsesuppe des Chocó.

El Mirador, am Wochenende öffnet diese Bar auf den Felsen hinter dem Strand von el Almejal mit einem Bilderbuchausblick auf die Bucht und die einmaligen Sonnenuntergänge.

🚤 Schnellboote fahren mehrmals in der Woche nach **Nuquí,** 1½ Std. € 26 p.P.

PNN Ensenada de Utría

Zwischen El Valle im Norden und Nuquí im Süden liegt der Nationalpark Ensenada de Utría. Seine Fläche beträgt 77.750 ha, davon 18.850 ha maritime Wasserfläche. 80 % der Parkfläche überlappt mit drei Resguardos der indigenen Emberá. Es gibt nur wenige Orte auf der Welt, an denen wie hier noch der Zauber und die Poesie des Meeres so unverfälscht anzutreffen sind. Hier liegt das mythische Zentrum der komplexen Kosmologie der Emberá, das geheimnisvolle Bindeglied zwischen den Elementen Licht, Luft, Wasser und Land. In der Vorstellung der Emberá widersetzte sich ein hübsches junges Mädchen, das zur Frau heranreifte, dem Verbot an dieser Stelle zu baden und wurde augenblicklich in einen Wal verwandelt, in dessen Gestalt sie nun jedes Jahr zurückkehrt. Das Mädchen hieß Utría.

Die Küstenlinie besteht aus Dutzenden von Buchten mit vorgelagerten Felseninselchen. An zwei Stellen gibt es Korallenbänke, die einzigen an der amerikanischen Pazifikküste. Bei einer Bootsfahrt entlang der Küste begleiten Delphine das Boot. Maskentölpel, die auf einigen der Felsen ihre Brutplätze haben, segeln vorbei. Zur Paarungszeit kommen die Buckelwale aus dem eisigen Südpazifik hierher geschwommen und durchpflügen die spiegelglatte Wasseroberfläche der tiefen Bucht. Nirgendwo sonst entlang der Pazifikküste kommen sie dem Land so nah. Auch Orcas und selbst Pottwale wurden hier schon gesichtet.

Die tropische Vegetation grenzt an vielen Stellen direkt ans Meer. Hier vermählt sich der Dschungel mit der See. An den Ufern wachsen Mangrovenwälder unterschiedlicher Arten bis zu 15 m hoch. Ihre Wurzeln sind das Refugium für die Schalentiere im Wechsel der Gezeiten und im Wechsel von Süß- und Salzwasser. Das Glucksen des Morastes und das Knacken der Krebse sind die vorherrschenden Geräusche. Zwischen dem Meer und den Mangrovenkanälen ist eine zweite Ket-

Mangroven in der Ensenada de Utría

te von Flussinseln entstanden. Mit dem faulenden Dschungelgeruch verabschiedet sich das Meer, das Gelände steigt bis zur Höhenkette der Serranía de Baudó an. Die höchste Erhebung ist der Alto del Buey mit 1810 m. Hier entspringt der **Río Baudó**. In den Höhenlagen sammelt sich der Dunst. In periodischen Abständen beginnt es zu regnen. Wer sich in dieses Gebiet hineinbegibt, ist in ständiger Begleitung der Harlekinfrösche mit ihren orangeschwarzen Tupfern. Nur wenige Emberá leben im primären Regenwald. Um den spanischen Goldsuchern zu entgehen, waren sie im 17. und 18. Jh. hierhin geflüchtet.

Die **Playa Blanca** ist ein für die Pazifikküste ungewöhnlich weißer Sandstrand auf der Insel La Esperanza. Im Volksmund heißt sie auch 'Isla de Salomón', benannt nach einem ehemaligen Guerillakämpfer der M-19, der hier zum Restaurantbetreiber wurde. Von El Valle führt ein **Fußweg zur Ensenada de Utría**, auf der anderen Seite des Flusses. Lokale Fischer können einen auf die andere Seite paddeln. Nach ca.

2½ Std. hat man die ca. 10 km zurückgelegt und erreicht den Meeresarm, der sich tief ins Landesinnere eingeschnitten hat. In der Regenzeit ist der Weg schlammig, ein Guía, verlangt für seine Begleitung € 22 bis **Lachunga** an der Mündung des Río Tundo in den Río Valle, an der nordwestlichen Seite der Bucht, von wo man im Voraus einen Bootstransport zum Besucherzentrum Jaibaná organisieren kann, € 4,50 p.P.

Ein weiterer kurzer Fußweg führt vom Administrationszentrum nach **Cocalito**, 50 Min. Außerdem sind mehrere Routen auf dem Wasser durch die Buchten und das Mangrovendickicht möglich und schließlich auch Tauchgänge der ganz speziellen Art. Privatgecharterte **Boote** von El Valle in die Ensenada de Utría zum Besucherzentrum auf der anderen Seite der Ensenada kosten € 130.

Schlafen & Essen

Das Centro de Visitantes **Jaibaná** für bis zu 30 Personen ist eine geräumige Blockhütte auf der Ostseite der Bucht mit einem kleinen Meeresmuseum.

Hier liegt das Walgerippe eines unglücklich gestrandeten Meeresriesen. Anreise und Übernachtung organisiert die lokale Gemeinschaft *Mano Cambiada* (siehe Nuquí) in Eigenregie. Cabañas ohne/mit Privatbad inkl. drei Mahlzeiten im Restaurant Yubartá € 52/65 p.P. Parkeintritt: € 15.

Buenaventura

7 m, 28°C, 325.000 Einwohner ☽ 2

Buenaventura wurde vermutlich irgendwann zwischen 1536 und 1545 von Pascual Andagoya, einem Statthalter Francisco Pizarros, gegründet, geriet aber anschließend schnell wieder in Vergessenheit. Heute ist Buenaventura der größte Hafen Kolumbiens, über 60 % aller nationalen Ein- und Ausfuhren werden über diesen Hafen abgewickelt.

Das Zentrum der Stadt ist die Insel Cascajal, durch die Brücke El Piñal mit dem Festland verbunden. An der Brücke El Piñal stapeln sich verladebereit die Edelhölzer. Hier führen die Gleise der Güterzüge nach Cali entlang. Am schönsten ist Buenaventura an der Hafenpromenade kurz vor Sonnenuntergang. Dann hat sich das Meer zurückgezogen. Der Blick geht bis zu den Lichtern der Einfahrt der Bucht von La Bocana. Im Zentrum herrscht relaxte Hafenatmosphäre, und aus den Bars und Cafés tönt Salsamusik.

Die international bekannten Fußballer Freddy Rincón und 'El Tren' Valencia stammen aus Buenaventura. In den weiter abseits gelegenen Barrios zeigt sich aber auch das andere Gesicht der Stadt, Elend und Gewalt. Während Großstädte wie Bogotá und Medellín ihre Kriminalitätsraten eindrucksvoll nach unten gefahren haben, hat sich in dem vormals so geruhsamen Buenaventura ein neuer

Brandherd entwickelt, angeheizt durch Drogenkämpfe im Slumgürtel der Stadt, wo die Narcos unentwegt neue Dealer rekrutieren.

Und auch die Probleme der vielen Binnenvertriebenen aus dem Hinterland, die in den Slums unterkommen, kann die Stadt nicht alleine bewältigen. Eingeweihte sprechen längst vom 'kleinen Haiti' in Kolumbien. Daher wird man sich im Augenblick nicht allzu lange hier aufhalten, die pulsierende Stadt ist aber nach wie vor als Sprungbrett für eine Fahrt zu den Buckelwalen in der **Bahía Malaga** (Juanchaco & Ladrilleros) zwischen Juli und September und für Fahrten zur Isla Gorgona und Bahía Solano von Interesse.

Sehenswürdigkeiten

Die wenigen Sehenswürdigkeiten sind schnell aufgezählt. Für ein kleines Trinkgeld lässt sich der alte **Leuchtturm** am *malecón* besteigen. Das **Wandgemälde** am Centro Administrativo Municipal (Alcaldía), dem höchsten Gebäude der Stadt, stammt von den Aquarellmalern der Gemeinschaft San Cipriano und wurde anlässlich der 450 Jahrfeier der Stadt (1990) fertiggestellt. Es stellt eine Allegorie auf das Leben am Pazifik dar; u.a. eine barbusige Emberá und eine schwarze Schönheit inmitten einer Mangrovenlandschaft, zudem Kirchenleute und Konquistadoren, es galt eine Zeitlang als das größte Wandgemälde der Welt mit den Maßen 11x44 m.

La galería heißt der Markt im Barrío Pueblo Nuevo mit Fischständen, an denen der frische Fang aus Muscheln, Tintenfischen, Haien, Schildkröten und Rochen verkauft und zum Verzehr vor Ort gleich zubereitet wird.

Eindrucksvolles Wandgemälde

Service

 Ciber P@cifico, Internetlokal beim Anleger ⏱ Mo-Sa 8-20.30, So 13-20. 🏧 **ATM**, Bancolombia, Calle 1 No 3-55. **Migración**, Cra. 19 No 48-02, untergebracht in einem kuriosen Gebäude aus einem Stilmix von Neoägyptisch-Neoklassizistisch.

Schlafen

Viele der günstigen Zimmer sind elende Bruchbuden in der Nähe des Marktes. Wer in Buenaventura übernachten möchte, sollte bereit sein, etwas mehr Geld auszugeben und in der Nachbarschaft zur *Muelle Turistico* logieren.

Gran Hotel, Calle 1 No 2A-71 ☎ 243 45 27, Zimmer mit Privatbad, Vent. oder a/c, Minibar, WiFi, € 20/27/ € 36/42.

Hotel Balcones de La Bahía, Calle 1 No 6- 53 www.balconesdelabahia .com achtstöckiger Neubau am Anleger

für eine anspruchsvolle nationale und internationale Klientel, helle Zimmer mit Balkon und Blick auf die Bucht, a/c, Minibar, LCD-Fernseher, WiFi, amerikanisches Frühstück, € 59/72(2).

Estación Inn (Hotel Tequendama), Calle 2 No 1A-08 ☎ 243 40 70 www.sht.com.co Das einstige Belle Epoque Hotel, errichtet 1928 im Stil des französischen Neoklassizismus, hat Geschichte geschrieben und gehört zu den schönsten Hotelbauten des Landes. Das Hotel liegt dem ehemaligem Bahnhof gegenüber mit Blick auf die Bucht und war in den 1930er Jahren, der großen Zeit der Stadt, Treffpunkt der eleganten Europäer, die sich hier zum Ball trafen. Als das heruntergekommene Gebäude 1982 restauriert wurde, entdeckten die Arbeiter im Gesims eine gewaltige Boa Constrictor, die dort ihren Nistplatz gesucht hatte. Seitdem hat das Haus mehrere Besitzerwechsel hinter sich, ohne an Atmosphäre eingebüßt zu haben. Große Zimmer mit Balkon und Blick auf die Bucht, Privatbad, a/c, WiFi, Restaurant, Pool, ab € 105/120(2). Ein mehrtägiger Aufenthalt im Hotel Estación lässt sich mit Waltouren zur Saison in Begleitung eines Meeresbiologen verbinden.

Essen & Trinken

Lenos y Mariscos, Calle 1 No 5B-13 ☎ 242 20 89, Grillrestaurant für frischen Fisch und ein großes Stück Fleisch.

La Casa, Calle 1 No 5A-46, ausgezeichnet frischer Fisch vom Holzkohlengrill mit perfektem Blick aufs Meer.

La Sombrita de Miguel, Calle 5 No 19A-56 ☎ 243 41 87, an der Straße zur Brücke El Piñal, ist das Lieblingsrestaurant des einstigen Fußballstars Adolfo 'El Tren' Valencia, gute *marisco*- und Fischgerichte zu zivilen Preisen.

🚤 Buenaventura ist die Drehscheibe für Transporte entlang der Pazifikküste. Überdachte Schnellboote fahren regelmäßig von der **Muelle Turístico** nach **Juanchaco / Ladrilleros**, Transporte Asturias ☎ 242 46 20, € 15/24 (hin und zurück). Auch einige Schnellboote zur **Isla Gorgona** fahren hier ab, 4-6 Std. € 50 p.P. bei 10 Passagieren, Transporte Asturias und Pacifico Express ☎ 241 65 07. Einfacher ist die Buchung im Paket bei Aviatur und die schnellere Anreise via **Guapi**. Weiter entfernte Siedlungen wie **Nuquí** und **Bahía Solano** im Norden werden gelegentlich von langsamen Transport/Passagierschiffen angelaufen, die bei der Brücke **El Piñal** abfahren. Die Abfahrtszeiten der Schiffe stehen bei den Holzhändlern auf Kreidetafeln. Telefonische Auskünfte gibt Combustible Gutiérrez ☎ 241 96 13, Combustible Benítez, Calle 9 No 6-194 ☎ 241 84 86.

🚌 Der Busbahnhof von Buenaventura ist in der Cra. 5, Calle 7. Regelmäßige Verbindungen nach **Cali** mit Expr. Palmira, Arauca u.a. 4 Std. € 8. **Bogotá** mit Expr. Palmira u.a. Nachtbus, 10 Std. € 35.

✈ Der kleine Flughafen **Aeropuerto Gerardo Tovar López** liegt 15 km außerhalb der Stadt und wird von Satena und dem regionalen Charter Aexpa angeflogen.

PNN Uramba - Bahía Málaga

Nordwestlich von Buenaventura liegt die Bahía Málaga, eine Meeresbucht, die 2010 zum Nationalpark (PNN Uramba - Bahía Málaga) erklärt wurde, und damit zunächst einmal nicht als neuer Tiefseehafen prospektiert wird. Am Westufer liegen die Gemeinden Juanchaco & Ladrilleros, die ausschließlich über das Wasser zu erreichen sind. Bis zur **Base Naval**, 35 km nordwestlich von Buenaventura, verläuft eine einfache Straße, an der die indigenen Gemeinschaften der Waunana **Bajo Calima** und **San Isidro** am Unterlauf des Río San Juan liegen. Mit dem Jeep/Chiva täglich vom Supermercado La Libertad im Barrío Pueblo Nuevo am Vormittag, 3 Std. € 4. Auf dem Marinestützpunkt befindet sich eine illustre Sammlung der im Eigenbau von den Narcos fabrizierten Drogen-U-Boote, die mit Radarunterstützung der US-amerikanischen Drogenabwehr aufgebracht werden konnten. Neben den indigenen Resguardos besteht die Bevölkerung an der Bahía Málaga mehrheitlich aus afrokolumbianischen Gemeinschaften, die ein gesetzlich garantiertes Selbstverwaltungsrecht über ihr Land und die natürlichen Ressourcen haben.

La Bocana ist ein Dorf am Eingang der Bucht von Buenaventura. Der Strand ist übersät mit Schwemmholz, und die Ozeanriesen ziehen in nächster Nähe vorbei. Es gibt Cabañas und Restaurants. Auf der Fahrt nach **Juanchaco** wird das Boot von spielenden Delphinen begleitet. Im August kann man mit Glück schon bei der Überfahrt während der Saison Buckelwale sehen. Juanchaco ist ein kleiner Fischerort mit Pfahlbauten. Die Strände sind von Treibholz übersät.

Das etwas weiter entfernte **Ladrilleros** ist etwas ruhiger und hat die längeren und bei Niedrigwasser breiteren Strände. Zwischen Juanchaco und Ladrilleros sorgen Mototaxis für den Transport, € 1 p.P. Während der Walsaison werden Bootsfahrten angeboten. Die Wale kommen bis auf wenige Meter an die Boote heran. Man mietet das Boot direkt am Anleger in Juanchaco, 2-3 Std. € 12 p.P. Die Vogelinsel **Isla Palma,** eine Nistinsel für Pelikane,

Tölpel und Fregattvögel, liegt zehn Minuten mit dem Schnellboot entfernt, die 40 m hohe Cascada **Sierpe** eine halbe Stunde, € 12.

Schlafen & Essen

Fast jedes Haus in Juanchaco und Ladrilleros ist ein Hotel oder eine Cabaña. Wenn nicht gerade Ferien oder *puentes* sind und sich der Ort mit Caleñas/-os füllt, hat man die freie Auswahl. Die Spezialität der örtlichen Küche sind Fischsuppen und Meeresfrüchte.

Hotel Asturias ① 746 02 68, das einzige Hotel aus Stein in Juanchaco, Zimmer für 4 Personen mit Kühlschrank, TV, Haupt/Nebensaison € 30/40.

Bahia del Sol Hotel, Reserv. ① 301 200 61 09 www.bahiadelsolladrilleros.com 48 Zimmer mit Privatbad, Vent. TV, bequeme Betten, Restaurant mit regionaltypischen Gerichten, Bar, Strandvolleyball, Pool, Ausflüge, inkl. Transport von Buenaventura, Vollpension ab € 71 (€ 62 Nebensaison).

San Cipriano

150 m, 500 Einwohner ① 2

An der Straße in Richtung Cali liegen einige Lkw-Stopps und Raststätten, und die Wildwasser, die sich von allen Seiten in den Río Dagua ergießen, sind voller Flusskrebse. Etwa ½ Std. von Buenaventura entfernt gibt es bei **Córdoba** eine Abzweigung zu dem abgelegenen Dschungelnest San Cipriano, das nur über eine 15 km lange Schmalspur-Eisenbahnlinie zu erreichen ist und von den Einheimischen mit selbstgezimmerten Wägelchen befahren wird, die von eingehängten Motorrädern auf waghalsige Art angetrieben werden, Fahrt € 2. Die Fundación Cipriano erhebt für den Besuch eine Dorfabgabe von weniger als € 1. Mehrere einfache Unterkünfte und Restaurants stehen zur Verfügung. Am Wochenende herrscht Partystimmung. Der kristallklare Río Dagua bietet zuhauf gute und erfrischende Badeplätze, und man kann dem 'Tubing' flussabwärts frönen, einer Wildwasserfahrt im aufgepumpten Lkw-Schlauch.

Hotel David ① 312 815 40 51, Restaurant, Zimmer ohne Privatbad € 4,50 p.P. Etwas besser ist das **Hotel Río Bello** ① 241 00 94, mit Privatbad € 6,50. Vom Terminal in Buenaventura mit dem Bus Route Nr. 5 'Córdoba'.

Guapi

5 m, 29°C, 23.000 Einwohner ① 2

Das mäßig interessante Fischernest Guapi ist wenig einladend. Die Blechdächer der Häuser sind verrostet, die Holz- und Betonfassaden grau. Hunderte von Fernsehantennen ragen, auf Bambusrohre gesteckt, in den Himmel. Was will man hier? Das Schnellboot von Aviatur besteigen, um zur Isla Gorgona zu brettern!

🏧 Keine Möglichkeit zum Geldwechseln.

Schlafen & Essen

Hotel Río Guapi ① 840 09 83, scheint das beste vor Ort zu sein, mit Privatbad, Kabel-TV, Vent. € 17/25/36. Das Restaurant serviert maritime Regionalküche mit ausgewählten Leckereien wie die *ceviche guapense*, *encocado de Jaiba*, *sudado de Toyo* und Langusten.

🚢 Mit Aviatur von der Muelle Turístico zur Isla Gorgona. Mit Pacifico Express ① 313 761 75 71, im überdachten Schnellboot, 3-4 Std. € 40 oder mit dem Transportschiff täglich

nach Buenaventura, 12 Std. € 26, Bodega Liscano ☽ 244 60 89.

✈ Aeropuerto Juan Casino Solis ☽ 840 01 88. Satena fliegt nach Bogotá, Cali, Medellín und Quibdó. Zudem Flüge mit Aexpa.

PNN Isla Gorgona

Etwa 30 km vom nächsten Punkt des Festlandes, Playa Mulatos und 58 km von Guapi entfernt, liegt die Insel Gorgona. Umschlossen von immergrünem tropischem Regenwald, der zu einer Hügelkette ansteigt, scheint das Innere der Insel unergründliche Geheimnisse zu bergen. Ungewöhnlich für die Pazifikküste sind einige Strände mit weißem Sandstrand und vorgelagerten Korallenbänken.

Oft geschieht es, dass die höheren Regionen in Regenwolken gehüllt sind, während unten die Sonne scheint. Die Insel ist acht Kilometer lang und zweieinhalb Kilometer breit. Gorgona ist durch einen 270 m tiefen Graben vom Festland getrennt. Die Nähe zur Küste ebenso wie die Vegetation sprechen dafür, dass es sich um die Spitze einer versunkenen vierten Kordillere handelt. Diese reichte einst von Ecuador über die Serranía de Baudó im Chocó bis nach Panama und wurde während des Pleistozon vom Festland getrennt. Gorgona unterscheidet sich vollkommen von den sonstigen karg bewachsenen Inseln des Pazifiks, wie beispielsweise dem Galápagosarchipel.

Den klangvollen Namen hat ihr Francisco Pizarro verliehen. Der künftige Eroberer Perus landete hier 1527 auf dem Weg nach Süden zwischen. Die Insel war menschenleer, es wimmelte aber von Schlangen, denen einige seiner Männer zum Opfer fielen, so dass ihm die antike, schlangenköpfige Medusa in den Sinn kam. Bereits in präkolumbianischer Zeit war die Insel ein wichtiger Stützpunkt auf der viel befahrenen Mittelamerika-Peru Route. In der Nähe des Besucherzentrums hat man Steinwerkzeuge in großer Zahl, u. a. Äxte und Gewichte für Fischnetze gefunden. Eine Felszeichnung stellt ei-

Aufgegebener Dschungelknast

nen zoomorphen Vogel dar, der ein Verwandter der Pelikanzeichnungen von Chan-Chan (im heutigen Peru), der Hauptstadt des Chimú-Reiches, sein könnte. In späteren Jahrhunderten wurde die Insel zum beliebten Aufenthaltsort für Piraten. Sie schätzten den Wasserreichtum - die Insel hat 28 Bäche in der Trockenzeit (Februar/ März) und 128 zum Höhepunkt der Regenzeit (September/Oktober) - und die günstige Lage, um die Goldschiffe aus Peru zu überfallen. Simón Bolívar machte die Insel seinem Freund Friedrich Groß zum Geschenk für dessen Verdienste in der Unabhängigkeitsbewegung.

1959 erwarb der Staat die Insel, um daraus ein Gefängnis zu machen. Wie so viele paradiesische Inseln beherbergte Gorgona eine Sträflingskolonie, die erst 1984 aufgelöst wurde, woraufhin die Insel zum Nationalpark erklärt wurde. Noch heute stehen die Schlafbaracken mit den nummerierten Stockbetten und der Zellentrakt für die verschärfte Einzelhaft. Bis zu 2500 Gefan-

gene lebten auf der 24 km² kleinen Insel. Um satt zu werden, jagten sie und rotteten das Aguti, ein kaninchengroßes Nagetier, aus. Auch vor der Jagd auf die Weißkopfaffen machten sie nicht halt. In der Nähe des heutigen Besucherzentrums sieht man noch gut den ökologischen Schaden, der durch die Abholzung des Waldes entstanden ist. Für Feuerholz wurden wöchentlich zehn Tonnen Wald geschlagen. An einigen Stellen der Insel ist es daher zu Erdrutschen gekommen. Der Boden hat so wenig Festigkeit, dass alle Pläne, eine Flugpiste zu bauen, scheiterten. Heute holt sich die Vegetation den geschlagenen Wald zurück.

Die Ankunft auf Gorgona (Parkeintritt: € 15) weckt noch heute Erinnerungen an die alte Strafkolonie, auch wenn die Unterbringung in großzügigen 4, 6 oder 8 Bettzimmern mit Bad erfolgt. Die Gäste werden am Wartehäuschen in Empfang genommen, die Einschreibung ins Gästebuch erfolgt am Stehpult. Anschließend wird das Gepäck gefilzt, (Insekten-)Sprays und

Alkoholika müssen abgeliefert werden. Gorgona ist schließlich keine Partyinsel, und man darf froh sein, dass Touristen überhaupt Zugang gewährt wird, andernorts wäre solch ein Naturparadies ausschließlich wissenschaftlichen Zwecken vorbehalten. Zum Besucherzentrum gehört ein Restaurant, das schmackhafte Fisch- und Hühnchengerichte zubereitet. Über die Insel führen einige Wege. Besonders schön ist die südliche Route zur **Playa Blanca** und nach **El Cocal**, von wo man auf die kleine Schwester **Gorgonilla** blickt. Diese kleine Insel ist einzig für die Tiere reserviert. Der Nordweg führt zur **Playa Pizarro**, wo es sich zwischen den Felsen gut schnorcheln lässt. Papageienfische, Drückerfische, Bunt- und Zackenbarsche sieht man häufig, und ab und zu lugt der Kopf einer Muräne zwischen den Felsen hervor.

Drachenechse

Gesperrt ist der Weg zum höchsten Berg der Insel, dem **Cerro de la Trinidad** (330 m). So schön die Insel ist, so wenig lässt sie sich allein erkunden. Außerhalb des Camps darf sich der Besucher nur in Obhut eines Guías bewegen, u.a. wegen der Vielzahl an Schlangen. Einmalig ist die Fauna der Insel. Das Augenmerk gilt den endemischen Tierarten, von denen kurioserweise viele blau gefärbt sind. Da gibt es eine blaugefärbte Eidechse, einen saphirblauen Krebs, der in den Bächen zuhause ist und die Blauflügel Tangare. Beim Besucherzentrum leben Drachenechsen, und über die Bäche laufen die Jesus Christus Eidechsen. In aller Regel bekommt man die ungiftigen Schlangen zu Gesicht, wie die schlanke grüne Baumschlange. Zur Mäusejagd lässt sich beim Besucherzentrum ab und zu eine Boa Constrictor blicken. Zu den vier Giftschlangenarten gehören zwei Arten der Korallenschlange, die Gewöhnliche Lanzenotter und die Plättchenseeschlange. An der Nordspitze der Insel, **Bocas del Hornos** und an der Südspitze brüten Vogelkolonien der Pelikane, Fregattvögel und Blaufußtölpel. Im Inneren der Insel ist eine kleine Population von Glattstirnkaimanen vertreten. Mit Einbruch der Dunkelheit tauchen die Fledermäuse auf, von denen auf der Insel zwölf Arten gezählt wurden. Das wohl größte Naturschauspiel spielt sich jedoch nicht auf der Insel, sondern vor ihr ab. Im August und September ziehen die Buckelwale beinahe täglich nahe an der Insel vorbei.

Der Besuch der Insel ist ausschließlich über den Exklusivanbieter Aviatur www.parquegorgona.com.co möglich, in der Regel im Paket, drei Tage/ zwei Nächte, inkl. Unterkunft, Vollpension und Transport, € 440. Tauchtouren zu € 145 p.P. Die Gewässer um Gorgona sind ein **Tauchparadies**. In der Tiefe

Isla Malpelo

Malpelo liegt auf 3° 59' Nord und 81° 35' West. Es ist der westlichste Punkt Kolumbiens, 330 km vom Festland entfernt. Obwohl die karge, zerklüftete Felseninsel winzig ist (3,5 km²), wurde sie bereits 1542 von Cristobal Vaca de Castro auf dem Weg von Panama nach Buenaventura entdeckt. Noch erstaunlicher ist, dass die Insel auf der Weltkarte von Desceliers aus dem Jahre 1550 eingezeichnet ist, in überdimensionalen Ausmaßen. Entstanden ist Malpelo, wie auch die Galápagosinseln und die Cocoinsel, die zu Costa Rica gehört, in Folge vulkanischer Aktivitäten während des Pleistozän. Ihr jetziges Aussehen verdankt sie der Erosion durch Wind und Wellen und nicht zuletzt durch *guano*, den Vogelmist. Mit Galápagos hat Malpelo einiges gemeinsam. Es gibt eine riesige Kolonie von Blaufußtölpeln. Die Evolution hat der Insel zwei hochspezialisierte Echsen beschert. Der *Agassizi Anolis* mit seinen aquamarinblauen Extremitäten gehört zur Familie der Leguane. Die Echse hat nicht nur gewöhnliche Insekten auf dem Speiseplan, sondern macht sich auch über die verhungerten Blaufußtölpeljungen her. Neben dem Agassizi lebt auf Malpelo die gelbgepunktete Doppelzungenschleiche (*Diploglossus millepunctatus*), robust, gedrungen und mit einem dickem, muränenartigen Kopf und Stummelbeinchen ausgestattet. Die Echse attackiert die Eier und Küken der Blaufußtölpel. Die Insel und die umgebenden Gewässer in einem Umkreis von 8570 km² unterliegen als Nationalpark und seit 2006 UNESCO-Weltnaturerbe besonderen Schutzvorschriften. Das Inselchen wird von einem kolumbianischen Marineposten gesichert und darf von Bootsbesatzungen und Gästen nicht betreten werden.

Die Gewässer Malpelos bergen eine wunderbare Unterwasserwelt. Es gibt viele Unterwassergrotten und einen Tunnel, den die Taucher «La Catedral» nennen. Dort sammeln sich gewaltige Fischschwärme. Insbesondere Hammerhaie, Seidenhaie, Sandtigerhaie ('Malpelo Monster') sind in großer Zahl anzutreffen. An zwei großen Brüchen fallen die Wände senkrecht bis 90 m ab. Der Meeresboden ist von Korallenteppichen bedeckt. Häufig vertreten sind die orangene Koralle und die Fächer des Meeres. Malpelo liegt im Einflussbereich zweier Meeresströmungen. Von Mai bis Dezember dominiert der warme Equatorialstrom, ab Januar macht sich der einige Grade kühlere Panamastrom bemerkbar. Mit ihm erscheinen die Hammerhaie, die hier in Schulen von über 200 Tieren gezählt wurden. Die Gewässer gehören zu den besten Tauchgründen der Welt ('Mt. Everest des Haitauchens') und sind aufgrund der starken Strömungen nur für erfahrene Taucher geeignet. Es ist jeweils nur ein Boot in den Inselgewässern gestattet. Neben der Doña Mariella und der Maria Patricia von Buenaventura, 8 Tage, € 1700, fährt auch der **Katamaran Inula** www.inula-diving.de mit dem deutschen Bootseigner und Skipper Arvid von Puerto David (Panama), 11 Tages-Touren zwischen € 3000-4000. Es sei allerdings gesagt, dass die enorme Nachfrage aus Asien nach Haifischflossen dazu geführt hat, dass Trawler unter ausländischer Flagge von Zeit zu Zeit in den geschützten Gewässern illegal Jagd auf Haie machen.

begegnet man den riesigen Teufelsrochen und Hammerhaien. Mit etwas Glück wird der Traum eines jeden Tauchers hier Wirklichkeit werden, sich auf dem Rücken eines 15 m langen Walhais festzuhalten und mit dem friedlichen Planktonfresser durchs Wasser zu schweben. (Wochenend-) Tauchausflüge nach Gorgona von der Muelle Turístico in Buenaventura auf der **Doña Mariella** oder der Maria Patricia von Transportes Asturias ① 681 27 24, alles inkl. € 480.

Tumaco

6 m, 27°C, 150.000 Einwohner ①2

Die Pasto-Tumaco-Straße führt durch die Höhen des Nebelwaldes und folgt eine Zeitlang der Ölpipeline, die vom Putumayo kommt. Dann geht es hinab in die Küstenniederungen. Tumaco ist der zweitgrößte Hafen am Pazifik, gleichwohl ist es ein Provinzstädtchen. Die Stadt besteht aus zwei Inseln: **La Viciosa**, wo die Mehrzahl der Bevölkerung zuhause ist, und **El Morro** mit dem gleichnamigen Strand. Nach wie vor leben Tausende in Pfahlbauten am Ufer, wie die einstigen Herrscher der Insel, die Tumaco-Indianer. Der Stadtverwaltung sind diese Bauten ein Dorn im Auge, denn sie bieten keinen Schutz vor Seebeben, die die Stadt mehrfach heimgesucht haben.

Zentrum des städtischen Lebens ist die Calle de Comercio zwischen Fischmarkt und Meer. Nachts wird in den Salsatecas in der Calle de los Estudiantes getanzt. Der Tourismus in und um Tumaco erholt sich nur langsam. Hauptgrund hierfür sind die anhaltenden bewaffneten Auseinandersetzungen zwischen Farc-Guerilla, Polizei- und Armeeeinheiten abseits der Straße nach Pasto und im Hinterland in Richtung Ecuador. In den Mangrovenwäl-

Nachdenklicher Tumaco der Inguapí Periode 700 v.-350 n.Chr. (Goldmuseum Bogotá)

dern an der kolumbianisch - ecuadorianischen Grenze unterhalten kriminelle Banden (die «Los Rastrojos») Drogenverstecke und Waffenlager. Hinter Verschlägen aus Holz und Bambusrohr verbergen sich riesige Kokaküchen, bestehend aus Stampfmaschinen, Trocknern und leistungsstarken Generatoren, mit denen wöchentlich tonnenweise Koka-Rohmaterial verarbeitet werden kann. Der Umzug aus den Amazonasdepartements Putumayo, Caquetá und Guaviare nach Nariño Ende der 1990er Jahre hatte den Narcos einige Zeit strategische Vorteile verschafft, weil sie den heiß begehrten Stoff mit selbstgebauten U-Booten oder an Schiffe angehängte 'Kokain-Torpedos' entlang der zerfurchten Küste leichter verschiffen konnten. Inzwischen aber ist die Drogenbekämpfung den Narcos dicht auf den Fersen und hat eine wachsende Kollektion aus Schmuggelfahrzeugen aufgebracht, die in der Marinebase Bahía Málaga (Buenventura) sichergestellt sind.

Service

🆔 **ATM**, Bancolombia, Calle Sucre. **Migración** für die Ein- und Ausreiseformalitäten von/nach Ecuador, Calle Sucre. **Festival de Musica del Pacifico**, erste Dezemberwoche.

 Schlafen & Essen

Billige Absteigen sind in der Calle de Comercio und den Nachbarstraßen. An der **Playa El Morro** liegen die besseren Hotels. **Hotel Los Corales** ✆ 312 841 19 49 www.hotelloscorales.com unterschiedliche Zimmerklassen mit Privatbad, a/c, Kabel-TV, Balkon, Mini-Bar, WiFi, Pool, Restaurant, Bar, Airport-Shuttle, ab € 60/75. In dieser Zone befinden sich auch die besseren Restaurants mit Strandambiente und Sonnenuntergangsblick. Bei Ebbe kann man eine in der Nähe liegende Höhle betreten, in der die ersten Bewohner dieser Region, die Tumaco-Indianer, Zeichnungen hinterlassen haben. Stadtbus und Taxis von/zur Plaza Bolívar. Ein schöner Strand in der Nähe von Tumaco ist die **Playa Bocagrande**. Mit der Lancha, ¾ Std. € 9 p.P. hin und zurück.

🚢 Vom Anleger (*Muelle*) mit dem Schnellboot nach **Bocas de Satinga**, 3-4 Std. € 30 p.P. Vom Puerto Maritimo auf der Isla El Morro, **Servimar** ✆ 772 53 77, nach **San Lorenzo/Esmeraldas** (Ecuador). Einreiseformalitäten in Ecuador werden am Dock in Esmeraldas erledigt.

🚐 Stdl. Bus- und Mikrobusverbindungen nach **Pasto/Ipiales** mit Cootranar, TransIpiales, Busse und Mikrobusse, 6 Std./5 Std. € 15.

✈ Regelmäßige Verbindungen mit Satena nach Cali.

Die Umgebung von Tumaco

Im Hinterland von Tumaco abseits der Pasto-Tumaco Straße liegt **Barbacoas** (35.000 Einwohner) am Río Telembí, eine der ältesten Minenstädte des Pazifikflachlandes. Francisco de la Parada y Zúñiga gründete die Siedlung bereits im Jahr 1600. Einige Zeit später siedelten die spanischen Encomenderos schwarze Sklaven an und ließen sie in den Flüssen nach Gold schürfen.

Heute sieht man nur noch wenige Familien mit der Schürfschale den Goldstaub aus dem Sand waschen. Die Region um Barbacoas gehört seit einigen Jahren zu den umkämpften Zentren der Kokainproduktion.

Der Durchgangsort **Llorente** ist 1½ Busstunden von Tumaco entfernt auf der Straße in Richtung Pasto. Noch vor einigen Jahren ein unbedeutender Marktflecken mit einigen hundert Bewohnern, füllt er sich jetzt an den Wochenenden mit Kokapflanzern aus der Umgebung, die hier ihre Besorgungen machen und Zerstreuung von der Feldarbeit suchen.

An der Pazifikküste in Richtung Norden liegt der kleine Ort **Bocas de Satinga**, Umschlagplatz für Naturprodukte aller Art. Das im Hinterland geschlagene Edelholz wird flussauf und -ab unermüdlich zu transportablen Brettern gesägt. Am Anleger herrscht stets reges Treiben, wie in allen Nestern entlang der Pazifikküste. Wenn der Regen in den Monaten Oktober und November am heftigsten niedergeht, schwellen die Wassermassen des Río Sanquianga über Nacht an und bedrohen mit ihren Fluten die Existenz des Ortes. Das weiter nördlich gelegene **El Charco** ist eine nette und ange-

nehme Ortschaft mit einer heilen Sozialstruktur. Die Marktfrauen verkaufen
ihren Fisch direkt aus den Kanus, die
auf dem Trockenen liegen, und die
Kinder baden ausgelassen im Fluss.
Von hier kann man ein Schnellboot
nach Guapí nehmen oder einen Transport für einen Ausflug zur **Playa Mulatos** (PNN Sanquianga) chartern.

ANTIOQUIA & ZONA CAFETERA

30 km

Turbo

Río Cauca

Río Nechi

Yarumal

Antioquia

Santa Fé de Antioquia

Puerto Berrío

San Ju

PNN
Las Orquídeas

Bello

Medellín

Embalse Guatapé

El Peñol ★

Embalse de
San Lorenzo

Santande

Urrao

Itagui

Guatapé

Caldas

Marinilla

Boyacá

Bolombolo

Río Negro

La Ceja

Doradal ★

Puerto Boyacá

Hacienda Napoles

Caño Alegre

Quibdó

La Pintada

Sonsón

Andes   Valparaíso

PNN
Selva de
Florencia

Jardín

Aguadas

La Dorada

Marmato

Salamina

Caldas

Cundinamarca

Mariquita

Honda

PNN
Tatamá

Manizales

★ Recinto del Pensamiento

Risaralda

Chinchina

Armero

Tolima

Cartago

Dos Quebradas

Río Magdalena

Bogot

Valle de
Cauca

Pereira

PNN
Los Nevados

Montenegro   Salento

★ Valle de Cocora

Parque
Nacional
del Café

Armenia

Ibagué

Quindío

Girardot

Río Bogotá

▶ Antioquia & Zona Cafetera

Das Departement Antioquia (in der Sprache der indigenen Katío 'Goldland') mit seiner Hauptstadt Medellín unterscheidet sich wesentlich von den übrigen Provinzen Kolumbiens. Es umfasst die tiefen Täler und Schluchten des Río Cauca und seiner Zuflüsse in der Zentralkordillere der Anden. Hier siedelten während der Konquista viele Karib-Stämme, deren größter die Katío waren. Bei den Spaniern waren sie als kriegerisch und blutrünstig gefürchtet. Die Region wurde daher später und weniger nachhaltig besiedelt als das Gebiet um Bogotá, Tunja und Popayán. Der Aufbau eines Encomiendasystems scheiterte. Die unzähmbaren Katío ließen sich nicht zu Leibeigenen für die Arbeit in den Minen und für die Landwirtschaft machen. Sie rebellierten ständig, und ihre große Zahl schwand durch Massaker und Selbstmorde. Viele flüchteten aus dem Einflussbereich der Spanier an die Oberläufe der Flüsse. Im Kerngebiet von Antioquia gibt es heute keine Indianer mehr.

Die erste spanische Ansiedlung **Santa Fe de Antioquia** blieb lange Jahre ein isoliertes, vereinzeltes Dorf am Río Cauca. Das Interesse der ersten Weißen galt weniger der Besiedlung der bewaldeten Hügel um die neue Hauptstadt als der Ausbeutung der Goldminen. Das wirtschaftliche Zentrum des kleinen, gegenüber Cartagena im Norden und Popayán im Süden völlig unbedeutenden Gouvernements wurde die **Goldgräbersiedlung Zaragoza** am Río Nechí, Hunderte von Kilometern von Antioquia entfernt. In Zaragoza arbeiteten Ende des 16. Jahrhunderts 4000 schwarze Sklaven. Zwischen den beiden weit auseinander liegenden Ansiedlungen wurden die ersten Handelswege in den Busch geschlagen. Selbst die Gouverneure verlegten zeitweilig ihren Wohnsitz nach Zaragoza, um ihre Interessen besser gegenüber den gierigen Händlern aus Cartagena und Mompox verteidigen zu können.

Ende des 17. Jahrhunderts war der Goldboom zu Ende. Mittlerweile waren viele arme Spanier ins Land geströmt, um ihr Glück zu machen, stattdessen mussten sie Hunger leiden. Daraufhin folgte die landwirtschaftliche Erschließung des Südens und Südostens von Antioquia, die zur Gründung von Medellín führte. Aufgrund der harten Umweltbedingungen entwickelte sich ein besonderer Menschenschlag, der *paisa*, wie er sich selbst nennt, was bedeutet, 'aus dem Lande Antioquia'. Die Antioqueños haben sich kaum mit Indianern oder Schwarzen vermischt. Die Indianer waren ausgerottet und die Mehrzahl schwarzer Sklaven in reichere Regionen verkauft worden. So trifft man noch heute viele Menschen mit schneeweißer Haut und pechschwarzen Haaren. Bei aller Armut strebten diese Menschen nach Unabhängigkeit. Die vielen Kinder und die ungleiche Landverteilung durch die Krone zwangen sie, stets mehr Landfläche zu roden, um satt zu werden und der Leibeigenschaft zu entgehen. Der König vergab riesige Ländereien an einflussreiche Personen. Die kleinen Bauern gingen leer aus. Die Ausweitung des Siedlungsgebietes, die sogenannte **Kolonisation Antioquias,** erfolgte verstärkt ab dem Ende des 18. Jahrhunderts, und sie hält bis heute an. Erschlossen wurden die nun selbständigen Departements **Caldas, Risaralda,** der nördliche Teil von **Valle de Cauca** und zuletzt **Quindío.** Der Abenteuer- und Pioniergeist, der die Menschen vorantrieb, ist in Amerika nur mit dem der Bandeirantes, die das brasilianische Hinterland erschlossen, und der Besiedlung des Wilden Westens in den USA zu vergleichen. Die Antioqueños wollten um jeden Preis ihre Isolation durchbrechen. Ihr Handelsverstand verschaffte ihnen den Anschluss an den nationalen und internationalen Markt. Eine Eisenbahn, die Medellín mit der größten Wasserstraße des Landes, dem Río Magdalena, verband, wurde gebaut. Die Kaffeewirtschaft brachte endlich den gewünschten Reichtum und bedeutete den Sprung aus der Subsistenzwirtschaft und führte zur Gründung von Industriebetrieben. Heute prägen die Antioqueños Wirtschaft und Politik des Landes entscheidend mit. Noch in den abgelegensten Ecken des Chocó oder an der Karibik, inmitten kleiner Dörfer, in denen ansonsten nur Schwarze leben, sitzt ein Paisahändler, der den einzigen Laden betreibt oder den einzigen Jeep fährt. Nirgendwo sonst im Land herrscht ein derartiger Geschäftsgeist und eine derartige Ideenvielfalt. In Antioquia trifft man Menschen mit Ecken und Kanten, voll aufrichtiger Freundlichkeit und wahren Stolzes. Es gibt

Charakterköpfe und Unikate, im Guten wie im Bösen, den Maler und Bildhauer Fernando Botero, den Dichter Leon de Greiff, den Politiker und Utopisten Rafael Uribe Uribe, den Gangster Pablo Escobar. Kein anderer Landstrich hängt mit solcher Inbrunst an seinen Traditionen. Zur Kleidung der Männer gehört ein Wanderstab, ein Schultertuch und die schwere Umhängetasche *(carriel)* mit den 100 Fächern. Gegessen wird die *bandeja paisa,* Fleisch, Wurst, knusprige Schweineschwarte, Avocado, Reis und Bohnen in Fernfahrerportionen. Das Restaurant ist die *fonda paisa,* einst eine Bambushütte am Wegesrand. Ein Relikt aus dieser Zeit sind heute die bambusgetäfelten Wände vieler Stadtrestaurants.

Medellín

1538 m, 23°C, 2,9 Mio. Einwohner ① 4

Medellín hat sich in den letzten Jahren abseits der Schlagzeilen zu einer Stadt mit internationalem Flair entwickelt. Die 'Stadt des ewigen Frühlings' umfängt nicht das kaum gezügelte Verkehrschaos, nicht die Düsternis und nächtliche Kälte der Hauptstadt. Tagsüber ist das Licht transparent und die Berge stets in Reichweite, nachts leuchten die *barrios* an den Hügeln wie ein Lichtermeer. Der öffentliche Verkehr ist wohl organisiert, hier (und nicht in Bogotá) fährt die bislang einzige Metro Kolumbiens. In der 'europäischen' Stadt des Landes spielt sich das Leben auf den Straßen ab, in den Parks und an den langen Tresen, die ein wenig an die Bars im Herzen von Madrid erinnern. Veranstaltet werden Freiluftkonzerte, Theatervorführungen, farbenfrohe Umzüge, anspruchsvolle Ausstellungen und die Modemesse *Colombiamoda.* Das alljährlich stattfindende Poesiefestival genießt weltweite Aner-

Biblioteca de España

kennung. An kaum einem anderen Ort der Welt stehen die Dichter/innen sonst einmal im Mittelpunkt des Publikumsinteresses. Fernando Botero, der einflussreichste zeitgenössische lateinamerikanische Künstler, hat «sein» Medellín mit gewaltigen Skulpturen beschenkt, die an den großen Plätzen stehen. Die vielen Parks und Monumente, das Zusammenspiel von traditioneller und moderner Architektur, von bebauter Stadt und natürlichem Umland ist beeindruckend. Und in keiner anderen Stadt Kolumbiens findet man so viele elegante, selbstbewusste und intelligente Frauen. Man kann es nicht schöner zum Ausdruck bringen als die Salsaband Guayacán aus der Konkurrenzmetropole Calí, 'Medellín, Medellín, quiero estar en Medellín'.

Die 'Paisas' hängen mit Inbrunst an ihren Traditionen und genauso intensiv und innovativ sind sie auf der Suche nach den modernen, allerneuesten Strömungen aus Design und Architektur.

Stadtgeschichte

Medellín hat seine Gründung der Hartnäckigkeit von Doña Ana de Castrillon zu verdanken. Zu Beginn des 16. Jahrhunderts baute sie mit ihrer Familie im Aburrátal eine Ranch. Andere Siedler folgten. Um von Santa Fe de Antioquia unabhängig zu werden und um eigene Einnahmen zu erzielen, trieb sie nacheinander ihre beiden Ehemänner an, die Stadtrechte zu beantragen. Zuständig war der König in Spanien und der ließ sich mit seiner Entscheidung lange Zeit. Der zweite Ehemann Montoya schaffte währenddessen vollendete Tatsachen, eine Kirchengemeinde, ein Gefängnis, ein Rathaus, und erklärte die Stadt mit dem Namen Villa Nueva del Valle de Aburrá de Nuestra Señora de la Candelaria für gegründet. In der Stadturkunde, die 1674 aus Spanien eintraf, mittlerweile waren Doña Ana und ihre beiden Ehemänner verstorben, heißt der Ort vereinfacht Nuestra Señora de la Candelaria de Medellín. Später blieb allein der Name Medellín.

MEDELLÍN

San German
Cerro El Volador
Parque Explora
Parque de los Deseos
Jardín Botánico
Universidad
Casa Museo Pedro Nel Gómez (150m)
San Pedro
El Poma
Terminal del Norte (250m)
Hospital
Calle 67
Bolivar
Prado
Palm Tree Hostal
Calle 50 (Av. Colombia)
Estadio
Jesús Nazareno
Carrera 48
Carrera 47
Prado
Calle 58
Prado 61
La Mansión
Calle 48
Estadio
Monumento a la Vida
San Benito
Los Angeles
Florida Nueva
Suramerica
Carrera 57
Parque Berrio
Medellin Zentrum
Carrera 46 (Av. Oriental)
Boston
Naranjal
Calle 49 (Ayacucho)
Plaza de Toros La Macarena
Cisneros
Calle 52 (Av. de la Playa)
Sucre
Calle 44
Parque de la Luz
San Antonio
Monumento a la Raza
Ferrocarril de Antioquia
Colón
Las Palmas
San Joaquin
Teatro Metropolitano
Alpujarra
Calle 33
Exposiciones
Buenos Aires
Fátima Barcelona
Cerro Nutibara
Pueblito Paisa
El Salvador
Colinas de La Candelaria
Calle 30
Autopista Sur
Carrera 65
Carrera 55
Industriales
Carrera 46 Av. Jorge Eliécer Gaitán
Asomadera I
Trinidad
Aeropuerto Olaya Herrera
Santa Fe
Río Medellín
MAMM
Calle 10
Terminal del Sur
El Poblado
Poblado
Zona Rosa
1 km
Itagüí (7,5km)

Die anschließende Stadtentwicklung verlief rasant. Mit der Kolonisation des Umlandes und dem durch den Kaffeehandel erwirtschafteten Reichtum, wandelte sich Medellín zu Beginn des 20. Jahrhunderts zum führenden Industriezentrum des Landes. Die zunehmende Verstädterung bedeutete das Ende einer bis dahin weitgehend egalitären Gesellschaft. Die sozialen Unterschiede verschärften sich, viele Menschen verarmten. Das Auseinanderfallen der Gesellschaft führte zu gewalttätigen Auseinandersetzungen, die durch die 'Violencia' seit den 1950er Jahren angeheizt wurden und ihren blutigen Höhepunkt in den 1980er Jahren erreichten. Die tiefe Religiosität der Medellíner und die alltägliche Präsenz des Todes verstärkten in jener Zeit einen weit verbreiteten und ausgesprochen irrationalen Totenkult.

Heutzutage hört man im Zusammenhang mit dem Namen der Stadt kaum noch die einst durch die Schlagzeilen der 90er Jahre entstandenen Begriffe wie 'Chicago von Kolumbien', 'Drogenhauptstadt der Welt', 'Bombenattentate', 'Bandenkriege', alles schlicht verkürzt auf den Namen 'Pablo Escobar'. Der einstige Kopf des Kartells von Medellín wurde am 2. Dezember 1993 in Cali erschossen. Anschließend ging die Staatsmacht dazu über, die Stadtguerillas in den Comunas zu zerschlagen. Der soeben ins Präsidentenamt gewählte Álvaro Uribe befehligte 2002 die 'Militäroperation Orion' und ließ in den problematischen Vierteln aufräumen. Nach zehn Jahren hoffnungsvoller Ansätze und nervöser Ruhe fordern Bandenkriege und Drogenkriminalität gleichwohl tägliche Opfer in den marginalen Barrios.

Orientierung

Medellín ist eingezwängt im schmalen Aburrátal und findet kaum noch Platz zur Ausdehnung. Längst ist die Stadt mit den Orten **Copacabana** und **Bello** im Norden, **Itagüí** und **Envigado** im Süden zusammengewachsen. Von den Bergen ringsum blickt man wie auf eine Spielzeugstadt. Die Straßen verlaufen schnurgerade. Medellín erstreckt sich mit den angrenzenden neun Gemeinden (Municipios) entlang des Río Medellín von Norden nach Süden.

Der Fluss stellt eine natürliche Orientierungslinie dar. Parallel zu ihm verlaufen die beiden zentralen Ausfallstraßen **Autopista Norte** und **Sur** und die Trasse der Hochbahn **Línea A** von Itagüí im Süden nach Niquía im Norden. Die Straßeneinteilung und -bezeichnung entspricht dem spanischen Karomuster mit parallel verlaufenen Carreras, die senkrecht von den Calles durchzogen werden. Im **Barrio Laureles** besteht die Besonderheit, dass zudem noch Diagonales und Transversales hinzukommen.

Außer dem Innenstadtbereich um den **Parque Berrío** ist der Stadtteil **El Poblado** von besonderem touristischem Interesse. Die zentralen Straßenverbindungen dort sind die Av. 43A (=Av. El Poblado), die Av. 34 und die wiederum parallel zum Río Medellín verlaufenden Transversales. Neben den erwähnten **Municipios** besteht Medellín aus etwa 250 **Barrios,** Wohnviertel, die verwaltungstechnisch zu 16 **Comunas** zusammengefasst worden sind. Einige dieser Comunas waren vormals gewalttätige Problemviertel (Comuna 13), andere haben sich, auch begünstigt durch den Anschluss an Metro und Metrocable bereits zu echten Vorzeigevierteln entwickelt wie die Comuna 1.

ANTIOQUIA & ZONA CAFETERA

ANTIOQUIA & ZONA CAFETERA

Service

ⓘ Das **Tourismusbüro**, Calle 41 No 55-35 im Palacio de Exposiciones ☎ 385 69 66, gibt eine Informationsbroschüre über Medellín heraus. Zweigstellen befinden sich am internationalen Flughafen *José María Córdoba* (Rionegro) und am Flughafen *Olaya Herrera,* Cra. 65 No 13-157. In beiden Flughäfen gibt es eine Touristenpolizei. Weitere Informationsstellen befinden sich in den Busbahnhöfen **Terminal Sur** und **Terminal Norte** täglich von ⌚ 7-19. @ **Internetcafés** sind im Zentrum und El Poblado leicht zu finden. **Móvil Shock**, Cra. 43A No 9-70 (Parque Poblado) ⌚ 7.30-19.30. 🏧 **ATM** sind weit verbreitet. Bancolombia, Cra. 43A No 3-101(El Poblado). Banco de Bogota, Calle 50 No 51-37. Im Flughafen *José María Córdoba* im 1. Stock gibt es eine Wechselmöglichkeit für US-Dollar. Euro kann man zu einem guten Kurs bei **Cambiamos** wechseln mit Filialen in den Centro Comerciales oder den Supermärkten von Carulla, z.B. Calle 48, Cra. 43. **Migración**, Calle 19 No 80A-40 ☎ 238 92 52 www.cancilleria.gov.co Aufenthaltsverlängerung.

Die nachstehend aufgelisteten **Konsulate** sind Honorarkonsulate.

Deutschland, Cra. 48 No 26 Sur-181 Local 106 ☎ 334 64 74 ⌚ Mo-Fr 8-12. **Schweiz,** Calle 6 Sur No 43A-96, Edf. Torre 6 Sur Of. 802 ☎ 311 33 14 ⌚ Mo-Fr 8.30-11.30. **Österreich**, Centro Empresarial Dann Carlton, Cra. 43A No 7-50 Of. 701 ☎ 318 42 20 ⌚ Mo-Fr 8-12.

Turibus ☎ 371 50 54 www.turisbuscolombia.com Stadtrundfahrt ⌚ 9 u. 13, € 7,50. Abfahrten am Parque Poblado und Parque Bolívar. **Parapente Medellín** ☎301 492 94 80 www.parapentemedellin.com Gleitschirmfliegen

mit Hector Cazquez 'El Flori'. Kurzflüge, 20-30 Min. € 44 /Distanzflüge, 1½ Std. € 90. Von San Felix außerhalb Medellíns.

Sehenswürdigkeiten

Der **Knotenpunkt** von Medellín und der älteste Platz der Stadt ist der **Parque Berrío** Ⓜ Parque Berrío. Die **Basílica Nuestra Señora de la Candelaria** aus dem Jahre 1766 beherbergt die Schutzpatronin der Stadt. Der Hochaltar sieht aus wie ein russischer Samowar im Renaissancestil mit antiken griechischen Anleihen. An zwei Ecken des Parks stehen zwei Bronzestatuen der beiden großen zeitgenössischen Bildhauer aus Antioquía, **La Gorda** ('Die Dicke') von **Fernando Botero** vor dem Gebäude der Banco de la República und ein Reiterdenkmal von **Rodrigo Arenas Betancourt**.

Ein weiterer Treffpunkt des urbanen Lebens ist der **Parque Bolívar** mit der **Basílica Metropolitana** auf der Nordseite. Diese klobige Kirche soll eine Replik des Petersdom in Rom sein und besticht weniger durch Schönheit als durch ihre Ausmaße. Sie hat eine Grundfläche von 5022 m² und zu ihrem Bau verarbeitete man 1.200.000 Steine. Bei ihrer Fertigstellung 1931 war sie mit 45 m das höchste Gebäude der Stadt.

Die auffällige **Casa de la Cultura Rafael Uribe Uribe** war der frühere Sitz der Provinzregierung, wurde zwischen 1929-1937 erbaut und ähnelt in seiner gotisch-eklektizistischen Bauweise, den vielen Türmchen und Erkern, einer wunderlichen Variante des Schlosses Neuschwanstein. So gemischt wie der Baustil sind auch die Funktionen, die dieses Gebäude zu erfüllen hat. Untergebracht sind hier das

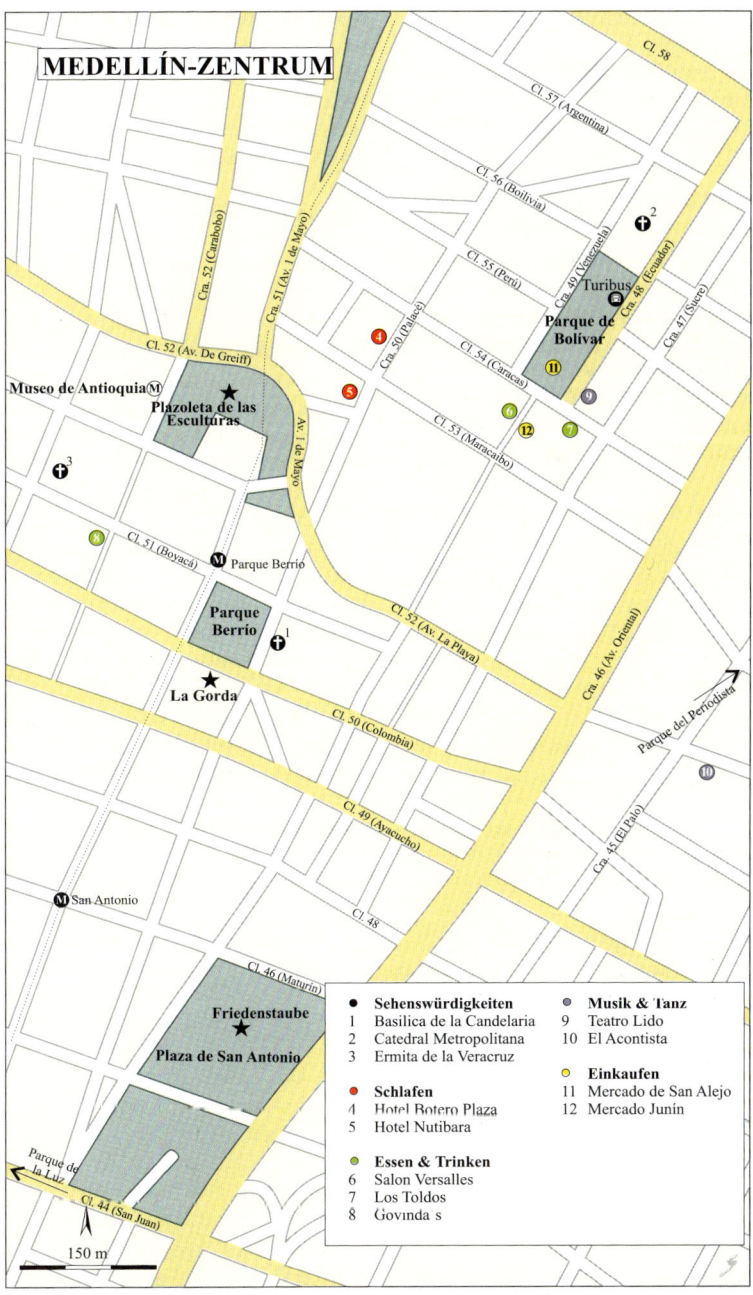

MEDELLÍN-ZENTRUM

Cl. 58
Cl. 57 (Argentina)
Cl. 56 (Bolivia)
Cl. 55 (Perú)
Cl. 54 (Caracas)
Cl. 53 (Maracaibo)
Cl. 52 (Av. De Greiff)
Cl. 52 (Av. La Playa)
Cl. 51 (Boyacá)
Cl. 50 (Colombia)
Cl. 49 (Ayacucho)
Cl. 48
Cl. 46 (Maturín)
Cl. 44 (San Juan)

Cra. 52 (Carabobo)
Cra. 51 (Av. 1 de Mayo)
Cra. 50 (Palacé)
Cra. 49 (Venezuela)
Cra. 48 (Ecuador)
Cra. 47 (Sucre)
Av. de Mayo
Cra. 46 (Av. Oriental)
Cra. 45 (El Palo)

Museo de Antioquia Ⓜ

Plazoleta de las Esculturas

Turibus

Parque de Bolívar

Parque Berrío Ⓜ Parque Berrío

Parque Berrío

La Gorda

San Antonio Ⓜ

Parque del Periodista

Friedenstaube

Plaza de San Antonio

Parque de la Luz

150 m

	Sehenswürdigkeiten
1	Basilica de la Candelaria
2	Catedral Metropolitana
3	Ermita de la Veracruz

	Schlafen
4	Hotel Botero Plaza
5	Hotel Nutibara

	Essen & Trinken
6	Salon Versalles
7	Los Toldos
8	Govinda s

	Musik & Tanz
9	Teatro Lido
10	El Acontista

	Einkaufen
11	Mercado de San Alejo
12	Mercado Junín

ANTIOQUIA & ZONA CAFETERA

städtische Kulturbüro, Stadtarchiv, Phonothek, Ausstellungsräume. Unter der zentralen Kuppel werden gelegentlich Filmvorführungen präsentiert, Cra. 51 Calle 51/52 ☽ 251 14 44 ☉ Mo-Fr 8-17, Sa 9-15 Ⓜ Parque Berrío.

Hauptgebäude der Universität Antioquia

An der **Plaza San Ignacio** steht die Aula der Universität von Antioquia, ein restauriertes Gebäude aus der republikanischen Zeit, Seite an Seite mit der Jesuitenkirche San Ignacio. Hier befindet sich auch eine weitere Skulptur von Rodrigo Arenas Betancourt, **Monumento al Creador de la Energía.** Universidad de Anioquia, Calle 67 No 53-108 Ⓜ Universidad.

Cerro Nutibara

Der Cerro Nutibara ist die zentrale Erhebung 2 km südwestlich der Stadt. Von oben eröffnet sich ein Rundblick auf das Aburrá-Tal und die umliegenden Berge. Errichtet wurde hier das **Pueblito Paisa,** Calle 30 No 55-64, der Nachbau eines typischen antioquenischen Dorfes mit Kirche, Pfarrhaus, Schule, Apotheke, Herrensalon, Café, Läden und einem Dorfplatz mit Brunnen. Die Menschen aus Medellín pilgern jedes Wochenende zu Tausenden auf den Hügel und vergewissern sich ihrer kulturellen Identität. Das Dorf wird als «pulmon de la cultura paisa» bezeichnet, die Lunge der Paisa-Kultur. Der Nachbau ist das berühmteste Paisa-Dorf, und jeder echte Antioqueño hat davon ein Bild an der Wand hängen. Unterhalb des Pueblito Paisa am Berghang liegt der **Parque de las Esculturas.** Dieser Statuenpark wurde Anfang der 1980er Jahre in nur 15 Tagen verwirklicht. Ein Dutzend lateinamerikanischer Künstler durfte sich hier austoben. Die meisten der Werke

sind ohne Titel und auch dem Betrachter fällt wenig dazu ein. Ein Deutscher hat sich unter die Latinos gemogelt. Otto Herbert Hajek stellt hier seinen sechs Meter hohen Pfeil in den kolumbianischen Landesfarben aus. Am besten an der Ⓜ Industriales aussteigen, der Cerro Nutibara liegt dann linker Hand.

Bibliotheken

Eingeleitet durch den unabhängigen Bürgermeister Sergio Fajardo (Amtszeit 2004-2007) und aktuellen Gouverneur von Antioquia wurden nach Überwindung der 'Violencia' die einst 'heißen' Barrios durch ein außerordentliches Infrastrukturprogramm, das mit dem Bau moderner Bibliotheken verbunden war, aufgewertet und befriedet. Dazu zählen San Javier, España, La Quintana, La Ladera und Belén. Einige von ihnen sind zu meisterlichen Bauwerken und auffallenden Landmarken avanciert. Der spektakulärste Wurf ist die in schwarzen Granit gekleidete, aus drei miteinander verbundenen, monolithischen Baukörpern gefertigte und wuchtig in die Hügel geschlagene **Biblioteca de España,** entworfen durch den Architekten aus Bogotá Giancarlo Mazzanti und finanziert mit Geldern aus Spanien. Bereits die Anreise mit dem **Metrocable** ist eine Touristenattraktion ganz eigener Art und führt von der Ⓜ Acevedo über drei Stationen hinauf zur Station Santo Domingo (Comuna 1). Von hier ist es ein kurzer Fußweg durch das volkstümliche Barrio, und von der Aussichtsplattform wird man einen Blick hinunter auf die Stadt werfen und auf dem Rückweg eine frische Arepa probieren. Unbedingt besuchen!

Parque Biblioteca la Ladera León de Greiff, wie die Biblioteca de España

Parque Botero

ebenfalls von Giancarlo Mazzanti entworfen und fast ebenso spektakulär hinsichtlich Lage und Gestaltung, in diesem Fall drei Kuben an Stelle des ehemaligen Gefängnisses 'La Ladera', Calle 59A No 36-03.

Museen

Museo de Antioquia

Das älteste und traditionsreichste Museum der Stadt ist das Museo de Antioquia. In den Räumen der ehemaligen Gobernación de Antioquia, ein Art-Deco-Gebäude aus dem Jahr 1937, zwei Blocks vom Parque Berrío. Man könnte es verkürzt auch als «Boteromuseum» bezeichnen. Kein anderer Künstler hat das Leben der Bewohner Antioquias so treffend eingefangen und umgesetzt wie er. Seine Werke sind amüsant und ironisch und streifen zuweilen die Grenze des Sarkastischen. Wer durch Antioquia reist, findet in seinen Bildern die groteske Verdickung der heilen Welt von Antioquia wieder. Allerdings gingen nicht alle Stücke der Privatsammlung nach Medellín. Weil die Stadt

nicht schnell genug auf sein Angebot reagiert hatte, war Botero mit dem Nationalmuseum in Bogotá übereingekommen, einen Teil seiner Werke sowie Gemälde von Dali, Picasso und Miró aus seiner umfangreichen Privatsammlung in der Hauptstadt auszustellen, Cra. 52 No 52-43 ☏ 251 36 36 www.museodeantioquia.org ⏰ Mo-Sa 10-17.30, So- u. Feiertags 10-16. Eintritt: € 3,50 Ⓜ Parque Berrío.

Museo Casa de la Memoria

Ein aufwendig und umfangreich gestaltetes Museumsprojekt initiiert durch die Alcaldía von Medellín zu Ehren und zur Erinnerung der vielen Gewaltopfer, die die 'Víolencia' und der 'Drogenkrieg' in der Stadt in den letzten Jahrzehnten gefordert hat, ist zur Zeit noch im Bau und soll demnächst fertiggestellt werden, Parque Bicentenario im Barrio Boston 'Comuna 10' zwischen Cra. 39 u. 36 sowie den Calles 54 (Caracas) und 51 (La Playa) www.museocasadelamemoria.org Ⓜ Parque Berrío.

Parque Botero

Museo Pedro Nel Gómez

Das Haus des Medellíner Malers und Bildhauers Pedro Nel Gómez (1899-1984) ist eine fantasievolle Villa inmitten eines tropischen Gartens. Schon zu Lebzeiten machte er sein Wohnhaus zum Museum und führte die Besucher durchs Haus. Nel Gómez steht in der lateinamerikanischen Tradition der Muralisten, dessen bekanntester Vertreter der Mexikaner Diego Rivera ist. Zentrales Thema seiner Arbeit sind die sozialen Auseinandersetzungen, der technische Fortschritt und die Lebens- und Arbeitsbedingungen der Menschen Antioquias. Das Motiv der goldschürfenden nackten Frau mit der Schürfschale (*batea*) in der Hand durchzieht seine Arbeiten.

In seinen Werken verbinden sich Gestalten der antiken Mythologie mit denen des Volksglaubens seiner Heimat, wie die *pata sola*, die einbeinige, blutrünstige Verführerin des Dschungels. In vielen öffentlichen Gebäuden sind Fresken von Pedro Nel Gómez zu sehen. Eines seiner schönsten Wandgemälde schmückt die Metrostation am Parque Berrío, Cra. 51B No 85-24 ☾233 26 33 ☉ Mo-Sa 9-17 Ⓜ Hospital.

Museo de Arte Moderno de Medellín (MAMM)

Das Museum für Moderne Kunst veranstaltet wechselnde Ausstellungen nationaler und internationaler zeitgenössischer Künstler. Im Besitz des Museums befinden sich viele bedeutende Werke von **Débora Arango** (1907-2005), der großen Dame der kolumbianischen Malerei der Gegenwart und einer Meisterschülerin von Pedro Nel Gómez. Das alles beherrschende Thema ihrer Malerei ist die weibliche Nacktheit oder wie sie selber sagte «Landschaften aus menschlichem Fleisch, die hart, bissig, fast grausam zu nennen sind.» Cra. 44 No 19A -100 (Ciudad del Río) ☾ 444 26 22 www.el-mamm.org ☉ Mo-Fr 9-17.30, Sa/So 10-17 Ⓜ Industriales.

Museo Etnográfico Miguel Ángel Builes

Ein empfehlenswertes, wenn auch verkehrstechnisch abgelegenes Museum, dessen Schwerpunkt auf der Darstellung der Kultur und der Mythologie der Waunana- und Emberá-Indianer des Chocó liegt (siehe Textkasten 'Die Emberá' S. 318).

Ausgestellt ist eine Vielzahl unterschiedlicher Zeremonienstäbe, deren obere Enden mit anthropomorphen und zoomorphen Figuren verziert sind, wobei jede dieser Figuren eine bestimmte Krankheit repräsentiert, zudem ein Bootsmodell aus Balsaholz, bemannt mit einer Gruppe von *jaís*, die die bösen Geister (der Krankheit) verkörpern. Gezeigt werden Ohrringe, aus Münzen gefertigte Ketten und die *pampanilla,* ein Lendenschurz aus aufgezogenen *chaquira*-Perlen, die die Männer anlässlich von Festen tragen. In einer weiteren Abteilung sieht man Tanzmasken der Tucano und Cubeo vom Vaupés (Amazonas), außerdem Pfeile, Köcher und Blasrohre, Cra. 81 No 52B-120 ① 421 62 59 ⊘ Mo-Fr 8.30-12 u. 14-17.20, 1 km von der Ⓜ Floresta.

Museo Etnográfico Madre Laura

Die Ordensgründerin Mutter Laura (1874-1949) hat zu Beginn des 19. Jahrhunderts 20 Jahre im Dschungel gelebt und leitete die Erstmissionierung der Emberá-Katío in Dabeiba, heute an der Straße Richtung Turbo, damals eine 14tägige Reise von Medellín entfernt. Mutter Laura wird von ihren Glaubensschwestern als die '*Fackel Gottes in den Wäldern Amerikas'* verehrt und wurde 2004 durch den Papst heiliggesprochen. Heute gibt es über 900 *Hermanas Lauritas*, die über die ganze Welt verteilt sind. Stärkere Berücksichtigung als im Museo Etnográfico Miguel Angel Builes finden hier Kleidung und Gebrauchsgegenstände der wichtigsten indigenen Gruppen Kolumbiens. Schwerpunkt ist die Kultur der Emberá und Emberá-Katío, zudem Exponate der Kuna (Karibikküste Kolumbiens und Panamas), der Guambiano (Silvia) und der Wayu (Guajira). Farbenprächtiger Federschmuck von Amazonasindianern vervollständigt die Sammlung, Cra. 92 No 34D-21 ① 252 30 17 http://madrelaura.org 20 Min. von der nächstgelegenen Ⓜ San Javier.

Die **Estación de Ferrocarril** in einem schönen Jugendstilgebäude aus dem Jahre 1930 war einst der Bahnhof der Eisenbahn von Antioquia und ist heute ein Kultur- und Geschäftszentrum mit einem kleinen Museum, das Einblick in die Bahngeschichte und den Prozess der Restauration gewährt, Calle 44, Cra. 52 ⊘ Mo-Fr 9-19, Sa/So ist der Komplex geschlossen Ⓜ Alpujarra.

Plätze, Gärten, Gräber

Plaza de las Esculturas

Auf dem Platz vor dem Museo Antioquia fanden Boteros Skulpturen, die bereits in den Straßen und auf den Plätzen von Paris, Madrid, Florenz und New York zu sehen waren, ihre endgültige Heimstatt. Damit ist der große Künstler und Medienstar seinem Ziel ein gewaltiges Stück näher gekommen, «Gewalt mit Kunst» zu überwinden. Nachdem seine **Friedenstaube** (Pájaro de Paz) am Parque San Antonio Ⓜ **San Antonio** 1995 von Terroristen gesprengt und zahlreiche Menschen getötet wurden, hatte Botero auf jede Bombe mit einer Serie von Bronzen geantwortet. Die Skulptur wurde auf Wunsch des Künstlers im beschädigten Zustand belassen und ist auf diese Weise zum Mahnmal geworden. Insgesamt

Boteros beschädigte Friedenstaube

bevölkern nun zwei Dutzend Skulpturen mit den stets wiederkehrenden Titulierungen: *Mujer - Mujer con fruta - Gato - Eva - Adán - Caballo* den Platz zwischen Carabobo (Cra. 52) und Av. de Greiff (Calle 53) und harmonieren prächtig mit der heimischen Flora aus gelbblühenden Guajakbäumen und Ceibas. Inmitten des Verkehrsgewühls der Innenstadt ist einer der eindrucksvollsten und schönsten Plätze Lateinamerikas entstanden.

Parque da la Luz

Eine Fußgängerzone vom Parque de las Esculturas zum Parque da la Luz Ⓜ Cisneros führt durch eine an den Wochentagen umtriebige Marktgegend. Mit dem Parque de la Luz ist 2005 ein bemerkenswertes Stück innerstädtischer Architektur des 21. Jahrhunderts durch den Architekten Juan Manuel Peláez verwirklicht worden, anstelle der einstigen Plaza Cisneros, benannt nach dem Initiator der Arbeiten für den Ferrocarril de Antioquia (1874)

Francisco J. Cisneros. Geschaffen wurde ein Wald aus spiralförmigen 24 m hohen Lichtkörpern, die in ein Ambiente aus Guadua-Bambus, Springbrunnen und Terrassen eingefügt wurden. Die Beleuchtung aus 2.100 Reflektoren und 170 Bodenstrahlern ist computergesteuert und bildet die Mondphasen ab. Insgesamt betrachtet die postmoderne Interpretation eines fernöstlichen Gartens, bestehend aus künstlichen und natürlichen Bestandteilen. Gegenüber liegt die **Biblioteca Empresas Públicas de Medellín (EPM)**.

Jardín Botánico Joaquín Antonio Uribe

Im 14 ha großen botanischen Garten sind der Orchideenpark (mit dem architektonisch aufregenden Pavillon *Orquídeorama*) und die vielen Dschungelpflanzen sehenswert. Einmal im Jahr findet eine internationale Orchideenschau statt, zudem weitere Ausstellungen, eine Bibliothek, ein Schmetterlingshaus, ein gutes Restaurant und viele Grünzonen, Cra. 52 No 73-298 (El Bosque) www.botanicomedellin.org ⏰ tägl. 9-17 Ⓜ Universidad.

Parque de los Pies Descalzos

Ein viel besuchter, volkstümlicher Park mit einer Anlage, die einem Zen-Garten entspricht mit Bambus, Wasser, Sand und Felsen. Der Name des Parks ist eine Aufforderung zum Barfußlaufen. Anziehungspunkt für Jung und Alt, in dessen Zentrum die Wassersäulen stehen. Hier finden Open Air Veranstaltungen statt, es gibt Cafés und Restaurants. Gegenüber dem Gebäude des Museo Interactivo der EPM, Calle 42B No 55-40 ☏ 380 69 77 Ⓜ Cisneros.

Parque de la Luz

Parque de los Deseos

Im Nordosten der Stadt liegt ein weiterer Themenpark, der dem Wünschen, Träumen und den Erfolgen der Menschheit zu unterschiedlichen Epochen gewidmet ist, verkörpert durch das Modell eines Muisca-Observatoriums, Klangkörper in Muschelform, Sonnenuhren, Sonnensegel und 26 Skulpturen des Bildhauers Eduardo Ramírez Villamizar aus Pamplona. All das soll nach Vorstellung des in Medellín omnipräsenten Auftraggebers EPM dem Zweck dienen, eine Verbindung zwischen dem Universum und dem öffentlichen Versorgungsträger herzustellen. Der Park ist in zwei Zonen unterteilt, eine offene Fläche korrespondiert mit dem Planetarium und dem gegenüberliegenden charismatischen Flachbau der **Casa de la Música**. Freiluft-Kino an den Wochenenden, Calle 71 No 52-30 ① 516 60 05 Ⓜ Universidad.

Parque Arví

Veredas & Piedras Blancas (Santa Elena)

An den östlich gelegenen Hängen des Aburrá-Tales wurde diese schöne und wenig angetastete Waldzone mit Spazier-/Wanderwegen versehen, ein außerordentliches Umweltprojekt u.a. mit Interpretationszentrum und Guías, div. Aussichtspunkten, Schmetterlingshaus (www.parquearvi.org). Der 2010 neu eröffnete 4,6 km lange Metrocable (Linea A) führt in 14 Min. über den Berg direkt in den Park (€ 1,50) ⊕ Mo geschlossen. Zu erreichen über die korrespondierende Linie K (Santo Domingo), die mit dem Metrosystem (Ⓜ Acevedo) verbunden ist.

Monumento a la Raza

Die monumentale 38 m hohe Skulptur aus Zement und Bronze gehört zu den stärksten Arbeiten des Bildhauers Rodrigo Arenas Betancourt. Sie steht auf dem Platz vor der Gobernación von

Antioquia (Sitz der Departementregierung) und beschreibt die Geschichte Antioquias, Calle 44 No 52-165  Alpujarra.

Monumento a la Vida

Eine weitere gigantische in Schnekkenform gestauchte Skulptur von Rodrigo Arenas Betancourt mit einem Gewicht von 975 t und 14 m Höhe aus dem Jahre 1974 hat zwei recht unterschiedliche Interpretationen erfahren. Zum einen soll sie die Fruchtbarkeit und das Streben des Menschen nach der Verbindung von Erde und Kosmos symbolisieren, zum anderen zeige sie den Menschen, der sich in der Anonymität der Großstadt verliert, Plazoleta del Edf. Suramericana de Seguros Ⓜ Suramericana.

Grab Pablo Escobar

Der am 2. Dezember 1993 erschossene Drogenboss Pablo Escobar liegt auf dem Friedhof Cementerio Jardines de Montesacro im Vorort Itagüí. Wer wie ansonsten bei Mafiosi üblich ein Mausoleum erwartet, wird enttäuscht sein. Das Grab des Patrons ziert eine schlichte Marmortafel. Er ist umgeben von Familienangehörigen. Das Areal liegt direkt neben der Einsegnungskapelle Ⓜ Itagüí.

Veranstaltungen & Feste

Weihnachtsbeleuchtung

Vom 7. Dezember bis zum 6. Januar wird die Innenstadt zum Lichtermeer. Die Av. Oriental und die Parks werden geschmückt. Auf dieses Ereignis sind die Medellíner besonders stolz.

Feria de las Flores

Das wichtigste Fest von Medellín findet jedes Jahr während einer Woche im **August** statt. Hauptattraktion ist die **Parade der** *silleteros*, zum Gedenken an die siegreiche Befreiungsschlacht

von Boyacá. 500 Bauern, vorneweg die Abordnung aus Santa Elena, tragen übergroße Holzstühle auf dem Rücken, beladen mit farbenprächtigen Blumenarrangements aus Orchideen, Rosen und Nelken. Jeder Stuhl wiegt etwa 60-70 kg.

Der Umzug erinnert an die harte Arbeit der Vorfahren. In den abgelegenen, bergigen und bewaldeten Regionen Antioquias waren die *silleteros* im letzten Jahrhundert auf vielen Routen die einzigen Fortbewegungsmittel. Die *silleteros* waren die untersten in der sozialen Hierarchie und übernahmen in Antioquia eine Arbeit, die in anderen Regionen des Landes allein von den Indios ausgeführt wurde. Wo Pferde und Maultiere versagten, trugen die meist jungen Männer die Reisenden neun Stunden täglich auf dem Rücken. So eine Reise konnte bis zu 14 Tage dauern. Die *silleteros* quälten sich barfuß mit dem Edelmann auf dem Rücken und der Machete in der Hand über schlammige Dschungelpfade. Das Beförderungsentgelt richtete sich nach dem Körpergewicht des Gastes, und ein jeder Reisende wurde vor Antritt

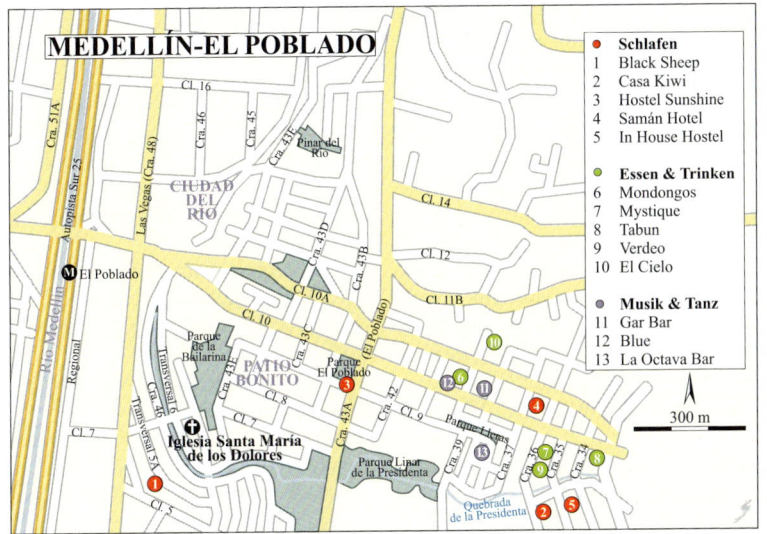

MEDELLÍN-EL POBLADO

●	**Schlafen**
1	Black Sheep
2	Casa Kiwi
3	Hostel Sunshine
4	Samán Hotel
5	In House Hostel

●	**Essen & Trinken**
6	Mondongos
7	Mystique
8	Tabun
9	Verdeo
10	El Cielo

●	**Musik & Tanz**
11	Gar Bar
12	Blue
13	La Octava Bar

300 m

der Tour gewogen. Viele *silleteros* trugen mehr als ihr eigenes Körpergewicht, und wer sich den Knöchel oder das Bein brach, wurde auf dem Weg liegen gelassen.

Festival Internacional de la Poesía

Die Poesie wird groß geschrieben in Medellín. Dichterlesungen füllen hier Fußballstadien. Jedes Jahr, eine Woche im Juni/Juli kommen Dichter/innen aus aller Welt hier zusammen www.festivaldepoesiademedellin.org

Atlético Nacional de Medellín

Der beliebte und traditionsreiche Fußballverein und mehrfache Landesmeister trägt seine Heimspiele ebenso wie der kleinere Ligakonkurrent **Independiente** im 45.000 Zuschauer fassenden **Estadio Atanasio Girardot** aus www.atlnacional.com.co Ligaspiele zumeist am Sonntag, Anstoß ⏱ 15.30 Ⓜ **Estadio.**

Märkte

Mercado de San Alejo (Centro) jeden ersten Samstag im Monat ist Kunstgewerbe- und Flohmarkt auf dem Parque Bolívar, für Keramiken, Leder, Holzarbeiten, Gemälde, Körbe etc., ein Volksfest mit Tanz und Musikgruppen. **Mercado Junín** (Centro), Av. Junín, täglicher Flohmarkt von ⏱ 9-17, für Mitbringsel vom T-Shirt bis zu typischen Regionalprodukten, die Ausstattung, um wie ein/e richtige/r Paisa auszusehen. Hut (aus Aguadas), Poncho, Carriel (Paisatasche) und vieles mehr.

Schlafen

Das Angebot an Unterkunftsmöglichkeiten in Medellín ist breit gefächert. Die besseren Hotels und die neu entstandenen Traveller-Guesthäuser liegen zumeist im Nobelstadtteil El Poblado. Einige Top-Hotels liegen weit außerhalb der Stadt in der Nähe des internationalen Flughafens (Rionegro)

Palm Tree Hostal, Cra. 67 No 48D - 63 ⏱ 260 28 05 www.palmtreemedellin.com 3 Blocks von der Ⓜ Suramericana, freier Kaffee, Küchenbenutzung, Kabel-TV, Internet, Waschgelegenheiten, heißes Wasser, Dorm € 6, Zimmer mit Privatbad € 10/12.

Hostal Casa Kiwi, Cra. 36 No 7-10 ☏ 268 26 68 www.casakiwi.net wenige Blocks vom Ausgehviertel um den Parque Lleras entfernt, gemütliche teils ausgelassene Wohngemeinschaftsatmosphäre, Küchenbenutzung, Großbildfernseher, Poolbillard, WiFi, ab € 8,75 p. P. im 4er Dorm mit Stockbetten, Einzel-Doppelzimmer ohne/mit Privatbad € 17/22(2)/ 26/31(2).

Hostal Black Sheep, Transversal 5A No 45-133 ☏ 311 15 89 www.blacksheepmedellin.com fünf Minuten von der Ⓜ Poblado entfernt, liegt dieser beliebte Travellertreff unter neuseeländischer Leitung, große Küche, Internet, Infocenter, Spanisch-Unterricht, bequeme Betten, Dorm mit 4/6/8-Betten, außerdem drei Doppelzimmer und ein Einzelzimmer ohne /mit Privatbad, € 8,75 p.P. /25-33(2).

Sunshine Hostel, Calle 9 No 43C-36 ☏ 582 03 05 sunshinemedellin@ hotmail.com nahe Ⓜ Poblado, wenige Schritte vom Parque Lleras, der Preisbrecher in El Poblado, 2 m-Betten, heiße Duschen, Küchenbenutzung, WiFi, Chill Out Zone mit Hängematte, Dorm € 7,50, Doppelzimmer ab € 24, beliebter Treff für BBQ.

Samán Hostel, Calle 10 No 36-24 ☏ 581 89 08 www.samahostel.com Ⓜ Poblado, kleines, freundliches und hilfsbereites Hostel, sauber, charmant und nahe der Barszene, Internet, Wäscheservice, freier Kaffee, Dorm € 8,75 p.P.

In House Hostel, Cra. 34 No 7-109 www.inhousethehotel.com kleines Boutiquehotel mit Südostasien- und Businesstouch, helle großzügige Zim-

mer, attraktive Bäder, Minibar, WiFi, Wäscheservice, inkl. Frühstück, € 60/ 68(2).

61 Prado, Calle 61 No 50A-60 ☏ 254 97 43 www.61prado.com Ⓜ Prado, zentral gelegenes, ansprechendes Gästehaus mit vielen Annehmlichkeiten, Kabel-TV, Wäscheservice, WiFi, Küchenbenutzung,

Dachterrasse mit Panoramablick über Medellín, Restaurant, Einzel/ Doppel/Juniorsuite mit Privatbad, € 21/31/41.

Hotel Botero Plaza, Calle 44 No 68A-10 ☏ 511 21 55 www.hotelboteroplaza.com Ⓜ Parque Berrío, das einfache Mittelklassehotel im Zentrum hat eine ansprechende Lobby, die Zimmer sind in Ordnung, ruhig, wenn auch etwas teuer, Privatbad, Internet, inkl. Frühstück, € 67/77.

Hotel Nutibara (Conference Plaza), Calle 52A No 50-46 ☏ 511 51 11 www.hotelnutibara.com Ⓜ Parque Berrío, der Klassiker in Medellín war in den 1970er Jahren mal top und versucht jetzt durch Zentrumsnähe und attraktive Preisgestaltung wieder mitzuhalten. Geräumige Zimmer, Restaurants, Pool, Reisebüro etc. ab € 50-65 p.P.

Hotel Intercontinental, Calle 16 No 28-51 www.ichotelsgroup.com im Grünen oberhalb des Zentrums von El Poblado, Pool, Tennisplatz, Bar, Diskothek, großzügige Zimmer mit Weitblick über die Stadt, bei Online-Buchung ab € 78.

Movich Las Lomas Hotel, das Spitzenhotel liegt drei Minuten vom Flughafen entfernt und 35 Autominuten vom Zentrum Medellíns ☏ 0180 00 95 50 50 www.movichhotels.com ab € 150(2).

Buddha Hostel, Calle B Sur 51-121 ☏ 279 51 52 www.buddhahostel.com

Überall Botero

Boutique Hostel im Grünen, 10 Min. von der Endstation Ⓜ Itagüí, neue Betten und Bäder, familiäre Atmosphäre, ortskundiges, hilfsbereites Management, Einzel- € 24-37, Doppelzimmer € 28-42, Dorm 8,50-11.

🍴 Essen & Trinken

Die Restaurants in Medellín bieten regionale, nationale und internationale Küche. Das typische Gericht aus Antioquia ist der *plato tipico*, auch *bandeja paisa* oder *plato montañero* genannt. Das ist eine deftige Mahlzeit aus Bohnen, Reis, Hackfleisch, Schweineschwarte, Würstchen, gebratener Banane, Avocado, Maisarepa und obenauf ein Spiegelei. Das mutet auf den ersten Blick für den Europäer ungewohnt heftig an, dennoch ist es ein äußerst schmackhaftes Essen. Zum Nachtisch gibt es *mazzamorra antioqueña*, Mais in süßer Milch, *panela* oder *arequipe con queso*. Diese Gerichte gibt es beim Imbiss um die Ecke ebenso wie in den exquisiten Restaurants in Enviga-

do und El Poblado, nur die Größe der Portionen variiert. Die Sektoren El Poblado, Zona Rosa, Los Laureles bieten die größte Auswahl an aktuell angesagten Restaurants sowie Bars und Diskotheken. Das Zentrum des Geschehens ist entlang der Calle 10 und am Parque Lleras. Traditionelle Antioquia-Küche ist ebenso vertreten wie internationale Küche.

Typische Paisagerichte in Restaurants mit gehobenem Niveau sind das **Hato Viejo las Palmas**, Calle 16 No 28-60 ☎ 268 68 11, gegenüber dem Hotel Intercontinental in Los Laureles, mit Livemusik lokaler Gruppen am Wochenende und **Hato Viejo del Centro**, Cra. 49 No 52-170 ☎ 251 21 96.

Salvatierra, Calle 16 No 28-170, in einer vormaligen historischen Hazienda mit ländlicher Einrichtung, traditionelle und internationale Küche. **La Fonda del Pueblo**, im Paisa-Dorf, Cerro Nutibara ☎ 265 60 85.

Gute Steaks und *plato montañero* serviert das **Los Ochenta**, Cra. 81 No

Botero in der Metro

30-7. Weitere gute Grillrestaurants (Asaderos) entlang der «Ochenta» (Cra. 81) zwischen Los Laureles und Belén.

In der **Pasaje Junín**, Fußgängerzone zwischen dem Parque Bolívar und der Calle 52, findet man Selbstbedienungsrestaurants sowie Mittelklasserestaurants mit der typischen Paisaküche und das gute Frühstücksrestaurant **Salon Versalles**, Cra. 49 No 53-39. Günstiges Mittagessen gibt's in der Cra. 45 zwischen Calle 52 und 54, Snacks an den Ständen im Parque Bolívar, *empanadas, chorizos con arepa, chuzoz de carne* oder *choclo con queso*. Schnellimbisse sind hier ebenfalls vertreten. Mitten im Zentrum und sehr regionaltypisch mit Volksmusik und deftiger Paisaküche ist das Restaurant **Los Toldos**, Calle 54 (Caracas) No 47-11. Kontrastierend dazu erscheint **Govinda's**, Calle 51 (Boyacá) No 52-17, mit einem reichhaltigen vegetarischen Buffet zur Mittagszeit, rechtzeitig erscheinen, sonst ist das Essen kalt!

Mondongos, Calle 10 No 38-38 (El Poblado) www.mondongos.com.co Herzstück des insbesondere an Sonntagen beliebten Familienrestaurants mit einem Ableger in Miami für die heimatverbundene Exilgemeinde ist die Sopa de Mondongo ('Kuddelsuppe') mit Arepa mit der jedes opulente Paisa-Mahl beginnt.

Mystique, Cra. 33 No 7-55 ☎ 311 82 21 (El Poblado), internationale Küche in angenehmem Ambiente, auf der Karte stehen ausgesuchte Weine und Gerichte wie *foie gras*, Rindermedaillons in (Malbec-) Rotweinsoße, Thunfisch Carpaccio, Entenbrust in traditioneller oder kreativ-moderner Zubereitung.

Tabun, Cra. 33 No 7-99 (El Poblado) www.eltabun.com arabisch-türkische Bistroküche mit Humus, Mazza, Lammhackspießen. An den Wochenenden heizen Bauchtänzerinnen ein.

Verdeo, Cra. 35 No 8A-3, ein vegetarisches Restaurant, in dem fleischlose Kost nicht nur aus Beilagen besteht, sondern als vielfältige Basis der Ernährung verstanden wird, unterschiedliche Salate, Vegiburger, Ravioli, Tofu-Gerichte und vieles mehr.

Etwas besonderes ist das Restaurant **El Cielo,** Cra. 40 No 10A-22 (El Poblado) ☎ 268 30 02. Wem es vor Schließung des El Bulli von Ferran Adriá nicht mehr gelungen war, einen Tisch zu ergattern, kann es stattdessen hier versuchen und sich den Molekular-Experimenten des engagierten Kochs Juan Manuel Barrientos anvertrauen. Der gelernte Ingenieur gebietet allerdings nicht wie der Katalane über Heerscharen von Assistenzköchen, sondern betreibt das kleine Restaurant zusammen mit seiner Mutter.

In Situ im Jardín Botánico, Calle 73 No 51D-14 ☎ 444 55 00, mit Blick in den botanischen Garten genießen die Gäste die Fusionsküche von Chefkoch Óscar Óñima, der seine Kreationen mit frischen Kräutern aus dem eigenen Garten anreichert, *cerdo a la panela* oder Kassler an Tamarindensauce heißen die Kreationen, Mittagstisch, abends à la carte ◷ Sa/So 9-15 Brunch, am Tage Lounge-/ am Abend elektronische Musik.

Herbario, Cra. 43D No 10-30 (El Poblado) ① 311 25 37 www.elherbario.com Chefkoch Rodrigo Isaza bietet Fusionsküche mit frischen Kräutern. Die Karte ist klein, aber exquisit, das Ambiente entspricht neuestem Design mit doppelter Raumhöhe, einem langen Tresen und einer Empore mit Chillout.

🎵 Musik & Tanz

Das Nachtleben in Medellín ist abwechslungsreich und ausgelassen, zumal am Wochenende. Man sollte es jedoch nicht unbedingt um den Parque Bolívar suchen und dort in einer **Heladería** versacken. Da wird kein Speiseeis verkauft, sondern Rum und Aguardiente. Kneipencafés sind zahlreich im Innenstadtbereich. Sie sind klein, gemütlich und entbehren dem neonbeleuchteten Plastikschalenschick der letzten übrig gebliebenen Eckkneipen von Bogotá. Das Nachtleben verteilt sich auf unterschiedliche Zonen. In Zentrumsnähe belebt die (Kunst-) Szene den kleinen **Parque Periodista**, oft vor der Tür der Bars und Lokale. Im **El Acontista**, Calle 53 No 43-81 (Maracaibo) www.elacontista.com sind die Jazzabende am Montag angesagt, ansonsten trifft man Intellektuelle in ein Buch vertieft, beim Kaffeetrinken oder bei angeregter Diskussion, es sei denn, es findet gerade eine Lesung im Buchladen im Obergeschoss statt.

Entlang der **Cra. 70** zwischen Circular 1 und Av. San Juan erstreckt sich die populäre Amüsiermeile der Stadt. Mehrere **Salsatheken**, ambulante Fressbuden und wandernde *mariachis* sorgen für Unterhaltung.

Die (auch kommerziell) bedeutendste Ausgehzone liegt im Stadtteil **El Poblado**, schwerpunktmäßig um den **Parque Lleras** (das Herzstück von El Poblado) und die in Kolumbien schon fast obligatorische und an El Poblado angrenzende **Zona Rosa**. Die aktuell angesagten Clubs wechseln regelmäßig. An der Calle 10 liegen einige In-Diskotheken. International bekannte DJs wie Carl Cox haben in Medellín ihre Spuren hinterlassen, und Mistress Barbara und andere legen regelmäßig House (masivo) oder Techno auf. Auch in den Nachbargemeinden Envigado, Sabaneta, Itagüí, Caldas, Copacabana und Llanogrande ist einiges los.

Gar Bar, Cra. 39 No 8-58 (Parque Lleras), Musiklokal, Trinken, Tanzen, Leute treffen. **La Octava Bar,** Calle 8 No 37A-49 (auf der gegenüberliegenden Seite des Parque Lleras), Rockbar mit einigen Außentischen, Tresen und Tanzraum, Gringo-Treffpunkt und Start in die Nacht. Einige Blocks entfernt **El Pub de Octavia**, Salsa und Rockmusik.

Das **Blue** (El Poblado) gehört noch zur alten Garde und spielt viel Salsa und Merengue, Calle 10 No 40-20 ① 266 30 47.

Mangos, Cra. 42 No 67A-151 ① 277 61 23 www.discotecamangos.com Großraumdisko in Itagüí mit mehreren Sälen, Bühnen und VIP-Bereich, Tanzbeautys heizen die Stimmung an. Vorherrschende Musikrichtung ist Crossover, in Flower-Power-Nächten wird 70er Jahre Musik aufgelegt. Unübertroffene Highlights im Veranstaltungskalender sind das Oktoberfest und die

ANTIOQUIA & ZONA CAFETERA

Halloween-Party! ⊕ Do/Fr/Sa 22-3.

Forum, Cra. 45 No 72-115 www.forumcolombia.com ein Techno-Club mit unregelmäßigen Öffnungszeiten und heißen Tanznächten, ebenfalls in Itagüí.

Vinacure, Av. Caracas No 63-32, ist ein verrückter Laden und liegt im südlichen Vorort Caldas (Barrio *Tablaza*), weit weg vom Zentrum, am besten zu erreichen mit dem Taxi oder mit der Metro bis zur Ⓜ Itagüí und von dort mit dem Taxi ans Ziel. Der Name bedeutet auf Quechua «Glühwürmchen» und ist eine Mischung aus schräger Design-Diskothek, Galerie, Showroom und (Table-)Dance Bar, beliebt für Themenparties (Halloween!), Statuen und Reliquien verteilen sich in den Räumlichkeiten. Der Erfinder und Gestalter der Bar, Germán Arrubla, ist Bildhauer und hat das Nachtleben der Stadt um eine besondere Note bereichert. Breit gefächertes Musikrepertoire von klassischer Rockmusik bis World Music, Samstagnacht-Show ab ⊕ 23.

Tango

Medellín ist eine bedeutende **Tangohochburg** außerhalb von Buenos Aires. Tangokönig Carlos Gardel starb hier bei einem Flugzeugunglück am 24. Juni 1935. Ein Haus, ein Denkmal, eine ganze Straße, Av. Carlos Gardel (Cra. 45), ist ihm im Stadtteil **Manrique** gewidmet. Hier lebt der Tango, die traditionelle Musik dieser Stadt, die Musik der Nostalgie, der Liebe und der Einsamkeit. Hier gedenkt man dem Sänger jedes Jahr an seinem Todestag zur Todesstunde ⊕ 4.58. Die Bronzestatue des Sängers steht bereits seit 1968. Die **Casa Gardeliana**, Cra. 45 No 76-50 ⊘ 212 09 68 Ⓜ Universidad, ist eine Fundgrube für den Tangofreund, ein kleines Museum mit Me-

morabilia, Fotos aus der Blütezeit des Tango, die Reisekiste Gardels und der Friseurstuhl, auf dem sich der Meister frisieren ließ. Erlernen lassen sich die ersten Schritte und Figuren in der Gruppe (Kursus € 9) oder beim Einzelunterricht (Std. € 18). Am letzten Freitag im Monat wird im ganzen Viertel Tango getanzt (**Tangovia**).

El Patio del Tango, Calle 23 No 58-38 (Trinidad) ⊘ 351 28 56 www.patiodeltango.com Ⓜ Industriales, Tanzlokal mit Tangoshows und Livemusik an Fr/Sa ab ⊕ 22 (Reservierung) bei intimer Clubatmosphäre, auf der Speisekarte stehen argentinischer Rotwein und saftige Steaks. Der Laden befindet sich nur einen Steinwurf vom Absturzort der Unglücksmaschine Carlos Gardels entfernt beim Flughafen Olayo Herrera.

Theater & Kino

Das größte Theater und der Sitz des Sinfonieorchesters Antioquia ist das **Teatro Metropolitano** für 1600 Besucher, Calle 41 No 57-30 ⊘ 232 85 84.

Viele der kleinen Theater mit den Nachwuchsensembles befinden sich im Künstlerviertel La Candelaria.

Pequeño Teatro, Cra. 42 No 50A-12 (Cordoba /La Playa) ⊘ 239 39 47, Vorstellungen ⊕ Mi-Sa 20. Das Boulevard-Theater existiert seit 1975 und wurde zum *patrimonio cultural* erklärt.

Teatro Exfanfarria, Calle 50 B No 39-36 ⊘ 217 83 64 www.exfanfarria-teatro.org Das Exfanfarria-Theater ist auch Kneipencafé und beliebter Treffpunkt für Bohemiens.

Teatro Fanfarria, Cra. 84 No 42C-54 ⊘ 250 92 30, beherbergt die andere Hälfte des Ensembles.

Cine, im Parque Cultural MAMM Ciudad del Río, Cra. 44 No 19A-100 ⊘ 444 26 22.

ANTIOQUIA & ZONA CAFETERA

Blick aus der Biblioteca de España über Medellín

Teatro Lido, Cra. 48 No 54-20 (Parque Bolívar) ① 251 53 34, renoviertes Theater, das jetzt 'Gratis-Kultur' anbietet, Theaterstücke, Musikfestivals, Filmvorführungen.

Stadtverkehr

Die Fortbewegung mit dem Bus ist für Besucher nicht wirklich interessant, da mit Metro/Metrocable ein orientierungseinfaches, günstiges und schnelles Transportmedium zur Verfügung steht. Die meisten Stadtbusse starten ihre Routen in der Avenida Oriental.

Metro & Metrocable

Seit 1996 ist die neue Metro (Hochbahn) in Betrieb. Die Metro ist ein schnelles, sauberes Transportmittel, zudem ein ideales Erkundungsmedium für die Stadt. Aus der Höhe eröffnen sich ganz neue Blicke auf die Stadt, insbesondere auf einige Gebäude, die auf Straßenhöhe eher unscheinbar oder versteckt bleiben. Die Metro ist von ⊙ Mo-Sa 4.30-23 u. So 5-22 in Betrieb, Ticketpreis € 0,70. Angefangen hat es mit zwei Linien und 24 Stationen. **Linie A** verläuft parallel zum Río Medellín von Nord nach Süd, Länge 23,2 km. **Linie B** hat ihren Ausgangspunkt am Parque Berrío und führt in den Stadtteil San Javier, Länge 5,6 km, von dort ist die **Linie J** nach **La Aurora** 2008 hinzugekommen. Die Südausdehnung der Linie A von Itagüí nach **Sabaneta** und **La Estrella** wurde 2013 in Betrieb genommen. Im Jahr 2004 wurde der **Metrocable** (**Linie K**) eingeweiht, eine 2 km lange Seilbahn mit Gondeln, die an das Metrosystem bei **Acevedo** angeschlossen ist und den Bewohnern der *comunas* 1 und 2 (300.000 Einwohner) im Nordosten der Stadt einen Verkehrsanschluss beschert hat. Erweitert wurde der Metro-

cable von dort 2010 um das längste Einzelstück (4,8 km) zur **Estación Arví,** dem Eingang zum gleichnamigen Naturpark (**Linie L**).

🚌 Medellín hat zwei Busbahnhöfe, **Terminal del Norte** und **Terminal del Sur.**Die beiden Busbahnhöfe sind modern, übersichtlich und sicher. Es gibt eine Touristeninformation, Gepäckaufbewahrung, Restaurants und Läden. Vom Terminal del Norte, Autopista Norte Ecke Calle 78 Ⓜ Caribe (Taxi vom Zentrum € 3,50) fahren die Busse u.a. zur Karibikküste, Bogotá, Bucaramanga und Caracas (Venezuela) ab. www.terminalesmedellin.com/destinos

Die wichtigsten Busverbindungen sind:

Bogotá, Bolívariano, Expr. Brasilia u.a. stdl. 8½ Std. € 26. **Bucaramanga,** Copetrán, Bolivariano u.a. 8 Std. € 35. **Cartagena,** Bolívariano, Copetrán u.a. stdl. 12 Std. € 56. **El Peñol** (Guatapé, San Rafael), Sociedad Transportadora El Peñol, Mo-Fr, zwei vormittags/nachmittags, am Wochenende ständig, 2 Std. € 4,50. **Puerto Berrío,** Transsander, stdl. 4 Std. € 12. **Santa Marta,** Expr. Brasilia, stdl. (über Barranquilla), 16 Std. € 58. **Santa Fe de Antioquia,** Gomez Hernández, Sotrauraba, stdl. 2 Std. € 4,50.**Turbo,** Cootranssuroccidente, Gómez Hernández, Nachtbusse, 9 Std. € 30.

Seit 1995 ist der **Terminal de Transportes del Sur** in Betrieb Ⓜ Poblado. Taxi von El Poblado € 2,50. Er liegt vis à vis zum regionalen Flughafen *Olaya Herrera*. Von hier starten die Busse nach Süden, Manizales, Cali, Ecuador und nach Quibdó (Chocó).

El Retiro, Sotra Retiro, 1½ Std. € 2,50. **El Jardín,** Rápido Ochoa u.a. 3½ Std. € 6. **La Ceja,** Transp. Unidos la Ceja, 2 Std. € 2,50. **Armenia,** Flota Oc-

ANTIOQUIA & ZONA CAFETERA

cidental, Arauca, stdl. 5 Std. € 16,50.
Pereira, Arauca u.a. 5 Std. € 15. **Manizales**, Arauca u.a. stdl. 4. Std. € 15.
Cali, Bolívariano, Arauca u.a. 9 Std.
€ 22. **Quibdó**, Rápido Ochoa, 12 Std.
€ 24.

✈ Medellín hat zwei Flughäfen. Der
kleine Regionalflughafen *Aeropuerto
Olaya Herrera*, von dem abzufliegen
immer mit Nervenkitzel verbunden ist,
liegt inmitten der Stadt. Hier schwingen sich die kleinen Maschinen, die
Dashs, Twinotters und die letzten noch
einsatzfähigen antiken DC-3 in die Lüf-
te. Die wichtigsten Flugziele sind
Quibdó, Bahía Solano, **Turbo (Apartadó) Capurganá** mit ADA, Satena
und einigen regionalen Chartern.

Der internationale Flughafen *Aeropuerto José María Córdoba* liegt 35
km außerhalb der Stadt auf dem Weg
nach Rionegro. Da im engen Aburrátal
kein Platz mehr war, wurde in den
1980er Jahren dieser Flughafen auf
die grüne Wiese gesetzt. Der Flughafen
hat eine 350 m lange Wartehalle mit
einer gebogenen, außergewöhnlichen
Acryl-Aluminium Kuppel. Um Gewer-
bebetriebe anzusiedeln, erklärte man
Rionegro mit dem Flughafen zur Freihandelszone. Im Flughafen befinden
sich eine Touristeninformation, Touristenpolizei und eine Bank mit ATM. Regelmäßiger **Shuttlebus** ins Zentrum,
Abfahrten von dort hinter dem Hotel
Nutibara, **Taxi** nach El Poblado € 25.
Flugverbindungen mit Avianca, Lan
Colombia und anderen Anbietern nach
Bogotá, Cartagena, Cali, San Andrés
und mit Copa täglich nach **Panama**.

Die Umgebung von Medellín

Nördlich von Medellín liegt die frühere koloniale Hauptstadt der Provinz
Santa Fe de Antioquia, ein tropisches
Kleinod auf 550 m, auf der Straße die
durch den Túnel de Occidente führt, in
nunmehr 1 Std. zu erreichen. Erst wenig bekannt aber ein attraktives Terrain für Abenteurer ist der **PNN Las
Orquideas.**

Der **Süd- und Nordosten** von Medellín ist die Wiege des antioquenischen Traditionalismus. Das Gebiet um
**Rionegro, El Retiro, La Ceja, Carmen
de Viboral, Sonsón** und **Guatapé** ist
mit der Hauptstadt über gute Straßen
verbunden und lässt sich leicht in 1-2
Tagen erkunden. Diese 'grüne' Region
liegt 2200 m über dem Meeresspiegel,
eingebettet in sanft gewellte Hügel
und erinnert an eine deutsche Mittel-
gebirgslandschaft. Es ist eine beschauliche Idylle mit liebevoll gepflegten
Gartenanlagen und beschnittenen
Bäumchen. Wie Farbkleckse in einem
naiven Bild sind die typischen Land-
häuser verstreut. Die langen, tiefgezo-
genen Dächer liegen auf schlanken,
karminroten Holzsäulen. Dazwischen
hängen Begonien in Blumenschalen.
Auf den Weiden grasen Holsteiner Kü-
he.

Die Dörfer sind sauber und nett
herausgeputzt. In diesen Puppenstu-
bendörfern suchen die Städter aus Medellín die heile Welt. Die Gegenstände
aus Großmutterszeiten werden sorgfältig gepflegt und bewahrt, denn in
diesen Dingen findet der Antioqueño
seinen Seelenfrieden. Diese Orte sind
beliebte Ausflugsziele am Wochenende, dann ist es schwer, ein Hotelzimmer zu finden, und die Preise verdop-

peln sich. Auf den nicht asphaltierten Straßen, die in den äußersten Süden Antioquias und den Norden von Caldas führen, ist auch noch die 'chiva' im Einsatz, das traditionelle Gefährt des ländlichen Kolumbiens. Die Landschaft ist zerklüftet durch das tiefe Tal des Río Cauca und seiner Nebenflüsse. Da werden die Fahrten zum spannenden Erlebnis. In Richtung **Osten** führt die gut ausgebaute Nationalstraße 62 hinab ins heiße Tal des Río Magdalena nach **Puerto Berrío** mit Anschluss nach Barrancabermeja im **Magadalena Medio** und die Nationalstraße 60 zum **Río Claro** und zur **Hacienda Napoles**.

Santa Fe de Antioquia

550 m, 27°C, 24.000 Einwohner ② 4

Einige Kilometer hinter dem Tunnel, der die nordwestliche Barriere der Berge um Medellin auf der Nationalstraße 62 in Richtung Turbo durchbricht, liegt die für Antioquia typische Kleinstadt **San Jerónimo**, beliebt bei Ausflüglern wegen der tropischen Vegetation und der Wärme, daher gibt es eine Vielzahl an Wochenend- und Freizeithotels mit Swimmingpool, Jacuzzi, Spa und Restaurant. Etwas weiter und 78 km von Medellín entfernt liegt Santa Fe de Antioquia (kurz 'Antioquia'). Gegründet wurde die Stadt 1541 durch Jorge Robledo, einem Hauptmann Belalcázars. Robledo kam von Süden, wo sein Vorgesetzter soeben Cali und Popayán gegründet hatte. Begleitet von 40 Soldaten schlug er sich bis hierher durch. Untreue und Verrat waren an der Tagesordnung, und die Rivalität unter den Erstentdeckern groß. Robledo dachte nicht daran, nach Süden zurückzukehren. Er suchte die Küste, die er nicht weit entfernt im Norden vermutete. Dort ließ ihn der Gouverneur

von Cartagena, Pedro de Heredia, verhaften und nach Spanien ausweisen. 1546 kehrte Robledo mit dem Titel des Mariscal zurück. Seinem Freund und Nachfolger, Gaspar de Rodas, gelang es, Antioquia von der Vorherrschaft Popayáns zu befreien und zur Provinzhauptstadt zu machen, die es bis 1826 blieb. 1813 erklärte Juan del Corral die Unabhängigkeit Antioquias von Spanien.

Die älteste Stadt Antioquias ist in ihrer kolonialen Struktur beinahe vollständig erhalten. Doch unterscheidet sich die Architektur von der des spanischen Mutterlandes durch den Gebrauch regionaler Baumaterialien und den typischen antioquenischen Holzschnitzarbeiten an Fenstergittern und Portalen.

Sehenswürdigkeiten

Die zumeist zweistöckigen Häuser werden in der Mehrzahl getragen von einem Sockel aus Flusssteinen. Schatten findet man in einer Handvoll Parks, von denen der Parque Santa Bárbara und der Parque de la Chinca die schönsten sind. Santa Fe de Antioquia hat mehrere Kirchen aus unterschiedlichen Stilepochen. Am interessantesten ist die **Iglesia Santa Bárbara**. Sie weist die klassische Dreiteilung der Fassade aller Jesuitenkirchen auf, ist jedoch gedrungen, und die Eingangsportale werden von Zwillingssäulen geschmückt. Die Kirche wurde erst nach Vertreibung der Jesuiten Ende des 18. Jahrhunderts fertiggestellt. Die beim Bau verwendeten Fluss- und Ziegelsteine unterstreichen den regionalen Charakter, Calle 11 Cra. 8 ⊕ täglich 17-18.30, So-Messe.

Weitere Kirchen sind die **Kathedrale** (Catedral Basílica) im neoklassizistischen Stil mit Anleihen an den Mestizenbarock, Plaza Mayor ⏱ Früh-/Abendmesse/11 So-Messe, die 'La Chinca' (Nuestra Señora de Chiquinquirá) und die kleine **Iglesia Jesus Nazareth**, neben der sich das **Museo Francisco Cristóbal Toro** für religiöse Kunst befindet, Calle 11 No 8-12 ☎ 853 23 45 ⏱ Sa/So 10-12 u. 13-17.

Der **Palacio Municipal** am Parque Juan del Corral, benannt nach dem ersten Präsidenten der Republik Antioquia, stammt aus dem 18. Jh. Das **Museo Juan del Corral** ist ein typisches Kolonialhaus und zeigt Landkarten, Haushaltsgegenstände, Mobiliar und Kirchenkunst aus den Gründertagen der Republik. Zentralstück des Museums ist der Tisch, an dem die Unabhängigkeitsurkunde 1813 unterzeichnet wurde. In die Mauern dieses Hauses hat sich eine Kopie des Bittbriefes von Miguel de Cervantes, dem Schöpfer des «Don Quichotte» verirrt, in dem er die königliche Verwaltung darum bittet, Schiffszahlmeister in Cartagena zu werden, Calle 11 No 9-77 ☎ 853 46 05 ⏱ 10-17, Mi geschlossen.

Gegenüber des Museums ist ein besonders schönes Beispiel antioquenischer Architektur, die **Quinta de la Amargura**. Ein weiteres, bemerkenswertes Exemplar ist die **Casa Negra**, die ihren Namen den schwarzen Türen und Fensterläden verdankt, Calle 9 No 7-88. In Santa Fe de Antioquia gibt es Goldschmiedewerkstätten, in denen filigrane Schmuckstücke gefertigt werden, Werkstätten in der Calle la Mocha (Calle 9). Sechs Kilometer außerhalb der Stadt überspannt die **Puente de Occidente** (Brücke des Westens) den Caucafluss, die älteste Hängebrücke Kolumbiens, 291 m lang und 1887 erbaut. Mototaxis fahren Besucher aus dem Ort hin- und wieder zurück, € 5,25.

Service

ℹ️ **Touristeninformation** im Palacio Municipal an der Plaza Mayor ☎ 853 41 39 ⏱ 8-12 u. 14-18. 🏧 **ATM** der Banco Agraria, Calle 9 No 10-51.

🛏️ 🍴 Schlafen & Essen

Viele Unterkünfte und Restaurants liegen im Herzen der Altstadt. Hotels im Fincastil verteilen sich in der Umgebung, insbesondere in Richtung San Jerónimo. Am Wochenende kann es voll werden, in der Woche ist nicht viel los, und die Hotels geben Rabatte.

Hostal Plaza Mayor, Plaza Mayor ☎ 853 34 48, ein Kolonialhaus mit feinen Zimmern mit a/c, WiFi, zum unschlagbar günstigen Preis, € 9 p.P. Dazu einen Pool und Fahrradverleih.

Hotel Caserón Plaza, Plaza Mayor ☎ 853 20 40, ein Kolonialhaus mit Charme und individuell gestalteten großen Zimmern, Bad, WiFi, Pool und Patio, im Untergeschoss mit Vent. € 23/42(2), im Obergeschoss mit a/c, Minibar € 61/77.

Hotel Mariscal Robledo, Cra. 12 No 9-70 ☎ 853 15 63 www.hotelmariscalrobledo.com großzügiger Kolonialbau mit Pool an dem schönen Parque de la Chinca. 36 geräumige Zimmer mit Bad, a/c, Kühlschrank, Kabel-TV, WiFi, Restaurant, Gratis-Fahrradverleih, inkl. Frühstück ab € 55 p.P.

Das allseits empfohlene Restaurant **La Comedia**, Calle 11 No 8-03, am Platz vor der Iglesia Sánta Bárbara, wartet mit kreolischen Gerichten auf und ist der ideale Ort für ein kühles Bier oder eine Cava.

🚐 Mikrobusse von Sotraurabá fahren stdl. bis ⏱ 19 von der Plaza nach Medellín (Terminal del Norte), € 4,50. Zudem Busse nach Turbo und Urrao (> PNN Las Orquídeas) mit Rápido Ochoa.

Orchidee

PNN Las Orquídeas

Der attraktive Nationalpark, der lange Zeit als heikles Terrain galt, ist noch immer Pionierland. Er liegt zwischen den Gemeinden Urrao, Frontino und Abriaquí, seine Fläche beträgt 320 km² und erstreckt sich von 300 bis über 4000 m. Daher sind beinahe alle Klima- und Vegetationsstufen vertreten. Die Niederungen sind von tropischen Regenwald bedeckt. In den Höhenlagen wachsen Frailejónes, wie die endemische Art *Espeletia urraonensis*. Zu den herausragenden Pflanzen des Parks gehören die annähernd dreihundert Orchideenarten, darunter die Venusfalle *Anguloa* und viele Cattleya-Arten. Unter den Vögeln verdienen der Blauschwanzkolibri, der Cayennekukkuck, der Meißelhacker und der Olivzuser Erwähnung.

Im Park leben verstreute Gruppen der Emberá an den Flüssen Chaquenodá und Mande. Das Land gehörte früher ausschließlich den Katío-Indianern, und der Kazike Toné verteidigte in der Schlacht von Valle Penderisco (1555) die Freiheit und Rechte seiner Leute. Valle Penderisco, Pabón, Gupantal und Chuscal heißen die Regionen, die das große Reich der Katío umfasste. Noch heute findet man Spuren in den dreizehn kleinen *resguardos*, die von Emberá-Katío und Embera-Chamí bewohnt werden. Die Niederschläge sind hoch, bedingt durch die Regenwolken, die vom Pazifik kommen und hier abregnen. Die trockensten Monate sind Dezember bis März. Aktivitäten sind Rafting über die Stromschnellen des Río Penderisco (Klasse III), Canyoning und Trekking über den Páramo de Sol zum **Alto de Campanas** (4080 m), dem höchsten Gipfel Antioqias. **Touranbieter,** Antioquia de Aventura ② (4) 307 10 05 www.antioquiadeaventura.com

Der **Eingang** zum PNN ist die malerische Kleinstadt **Urrao** (1790 m, 30.000 Einwohner, 153 km von Medellín) in der Westkordillere, mit gut erhaltenen Häusern aus der republikanischen Zeit, gruppiert um einen zentralen Platz mit einer Kirche und einigen kolonialen Haziendas in der Umgebung. Das **Heimatkundemuseum** präsentiert eine Orchideensammlung mit über 300 verschiedenen Exemplaren. Im Januar wird die **Fiesta Kazike Toné** gefeiert. Im Ort gibt es einige kleine und einfache Hotels. 10 Min. vom Stadtkern entfernt im Grünen liegt die geräumige **Finca Hotel Paraíso** ② (4) 254 91 91, Zimmer mit Privatbad, Kabel-TV, Pool, Restaurant, € 15 p.P. mit Halbpension.

🚌 Nach Medellín mit Rápido Ochoa und regionalen Anbietern, 4 Std. € 6.

Embalse Guatapé & El Peñol

2000 m, 19°C, 25.000 Einwohner ② 4

Der Stausee von Guatapé ist ein beliebtes Ausflugsziel am Wochenende und zwei Std. bzw. 77 km östlich von

Medellín. Am Ufer des Stausees, der auch das «Meer von Antioquia» genannt wird, liegen die beiden Gemeinden El Peñol und Guatapé. Hauptattraktion ist die **Piedra de El Peñol**, ein monumentaler, fast 200 m hoher Granit. Die Gletscher der letzten Eiszeit haben diesen überdimensionalen «Hinkelstein» hier zurückgelassen. Die Menschen unserer Tage haben 644 Treppenstufen hineingeschlagen, damit alle einen Blick auf den Stausee von Guatapé haben mit seinen Segel-, Ruder-, Tret-, Motorbooten und Jet Skis und die herrlich grüne hügelige Landschaft in der Ferne, Aufstieg € 3,50. **Bootstouren** vom Malecón in Guatapé besuchen La Cruz, Überreste der früheren Kirche des überfluteten ehemaligen Ortes El Peñol und die Isla de las Fantasias, € 4,50 p.P. Ein Kabel (*cable vuelo*) wurde 600 m über den Stausee gespannt. In einem Sitz festgebunden und mit Helm und Handschuhen ausgerüstet, saust man, ausgestattet mit einer Handbremse, um die rasende Fahrt sanft abzustoppen, mit über 50 km/h vom Besucherparkplatz in Guatapé an den Fuß des Felsens ⊙ Do-So 8-19, € 7.

Schlafen & Essen

Lakeview Hostel ⊙ 861 00 97/ 311 329 94 74 www.lakeviewhostel.com Kleines Hostal mit Blick auf den See zum Peñol. Dorm € 9, Privatzimmer mit WiFi ab € 20, Camping € 4,50. Der Eigentümer organisiert alle möglichen sportlichen Aktivitäten in und um den See.

Hostería Los Recuerdos, zwischen El Peñol und Guatapé ⊙ (4) 861 06 50 www.hotellosrecuerdos.com große Hotelanlage mit Pool, Partystrand, WiFi, Restaurant, Diskothek, ab € 110(2) inkl. Vollpension.

Medellín, Sotrapeñol und Transporte Guatapé-La Piedra fahren stdl. 2 Std. € 4,50.

Rionegro, El Retiro, La Ceja

Rionegro (2120 m, 60.000 Einwohner, 48 km von Medellín) zählt zu den ältesten Orten von Antioquia und war im 19. Jh. neben Medellín und Santa Fe de Antioquia das politische und administrative Zentrum der Region. Das bedeutendste historische Gebäude, die **Casa de la Convención,** erbaut 1850, ist in ihrer Architektur noch der Kolonialzeit zuzurechnen. Hier wurde 1863 unter Präsident Tomas Mosquera (1798-1878) eine neue Verfassung verabschiedet. Die Verfassungsväter sind in einem der Säle in Öl verewigt. Ein anderer Saal ist **José María Córdoba**, dem wohl berühmtesten Sohn der Stadt gewidmet. Córdoba, ein junger Offizier in der Befreiungsarmee Simón Bolívars, hatte durch seinen heldenhaften Einsatz die entscheidende Schlacht um die Unabhängigkeit Lateinamerikas in Ayacucho (Peru) entschieden, Calle 51 No 47-67 ⊙ Mo-Sa 9-17. Eintritt: € 1 mit Führung.

Daneben ist die **Catedral de San Nicolás** von Interesse. In der zu Beginn des 19. Jahrhunderts erbauten Kolonialkirche ist das Madonnenbild der Nuestra Señora de Arma hinter Glas ausgestellt. Die Figur ist ein Geschenk König Philipp II. von Spanien und besitzt zwei prächtige Kleider, die einmal im Jahr gewechselt werden. Eines der Kleider ist mit 2704, das andere mit 1000 Perlen bestickt. Das jeweils abgelegte Kleid ist im Religionsmuseum, dessen Eingang neben dem Altar ist, ausgestellt. Die *mantilla* (Umhang) ist ein Geschenk der Kaiserin Maria von Österreich. In einem Seitenschiff der Kathedrale ruhen die Ge-

Die Architektur Antioquias

Da die meisten Dörfer in Antioquia erst im 19. Jh. gegründet wurden, entwickelte sich eine Architektur frei von kolonialen Einflüssen. Die Antioqueños bevorzugen intensive Farben. Knallrot, Orange, Hellblau und alles, was sich aus der chromatischen Farbskala Grün/Blau zaubern lässt. Fast alle Siedlungen liegen auf steilen Bergen. Die Straßen sind dem Gelände angepasst und in feinem Raster um die Plaza Bolívar angeordnet. Die Linie der ansteigenden Straße findet ihre Entsprechung in der farblich abgesetzten Häuserfront. Die reichen Stadthäuser haben einen Innenhof. Eingangs-, Zwischen- und Essraumtür bilden im Idealfall eine Linie. Die oft schlichten Eingangstüren stehen tagsüber offen. Der Blick fällt in den Korridor auf die reich verzierte Zwischentür, die in den Innenhof führt. Entweder haben die Zwischentüren Holzschnitzereien oder Buntglasscheiben. Am prächtigsten ist die dreiflügelige Esszimmertür. Reich ornamentiert sind die Fensterrahmen, Balkone und Treppengeländer. Eine Treppe führt im Zickzack in den zweiten Stock. Alle Zimmertüren gehen auf die rundum laufende Terrasse zum Innenhof. Der Innenhof ist mit Natursteinen gefliest, die ein Mosaik bilden.

Neben diesen reinen Wohnhäusern gibt es zwei- und dreistöckige Wohn-Warenhäuser. Das Erdgeschoss wird als Lager und Verkaufsraum genutzt, das Obergeschoss ist Wohnraum. Das zentrale Kernstück des Dorfes ist die Plaza. Ein großer, runder, baumbestandener Platz, auf dem der gusseiserne Springbrunnen

nicht fehlen darf. Die Bäume stammen häufig aus der Zeit der Ortsgründung. Sie erfüllen nicht nur einen ästhetischen Zweck, sondern stellen die Verbindung zu den Gründungsvätern her. An Markttagen schlagen die Händler hier ihre Stände auf. Um die Plaza steht die Kirche, das Gasthaus (fonda), das Gemeindehaus, das Bürgermeisteramt, der Friseursalon und der Krämer.

beine des 1. Präsidenten von Antioquia, Juan de Corral, in einem Mausoleum. Auf der Plaza steht die **Reiterstatue** für **José María Córdoba**, entworfen Ende der 1960er Jahre durch den bekannten Bildhauer Rodrigo Arenas Betancourt.

Ein halbe Busstunde entfernt liegt **El Retiro** (12.000 Einwohner, 32 km von Medellín), ein in seiner typischen antioquenischen Struktur erhaltenes Dorf. Bekannt ist der Ort durch die Geschichte des Gründungsehepaares Ignacio Castañeda und seiner Frau Javiera Londoño, die in ihrem Testament die Freilassung ihrer persönlichen Sklaven verfügten. Die freien Sklaven zogen fort in die Goldminen von Zaragoza und Remedios und kehrten einmal im Jahr zurück, um ihre Befreiung zu feiern. In dieser Tradition wird auch heute noch vom 28.-31. Dezember die Fiesta de los Negritos begangen.

Beim Km 24 an der Straße nach La Ceja liegt die **Hacienda Fizebad,** erbaut 1825. Im Haupthaus sind heute Möbel und Porzellan aus Europa zu bestaunen. Auf dem Gelände steht die Replik eines typischen Paisa-Dorfes. Die Kapelle wird bevorzugt von Hochzeitspaaren aufgesucht. Die Hazienda ist bekannt für ihre Orchideenzucht ☻ Di-So 10-17. Eintritt: € 4.

Auf dem weiteren Weg zwischen Rionegro und Sonsón liegt **La Ceja** (27.000 Einwohner, 41 km von Medellín). Mitte des 18. Jh. war dieser Ort nicht mehr als ein Gasthof auf der wochenlangen Reise zwischen Rionegro und Popayán. Heute sind Dutzende von Kneipen hinzugekommen, die sich um die Plaza Principal gruppieren. La Ceja ist und bleibt ein Durchgangsort, nunmehr in der Einflugschneise für den Flughafen Rionegro, der nur 18 km entfernt ist.

Service

[C] **ATM** bei Banco de Bogotá, Cra. 51 No 49A-09 und Bancolombia, Cra. 50 No 46-22 (Rionegro).

Schlafen & Essen

Hotel El Oasis (Rionegro), Cra. 50 No 50-54, Nähe Parque Principal ☎ 562 99 13, Zimmer mit Bad, € 25/35, Restaurant. Weitere Restaurants um den Parque Principal, wo man stimmungsvoll auf einem der typischen Balkone, die über die gesamte Häuserbreite führen, die gute *bandeja paisa* serviert bekommt.

Hotel La Antigua (El Retiro), Cra. 21 No 21-49 ☎ 541 39 62 www.hotelantiguacasona.com zentral gelegenes charmantes Haus mit Privatbad, € 20/35(2).

Hostal y Restaurante El Gran Chaparral (El Retiro), Km 2 nach La Fé ☎ 541 24 51, eine Pferde-Hazienda, auf der die feinen Pferdchen mit Trippelschritt gezüchtet werden, standesgemäße Zimmer, Pferdeverleih, € 55/80 (2).

Restaurante La Silla (El Retiro), Cra. 20 No 22-43, hat eine gute Küche. Carrieles, Sättel und andere typische Accessoires aus Antioquia hängen an der Wand.

Hotel del Parque (La Ceja), Calle 20 No 20-28 ☎ 568 48 63, zentrale Lage, Zimmer mit Privatbad 18/25(2).

Bistro-Disco **Billar** (La Ceja), Cra. 20 No 19-26, zweistöckiges Restaurant an der Plaza, Treffpunkt der Jugend und angesagte Diskothek.

🚌 Die Fahrt nach Medellín mit dem Kollektivtaxi oder Minibus, jeweils 1 Std. € 3-4, führt in Haarnadelkurven ins Valle de Aburrá hinunter und passiert den modernen Internationalen Flughafen von Medellín, 13 km

von Rionegro entfernt auf dem Weg zum **Terminal del Sur**.

Sonsón & Abejorral

Sonsón (2475 m, 30.000 Einwohner, 95 km von Medellín entfernt) liegt an der alten Medellín-Bogotá-Straße. Mit Vollendung der neuen Straße in den 1980er Jahren war Sonsón an die Peripherie geraten und konnte daher sein authentisches Gesicht bewahren. Zumindest in der Woche sind die Bauern mit ihren zerfurchten Gesichtern und den kurzen, scheckigen *ruanas* gegenüber den auswärtigen Besuchern in der Überzahl.

 Sehenswürdigkeiten

Im Straßenbild von Sonsón gibt es herausragende Beispiele antioquenischer Architektur, Hausfassaden mit einzigartigen Türen mit Buntglasfenstern, die unverkennbar dem Jugendstil entlehnt, und ein imposantes dreistöckiges Haus am Parque Principal, mit vielen verzierten Holzbalkonen. Die schmucklose Kathedrale wurde 1962 errichtet, nachdem ein Erdbeben die vormalige, mit sechs Türmen hochaufragende Kirche zum Einsturz gebracht hatte. Die **Casa de la Cultura**, Calle 7 No 8-32, enthält alle Elemente des regionalen Baustils. Interessant ist ein Besuch der **Casa de los Abuelos**, Calle 9 No 7-30. Das Haus ist ein Sammelsurium von Gegenständen aus der Pionierzeit. Hier steht eine alte Zeitungspresse, mit der heute noch monatlich das Mitteilungsblatt «La Acción» gedruckt wird ⏰ Di-So 10-12 u. 14-17. Auch die typischen *carrieles* (Umhängetaschen) werden in kleinen Handwerksbetrieben gefertigt.

20 Autominuten von Sonsón auf dem Weg nach Argelia liegt der **Páramo de Sonsón**. Auf 3200 m Höhe wachsen Frailejónes. 115 Stufen führen zu einer Christusstatue auf dem Gipfel. Colectivos nach Argelia passieren den Páramo. Die lokale Note des antioquenischen Baustils in **Abejorral** (2125 m, 20.000 Einwohner) findet sich in den kleinen, hervorspringenden Balkonen. Hier stehen noch einige

zweistöckige Gebäude aus den Gründerjahren. Der erste Stock war Warenlager, im zweiten befanden sich die Wohnräume.

In Abejorral hat sich seit Jahrzehnten nur wenig verändert. Besuchen kann man die **Casa de la Cultura Miguel María Calle**, das **Museo Jesús María Cardona** und die Überreste des alten Friedhofs. Die Landschaft um Abejorral ist bestes Trekkingterrain, zum **Salto Aures** sind es 14,5 km.

Die weitere Fahrt zur **Carretera Panamericana** (bei Santa Bárbara), zu erreichen mit dem Expreso Sonsón-Argelia, 3 Std. € 4, ist abwechslungsreich und führt tief hinab ins Tal des Río Buey, einem Zufluss des Río Cauca, an zahlreichen Wasserfällen vorbei.

 ## Schlafen & Essen

Hotel Tahami (Sonsón) ☏ 827 50 63, rustikale Zimmer mit 1/2/3 Betten, Privatbad, Warmwasser, Kabel-TV, Bar, Restaurant, € 18/30/40.

Hotel Plaza (Abejorral), am Parque Principal ☏ 864 77 15, Zimmer mit Privatbad, Warmwasser, Sat-TV, Minibar, € 30(2).

Aguadas & Salamina

Aguadas (2170 m, 38.000 Einwohner) liegt bereits im Norden des Departement Caldas und kann von drei Seiten angesteuert werden. Aus nördlicher Richtung (Medellín) über die Carretera Panamericana bei La Pintada, von Süden (Manizales) via Salamina und Pácora mit Empr. Arauca und Autolegal (via La Pintada) 3½-4 Std. € 10. Diese abseitigen Straßen sind, wenn auch nur teilweise, asphaltiert und zumindest während der Trockenzeit in recht passablem Zustand. Echten Abenteurern wird das nicht genügen, und sie werden versuchen, den dritten Weg nach oder von Sonsón (58 km, 3½ Std.) einzuschlagen, eine vergessene Landstraße durch das zerklüftete, von Canyons durchzogene Grenzland zwischen den beiden angrenzenden Departements Caldas und Antioquia, das am besten mit der Chiva oder, falls zur Hand, einem Enduro-Motorrad zu bezwingen ist. Bis heute ist diese Fahrt ein ursprüngliches Reiseerlebnis.

Aguadas selbst liegt auf einem steilen Berg. Besonders gut ist hier die typische Rasterform der Straßen zu beobachten, die schnurgerade verlaufen und sich am Horizont verlieren. Oftmals wird die Stadt von aufkommendem Nebel «verschluckt». Die Kirche an der Plaza ist abschüssig gebaut. Die Eingangsportale von Kirche, Sakristei und die geschlossene Wendeltreppe zum Chorgestühl korrespondieren in Form und Farbe. Oberhalb der Kirche liegt die **Casa de la Cultura**, Cra. 3 Ecke Calle 6. Im 2. Stock gibt es eine ständige Ausstellung aller in Kolumbien gefertigten Hutmodelle. Aguadas hat eine langjährige Strohhuttradition und mehrere Hutmacher. Die Hüte werden aus der *iraca*-Palme gefertigt. Werkstätten findet man an den Treppen bei der Cra. 4 Ecke Calle 8 (Calle de los Faroles). Aguadas wurde von Bewohnern aus dem benachbarten Sonsón 1808 gegründet. Das erste vermerkte Haus war die *fonda* (Gasthaus) von Manuela. Ein Modell steht im Museum der Casa de la Cultura.

Anfang August wird in Aguadas das **Festival Nacional del Pasillo** gefeiert. Der Tanz ist unserem langsamen Walzer verwandt. Aus Aguadas stammen die großen Stars dieser Musik, die Gebrüder Hernández, die heute keiner mehr kennen wird, die aber in den 1920er Jahren durch Amerika tingel-

Maultierkarawane in der Westkordillere

ten und sogar einmal im Weißen Haus in Washington auftraten.

Wer es bis Aguadas geschafft hat, wird sich auch **Salamina** (1775 m, 20.000 Einwohner, 75 km von Manizales, mit Expr. Sideral u. Empr. Autolegal, 2½ Std. € 4,50, nach Medellín 165 km, mit Empr. Arauca, 5 Std. € 15) nicht entgehen lassen. Der Ort präsentiert die traditionelle Architektur Antioquias in ihrer höchsten Vollendung. Die Holzportale sind hier massiver und opulenter als anderswo, und einige sind sogar mit Holzköpfen verziert. Herausragend die Teufelsmaske an der Eingangstür der **Casa de la Cultura**, und ein Treppengeländer in Form eines Rebstockes, ein weithin einzigartiges Motiv, Cra. 6 No 6-7.

Ein weiteres hervorstechendes Beispiel dieser verspielten Variante der traditionellen Antioquia-Architektur ist das Haus in der Cra. 7 No 5-42. Am Parque Principal steht die vom englischen Architekten **William Martin** zwischen 1865 und 1875 erbaute **Kathedrale**, in ihrer Art einzigartig in Kolumbien. Statt der typischen Säulen-

gänge besteht der nüchterne Innenraum aus einem großen Saal mit einer holzgetäfelten Decke. Auch der Altar ist aus Holz geschnitzt. Man spürt, dass Salamina einmal eine reiche Stadt gewesen ist, die gut vom Kaffee lebte. Die mit Tillandsia-Bäumen bestandene Plaza ziert ein kleiner Musikpavillon, in dem sonntags manchmal Konzerte gegeben werden.

In Richtung Osten liegt das pittoreske Bergdorf **San Félix** mit über 300 Jahre alten Palmeras de Cera. Eine interessante Querverbindung führt von Salamina über die Dörfer La Merced/La Felisa in westlicher Richtung in die Goldgräbersiedlung **Marmato**, 1½ Std. € 2,50.

🛏️ 🍴 Schlafen & Essen

In Aguadas gibt es günstige und einfache Residencias am Parque Principal wie das **Familiar** € 8 p.P und das **Hotel Sueño Dorado,** Cra. 5 No 7-25 ☎ 851 44 40 hotelsuenodoradoaguadas@hotmail.com ein altes, gut gepflegtes Haus mit 17 bequemen Zimmern und sauberen Bädern, € 8,50/15. In Salamina logiert man wie ein kleiner Kaffeebaron des 19. Jh. im Boutiquehotel **La Casa de Lola García**, Calle 6 No 7 - 54 ① (6) 859 59 19 www.lacasadelolagarcia.com 4½ Blocks vom Parque Principal, mit typischen Innenhof und Garten, sieben geräumige, traditionsgerechte Zimmer mit ansprechenden Bädern, TV, WiFi, inkl. Frühstück € 42/70(2)/ € 52(mat.)/ Suite € 65. Ein gutes Restaurant ist **Tierra Paisa**, Calle 5 No 6-74, am Parque Principal ① 859 59 78, exzellente *bandeja paisa* zu moderatem Preis. **Bar los Arrayanes**, Cra. 7 No 6-80, am Parque Principal, Trink- und Tanzlokal für die ganze Familie.

Valparaíso, Caramanta, Marmato

Am Anstieg der Westkordillere im südlichen Zipfel Antioquias liegt **Valparaíso** (1375 m, 8000 Einwohner, 100 km von Medellín). Einst war hier dichter Dschungel, und es steht noch immer eine gewaltige *ceiba* auf dem Hauptplatz, die die Häuser und die Kirche in den Schatten stellt. 15 Minuten außerhalb des Dorfes liegt die **Casa Museo Rafael Uribe Uribe** ① 842 21 23, an der Stelle seines einstigen Geburtshauses. Rafael Uribe Uribe (1859-1914) war einer der bedeutendsten Politiker Kolumbiens, ein wichtiger Denker, der versuchte das Land aus der Feudalherrschaft ins 20. Jh. zu führen. Seine Ideen reichten von der Einführung der Kaffeewirtschaft, über Reformen im Arbeitsrecht, der Einführung sozialer Sicherheiten bis zur Erschließung des Amazonasgebietes als Agrarraum.

Uribe Uribe war der General der liberalen Aufständischen im Krieg der Tausend Tage. Der widersprüchliche und stets umstrittene Politiker wurde 1914 in Bogotá ermordet. 25 km von

Valparaíso entfernt und im äußersten Südwesten des Departements Antioquia liegt der kleine Ort **Caramanta** (2120 m, 5000 Einwohner, 117 km von Medellín) auf einem einsamen Berg in den Westkordilleren. Spektakulär ist die einstündige Fahrt durch Kaffeeplantagen und Nebelschwaden, vorbei an Wasserfällen. Für Caramanta gilt einmal mehr, je weiter entfernt von den Hauptstraßen, desto authentischer. Privatautos gibt es kaum. Bevorzugtes Transportmittel sind die Chiva und das Pferd.

Auch in Caramanta kann man wieder alle Elemente der antioquenischen Architektur bewundern, insbesondere einen Haustypus, der eine Mischform zwischen Stadt- und Landhaus darstellt. Die Häuser sind kleiner, es fehlt die Tür zwischen Eingang und Hof und die Türen sind weniger verziert. Einige schöne Exemplare der Wohn- und Warenhäuser findet man am Parque Principal. 🚌 Mit dem Bus *Expreso Valparaíso-Caramanta* von/zum Terminal de Sur in Medellín.

Marmato (1050 m, 5000 Einwohner) ist eine in den Steilhang gebaute Minensiedlung am Ostabhang der Westkordillere zum Río Cauca und liegt bereits im Departement Caldas. Hunderte von Goldminen untergraben den steilen Bergabhang, an dem die Häuser wie Bienenwaben kleben. Häuser und Minen sind durch ein Gewirr aus steinernen Pfaden miteinander verbunden. Diese Wege geben dem Ort eine Festigkeit, ohne die er wohl längst in den Abgrund gestürzt wäre. Trotzdem kommt es immer wieder zu Erdrutschen. Die Menschen leben und arbeiten am gleichen Ort. Das goldhaltige Gestein wird mit Maultieren zu den Mühlen gebracht, dort zerkleinert und ausgewaschen. Zwischen den Minen

Carriel Paisa –
die Reisetasche des fahrenden 'Paisa'

Die *carriel* ist die unverwüstliche Reisetasche des traditionsbewussten Paisa. Sie hat eine entfernte Ähnlichkeit mit der Ledertasche des Geldbriefträgers. Manche dieser Taschen haben bis zu 20 Fächern. Für die Vorderseite wurde früher Nutriafell und Ozelot verarbeitet. In dieser Tasche befand sich alles, was für das Leben und Überleben in der unwirtlichen Natur notwendig war. Ein mit Patschuli parfümierter Liebesbrief, ein Bild der *Virgen del Carmen* (Schutzpatronin der Reisenden), ein *jesquero* (Feuerzeug mit Docht), Antischlangenserum, gewonnen aus dem Saft des *sandio*-Baumes, ein Notizbuch mit den Namen der Schuldner und dem Alter der Kälber, ein Kamm und eine Trinkschale aus Kuhhorn, die Spitze eines Gürteltierschwanzes, der erhitzt wurde, um Ohrenschmerzen zu betäuben und vieles mehr. Die meisten Werkstätten, in denen carrieles von Hand gefertigt werden findet man in Jericó, 104 km südwestlich von Medellín. Gute, handgearbeitete *carrieles* kosten ab € 200, industriell gefertigte sind billiger.

und den Mühlen sausen Förderkörbe auf Seilwinden über die Köpfe der Bewohner. Das mahlende Geräusch der Mühlen erinnert an eine überdimensionale Geschirrspülmaschine. Marmato ist der älteste Ort weit und breit. Jahrhundertelang war diese Siedlung umgeben vom Dschungel und kriegerischen Indianerstämmen. Die Besiedlung des Umlandes geschah erst im 19. Jh. Daher leben hier noch viele Nachfahren einstiger schwarzer Minensklaven. Zu erreichen von Caramanta über **Supía** an der Carretera Panamericana.

🛏️ 🍴 Schlafen & Essen

Es gibt zwei einfache, saubere Unterkünfte an der Plaza in Caramanta, **Hotel Comercial** ☎ 855 33 58 und **Hotel Central**, € 6/10. Klarer Favorit der Einheimischen-Küche ist die kräftige Hühnersuppe *sancocho de gallina*.

Puerto Berrío

125 m, 30° C, 40.000 Einwohner ☎ 4

Puerto Berrio, 191 km von Medellín ist einerseits ein gemütlicher Flusshafen, andererseits ein lebendiger Durchgangsort am Río Magdalena. Die Hochzeit des Ortes fiel mit der Dampfschifffahrt auf dem Fluss zusammen und endete in den 1950er Jahren. Der Schiffsverkehr ist heutzutage unbedeutend, dafür donnern schwere Lkws im Minutentakt über die *Puente Monumental* und am Ort vorbei. Sehens- und besuchenswert ist das Gebäude des **ehemaligen Hotel Magdalena**, erbaut 1908 und damit das zweitälteste Hotel des Landes nach dem El Prado Hotel in Barranquilla. Seit Jahren ist hier die wegen der Affäre um die 'Falsos Positivos' in Verruf geratene 14. Heeresbrigade untergebracht, die von dieser Stelle den Anti-Guerilla-Kampf im

Endstation der Eisenbahn am Río Magdalena

Magdalena Medio führt und koordiniert. Es soll in der weiteren Umgebung noch einige versprengte Farc- und Eln-Kämpfer geben, die aber hier niemanden mehr schrecken, schon eher das paramilitärische Bandenunwesen. Ausländischer Besuch wird nicht erwartet, aber der Kommandant versteht sich auf Öffentlichkeitsarbeit und stellt einen Rekruten oder Offizier ab, der die Besucher durch die Gänge und den stets eingedeckten Speisesaal geleitet.

Service

 BBVA und Bancolombia mit **ATM** um den zentralen Parque Obrero.

Schlafen & Essen

Hotel Arcos del Coral, Cra. 4 Ecke Calle 8 ☏ 833 19 72, geräumige Zimmer, einige mit Balkon aufs Geschehen mit Kühlschrank, Sat-TV, a/c und Vent. In den Fluren hängen s/w- Abzüge aus der Zeit der Dampfschifffahrt, € 25(2). **Restaurante Casa Vieja** und **Restaurante El Portón**, in der Nähe des Par-

que Obrero. Das tropische Tiefland Kolumbiens bietet regelmäßig eine große Auswahl an Tropenfrüchten (Fresa - Mora- Guanabana u.a.).

🚌 Die Busbüros von Rápido Ochoa, Transsander, Cootransmagdalena und CooNorte liegen um die zentrale Plaza. Regelmäßige Abfahrten nach **Medellín**, 4 Std. € 12. **Bucaramanga**, 6 Std. € 20. **Barrancabermeja**, 3 Std. € 7,50.

🚤 Transp. Fluvial Puerto Berrío ☏ 833 31 05, Verbindungen mit Schnellbooten flussaufwärts bis La Sierra (Straßenanschluss nach Honda/ Bogotá) auf halbem Wege bis Puerto Triunfo, 1 Std. € 6. Gelegentlich auch Schnellboote flussabwärts nach Barrancabermeja, 2 Std. € 12, Cootransfluviales ☏ 833 32 38.

Barrancabermeja

75 m, 32°C, 190.000 Einwohner ☏ 7

Barrancabermeja (kurz 'Barranca') gehört zum Departement Santander und ist das bedeutendste Raffineriezentrum des Landes, 110 km westlich von der

Zugverbindung in Eigenregie

Der letzte reguläre Personenzug von Transférreos zwischen Medellín und Barrancabermeja fuhr zu Beginn des neuen Jahrtausends zum allerletzten Mal, und auch die verkürzte Route von Medellín nach Cisneros mit dem sonntäglichen Touristenzug gehört der Vergangenheit an. Aber die alte Bahntrasse gibt jetzt eine schöne Route für Wanderausflüge ab. Auf der Strecke liegt der **Eisenbahntunnel de la Quiebra,** in dem sich die Fledermäuse nach Betriebsschluss viel wohler fühlen als zuvor. Die Einwohner von Cisneros hätten ihren Bahnanschluss gern behalten.

«No es un trén, es un disco», witzeln die Einheimischen,
«das ist kein Zug, das ist eine Scheibe, weil es so schaukelt».

Eine lokale Kooperative hat eine Zeitlang einen Mini-Zug betrieben, bestehend aus drei Passagier- und einem Güterwägelchen, der aussieht wie eine Spielzeugeisenbahn, zwischen Puerto Berrío und Barrancabermeja. Der unregelmäßige Pendelverkehr transportierte hauptsächlich Schulkinder und Waren zwischen den weit verstreuten kleinen Ansiedlungen, die keinen anderen Anschluss an die Außenwelt haben, wie Puerto Parra und Montoya, eine mal flotte, mal beschauliche Fahrt quer durch die Sumpf- und Weidelandschaft des Magdalena Medio. Die rührigen Cooperativistas hatten sogar einmal Puerto Wilches am Río Magdalena flussabwärts im Blick, doch wer außer ihnen will ernsthaft eine antike Schmalspurbahn wiederbeleben? Falls der Triebwagen mal wieder defekt oder kein Treibstoff zur Hand ist, findet sich bis **San Juan** oder in die Gegenrichtung bis nach **Virginias** gelegentlich ein Motorradfahrer, der einen Konvoi mit mutigen Passagieren und Gepäck auf flachen, zusammengebundenen und selbstgezimmerten Holzkarren antreibt, die Seifenkisten nicht unähnlich sind, laut und holprig, aber der Aufstieg mit 'La Bruja' Richtung Medellín ist ein Erlebnis, wie unser Leser Guido Straten schreibt. Hin gegen ⏰ 11, zurück gegen ⏰ 15, 2 ½ Std. € 3,50 p.P.

Departementhauptstadt Bucaramanga. Barranca und die gesamte Region **Magdalena Medio** hatten über lange Jahre einen üblen Ruf. Hier tobte der bewaffnete Konflikt zwischen Eln-Guerilla und paramilitärischen Verbänden besonders blutig, hier wurden reihenweise Menschenrechts- und Gewerkschaftsaktivisten umgelegt. Die aktuelle Situation hat sich entschieden verbessert. Die lebendige Kleinstadt besteht aus zwei weit von einander entfernten Teilen, das (alte) 'El Centro', Zentrum der ölverarbeitenden Industrie, und 'El Comercio', das neue Zentrum der Stadt mit Hotels, Schnellimbiss-Restaurants, Musik-Bars, und dem etwas abseits davon liegenden Markt mit den Abfahrtsterminals der Regionalbusse.

Service

ⓘ **Touristeninformation** an der Uferpromenade. 🏧 **ATM**, Banco de Bogotá, Parque Uribe, Calle 49 No 11A-30.

Schlafen & Essen

Die meisten Hotels liegen in Reichweite zueinander.

Hotel Flamingo, Calle 49 No 14-41 ☏ 602 65 05, sehr einfache, dunkle Zimmer zum Innenhof mit a/c und Privatbad, € 16(2).

Hotel Bachué, Cra. 17 No 49-12 ☏ 622 25 99, freundlich, bequeme Zimmer mit a/c und Privatbad, Restaurant, Bar, € 45(2).

Restaurant Via Lactea, Freiluftrestaurant mit Großbildschirm, Musikvideos, zentraler Bartresen.

🚌 Die Busbüros liegen zwischen Calle 5 und Cra. 6 beim Markt, etwa sieben Blocks von der Hotelzone entfernt. Regelmäßige Abfahrten nach Bogotá und Bucaramanga der Gesellschaften Cotaxi, Copetrán, Expr. Brasilia, Transsander, Velotax. Die vierspurige Hauptstraße, Av. 52, führt auf die Av. Ferrocarril und anschließend hinaus aus der Stadt über Lebrija und Girón nach Bucaramanga.

Reserva Natural Cañón del Río Claro

Der Cañón del Río Claro liegt an der Medellín-Bogotá Straße, 20 km vor der Ortschaft Doradal (3 Std. 152 km von Medellín bzw. 5 Std. 264 km von Bogotá). Neben der Brücke, die den Cañón überquert, gibt es einige Restaurants, ein beliebter Treffpunkt an Wochenenden und Ferientagen. Hinter der Brücke führt eine Schotterstraße bis zum Eingang des privaten Naturreservates ☏ 265 88 55 www.rioclaroelrefugio.com

Hauptattraktion ist eine Höhlensystem und das kristallklare Wasser in dem marmorweißen Flussbett inmitten der üppigen Vegetation des tropischen Regenwaldes. Eine mehrstündige Tour führt unter großen, schattenspendenden Bäumen hindurch, begleitet von tanzenden Schmetterlingen zur **Gruta de la Cascada** auf der gegenüberliegenden Flussseite. Ein Wasserfall ergießt sich über den Höhleneingang. Der Fluss hat ein natürliches Bassin geschaffen, dessen Bett wie aus Marmor wirkt und dessen Wasser kristallklar ist. Wer will, kann vom Ausgang der Höhle zu den Cabañas El Refugio zurückschwimmen.

In der Gegend befinden sich noch weitere Höhlen, so auch die sehenswerte Höhle **El Condor** oder **Los Guácharos** (Eintritt: € 5) benannt nach einer Kolonie hier lebender 'Ölvögel'. Man bekommt eine Schwimmweste angelegt, sollte auf die Kamera verzichten, und los geht's durch den Fluss in die Höhle mit hohen und langge-

Bei Dinos und Hipos

streckten Kavernen. Anfänger können auf dem Fluss eine Raftingtour (Klasse I, € 9) machen oder entlang des Canopy-Kabels über die Baumgipfel und den Fluss schweben, € 9.

 ## Schlafen & Essen

Camping € 2,50 p.P. **Cabañas El Refugio,** 1 km vom Haupteingang, schlichte Eco-Cabañas inmitten der dichten Vegetation, saubere Bäder, fließendes Wasser, Blick auf den Fluss, inkl. Vollpension zwischen € 40-60(2).Kapazität für 95 Gäste in 25 Zimmern, ideal für Gruppen.

Hacienda Nápoles

Die 20 km² große Hacienda Nápoles ☎ 018 000 51 03 44 www.hacienda-napoles.com gehörte einst Pablo Escobar, der hier seine Schandtaten plante und seinen Reichtum zur Schau stellte. Die Hazienda war schon zu seinen Lebzeiten ein entrücktes Phantasiegebilde mit exotischen Tieren, u.a. Zebras, Strausse, Antilopen, Giraffen und Nilpferde, wobei letztere beson-

ders phantasieanregend wirkten und sogar Eingang in die Literatur gefunden haben. Der ausgezeichnete Roman von Juan Gabriel Vásquez ‘El ruido de las cosas al caer’ beginnt mit dem Entweichen einer Nilpferdfamilie von der Hazienda und dem anschließenden Ende des Bullen durch das Gewehrfeuer von Scharfschützen, geschehen Mitte 2009.

Nach dem Ende des Drogengangsters 1993 hatte der Staat das Gelände an sich genommen, auf einem Teil eine Justizvollzugsanstalt in den Niederungen der Río Magdalena-Ebene errichtet, und den großen Rest zur Verfügung gestellt, um daraus einen Themenpark zu machen. Herausgekommen ist eine kuriose, aber gelungene Mischung aus Afrikasafari und Jurassic Park.

Jetzt gibt es noch mehr afrikanische Tiere als zuvor und in der Landschaft herumstehende Dinosaurier zu betrachten. Vermutlich war es nicht die Absicht der Betreiber durch die geschickte Umwidmung der Hazienda zur Entmystifizierung Pablo Escobar beizutragen, aber es funktioniert. Und so hat man auch das legendäre Leichtflugzeug über dem Torbogen beim Eingang, mit dem die ersten Kokainpäckchen auf die Bahamas geflogen worden sein sollen, zwar themengerecht zebrafarben umgespritzt, aber demonstrativ stehengelassen ① 9-18, am ersten Arbeitstag der Woche geschlossen. Eintrittspreise abhängig vom Wunschpaket zwischen € 14 - 26. Der Eingang liegt direkt an der Straße Medellín - Bogotá. 🚌 Coonorte vom Terminal del Norte in Medellín, 3 ½ Std. € 12.

Im nahegelegenen **Doradal** findet man an der Durchfahrtsstraße Restaurants mit Mittagstisch, Hostels und stets einen abfahrbereiten Bus in beide Richtungen.

Zona Cafetera

Die Kaffeezone (Zona Cafetera oder *Eje Cafetero*) verteilt sich schwerpunktmäßig auf die drei kleinen Departements **Quindío**, **Risaralda** und **Caldas** in der Zentralkordillere der Anden und bietet den Vorteil viele Touristenattraktionen auf engstem Raum zu versammeln. Neben Kaffeetouren und Relaxen auf einer historischen Finca aus Gründertagen, gehören Trekking- oder Reittouren bis in die Höhenlagen der **Los Nevados** und eine launige Floßfahrt auf dem **Río La Vieja** zum Besucherprogramm.

Die Großstädte der Region sind nur wenige Kilometer von einander entfernt. Von Armenia nach Pereira sind es 44 km, Manizales ist 50 km von Pereira und 94 km von Armenia entfernt. In dieser Region wachsen etwa 10 % des weltweit produzierten und konsumierten Kaffees auf Höhenlagen zwischen 1200 und 1800 m. Die nährstoffreichen Vulkanböden, die hohe Luftfeuchtigkeit und die hügelige Landschaft bieten ideale Voraussetzungen für den Anbau der exzellenten aromareichen Arabica-Sorte. Von Interesse sind die Ernte und der anschließende Veredlungsprozess des Kaffees, die eigenständige verspielte Architektur der ländlichen Fincas, die zauberhafte Landschaft, die von den tropischen Niederungen und begrünten Hügelketten bis zu den schneebedeckten Gipfeln der Los Nevados reicht.

Seit Beginn der 1990er Jahre haben viele der kleinen Kaffeefarmer den Agrotourismus, anfangs als zusätzliche, später als (Haupt-)Einnahmequelle, entdeckt und bieten den stressgeplagten Großstädtern eine ländliche Idylle zum Entspannen und eine Verköstigung, angereichert mit organisch gezogenen Produkten. Vom Kaffeeboom der letzten Jahre hat auch die Zona Cafetera profitiert. Der Exporterlös für Café Colombiano konnte in den vergangenen Jahren gesteigert werden.

Manizales
2150 m, 18°C, 500.000 Einwohner ① 6

Manizales, die Hauptstadt des Department Caldas liegt auf einem ausgedehnten Bergmassiv. Die Straßen fallen von einem Bergsattel steil ab. Die Luftfeuchtigkeit ist hoch und es regnet viel. Manizales ist das bedeutendste Resultat der Kolonisation Antioquias und liegt am Wegkreuz der drei größten Städte des Landes, Bogotá-Medellín-Cali. Hier lässt sich die lange Strecke in die eine oder andere Richtung unterbrechen.

Seit ihrer Gründung im Jahr 1849 ist Manizales bedroht von Erdbeben. 1926 zerstörte eines fast die gesamte Stadt. Manizales wurde daraufhin zur Spielwiese europäischer und einheimischer Architekten. Die Kreolen mischten französische und italienische Stile

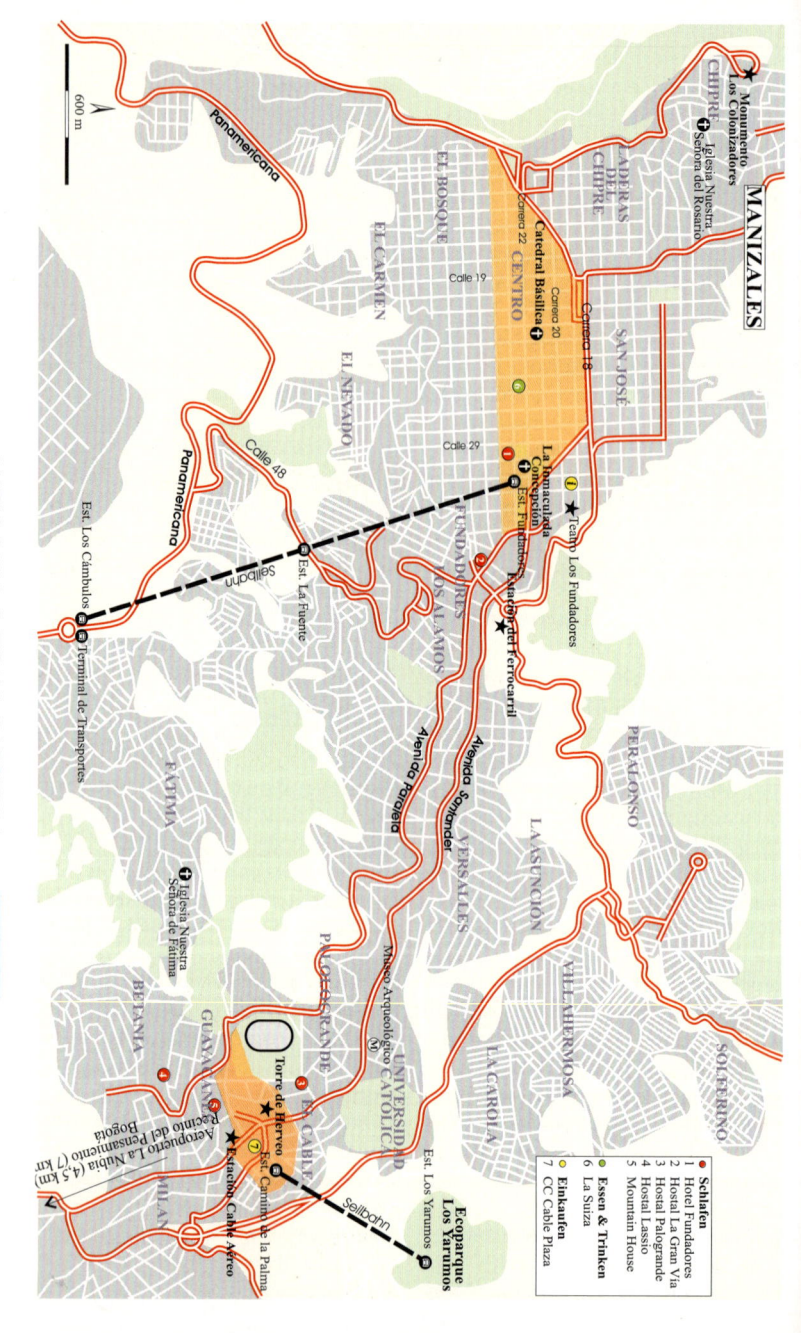

MANIZALES

600 m

CHIPRE

Monumento
Los Colonizadores

Iglesia Nuestra
Señora del Rosario

LADERAS
DE CHIPRE

EL BOSQUE

Panamericana

EL CARMEN

Catedral Basílica

Carrera 22
Carrera 20
Carrera 18

CENTRO

Calle 19

SAN JOSÉ

EL NEVADO

Calle 29

Calle 48

La Inmaculada
Concepción

Est. Fundadores

Team Los Fundadores

Puente del Ferrocarril

Panamericana

Est. Los Cámbulos

Est. La Fuente

Seilbahn

Terminal de Transportes

FÁTIMA

Iglesia Nuestra
Señora de Fátima

FUNDADORES

PALOGRANDE

Avenida Panolola

Avenida Santander

VERSALLES

LA ASUNCIÓN

PERALONSO

SOLFERINO

VILLAHERMOSA

LA GAROLA

BETANIA

GUAYABAL

PALOGRANDE

Museo Arqueológico
(M)

UNIVERSIDAD
CATÓLICA

Torre de Herveo

EL CABLE

Est. Cámbulos
Recinto del Pensamiento (7 km)

Aeropuerto La Nubia (4,5 km)

Bogotá

Estación Cable Aéreo

Estación de la Palma

Seilbahn

Est. Yarumos

Ecoparque
Los Yarumos

MILÁN

Schlafen
1 Hotel Fundadores
2 Hostal La Gran Vía
3 Hostal Palogrande
4 Hostal Lassio
5 Mountain House

Essen & Trinken
6 La Suiza

Einkaufen
7 CC Cable Plaza

Monumentalarchitektur in Manizales

nach Belieben. Das Stadtbild ist bis heute geprägt von dem abrupten Wechsel unterschiedlicher Stilrichtungen. Moderne Hochhäuser stehen neben republikanischen Gebäuden, Paisahäuser wechseln mit neugotischen Kirchen. Sogar Art Deco ist vertreten.

Manizales ist aufgrund der besonderen Topografie eine weit auseinander gezogene Stadt, deren Rückgrat überwiegend die Carrera 23 (Av. Santander) bildet, die zentrale Verbindung zwischen dem Aussichtspunkt **Chipre** (Laderas del Chipre) im Westen, über das Zentrum nach Osten ins Viertel **El Cable,** wo die besseren Wohnviertel, Restaurants und die meisten Hostales und Hotels liegen. Die städtischen Busse (*Busetas*) verkehren entlang dieser Route. 'Chipre' (Ruta 10) führt zum Aussichtspunkt mit dem **Monumento a los Colonisadores**, 'Malteria' in die Gegenrichtung zum **Recinto Pensamiento**.

Die Stadt ist nicht nur in die Breite gebaut, sondern gleichfalls von oben nach unten gewachsen. Um die Höhendifferenz auf geschickte Art und Weise verkehrstechnisch zu bewältigen, wurde eine moderne **Kabinenbahn** mit drei Stationen errichtet, die vom Busterminal bis ins Zentrum führt. Damit knüpft die Stadt an die glorreiche Vergangenheit an, als sie mittels einer Seilbahn für den Transport von Kaffeesäcken mit dem 117 km entfernten Mariquita in der Ebene des Río Magdalena verbunden war.

Service

ⓘ Touristeninformation, Cra. 22 Ecke Calle 31, ein Kiosk zwischen Parque Caldas und CC Los Fundadores ☏ 873 29 01 www.ctm.gov.co ⏰ 8-19. @ **Ciber Rosales,** Cra. 23 No 57-25. 🚏 **ATM,** Bancolombia, Cra. 22 No 20-55. Banco Santander, Cra. 22 No 21-12. Bargeldtausch (Cambio) im CC Cable Plaza, Cra. 23 No 64 B ☏ 875 61 96.

Feste

Feria de Manizales, in der ersten Januarwoche werden Umzüge, Stierkämpfe (solange sie noch erlaubt sind) und die Wahl der Kaffeekönigin veranstaltet.

Cable Aéreo ('historisch')

Zu Beginn dieses Jahrhunderts suchte die auf-
blühende Kaffeestadt Manizales einen Zugang
zu den internationalen Märkten. Die zentrale
Wasserstraße des Landes, der Río Magdalena,
war durch den Vulkan Nevado del Ruiz von Manizales abgeschnitten. In jener Zeit grenzenlo-
ser Technikbegeisterung verfiel man auf die
phantastische Idee, Manizales mittels einer Seilbahn mit dem 117 km entfernten Mariquita am
Río Magdalena zu verbinden. Mit dem Bau wurde 1912 begonnen. Die Fahrt von Manizales
nach Mariquita dauerte mit Pausen an den Stationen 48 Stunden. Die Seilbahn lief über 376
Türme aus Eisen, die per Schiff aus London an-
geliefert wurden. Das Schiff, das den Turm Nr.
20 transportierte, kam nie an. Es wurde im 1.

Weltkrieg durch ein deutsches U-Boot versenkt. Der leitende Ingenieur James
Lindsay beschloss daraufhin, als Ersatz einen Turm aus Edelhölzern zu errichten.
Der Holzturm ist der **Torre de Herveo**, der 1984 von der Tiefebene am Río Mag-
dalena, wo er als Feuerholz zu enden drohte, nach Manizales gebracht wurde. Die
Stadt hat damit neben der Kathedrale ein weiteres Wahrzeichen erhalten. Der
Turm ist nun eine der vielen Landmarken von Manizales und leuchtet nachts wie
ein Christbaum, Av. Santander Ecke Calle 65. Die ehemalige **Estación El Cable**
liegt einige Schritte weiter und grenzt an die Architektur Fakultät der Universität
Nacional. Die Kabelbahn wurde von 40 PS-Dampfmotoren angetrieben. Sie hatte
800 Gondeln, mit denen täglich zehn Tonnen Kaffee, Bananen, Gold und Tabak von
und nach Mariquita transportiert wurden. Die Gondeln beförderten auch Passagiere. Von Manizales erreichte man den höchsten Punkt bei 3800 m über dem Páramo mit einem grandiosen Blick auf die Schneegipfel der Vulkane. Dann ging es
hinab in die stickig-schwülen Sümpfe des Magdalenatales. 1961 wurde das Transportmittel eingestellt. Die Straße hatte es überflüssig gemacht.

**Festival Latinoamericano de Tea-
tro**, in der 2. Jahreshälfte. Es ist das
neben Bogotá wichtigste Theaterfestival des Landes.

👁 Sehenswürdigkeiten

Zentrum der Stadt ist die **Plaza Bolívar**, die von der **Catedral Basílica** beherrscht wird, die zwischen 1928 und
1939 erbaut wurde und mit 106 m
noch immer eine der höchsten der Welt
ist. Entworfen wurde sie vom französischen Architekten **Julien Polty**, der
den von der *École nationale des beaux-
arts* in Paris ausgeschriebenen Wettbewerb gewonnen hatte. Die Ausschrei-
bung hatte unter dem Motto gestan-
den, «Lasst uns eine Kathedrale von

Kolonistendenkmal im Barrio Chipre

solchen Ausmaßen bauen, dass uns künftige Generationen für verrückt erklären.»

Die neugotische Basílica hat herausragende runde Buntglasfenster. Das gusseiserne Haupttor beschreibt die wechselvolle Geschichte der Vorgänger-Kathedralen. Erwähnung verdient der 15 m hohe geschnitzte Holzbaldachin über dem Hauptaltar, dessen Spitze dem Kirchturm entspricht. Eine spektakuläre Wendeltreppe, bezeichnet als 'Polnischer Korridor', die zwischen 1977 und 2008 wegen des baufälligen Zustandes aus Sicherheitsgründen geschlossen war, führt nunmehr rundum erneuert bis hoch hinauf in den Turm und bietet einen grandiosen Ausblick über die Stadt ☉ Do-So 8-17. Eintritt: € 3.

Gegenüber der Kathedrale liegt der **Gouverneurspalast** im republikanischen Stil mit unverkennbar italienischem Einfluss. Auf der Plaza steht der **Bolívar Condor**. An seinem Geburtstag, dem 24. Juli 1983 wurde der alte Bolívar mit der Tunika durch den Vogelmenschen Bolívar ersetzt. Das Gesicht des Libertador ist als Maske an den Betonsockel montiert. Es ist eines der letzten Werke von Rodrigo Arenas Betancourt.

Monumento a los Colonisadores

Ein gewaltiges Monument des lokalen Künstlers Luis Guillermo Vallejo, bestehend aus einer Figurengruppe, die die Kolonisation Antioquias und die Gründung von Manizales beschreibt, die einem alten Bonmot zufolge folgendermaßen vonstatten ging, 'die Kolonisten waren auf dem Weg ins warme Caucatal, als es gerade einmal aufgehört hatte zu regnen, da schlugen sie ausgerechnet hier ihre Zelte auf'. An klaren Tagen ist der Besuch dieser Stätte daher ein Muss, nirgendwo sonst, nicht einmal vom Turm der Kathedrale hat man dann eine bessere Sicht in alle vier Himmelsrichtungen. Im Westen liegen Risaralda und dahinter der Cho-

Straßenszene in Manizales

có, im Osten erhebt sich hinter der Iglesia Nuestra Señora del Rosario der aktive Nevado del Ruiz. Von der Höhenlage an den Laderas de Chipre war schon der chilenische Dichter Pablo Neruda während seiner Kolumbienreise hingerissen und erklärte sie in der heutzutage etwas antiquierten Sprache des Maschinenzeitalters zur 'Fabrik der Sonnenuntergänge und Landschaften'. Zu erreichen mit dem Stadtbus Ruta 10 'Chipre'.

Antigua Estación de Ferrocarril

Die ehemalige Station der Eisenbahn im republikanischen Stil ist heute das Hauptgebäude der Universidad Autonoma. Auf der Turmspitze steckt eine nachts beleuchtete Weltkugel.

Templo de la Inmaculada

Einzigartiger Kirchenbau in *bahareque*-Bauweise, einer Konstruktion aus Bambus und Lehm. Dieses Baumaterial ist elastisch und bietet den Vorteil, erdbebensicher zu sein. Die Kirche wurde zu Beginn des Jahrhunderts erbaut. Das Kirchenschiff ist aus massivem, poliertem Zedernholz und wirkt wie ein auf den Kopf gestellter Schiffsrumpf, Parque Caldas, Calle 30, Cra. 22.

Instituto Caldense de Cultura

Das 1883 erbaute Haus mit zwei Innenhöfen ist ein gut erhaltenes Beispiel der Paisa-Architektur, Calle 26 No 20-46.

Das **Museo Arqueológico** versammelt 3500 präkolumbianische Keramiken und Goldstücke der Quimbaya-Kultur, Universidad de Caldas, Cra. 23 No 58-65 ⏲ Mo-Fr 8.30-12 u. 14-18. Eintritt: frei.

Die Banco de la República unterhält ein **Museo de Oro** mit Goldschmuck der Quimbaya. Die meisten Teile sind aus einer Gold-Kupferlegierung hergestellt *(tumbaya),* Cra. 23 No 23-14.

Das **Naturgeschichtliche Museum der Universität Caldas** bietet die größte Schmetterlingssammlung des Landes, Universidad de Caldas, Calle 65 No 26-10.

Pavillon aus Guadua-Bambus, Relikt der Expo von Hannover

Naturreservate in der Umgebung

Ecoparque Los Yarumos

Manizales wurde dem Nebelwald abgetrotzt, der an den Stadträndern üppig wächst. Damit es auch in Zukunft so bleibt, hat man in der unmittelbaren Umgebung der städtischen Bebauung einzelne Naturareale unter Schutz gestellt, um die natürliche Flora und Fauna zu schützen, eines davon ist der Ecoparque Los Yarumos (benannt nach dem hier reichlich vertretenen großblättrigen Baum *Cecropia peltata*), Calle 61B No 15A-01 ① 875 56 21 . Zu erreichen ist der Park mit mehreren Aussichtspunkten über die Stadt und die umliegenden Berge bis zum Nevado del Ruiz über eine weitere Seilbahn, die auf der Rückseite des CC Cable Plaza liegt oder mit dem Taxi, € 2,50.

Reserva Natural Río Blanco

3 km nordwestlich von Manizales zwischen 2100 und 3800 m gelegen ist ein herrliches Stück andinen Nebelwaldes

mit all seiner Artenvielfalt erhalten geblieben, die sich insbesondere auf Vögel und Schmetterlinge bezieht, aber auch Säugetiere wie den Andenhirsch und den Brillenbär einschließt. Wer den **Barranquillo** *(momotus aecuatorialis)*, den hübschen Wappenvogel von Manizales, der auch an den Rändern der Stadt, z.B. an den Hängen des Barrios Chipre anzutreffen ist, noch nicht gesehen hat, wird ihn hier nicht verpassen. Besuchserlaubnis zuvor bei der Fundación Ecológica Gabriel Arango Restrepo einholen ① 887 97 70 www.fundegar.com ausschließlich organisierte Besuche in der Gruppe mit Guía: € 9 p.P. Taxi zum Eingang € 9.

Recinto del Pensamiento

11 km außerhalb des Stadtkerns in Richtung der Straße nach Bogotá liegt dieses Tagungszentrum innerhalb eines zum Teil harmonisch gestalteten, zum Teil wild wachsenden Naturparks auf 190 ha, versehen mit einem medizinischen Kräutergarten, einem japanischen Garten mit Bonsaigewächsen,

Mit dem Cable Aéreo über die Dächer der Stadt

einem Schmetterlingshaus (*mariposario*), einer Vogelstation mit reihum aufgehängten Nektarspendern zum Anlocken der vielen Kolibris. 25 der in Kolumbien vorkommenden 162 Arten wurden an dieser Stelle registriert und ein Waldstück mit vielen unterschiedlichen Orchideen, mit solch schönen Namen wie 'Cucaracha','Cabeza de Bufalo' oder 'Dracula'. Der **Pavillon** (Pabellón de madera) des Architekten Simón Vélez Jaramillo am Ende des kurzweiligen 2 ½ std. Rundgangs, begleitet von gut geschulten Guías, ist eine bemerkenswerte Konstruktion aus heimischem Guadua-Bambus. Es war der kolumbianische Beitrag zur Expo 2000 in Hannover ☎ 88 168 10 www.recintodelpensamiento.com 🕑 Di-So 9-16. Eintritt: € 6,50. Zu erreichen mit dem Stadtbus 'Maltería' vom CC Cable Plaza, 30 Min. € 0,75. Taxi € 3,50.

🛏 Schlafen

Mountain Hostels, Calle 66 No 23B-91, Calle de los Faroles (Barrio Guayacanes) Nähe El Cable ☎ 887 47 36 www.manizaleshostel.com der beliebteste Treffpunkt für Traveller, daher vor Anreise reservieren! Unterschiedliche Zimmertypen, WiFi, Küchenbenutzung, Wäscheservice, TV- Lounge, BBQ, Verleih von Mountain-Bike und Camping Ausrüstung, Tourinformationen und Vermittlung, Dorm € 9, Privat mit Bad € 18/26.

Hostal Palogrande, Calle 62 No 23-36 ☎ 886 39 84 www.hostalpalogrande.com Nähe El Cable und Universität, nette Familienpension bei Maria Teresa, aber der unscheinbare Eingang mit dem winzigen Schild über der Tür ist für Taxifahrer nur schwer zu finden. Je nach Belegungsgrad ruhig oder unterhaltsam, unterschiedliche Zimmer mit Gemeinschaftsbad, WiFi, inkl. Frühstück ab € 12 p.P.

Hostal Lassio, Calle 67 No 23A-23 (Palermo Alto) ☎ 887 60 16, Nähe El Cable und Universität, sicher, ruhig, bequem, WiFi, Kochgelegenheit, Wäscheservice, unterschiedliche Zimmer mit/ohne Bad € 15/25.

Hostal La Gran Vía, Cra. 23 No 37-10 ☎ 880 09 93, zentrale Lage an der Av. Santander zwischen Innenstadtbereich und El Cable. Nette Traveller -Absteige, sieben einfache Zimmer mit 17 Betten, Küchenbenutzung, WiFi, pro Bett € 9.

Hotel Fundadores, Cra. 23 No 29-54 ☎ 884 07 52, Innenstadtlage an dem Parque Caldas, Zimmer mit Privatbad und knatschenden Dielen in einem traditionellen etwas angestaubten, aber pittoresken Kolonialgebäude, inkl. Frühstück € 35/57.

Termales El Otoño ☎ 874 02 80 www.termaleselotono.com 10 Min. vom Flughafen La Nubia und 20 Min. vom Zentrum entfernt, am Km 5 der alten Straße in Richtung Nevado. Freizeithotel mit Thermalquellen, Spa und Panoramablick auf die Gebirgslandschaft der Los Nevados. 20 Cabañas mit 1 oder 2 Zimmern, bestückt mit Jacuzzi, Thermalbecken, Kamin, Mini-Bar, TV, Safe und Heizung, sowie weitere 23 rustikale Zimmer und 10 Zimmer im massiven Hauptgebäude, Preise von € 95-195. Taxi vom CC Cabel Plaza € 7. Zugang für Nichtgäste € 8.

🍴 Essen & Trinken

Gute Restaurants, die preiswerten Mittagstisch anbieten, findet man in der Uni-Gegend entlang der Av. Santander und den angrenzenden Nebenstraßen. Ambitioniertere Küche im **Barrio Milan** hinter der Plaza El Cable mit dem CC Cable Plaza um den antiken Torre de Herveo. Unterhalb des Turms ist das **Juan Valdes Café**, da kostet der Latte macchiato bekanntermaßen um einiges mehr als der *tinto* auf der Straße.

Salón de Té la Suiza, Cra. 23 No 26-57, Tee- und Kaffeestube, Kuchenparadies im Zentrum, ein beliebter Treffpunkt mit langer Tradition.

Los Geranios, Cra. 23 No 71-67 (Barrio Milan) ☎ 886 87 38, ein besseres Restaurant im Stil eines typi-schen Landgasthauses, Paisaküche in mittlerer Preislage, *bandeja paisa, sancocho, ajiaco.*

Restaurante Las Cuatro Estaciones, Calle 65 No 23A 32 Av. Lindsay (Nähe El Cable) ☎ 886 06 76, Pizza und Pasta zu passablen Preisen.

🎵 Musik & Tanz

RocKKelleR Bar, Cra. 23 No 60-05 (Nähe Univ. Catolica) ☎ 312 775 46 17 www.rockkeller.com Kaum irgendwo sonst in Kolumbien hat sich die jüngere Generation abrupter vom ewigen Tropical Sound (Vallenato, Rumba, Bolero & Co) ihrer Eltern verabschiedet als in Manizales, und dieser Laden ist ein beredter Beweis dafür. Wer ACDC oder Motorhead nicht mag, dem wird es hier vermutlich auch nicht gefallen, ansonsten kann es ein vielversprechender Abend werden, der erst um ⏰ 2 (oder später) endet. Livebands und gute Stimmung. Reichhaltige Auswahl an internationalen Bieren und Drinks.

Bar La Plaza, Cra. 23B No 64-80 ⏰ Mo-Mi 11-22, Do-Sa - 2, beliebte Café-Bar für Studenten zum Reden, Schmusen, Händchenhalten, Snacks und Sandwich.

Bar C, Via Acueducto Niza, ein abgelegener Ort und selbst für Taxifahrer nicht leicht zu finden. Mischung aus vorwiegend elektronischer Musik und einer Prise Tropical, toller Blick auf die Stadt und die schönen Menschen um einen herum ⏰ Do-Sa bis in die Morgenstunden.

Kaffeetouren

Hacienda Venecia ☎ 320 636 57 19 www.haciendavenecia.com liebevoll gepflegte Kaffeefarm auf einem herausgehobenen Hügel inmitten von Kaffeeplantagen, empfohlene eintägige Kaffeetouren auf spanisch oder englisch (€ 9), die das Basiswissen über den Herstellungsprozess des Kaffees vermitteln, Ernten, Trocknen, Rösten. Pick Up Service vom Hotel in Manizales € 4,50. Nach dem Mittagessen (€ 4,50) kann man den Pool nutzen. Die Hazienda wurde in ein stimmungsvolles Boutiquehotel verwandelt, mit Hängematten und Schaukelstühlen unter der Veranda, mit Privatbad € 100(2), plus angrenzender günstigerer Unterkünfte € 18(2).

Der kleine Ort **Chinchiná** (55.000 Einwohner, 1390 m) liegt 20 km von Manizales entfernt im Herzen der Kaffeezone. Hier befinden sich einige sehenswerte Kaffeefincas, die Gäste willkommen heißen.

Hacienda Guayabal, Km 3 Via Peaje (Mautstation) Tarapacá, 5 Min. von Chinchiná ➀ 840 14 63 www.haciendaguayabal.com bequeme Zimmer mit Vollpension, Pool, € 37 p. P. Auf dem Grundstück und der Umgebung befinden sich Wanderwege, die durch Kaffeeplantagen und Guadua-Wälder führen. Ideal zur Entspannung und Vogelbeobachtung. Kaffeetouren: € 10.

🚌 Der Kopf des modernen Busterminals ➀ 878 78 58 www.terminaldemanizales.com ist zugleich der Start- und Endpunkt des 2009 eröffneten neuen **Cable Aéreo** (Kabinenbahn) ⏰ 6-22, Talstation **Los Cámbulos.** Dadurch kommt man in wenigen Minuten über die Mittelstation **La Fuente** bis ins Zentrum bei der Bergstation **Los Fundadores** (€ 0,60). Die östlich gelegenen Stadtteile um den **Torre de Herveo** und den **CC Cable Plaza** sind allerdings besser per Taxi zu erreichen (€ 3). Innerhalb des Busbahnhofes befinden sich mehrere Kioske und Restaurants mit WiFi, so dass man sich entspannt die Zeit bis zur Abfahrt des Busses vertreiben kann. Verbindungen nach **Bogotá,** Expr. Bolívariano, Rápido Tolima, 7 Std. € 22. **Medellín,** Empr. Arauca, 4 ½ Std. € 15. **Cali,** Expr. Palmira, Empr. Arauca, 5 Std. € 15. **Chinchiná,** Kollektivtaxis, 40 Min. € 2. **Pereira/Armenia,** Autolegal u.a. 1½ / 2½ Std. € 5/7,50. **Pensilvania,** Empr. Arauca, Rápido Tolima, 3½ Std. € 10. **Salamina,** Expr. Sideral, 3 Std. € 10.

✈ Der *Aeropuerto La Nubia* ➀ 874 54 51 (WiFi-Zone) liegt 8 km außerhalb des Stadtzentrums an der Straße in Richtung Bogotá und wird von ADA (Medellín), Avianca und Lan Colombia (Bogotá) angeflogen. Taxi in die Stadt € 4,50.

Pereira

1420 m, 21°C, 470.000 Einwohner ➀ 6

Pereira, gegr. 1863 und die Hauptstadt des Departements Risaralda ist eine noch junge und schnell wachsende Industrie- und Handelsstadt mit den Zweigen Textil, Leder und Lebensmittelverarbeitung. In der Umgebung wird Kaffee und Zuckerrohr angebaut. Seit einiger Zeit hat die Stadt mit dem **Megabús** ein öffentliches Nahverkehrssystem, das dem von Bogotá vergleichbar ist, auch hier gibt es eine **Pico y Placa** Regelung für den privaten Stadtverkehr. Auf der zentralen Plaza steht das Standbild des **Bolívar Desnudo** von Rodrigo Arenas Betancourt. Es zeigt den nackten Bolívar auf dem Rücken eines fliehenden Pferdes. Der **Zoo** (Zoológico de Matecaña) gehört zur Hauptattraktion der Stadt und liegt in unmittelbarer Nähe des Flughafens, manchmal wird eine Nachtsafari angeboten www.zoopereira.org ⏰ täglich 8.30-17.30. Noch attraktiver sind die **Termales San Vicente** und die beiden Naturparks **Ucumarí** und **Santuario Otún Quimbaya** in der Umgebung.

Über 200 Kolibriarten bevölkern die Zona Cafetera

Service

ⓘ **Touristeninformation,** Cra. 10 Ecke Calle 17 ☏ 325 41 57 www.risaralda.com.co @ **Ciber La 4,** Calle 24 No 4-09 und in der **LA14 Mall.** **ATM** gegenüber dem Busterminal im Centro Comercial LA14. BBVA, Cra. 7 No 19-64, Plaza de Bolívar.

Schlafen & Essen

Sweet Home Hostel, Cra. 11 No 44-30, ca. 15 Min. vom Busterminal (Taxi € 2,50) ☏ 345 44 53 www.sweethomehostel.com das einzige wirkliche Traveller-Hostel in Pereira. 3 schlichte Dorm, die selten mal komplett besetzt sind. Chef Juan ist engagiert und eine unerschöpfliche Quelle von Informationen über Pereira und die Umgebung, sauber, sicher, gute Lage, WiFi, Dorm € 9, Privatzimmer inkl. Frühstück € 15/24.

Hotel Mi Casita, Calle 25 No 6-20 ☏ 333 99 95, zentrale Lage, am besten die Zimmer in der Nähe der Rezeption meiden, da könnte es laut werden, kein Hotel, um nach Hause darüber zu schreiben, doch gut für den Preis, WiFi, Zimmer mit Vent. € 21/30.

Coffee Town Hostel (Santa Rosa de Cabal, 15 Min.von Pereira) Cra. 15 No 10-65 ☏ 366 09 34 www.coffeetownhostel.com Backpacker-Unterkunft, Küchenbenutzung, WiFi, Kaffeetouren, Touren zu den Termales San Vicente, Dorm und Privatzimmer € 8,50/12 p.P.

Hotel Abadia Plaza, Cra. 8 No 21-67 ☏ 335 83 98 www.hoteabadiaplaza.com das einzige 5 Sterne Hotel in Pereira, Zimmerausstattung gemäß dieser Klasse, mit großzügigen Bädern und Kingsizebetten, a/c, Flachbildschirm, WiFi, Safe, liebevolle Wanddekorationen mit gelungenem Lokalkolorit im Restaurant, € 88/90.

Habitat Hotel, Calle 14 No 21-82, ☏ 313 59 99, modernes, minimalistisches Hotel mit Sichtbeton und Loftcharakter, auch Apartments mit offener Küche, ab € 102(2).

Die günstigen (Schnell-)Restaurants liegen um die Plaza Bolívar oder in den Malls, z.B. **La Catorce Shopping Mall**

(LA14) gegenüber dem Busbahnhof. Es gibt einige Spezialitätenrestaurants wie das **El Mesón Español**, Calle 14, Cra. 26 ☏ 321 56 36 www.elmesone-spanol.com gute Fischgerichte. **Il Forno**, Cra. 15 No 11-55 (Los Alpes) ☏ 325 08 02, beliebter Italiener mit Steinofen (Taxi in die Stadt € 4,50).

Den besten Blick auf die Stadt hat man vom **El Mirador**, Entrada Av. Circunvalar Calle 4 ☏ 331 21 41 www.el-miradorparrillashow.com Hier liegt ein gutes Stück Rindfleisch auf dem Teller und am Wochenende ist ab ☉ 22 Showtime mit Livemusik. Hin- und zurück nimmt man am besten ein Taxi.

♫ Musik & Tanz

Das Nachtleben spielt sich in La Badea, außerhalb der Innenstadt ab. Hier findet man die großen Diskotheken, in denen am Wochenende die Post abgeht.

Discoteca Paradise, Transversal 7 www.discotecaparadise.com ist ein Tanztempel mit unterschiedlichen Themenabenden, von Vallenato bis Cross Over, Livekonzerte.

🚌 Der stets lebendige Busterminal, Calle 17 No 23-157 ☏ 321 58 34, ist ca. 20 Min. zu Fuß von der Plaza de Bolívar entfernt, mit dem Stadtbus 10 Min. Regelmäßige Abfahrten nach **Bogotá**, Expr. Bolívariano, Flota Magdalena u.a. 8 Std. € 22. **Armenia**, 50 Min. € 3,50. **Salento**, Expr. Alcalia ☏ 321 54 47, regelmäßig ☉ Mo-Fr 6.30/11.30/13.30/16.30, Sa/So jede Std. 1 Std. € 3. **Medellín**, Empr. Arauca, 7 Std. € 13. **Cali**, Expr. Palmira, 5 Std. € 9. **Quibdó**, Flota Occidental, ein Bus täglich, 11-14 Std. je nach Straßenzustand, € 11.

✈ Der internationale Flughafen **Aeropuerto Matecaña** ☏ 326 00 21, ist 15 Min. mit dem Taxi (€ 5) vom Stadtzentrum entfernt. Tägliche Verbindungen mit ADA, Avianca, Lan Colombia und Satena nach Bogotá, Medellín, Cartagena, mit Aexpa in den Chocó, Copa fliegt nach Panama.

Kaffeefarmen bei Pereira

Casa Inspiración ☏ 323 54 92 www.casainspiracion.net einstige weitläufige Kaffeefinca, 10 Min. außerhalb der Stadt und inmitten der von Kaffeesträuchern bewachsenen Hügel, Einrichtung im Balidesign, Chill Out-Zonen, Pool und Privatsphäre, für bis zu 14 Gäste, inkl. Frühstück ab € 38 -145 (Suite), Flughafentransfer, Restaurantbetrieb. **Refugio Ecoturistico la Pastora**, Calle 19 No 8-31 ☏ 325 47 81. **Finca Villa Maria** ☏ 333 89 77 www.turiscafe.andes.com. **Finca Villa Martha** ☏ 329 92 61.

Naturreservate in der Umgebung

Termales San Vicente

Der Freizeit- und Erholungspark auf 2250 m, 18 km östlich von der Ortschaft Santa Rosa de Cabal, ist mit modernen, ansprechend gelegenen und hygienisch einwandfreien Outdoor-Thermalbecken ausgestattet. Insgesamt gibt es hier fünf Thermalpools, davon sind zwei ausschließlich für Hotelgäste bestimmt. Das Reizvolle daran ist, dass sich hier das eisige Gletscherwasser der Los Nevados mit den heißen Quellen vermischt. Daneben kann man Sauna und Spa betreiben, Massagen buchen, Vogelbeobachtungstouren machen oder sich an das Canopy-Seil hängen und 300 m über das Tal zu einem 28 m hohen Wasserfall sausen und sich dort herauf- und herunterrappeln.

Die Verantwortlichen betonen, dass es hier nicht allein um Profit geht, son-

Willyz Jeep

dern zuvörderst um den Erhalt der natürlichen Vegetation und den Schutz der Wasserläufe. Das Bergtal von San Vicente war bis in die 1990er Jahre von Vieh- und Weidewirtschaft geprägt, inzwischen ist der andine Bergwald zurückgekehrt www.sanvicente.com.co Eintritt: € 11. Übernachten in Cabañas, je nach Ausstattung und Service zwischen € 35-80 p.P. Camping € 24 p.P. Buchungsbüro in Pereira, Av. Circunvalar No 15-62 ☎ 333 61 57 ⏰ Mo-Fr 8-17, Sa - 15. Attraktive Angebote für Tagesausflüge ⏰ 8-17 zu € 24, inkl. Transport, Eintritt, Lunch und Snack. Rechtzeitig buchen, an den Wochenenden wird es voll!

SFF Otún Quimbaya

Das 489 ha große Naturschutzgebiet liegt 18 km südöstlich von Pereira inmitten der Kaffeezone und besticht durch seine Artenvielfalt an der Übergangszone vom subandinen Regenwald zum Hochgebirge, zwischen 1860 und 2250 m. 200 Vogelarten sind hier zu Hause, zudem mehrere Gruppen von Brüllaffen, der Brillenbär, der Andentapir u. a. Säugetiere.

Von Pereira via La Florida (9 km) geht es mit **Transp. Florida**, Calle 12 No 9-40 (La Galería) ☎ 334 27 21 ⏰ tägl. 7/9/15 (12 am Wochenende) 1 ½ Std. € 1,50, zur **Vereda La Suiza**, mit dem Parkeingang und Besucherzentrum ☎ 313 695 43 05. Mehrere Wege führen durch den Park. **Los Bejucos y El Robledal** ist ein leichter Rundgang durch ebenes Gelände. Des weiteren der Weg entlang des **Río Otún** (2,5 km) und der längere **Camino de la Sal o El Manzano** (7 km). Eintritt: € 2,50 Übernachtungsmöglichkeiten im Besucherzentrum, Dorm/Privatzimmer €11/15 p.P. einfache Mahlzeiten. Von hier führt der Weg weiter nach El Cedral (**siehe PNN Los Nevados, S. 398**).

Armenia

1480 m, 20°C, 290.000 Einwohner ☎ 6

Armenia ist die Provinzhauptstadt des kleinsten Departement Quindío, gegr. 1889. Viele Gebäude der Stadt wurden

Café Colombiano –
'el mejor del mundo'

Der weltweite Kaffeemarkt ist zweigeteilt in die Arten Arabica und Robusta. In Kolumbien wird ausschließlich der arbeitsintensivere und qualitativ höherwertige Arabica Kaffee angebaut. Auch die Züchtung der Arabica Pflanze ist einem steten Wandel unterworfen. Früher kultivierte man in der Zona Cafetera bevorzugt den höher wachsenden Arabica 'tradicional', inzwischen ist

man (wie in Brasilien üblich) überwiegend zum niedrig wachsenden Arabica 'moderno' gewechselt, der leichter zu ernten und umso schöner in geometrischen Bahnen anzulegen ist. Die Berge in der Zona Cafetera sehen daher an vielen Stellen wie ein fein geknüpftes Teppichmuster aus, eine einzigartige Kulturlandschaft, die deshalb 2011 mit dem 'Gütesiegel' des UNESCO-Weltkulturerbes ausgezeichnet wurde. Kolumbien hat auch die größte Sortenvielfalt, die besondere Aromen für den Kaffeefreund bieten, so die traditionellen *Típica*, *Borbón*, *Tabi* und die moderne *Caturra*.

Die Äquatornähe, die Höhenlagen zwischen 1200 und 1800 m und die nährstoffreichen vulkanischen Böden schaffen ideale Bedingungen für zwei Ernten pro Jahr. Gepflückt werden die reifen Kaffeebohnen von Hand und noch am gleichen Tag mit Pressen von ihrem roten oder gelben Fruchtfleisch befreit. Der gallertartige Film, der die Kerne bedeckt, wird in einen Fermentierungsprozess, der 20-30 Std.

Kaffeefinca

währt, zersetzt. Anschließend werden die Bohnen von den Überresten der Schalen gesäubert und gewaschen, um den Zuckergehalt zu reduzieren. Es folgt das Ausbreiten der Ernte zum Trocknen in die Sonne, um den Wasseranteil zu reduzieren, ein aufwendiger Prozess, der oftmals durch Niederschläge unterbrochen wird. Doch solange der Wassergehalt nicht auf mindesten 13 % gesunken ist, kann die Ernte für den Export nicht verpackt werden, weil auf dem Transport Fäulnis und Schimmel drohen. Sind die Bohnen ausreichend getrocknet, wird auch die verbliebene pergamentartige Hülle um die Bohne entfernt. Nach sorgfältiger Auswahl werden die Bohnen in Säcke von 62 ½ kg verpackt und mit den kleinen Willyz Jeeps zu den Verkaufsstellen transportiert. Das Rösten des Kaffees geschieht überwiegend in den Konsumentenländern und vor Ort fast nur zum Eigenbedarf. Dadurch erhalten die Kaffeebauern nur einen kleinen Prozentanteil des späteren Endverbraucherpreises. Noch ist der Anteil aus 'fairem Handel' zu gering, als dass er die schwankenden Einkommen der Kaffeebauern sichern könnte. Ein guter Grund, um beim Besuch einer Kaffeefarm eine Packung liebevoll im Familienbetrieb gepflegten und gerösteten ökologischen Café Colombiano zu erstehen.

Das international bekannte 'Gesicht' des kolumbianischen Kaffees heißt **'Juan Valdez'**. Die Kunstfigur des sympathischen Kaffeepflanzers, ausgestattet mit Strohhut, Umhängetasche, Sarape und einem breiten Lächeln, wurde bereits 1959 durch eine US-amerikanische Werbeagentur im Auftrag der Federación Nacional de Cafeteros de Colombia kreiert.

durch das starke Erdbeben im Januar 1999 zerstört und anschließend zumeist wieder aufgebaut. Armenia ist eine junge, zwischenzeitlich verarmte Kaffeestadt, die am Ende des vorletzten Jahrhunderts gegründet wurde und heute wieder mit Optimismus in die Zukunft schaut. In der Eigenwerbung heißt es: «Armenia.....un milagro de ciudad», ein Stadtwunder, und tatsächlich hat die Stadt in ihrer kurzen Geschichte so viel Niedergang und Katastrophen erlebt, dass es schon an ein Wunder grenzt, dass die Bewohner dageblieben sind, um immer wieder von Neuem zu beginnen. Bei all den Rückschlägen verwundert es nicht, dass das Stadtbild wenig Liebliches zu bieten hat. Bei der Architektur im Zentrum dominiert grauer Waschbeton. Die

Konzeption der Plaza Bolívar ist verunglückt. Die Schrumpfkathedrale **La Inmaculada** dürfte die kleinste Kirche für eine Stadt dieser Größe an einer Plaza Bolívar sein. Im Untergeschoss der **Kirche Sagrado Corazón** ist ein Supermarkt untergebracht. Ein echter Lichtblick und lohnend für einen Besuch ist das **Museo Quimbaya**.

Armenia ist einer der Ausgangspunkte zum Besuch des **PNN Los Nevados** (siehe Los Nevados) und zum Besuch einer der vielen Kaffeefarmen der Umgebung.

Service

www.turismoquindio.com mit reichhaltiger Information zu Kaffeefarmen, Landhotels und allgemeine Touristeninformation für das Departement Quindío. In der Mall **CC Portal del**

ANTIOQUIA & ZONA CAFETERA

Quindío, Av. Bolívar No 19N-46. 🇪🇺 **ATM** bei Bancolombia am Busterminal in Armenia. Banco de Bogotá, Calle 21 No 16-30 und im CC Portal de Quindío, im Nordteil der Stadt.

Jedes Jahr im Oktober anlässlich der Stadtgründungsfeier findet der **Desfile de Yipao** statt, eine farbenfrohe Oldtimerparade, bei der der schönste Willyz Jeep gekürt wird. Der Willyz Jeep ist das Fahrzeug der Cafeteros und hat seit den 1950er das Maultier als Transportmittel abgelöst.

👁 Sehenswürdigkeiten

Museo Quimbaya ☍ 749 84 33 www.banrepcultural.org/armenia am Ende der Av. Bolívar No 40 N-80, am Rand der Stadt. Hier sind die wunderschönen Keramiken der Quimbaya-Kultur versammelt, Tongefäße, sitzende und stehende Figuren. Die wichtigsten Goldexponate wurden allerdings ins Museo de Oro nach Bogotá verbracht. Das Museum hat die Form eines Mausoleums mit einem symmetrischen Innenhof, erbaut im ambitionierten Klinkerstil, der unverkennbar die Handschrift von Kolumbiens großen Architekten Rogelio Salmona trägt ☉ Di-So 10-17. Eintritt: frei. An der Av. Bolívar einen Bus nach Circasia nehmen und am Rondel mit der alten Dampflok aussteigen oder mit dem Taxi vom Zentrum, € 1,50.

Schlafen & Essen

Einfache und charmante Hotels sind im Zentrum von Armenia Mangelware. Wer bequem übernachten möchte, sollte bereit sein, etwas mehr Geld auszugeben.In der Nähe der Universität findet man günstige Unterkünfte, wie das

Hotel Torre Fuerte, Calle 17 No 20-55 ☍ 741 03 35 oder die kleine **Ca-**

sa Quimbaya, Calle 16N No 14-92 ☍ 312 590 00 66 www.casaquimbaya .com einfache, saubere Unterkunft, Wi-Fi, Zimmer mit Privatbad, Dorm/1er/ 2er € 9/19/26.

Hotel Café Real, Cra. 18 No 21-32 ☍ 744 30 55 www.hotelcafereal.com zentral gelegenes Mittelklassehotel mit dem Drang nach Besonderem. Bunte Zimmer mit Minibar, Flachbild-TV, Wi-Fi, Sauna, Jacuzzi, inkl. Frühstück € 35/51(2).

Hotel San Martin Cra. 14 No 7N-32 (Av. Bolívar) ☍ 746 60 78 www.sanmartinhostal.com gegenüber dem beliebten Parque de la Vida, Nähe Universität, modernes angenehmes Hotel mit sehr freundlichem Personal, Taxi € 2 vom Busterminal oder Zentrum, Zimmer mit Flachbild-TV, Kühlschrank, WiFi, inkl. Frühstück € 35-39, Doppel € 55, Studios für bis zu 5 € 100.

Casa Jardin Zen, Av. Centenerario, No 1-99 ☍ 746 25 11 www.casajardin-zen.com Calle 2, Boutiquehotel 1 km vom Stadtzentrum entfernt, bietet mit seinen 6 Zimmern eine Oase der Ruhe, wurde mit traditionellen architektonischen Elementen der Region erbaut und bietet modernen Komfort, WiFi, € 36/65, außerdem Campingmöglichkeiten € 15 p.P.

Einfache Restaurants findet man zuhauf in der Gegend um die Universität, die besseren liegen zumeist an der Av. Bolívar Richtung Museo Quimbaya.

La Fonda Antioqueña, Cra. 13 No 18-59, regionale Küche, *bandeja paisa.*

La Fogata, Cra. 13 No 14N-45 ☍ 749 59 80, das Top-Restaurant für Fleisch und Meeresfrüchte, peruanische Spezialitäten, große Portionen.

Rincón Vegetarariano, Calle 18 No 13-25 ☍ 744 50 55, wer es lieber fleischlos mag, kommt hier bestens auf seine Kosten.

Wartende Jeeps an der Plaza in Salento

🎵 *Musik & Tanz*

Armenias Nachtleben spielt sich in der *zona rosa* ab. Ein Traditionsclub ist **Guitarra y Rumba**, Km 2 vía Pereira ☏ 749 34 22, Diskothek mit Liveband ☉ Do-Sa. Studenten und junggebliebene ältere Semester treffen sich in den kleinen Bars um die Universidad de Quindío, zumal um die Plaza Bambuza, z.B. im **Lounge,** Calle 5 No 18 A-128 ☏ 746 47 30.

Kaffeefarmen bei Armenia

Die **Hostería mi Monaco** liegt am Km 7 von Armenia in Richtung Pueblo Tapao ☏ 310 374 56 43 www.mimonaco.net im Fincastil mit palmenumstandenen Pool, Jacuzzi, Mountainbiketouren und Spaziergänge durch den Bambuswald, ab € 22 p.P. inkl. Frühstück.

Hotel Karlaka, am Km 5 vía Calarcá a la Bella ☏ 742 65 87 www.hotelkarlaka.com eine weitere dieser wunderschön gelegenen Kaffeefarmen in der näheren Umgebung.

Finca el Balso, Km 5 Armenia-Aeropuerto El Edén ☏ 749 42 80 www.fincaelbalso.com malerische zweistöckige Kaffeefinca mit umlaufenden Balkonen mit Schaukelstühlen, eingerichtet mit Antiquitäten, Swimmingpool, Kaffeetouren, ab € 25 p.P. inkl. Frühstück.

Casa de Campo el Delirio, bei Montenegro ☏ 744 99 55, Herrenhaus mit Blick auf die Hügel der Umgebung, Pool und Terrassenrestaurant, Kaffeetouren, die großzügigen Zimmer sind mit den typische Antiquitäten der Region ausgestattet, haben aber alle Annehmlichkeiten der Moderne, Flachbildschirme, WiFi, Zimmer ab € 74(2) inkl. Frühstück.

Finca Villa Juliana, Km 5 via Alcalá-Finlandia ☏ 749 56 13 www.fincavillajuliana.com Pool, Jacuzzi, Vermittlung von Floßfahrten auf dem Río La Vieja, einfache Zimmer ab € 26 p.P. inkl. Frühstück.

Finca la Cabaña, 5 km vom Ort Calarcá, ca. 12 km außerhalb Armenias ☏ 315 560 34 44 www.haciendalacabana.com stilgerecht erhaltene Kaffeefinca mit Antiquitäten, Gravuren, s/w-Fotos aus den Pioniertagen an den Wänden, ein Kleinod, € 35 p.P. inkl. Frühstück.

Straßenszene Salento

Naturreservate in der Umgebung

8 km von Armenia entfernt liegt der **Jardín Botánico del Quindío** in Calarcá ☎ 742 72 54 www.jardinbotanicoquindio.org Sehenswert ist das 680 m² große Schmetterlingshaus in Form eines Schmetterlings mit seinen 3000 Schmetterlingen aus ca. 50 Arten. Die botanischen Gärten versammeln 600 Pflanzenarten, einschließlich einer umfangreichen Palmensammlung sowie Orchideen. Zudem gibt es einen siebenstöckigen Aussichtsturm ☉ täglich 9-16. Eintritt: € 6.

🚌 Der Busterminal, Cra. 19, Calle 35 ☎ 747 33 55, liegt 1,5 km südwestlich des Zentrums, zu erreichen mit dem Stadtbus entlang der Cra. 19. Hier fahren die Überlandbusse ab. **Bogotá**, Expr. Bolívariano, Flota Magdalena u.a. 7 Std. € 16. **Buenaventura**, Expr. Trejos, am Vormittag, 5 Std. € 14. **Cali**, Expr. Trejos, 3-4 Std. € 9. **Manizales**, Empr. Arauca u.a. 3-4 Std. € 7,75. **Medellín**, Empr. Arauca u.a. 6-7 Std. € 15. **Neiva**, Coomotor, Cootranshuila, 6-7 Std. € 16. **Pereira**, 50 Min. € 3,50. **Pitalito**, Coomotor, Cootranshuila, 10 Std. € 22. **Salento**, Cootracier, € 1,50. Der letzte Bus fährt um ☉ 20. Wer später ankommt, nimmt den Bus nach Circasia (€ 0,80) und von dort ein Taxi nach Salento, € 6.

✈ **Aeropuerto El Edén**, 18 km südwestlich der Stadt ☎ 747 94 00, Taxi € 9. Tägliche Verbindungen nach **Bogotá** mit Avianca und Lan Colombia und nach **Medellín** mit ADA.

Salento

1900 m, 18°C, 4000 Einwohner ☎ 6

Eine halbe Stunde nordwestlich von Armenia liegt Salento. Es ist ein idyllisches Dorf in der typischen Architektur Antioquias mit einer weitläufigen zentralen Plaza, um die sich das Leben abspielt. Die angrenzende Calle Real wird von den Ausflüglern aus nah und fern am Wochenende in Beschlag genommen und zur Schlender-, Schlemmer- und Einkaufsmeile. Dann ist Salento lebendiger, aber nicht weniger authentisch als die meisten verschlafenen Paisadörfer in Antioquia und Caldas. Am oberen Ende der Calle Real geht es über eine Treppe hinauf zum Aussichtspunkt **Alto de La Cruz,** von wo man am besten in den frühen Morgenstunden einen klaren Blick auf das **Valle del Cocora** hat, das sich zehn Kilometer den Río Quindío flussaufwärts erstreckt. Ein magischer Ort mit den weltberühmten, bis 60 m hochaufragenden Wachspalmen (*Ceroxylon andicola oder quindiense*), der außergewöhnliche Nationalbaum Kolumbiens, der es bereits Alexander von Humboldt angetan hatte.

Service

🖥 Internetverbindung im **El Sitio**, Cra. 7 No 5-07 ⏰ Mo-Sa 9.30-22, So 13-22. 💳 Die Banco Agrario de Colombia an der Plaza hat eine **ATM** aufgestellt.

Schlafen

Salento hat eine gute Auswahl an Übernachtungsmöglichkeiten. Neben den Unterkünften im Ort gibt es auch schön gelegene Fincas in der Umgebung.

The Plantation House, Calle 7 No 1- 04, 150 m von der Feuerwehrwache am Ortseingang und am alten kolonialen Camino ☎ 316 285 26 03 www.theplantationhousesalento.com Tim und Cris haben das 100 Jahre alte Kaffeepflanzerhaus und zusätzlich ein weiteres Haus, umgeben von mehreren ha kultivierter Landfläche, in eine attraktive Travellerlodge umgewandelt, Hängemattenplätze, Frühstück, Waschgelegenheit, WiFi, freier Kaffee, Mountainbike-Verleih, Touren in die Umgebung, Dorm € 8,75 p.P. Zweibettzimmer ohne/mit Privatbad € 20/22(2).

Hostal Tralala, Cra. 7 No 6-45, ein Block vom Parque Principal (auf der Seite der Busstation) ☎ 314 850 55 43 www.hosteltralalasalento.com Der holländische Besitzer hat die Fensterläden in poppigem Orange ('Oranje') gestrichen und sehr schön die Details des Salento/Antioquia-Baustils mit Holzdielen und hohen Decken herausgearbeitet, sauber, gute Matratzen, heiße Duschen, begrünter Patio mit Hängematten und umlaufendem Innenbalkon, Dorm € 8-10, zwei Doppelbettzimmer zu € 26/30, ein mat. € 20, jeweils mit Privatbad.

Posada del Angel, Calle 6 N0 7-47, ½ Block vom Parque Principal ☎ 759 35 07, bequeme Zimmer ohne/mit Bad, Warmwasser, TV, WiFi, ab € 11.

Balcones de Ayer, Calle 6 No 5-40 ☎ 312 226 29 21, zentral gelegene Hospedaje mit Restaurant, Zimmer zu € 17,50 /22 für Einzelreisende, Doppelzimmer und mat. € 35(2) mit Privatbad und heißer Dusche.

El Rancho de Boquia ☎ 420 44 87 elranchodesalento@gmail.com 2,5 km vor Salento an der Vereda Boquia, eine bunt gestrichene Finca mit sechs komfortablen Zimmern mit Privatbad und Warmwasser, für 2/3/4 Personen, ab € 25/35/50. Pferdeverleih und Ausritte mit Guía.

🍽 Essen & Trinken

An der Plaza und in den Seitenstraßen gibt es eine Vielzahl an **Restaurants**. Spezialität, Forelle gebraten oder gefüllt mit Krabben oder Champions und mit Patacón. **La Gran Trucha**, Cra. 6 No 3-36 (Calle Real), **Donde Laurita**, Calle 5 A No 5-34. Entlang der Calle Real gibt es einige Kneipen-Bars und Cafés. Der Supermarkt an der Plaza ist gut bestückt mit 1½ l Wasserflaschen, Thunfischdosen, Chips und Kräcker, ein untrügliches Zeichen für die gewachsenen touristischen Aktivitäten.

ANTIOQUIA & ZONA CAFETERA

ANTIOQUIA & ZONA CAFETERA

Palmeras de Cera im Valle de Cocora

Touren

The Plantation House organisiert den Besuch zur 7 ha **organisch** kaffeeproduzierenden Finca von Don Eduardo, die nur 10 Min. Fußweg entfernt liegt und den Kaffee für die Gäste liefert, mit einer lockeren und gut verständlichen Einführung in den Herstellungsprozess, € 2 Gäste/ € 4 Nichtgäste. Mit dem **Mountainbike** (von The Plantation House) kann man von der **Finca El Rocio** ☽ 320 672 87 71, beim Eingang zum PNN Los Nevados gelegen, am Camino Nacional Km 16 zurück in den Ort sausen.

Pferde- und Trekkingtouren organisiert Omar Hernández ☽ 314 600 63 53. Möglich sind Drei-Tages-Treks mit dem Pferd in den PNN Los Nevados. Omar verspricht spannende Touren in die Bergwelt und entlang des kolonialen Caminos, den schon Humboldt und Bolívar eingeschlagen haben.

🚌 regelmäßig fahren Minibusse nach **Aremenia** ⏱ 6-20 und **Pereira** ⏱ 6.30-18.30 mit Cootracir und Expr. Alcalala.

Naturreservat Acaime & Finca La Montaña

Jeeps nach **Cocora** fahren mehrmals am Tag von der Plaza ab ⏱ 6, 10 km, ½ Std. € 1,50, und in der Gegenrichtung, sobald eine Fuhre mit acht Fahrgästen zusammengekommen ist, sonst muss man eine Express-Tour buchen, € 12. In Cocora gibt es das Restaurant Las Palmas de Cocora. Das sich dem Dorf anschließende Tal ist bewachsen mit den hochaufragenden Wachspalmen (*Ceroxylon quindiuense*). Am Ortsende von Cocora beginnt der 3½ std. Rundweg zum Acaime Naturreservat (2 km²) am Fuße der Los Nevados, betrieben von der Fundación Herencia Verde. Zurück führt der Weg über die Finca La Montaña durch den Palmenwald mit den hochaufragenden *Palmas de Cera.* Im offenen Tal ist es ein ausgewiesener Trampelpfad, der auch von Pferden und Kühen genutzt wird und gemächlich in Richtung der Berge ansteigt.

Sobald man den dichten Nebelwald erreicht, geht es mehrfach über zahlreiche schmale und wacklige Hängebrücken, die über den Río Quindío führen, bergauf. Nach 1 Std. ist die Hütte des Miniaturreservates erreicht. Eintritt: € 1,50. Primitive Übernachtungsmöglichkeiten € 6,50, Snacks und Softdrinks sind vorrätig. Die reichhaltige Avifauna versammelt sechs unterschiedliche Kolibriarten. Wer jetzt weiter in Richtung PNN Los Nevados möchte, muss gut vorbereitet sein, denn es geht steil bergauf in die Abgeschiedenheit bis Estrella de Agua auf der Route zur Laguna del Encanto **(siehe PNN Los Nevados S. 399)**. Wer hingegen nur einen Tagesausflug im Sinn hat und den Rückweg einschlägt, zweigt an der Abzweigung (1 km vor Acaime) zur Finca La Montaña rechts ab. In Kehren geht es 30 Min. bergauf. Von der Finca führt ein breiter Weg, der gelegentlich auch von Jeeps genutzt wird, über 1½ Std. gemächlich bergab in Richtung Cocora.

Im malerischen Tal schießen die Wachspalmen mit ihren geraden weißen Stämmen, an deren Ende eine dürre Baumkrone sitzt, eindrucksvoll in die Höhe, ein grandioser Anblick, wenn sich die Palmen, die bis zu 60 m hoch werden sollen, aus dem Morgennebel schälen. Die Palme gehört zu einer Baumfamilie, deren Alter auf über 60 Mio. Jahre geschätzt wird. Zu Zeiten von Alexander von Humboldt erschienen sie wie ein «Wald über dem Wald», da sie aus der übrigen dichten und dunklen Vegetation herausragten. Ein Anblick, den man auf dem Rückweg von La Montaña gelegentlich noch nachvollziehen kann, weil hier der Unterbewuchs noch nicht für die Weidewirtschaft gerodet wurde.

Man sollte früh unterwegs sein, denn spätestens ab 10 Uhr ziehen dichte Nebelschwaden das Tal hinauf, so dass die Palmen immer mal wieder vom Nebel verschluckt werden oder aber mit ihren Kronen geheimnisvoll aus den Nebelfeldern herausragen. Der Weg kann schlammig und rutschig sein und Gummistiefel sind eine gute Idee. In Cocora kann man auch Pferde mit Guía mieten (Acaime hin und zurück, 1 Std. Aufenthalt zu € 20).

17 km von Armenia entfernt ist der **Parque Nacional del Café** am Km 6 via **Montenegro.** Es gibt ein Museum des Kaffees, eine Kaffeehazienda, einen Rundweg, Aussichtsturm und Restaurant. Ungewöhnlich für Kolumbien hat man sich hier das Konzept eines Freilicht-Museums ausgedacht, das eher der nordamerikanischen Herangehensweise an (regional-)historische Stoffe entspricht. Das heißt, Nachbauten und Kostüme sollen die Geschichte des Kaffeeanbaus vermitteln. In der *Show del Café* wird die Geschichte des kolumbianischen Kaffees nacherzählt. Den berühmten Willyz Jeeps hat man ein Denkmal errichtet ☏ 741 74 17 www .parquenacionaldelcafe.com ⊕ Mi-So 9-16. Eintritt: € 8-22. 🚐 Mikrobusse fahren alle 15 Min. vom Terminal in Armenia nach Montenegro, € 0,75.

Besuchen kann man auch den ökologischen Anbau **La Pequeña Granja de Mama Lulu,** zwischen Montenegro und Quimbaya ☏ 752 12 60.

Floßfahrt auf dem Río La Vieja

Ausgangspunkt für die touristischen Floßfahrten auf dem Río la Vieja, einem Zufluss des Río Cauca, ist der kleine Ort Quimbaya, 10 km südlich von Montenegro. Von hier geht es zumeist mit einem Willyz Jeep zum 13 km entfernten Puerto Alejandrina, wo man sich mit seiner Gruppe (Minimum 6) auf einem Floß aus Guadua-Bambus einschifft, um 15 km flussabwärts bis

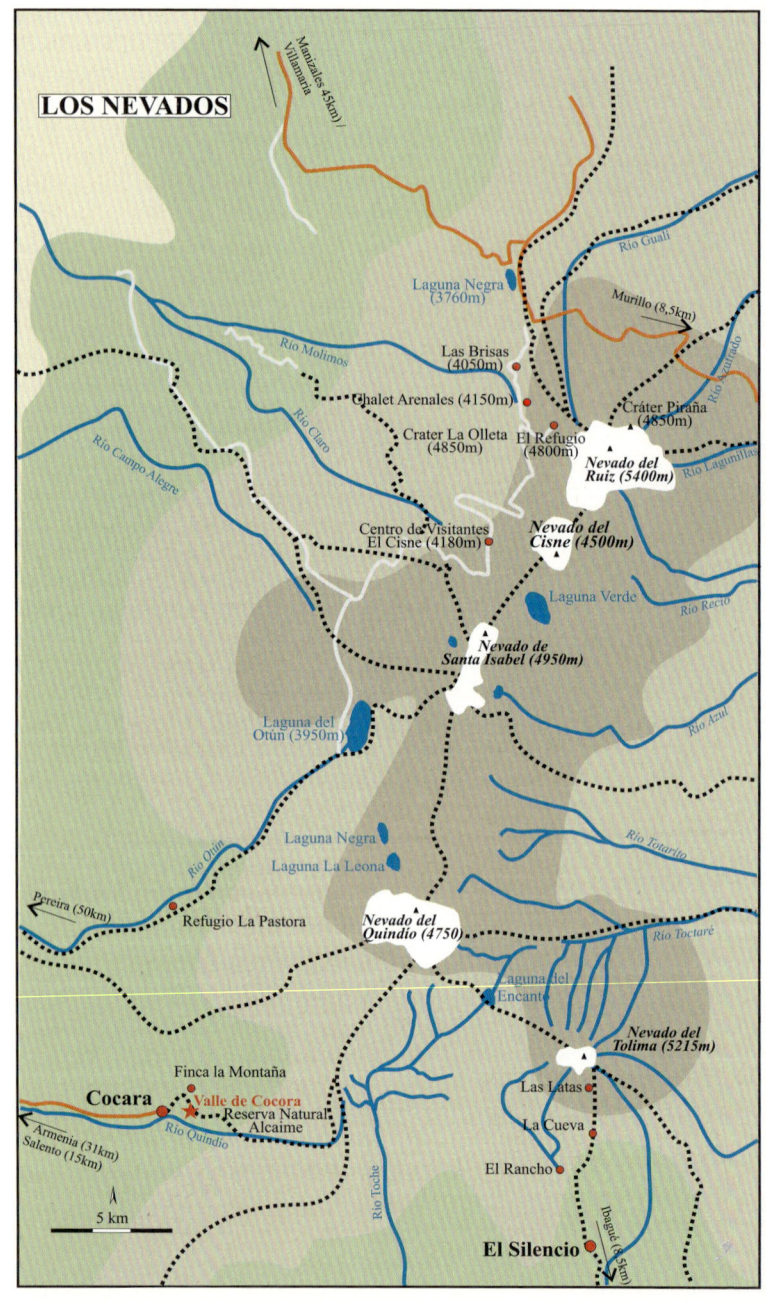

LOS NEVADOS

Manizales 45km) / Villamaría

Río Gualí

Laguna Negra (3760m)

Murillo (8,5km)

Río Molimos

Río Claro

Las Brisas (4050m)

Chalet Arenales (4150m)

Cráter Piraña (4850m)

Río Campo Alegre

Cráter La Olleta (4850m)

El Refugio (4800m)

Nevado del Ruiz (5400m)

Río Lagunillas

Centro de Visitantes El Cisne (4180m)

Nevado del Cisne (4500m)

Laguna Verde

Río Recio

Nevado de Santa Isabel (4950m)

Río Azul

Laguna del Otún (3950m)

Laguna Negra

Río Otún

Laguna La Leona

Río Tonarito

Pereira (50km)

Refugio La Pastora

Nevado del Quindío (4750)

Río Toctaré

Laguna del Encanto

Nevado del Tolima (5215m)

Finca la Montaña

Cocara

Valle de Cocora

Las Latas

Río Quindío

Reserva Natural Alcaime

La Cueva

Armenia (31km) Salento (15km)

El Rancho

Río Toche

Ibagué (85km)

5 km

El Silencio

zum Anlegehafen in Piedras de Moler zu treiben. Touranbieter **Balsaje** in Quimbaya, Barrio Clementina Lopez ☏ 311 771 55 96 www.balsajequimbaya.com € 24 inkl. traditioneller Kost, Tamales mit Hühnchenfleisch, Knoblauch und Tomate.

PNN Los Nevados

Die Los Nevados sind die höchste Erhebung der Zentralkordillere, die 'kolumbianische Avenida der Vulkane'. Das Gebiet erstreckt sich in Nord-Süd-richtung und umfasst eine Fläche von ca. 580 km², an dem die vier Departements Caldas, Risaralda, Quindío und Tolima Anteil haben, wobei die unterschiedlichen Departements auch unterschiedliche Regelungen hinsichtlich des Besuchs, der vorgeschriebenen Begleitung durch Guías und den zu entrichtenden Eintrittspreis getroffen haben. Die beiden äußeren Vulkane des Bergmassivs sind die höchsten, die ganzjährig schnee- und eisbedeckten **Nevado del Ruiz** im Norden mit 5400 m und der **Nevado del Tolima** im Süden mit 5200 m. Dazwischen reihen sich die Vulkane **Cisne** (4700 m), **Santa Isabel** (4950 m) und **Quindío** (4750 m) ein. Obwohl alle Vulkane «Nevados» heißen, sind der Cisne und der Quindío nicht länger mit einer permanenten Schnee- und Eiskappe bedeckt. Unterhalb der Eisgrenze, die bei 4700 m beginnt, breitet sich die typische Páramolandschaft mit Frailejónes, Farnen, dürren Gräsern und Moosen aus. Eingebettet in die Landschaft liegen Lagunen. Die **Laguna Verde** und die **Laguna Otún** unterhalb des Santa Isabel Vulkans sind die schönsten.

In den unteren Regionen des Parks zwischen 2000-3000 m ist die Palmera de Cera. Unter den Vögeln tummeln sich viele Kolibriarten, so der endemische Stübli-Helmkolibri. Erwähnung verdienen die 20 Fledermausarten. Insekten-, Frucht und Nektarfresser sowie ein endemischer Frosch *(Osornophryne percrassa)* sind hier zuhause. Der Park ist ein wichtiges Wasserreservoir für die fünf Millionen Menschen der Departements Tolima, Caldas, Quindío und Risaralda. Der Nationalpark liegt inmitten des besiedelten Kolumbiens. Es gibt zahlreiche Zugänge.

Nordbereich Manizales – Las Brisas – El Cisne

Der zentrale Besucherbereich liegt im nördlichen Sektor Manizales-Las Brisas-Villamaría zum Besuch des **Nevado del Ruiz**. Der Ruiz ist ein aktiver Vulkan und eine ständige Bedrohung für seine Umgebung. Aus dem Krater Arenas, dessen Eruption am 13. November 1985 zum Abschmelzen eines großen Teiles der Eiskappe führte und die Katastrophe von Armero verursachte, steigen regelmäßig Rauchfahnen auf. Hauptzugang auf der nördlichen Seite ist von der Manizales-Bogotá Straße bei **La Esperanza** (Km 27). Von dort geht es über 33 km bergauf durch den Páramo bis zur Schneegrenze am Fuße des Nevado del Ruiz (4800 m). Der Ruiz hat drei Krateröffnungen, Arenas, La Olleta und Piraña. Allein der Arenas Krater darf bestiegen werden, zuvor ist die Erlaubnis bei der Nationalparkverwaltung in Manizales einzuholen ☏ 886 47 03 nevados@parquesnacionales.gov.co

Der Parkeingang befindet sich beim **Refugio Las Brisas** auf 4050 m. Im Jahr 2012 war der Park aufgrund von austretender Asche und erhöhter Konzentration von Schwefeldämpfen jedoch für sieben Monate gesperrt, was dazu geführt hat, dass das von der Nationalparkverwaltung für das (Gebühren-)Management beauftragte Privatunternehmen Concesión Los Nevados keine Einnahmen erzielen konnte und den Betrieb eingestellt hat, mit der Konsequenz, dass der Park von Las Brisas offiziell solange nicht betreten werden kann, bis ein neues Management gefunden ist.

7 km oberhalb von las Brisas liegt die Berghütte **Chalet Arenales** (4150 m), 2010 abgebrannt und später wieder aufgebaut, aber zu Beginn des Jahres 2013 ebenfalls außer Funktion. Im Prinzip gibt es hier ein Campingareal mit Fließendwasser und Kochgelegenheiten. Weitere 10 km weiter die Straße bergauf liegt die Schutzhütte **El Refugio** (4800 m), wo man, wenn die Infrastruktur des Parks mal wieder funktioniert, einen heißen *tinto* oder einen *aqua panela* bekommen kann. Der weitere Weg zu Fuß führt durch eine lunare Landschaft 100 m bergauf zum Flaggenmast und anschließend weiter bis zur Gletscherzunge auf 5100 m (1½ Std.).

Ein zweites Campingareal mit Platz für bis zu 50 Zelte, Laden, Toiletten und Duschen, € 4, 50 p.P. und ein luxuriöses Berghotel, Kapazität für 32 Gäste, 9 Zimmer mit Privatbad und Heizung, Restaurant und Krankenstation, € 64/72(2), liegen in **El Cisne** (4180 m), 24 km von Las Brisas entfernt und über eine landschaftlich reizvolle Piste durch den Hochpáramo zu erreichen. Wenn das 4x4 Fahrzeug des privaten Lizenzunternehmens unterwegs ist, kann man mitfahren, hin- und zurück € 13.

In den Bereich der lizenzierten Parkzone fährt keinerlei öffentliches Gefährt. Entweder ist man mit dem privaten 4x4 Fahrzeug unterwegs oder besucht die Nordseite des Parks mittels einer 1 Tages-Rundtour von Manizales, einschließlich Transport, Guía, Parkeintritt, Lunchbox, verbunden mit einem abschließenden Bad bei den Thermalquellen von Otoño € 58 (für Ausländer). Zu buchen über Ecosistemas ☏ 880 83 00 oder Confamiliares, Cra. 25, Calle 50 ☏ 886 07 37. Das ist kein Bergtrekking!

Die zweite Möglichkeit von Manizales interessante Plätze innerhalb des Parks zu erreichen, besteht über **Villamaría und Playa Larga zur Laguna Otún** (3 ½ Std.). Auch hier zu bedarf es zur Zeit eines eigenen Fahrzeuges.

Westbereich Pereira – La Pastora – Laguna Otún

Von **Pereira** fährt morgens eine Chiva von Transp. Florida nach **El Cedral**, eine Forellenzuchtstation (22 km, 1½ Std. € 2), gelegen im **Parque Ucumarí**, ein 42 km² großes, regionales Naturreservat zwischen 1850 und 2600 m, das unmittelbar an den PNN Los Nevados angrenzt. Unter Schutz gestellt wurden die Wasserzonen des Río Otún, die für die Versorgung der Bevölkerung im Ballungsraum von Pereira lebensnotwendig sind, und die einzigartige Vogelvielfalt mit annähernd 200 registrierten Arten. Von dort ist es ein 6 km langer Fußmarsch oder zu Pferd auf einem Reitweg und Trampelpfad entlang des Río Otún flussaufwärts, 3 Std. bis zum **Refugio La Pastora** (2500 m) ☏ 313 695 43 05, Dorm/Campingareal € 8/2,50. Das Refugio liegt traumhaft, verwunschen auf einer Lichtung inmitten der baumbewachsenen Berglandschaft. Mehrere Pfade führen zu den hohen Wasserfällen La Pastora und Santa Lucía.

Der weitere, lange und anstrengende Weg (der teilweise die aufgegebene Zufahrtsstraße quert) führt zur **Laguna Otún** (3950 m, 6-8 Std.) Für diese

Wanderung sollte man sich zuvor eine Erlaubnis bei der Nationalparkverwaltung bzw. dem hier gerade zuständigen Lizenznehmer besorgen. Der Weg ist mit einigen Schautafeln gekennzeichnet, und entlang der Strecke befinden sich eine Handvoll Fincas, wie El Jordán, gelegentlich noch bewohnt oder wieder aufgegeben. Ein für alle Wanderer hier verratener Geheimtipp ist die Finca von Florentino auf halber Strecke, der jeden Besucher stürmisch begrüßt und wegen seiner schönen Töchter und einer heißen Thermalquelle im Haus gerühmt wird. Die einstige Unterkunftsmöglichkeit in der Finca El Bosque, 1½ Std. von der Lagune entfernt, wurde vor Zeiten aufgegeben. Schließlich geht es hinaus aus dem Hochnebelwald in den Páramo.

An der Laguna Otún kann man sein Zelt beim Posten der Parkverwaltung aufschlagen. Von hier kann man zum **Nevado Santa Isabel** gelangen, auf einem ausgeschilderten Weg zum Mirador oder auf der alten Straße über den Mirador bis zum Gletscher. Von oben sticht die Laguna Otún wie ein Spiegel aus der kargen Berglandschaft hervor.

Südwestbereich Cocora-Laguna del Encanto

Diese gut ausgeschilderte Route führt von Salento/Cocora durch den Nebelwald beim kleinen Reservat **Acaime** in 2-3 Std. zur **Estrella del Agua** (3200 m), hier existiert eine bescheidene Campingzone, Kochstelle und eine Kiosk für warme Agua panela. Am nächsten Tag geht es weiter bis zur **Finca Primavera** (3700 m), 5 Std., ein steiler und ermüdender Anstieg über ein wiederum gut ausgezeichnetes Wegstück. Hier kann man anschließend im Bett schlafen, € 5 oder Campieren, 2,50 p.P. Mahlzeiten € 3. Eine

halbe Std. weiter auf dem Weg liegt die Finca Aquilino, von dort sind es nochmals 2 Std. bis zur Laguna del Encanto (3800 m). Für den Hinweg von Cocora müssen zwei Tage veranschlagt werden, zurück ein weiterer.

Von der Lagune hat man einen schönen Blick auf den Quindíovulkan im Norden, und im Süden erhebt sich die Spitze des Tolima. Wer Lust, Zeit und einschlägige Erfahrungen im Hochgebirge hat, kann den Weg zum Vulkan Quindío fortsetzen (1½ Tage). Nach einem Tag erreicht man die Schutzhütte von Aguablanca. Von dort gelangt man in einem weiteren Tag zur Laguna del Otún und kann von hier nach La Pastora zurücktrekken. Diese Wege sind nicht gewartet und streckenweise kaum zu finden. Daher sollte man hier nicht ohne Guía unterwegs sein. **Mitnehmen:** ein Zelt, GPS, Essen für einige Tage, Sonnenschutz, Sonnenbrille.

Südostbereich Ibagué – Nevado del Tolima

Ibagué ist der Ausgangspunkt für den Aufstieg zum **Nevado del Tolima** (5215 m), dem höchsten Gipfel der Los Nevados. Von Ibagué führt eine Straße nach **Juntas**. Auf dieser Strecke fahren regelmäßig Mikrobusse und Jeeps der Cafeteros. Von dort geht es über **El Silencio** (2600 m), eine einsame Finca, drei Std. Fußmarsch hinter Juntas und einer Weggabelung zum weiteren Aufstieg. Die klassische Route folgt entlang des Río Combeima, auf der man nach 35 Min. **El Rancho** (2600 m) erreicht, ein Thermalbad mit Restaurant und einfachen Unterkunftsmöglichkeiten.

Von hier führen verschiedene, oftmals durch Erdrutsche verschobene Routen durch den Nebelwald bis zum

Unterstand von **La Cueva** (3800 m). Die reichhaltige Vegetation der Hänge des Tolima ist bestimmt von riesigen Bäumen mit überdimensionalen Wurzeln und Blättern. Auf 3800 m beginnt der ausgedehnte Páramo, der nach 1½ Std. von kahlen Felsgestein abgelöst wird. Von nun an orientiert man sich an dem großen Kreuz, bekannt als **Las Latas** (Basislager auf 4500 m). Hier wurde eine Marmortafel zum Gedenken an einen Hubschrauberabsturz aufgestellt. Das ist weit und breit der einzige Ort, um das Zelt aufzuschlagen.

In den frühen Morgenstunden beginnt der Aufstieg zum Gipfel. Nach einer halben Stunde ist die Schneegrenze erreicht. Mit Steigeisen (*crampons*) und Pickel wird der Aufstieg über den Dulimagletscher fortgesetzt bis zum Kraterrand nach weiteren 3½ Std. Der Krater ist ein riesiger, schneebedeckter Trichter. Aus der Tiefe zieht der Schwefeldampf nach oben. Bei klarer Sicht sind alle Gipfel der Los Nevados zu überblicken. Der Rückweg nach El Silencio dauert sechs Stunden. Der Trek inkl. Gipfelbesteigung dauert zwei bis drei Tage, ohne einen erfahrenen Bergführer an der Seite sollte man den Aufstieg nicht ins Auge fassen.

Mitnehmen: Zelt, Winterschlafsack, Lebensmittel, Steigeisen und Pickel für die Gipfelbesteigung. Die besten Monate für einen Aufstieg sind Januar/Februar sowie Juli/August. Die regenreichsten Monate sind April, Mai und Oktober. In den Regenmonaten sind bisweilen die Gipfel klarer zu sehen, zumal vom Flugzeug. Erfahrene und empfohlene **Bergführer** findet man in Salento. Alejandro von Trocha y Montaña, Calle 2 Ecke Cra. 6 ☏ 315 549 55 35. In Ibagué, 'Truman' David Bejarano ☏ 315 292 73 95, für organisierte 2-3 Tagestouren.

Ibagué

1280 m, 23°C, 350.000 Einwohner ☏ 8

Ibagué ist die Departementhauptstadt von Tolima, das wirtschaftliche Zentrum für Landwirtschaft und Viehzucht in der Region und dem besten Musikkonservatorium des Landes. Das einzige gesellschaftliche Ereignis von überregionalem Interesse findet alle zwei Jahre im Dezember statt. Es ist ein Wettbewerb in klassischer Musik. Die Stadt selbst ist keine Schönheit, aber die Landschaft, in die sie eingebettet ist, umso mehr, insbesondere der **Cañón del Combeima**. Lohnend ist auch der Besuch des **Jardín Botánico San Jorge** mit 60 ha Primärwald, € 4,50. Ibagué ist der südliche Ausgangspunkt zum Nevado de Tolima.

Service

ⓘ **Tourismusinformation**, Cra. 3 No 10-50 ☏ 263 70 63 ⏱ Mo-Fr 8.30-12 u. 14-18. 🏧 **ATM**, Banco de Bogotá, Cra. 3 No 12-51. Bancolombia, Cra. 3 No 14A-18.

🛏 🍴 Schlafen & Essen

Wer nur eine kurze Nacht in Ibagué eingeplant hat, um am nächsten Morgen einen frühen Bus zu erwischen, findet einige günstige, aber ziemliche laute Residencias in der Nähe des Terminals. Besser nächtigt man in den folgenden Hotels.

Hotel Andino, Cra. 3 No 16 - 96 ☏ 261 12 73, große ruhige Zimmer mit Bad und Kabel-TV, Internet in der Lobby, € 20(2).

Hotel Lusitania, Cra. 2 No 15-55 ☏ 261 91 66 www.hotelluitania.com alteingesessenes Hotel mit neuem Facelifting, Kabel-TV, Minibar, WiFi, Pool, Restaurant, ab € 40.

Hotel Ambalá, Calle 11 No 2-60 ☽ 261 43 33, geräumige Zimmer, Pool, WiFi, Kabel-TV, Tel, Vent. € 56/70.

Schnellimbisse und Restaurants für comida corriente findet man entlang der Cra. 2/3. Spezialität in Ibagué sind die *tamales tolimense*. **Restaurant Chamaco**, Calle 13 No 2-60 ☽ 261 27 74, typische Gerichte aus Tolima. Wer internationale Küche bevorzugt, setzt sich in ein Taxi und fährt ins **La Casona de Chuzo**, Calle 31 No 4A-10 (Barrio Cádiz) ☽ 278 11 06 www.chuzorestaurante.com

🚌 Der Busbahnhof liegt in der Cra. 1 No 19-92 ☽ 261 17 53. Ständige Verbindungen nach **Bogotá**, Expr. Bolívariano, Flota Magdalena u.a. 5 Std. € 12. **Cali**, Expr. Bolívariano, Flota Magdalena u.a. 7 Std. € 18. **Ambalema**, Rápido Tolima, € 3. **Mariquita/Honda**, Empr. Arauca, Rápido Tolima u.a. 2/3 Std. € 6/7. Mikrobusse nach **Juntas** (> Aufstieg zum Nevado de Tolima) fahren bei der Clínica Tolima, Cra. 1 Ecke Calle 13, € 1,50.

ANTIOQUIA & ZONA CAFETERA

SÜDWESTEN

Choco
Pazifischer
Ozean

Ladrilleros
Juanchaco
Buenaventura

Lago Calima
Río Calima
Tulúa
La Paila
Buga
San Cipriano
PNN
Los Hermosas
Valle de
Cauca
PNN
Farallones
de
Cali
Cali
Palmira
Chaparral
Tolima
El Espinal
Girardot

Corinto
Jamundí
Nevado del
Huila
Nevado del Huila
(5750m)
Desierto d
Tatacoa

Río Cauca
Silvia
Tierradentro
Neiva
Huila

PNN
Isla de Gorgona
Guapí
Cauca
Popayán
PNN
Munchique
La Plata
Coconuco
RNN
Puracé
Altamira
PNN
Cordillera
de Los Picachos
Met

Guacamayas
San Vicente
del Caguán

Tumaco
Río Patía
Panamericana
Parque
Arqueológico
San Agustín
Isnos
Pitalito
PNN
Cueva de
Los Guácharos
PNN Alto Fragua
Florencia

Barbacoas
Nariño
Ricaurte
Volcán Azufral
(3800m)
Pasto
Sibunday
San José
del Fragua
Caquetá

Río Guiza
El Espino
Nevado de Cumbal
(4762m)
Mocoa
Río Caquetá
Río Caqu

Río San Juan
Laguna
La Cocha
Orito
Putumayo

Tulcán
Ipiales
Puerto Asis
PNN
La Paya

ECUADOR
San Miguel
Río Putumayo

100 km
PERU

Abenddämmerung über dem Valle del Cauca

▶ **Der Südwesten**

Der Südwesten Kolumbiens, das sind die Departements Huila, Valle (del Cauca), Cauca und Nariño an der Grenze zu Ecuador. Im äußersten Südwesten des Landes liegt der Ursprung der drei Andenkordilleren, eine zerklüftete Landschaft, durchzogen von tiefen Schluchten. Die quadratischen Felder überziehen die Berghänge wie einen Flickenteppich. Diese Region stand vor Ankunft der Spanier unter dem kurzem Einfluss des Inkareiches und die Spanier eroberten sie unter **Sebastián de Belalcázar** (1480-1551). Der abtrünnige Statthalter Francisco Pizarros kam aus Peru und gründete nacheinander Quito, Pasto, Cali und Popayán.

Abseits seiner Route, hinter den Höhen der Páramos des heutigen Puracé Nationalparks mit seinen Schwefelquellen, dem andinen Nebelwald und den Páramos zeugen die gewaltigen Statuen von **San Agustín** von der Größe einer Kultur, über die erst wenig bekannt ist. Die Grabhöhlen von **Tierradentro** sind ein weiteres Beispiel für den hohen Entwicklungsstand, der bereits Jahrhunderte vor der Entdeckung Amerikas erreicht war. Die beiden archäologischen Stätten, deren Besuch zu den Höhepunkten einer Kolumbienreise zählt, sind 1995 von der UNESCO zum Kulturerbe der Menschheit erklärt worden.

Zu Kolonialzeiten war **Popayán** das geistige, administrative und wirtschaftliche Zentrum dieser Region. Das milde Klima und die sanften Hügel der Umgebung erinnerten die Geistlichkeit und die reichen Familien an das Rom der Antike. In der weitläufigen Bergregion zwischen Cauca und Río Magdalena leben das bevölkerungsstarke und politisch einflussreiche indigene Volk der **Páez/Nasa** (ca. 150.000) und die **Guambiano**, die trotz der relativen Nähe zu den Großstädten Cali und Popayán ihre traditionelle Eigenständigkeit bewahren. Der Besuch des Marktes von Silvia vermittelt einen farbenfrohen Eindruck davon. Das urbane Zentrum des Südwestens ist **Cali** mit seinen tropischen Temperaturen und vibrierenden Salsarhythmen.

Cali

1006 m, 24°C, 2,6 Mio. Einwohner ☽ 2

Cali wurde 1536 durch Sebastián de Belalcázar gegründet und ist die Hauptstadt des Departements Valle del Cauca. Die wohl lebendigste Stadt Kolumbiens liegt in ihrer Bevölkerungszahl zur Zeit wieder knapp hinter Medellín. Um den restaurierten Altstadtkern hat sich ein mehrspuriges Straßennetz ausgebreitet. Die Stadt erstreckt sich westlich des Río Cauca und bietet auf dieser Höhenlage ein tropisch-warmes Klima. Zumeist gegen Abend kommt eine angenehme Brise auf und durchzieht die Stadt von den Los Farallones, den Ausläufern der Westkordilleren. Dann bummeln die Caleñas/-os gern am schmalen Río Cali entlang.

Die Boomstadt wird noch umtriebiger, wenn die Dunkelheit einsetzt, und sich der tropische Rhythmus in den unzähligen Bars an der Av. 6 entfaltet. Ca-

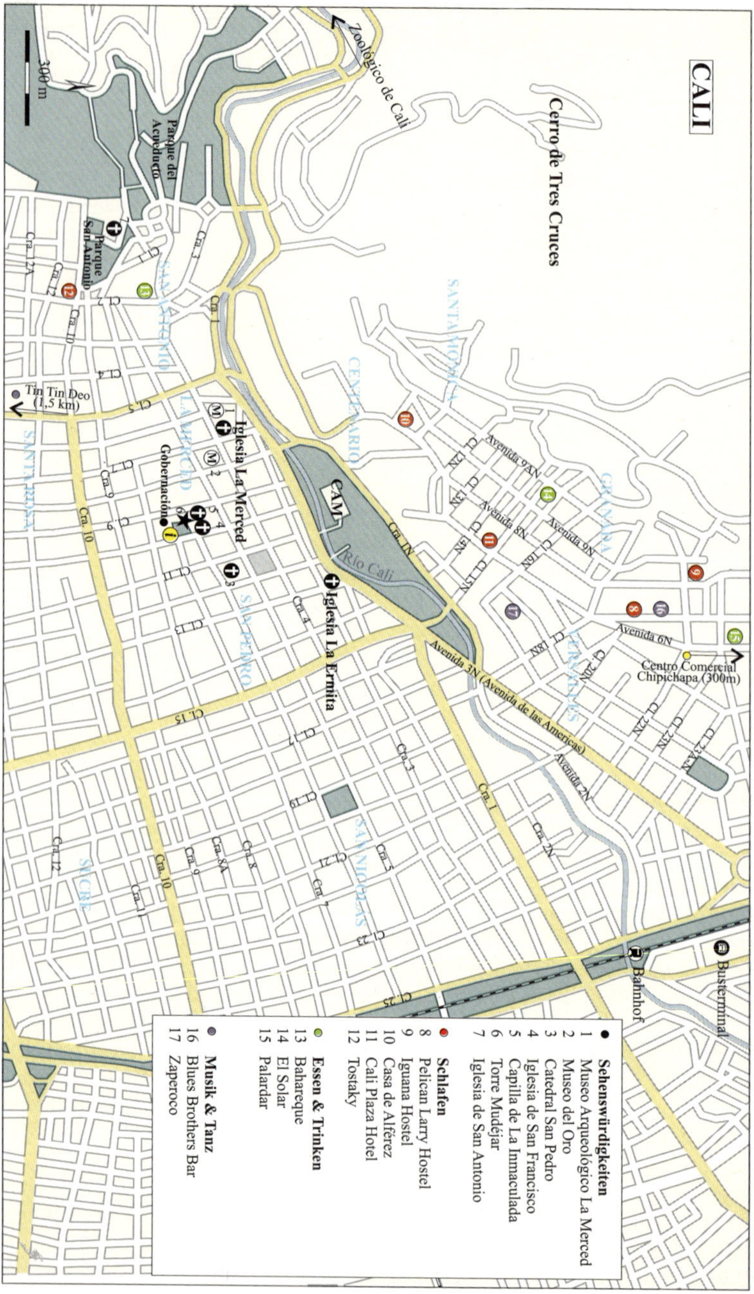

CALI
Cerro de Tres Cruces
Zoológico de Cali
300 m
Parque del Acueducto
Parque San Antonio
SAN ANTONIO
SANTA MÓNICA
CENTENARIO
GRANADA
VERSALLES
LA MERCED
SAN PEDRO
SAN NICOLÁS
SANTA ROSA
SUCRE
Iglesia La Merced
Iglesia La Ermita
Gobernación
CAM
Río Cali
Tin Tin Deo (1,5 km)
Centro Comercial Chipichapa (300m)
Avenida 9AN
Avenida 8N
Avenida 9N
Avenida 6N
Avenida 3N (Avenida de las Americas)
Avenida 2N
Cra. 1N
Cra. 1
Cra. 2N
Cra. 3
Cra. 4
Cra. 5
Cra. 8
Cra. 8A
Cra. 9
Cra. 10
Cra. 12
Cra. 12A
Cl. 2
Cl. 4
Cl. 5
Cl. 7
Cl. 9
Cl. 11
Cl. 13
Cl. 15
Cl. 17
Cl. 19
Cl. 21
Cl. 23
Cl. 25
Bahnhof
Busterminal
● Sehenswürdigkeiten
1 Museo Arqueológico La Merced
2 Museo del Oro
3 Catedral San Pedro
4 Iglesia de San Francisco
5 Capilla de La Inmaculada
6 Torre Mudéjar
7 Iglesia de San Antonio
● Schlafen
8 Pelican Larry Hostel
9 Iguana Hostel
10 Casa de Alférez
11 Cali Plaza Hotel
12 Tostaky
● Essen & Trinken
13 Bahareque
14 El Solar
15 Palardar
● Musik & Tanz
16 Blues Brothers Bar
17 Zaperoco

li ist die Stadt des Salsa und in vielen Titeln besingt sie sich selbst oder berauscht sich am Zuspruch anderer versierter Partygänger wie Oscar de Leon mit «Me voy para Cali». Hier ist alles eine Nummer schriller, schneller und manchmal auch aufgesetzter als in Bogotá oder Medellín. Porsche Cabrios und andere Luxuskarossen sind keine Seltenheit im Stadtbild. Die Mädchen kleiden sich weniger bedeckt. Das Leben läuft hier schneller ab als anderswo und erinnert zuweilen an Miami Beach.

Stadtgeschichte

Zwischen dem 16. und 18. Jahrhundert hatten Großgrundbesitzer das Land im Valle del Cauca unter sich aufgeteilt. Sie besaßen luxuriöse Haziendas und beschäftigten ein Heer schwarzer Sklaven auf ihren Zuckerrohrplantagen. Jede Hazienda hatte ihre eigene Presse und einige entwickelten Technologien, um Zuckerhüte herzustellen. Eine Süßigkeit, für die in Europa hohe Preise gezahlt wurden. Auch heute noch spielt der Anbau von Zuckerrohr eine große Rolle. Die große Zuckerfabrik *Manuelita* hat ihren Sitz in der Nähe von Cali.

In den 1950er und Anfang der 1960er Jahre hatte Cali mit den sozialen Problemen der Landflucht zu kämpfen. Um der Violencia zu entgehen, strömten die Campesinos zu Tausenden in die Provinzhauptstadt. Glücklicherweise fiel die Bewegung zusammen mit einer Expansion auf dem Industriesektor, so dass viele der Flüchtlinge Arbeit fanden. Cali ist seitdem rasant weiter gewachsen, und Arbeitslosigkeit und schlechte Wohnverhältnisse haben zu Gewalt und Kriminalität geführt. Das einstige 'Kartell von Cali' wurde zwar schon in den 1990er Jahren zerschlagen, aber diverse Nachfolgeorganisationen bekriegen sich bis heute um Marktanteile in der Schattenwirtschaft. Cali ist die einzige Großstadt in der nach wie vor Farc-Milizen aktiv sind und von Zeit zu Zeit Anschläge auf Polizeieinrichtungen verüben. Wie in allen großen Städten Lateinamerikas muss man daher auch hier die übliche Vorsicht walten lassen.

Orientierung

Calis überschaubares **Zentrum** liegt zu beiden Seiten des Río Cali mit seinen Parks, Hotels und Museen. In nördlicher Richtung gibt es eine Vielzahl kleinerer Hotels um die Av. 6. Das nordöstlich gelegene **Juanchito** ist die Hochburg der kolumbianischen Salsa-Musik. Im Bezirk **Granada** liegen die meisten und besten Restaurants, Bars und Cafés, daher auch als 'Zona Rosa' bezeichnet. Im Westen grenzt die Metropole an den Gebirgszug der **Los Farallones**, einem Ausläufer der Westkordillere. Im Norden markieren die Sektoren **Yumbo** und **La Cumbre** die Grenze der Stadt. Im Nordosten geht Cali in den Stadtbezirk **Palmira** über, und im Osten liegt die Gemeinde **Candelaria**.

Wie andere Großstädte in Kolumbien hat Cali ein modernes Nahverkehrssystem installiert, um den gestiegenen Bedürfnissen einer Metropolenregion gerecht zu werden. Der **Masivo Integrado de Occidente** (MIO) entlastet die Verkehrsrouten im Stadtbereich und zügelt das Verkehrschaos. Die blauen a/c Busse haben eine eigene Spur mit festen Haltestationen. Die Hauptroute verläuft nördlich der Busstation am Fluss entlang, durch das Zentrum und die gesamte Av. 50 hinunter. Die einfache Fahrt kostet € 0,70.

DER SÜDWESTEN

'Fiesta y Rumba'

Der MIO ist das bequemste, schnellste und sicherste öffentliche Verkehrsmittel www.metrocali.gov.co

Service

ⓘ Im Terminal de Transporte gibt es eine **Touristeninformation** im Erdgeschoss. Weitergehende Informationen unter www.cali.gov.co/cultura @ **Internetzugang** ist kostenlos in den großen Shopping-Malls. 🏧 Viele Banken mit **ATM** in zentraler Lage entlang Av. 5 und Av. 6 und um die Plaza de Caycedo. BBVA, Cra. 5 No 13-83. Bancolombia, Av. 6 No 18-13. **Migración**, Av. 3N No 50N-20 (La Flora) ☏ 664 38 08 www.cancilleria.gov.co

Alle nachstehend aufgelisteten **Konsulate** sind Honorarkonsulate: **Deutschland**, Calle 1B No 66B-29 ☏ 323 44 35/ 323 84 02 cali@hk-diplo.de **Schweiz**, Av. 4 Norte No 3-33 (c/o Pension Stein) ☏ 653 47 93 cali@honrep.ch **Österreich**, Cra.13 No 14-27☏ 883 49 50 karnar_cia@hotmail.com

Gesundheit

Cali hat sich zu einer nachgefragten Destination für **Schönheitsoperationen** aller Art entwickelt. Pro Jahr werden etwa 50.000 solcher Operationen durchgeführt, davon etwa 30 % an Ausländer/innen. Es gibt mehrere gute **Ärztezentren** und Kliniken in Cali. Zentral liegt das **Centro Medico de Occidente**, Calle 19N No 5N-35 ☏ 667 80 80. Dem Zentrum ist ein Krankenhaus angeschlossen ☏ 660 30 00 www.centromdicoclinicadeoccidente .com

Im Stadtzentrum befindet sich die **Fundación Valle del Lili** mit bilingualen, oftmals englisch sprechenden Ärzten, Av. Simón Bolívar Cra. 98 No 18-49 ☏331 90 90 www.valledellili.org

Feste

Im Juni feiert **Juanchito Karneval**. Vom 25.-30. Dezember findet die berühmte **Feria de Cali** statt. *«Y fiesta y rumba que es la feria de la caña...»*, singt die Gruppe Niche. Umzüge, Musik in allen Straßen, der Salsakönig wird prämiert, Stierkämpfe und vieles mehr. Die Parties beginnen um 16 Uhr und dauern bis zum Morgengrauen in der «Filiale des Himmels», wie die Caleños ihre Stadt bescheiden bezeichnen. Wer weiß, nach einer durchzechten Nacht mag sich so mancher im siebenten Himmel wähnen www.feriadecali.com

Im September findet das **Festival Mundial de Salsa** statt www.mundialdesalsa.com

Sehenswürdigkeiten

Der **historische Kern** ist schnell durchschritten. **La Ermita**, Cra. 1, Calle 13, ist ein Wahrzeichen von Cali. Die 1939 erbaute, fliederfarbene Kirche soll eine Imitation europäischer Gotik sein, eine recht verspielte Variante, die aussieht, als käme sie geradewegs aus der Zuckerbäckerstube. Von der La Ermita an der Av. Colombia geht man am **Jorge Isaac Theater** vorbei und trifft auf die palmenbestandene **Plaza de Caycedo**. Die hohen Gebäude sind im republikanischen Stil erbaut. Die weiß getünchte **Capilla de la Merced** ist die älteste Kirche der Stadt. Hier wurde am 25. Juli 1536 die Gründungsmesse abgehalten. Vor dem Haupteingang liegen noch die Steine des alten Weges, der zur Calle Real führte, Cra. 4 No 7-69. Das Seitengebäude der Kirche beherbergt ein Museum für religiöse- und Kolonialkunst, das **Museo de Arte Colonial Religioso**, Cra. 4 No 6-117 und ein archäologisches Museum, das **Museo Arqueológico**. Das Museum zeigt Keramiken verschiedener präkolumbischer Kulturen, Cra. 4 No 6-59 ⊕ Mo-Sa 9-12.45 u. 14-18. Eintritt: € 1,80. Schräg gegenüber der La Merced steht die **Casa Arzobispal**. Das Kolonialge-

bäude mit dem einladenden Innenhof beherbergte 1822 Simón Bolívar, Calle 6 No 7-17.

Gut aufbereitet findet der archäologisch Interessierte die **Calima-Kultur** im gleichnamigen Museum im Komplex der Banco de la República. Bei Ankunft der Spanier war die Region um Cali von den Calima-Indianern bevölkert, die hervorragende Künstler im Goldschmiedehandwerk waren. Trotz heftiger Gegenwehr wurden sie bis auf den letzten Mann von den Konquistadoren ausgerottet. Geblieben sind der Nachwelt einige ihrer Opfergaben und Schmuckstücke, von denen das **Goldmuseum** einige gut kommentierte Repräsentationen ausstellt, Cra. 4 No 7-14 ⊕ Di-Sa 9.30-17.

Am Komplex der Banco de la República vorbei führt der Weg zum **Teatro Municipal**, Cra. 5 No 6-64. Dem Theater im Stil des kreolischen Klassizismus des 19. Jahrhunderts liegt die **Casa Pro Artes** gegenüber. Das Haus zeigt wechselnde Kunstausstellungen unterschiedlicher Thematik, Cra. 5N No 7-02.

Das Backsteingebäude auf der anderen Seite des Theaters präsentiert ebenfalls Ausstellungen im **Centro Cultural**, einem Entwurf des berühmten Architekten Rogelio Salmona, mit einem Café im Innenhof.

Das **Museo de Arte Moderno la Tertulia** ist 15 Min. zu Fuß vom Stadtzentrum entfernt, ein moderner Bau mit Cinemateca und guten wechselnden Ausstellungen nationaler Künstler in Malerei, Fotografie und Bildhauerei, Av. Colombia No 5-105 Oeste ⊕ Di-Sa 10-18, So 15-18 www.museolatertulia.com

Sehenswert sind die **Iglesia de San Francisco** und die **Capilla de la Inmaculada**, die nebeneinander liegen,

Cra. 6, Calle 10. Besonders interessant ist der Glockenturm im maurischen Stil, Cra. 6, Calle 9.

Den guten Blick über die Stadt hat man von der **Colina de San Antonio,** inmitten eines schönen Viertels gelegen, das auch als «Cali Viejo» bekannt ist. Die Kapelle (**Iglesia de San Antonio**) auf der Hügelspitze wurde 1743 erbaut und ist berühmt wegen ihres Glockenspiels, Calle 1 Oeste, Cra. 10. Einen weiteren Panoramablick kann man vom **La Torre de Cali** genießen, dem höchsten Gebäude der Stadt. Im 43. Stockwerk des Hotels ist eine Aussichtsplattform, Av. Américas No 18N-26. Noch besser ist der Ausblick vom **Cerro de Tres Cruces,** benannt nach den drei Kreuzen, die auf diesem Hügel über der Stadt errichtet wurden und zu denen Osterprozessionen hinaufführen, Zugang vom Barrio Granada, ein zwei stündiger, schweißtreibender Aufstieg. Taxi € 15.

Das **Barrio Centenario** nimmt gelegentlich Anleihen an Disneyland mit Kitsch und Kunst an den Häuserfassaden, europäische Stile quer durch die Jahrhunderte, andalusische Zwiebeltürme neben mittelalterlich anmutenden Kleinburgen.

 ## Schlafen

Mittlerweile gibt es eine Reihe guter bis sehr guter Traveller-Unterkünfte, und man hat die Wahl zwischen der Nähe zur Partyszene, einem ruhigen Viertel oder Außenbezirk etwas weiter draußen, um dem hektischen Straßenverkehr zu entgehen (wie z.B. Bellavista), die den Vorteil haben, im Grünen zu liegen.

Pelican Larry Hostel, Calle 20N No 6AN-44 ☎ 396 86 59 gunty@pilicanlarrycali.com ideal für Backpacker in ruhiger Seitenstraße ca. 25 Min. von

der Innenstadt entfernt und ein idealer Ausgangspunkt, um Calis Nachtleben zu erkunden. Als Plus kommen die zwei schönen Terrassen und ein Garten hinzu. Zweimal in der Woche BBQ-Party, WiFi, € 21(2).

Iguana Hostel, Av. 9N No 22N-46, Nähe Zona Rosa ☎ 660 89 37 www.iguana.com.co WiFi, Küchenbenutzung, Wäscheservice, Spanisch- und Salsakurse, Touren, Rückzugzonen und BBQ im Garten, Dorm € 7,50 und Zimmer mit Privatbad ab € 22.

Casa del Alférez, Av. 9N No 9-24 ☎ 661 81 11 reservas@mercurecasadelalferez.com ansprechendes Haus im gehobenen Stil der Belle Epoque, Innenhof mit Springbrunnen, polierte Holzfußböden, französische Balkone, begrünte Straße, moderne Bäder, a/c, Kabel-TV, WiFi, Minibar, Pool, Frühstücksbuffet, ausgezeichnetes Restaurant Ginger n'Garlic, asiatische und mediterrane Küche, Zimmer ab € 105.

Cali Plaza Hotel, Calle 15N No 6N-37 (Granada) ☎ 668 26 11 www.caliplaza.com liegt auf der Amüsiermeile, Zimmer nach hinten sind ruhig, auch Apartmentvermietung mit Küchenausstattung für Leute, die länger bleiben wollen oder den ersten Kaffee lieber im Bett trinken. Alle Räume haben a/c, WiFi, Zimmer ab € 52, Apartments ab € 85.

Café Tostaky, Cra.10 No 1-76 (Barrio San Antonio) ☎ 893 06 51, das französisch-kolumbianische Paar hat in ihrem aktuell lila gestrichenen, hellen und freundlichen Haus im historischem Zentrum Antonio ein Backpacker-Hostal eingerichtet, WiFi, Treffpunkt ist die Café-Bar im Haus, unbedingt die leckeren Crêpes probieren, Zimmer € 8/ 14.

The Green Samán, Cra. 3 Oeste 11-49 ☎ 892 24 48 www.greensaman.com Inmitten eines tropischen Gartens mit Pool in der hügeligen Gegend des sicheren Barrio Bellavista, Dorm € 9, Privatzimmer mit Bad/Jacuzzi en suite € 30/40, gute Betten, sehr gute Küche, Gourmet-Frühstück, freie Yoga- und Salsa-Einführungsstunden. Organisiert werden unterschiedliche Extremsportarten u.a. Paragliding, Rafting, Bungee Jumping. Mit dem Taxi nach Bellavista, rechts beim CAI-Polizeiposten, vierte Abzweigung wieder rechts, das weiße Haus zur Rechten mit dem großen Samán Baum.

🍴 Essen & Trinken

Die größte Auswahl findet man im Barrio Granada mit über siebzig registrierten Restaurants, in der Av. 6 und in den unmittelbar angrenzenden Straßen. Vom schnellen Snack bis zum lukullischen Mehrgängemenü ist hier alles zu haben.

Bahareque, Calle 2 N 4-52, Marly und José haben mit ihrem kleinen Restaurant in San Antonio eine Wohlfühloase mit guter kolumbianischer Küche geschaffen, experimentierfreudig bei den Salatvariationen, saftige Steaks.

El Solar, Calle 15N No 9-62, exzellenter Italiener mit hausgemachter Pasta, serviert im schönen Innenhof des Hauses.

Palardar, Av. 6N No 23-27, gehobene kolumbianische Küche, insbesondere Dessert-Fans kommen hier auf ihre Kosten. Die Spezialität des Hauses ist *pastel paladar*, eine Schokoladenkreation, die auf der Zunge zergeht.

🎵 Musik & Tanz

«Cali Caliente» gilt als die Hauptstadt des Salsa. Es waren Seeleute aus der Karibik, die mit den hüftschwingenden und mitreißenden Rhythmen in Buenaventura anlandeten und den Weg

den Río Dagua stromaufwärts bis nach Cali fanden. In den Salsabars entlang der **Avenida 6 N** hämmert die Musik, und die bewegten Bilder flimmern über die Großbildschirme. Hier ist die umtriebige Zone für Restaurants, Shopping, Clubs und Diskotheken, alles gruppiert um die große **Chipichape Mall** im Zentrum.

Das überschäumende Temperament ist nicht frei von negativen Begleiterscheinungen. So hat die Stadt nach dem Vorbild Bogotás eine *'ley zanahoría'* eingeführt. Die als 'Mohrrüben-Gesetz' verballhornte Sicherheitsverordnung sieht eine Sperrstunde für 3 Uhr an den Wochenenden vor und wird immer dann verabschiedet, wenn die Zahl der Gewaltverbrechen unter Alkohol- und Drogeneinfluss ein tolerierbares Maß überschreitet. Partygänger entgehen der Sperrstunde durch die kollektive Abwanderung nach **Menga** oder ins noch weiter entfernte **Juainchito**, beides Bezirke die außerhalb der Stadtgrenzen liegen.

Wer sich einen schnellen Überblick über das Cali-Nachtleben verschaffen will, der bucht die **Party-Chiva** ⏱ Fr/Sa ab 20, 5 Std. mit mehreren Discobesuchen, Preis mit einer halben Flasche Aguardiente € 15 p.P. oder € 170 für den Bus, zu buchen über Hotels, Reiseagenturen oder direkt bei Chivas Rumbo de Lujo ☎ 684 21 27. Eine neue Ausgehszene mit Restaurants und Bars hat sich um den **Parque del Perro** im Barrio San Francisco etabliert.

Tin Tin Deo, Calle 5 No 38-71 www.tintindeocali.com einer der besten Salsaläden der Stadt, spielt kubanischen Son und Salsa.

Kukaramakura, Calle 28N No 2-97 www.kukumakara.com Zentrum der Wochenendrumba in Cali mit Livemusik und Klassikern von Pop, Salsa, Vallenato, am besten zu mehreren kommen, einen Tisch und eine Flasche Rum/Aguardiente ordern und schnell ist man mittendrin im Geschehen.

Zaperoco, Av. 5N No 16-46, für Salsa Enthusiasten. Hier werden noch richtige Vinyl-Platten aufgelegt. Salsarhythmen ohne Technoverformungen ⏲ Dientags spielen Livebands.

Tertuliadero La Fuente, Av. 4N N0 15-39 ⏲ nur Fr/Sa, eine von Studenten viel besuchte, 35 m² kleine und enge Salsabar mit günstigen Bierpreisen.

La Matraca, Cra. 11 No 22-80 (Barrio Obrero), kubanische Salsa, Son ⏲ Sonntags wird Tango getanzt.

Blues Brothers Bar, Calle 6A No 21-40, Blues, Jazz, Rock und Pop.

El Faro, Cra. 66 No 11-18, klassische Rockmusik und Heavy Metal bei Pizza und Bier. Da, wo die Bevölkerung am schwärzesten ist, ist die Rumba am ausgelassensten. Der kleine Vorort **Juanchito (**Taxi € 6,50) auf der anderen Seite des Cauca hat über zwei Dutzend «*Grills*», wie die Tanzschuppen im Volksmund genannt werden.

Im **Don José** oder im **Changó**, Via Cavasva www.chango.com.co gibt es performancereife Tänzer am Wochenende zu bestaunen. Wertsachen sollten im Hotel bleiben.

Theater

Teatro Experimental de Cali (TEC) ist das Hausensemble des bekannten Intendanten Enrique Buenaventura, eines der wichtigsten Ensembles des Landes. Aufführungen am Wochenende, Calle 7 No 8-63 ⏲ 884 38 20.

Teatro Municipal, hat ein Breitbandangebot an traditionellen Aufführungen bis hin zu (Rock)konzerten, Cra. 5 No 6-64 ⏲ 684 05 93.

Tanzunterricht

Academia Son de Luz, Direktoren: Luz Ayde Moncayo und William Peña Meneses, Cra. 80 No 43-34 (Barrio El Caney) ⏲ 315 42 24/ 310 458 02 79 www.sondeluz.com **Compañía Artística Rucafé**, Cra. 36 Ecke No 8-49 ⏲ 557 88 33.

Touren

Die Erhebungen und die in der Umgebung von Cali herrschende Thermik machen diese Region zu einer Topdestination für Gleitschirmfliegen (*Parapente*), Kontakt aufnehmen zum Schweizer Heinz Müller ⏲ 300 643 51 64 paraheinz@hotmail.com oder über Iguana Guest House.

Tren Turístico Café y Azucar, Av. Vasquez Cobo No 23N-47 ⏲ 666 68 99 www.trenturisticocafeyazucar.com.co Touristenzüge fahren am Wochenende bis **La Cumbre** (Packages ab € 13 p.P) und **San Cipriano** (Richtung Buenventura) **Buga** oder Le **Tebaida** in Richtung Armenia (Packages ab € 25) mit Livemusik und Barbetrieb.

Oliverio Tours, Calle 8 No 5-35 ⏲ 889 50 51 u.a. Anbieter organisieren eintägige Touren zu den Haziendas Piedechinche und El Paraíso mit dem Bus, Zug oder der Chiva ⏲ Sa/So, mit Eintritt und Mittagessen € 25.

Ein beliebtes Ausflugsziel der Calenas/-os am Wochenende ist die grüne Lunge der Umgebung am **Rio Pance.** Inmitten der Natur kann man einfache Treks unternehmen, im Fluss baden, Wasserfälle aufsuchen und eine Gallina de Sancocho essen. Übernachtung im **Naturreservat Anahuac** ⏲ 331 48 28, Camping € 3,50 p.P. (Mehrbett-)Zimmer mit Kochgelegenheit inkl. Mahlzeiten € 16,50 p.P. Die liebliche Region ist mit Gärten und Sekundärwald bewachsen. 'Richtigen' Dschungel gibt es

Mit der Chiva über die Landstraßen

im angrenzenden PNN Los Farallones.

Vom Busterminal in Cali mit dem Minibus 'Recreativo' oder 'Pueblo Pance' zum Ort Pance,1-1½ Std. € 1. Nach Anahuac (1 km entfernt) mit 'Recreativo 1A. '

Shopping

Die populärste Shoppingmall ist das Centro Comercial **Chipichape**, Av. 6 No 39 N-25 www.chipechape.com

Kunsthandwerkliche Produkte aus allen Regionen Kolumbiens findet man im **Parque Artesanías** auf dem Loma de la Cruz ⏰ täglich 10-20.

Der **Terminal de Transporte Terrestre** liegt an der Kreuzung Calle 30 N No 2AN-29, 2 km nördlich des Zentrums www.terminalcali.com Touristeninformation, *guarda equipaje* (Gepäckaufbewahrung), Restaurants, Internet, ATM. Ins Zentrum fahren Busse entlang der Av. Colombia. Taxi € 2 2,50. Der Busbahnhof ist zweistökkig. Von der oberen Plattform fahren die Überlandbusse ab, im Erdgeschoss die Taxis und Colectivos in die nähere Umgebung. **Bogotá**, Expr. Bolívariano u.a. 11 Std. € 30. **Buga/Cartago/Armenia**, Velotax, Expr. Palmira, Expr. Bolívariano u. a. 1½ Std. € 2,50/ 4 Std. € 9/4 Std. € 9,50. **Buenaventura**, Expr. Palmira, Arauca u.a. stdl. 4 Std. € 8. **Medellín/Manizales**, Expr. Bolívariano, Arauca u.a. 8-9 Std. zwischen € 22-25. **Popayán/Pasto/ Ipiales,** Expr. Bolívariano u.a. 2½ Std. € 6/8 ½ Std. € 17,50/10 Std. € 20.

✈ Der Flughafen **Aeropuerto Internacional Alfonso Bonilla Aragón** (oder *Palmaseca*) ☎ 666 32 00, liegt 16 km außerhalb der Stadt auf der Straße nach Palmira und ist nach dem El Dorado Airport der zweigrößte im Land. Mikrobusse (€ 2) pendeln ständig zwischen Busbahnhof und Flughafen, Taxi € 25. Neben den bekannten nationalen Carriern sind hier u.a. auch American Airlines, Copa aus Panama und Tame aus Ecuador vertreten. Tägliche Direktverbindungen nach Bogotá und Medellín mit Avianca und Satena, regelmäßige Flüge nach Ipiales (Grenze

Riesenceiba im Valle del Cauca

Ecuador) und Guapi (> Isla Gorgona), Esmeraldas (Ecuador) mit Tame, Lima (Peru) mit LAN, Panama mit Copa direkt oder via Bogotá, Miami (USA) und Madrid (Spanien) mit American Airlines und Avianca.

Die Umgebung von Cali

In den historischen Haziendas in der Umgebung von Cali spiegelt sich noch das reiche Landleben der Zuckerbarone aus dem 18. und 19. Jh. Die namhaftesten dieser Haziendas wurden restauriert und als Museen der Öffentlichkeit zugänglich gemacht. Die **Hacienda Cañasgordas** aus dem Beginn des 18. Jh. gilt als die bedeutendste Hazienda im Großraum Cali. Sie ist ziemlich verfallen, soll seit Jahren restauriert werden, um dann einmal einen Themenpark, Museum oder wissenschaftliche Einrichtung zu beherbergen. Zwei weitere stilvolle und zugängliche Haziendas voller Atmosphäre und Geschichte im Umkreis von Cali sind El Paraíso und Piedechinche. Beide geben einen Einblick in das reiche Landleben des letzten Jahrhunderts. Die **Hacienda El Paraíso** ist der Geburtsort des Schriftstellers Jorge Isaac (1837-1895). An diesem Ort ließ er sich zu dem in viele Sprachen übersetzten Roman «*María*» inspirieren (siehe Literatur). Die Hazienda steht in einem blumenreichen Garten, in dem Rosen überwiegen, auf einer Anhöhe mit Blick auf die umliegenden Berge und die Weite des Tals. Das Haus steckt voller Zeitzeugnisse des Dichters und beherbergt den Geist der Novelle. So gibt es das Schlafzimmer Marías und den Stein zu besichtigen, an dem sich das Liebespaar ewige Liebe versprach. 1,2 Mio. Menschen besuchen die Hazienda jährlich ⏰ Di-So 9.30-17 ☎ 550 60 76. Eintritt: 2,50.

Die **Hacienda Piedechinche** liegt inmitten von Zuckerrohrfeldern, und es erinnert ein wenig an «Vom Winde verweht», wenn der uniformierte schwarze Pförtner das Tor öffnet. Das zweistöckige Haus ist bestückt mit Möbeln und Gebrauchsgegenständen der zweiten Hälfte des 19. Jh. In der großzügig angelegten Parkanlage sind Pflanzen und Bäume aus dem ganzen Land versammelt. In dem botanischen Garten ist das **Museo de la Caña de Azúcar** untergebracht, das Zuckerrohrmuseum. Der Weg führt zu den Zuckerrohrpressen, die aus allen Regionen des Landes zusammengetragen worden sind, ausgestellt in Nachbauten regionaltypischer Häuser. Es ist ein Gang durch die Geschichte des Zuckerrohrs, der mit der Ausstellung der industriellen Verarbeitung im modernen Anbau endet. Vor dem Museum wird eisgekühlter Zuckerrohrsaft angeboten www.museocanadeazucar.com ⏱ Di-So 9.30-15.30. Eintritt: 3,50. Die Haziendas El Paraíso und Piedechinche liegen nah beieinander, so dass man sie bei einem Besuch am besten verbindet. Vom Busbahnhof nimmt man einen Bus oder Colectivo in Richtung Buga und steigt in **Amaime** (1½ Std. € 2) an der Kreuzung mit dem Wegweiser zur Hazienda El Paraíso aus. Dort warten Sammeltaxis, 12 km bis El Paraíso, € 7,50. Am Wochenende hat man auch die Chance, beim Trampen mitgenommen zu werden. Auf dem Weg nach El Paraíso führt nach 2½ km eine Abzweigung nach Piedechinche, das man nach weiteren drei Kilometern erreicht.

PNN Los Farallones

In der Westkordillere liegt der 1500 km² große Nationalpark zwischen 200-4100 m. Die Artenvielfalt und der Endemismus sind hoch, da vom tropischen bis zum andinen Bereich alle Klimazonen vertreten sind. Frailejónes allerdings wachsen hier nicht. 70 % des Gebietes besteht aus Nieder- und Hochnebelwald. Man schätzt, dass es 600 Vogel- und 80 Fledermausarten gibt. Die Farallones bilden die Wasserscheide zwischen dem Pazifik im Westen und dem Río Cali im Osten. Von **Pance** führen Fußwege in den Park. 1 km von Pance entfernt liegt das Campingareal und die Casa Guardabosques **El Topacio**, zugleich Ausgangspunkt des Treks zum **Pico del Loro** (2817 m). Besuchserlaubnis der Corporación Autónoma Regional del Valle del Cauca (CVC) erforderlich. Von hier führt ein teils schwieriger und streckenweise überwucherter Weg in 3½ Std. zum Gipfel, auf dem nur Platz für zwei kleine Zelte und kein Wasser vorhanden ist. Zu Zeiten von Blitz und Donner kann es hier sehr ungemütlich werden, wohingegen man bei sternklaren Nächten im September und Oktober die Sternschnuppen zählen kann. Zwischen dem Pico de Loro und Peñas Blancas verläuft die Linie der Berggipfel und Schluchten (**Paramillos**). An klaren Tagen sieht man bis zum Ort Balboa (Cauca). Zeitaufwendiger und anstrengender ist das Erklimmen des **Punta Pance** (4100 m), ein 2 Tages-Trek von jeweils 7 Std. Dauer. Übernachten kann man bei der Campingstelle **Balcones** mit einem natürlichem Windschutz aus aufgetürmten Felsen und einer Wasserquelle anbei. Am nächsten Tag geht es Richtung Gipfel, der im Allgemeinen leicht zu finden ist, da es zumeist über nackte Felsen geht und die Anhöhe von früheren Besuchern mit einem Kreis aus Steinen gekennzeichnet wurde. Dabei haben sollte man dennoch einen ortskundigen Guía und neben der üblichen Trekkingausrüstung auch ein Kletterseil, das gelegentlich zum Einsatz kommen muss. Bei klarer Sicht hat man einen phantastischen Blick bis zur Bucht von Buenaventura. Allerdings kann die längste Zeit des Weges je nach Jahreszeit in Nebel und Dunst gehüllt sein.

DER SÜDWESTEN

Panelaherstellung aus Zuckerrohr im Südwesten

Selbst in den trockenen Monaten Januar bis März kommt es zu Niederschlägen. In den Höhenlagen liegt die Durchschnittstemperatur bei 5°C. So beeindruckend die Landschaft ist, so problematisch kann ein Parkbesuch ein. Eine Infrastruktur existiert nur in Ansätzen.

Illegale Landnahme in der Nähe zum Ballungsraum Cali sind an der Tagesordnung, Waldbrände haben jüngst ein größeres Areal vernichtet und an den weit entfernten, westlichen Rändern des Parks sollen noch einige versprengte Guerilleros unterwegs sein. Zur aktuellen Situation und zwecks Mitnahme eines Guía nimmt man am besten Kontakt auf zu **Arawata**, Cra. 65 No 12-86 ② 395 38 33 www.arawatacali.com

Buga

969 m, 23°C, 100.000 Einwohner ② 2

75 km nördlich von Cali liegt das beschauliche Städtchen Buga. Mit viel Sorgfalt konserviert es seine Gebäude aus dem 18. und 19. Jh. Die stuckverzierten Häuserfronten, die großzügigen Innengärten und die gut gepflegten Parkanlagen entlang des Río Guadalajara lassen erkennen, dass Buga eine reiche Stadt ist. Die überwiegend weiße Bevölkerung hat ihren Wohlstand der Viehzucht und der strategisch günstige Lage der Stadt für den Export durch die Direktverbindung mit dem Hafen von Buenaventura zu verdanken.

Einmal im Jahr, im September, füllt sich die Stadt der Wunder mit Tausenden von Pilgern, die selbst aus Venezuela und Mittelamerika kommen, um vom **Señor de los Milagros** Glück zu erbitten. Die **Basílica del Señor** gehört neben Chiquinquirá, Las Lajas und Monserrate zu den wichtigsten Sanktuarien in Kolumbien. Das sind Plätze, an denen nach dem katholischen Glauben, Gott dem Menschen erschienen ist.

Service

ATM, Banco de Bogotá, Calle 16 No 13-32. Bancolombia, Cra. 13 No 6-67.

👁 Sehenswürdigkeiten

Buga hat mehrere Kirchen, von denen die **Basílica del Señor** die wichtigste, wenn auch nicht gerade die schönste ist. Das Hauptinteresse der Pilger an dem 1907 fertiggestellten Bau gilt der Christusfigur hinter dem Hauptaltar in einem *camarín*, Cra.14, Calle 4. Rosenkranz, Marienbild, Ikonen und Kerzen in allen Größen werden in den Ständen auf dem Religionsmarkt vor der Basílica angeboten. Die Kirche **Catedral de San Pedro** wurde 1573 erstmals erbaut, 1766 durch ein Erdbeben zerstört und anschließend wieder aufgebaut. Der Altar ist mit Goldornamenten verziert, Plaza General José María Cabal. Der **Templo de San Francisco** ist eine schöne Kolonialkapelle. Verehrt wird der Señor de la Esperanza, Cra. 14 Ecke Calle 5. Im Haus Calle 2, Cra. 13 hat Simón Bolívar während seines Aufenthaltes in Buga übernachtet.

🛏 🍽 Schlafen & Essen

Um die koloniale Plaza, in deren Mitte ein Monument des Freiheitsgenerals José María Cabal (1769-1816) steht, und in der Nähe der Basílica liegen die Hotels und Restaurants. Die Hotels, auch die günstigen, sind gepflegt und sauber.

Casa del Peregrino, Calle 4 No 14-45 ① 228 03 08 www.hotelcasadelperegrino.com Privatbad, TV, Vent., € 20/24.

Hostal del Regidor, Calle 1 No 12-74 ① 228 44 84 www.hostaldelregidor.com Kabel-TV, Vent., Bar, Restaurant, Zimmer zum großzügigen Innenhof im restaurierten Kolonialhaus € 40/54 inkl. Frühstück.

Buga Hostel, Cra. 13 No 4-83 ① 236 77 52 http://bugahostel.com 10 Dorm Betten zu € 7 p.P. 1 Privatzimmer € 15,50, ein schönes persönliches Gästehaus und ein guter Grund, um etwas länger in Buga zu verweilen. Der Eigentümer Stefan Schnur braut ein eigenes Bier und im 'Holy Water Ale Café' sind frische Pizzas und Sandwiches zu bekommen.

Die **Fuente de Soda y Billares Canaima**, Calle 6 Ecke Cra. 14, ist der lokale Treffpunkt an der Plaza zum Kaffee-, Biertrinken und Billardspielen.

 Busse und Mikrobusse fahren vom Terminal de Transporte, Calle 4, Cra. 23 ① 228 03 22. Taxi ins Zentrum € 2. **Armenia**, 2 Std. € 6. **Cali**, 1½ Std. € 3,50. **Darién** (Lago Calima), mit Trans. Calima, 1½ Std. € 3. **San Cipriano**, 2½ Std. € 6,50. 🚂 Sa/So fährt ein Touristenzug von Cali nach Buga (siehe Cali), mit Mittagessen und Stadtbesichtigung.

Laguna de Sonso

20 Min. von Buga entfernt, kurz vor dem Río Cauca auf der Straße nach Buenaventura liegt die Laguna de Sonso, ein Wasserschutzgebiet und ein idealer Ort zur Vogelbeobachtung. Hier sind mehrere Reiherarten, der schwarze Ibis, Wasserhühner, Wildenten, Eisvögel und Kormorane zuhause. Zu den seltenen Vögeln zählt der Schneckenbussard, der sich von Wasserschnecken ernährt. Der 'Lagunengeier' (*Anhima cornuta*) mit dem das Schutzgebiet Werbung macht ist kein eigentlicher Geier, sondern ein Hornwehrvogel, ein seltener Besucher und häufiger in den Llanos Orientales anzutreffen. Von einem dreistöckigen Turm lässt sich die Fauna des Sees beobachten. Der Eingang des Vogelreservats liegt gleich vor der Brücke über dem Cauca. Verwaltet wird das Schutzgebiet durch die regionale Umweltbehörde CVC www.cvc.gov.co

Lago Calima

An der Straße von Buga nach Buenaventura liegt der Lago Calima, 103 km von Cali, ein Stausee, der am Wochenende ein beliebtes Anlaufziel für hitzegeplagte Caleñas/os ist. Hier wird Wassersport betrieben. Wasserski, (Kite-) Surfen, Segeln etc. sind die Hauptaktivitäten. Baden ist nur etwas für Abgehärtete. Die Wassertemperatur hat durchschnittlich 16°C, denn der See liegt 1480 m hoch.

Der See liegt im Gebiet der präkolumbischen Calima-Indianer. Viele der Fundstücke sind im **Museo Arqueológico Calima** in Daríen zusammengetragen, Calle 10 No 12-50 ② 253 31 21 ③ Mo-Fr 8-18, Sa/So/Feiertag 10-18. Im Ort **Daríen** und außerhalb gibt es reichlich Residencias aller Kategorien, zudem ATM, zwei Supermärkte, Internetcafés und am Wochenende Diskotheken. Eine Unterkunft mit allem Komfort und dem entsprechenden Preis ist die **Finca Hotel Chalet Suiza** direkt am See, Km 11 ② 315 427 73 59 www.lasuizachalet.com Packages ab € 150 p.P. Surfer haben andere Präferenzen und übernachten günstig im **Hostal Cogua**, Cra. 7 No 15-10 ② 318 608 39 32 www.coguacustom.com Dorm € 9, mit Küchenbenutzung und Kabel-TV. 🚌 Trans.Calima nach Buga und Cali.

Cartago

917 m, 24°C, 130.000 Einwohner ② 6

Cartago, 182 km von Cali entfernt, wurde 1540 von Mariscal Jorge Robledo gegründet und ist das Tor zum Valle del Cauca. Früher brachten die Boote aus Juanchito Passagiere und Waren den Río Cauca hinunter, und Cartago war ein prosperierendes Handelszentrum, das bis heute von der Kaffeeproduktion lebt. Die Kulturen der Provinzen Antioquia und Valle haben sich gemischt. Die Atmosphäre ist offen und lebendig.

Wenige Bauten aus der Kolonialzeit sind der Stadt geblieben. **La Casa del Virrey** stammt aus dem 18. Jh. und wurde gebaut, um den Vizekönig Ezpeleta zu beherbergen, der gleichwohl nie nach Cartago kam. Die Säulen und Salons des luxuriösen Hauses sind im maurischen Stil und bilden den Rahmen für die schönen Innenhöfe. Heute ist hier das Konservatorium, die Touristeninformation und das historische Zentrum, zu dem ein kleines Museum für Stadtgeschichte gehört, Calle 13 No 4-29. Cartago ist bekannt für seine *bordados*. Hauptsächlich Frauen sind damit beschäftigt, diese Handarbeiten zu erstellen. Die Werkstätten sind in und um die Stadt verteilt.

🏧 **ATM**, Banco de Bogotá, Calle 12 No 4-08. Bancolombia, Cra. 4 No 12-34.

🛏️ 🍴 *Schlafen & Essen*

Die meisten Hotels befinden sich in und um die Plaza. Das **Hotel Sheraton**, Calle 12 No 5-55, ist unter den günstigen die beste Wahl, große Zimmer mit Privatbad € 8/16. **Hotel Colombia de Cartago**, Cra. 8 No 11-35 ② 213 99 88, einfache, saubere Zimmer mit Privatbad, Vent., TV, WiFi € 38(2).

Bessere Hotels sind das **Hotel Don Gregorio**, Cra. 5 No 9-59 ② 211 51 11 www.hoteldongregorio .net Restaurant, Pool, Zimmer mit Bad, a/c, WiFi ab € 46/56 und das **Hotel Mariscal Robledo**, Centro Comercial, Cra. 5 No 8-105 ② 211 06 00, Diskothek, Restaurant, Pool, Zimmer mit Bad, TV, a/c.

Leckere Fruchtsäfte gibt es in der **Panadería** an der Plaza. Dort sind

Blick auf Popayán

auch verschiedene Schnellimbisse und einfache Restaurants. Das beste Essen mit einigen internationalen Gerichten in entsprechender Hotelatmosphäre serviert man im Restaurant des **Hotels Mariscal Robledo**.

Busse und Colectivos vom Terminal de Transportes, Calle 14 No 2-43 L-101 ☽ 212 31 04. **Cali**, Expr. Palmira u.a. 4 Std. € 8. **Bogotá**, Flota Magdalena u.a. 8 Std. € 20. **Medellín**, Arauca u.a. 6 Std. € 15.

Popayán

1760 m, 18°C, 270.000 Einwohner ☽ 2

Popayán war während der Kolonialzeit neben Bogotá und Cartagena die bedeutendste Stadt des heutigen Kolumbiens. Der Statthalter Francisco Pizarros, Belalcázar, gründete die Stadt im Jahre 1537 im fruchtbaren Tal des Río Pubenza. Dank seines milden Klimas und seiner günstigen geographischen Lage auf dem Weg von Quito nach Bogotá entwickelte sich Popayán zu einem prosperierenden Zentrum des Handels und der Bildung. Zu Kolonial-

zeiten war die Stadt der *audiencia* von Quito unterstellt. Der Reichtum der spanischen Familien kam aus den Goldminen des Pazifikflachlandes und wurde in die Errichtung prächtiger Kirchen gesteckt. Der Altstadtkern um den zentral gelegenen **Parque Caldas** bewahrt alle Elemente einer spanischen Stadt des 17. Jh. Die Architektur Popayáns ist strenger und gradliniger als die verspielte barocke Variante anderer Kolonialstädte.

Obwohl 1983 ein schweres Erdbeben viele Kirchen beschädigte, hat die Stadt nichts von ihrem kolonialen Charakter eingebüßt. Die «Ciudad Blanca», die weiße Stadt, erstrahlt längst wieder im Glanz der frisch gekalkten Gebäude. Die akademische Atmosphäre zog stets fortschrittliche Geister an, deren Ideen zur Unabhängigkeit von Spanien führten, wie den Gelehrten Francisco José de Caldas. **Alexander von Humboldt** stattete Popayán 1801 einen Besuch ab. Heute ist Popayán eine charmante und beschauliche Universitätsstadt. Das wichtigste Ereignis sind die **Oster-**

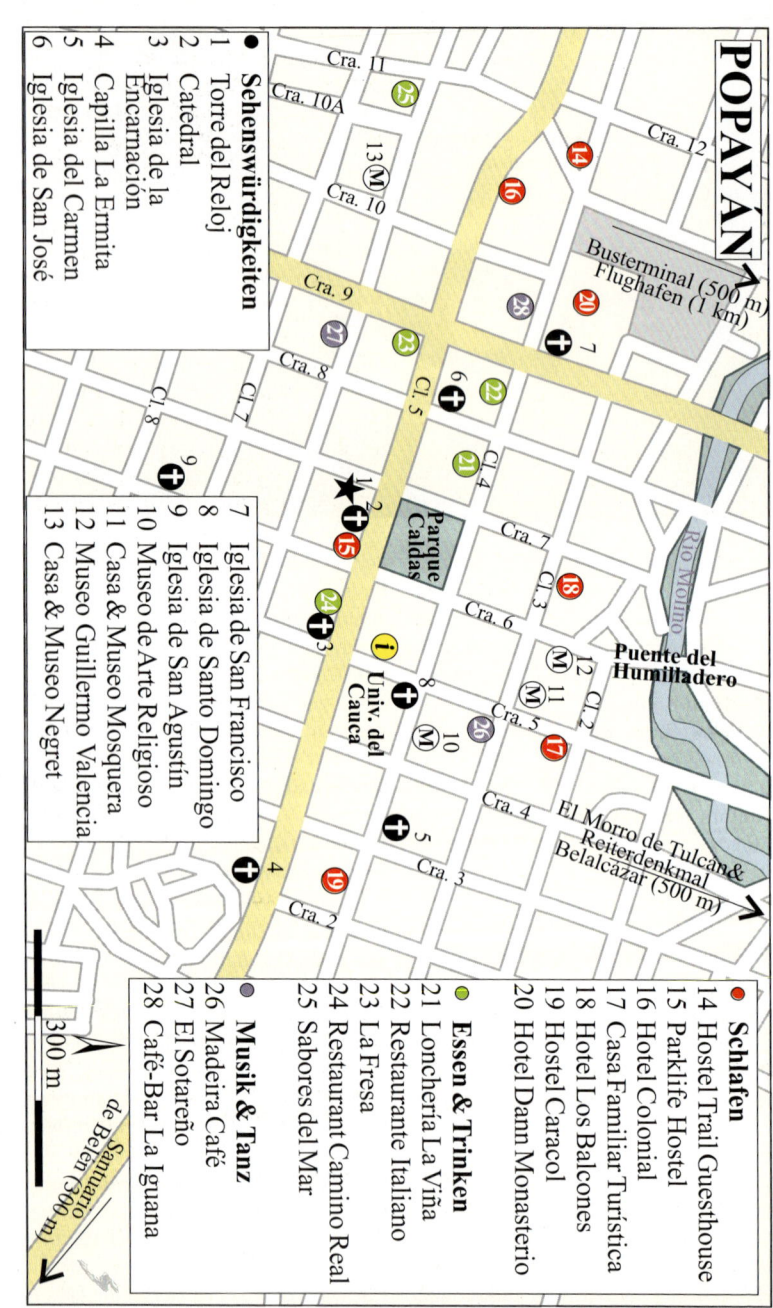

POPAYÁN

Sehenswürdigkeiten
1 Torre del Reloj
2 Catedral
3 Iglesia de la Encarnación
4 Capilla La Ermita
5 Iglesia del Carmen
6 Iglesia de San José
7 Iglesia de San Francisco
8 Iglesia de Santo Domingo
9 Iglesia de San Agustín
10 Museo de Arte Religioso
11 Casa & Museo Mosquera
12 Museo Guillermo Valencia
13 Casa & Museo Negret

Schlafen
14 Hostel Trail Guesthouse
15 Parklife Hostel
16 Hotel Colonial
17 Casa Familiar Turística
18 Hotel Los Balcones
19 Hostel Caracol
20 Hotel Dann Monasterio

Essen & Trinken
21 Lonchería La Viña
22 Restaurante Italiano
23 La Fresa
24 Restaurant Camino Real
25 Sabores del Mar

Musik & Tanz
26 Madeira Café
27 El Sotareño
28 Café-Bar La Iguana

Cra. 11
Cra. 10A
Cra. 10
Cra. 9
Cra. 8
Cl. 7
Cl. 8
Cra. 12
Cra. 7
Cra. 6
Cra. 5
Cra. 4
Cra. 3
Cra. 2
Cl. 5
Cl. 4
Cl. 3
Cl. 2

Busterminal (500 m)
Flughafen (1 km)

Río Molino

Puente del Humilladero

Parque Caldas

Univ. del Cauca

El Morro de Tulcán &
Reiterdenkmal
Belalcázar (500 m)

Santuario de Belén (300 m)

300 m

prozessionen, die berühmtesten des Landes, und das seit über 450 Jahren!

Service

ⓘ Das Tourismusbüro **Oficina de Turismo,** Cra. 5 No 4-68 ☎ 824 22 51, ist einige Schritte von der Plaza José Caldas entfernt bei der Iglesia Santo Domingo 🕐 Mo-Fr 8.30-12.30 u. 14.30-18.30, Sa/So 9-12 u. 14-17. @ Viele Internetcafés im Zentrum, zumal in der Cra. 5. Ⓒ Mehrere Banken mit **ATM** entlang Calle 4 und um den Parque Caldas. Banco de Bogotá, Calle 4 No 6-44. Bancolombia, Cra. 6 No 4-49.

Feste & Veranstaltungen

Das **Festival de la Musica Religiosa** findet parallel zu den Aktivitäten in der Osterwoche statt. In den Kirchen geben nationale und internationale Gruppen Konzerte.

Kaum vermuten wird man, dass ausgerechnet in Popayán der **Congreso Nacional Gastronómico** im September abgehalten wird. Ein internationaler Event kulinarischer Kochkunst mit jeweils einem aufkochenden Themenland www.gastronomicopopayán.org

👁 Sehenswürdigkeiten

La Apoteosis de Popayán, das bedeutendste Öl- und Sittengemälde des Malers Efraín Martínez (1898-1956) stellt die Geschichte der Stadt dar. Das Wandgemälde befindet sich in der **Aula der Universität Cauca.** Die Stadt liegt inmitten sanfter Hügel, die sich bis zu den Hohenlagen des Puracé fortsetzen. Die Erzbischöfe und Märtyrer, die Dichter und Indianer, die Musen und die Sklaven machen der Stadt ihre Aufwartung. Der Himmel ist in Orange und Rosa getaucht, Calle 5 No 4-70.

Popayán verfügt über eine große Zahl **bedeutender Kirchen** aus dem 17. und 18. Jh. Im Kolonialstil erbaut sind die Iglesia Catedral, San Francisco, San José, Santo Domingo, Belén, La Ermita, Las Mercedes, San Agustín und El Carmen. An der **Parque Caldas** standen früher die Häuser von Belalcázar und der anderen Hidalgos. Die architektonischen Strukturen sind erhalten geblieben. Heute sind hier öffentliche Gebäude und Banken untergebracht. Hier befinden sich auch der **Torre del Reloj,** der Uhrenturm, den der Dichter Guillermo Valencia die «Nase von Popayán» taufte, und die **Kathedrale.** Das Eingangsportal der opulenten Basílica wird von Säulen im dorischen Stil getragen. Die nach dem letzten Erdbeben zerstörte Kuppel wurde wieder aufgebaut. Der Hauptaltar der **La Ermita** ist mit einem doppelköpfigen Adler verziert, Calle 5, Cra. 2.

Dahinter liegt die Wallfahrtskapelle **Belén** auf einem Hügel, zu der ein Kreuzweg hinaufführt. Von hier hat man einen guten Blick auf die Stadt. Fast alle Kirchen besitzen reich verzierte Schnitzaltäre, Kanzeln, Säulen und Decken, die aus den Werkstätten der Quitoschule stammen.

Die schönsten Beispiele der Mestizenkunst finden sich in den Kirchen **Santo Domingo,** Calle 4, Cra. 5. **San Agustín,** Calle 7, Cra. 7. **El Carmen,** Calle 4, Cra. 3. **San Francisco** ist nach Originalplänen komplett neu errichtet worden, Calle 4, Cra. 9. Die Jesuitenkirche **Iglesia de San José** wurde 1640 vom Architekten Simón Schönherr erbaut und mehrmals durch Erdbeben stark beschädigt. Das äußere Portal der Kirche und die Tür zur Sakristei sind in ihrem Barockstil ungewöhnlich für Popayán, Cra. 8, Calle 5.

Puente del Humilladero

Die alte Steinbrücke mit den elf Bögen aus dem Jahre 1873 führt über den Molinofluss und verbindet den Altstadtkern mit dem neueren Teil der Stadt, Cra. 6, Calle 1 und 2.

Reiterdenkmal Belalcázar

Neben der **Capilla de Belén** bietet **El Morro de Tulcan** mit dem Reiterdenkmal des Stadtgründers Belalcázar auf seiner Spitze den besten Ausblick über die Stadt.

Museen

Museo Arquidiocesano de Arte Religioso

Das Museum für religiöse Kunst zeigt schöne Arbeiten religiöser Kunst der Quitoschule, u.a. Mariendarstellungen, Monstranzen, Kelche, Calle 4 No 4-56 ☎ 824 27 59 ⌚ Mo-Fr 8.30-12.30 u.14-18, Sa 9-14. Eintritt: € 2,50.

Museo Guillermo Valencia

Das Museum, benannt nach dem bedeutenden Dichter Popayáns, ist in dem imposanten zweistöckigen Gebäude mit Arkadengang untergebracht, das auf die Brücke Humilladero blickt, Cra. 6 No 2-69 ☎ 820 61 60 ⌚ Di-So 10-12 u. 14-17.

Casa Museo Mosquera

Das Simón Bolívar Übernachtungshaus vom 23. Januar-12. Februar 1829 ist heute das Museum für koloniale Kunst und historisches Museum, Calle 3 No 5-14 ☎ 824 06 83 ⌚ Mo-So 8-12 u. 14-17. Eintritt: € 0,90.

Museo Negret

Im Elternhaus des renommierten Bildhauers Edgar Negret stehen einige rostrote Metallskulpturen Negrets neben den antiken Möbeln der Eltern. Negret wurde 1980 beauftragt, ein modernes Bolívardenkmal für den Parque Bolívar in Bogotá zu entwerfen. Sein Modell sah einen riesigen geschraubten Bolívar vor, zu dessen Kopf ein Fahrstuhl führen sollte. Der Plan wurde verworfen, Calle 5a No 10-23 ☎ 824 45 46 museonegret.wordpress .com/casa-museo-negret ⌚ Di-So 9-12 u. 14-18, Mo geschlossen. Eintritt: € 2.

Museo Efraín Martínez

Dieses schöne Landhaus am Rande der Stadt war das Wohnhaus des Malers Efraín Martínez (1898-1956). An den Wänden hängen Porträtbilder der Familie und Stillleben. In den Landschaftsaquarellen finden die pastellfarbenen Sonnenuntergänge Popayáns ihren Niederschlag. Im Mittelpunkt der Sammlung stehen die vorbereitenden Skizzen für sein Hauptwerk *«La Apoteosis de Popayán»*, Cra. 3 Via al Sur Oriente El Refugio nach Calicanto ☎ 822 33 64 ⌚ unregelmäßige Öffnungszeiten. Taxi vom Zentrum hin und zurück einschließlich Wartezeit € 4,50.

 ## Schlafen

Popayán bietet eine große Anzahl an Hotelbetten, meist in schönen Kolonialhäusern, selbst der einfachen Kategorie.

Hostel Trail Guesthouse, Cra. 11 No 4-16 ☎ 831 78 71/ 314 696 08 05 www.hosteltrail.com mit viel Enthusiasmus betreiben die Longtime-Traveller Tony und Kim ihren Backpacker-Treff in Popayán. Lichte Zimmer in Pastellfarben, freier Kaffee und Tee, Küchenbenutzung, Internet, Waschservice und jede Menge Informationen zu Touren in die nähere und fernere Umgebung sind hier zu haben, Dorm € 6,50 p.P. Privatzimmer € 11/15.

Parklife Hostel, Calle 5 No 6-19 ☎300 349 62 40 www.parklifehostel.com Borja, Luiza und Kieran sind eine nette 'Multikulti-Truppe' und sorgen für Stimmung in diesem ideal gelegenen Hostel gleich neben der Kathedrale, jeden Morgen Kirchenmusik, Küchenbenutzung, WiFi, eine Menge Reiseinformation, großzügige Zimmer, Dorm € 8, Privatzimmer ab € 18.

Hotel Colonial, Calle 5 No 10-94 ☎ 831 78 48, das kleine Hotel in einem Kolonialhaus liegt dicht an der Durchgangsstraße und ist daher gelegentlich hellhörig, freundliches Personal, einfache Zimmer mit Flachbild-TV, Privatbad, heißen Duschen, WiFi € 22/29.

Casa Familiar Turística, Cra. 5 No 2-11 ☎ 824 48 53, große Zimmer zum überdachten Innenhof, Gemeinschaftsbad, heißes Wasser, Dorm € 5 p.P. Privatzimmer € 6 p.P.

Hotel Los Balcones, Cra.7 No 2-75 ☎ 824 20 30 www.hotellosbalconespopayan.com stilvolles Kolonialhaus mit massiven Mahagonimöbeln, WiFi, Kabel-TV, Rest./Bar, ab € 28-53(2).

Hostel Caracol, Calle 4 No 2-21 ☎ 311 626 88 40 info@hostelcaracol.com 4 Blocks vom Parque Caldas entfernt. Das im Oktober 2011 eröffnete Hostal ist in einem restaurierten Gebäude des 16. Jh. im Herzen der Altstadt untergebracht. Die Zimmer liegen um einen Innenhof, WiFi, Küchenbenutzung, die besten Konditionen für einen längeren Aufenthalt, Dorm € 8, Privatzimmer € 13/20.

Das einzige 5-Sterne Hotel am Platz ist das **Hotel Dann Monasterio**, Calle 4 No 10-44 ☎ 824 21 91 www.hotelesdann.com Der ehemalige Franziskancrkonvent aus dem Jahre 1574 wurde mehrmals durch Erdbeben zerstört und anschließend zum Luxushotel umgebaut, 47 Zimmer, Restaurant mit Regionalküche, Bar und Swimmingpool, ab € 120/150.

🍴 Essen & Trinken

Lonchería La Viña, Calle 4 No 7-85, vom Frühstück bis zum Glas Wein in den Abendstunden ist in diesem Café alles zu haben.

Restaurante Italiano, Calle 4 No 8-83, italienisch-schweizerische Küche, ausgezeichnetes argentinisches Churrasco zu zivilen Preisen, gute Pastagerichte, nettes Ambiente, europäische Musik, beliebt.

La Fresa, Calle 5 No 8-89, eine Snackbar mit den besten empanadas von Popayán, *empanadas de pipián.*

Restaurant im Hotel Camino Real, Calle 5 No 5-59, das französische Fünf-Gänge-Menü (€ 28) ist eine Wucht.

Sabores del Mar, Calle 5 No 10-97, die Besitzer dieses kleinen feinen Restaurants hat es von der Pazifikküste in die Höhenlagen von Popayán verschlagen, deshalb werden hier schmackhafte Fischgerichte zubereitet ⊙ nur mittags.

🎵 Musik & Tanz

Es gibt eine Reihe von Café-Bars im Herzen der Stadt mit mehrheitlich studentischem Publikum.

Madeira Café, Cra. 5, Calle 3, auch schon mal ein Treffpunkt am Morgen für eine gute Tasse Kaffee, gelegentlich Livemusik.

El Sotareño, Cra. 6 No 8-05, die Bar hat seit ihrem 40jährigen Bestehen kräftig Patina angesetzt, was der Atmosphäre nicht geschadet hat. Aufgelegt werden Vinyl-Scheiben mit Boleros und Tangos.

Café-Bar La Iguana, Calle 4 No 9-67, hier kommen Salseros auf ihre Kosten. Musikvideos auf dem Großbildschirm.

🚌 Der Busterminal liegt 1 km nördlich der Innenstadt. Regelmäßige

Guambiano in Silvia

Verbindungen nach **Bogotá**, Velotax, Flota Magdalena, 14 Std. € 28-32. **Cali**, Expr. Bolívariano u. a. 2 ½ Std. € 6. **Pasto/Ipiales**, Supertaxi Expr. Bolívariano, 6-7 Std. € 12 (Nachtfahrten vermeiden!). **Medellín**, Flota Magdalena, 12 Std. € 26. **San Agustín**, Rápido Tolima, Sotracauca, 5 Std. € 13. **Tierradentro**, Sotracauca, ein Direktbus nach San Andrés de Pisimbala ◷ 10.30, vier Busse bis zur Kreuzung, 5 Std. € 9. **Silvia**, Mikrobusse jede Std. bis ◷ 17.30, € 2,60. **Coconuco**, mehrere Busse am Tag, 1 Std. € 1,50.

✈ Der Flughafen **Aeropuerto Guillermo León Valencia** liegt direkt hinter dem Busterminal. Mehrmals täglich Flüge nach **Bogotá** mit Avianca ☎ 831 90 09 und Satena ☎ 823 67 28, gelegentlich nach **Guapi** (> Isla Gorgona) mit Satena.

Die Umgebung von Popayán

In der Umgebung von Popayán, zumal in Richtung der Berge, leben eine Vielzahl indigener Gemeinschaften, u.a

die **Coconuco** (eine Untergruppe der Nasa) im gleichnamigen Ort mit den Thermalquellen (31 km entfernt) und die Guambiano in Silvia (53 km, 1 Std. entfernt), bekannt im ganzen Land für ihre farbenfrohe Bekleidung. Wer sportliche Aktivitäten ethnographischen Beobachtungen vorzieht, kann Mountainbike-Touren (nach Coconuco) unternehmen oder im PNN Puracé trekken.

Silvia (2500 m, 10.000 Einwohner) ist ein lebendiger Ort abseits der viel befahrenen Popayán-Cali-Verbindung. Hier trifft sich eine bunte Mischung aus Guambiano-, verkaufsfreudigen Otavalo-Indianern aus Ecuador, Nonnen und Touristen. Jeden Dienstag ist Markttag, und der Ort füllt sich mit den Guambiano aus den umliegenden Gehöften. 'Guambia' wird die Leinen- oder Wolltasche der Frauen genannt, in denen Spindel und Wolle aufbewahrt werden. Die insgesamt 23 000 Guambiano sprechen neben dem Spanischen ihren eigenen Chibcha-

Idiom. Silvia ist überschaubar, mit dem lebendigen Treiben um den Parque Principal, einer Kapelle mit Blick auf die hügelige Landschaft, einem Bach, der über Felsen plätschert, grünen Weiden und in der Landschaft grasenden Pferden. Die Chivas sind vollgepackt mit Ballen weißer *lana-fique* (Agavenfasern). Obenauf sitzen die Männer in ihren indigoblauen Röcken. Es gibt ein **Museo de Artesanías**, Cra. 2 No 14-22, in dem die Herstellung der traditionellen Kleidung gezeigt wird. Am Viehmarkt kann man Pferde mieten, um in die *resguardos* Guambia und Puente Real, zur Laguna La Marquesa und zu anderen Zielen zu reiten, € 2,50 pro Stunde. Alternativ fährt man am Markttag mit einer indigenen Chiva mit und geht zu Fuß zurück, 1½ Std. In Silvia gibt es eine große Anzahl kleiner Hotels und Privatunterkünfte, die zum Teil nur am Wochenende geöffnet haben. **Hotel La Parrilla**, Cra. 3 No 10-128 ☎ 825 10 26, Restaurant, Privatbad, sauber, freundlich, einfach, kleine Zimmer, € 7,50 p.P. **Hotel de Silvia**, Cra. 7, Calle 8, einige Blocks von der Plaza, ruhig. 🚌 Regelmäßige Abfahrten von der Plaza nach **Popayán**, öfters an den Marktagen. Nach **Cali**, 2½ Std. Seltener via Piendamó (Kreuzung an der Carretera Panamericana).

Das Dorf **Coconuco** (2500 m, 2500 Einwohner) südwestlich von Popayán und am Fuße des Vulkans Puracé ist an den Abenden und Wochenenden ein beliebtes Ausflugsziel. Anziehungspunkt sind die schwefelhaltigen heißen **Termales Agua Hirviendos** ☎ 314 618 41 78 🕐 24 Std. geöffnet mit Restaurantbetrieb. Eintritt: € 2,20. Ein halbstündiger Fußweg führt aus dem Ort hinter dem Hotel de Turismo hinauf zu den dampfenden Becken, die im Besitz der Coconuco sind und von ihnen unterhalten werden. Eine zweite Thermalquelle, **Agua Tibia**, mit Restaurant liegt auf dem Privatgrundstück der Familie Anguelo, eine gepflegte Anlage, 5 km vom Dorfkern an der Straße nach San Agustín ☎ 824 11 61 🕐 8-18. Eintritt: € 3,50. Das **Hotel de Turismo**, ½ km vom Dorfkern, bietet Zimmer mit Bad und Warmwasser, € 15/25. Zelten ist möglich bei der Thermalquelle **Agua Tibia**, € 5. Etwas außerhalb des Dorfes liegt die **Hazienda** des früheren Präsidenten **Mosquera**, der im 19. Jh. eine bedeutende Rolle spielte.

PNN Puracé

Der PNN Puracé, Parkverwaltung ☎ 823 12 12 🕐 8-18. Eintritt: € 8, bedeckt eine Fläche von 870 km² und erstreckt sich von 2500 auf 5000 m Höhe, 45 km östlich von Popayán entlang der Schotterstraße in Richtung **La Plata**, zwischen den beiden Departements Cauca und Huila. 'Puracé' ist Quetschua und bedeutet «feuerspeiender Berg». Der größte Teil der Parkfläche zeigt die Merkmale ehemaliger vulkanischer Tätigkeit. An vielen Stellen des Parks und in seiner Umgebung treten heiße Quellen aus dem Boden. Feuerspeiende Vulkane dürften jedoch selbst die Ureinwohner nicht mehr angetroffen haben, aber noch steigen Rauchsäulen aus dem Krater des Puracé und der übrigen Vulkane.

Höher noch als der **Volcán Puracé** (4760 m) ist der schwer zugängliche und meist schneebedeckte **Pan de Azúcar** (5000 m). Erwähnung verdienen die vielen Lagunen und Wasserfälle. Im Park entspringen die wasserreichsten Flüsse des Landes, der Río Caquetá, der Río Cauca und der Río Magdalena, auf dem **Páramo de las**

Papas (siehe San Agustín). Die Vegetation ist typisch für den Páramo. Man zählt über 200 unterschiedliche Orchideen. Die Fauna ist reich an Vögeln, u.a. Kolibris, Spechten, Wildgänsen und Berghühnern. Im Puracé gibt es die Möglichkeit, den in Kolumbien seltenen **Andenkondor** zu bewundern, deren Bestand auf einige wenige Tiere beschränkt ist, die man mit einem Zucht- und Auswilderungsprogramm wieder anzusiedeln gedachte. Die Greifvögel haben keine Scheu vor den Menschen und werden von den Rangern gelegentlich mit Aas angelockt.

Der nördliche Parkzugang befindet sich beim Besucherzentrum **Pilimbalá** (3350 m) an der Abzweigung der Popayán-La Plata Straße bei **Cruce de la Mina** (mit regelmäßig passierendem Busverkehr bis in die Abendstunden, 1½ Std. von Popayán entfernt, € 4,50) 6er-Cabaña € 15 p.P. oder Camping € 3,50 p.P. ohne Warmwasser, einfache Mahlzeiten, Feuerstellen. In **Pilimbalá** gibt es ein Informationsbüro und eine kleine Kantine. 30 Min. entfernt sind die Schwefelthermalbäder (Termales de San Juan) und eine aufgegebene Mine.

Ein vierstündiger, gut begehbarer Aufstieg führt zum Gipfel des Vulkan Puracé, Abstieg 2-3 Std. Man durchquert eine eindrucksvolle Berg- und Tallandschaft, bis man schließlich den aschebedeckten Kraterrand erreicht, der 900 m in der Breite und 100 m in der Tiefe misst. Die Gipfellagen sind in schwefelhaltige Dämpfe gehüllt. Reizvoll, aber schwieriger ist von dort der Weg entlang der sich in südöstlicher Richtung erhebenden weiteren **Coconucos** (je nach Lesart sieben bzw. neun Berge vulkanischen Ursprungs) zum **Pan de Azúcar**. Dafür sollte man schon mehrere Tage einplanen. Im Besucherzentrum und bei der Schwefelmine stehen Bergführer zur Verfügung (€ 18 pro Tag). An der Straße zwischen 8-10 km weiter in Richtung La Plata liegen die Termales von San Juan (3200 m), das Valle del Frailejón und die Cueva de los Guacharos. Weniger frequentiert ist der Südzugang **Chupayal de Perico** auf dem Weg von San Agustín nach Popayán. Dort ist ausschließlich Camping möglich. Die trockenste Zeit des Jahres sind die Monate Januar, Februar und August, September. Die Temperaturen sinken auf diesen Höhenlagen während der Nacht auf den Gefrierpunkt.

San Agustín

1700 m, 18°C, 27.500 Einwohner ① 8

San Agustín liegt inmitten der majestätischen Anden, an einer Abflachung zum Amazonastiefland, und gleichzeitig ist es nicht weit zu den Höhenlagen der Páramos. Auf dem Páramo de las Papas entspringen die wichtigsten und wasserreichsten Ströme des Landes, der Río Magdalena, der Río Cauca und der Río Caquetá. Daher regnet es viel. Am trockensten ist es zwischen Dezember und März und im Juli und August (veranillo). Die hügelige Landschaft, durchzogen von Schluchten und Wasserläufen, erstrahlt im intensiven Grün. Die Vielzahl der Klima- und Vegetationsstufen machten dieses Gebiet in präkolumbianischer Zeit zu einem dicht besiedelten Zentrum. Hier entwickelte sich zwischen 600 v. Chr. und 1250 n. Chr. eine hochstehende Kultur, die der Nachwelt monumentale Grabstätten und Hunderte von steinernen Skulpturen hinterlassen hat. Heute ist San Agustín ein beschaulicher Ort, an dem sich viele Europäer niedergelassen haben, um ein Leben abseits der Hektik der Großstädte zu füh-

Meseta B San Agustín

ren. Der europäische Einfluss hat dafür gesorgt, dass der Speiseplan in dieser ländlichen Region erstaunlich abwechslungsreich ist. Die rätselhafte Vergangenheit dieses Ortes, das milde Klima und die Abgeschiedenheit machen San Agustín zum «Shangri La» der Reiseszene.

Service

ⓘ Die offizielle **Touristeninformation** in der Alcaldía, Calle 3, Cra.12 ☏ 837 30 62 ⏰ Mo-Fr 8-12 u. 14-17. Ansonsten gibt es eine Reihe von Büros die touristische Informationen anbieten. @ **Internet** in den meisten Travellerguesthäusern und bei **Enter.net**, Cra.11 No 3-10, auch Skype, schnelle Verbindungen darf man aber nicht erwarten. ⌨ **ATM** in der Hauptstraße, Calle 3, am Kirchplatz, die aber nicht immer alle Kreditkarten akzeptiert. Bei großem Andrang geht auch schon mal das Bargeld aus. Am besten ist man mit der VisaCard bedient. Banco de Bogotá, Calle 3 No 10-61, akzeptiert alle Karten. ⛴ **Tourismuspolizei**, Cra. 3 No 11-56 ☏ 837 36 06.

👁 Sehenswürdigkeiten

Eine Vielzahl der Hügelkuppen in der Umgebung von San Agustín sind mit Grabstätten bedeckt. Die wichtigsten Plätze für den Besucher sind der **archäologische Park** und der **Alto de los Ídolos**. Von untergeordneter Bedeutung, aber gleichwohl interessant sind **La Chaquíra, Alto de Purutal** und **Alto de las Piedras**. Zudem gibt es noch ein weiteres Dutzend Fundorte.

Wer besonders gründlich ist, sollte für den Besuch der Fundstätten drei Tage einkalkulieren, der erste Tag führt zu Fuß in den Parque Arqueológico, der zweite mit dem Pferd zu den Stätten El Tablón, La Chaquíra, La Pelota und Alto de Purutal, der dritte Tag mit dem Jeep zum Alto de los Ídolos, Alto de las Piedras, die Magdalenaenge (El Estrecho) sowie den Wasserfällen Salto de Bordones und Salto de Mortiño (6 Std.).

Für den Besuch der beiden wichtigsten Stätten, den Parque Arqueológico und Alto de los Ídolos, ist ein Kombiticket zu € 7 erhältlich.

DER SÜDWESTEN

Figur im Statuenwald

Parque Arqueológico

Zwei Kilometer außerhalb des Dorfes liegt der archäologische Park. Hier befinden sich die bedeutendsten Grabanlagen (*mesetas*). Angelegte und ausgeschilderte Wege verbinden die Mesetas A, B, C, die Fuente und den Alto de Lavapatas miteinander.

Gleich hinter dem Eingang mit dem Museum betritt der Besucher den **Statuenwald**. An einem Rundgang sind 35 Skulpturen aufgestellt, die aus unterschiedlichen Begräbnisstätten zusammengetragen wurden. **Meseta A** besteht aus zwei großen Hügeln in Ost- und Westrichtung. An den Grabeingängen stehen zwei Wächter mit einer Zentralfigur in der Mitte. Kleinere Figuren stehen außerhalb des großen Grabes. **Meseta B** ist vielleicht die schönste. Im zentralen Teil dieser Begräbnisstätte befinden sich drei Statuen. Bei dem Vogel, der in seinen Klauen eine Schlange hält, handelt es sich wahrscheinlich um die Darstellung eines Weißkopfadlers. Der westliche Hügel hat einen Ring aus halbkreisförmig angelegten Blöcken, die einen herzförmigen Grundriss bilden. In dessen Zentrum befindet sich der Grabtempel mit den drei Figuren. Die Zentralfigur trägt eine Kette mit einem Menschenkopf (vielleicht ein Schrumpfkopf?) und breite Ohrpflöcke, wie sie noch die letzten Chivaros im heutigen Ecuador tragen. Bei der **Meseta C** befinden sich einige monolithische und zweigesichtige Figuren.

Der Weg führt durch einen Bambuswald hinab zur **Fuente de Lavapatas**, vorbei an einer steinernen Kröte, dem Symbol des Regens und der Fruchtbarkeit. Fuente de Lavapatas ist ein Zeremonienplatz. Eine natürliche Badewanne mit kleinen Kanälen und Spiralen wurde in das felsige Flussbett geschlagen. Die Felsen sind bedeckt mit Darstellungen von Fröschen, Echsen, Schlangen und Schnecken. An den drei Wannen befinden sich drei anthropomorphe Darstellungen von Gesichtern.

Dann geht es die Anhöhe hinauf zum **Alto de Lavapatas**, eine künstlich planierte Bergspitze mit einem 360° Rundumblick, die die älteste archäologische Fundstelle am Oberlauf des Río Magdalena sein soll. Die herausragende Figur hier ist der **Doble Yo** ('Doppeltes Ich'), die plastische Verschmelzung zweier Jaguarmenschen, die klassische Darstellung des Schamanen in der indianischen Mythologie ⏱ täglich 8-16. Eintritt: € 4,50.

El Tablón, La Chaquíra , La Pelota El Purutal

Von diesen vier benachbarten Fundorten, die jeweils von abzweigenden Wegen an der Straße zum El Estrecho liegen, sind vor allen Dingen die Felsengruppe La Chaquíra besuchenswert, weil an dieser Stelle anthropomorphe Figuren in die Felsen modelliert wurden, die hinab in die Schlucht des Rio Magdalena schauen. Die Figuren der Fundstelle Alto de Puratal haben die Besonderheit die einzig kolorierten zu sein, in Rot, Schwarz, Gelb und Weiß. Die «Puppen», die sie in Händen halten, sollen auf die Mutterschaft hindeuten.

Alto de los Ídolos

Diese Fundstätte liegt 5 km (1 Std. Fußweg) südwestlich von **San José de Isnos**, 26 km von San Agustín. Zwischen der **Meseta A** und B wurde in präkolumbianischer Zeit Erde aufgeschüttet, so dass eine künstliche Plattform entstand. Von hier führen Rampen zu beiden Seiten. In der Mehrzahl der Gräber befinden sich monolithische Steinsarkophage. Eine Vielzahl unterschiedlicher anthropomorpher und zoomorpher Figuren bewacht die Eingänge der aufgeschütteten Grabhügel (*monticulos*).

Eine sitzende Figur hält einen Pfeil in der Hand. Die Nachbarfigur trägt einen großen Fisch auf dem Rücken. Diese beiden Figuren symbolisieren Jagd und Fischfang (*monticulo* 1). Die Skulpturen sprechen dafür, dass es sich bei dem Alto de los Ídolos um Priestergräber gehandelt haben muss. Die Wächter sind unbewaffnet. Auf der anderen Seite liegt die **Meseta B**. Auffallend sind die Sargabdeckungen in Form eines Kaimanes. Vom Alto de los Ídolos geht der Blick über die Hügel in alle Himmelsrichtungen ✆ 8-16.30. Eintritt: € 4,50.

Alto de las Piedras

Hier steht der größte **Doble Yo**. Der Ort ist 7 km von San José de Isnos entfernt.

Felsenfigur in La Chaquíra

🛏 *Schlafen*

Die schöneren Unterkünfte liegen allesamt außerhalb des Dorfes in der herrlichen Landschaft.

Finca El Cielo ✆ 313 493 74 46 www.fincaelcielo.com 3 km außerhalb des Ortes bei den archäologischen Stätten mit Panoramablick bis zum Cañón des Río Magdalena. Schöne geräumige Zimmer aus Bambus mit modernen Duschen und bequemen Betten, großer Schwimmteich. Der Schweizer Eigentümer Dominique organisiert auch Touren. Zimmer € 25 p.P. Camping € 9.

Finca Ecológica El Maco ✆ 078 837 34 37 www.elmaco.ch 1 km von der Bushaltestelle in Richtung Parque und hinter dem Hotel Yalconia rechts auf dem Trampelpfad den Berg hinauf. Die Schweizer René und Martha haben San Agustín mit ihrem Ecohostal um einen phantasievollen Spot bereichert. Unterkünfte in den Kategorien Tipi zwischen € 12-22 p.P. vier Cabañas

Sitzfigur mit Pfeil

zwischen € 10-17 p.P. Châlet zwischen € 12-22 p.P. Camping, Bio-Lebensmittel, med. und therapeutische Massagen.

Casa de Francois ☎078 837 38 47/ 314 358 29 30 www.lacasadefrancois.com Cra. 13 bergauf hinter der kleinen Ziegelfabrik gelegen. Der Franzose Francois hat drei private Bambushütten und den Dorm liebevoll in Hippie-Design gestaltet und bunt bemalt, ruhig und zentral mit Blick über den Ort, seit nunmehr über zehn Jahren beliebter Treffpunkt der Reiseszene, Frühstück erhältlich mit selbst gebackenem Brot und Marmelade, zwei Doppelzimmer, Tourinformationen, Küchenbenutzung, Dorm/Einzel/Doppelzimmer € 8/13/18.

Casa de Nelly ☎ 078 837 32 21 www.hotelcasadenelly.co 1½ km vom Ortskern (La Estrella) verwunschen gelegen und nicht ganz leicht zu finden, Taxi € 1,50. Nelly gehört zu den Tourismus-Pionieren von San Agustín. Immer heißes Wasser, gemütliche Zimmer, 2 Cabañas, schöner Garten mit

Lounge-Zone, beliebt, oft ausgebucht, Dorm € 8, Zimmer ohne Privatbad € 22(2), mit Privatbad € 30(2).

Posada Campesina ☎ 837 39 56 www.posadacampesina.jimdo.com 1 km vom Zentrum auf der Cra. 14 Vía al Estrecho, Kochgelegenheit mit Gas oder Feuerholz, die Señora kocht auch für Gäste, heißes Wasser, nette Zimmer ohne Privatbad € 9 p.P.

🍴 Essen & Trinken

Die Restaurantszene in San Agustín ist vielfältig, von guter Qualität und mit fairen Preisen.

Restaurante Brahama, Calle 5 No 15-11, für Frühstück mit Pancakes und vegetarischer Mittagstisch. **Pizza Mania**, Cra. 13 No 3-47/ 311 271 47 88, die beste Pizza am Ort, klein aber fein. **El Fogón**, Calle 5 No 14-30 ☎ 837 34 31, traditionelle kolumbianische Hochlandküche. **Donde Richard**, 500 m vom Ortskern auf dem Weg zum Parque Arqueológico ☎ 432 63 99, Spezialität: *Asado Huilense* (Schweinebraten) am So. **La Casona de San Agustín**, Calle 5 No 21-125, in Richtung Parque Arqueológico, Fisch mit Salat, frisch zubereitet, etwas teurer. **Restaurante El Rancho**, Calle 3 No 11-60, große Portionen, traditionelle Küche, abends Treffpunkt zum Biertrinken mit Einheimischen. **La Casa de Tarzan**, Calle 2 No 8-04, hier trifft man nicht nur Jane, sondern auch andere Traveller zum Bier, außerdem Anlaufstelle für Whitewater-Rafting ⏰ ab 20. **Territoro Libre**, Calle 5 No 14-27, angesagte Diskothek, gegenüber El Fogón

Artesanía

Kunst- und Gebrauchsgegenstände der Umgebung auf dem **Montagsmarkt** und in **La Galería** Calle 3, Cra. 11 ⏰ täglich 6-16.

DER SÜDWESTEN

Bunte Unterkünfte in San Agustín

Touren

Pferde anmieten (*Alquiler de Caballos*) kann man an mehreren Plätzen für etwa 4 Std. € 13 plus € 13 für den Guía. Selbst Anfänger können sich auf den geduldigen und genügsamen Pferden nach kurzer Anleitung problemlos fortbewegen. Die Wege zu den entfernter gelegenen archäologischen Fundstätten wie La Chaquíra und Alto de Puratal finden diese Klepper von ganz allein. Mit dem Jeep (€ 12,50 p.P.) werden die weiter entfernten Fundstätten angesteuert.

Empfehlenswert ist die dreitägige Reittour zum **Páramo de las Papas** und zur **Laguna Magdalena** (3327 m), die von San Agustín via Quinchana und San Antonio ansteigend über 60 km durch Wälder und Schluchten bis zur Quelle des Rio Magdalena führt. Am dritten Tag geht es in westlicher Richtung bergab nach Valencia und von dort mit dem Auto oder Bus nach Popayán oder alternativ zurück zum Ausgangspunkt San Agustín.

Trekking- und Reittouren werden angeboten, um € 85 p.P. Kontakt: Pacho Muños ☏ 311 827 79 72 und über die Gästehäuser.

Magdalena Rafting, Calle 5 No 16-04 ☏ 311 271 53 33 www.magdalenarafting.com Whitewater-Rafting auf dem Río Magdalena, von leichten Passagen bis hin zu Stromschnellen (für Anfänger und Fortgeschrittene), 1½ Std. € 20 oder ein ganzer Tag für geübte Könner, 60 km mit 25 Stromschnellen € 55. Die Route führt durch die Schlucht des Río Magdalena, die nur 1½ - 2 m breit ist, 20 km von San Agustín entfernt.

🚌 Die Busgesellschaften haben ihre Büros entlang der Hauptstraße Calle 3 Ecke Cra. 11. San Agustín liegt abseits der Hauptrouten und ist entweder von Bogotá über Neiva und Pitalito zu erreichen (9-12 Std.) oder aus westlicher Richtung von Popayán durch die malerische Landschaft der südlichen Ausläufer des PNN Puracé (5-6 Std.). Nach **Bogotá** mit Coomotor ⏱ 6, 18.30 u. Taxis Verdes ⏱ 7, 19.30.

Die Nachbusse 'semi-cama' sind bequem, € 22. Nach **Popayán** mit Sotracauca, Cootranshuila ⏱7, 10, 12, 6 Std. € 7.

Die meisten Popayán-Pitalito Busse fahren nicht direkt bis nach San Agustín, sondern passieren die 5 km entfernte Kreuzung, dort stehen (Sammel-)Taxis.

Tierradentro ist nicht auf direktem Wege zu erreichen, sondern ausschließlich in einer langen, von mehrmaligem Umsteigen unterbrochenen Tagesfahrt via Pitalito, La Plata und San Andrés. Nach Pitalito, 38 km von San Agustín, fahren Jeeps und Sammeltaxis, 40 Min. € 2,20. Von Pitalito fahren Jeeps und Busse nach La Plata, 2 ½ Std. € 8,50 und von dort besteht Anschluss nach San Andrés an der Straßenkreuzung nach Tierradentro, 2 ½ Std.

Tierradentro

1500-2000 m, 18-22°C, 500 Einwohner

Tierradentro bezeichnet einen der wichtigsten und rätselhaftesten archäologischen Fundorte des Landes. Wegen der abgelegenen und versteckten Lage inmitten der Anden nannten die Spanier das Gebiet «das tief verborgene Land» und das ist bis heute so geblieben, obwohl es sich auch hierbei um ein UNESCO-Weltkulturerbe handelt. Auf den Rücken der wuchtig ansteigenden grünen Berge schlug ein bis heute unbekanntes Volk lange vor Ankunft der Spanier Gewölbe in den weichen Tuffsteinfelsen, in denen sie ihre Toten bestatteten.

Tierradentro ist der einzige Fundort von Grabkammern dieser Art in Amerika. Mittels der Karbon C-14 Methode wurde herausgefunden, dass die Kultur von Tierradentro zwischen 870 v. und 630 n. Chr. existierte. Die Bewohner lebten in verstreuten Hütten in den Bergen, die sie auf künstlichen Terrassen errichteten. Die Hütten bestanden aus Zuckerrohr und Lehm und hatten spitz zulaufende Strohdächer. Sie ähnelten den Hütten der hier und heute lebenden Páez/Nasa, die allerdings jede Verwandtschaft mit den Baumeistern der Grabkammern kategorisch ablehnen.

Die Region liegt reizvoll eingebettet zwischen dem Puracé im Süden, dem Nevado de Huila im Norden, dem Río Páez im Osten und den Páramos im Westen. Bei klarer Sicht ist sogar ein Blick auf die schneebedeckte Kuppe des Nevado de Huila möglich, eine Landschaft wie geschaffen für Wanderungen und Reitausflüge. Über die Wasserläufe führen kleine Brücken aus gebogenen Bambushölzern. Von Dezember bis Februar und im Juli/August sind die Tage sonnig, die Nächte kühl und sternenklar. In der übrigen Zeit des Jahres wird der stete Nieselregen von kurzen, heftigen Regenfällen abgelöst. Zwischen 1000 und 2000 m ist der Boden heute in agrarisches Nutzland verwandelt worden, das von den Nasa bearbeitet wird, die auf kleinen Parzellen Mais, Zuckerrohr, Kaffee, Zwiebeln und Bohnen pflanzen.

Service

Allgemeine **Informationen** erhält man im Museum. Es gibt in Tierradentro weder Internet noch ATM. Mit der VisaCard kann man in der kleinen Bank von **Inzá** Geld bekommen. Am besten vor einer Reise nach Tierradentro ausreichend Bargeld einstecken. **Inzá** ist ein größerer Ort im Nachbartal mit einem interessanten Samstagsmarkt. Die Indianer der Umgebung bieten ihre Produkte an. Am Samstag verkehren regelmäßig Chivas zwischen San An-

Im Südwesten gehören Reitpferde zum Straßenbild

drés und Inzá. **Pferde** kann man vor dem Museum oder bei der Residencias Lucerna für € 4 pro Std. anmieten.

Sehenswürdigkeiten

Die besterhaltensten und prächtigsten Grabkammern befinden sich auf dem **Loma de Segovia** (1650 m), 28 Grabkammern in Kuppelform und Seitennischen. Die großen Kammern haben zwei oder mehrere Säulen, um die Konstruktion zu stützen. Die Wände sind weiß gekalkt und mit geometrischen Formen, mehrheitlich Romben, dekoriert. Die Säulen sind mit Gesichtern verziert, deren Kolorierung in Rot- und Schwarztönen die Abfolge von Leben und Tod darstellen. Die schwarze Farbe ist ein Kohlegemisch, das Rot wurde aus dem Pilz *Anadidos feruginosos* gewonnen. Die Grabkammern waren Sammelgräber, in denen vier bis 40 Urnen lagen. Die geräumigsten Gräber werden über enge Wendeltreppen mit hohen Stufen betreten.

Oberhalb von Segovia liegt der **Alto del Duende** (1850 m) mit fünf Gräbern, davon drei mit Reliefüberresten. Auf der anderen Seite des Tales liegt der **Alto de San Andrés** (1750 m), eine Begräbnisstelle mit fünf bemalten Kammern. In einer Grabkammer befinden sich anthropomorphe und zoomorphe Darstellungen. Das Tal überragt der **Loma del Aguacate** (2000 m). Auf dem Bergrücken liegen Dutzende kleinerer Kammern, die nicht koloriert sind. Einige sind verschüttet.

Der Wind braust über die dürren Gräser. Man blickt bis ins Nachbartal nach Inza. Die wenigen Statuen, die am **El Tablón** (1700 m) versammelt sind, weisen eine gewisse Ähnlichkeit mit denen von San Agustín auf, ohne jedoch deren Perfektion, weder in der Technik, noch in der Detaildarstellung, zu erreichen. Ihre Bedeutung ist nicht geklärt, denn anders als in San Agustín, bewachten die Statuen keine Grabkammern.

Am Eingang zum Park befindet sich die **Casa Museo Biblioteca** aus dem 19. Jh. mit einem Doppel-Museum. Das **Archäologische Museum** enthält Fundstücke, ein rekonstruiertes Grab für die Erstbestattung und eine Hüttenrekonstruktion. Das **Ethnographische Museum** ist der Kultur der Páez/Nasa gewidmet ☺ täglich 8-16. Eintritt: € 4,50, Senioren € 2,25. Das Tikket ist zwei Tage gültig und berechtigt zum Besuch beider Museen und der Fundstätten. Vom Eingang führen Rundwege zu den archäologischen Stätten. Über Segovia und Duende kann man zum kleinen Dorf **San Andrés de Pisimbalá** spazieren, 3-4 Std. Der Weg hinauf zum Loma del Aguacate ist steil und beschwerlich. Für diese Tour bietet es sich an, Pferde zu mieten, 4 Std.

San Andrés de Pisimbalá ist ein kleines Dorf am Ende des Tals von Tierradentro. Die strohgedeckte Missionskirche stammt noch aus den ersten Tagen der Christianisierung (1785). In einigen Nachbardörfern stehen noch ähnliche Kirchen, und einige weisen Altarnischen mit indianischen Zeichnungen auf.

 ## Schlafen & Essen

Oberhalb des archäologischen Museums sind die **Residencias Lucerna**, **Residencial Pisimbalá** und **Residencial Ricabet**, sauber, schöner Innenhof, ohne/mit Privatbad € 5-7 p.P. Die teuerste Unterkunft ist das **Hotel El Refugio** ☎ 321 811 23 05, 19 geräumige Zimmer mit Privatbad, Pool, Restaurant, € 18/22(2). In San Andrés de Pisimbalá hat man weitere Optionen. **Los Lagos** ist bei Reisenden beliebt, einfach, Bad, Warmwasser, kleiner Innenhof, gute Küche, die Señora hat von Reisenden neue Rezepte gelernt, Guía, € 5 p.P.

La Portada ☎ 311 601 78 84, beim Busstopp, auskunftsfreudig, ganz passables Restaurant und geräumige Zimmer mit Bad und Warmwasser, € 9/13. Eine Handvoll Restaurants findet man im Dorf und an der Straße zum Museum, die einfache comida corriente zubereiten. Günstig isst man in der **Residencial Pisimbalá**. Voranmeldung ist hilfreich, des weiteren **La Portada** in San Andrés de Pisimbala.

🚌 Nur wenige Busse fahren bis hinauf nach San Andrés, die meisten halten an der Kreuzung ('El Cruce'), von dort sind es ca. 30 Min. zu Fuß bergauf.

San Agustín, keine Direktbusse, umsteigen in La Plata, Garzón oder Pitalito; das kann manchmal lange dauern. Busse und Pick Ups von San Andrés de Pisimbalá nach La Plata, 2 Std. € 4,50, viermal täglich mit Anschluss nach Bogotá und Neiva (> Desierto de Tatacoa). **La Plata** liegt zwischen Neiva (225 km), San Agustín (210 km) und Tierradentro (65 km). Die Busgesellschaften und die meisten Hotels befinden sich an der Plaza oder in unmittelbarer Nähe. Nachmittags sind die Verbindungen schlecht. Das **Hotel Turista** ist freundlich und sauber, € 6 p.P. 🏧 ATM bei der Banco de Bogotá, Cra. 4 No 5-03. **Popayán**, Sotracauca, täglich via Totoró, eine aufregende Fahrt über den Páramo, 5 Std. € 8. Nur der ☺ 6 Bus fährt von San Andrés am Museum vorbei.

PNN Cuevas de los Guácharos

Ein selten besuchter Nationalpark ist der PNN Cueva de los Guácharos im äußersten Süden des Departements Huila und des angrenzendes Departements Caquetá, mit einer Fläche von 90 km², die sich über Höhenlagen von 1630 bis 2840 m erstreckt. Ein Teil der Parkfläche ist bedeckt von dem ansonsten weitgehend abgeholzten andinen Primärwald. Verstreut im Park liegen mehrere Höhlen, u.a. die **Cueva de los Guácharos**, benannt nach den hier lebenden Ölvögeln. Die größte Höhle ist die **Cueva del Indio** mit einer Länge von 740 m. Die Höhlenlabyrinthe wurden durch den Río Suaza ausgewaschen. Gekennzeichnete Wege führen von der Hütte der Parkverwaltung und dem Besucherzentrum zu den einzelnen Höhlen. Es regnet viel, am trokkensten ist es noch von Dezember bis März. Die Durchschnittstemperaturen liegen bei 16 °C.

Zuvor Genehmigung bei der Parkverwaltung in Bogotá einholen, Regencape und Taschenlampe nicht vergessen. Ausgangspunkt für den Besuch des Parks ist der kleine Ort **Palestina**, 25 km von Pitalito entfernt, 1 Std. Von dort geht es weiter zur Vereda **La Mesura**, 1 Std. mit dem Jeep und schließlich 5 Std. zu Fuß bis zum Parkeingang. Eine abenteuerliche Tour, aber nur etwas für kolumbienerfahrene Dschungel-Trekker/innen!

Desierto de Tatacoa

Zwischen San Agustín bzw. Tierradentro und Bogotá liegt der Desierto de Tatacoa. Auf dem Weg dorthin kommt man durch **Neiva** (440 m, 373.000 Einwohner), die heiße und träge Hauptstadt des Departement Huila am Oberlauf des Río Magdalena, die seit ihrer Gründung im 16. Jh. mehrfach durch Indianer eingenommen und zerstört wurde und daher heutzutage keinerlei Kolonialflair versprüht. Zentrum der Stadt ist der Parque Santander auf dem fast jeden Tag ein gefülltes

Schwein (*lechona*) zum Verzehr angeboten wird. Um die Plaza verteilen sich die Banken mit ATM, Restaurants und Hotels.

Der Busbahnhof ist außerhalb des Zentrums. Von dort besteht regelmäßiger Anschluss mit Coomotor nach Bogotá, San Agustín und mit Pick Ups und Colectivos nach **Villavieja** (45 Min. € 2,20), ein kleiner Kolonialort, 37 km nördlich von Neiva und am Rande des Desierto de Tatacoa. Von Villavieja führt eine asphaltierte Piste zum Eingang der Tatacowüste mit dem Besucherzentrum in **El Cuzco**. Dort findet man auch Touranbieter. Als die besten Guía gelten Chopo mit seinem Chopotaxi ☎ 313 865 87 10 www.chopotaxi.com und Javier Fernando Rua Restrepo ☎ 310 465 67 65, € 45 p.P. pro Tag, inkl. Transport und Eintrittspreise. Bis nach **El Cuzco** kommt man auch ohne Begleitung und außerdem leicht zu Fuß (1 Std.), mit dem Mototaxi oder dem Leihpferd. Aufgrund der trockenen Witterung und der guten Fernsicht wurde an dieser Stelle das **Observatorio Astronómico de la Tatacoa** errichtet ☎ 897 75 84 ⏰19-21. Eintritt: € 4,50.

Die Tatacoawüste hat eine Ausdehnung von 330 km². Im Pliozän war sie Teil eines Meeres und von gewaltigen prähistorischen Tieren bevölkert. Unter anderem wurden versteinerte Panzer eines Riesengürteltieres gefunden. Der Name 'La Tatacoa' stammt von den Indianern und bedeutet Schlange. Die Landschaft ist durchzogen von Gräben und Kanälen, zwischen denen große Kakteen wachsen. Die Risse in der erodierten Erde, die Schattenspiele der Sonne, die das Gelände in Orange- und Grautöne färben, und der brausende Wind machen den Reiz der Landschaft aus. Am Eingang zur Tatacoawüste liegt **El Cardón**, ein Kakteenfeld. Bei **El Cuzco** erheben sich kuriose, rot-orange eingefärbte Felsformationen, die durch Erosion entstanden sind. In **La Venta** wurden Fossilien ausgegraben. Der sich anschließende Teil heißt **Los Hoyos**, eine Dünenlandschaft in hellgrauer Tönung. Genügend Trinkwasser mitnehmen und eine Kopfbedeckung aufsetzen. Es ist heiß, trocken und die Sonne brennt gnadenlos vom Himmel. Neben der 1748 erbauten Kapelle Santa Bárbara an der Plaza Principal ist das **Paläontologische Museum** untergebracht ☎ 313 804 95 80 ⏰ 9-12 u. 14-17. Eintritt: € 0.80.

Schlafen & Essen

Hospedaje und Restaurante **La Casona**, Calle 3 No 3-60 ☎ 879 76 36, passable Betten, kleiner Pool zur Abkühlung, € 15 p.P. Ebenfalls eine gute Wahl ist die **Villa Paraíso**, Calle 4 No 7-69 ☎ 879 77 27, angenehme Zimmer mit Privatbad um einen gepflegten Innenhof, € 12 p.P. **Posada de Moises Cleves** ☎ 313 30 56 898, 5 Min. mit dem Mototaxi hinter dem El Observatorio, kleiner Pool, freundlich, Zimmer mit Privatbad inkl. Vollpension € 45(2), Dorm zu € 8. Wer die Nacht lieber mit Blick zu den Sternen verbringen möchte, übernachtet auf dem **Zeltplatz** beim **El Observatorio**, € 2 p.P. In der Hängematte € 4,50 oder Cabaña mit Privatbad € 8 p.P.

Das **Sol y Sombra**, Cra. 4 A No 5-86, ist ein einfaches Restaurant im Ort mit den üblichen Standardgerichten.

Pasto

2527 m, 14°C, 415.000 Einwohner ☎ 2

Für die Reisenden, die aus Ecuador über die Brücke von Rumichaca kommen, ist Nariño die erste kolumbianische Provinz, die sie kennenlernen. Im äußersten Südwesten des Landes gelegen, grenzt sie im Süden an Ecuador, im Norden an Cauca, im Osten an den Pazifik und im Westen an den Putumayo im Amazonasgebiet. Sebastián de Belalcázar gründete die Stadt San Juan de Pasto 1537. Francisco Pizarro hatte Belalcázar von Cuzco aus auf den Weg nach Kolumbien geschickt. Ziel war es, die Chibcha-Indianer im Gebiet des heutigen Bogotá zu unterwerfen und sich ihres Goldes zu bemächtigen. Belalcázar fand eine stattliche Anzahl unterschiedlicher Indianerstämme vor, von denen heute nur die Sibundoy im Tal des Guamués überlebt haben. Das heutige Pasto ist eine freundliche und weitgehend geruhsame Provinzstadt. Der Pastuzo ist im Allgemeinen freundlich, hilfsbereit und zurückhaltend. Die Stadt wurde mehrfach von Erdbeben heimgesucht. Im Stadtbild erinnert daher nur noch Weniges an die koloniale Vergangenheit, in der Pasto ein kulturelles und religiöses Zentrum war. Die Stadt ist der Ausgangspunkt zu einigen reizvollen Zielen in der Umgebung, wie die **Laguna de la Cocha**, die indigenen Gemeinschaften von **Sibundoy**, die **Laguna Verde** und der **Santuarío de Las Lajas**.

Service

ℹ️ **Oficina Departamental de Turismo,** Calle 18 No 25-25 ☎ 723 49 62 www.turismonarino.gov.co freundlich, gut informiert und hilfsbereit ⏰ Mo-Sa 8-12 u.14-18. @ **Internetlokale** mit etwas schnelleren Verbindungen als hier für gewöhnlich üblich, findet man in der schmalen Gasse zwischen Calle 18 und 19, beim Parque Nariño. 🏧 Einige **ATM** um die zentral gelegene Plaza Nariño. Banco de Bogotá, Calle 19 No 24-68. Bancolombia, Calle 19 No 24-52.

Feste

Carnaval de **Blancos y Negros**, 4.-6. Januar. Zwei Tage im Jahr gehörten den Sklaven, die in den Goldminen für ihre spanischen Besitzer arbeiteten. Am 5. Januar erschienen die Hidalgos mit geschwärzten Gesichtern, am darauffolgenden Tag die schwarzen Sklaven mit weißen. Der Karneval wird mit einem großen Umzug gefeiert.

 Sehenswürdigkeiten

Keine der Kirchen ist von herausragender Schönheit. Die **Iglesia de San Juan Bautista** ist die älteste Kirche der Stadt. Sie wurde nach einem Erdbeben wieder aufgebaut und hat ihren ehemaligen Charme eingebüßt. Am ehesten lohnt noch ein Besuch der **La Merced**. Die **Plaza Nariño** ist ein großer Platz im Zentrum der Stadt und der historische Stadtkern ist beinahe vollständig verschwunden.

Das älteste erhaltene Haus und eines der ältesten Kolonialhäuser Kolumbiens ist das **Museo Casa Taminango**, erbaut 1623. Das Haus ist komplett erhalten und restauriert. Die in der Sonne getrockneten Ziegel (*adobe*) wurden aus Lehm, Stroh, Zuckerrohrmelasse und Ochsenblut geformt und auf diese Weise für Jahrhunderte haltbar gemacht. Beim Bau wurde kein einziger Nagel verwendet. In den gepflasterten Boden der Veranda sind die Wirbelknochen von Kühen eingelassen. Die so entstandene Rille diente vorangehenden Generationen als Fußabtreter. Das Haus ist heute Museum für das Kunsthandwerk der Region Nariño. Gezeigt werden die vielfältigen ländlichen Traditionen, Webverfahren,

Schmiedekunst, Gießverfahren, Hutherstellung, Calle 13 No 27-27 ◷ Mo-Fr 8-12 u. 14-18, Sa 9-12. Eintritt: € 1.

Gut ist das **Museo del Oro** in der Banco de la República. In diesem Kulturzentrum gibt es eine Bibliothek und einen Ausstellungsraum mit wechselnden Ausstellungen im 1. Stock. Das archäologische und ethnographische Museum im 2. Stock erklärt u.a. die Goldschmiedekunst der Tumaco an der Pazifikküste, deren Tradition noch heute in Barbacoas gepflegt wird. In präkolumbianischer Zeit bestand ein ausgedehntes Handelsnetz zwischen der Küste, dem Hochland und der Amazonasebene. Die indianischen Händler hießen *mindalais* und versorgten die andinen Gemeinschaften mit den reichen Gaben des Dschungels, Calle 19 No 21-27 ◑ 721 91 08 ◷ Di-Sa 10-17.

Casa de Barniz

Pasto ist berühmt für seine Holzwerkstätten für religiöse Kunst und vor allem für die Technik des *barniz*. Hier werden Masken, Holzfiguren und Schachteln verkauft, die mit der sogenannten *barniz*-Technik verziert wurden. Das Grundprodukt dafür ist eine Knetmasse, die aus den Früchten des *mopa-mopa* Baumes gewonnen wird. Dieser Baum wächst ausschließlich in der Zone von Putumayo und Caquetá. Die Früchte werden eingekocht und es entsteht eine Knetmasse, die anschließend eingefärbt wird. Daraus werden hauchdünne Lackplatten gezogen.

Die Künstler arbeiten ohne Vorlagen. Sie legen die Plättchen auf die Holzform und schneiden die Muster heraus. Bereits durch die Körperwärme bleiben die Farbplättchen am Holz haften, Calle 13 No 24-92 ◑ 722 23 85 84. Im **Museo & Taller Zambrano** werden die Traditionen der Kirchenschnitzkunst aus Pasto fortgeführt, Calle 20 No 29-78.

 ## Schlafen

Die meisten Budget-Hotels liegen in der Innenstadt nur wenige Meter voneinander entfernt, die besseren Hotels befinden sich um den Parque Nariño. Beim Busterminal gibt es ebenfalls mehrere Übernachtungsmöglichkeiten.

Koala Inn, Calle 18 No 22-37 ☎ 722 21 10, Pastos Backpackerhotel hat eine zentrale Lage, Manager Luis ist freundlich und ortskundig. Hier und da ein bisschen Farbe könnte dem Haus guttun, WiFi, 15 einfache Zimmer zum überdachten Innenhof, ohne/mit Privatbad, einige mit Kabel-TV, € 8 p.P.

Hotel Casa López, Calle 18 No 21 B-11 ☎ 720 81 72 hcasalopez@yahoo.com ein altes republikanisches Gebäude mit Innenhof und in Familienbesitz, leicht zu erkennen am großen 'H' an der Eingangstür, Frühstücksraum und Restaurant Victoria Regia, sechs Zimmer mit Privatbad, Warmwasser, Kabel-TV, € 44/57.

Hotel Torre del Bosque Cra. 44 No 18-12 (Norte) ☎ 731 08 11, modernes Mittelklassehotel mit Cafetería, Minibar, Kabel-TV, Internet, ab € 20.

Hotel Don Saul, Calle 17 No 23-52 ☎ 723 06 18, moderne Einrichtung. Lokalpolitiker und örtliche Geschäftsgrößen treffen sich im stilvollen Restaurant Yazmin. Zimmer mit Kabel-TV, WiFi, Minibar, € 50/75.

Essen & Trinken

Asadero de Cuyes Pinzón, Cra. 40 No 19B-76 ☎ 731 32 28, ca. 1,5 km vom Zentrum. Auf dem Grill liegt ausschließlich die regionale Spezialität Meerschweinchen. Da nicht allzu viel dran ist an einem Meerschweinchen,

darf hier auch mit den Fingern gegessen werden.

Tienda del Café del Parque, Cra. 24 No 18-62 ☎ 300 657 71 15, ist der zentrale Treffpunkt am Parque Nariño für einen Kaffee oder um in dem Buchladen zu stöbern. Im zweiten Stock ist die Bar und man hat einen guten Blick auf den Parque Nariño ⏰ Fr Livekonzerte.

Salud Pan, Cra. 29 No 20-34 ☎ 301 935 10 00, vegetarischer Mittagstisch, Laden mit Naturprodukten.

Salón Guadalquivir, Plaza de Nariño, hier gibt es die besten *tamales de añejo* oder eine herzhafte *caldo castillo,* Rindfleischeintopf.

Der Busbahnhof liegt 2 km außerhalb des Stadtzentrums, Cra. 6 und Calle 16. Taxi in die Stadt € 2. **Ipiales (> Ecuador)**, Minibusse und Colectivos, ständig, 2 Std. € 4. Regelmäßiger Anschluss nach **Popayán**, 6 Std. € 13. **Cali,** Flota Magdalena, 8 Std. € 17. **Bogotá**, Expr. Bolívariano, Flota Magdalena 22 Std. € 40. Regionalverbindungen nach **Mocoa/Puerto Asís**, TransIpiales, Cootransmayo, 6/9 Std. € 14/18. Auf halber Strecke liegt **Sibundoy** 2½ Std. € 4,50. In Richtung Pazifikküste **Tumaco,** Cootranar, Supertaxis del Sur, 6 Std. € 13. **Barbacoas,** TransIpiales, Supertaxis del Sur, drei Busse, 10 Std. € 14.

Der **Aeropuerto Antonio Nariño** liegt 35 km außerhalb der Stadt an der Straße nach Cali. Colectivos fahren von Cra. 26 No 18-86 ☎ 723 04 21, € 3,75 p.P. Taxi € 13. Tägliche Verbindungen nach Bogotá und Cali mit Avianca und Satena.

Die Umgebung von Pasto

An klaren Tagen sieht man den **Volcán Galeras** (4276 m), der Pasto überragt und nur 8 km entfernt ist. Die Topographie des Gebietes umfasst Höhenlagen zwischen 2200 - 4276 m. Beim Aufstieg durchquert man zwei unterschiedliche Ökosysteme, Hochnebelwald und Páramo. Der Galeras gehört zu den aktiven Vulkanen des Landes. Seit 1580 verzeichnet man schwere und minder schwere Erdbeben, die der Stadt Pasto zugesetzt haben. Die letzten größeren Vulkanausbrüche gehen auf die Jahre 1988/89 zurück. In den Jahren 2006 und 2008 wurde der Zugangsweg wegen vulkanischer Aktivitäten zeitweise geschlossen. Im Augenblick herrscht gespannte Ruhe. Der Aufstieg sollte früh morgens beginnen, ab Mittag ist die Sicht durch aufziehende Wolken beeinträchtigt. Auf der Westseite des Vulkans liegt **Sandoná**, 30 km von Pasto und bekannt für seine Strohhüte. Samstag ist Markttag. ⬛🚌 Transsandoná fährt stdl. 2 Std. € 2,50.

Die malerische **Laguna de la Cocha** (2760 m, 13°C) liegt 23 km von Pasto entfernt. In ihrer Mitte liegt ein kleines und bewaldetes Inselchen, deren Schatten sich im Wasser spiegelt, die **Isla Corota**, entstanden aus Vulkangestein und mit einer Fläche von 0,08 km². Sie ist erklärtes Naturschutzgebiet und beherbergt eine kleine Kapelle und eine biologische Forschungsstation. Über einen 500 m langen Steg gelangt man zum Mirador. Vom Festland fahren Boote hinüber (bis zu 10 Personen), € 11. Auch Boottrips zum Páramo am äußeren Ende des Sees sind möglich, € 50. Die Gegend ist eine überaus attraktive Ecke für Spaziergänge und Reitausflüge.

Von der Iglesia de San Sebastián in Pasto fahren regelmäßig Jeeps/Colectivos zur Lagune, 40 Min. € 1,50 p.P. am Wochenende auch hinter dem Hospital Departamental, Calle 22 u. Cra. 7. Zudem kommt jeder Bus, der nach Sibundoy oder Mocoa fährt in Betracht. Von El Encano, wo Zwiebeln, Kartoffeln und Räucherforellen feilgeboten werden, ist es ½ Std. zu Fuß bis zum Seeufer. Hier befinden sich zwei Hotels im Schweizer Chaletstil, das **Hotel Sindamanoy** ☎ 721 82 22 www.hotelsindamanoy gutes Restaurant komfortable Zimmer mit Bad, teilweise mit Kamin € 48/64, und das **Chalet Guamuez** ☎ 721 93 08 www.chaletguamuez .com mit freistehenden Cabañas € 72(4). Günstige Unterkünfte und einfache Restaurants gibt es im Dorf. Camping am Ufer des Sees ist möglich. In Richtung Amazonastiefland folgt **Valle del Sibundoy** (2224 m, 4000 Einwohner), die klassische Route des Amazonasreisenden bereits zu Beginn des 20. Jahrhunderts. Valle del Sibundoy ist dünn besiedelt. Verstreut im weiten Tal liegen fünf Ortschaften, in denen die indigenen Kamsá und Inga leben. Nachdem die kurvenreiche Schotterstrecke die malerisch gelegene Laguna de la Cocha passiert hat, ist nach 1 Std. der Páramo erreicht, dessen Gipfel die Grenze zum Departement Putumayo markiert. Valle del Sibundoy ist ein fruchtbares Tal mit milderem Klima als in Pasto. In Sibundoy gibt es einen Kirchplatz und den *cabildo de indígena*, Verwaltungssitz des Kaziken der Sibundoy-Indianer. Die Indianerkultur ist zur Karnevalszeit, dem **Fest de Recuento,** lebendig. Dann tragen die Kamsá den traditionellen Federschmuck, die Männer die gestreifte *sayo* und die Frauen die rote *rebozo*. Sie schmücken sich mit bunten *chaquira*-Ketten. Sonntagmorgen ist Markt in Sibundoy und die beste Gelegenheit, um Kamsá- und Inga- Indianer anzutreffen. An der Hauptstraße unterhalten die Kamsá einen Laden mit Heilmitteln und Kräutern. Die Kamsá gelten als die besten Naturheiler Südamerikas, da sie ein breites Wissen über Pflanzen haben, sowohl der Hochlandregion als auch des Regenwaldes. Ihr Wissen umfasst die medizinische Anwendung von mehr als 240 Heilpflanzen. Darunter acht unterschiedliche Arten des *borachero* (z. B. *el guamuco, el biagán, la culebra*), *quindé* gegen Rheuma, *amarrón* zur Wundbehandlung, la *munchira* gegen Parasiten. Die berühmtesten Heiler kommen gelegentlich nach Bogotá und praktizieren im Templo Indígena, Av. Caracas No 39-18/30 ➁ (1) 285 80 34. **Hotel Turista**, Zimmer mit Bad und Warmwasser € 9/16. Gutes Restaurant, in dem Regenbogenforellen oder *cuy*, geröstetes Meerschweinchen, serviert werden.

Südwestlich von Pasto liegt die **Laguna Verde** (3780 m), die den Krater des **Volcán El Azufral** bedeckt. Das smaragdgrüne Wasser bildet einen ansprechenden Kontrast zum schneeweißen Sandstrand. Die Farbe ist auf den hohen Sulfatanteil zurückzuführen. Neben der Lagune erhebt sich ein Hügel in schwefelgelber Farbe. Aus Hunderten von kleinen Löchern steigt Dampf auf. Ein Stück davon entfernt sind die Laguna Negra und die Laguna Cristal. Der Weg zur Lagune beginnt in **Túquerres** (3400 m), zu erreichen mit 🚌 TransIpiales, 2 ½ Std. € 4,50. In Túquerres stehen Jeeps bereit, die zum Fuß des Vulkans fahren, € 6.50. Von dort ist es ein 1½ std. Aufstieg bis zum Krater. Der Aufstieg ist landschaftlich reizvoll. Die auffrischenden Winde machen warme Kleidung notwendig. Einfache Unterkünfte sind an der Hauptstraße.

38 km hinter Túquerres an der Straße in Richtung Tumaco liegt der kleine Ort **Chucunés** (1200 m), Ausgangspunkt zur **Reserva Natural La Plana-**da, nunmehr Teil eines Resguardos der hier traditionell lebenden indigenen Awá. Hotel und Restaurant am Ort ist der **Parador Los Anturios**, € 12 p.P. Von Chucunés führt ein 7 km (2 Std.) steiler Aufstieg in Serpentinen zum Reservat, das sich zwischen 1300 u. 2100 m im tropischem Nebelwald erstreckt. Eine der artenreichsten Zonen Kolumbiens. Hier befindet sich eine Aufzuchtstation für den bedrohten Brillenbären und verschiedene Pfade.

In der Nähe der ecuadorianischen Grenze liegt der **Volcán Cumbal** (4674 m). Der Cumbal hat zwei Gipfel. Die südliche Spitze ist mit Schnee und Eis bedeckt, die nördliche mit Schwefelgestein. Die in der Umgebung wohnenden Indigenen nutzen die Eis- und Schwefelvorkommen wirtschaftlich, soweit man diese Art von Plackerei «wirtschaftlich» nennen kann. Jeden Tag steigt eine Gruppe von ihnen zwei- bis dreimal auf, um den Schwefel einzusammeln. Bei den Minen ist die Luft so stickig, dass das Atmen schwer fällt. Der Abtransport des Gesteins erfolgt mit selbstgebauten Holzschlitten. Ausgangspunkt für das Besteigen des Cumbal ist das kleine gleichnamige Dorf zu seinen Füßen. Cumbal liegt an einer Abzweigung der Ipiales-Tumaco Straße, bei Guachucal. Die beste Jahreszeit sind die Monate Juli bis September. Die beste Sicht bieten die Morgenstunden. In Cumbal gibt es einfache Unterkünfte mit kaltem Wasser und comida corriente. Das Dorf lässt sich von Ipiales mit dem Jeep erreichen.

Ipiales
2900 m, 11°C, 60.000 Einwohner ➁ 2

Ipiales ist der Grenzort zu Ecuador. 7 km entfernt liegt der Wallfahrtsort **Santuario de las Lajas**, Colectivos Cra. 6 Ecke Calle 4, € 1. Den schönsten

Blick auf die tief im Cañón des Río Guáitara liegende Kirche im neugotischen Stil hat man von oben bei der Anfahrt aus Ipiales. Der Legende zufolge erschien dem kleinen Indianermädchen María Juana Quiñones, blind und taub von Geburt, geführt von ihrer Mutter, plötzlich eine weiße Wolke, die sich in eine Heilige verwandelte. Das Kind schrie auf, die Heilige hatte sie berührt, und von diesem Tage an konnte es sehen und hören. Die Kirche Nuestra Señora de las Lajas wurde an der Stelle gebaut, an der die Jungfrau dem Indianermädchen erschienen war. Der Altar schließt diesen Teil des 45 m hohen Felsens ein.

Jährlich besuchen Las Lajas zwei bis drei Millionen Menschen, um von ihren Krankheiten geheilt zu werden, eine bunte Mischung aus Indianern und Mestizen aus Kolumbien und Ecuador. Tausende von Votivtafeln sind in den Felsen auf dem Weg zur Basílica geschlagen. Geheilte haben ihre Krücken und Rollstühle zurückgelassen.

Santuario de las Lajas

Service

Mehrere **ATM** um den zentralen Parque La Pola, z.B. Bancolombia, Calle 14 No 5-32. **Bargeld** tauscht man am besten direkt an der Grenze (Pesos und Ecuador-Dollar). Dort gibt es unzählige Geldwechsler auf beiden Seiten. Die Kurse werden täglich fixiert und weichen kaum voneinander ab. Die Casas de Cambio in der Stadt geben einen schlechteren Kurs als an der Grenze.

  ## Schlafen & Essen

Hotel Belmonte, Cra. 4 No 12-111 ☎ 773 27 71, heißes Wasser, Gemeinschaftsbad, freundlich, € 5,50 p.P.

Hotel Los Andes, Cra. 5 No 14-44 ☎ 773 43 38, komfortable Zimmer, Teppichboden, TV, Internet, Restaurant, Parkplatz, € 21/30.

Hotel Mayasquer, Panamericana Km 3 via Rumichaca, außerhalb des Ortes kurz vor dem Grenzübergang ☎ 773 26 43, gemütliche Absteige, Zimmer mit Privatbad, breite, weiche Betten, Kabel-TV, WiFi, Minibar, Restaurant, € ab 38/53.

Der zentrale Busbahnhof liegt zwischen Cra. 3 u. Calle 6, 7 Blocks vom Parque La Pola. Zum nahen **Grenzübergang Rumichaca** fahren die Colectivos zwischen ☉ 5-19, € 1 p.P.

DER SÜDWESTEN

► Llanos & Amazonasgebiet

Die Llanos bzw. Llanos Orientales sind ein ausgedehntes Busch- und Weideland im Osten der Kordilleren, das bis zum Río Orinoco, der natürlichen Grenze zu Venezuela, reicht. Im Süden gehen die Llanos Orientales in die tropischen Regenwälder des Amazonasbeckens über. Die Llanos bedecken eine Fläche von 255.000 km². Anteil an den Llanos haben die Departements Arauca, Casanare, Meta, Vichada und Guaviare. Während der Kolonialzeit wurden die Llanos von der spanischen Krone dem Jesuitenorden zur Bewirtschaftung und Verwaltung überlassen. Sie errichteten hier den Missionsstaat Casanare und begannen mit ausgedehnter Rinderhaltung. Mit der Ausweisung der Jesuiten 1767 entstand ein ökonomisches Vakuum.

Casanare war das Aufmarschgebiet für die Truppen Simón Bolívars, bevor er die Kordilleren und darauf die Spanier bezwingen konnte. Im 19. Jh. kam es zu neuem wirtschaftlichen Aufschwung, zunächst durch die Ausbeutung der Chinarinde. Es folgten Kautschuk, Reiherfedern und Krokodilleder. Die Flüsse Meta und Orinoco wurden neben dem Magdalena zur wichtigsten Handelsroute Kolumbiens. Als Venezuela die Grenze sperrte, schwand die Bedeutung dieses Gebietes von einem Tag auf den anderen. Erst mit dem Bau der Straße Bogotá-Villavicencio kam ab 1930 ein neuer Entwicklungsprozess in Gang, der sich durch die Auswirkungen der Violencia im Inland verstärkte. Die Landvertreibung führte zu Neugründungen entlang des *piedemonte*, des Andenabstiegs.

Die Weiten der Llanos aber gehörten und gehören den *vaqueros*, den Cowboys. Nach wie vor ist der größte Teil Weideland und von riesigen Haziendas bedeckt. Das macht die Reise bisweilen monoton. Neben der Rinderzucht spielt heute die Fischzucht eine wachsende Rolle. Die in den Llanos heimischen Speisefische heißen *cachama, mojarra* und *bagre*. Der weiße Cachama ist der beliebteste Speisefisch der Llaneros. Die Fische wachsen schnell und sind in der Aufzucht genügsam, haben allerdings viele Gräten.

Zudem hat der Anbau von tropischen Früchten an wirtschaftlicher Bedeutung gewonnen. Landwirtschaftliche Versuchsstationen und Zentren für alternative Energien und Lebensprojekte, wie **Carimagua** und **Las Gaviotas** verstehen den Naturreichtum und die Abgelegenheit intelligent zu nutzen. Im Llanosbecken liegen gewaltige Erdölreserven. Doch die Llanos sind nicht nur Viehweiden und Ölfelder. Die Zuflüsse von Río Meta, Río Casanare und Río Vichada säumen Galeriewälder. Die **Morichalpalmen** wachsen in Sumpfzonen, die überlebenswichtige Rückzugs- und Reproduktionsorte für viele Tierarten darstellen. Nur an wenigen Orten Lateinamerikas ist die Vogelvielfalt so groß wie in den Llanos.

In den Llanos liegen die beiden riesigen und wunderschönen **PNN La Macarena** im Süden und **PNN El Tuparro** im Osten.Der Llanero ist ein freiheitsliebender Mensch. Am Gürtel steckt ein Messer, auf dem Kopf sitzt der Cowboyhut, und am liebsten läuft und reitet er barfuß. Seine Musik ist der Joropo, ein Sprechgesang, der von der Harfe und der *tiple*, einer kleinen Gitarre, begleitet wird. Es sind engagierte, zumeist politische Texte, die von Freiheit und Vagabundentum handeln. Die wilde Lebenslust des Llanero zeigt sich beim *coleo*. Bei dem Wettkampf folgt der Reiter dem Stier und versucht, ihn am Schwanz zu fassen, um ihn zu Fall zu bringen.

Von den **Ureinwohnern**, den Guahiben-Stämmen, ist nicht mehr viel übrig geblieben. Ihr einstiger erbitterter Widerstand ist längst erloschen. Während der Regenzeit von April bis November gehen heftige Unwetter nieder, und weite Flächen der Llanos werden unter Wasser gesetzt. Ende November beginnt die Trockenzeit. Nur eine Straße führt durch das Weideland nach Puerto Carreño an der Einmündung des Río Meta in den Río Orinoco und Santa Rita am Vichadafluss. Der größte Teil der Strecke ist nicht asphaltiert und ein langanhaltender Regenfall kann die Matschpiste unpassierbar machen. Die Piste nach Puerto Carreño ist daher erst mit Beginn der Trockenzeit befahrbar.

Der Kontrast zwischen dem Andenhochland und den gerade einmal 110 km entfernten Llanos könnte nicht größer sein. Die Enge des Hochlandes fällt vom Betrachter ab. Er genießt die unermessliche Weite des Horizontes. Ergreifend sind die Sonnenuntergänge, die den Himmel in Flammen setzen.

Villavicencio

475 m, 26°C, 390.000 Einwohner ☽ 8

Villavicencio liegt am Fuß der Ostkordillere und dehnt sich in die Llanos Orientales aus. Als die Stadt 1840 gegründet wurde, hieß sie noch 'Gramalote' und war eine Sammelstelle für das Vieh, das die *vaqueros* hier zusammentrieben. Die strohdachgedeckten Häuser wurden Ende des letzten Jahrhunderts durch mehrere Brände zerstört.

Villavicencio ist heute die konturenlose, schnell wachsende Hauptstadt der Provinz Meta. Obwohl nur 113 km von Bogotá entfernt, waren die Anbindungen seit altersher nach Venezuela stärker als zur Hauptstadt, und das hat sich erst mit dem Ausbau der Nationalstraße 40 nach Bogotá in den letzten zehn Jahren geändert. *'Villavo'*, wie die Einheimischen ihre Stadt liebevoll nennen, ist das Handelszentrum für die kolumbianischen Llanos und weite Teile des Amazonasbeckens. Die Stadt ist der ideale Ausgangspunkt für eine Llanosreise.

Service

ⓘ **Instituto de Turismo de Villavicencio**, Calle 37 No 29-57 Piso 6 ☽ 670 39 75 www.turismovillavicencio.gov.co ☽ Mo-Fr 7.30-15.30. Außerdem Tourismusinformation im Aeropuerto Vanguardia und am Busbahnhof. @ **Internetcafés** sind weit verbreitet, viele in der Calle 38 im Zentrum. ⓒ **ATM**, Banco de Bogotá, Calle 39 No 31 13. BBVA, Cra. 31 No 38-18. **Migración**, Calle 37 No 42-12 (Barrio Barzal Alto) cf.villavicencio@migracioncolombia.gov.co ☽ 8-12 u. 14-17.

Festival Internacional del Joropo, das große Festival der Llanosmusik findet Ende Juni statt. **Festival Mundial**

del **Coleo**, das große Volksfest rund um's Rind findet im Oktober statt.

 ## Schlafen & Essen

Hotel Savoy, Calle 41 No 31-02 ☎ 662 50 07 hotel_savoy@hotmail.com drei Blocks vom Parque de los Fundadores, durchschnittliches Mittelklassehotel mit großen Zimmern mit Privatbad zum Innenhof, WiFi, Kabel-TV, Vent. oder a/c, ab € 28-46, Mittagstisch mit vegetarischem Menü.

Hotel Sol Dorado, Calle 37 No 29-66 ☎ 670 17 17 www.hotelsoldoradovillavicencio.com zentral gelegenes Mittelklassehotel, etwas steril und weiß gestrichen wie eine Klinik, aber mit vielen Annehmlichkeiten, a/c, Wi-Fi, inkl. Frühstück € 34/50(2).

Hotel del Llano, Cra. 30 No 49-77 ☎ 671 70 00 www.hoteldelllano.com 1km außerhalb des Stadtzentrums auf dem Weg zum Flughafen, Vier-Sterne-Hotel, Restaurant, Pool, Sauna, Zimmer mit a/c, Kühlschrank, Kabel-TV, WiFi ab € 100-245. Angebote im Internet können gelegentlich billiger sein.

Cabañas Llano Lindo, an der Straße nach Puerto López, 15 Min. von Villavicencio entfernt ☎ 669 86 28 www.cabanasllanolindo.com kleine bescheidene Cabañas in Reihe gebaut mit Hängematten, Freizeitanlage mit Pool u. Tischtennis, € 30(2).

Viele **Restaurants** und auch **Diskotheken** liegen um den Kreisel La Glorieta und um den zentralen Parque de los Fundadores.

El Saman del Parque, Calle 39 No 32-76, unbedingt die *arepa de choclo con queso* probieren, gute *comida corriente*.

Hato Grande, Calle 35 No 17-07 ☎ 321 453 78 48, Llaneroküche, Spezialität *carne asada a la llanera*. Am Wochenende *Tamales*.

El Ranchón de Maporal, Km 1 Vía antigua a Restrepo ☎ 664 20 25, beliebte, weitflächige und offene Llanero-Hütte am Stadtrand, Bier vom Fass und reichhaltige kreolische Gerichte, am Wochenende verwandelt sich der Laden in eine Diskothek.

Musik & Tanz

Llaneromusik zumeist am Wochenende (Do)/Fr/Sa/So. **El Pentagrama del Llanero,** Unicentro Mall, Av. Puerto López Cra. 33 No 25-20 ☎ 663 32 52/310 777 93 24. Die Llaneros ordern eine Flasche Aguardiente zum Folklorespektakel.

El Boatlon, an der Ausfallstraße nach Puerto López ☎ 321 492 69 56.

Los Capachos, Km 4 Vía a Acacias ☎ 662 94 33 www.loscapachos.com benannt nach einem traditionellen Schlaginstrument, auch bekannt unter dem Namen «Maracas», ist eine berühmte Großdisco mit langer Tradition, vier Tanz- und Trinksälen und einem Balkon mit Llanosblick bis Sonnenaufgang, für bis zu 2500 Besucher. Die Halloween-Party gehört zu den Höhepunkten im Jahr. Stilmix von Llanero-Folklore über Reggaeton, Salsa, Merengue bis zu elektronischer Musik. Am Wochenende reisen viele Leute extra aus Bogotá an.

Sehenswürdigkeiten

Bioparque Los Ocarros ist ein 5,7 ha großer Tierpark mit Freiluftgehegen, der zum Erhalt und zum besseren Verständnis der heimischen Flora und Fauna geschaffen wurde. 3 km nördlich der Stadt www.bioparquelosocarros.com

Im **Complejo Ganadero Catama** wird mittwochs und sonntags um Rinder gefeilscht. 7 km außerhalb der Stadt in Richtung Caños Negros.

Llanero

🚌 Terminal de Transporte, Cra.1 No 15-02 Anillo Vial ☎ 665 55 20, liegt einige Kilometer außerhalb des Zentrums, zu weit zu Fuß, aber leicht mit einem Stadtbus zu erreichen. Er beherbergt einige Kioske, Restaurants und eine kleine Touristeninformation. Die wichtigste Busgesellschaft in den Llanos heißt **Flota la Macarena** mit Fahrzielen im Departement Meta und darüber hinaus, Of. 201 ☎ 665 55 05 www.flotalamacarena.com **Bogotá**, Expr. Bolívariano, Flota la Macarena, 3 Std. € 9,50. **San Martín & Granada**, stdl. 1½ Std. € 5. **Puerto López**, stdl. 2 Std. € 6. **Puerto Gaitán**, bis ⏱ 19, 4 Std. € 12. **Orocué**, Mo/Mi/ Sa ⏱ 3, 8 Std. € 20. **Carimagua/El Viento/Las Gaviotas/Santa Rita**, Mo/Do ⏱ 4 (zurück Di/Fr ⏱ 6), ca. 24 Std. € 40. Der La Macarena Bus erreicht Las Gaviotas um die Mittagszeit. **Puerto Carreño** (> PNN El Tuparro), nur in der Trockenzeit (Dez - März) Di/Do/Sa ⏱ 1, (zurück Di/Fr/So) 2, Tagestrip mit einer Übernachtung im **Hotel el Prado** in La Primavera (€ 5 p.P.), am zweiten Tag Abfahrt ⏱ 3, um 7 Frühstück in Aguaverde, um ⏱ 12 Gepäckkontrolle durch das Militär an der Grenze zum Dep. Arauca, gegen ⏱ 20 Ankunft am Ziel in Puerto Carreño, € 50. **San José del Guaviare**, 10 Std. € 17. **Yopal**, Flota Sogamuxi 4 Std. 12 Std.

✈ Villavicencio ist die Drehscheibe des Flugverkehrs für Orinoquia und Amazonia. Der **Aeropuerto Vanguardia** (☎ 664 80 11/-12) liegt auf der anderen Seite des Río Guatiquía, 4 km vom Zentrum entfernt. Hier hat man die so gut wie letzte Chance noch einmal mit einer DC 3 zu fliegen. Wohlgemerkt, das ist kein Museumsflug! Die Büros der Dschungelflieger sind im Flughafen. Im Flughafen befindet sich eine Cafeteria. Mikrobusse fahren regelmäßig vom und ins Zentrum der Stadt. Das Taxi kostet € 2. **Aeroriente del Guaviare** ☎ 664 81 96 aeroreinte@hotmail.es Passagier- und Frachtflieger mit den Zielen San José del Guaviare, Miraflores, Carurú und Mitú. **Satena** ☎ 664 25 94, täglich nach

Bogotá, regelmäßig nach Puerto Inírida, Puerto Carreño, La Macarena und
Mitú.

Südlich von Villavicencio

Von Villavicencio sind mehrere unterschiedliche Routen über Land oder per
Flugzeug in die Llanos möglich. Nach
Süden, entlang des Piedemonte (An-
denanstieg) über Acacias - Guamal -
San Martín - Granada bis nach San José del Guaviare. Die Route führt hinter
Villavicencio vorbei an einigen ansprechend gelegenen Balnearios mit natürlichen Wasserbecken und großräumi-
gen Erholungszonen. Hinter Guamal
wird die Vegetation bestimmt von einzelnen *Morichales* (Waldinseln, dominiert von der Morichepalme, die innerhalb der weiten Savannenlandschaft
der Llanos typisch sind) und kilometerlange Plantagen, bepflanzt mit der
afrikanischen Ölpalme.

San Martín (18.000 Einwohner, 73
km von Villavicencio) ist eine Rinder-
stadt mit einem der größten Vieh-
märkte in den Llanos. Berühmt ist der
Ort durch die **Quadrillas de San Martín**. Die Reiterspiele finden jedes Jahr
am 11. November statt. Sie gehen auf
das Jahr 1735 zurück und wurden
durch den Missionar Gabino de Balboa
eingeführt. Südlich von Granada
nimmt die Militärpräsenz entlang der
Straße zu, in westlicher Richtung erstreckt sich die Sierranía de la Macarena, eine der letzten umkämpften Rück-
zugsregionen der Farc-Guerilla. Bei der
Base Loma Linda ist ein Checkpoint.
Wie viel Normalität aber bereits entlang der Überlandstraße eingekehrt ist,
sieht man, sobald der Río Guaviare bei
Puerto Concordia überquert ist, jüngst
erschlossenes Kolonisationsgebiet mit
abgesteckten Grundstücken und Ver-
kaufsschildern.

San José del Guaviare

175 m, 28°C, 56.000 Einwohner ☽ 8

Ganz im Gegensatz zu ihrem durch-
wachsenen Ruf, ein raues Pflaster am
Rande der Kolonisationszone zu sein,
überrascht die Hauptstadt des Departements Guaviare (290 km von Villavicencio) durchweg positiv durch ihre
schöne Lage am gleichnamigen Fluss,
ihren aufgeräumten und sympathischen Bewohnern und einer reizvollen
Umgebung.

Service

ⓘ **Secretaría de Cultura y Turismo
Departamental**, Centro Cultural ☽
584 10 41. @ **ATM**, Banco Popular, Calle 9 No 23-82 und am Flughafen.

 Schlafen & Essen

Hotel Colombia, Cra. 23 No 7-96 ☽
584 08 23, zentrale Lage am Parque
Bolívar, saubere und mit Kitsch vollge-
stellte Zimmer mit Bad, a/c, Vent., TV,
Internet, € 13/22(2). Eine höherpreisige Alternative heißt **Hotel Sunrise
Santa Isabel**, Cra. 22 No 8-85 ☽ 584
20 34, schräg gegenüber der Polizei-
station, der Prachtbau von San José
(Rinderbarone) mit Pool und Sauna.
Die Zimmer sind nicht besonders groß,
haben aber Balkon und moderne Bäder, € 70(2).

Das kulinarische Programm vor Ort
wird dominiert von Hühnchen- und
Würstchenbratern.

Heladería Colombia, beim Hotel
Colombia, heißer Café de Colombia,
gute Säfte. **La Portada**, Calle 8 Ecke
Cra. 22, Bäckerei und Asadero, frisches
Gebäck, Säfte, Grillhähnchen. **Restaurante La Casona**, Transversal 21a No
13-44, große Fleischportionen mit Yuka, Kartoffeln und Salat.

Felsenmalerei in Guaviare

Die **Bar am Flussanleger** hat die Form eines Schiffes, ein guter Platz für ein kaltes Aguilar-Bier und den Sonnenuntergang über dem Río Guaviare.

🚢 Der Río Guaviare ist über seine Gesamtlänge von 947 km schiffbar, für große Lastenkähne allerdings nur in der Regenzeit, im Prinzip sind es fünf Tage und Nächte bis zur Einmündung in den Río Orinoco, aber die Sicherheitslage stellt in beiden Flussrichtungen ein nur schwer kalkurierbares persönliches Risiko dar.

🚌 **Flota la Macarena**, Cra. 19A No 12A-12 (Barrio Modelo) ☎ 584 02 29, am Ortsein- bzw. -ausgang in Richtung Villavicencio. Taxi ins Zentrum € 1,50.

✈ Flüge mit **Satena** ☎ 584 18 99, nach Bogotá. Verschiedene Charter, mit der DC 3 von Aeroriente ☎ 310 245 11 15, u.a. nach Mitú, Araracuara, La Pedrera.

Mopedvermieter Orlando, Ecke Hotel Sunrise, € 24 pro Tag für eine 125er Bajay.

Ausflüge in die Umgebung

Die **Serranía de la Lindosa**, die sich südwestlich von San José erstreckt, ist landschaftlich und entstehungsgeschichtlich so etwas wie die kleine Ausgabe der Serranía de la Macarena im Westen und der kaum zugänglichen Serranía de Chiribiquete im Süden. Die reizvolle Gegend lässt sich als lockere Tagesfahrt mit dem Mietmoped erkunden. Zunächst geht es in Richtung **El Retorno** bis zum Abzweig gegenüber der Militärbase mit dem Hubschrauberlandeplatz, und weiter über Los Pozos zur **Ciudad de Piedra**, 3 km hinter den Felsengärten von **Los Túneles**. Anschließend führt die Straße über Stock und Stein bergab zum Cruce mit der Abzweigung in Richtung **Nuevo Tolima**.

Einige Kilometer kann man dann noch weiterfahren, um die verborgen an einem Hügelhang liegende Felsenwand zu suchen, an der sich auf weiß gekalktem Grund in ockerroter Naturfarbe präkolumbine, ca. 1000 Jahre al-

447

te Malereien in Form von Tierdarstellungen und geometrischen, rasterartigen Figuren befinden. In den Bäumen ringsum und den Feldern der Umgebung treiben sich bisweilen die hier von den Colonos als 'Maisdiebe' schlecht gelittenen *Micos Maiceros* herum.

In **Richtung Puerto Arturo** (>Villavicencio), vom Abzweig hinter der letzten Ampel rechts und 9 km außerhalb von San José führt ein Weg nach **Tranquilandia** und zur **Puerta de Orión**. Tranquilandia ist eine Finca an einem Bachlauf, in dessen klaren Wasser sich die roten Algen ausbreiten, für die auch der Caño Cristales so berühmt ist. Von der Finca ist es ein kurzer Spaziergang über die Savanne mit einigen Moriche Palmen und endemischer Vegetation, in Richtung der aufsteigenden erodierten Felswände. Auf der anderen Seite erhebt sich die Puerta de Orión, ein 8-10 m hoher erodierter Felsen in Form einer Brücke mit einem Durchgang in der Mitte.

Schwieriger über Land oder mit dem Schnellboot zu erreichen, sind die Stromschnellen des **Raudal del Guayabero** (hier ist zuvor die aktuelle Sicherheitslage zu erfragen!) 27 km westlich von San José. Auch dort befindet sich ein interessanter Fundort für präkolumbine Felszeichnungen mit Hunderten von zoomorphen, anthropomorphen und abstrakten geometrischen Figuren verteilt über einen Felsen (**Monumento Guayabero**). Die Felszeichnungen sind nur bei Niedrigwasser (Dezember bis April) sichtbar.

PNN Serranía de la Macarena & Caño Cristales

Der Gebirgszug der Sierranía de la Macarena ist eine Erhebung inmitten der Llanosebene, getrennt von den Anden durch einen 50 km breiten Korridor.

Caño Cristales, 'der schönste Fluss der Welt'

Die Sierra ist 120 km lang und an der weitesten Stelle 30 km breit. An ihrer Westflanke ist sie von gewaltigen Abbrüchen durchzogen. Die Ausläufer der Ostseite sind durch viele tiefe Täler zerrissen. Im Inneren der Serranía verbergen sich Hochebenen, die auf senkrecht abfallenden Sockeln ruhen. Die höchsten Erhebungen liegen im Norden, wo die Serranía bis auf 2000 m ansteigt. Die Serranía ist weit älter als die benachbarten Anden. Sie ist der westlichste Ausläufer des Guayanaschildes, etwa 1,2 Milliarden Jahre alt. Die Serranía de la Macarena ist Teil des gleichnamigen Nationalparks, einer der größten und zudem der älteste Nationalpark Kolumbiens, der bereits 1948 zum biologischen Reservat erklärt wurde. In jener Zeit, die mit dem Beginn der *Violencia* zusammenfiel, drangen die ersten Siedler in die Serranía vor, und die *Frontera Agricola* rückte weiter nach Westen. Der

Am Río Meta

Dschungel musste an vielen Stellen den Viehweiden weichen, später kamen Kokafelder hinzu. Heute beträgt die Parkfläche 6293 km². Das einstige biologische Reservat ist durch die Kolonisation in mehrere Parks zerrissen worden. Dazu gehören Sumapaz (1370 km²), Los Pinchos (1540 km²) und Finigua (2080 km²). Trockenzeit: Dezember bis Februar. Der regenreichste Monat ist der Juni.

Während die **Nordseite** nach wie vor unter dem Einfluss der Farc steht und ein Besuch über Land daher nicht ratsam erscheint, liegt auf der südlichen Seite der **Caño Cristales**, der von vielen als der schönste Fluss der Welt bezeichnet wird, zumindest ist er der bunteste. Das Erstaunliche und Einmalige an diesem Fluss sind die Algenteppichen, von denen er an vielen Stellen überzogen ist. Sie leuchten in unterschiedlichen Rottönen, von Blassrosa bis zum Dunkelviolett. Je stärker die Sonneneinstrahlung, desto rascher läuft die Photosynthese ab und um so intensiver sind die Farben. Erreicht wird die Farbintensität zwischen Juni und November, ideal sind die Monate Oktober und November, wenn die Regenfälle bereits nachlassen, der Fluss aber noch genügend Wasser führt, so dass sich die Farben in voller Pracht entfalten. Ergänzt wird die Farbpalette durch den durchschimmernden schwarzen Fels und den goldgelben Sand. **Caño Cristales** ist über die Ortschaft **La Macarena** (10.000 Einwohner) zu erreichen. Nach La Macarena fliegt Satena ☾ 313 333 03 97 und täglich Cargeros via Villavicencio, gelegentliche Direktverbindungen nach Bogotá am Wochenende. Unterkunft im Ort, **Residencia La Macarena,** Cra. 9 No 4-38 ☾ 560 31 51, mit Privatbad, Vent. € 25(2) und Restaurant.

15 Min. von La Macarena den Río Guayabero flussabwärts liegen die Stromschnellen von **La Cachivera.** Von dort erreicht man den **Caño Cristales** über einen ausgetretenen Weidepfad nach 2 Std. Fußweg oder, falls im Voraus über eine Agentur arrangiert, mit einem Geländewagen. Es gibt bis auf einige wenige Morichales kaum Schutz vor der brennenden Sonne. Beim Caño

selbst existieren keine offiziellen Übernachtungsmöglichkeiten, aber bei Reisen in den Llanos ist es immer sinnvoll, die Hängematte dabei zu haben. Übrigens ist das Gebiet moskitofrei! Informationen und Buchung für einen Besuch über De Una Colombia www.deunacolombia.com

Östlich von Villavicencio

Entlang des Río Meta führt die Nationalstraße 40 über **Puerto López** (26.000 Einwohner, 86 km von Villavicencio) nach Puerto Gaitán und wenn es die Zeit und die Straßenverhältnisse zulassen, immer weiter bis zum Río Orinoco. Auf dieser Route gibt es eine Vielzahl an agrotouristischen Fincas für ein ganz persönliches Llanosabenteuer, z. B. Parque und **Hotel Agroecólogico Merecure** mit einem Hotel und Campingareal (Km 47). Puerto López hat den wichtigsten Flusshafen des Departements am Río Meta, hier landen die Rindertransporte aus den Weiten der Llanos an. An der Plaza López sind einige Asaderos, die am offenen Holzkohlefeuer die *ternera llanera*, Kalbfleisch am Spieß, zubereiten. 5 km entfernt, direkt an der Straße nach Puerto Gaitán, steht der Obelisk, der die geographische Mitte Kolumbiens markiert und daher als der Nabel Kolumbiens (*El Ombligo de Colombia*) bezeichnet wird, umgeben von Ausflugslokalen auf einer Erhebung, von der man über die Tiefebene bis zur Ostkordillere blickt.

Das kleinere **Puerto Gaitán** (196 km von Villavicencio) liegt an der Einmündung des schönen **Río Manacacías**, der in der Trockenzeit weiße Sandstrände bildet, in den Río Meta. Der Ort ist nach dem ermordeten Liberalenführer Jorge Eliécer Gaitán benannt und wirkt am Tage oft wie ausgestorben. Vor den Ladeneingängen baumeln Körbe und Hängematten aus der Morichepalme, die die Guahibo-Indianer fertigen, die ein angrenzendes Resguardo bewohnen. Von hier bestehen unregelmäßige 🚢 mit Schnellbooten den Río Meta stromabwärts bis nach **La Primavera**, auf halbem Wege bis Puerto Carreño.

Flussabwärts und knapp 300 km von Villavicencio entfernt liegt **Orocué** (Departement Casanare), dessen Geschichte weit aufregender ist als die eintönige und verschlafene Gegenwart. Orocué hatte sich am Ende des 19. Jahrhunderts zum bedeutenden Flusshafen für ozeantaugliche Schiffe entwickelt, die vom Atlantik den Orinoco flussaufwärts in den Río Meta fuhren, und wurde zum Verladehafen für Kaffee, Kautschuk und Krokodilleder. Der Name Orocué bedeutet Gold gegen Leder, «oro-cuero». In den 1940er Jahren war der Boom vorbei. Noch stehen die Lagerhäuser und die Überreste der Banken und Konsulate aus jener Zeit, doch die Erinnerung verblasst ebenso schnell wie die Bauten. Das ehemalige deutsche Konsulat liegt am Park, der nach dem Roman von José Eustasio Rivera «La Vorágine» benannt ist.

Von **El Porvenir** führt der Landweg in Richtung venezolanische Grenze durch zwei interessante Forschungszentren für Landwirtschaft und alternative Energien, **Carimagua** und **Las Gaviotas**. Die Regierung in Bogotá verfolgt die Absicht, die gesamte Region in ein agrarisches Megaprojekt zur Gewinnung von «Biodiesel» durch Ölpalmenplantagen zu verwandeln. Hinter Carimagua gabelt sich die Piste Richtung Puerto Carreño und Santa Rita am Río Vichada.

An der Straße nach Santa Rita, 384 Kilometer von Villavicencio entfernt,

Syngonanthus humboldtii

liegt **Las Gaviotas** www.centrolasgaviotas.org Erforscht werden seit 1969 alternative Energien, Sonnen- und Windenergie und alternative Lebensformen. Mit den entwickelten Sonnenkollektoren werden der Präsidentenpalast und 5000 Apartmentwohnungen in der Ciudad Tunal, im Süden Bogotás mit Warmwasser versorgt. «Ein Dorf, das die Welt neu erfindet», hat es der amerikanische Journalist Alan Weisman genannt. Seit den 1970er Jahren lebt hier eine Gruppe von Visionären für Frieden und soziale Gerechtigkeit, zwei Güter, die das Land schon solange vergeblich sucht. Paolo Lugari, der Gaviotas-Gründer, verbreitet Zuversicht, «Überall wird der Regenwald abgeholzt, hier bringen wir ihn zurück. Wenn wir das in Kolumbien schaffen, dann werden es die Menschen überall schaffen.»

PNN El Tuparro

Im äußersten Osten Kolumbiens, an der Grenze zu Venezuela, liegt der PNN El Tuparro. Der Park wird begrenzt durch den Río Orinoco im Osten, den Río Tuparro im Süden und den Río Tomo im Norden. Der Río Orinoco fließt hier zwischen den Stromschnellen der **Maipures** und **Atures**, von Alexander von Humboldt einst als 8. Weltwunder bezeichnet, dazwischen liegen runde Felsen im Flussbett. Die Parkfläche beträgt 5480 km². Das Relief ist weitgehend flach mit einigen leichten Erhebungen und Mikrotälern. An den Flussläufen stehen Galeriewälder, und an den Quellen der meisten Cañóns wachsen Moriche- und Saladillalpalmen. Das Gebiet war bereits um 2500 v. Chr. besiedelt. Seit der Konquista lebten Guahibo-Indianer in diesem Gebiet. Im 18. Jh. kamen die Jesuiten. 1754 gründete der Capitán José Solano die Siedlung San José de Maypures, Sitz der Mission gleichen Namens.

Hinter dem Besucherzentrum am Zusammenfluss von Río Tuparro und Orinoco führt ein Lehrpfad durch eine *mata del monte*, ein Waldstück, bergauf. Die unterschiedlichen Baumarten sind beschriftet. In den Gipfeln toben Affen. Auf der Bergspitze hat man einen fabelhaften Blick in die weite Sa-

Blick bis zum Cerro Autana

vannenlandschaft und auf die Raudales de Maipures auf der anderen Seite. Im Südosten erheben sich Tafelberge mit dem für die Indigenen heiligen **Cerro Autana**.

In den Morgenstunden lassen sich hier Savannenhirsche, Tapire und Capybaras beobachten. Auf der gegenüberliegenden Seite des Río Tuparro liegt die **Isla Carestía** mit Grabstätten aus präkolumbianischer Zeit. In der Trichtermündung des **Río Tuparro** ragen in der Trockenzeit riesige runde Steine aus dem grünlichen Wasser. Ein Stück weit flussaufwärts bildet der Fluss Stromschnellen. Über die grüne Savannenlandschaft verteilen sich die schwarzen Felsen wie Elefantenrücken. Die freundlichen Ranger fahren die seltenen Besucher dorthin. Das Administrationszentrum ist am **Río Tomo**. Am Río Tomo bilden sich in der Trockenzeit weite Strände, auf denen sich scharenweise Möwen tummeln. In der kleinen Lagune in der Nähe halten sich in der Trockenzeit Kaimane auf. Die Trockenzeit dauert von Ende Dezember bis Ende März. Der meiste Regen

fällt im Mai. Der Zugang ist einfacher über die venezolanische Seite zu bewerkstelligen. Von Samariapo kann man sich mit einem Boot (€ 10) auf die kolumbianische Seite zum Besucherzentrum bringen lassen. Von Kolumbien ist der Zugang schwieriger. Um das Orinocoufer von Westen zu erreichen, bedarf es eines eigenen geländegängigen Fahrzeuges. Eine Piste führt in der Trockenzeit über **El Tapón**. Von dort geht es 190 km durch den Park bis ans Orinocoufer, an der dem Besucherzentrum gegenüberliegenden Einmündung des Río Tuparro.

Die für den Besucher interessanten Punkte liegen alle im östlichen Zipfel des Parks, in unmittelbarer Nähe zum Río Orinoco (Sektor Maypures). Beim Besucherzentrum gibt es Unterkunftsmöglichkeiten in Form von vier vorgefertigten Cabañas für bis zu 12 Gäste, € 13 p.P. Von hier geht auch ein 5 km langer Weg ab, der fünf unterschiedliche ökologische Zonen passiert, die von den begleitenden Parkguías erläutert werden, und der Ausblicke auf den Cerro Autana (Venezuela) ermöglicht.

Capybara, der größte Nager der Welt

Informationen und Buchung in Bogotá im Büro der Parkverwaltung. Eintritt: € 15.

Puerto Carreño

52 m, 27°C, 15.000 Einwohner ☎ 8

Puerto Carreño ist die Provinzhauptstadt des Departements Vichada und liegt am Zusammenfluss von Río Meta und Río Orinoco, 860 km von Bogotá entfernt. Die Hauptstraße (Av. Orinoco) führt vom Hafen zum Flughafen. Die Stadt wurde 1924 gegründet als Ersatz für die aufgegebene Ortschaft San José de Maypures, zu Kolonialzeiten der spanische Grenzkontrollpunkt gegenüber den Portugiesen.

Puerto Carreño ist ein reizvolles und verträumtes Städtchen, eingebettet in mächtige schwarze Felsen aus dem Pleistozän und dem satten Grün der vielen Mangobäume, die die ersten Siedler gepflanzt haben. Es gibt kaum Autos, überwiegend Mofas und überhaupt viel Platz für Fuß- und Müßiggänger. Ein langer Malecón verläuft entlang des Río Orinoco mit breiten Sandstränden in der Trockenzeit. Zwei gegenüberliegende zentrale Bars bilden den allgemeinen Treffpunkt. Es sind nicht zuletzt solche Orte, die den besonderen Charakter Kolumbiens ausmachen. Tagsüber pendeln kleine Schnellboote zwischen Puerto Carreño und dem Hafen von **Puerto Páez** auf der anderen Seite des Río Meta hin und her. Eine andere Möglichkeit bietet das Schnellboot, das jeden Morgen nach **Casuarito** abfährt, direkt gegenüber von Puerto Ayacucho (Venezuela).

Service

@ **Internet** in der zentralen Markthalle 'Centro' Nr.10, € 1 pro Std. 🏧 **ATM** bei der BBVA, Av. Orinoco No 6-19. **Migración** für den Ein-/Ausreisestempel, Av. Orinoco, eine Straßenecke von der zentralen Plaza entfernt ☎ 565 40 04 ⏰ täglich 8-12 u. 14-18.

Schlafen & Essen

Hotel La Vorágine, Cra. 7 No 15-293, ☎ (098) 565 40 65, Zimmer mit Privatbad, a/c, Kabel-TV, € 28.

Hotel Orinoco, Av. Orinoco No 3-58 ☎ 565 40 63, bequeme Zimmer mit

Bad, Vent. oder a/c, Kühlschrank, Kabel-TV, € 15/22 p.P. Innenhof mit Garten, Restaurant.

Hotel Mango, Cra. 6 No 18-35 ☏ 565 53 21, Zimmer im Obergeschoss mit Privatbad, a/c, Kühlschrank, Kabel-TV, Terrasse, € 22/30(mat.).

Es gibt einige einfache Restaurants und Bäckereien am Malecón und in der Hauptstraße (Av. Orinoco). Ein guter Asadero (Grill) ist das **Restaurante la Gran Fogata,** Calle 17 No 19 - 00 ☏ 311 568 71.

Nördlich von Villavicencio

Nördlich von Villavicencio in Richtung Yopal geht es auf gut asphaltierter Straße (Vía Marginal de la Selva) mit einigen Balnearios und Casas Campestres zu beiden Seiten streckenweise durch eine Parklandschaft, gesäumt von Bäumen, ähnlich einem nordamerikanischen Parkway mit verstreut liegenden Wochenendhäuschen. Nach ca. 2 Std. ist **Villanueva** (Dep. Casanare) erreicht, ein Durchgangsort, entlang der Hauptstraße sind die Busbüros von Sogamuxi und Taxmeta, die Backstuben und Hähnchenbrater sowie ATM von BBVA und Banco de Bogotá und das **Hotel Bellania,** Calle 11 No 10-21 ☏ 624 11 23, hellhörige Zimmer mit a/c, Vent. € 15/22(2).

Nach **Yopal,** Transp. Gavan, 2 ½ Std. € 6. Übernachtungsmöglichkeiten in Yopal: **Hotel Capital's,** Cra. 19 No 17-25 ☏ 632 25 22, sauber, ruhig, Zimmer in den oberen Stockwerken mit Sonnenaufgangsblick nach Osten, Privatbad, WiFi, Vent. € 11/16, mit a/c € 28(2). Wenn es etwas teurer sein darf, **Hotel Camoruco,** Cra. 22 No 8-43 http://hotelcamoruco.com in Richtung der westlichen Ausläufer des Piedemonte, mit Vent. € 28/35, mit a/c 40/45; außerdem Jacuzzi, Pool, Mukibude. Wenige Schritte entfernt vom Hotel Capital's ist das beliebte Restaurant **El Brasero,** Cra. 19 Ecke Calle 19 ☏ 632 30 63, eine offene Bambushütte mit regionaler Fisch- und Fleischküche. Im Zentrum um das Gebäude der Gobernación de Casanare liegen einige nächtlich schummrige und lebendige Trinkbars unter Bäumen und hell erleuchtete und in bunte Farben getauchte Eis- und Kuchenpaläste wie das **El Castillo de las Tortas,** Cra. 20 No 11-03, gute Fruchtsäfte, Mango, Lulo, Corruba, Tomate de arbol, riesige, knallbunte Torten.

Hauptattraktionen in der näheren und weiteren Umgebung sind der **Mirador Virgen de Manare** oberhalb der Stadt, Aufstieg um ⏱ 5 am frühen Morgen, um von dort die über den Llanos explodierende Morgensonne zu erleben, und **El Garcero,** 8 km außerhalb der Stadt, der Tummelplatz der weißen Reiher und roten Ibise zum Sonnenuntergang. Wer in die große Weite der Llanos hinein möchte, sollte **La Aurora** im Norden des Departements Casanare an der Grenze zu Arauca ansteuern und findet dort in geballter Form Morichales und Rinderweiden, ergreifende Sonnenauf- und untergänge, verschiedene Reiherarten, Leguane, Kaimane, Sumpfhirsche, Capybaras etc. Von Yopal (4 Std. nordöstlich) via Paz de Ariporo bzw. Hato Corazal, nach vorheriger telefonischer Absprache mit dem Reservat in La Aurora hatolaurora@hotmail.com ☏ 310 852 64 99.

Der weitere Weg nach Norden überschreitet die Departementgrenze mit dem Militärcheckpoint nach Arauca und führt durch eine Landschaft mit blau blühenden Jacaranda und gelben Guayacán. Anschließend kommt die Ortschaft **Tame** und schließlich **Sara-**

vena. Mehrere einfache Hotels findet man um den Parque Central. **Hotel Sandra**, Cra. 14 No 25-27 ✆ 889 10 26, Zimmer im Llanero-Stil zum Mittelgang, keine Außenfenster, mit Vent. € 13/21 oder a/c € 20/32. **Flota Sogamuxi**, Yopal, 4 Std. € 18, Cucuta, 10 Std. € 28. **Copetran** ✆ 889 12 68, Bucaramanga, 2 Abfahrten 🕓 13 u. 18, 10-12 Std. € 25.

Amazonasgebiet

Das kolumbianische Amazonasgebiet bedeckt eine Fläche von 477.000 km². Das sind 35 % der kolumbianischen Landfläche, was die Größe von Deutschland bei weitem übertrifft. Die Region ist extrem dünn besiedelt, im Schnitt lebt ein Mensch auf 2 km². Zu den sechs Amazonasdepartements zählen Putumayo, Caquetá, Guavíare, Guainía, Vaupés und Amazonas. Kolumbien bietet in weit größerem Maße als andere Amazonasanrainerstaaten die Möglichkeit, eine Welt kennenzulernen, die noch überwiegend vom Rhythmus der Natur bestimmt ist. Eine touristische Infrastruktur ist bislang nur um Leticia vorhanden. Es gibt 180.000 km² Indianergebiet (titulierte *Resguardos*) und 60.000 km² unbewohnter Nationalparkfläche.

Kolumbien hat weltweit die größte zusammenhängende Fläche tropischen Regenwaldes unter Schutz gestellt. Im Gegensatz zu den Dschungellodgen der Nachbarländer, die zwar für teures Geld jeglichen Luxus bieten, aber nur wenig Amazonasabenteuer, gibt es in Kolumbien noch weithin **Dschungel pur**. Noch immer stellen etwa 80 % der *Amazonia colombiana* unberührten Primärregenwald dar. Damit liegt Kolumbien in puncto Regenwalderhalt vor allen anderen Amazonas-Anrainerstaaten. Wer Karten lesen kann, leidlich spanisch spricht und sich nicht scheut, eingetretene Pfade zu verlassen, wird hier eine großartige, unvergessliche Zeit erleben können. Dabei lässt sich das kolumbianische Amazonasgebiet aufgrund seiner Abgelegenheit und relativen Unberührtheit nicht

Nukak Maku Junge mit Wollaffe

im Schnelldurchgang bereisen. Man sollte auf einer Amazonasreise punktuelle Ziele ins Auge fassen. Die Abgeschiedenheit und defizitäre staatliche Kontrolle der Region hat auch eine Kehrseite, die die Freiheit des Reisens und die persönliche Sicherheit im Ausnahmefall beeinträchtigen können. Auch Guerilla-Einheiten, *Narcotraficantes* und gewöhnliche Kriminelle nutzen die vielen Freiheiten zu ihren Gunsten und haben sich in einigen Ecken Amazoniens verkrochen.

Linienschiffsverkehr auf den Zuflüssen des Amazonas, wie in Brasilien oder Peru, existiert in Kolumbien nicht. Viele Flüsse werden kaum befahren oder sind streckenweise wegen der vielen Stromschnellen unpassierbar, so der Río Caquetá, Río Inírida, Río Vaupés, Río Apaporis. Die Fahrten auf den kleinen und kaum befahrenen Flüssen sind ein beeindruckendes Erlebnis, ganz gleich welche Route man wählt. Unter den Indianern weit verbreitet ist ein 9.9 oder 15 PS-Außenbordmotor, mit dem ein ideales Reisetempo zu erzielen ist. Mit größeren Motoren

kommt man zwar schneller vorwärts, sieht aber weit weniger. Die Schnellboote, *voladoras*, die auf einigen wenigen Flussabschnitten verkehren, sind hochmotorisiert, aber es bleibt kaum Zeit, die Landschaft zu genießen. Von den Flüssen weg, hinein ins Dickicht der Wälder führen *trochas*. Das sind die Fußwege der Indianer, alte, traditionelle Routen. Die meisten Pfade verbinden Indianersiedlungen benachbarter Flüsse. Dies sind keine gesäuberten Spazierwege, sondern Routen, die das natürliche Relief der Landschaft ausnutzen. Die staatliche Fluggesellschaft **Satena** steuert die wichtigsten Ansiedlungen im Amazonasgebiet zumeist via Leticia oder Villavicencio an. Einige abgelegene Ansiedlungen werden von **Frachtflugzeugen**, zumeist DC-3's beliefert, die auch Personen befördern. Die Verbindungen sind unregelmäßig.

Indigene Völker

Anders als in Brasilien oder Venezuela dürfen viele Indianergruppen im Amazonasgebiet ohne behördliche Erlaubnis besucht werden, soweit sie dies

Eine phantastische Vielfalt an Fischen

Die Vielfalt an Fischen ist riesig, man hat in Amazonien an die 3000 Arten gezählt und ständig werden neue entdeckt. Unter ihnen befinden sich friedfertige Riesen wie der **Pirarucú** und gefürchtete Arten wie der **Piranha**. Der Pirarucú ist der größte Süßwasserfisch der Welt. Einige Exemplare erreichen über 2 m Länge und

ein Gewicht bis zu 125 kg. Er gehört zur Familie der Knochenfische, den Nachfahren der Urfische. Der Pirarucú kommt zum Atmen alle 15 Minuten an die Wasseroberfläche, liebt ruhiges, trübes Wasser und hält sich daher bevorzugt in Seen auf, die der Amazonas auf seinen wechselnden Wanderungen schafft. Die Jagd auf

Spielende Kinder mit einem Rotflossen-Antennenwels.

den beliebten Speisefisch, der an vielen Orten schon äußerst selten geworden ist und früher vom Kanu harpuniert wurde, ist heute offiziell verboten. Pirarucú steht nicht mehr auf dem Speiseplan, sondern auf der Roten Liste! Einige Fische in dem komplexen Ökosystem des Amazonas besetzen Nischen, die anderswo von Vögeln eingenommen werden. Der **Gamitana** (Cachama Negra) verbreitet die Samen des Kautschukbaumes, von dessen Früchten er sich ernährt, in den Überschwemmungszonen.

Die Gefahr, die von den **Piranhas** ausgehen soll, ist jahrzehntelang maßlos übertrieben worden. Das in vielen Geschichten beschworene Bild eines von blutgierigen Piranhas in Sekundenschnelle sauber abgenagten Skeletts war zu grausigschön, um einfach richtiggestellt zu werden. Gefährlicher als Baden mit Piranhas ist das Angeln von Piranhas. Der schnappende Biss eines großen, schwarzen Piranhas kann mit Leichtigkeit einen Finger abtrennen. Äußerst schmerzhaft enden kann auch der Tritt auf einen **Rochen**, der sich gerne im Ufersand eingräbt. Abstoßend hässlich und mit elektrischer Spannung versehen ist die glibberig schwammige Masse der **Zitteraale**. Der **Candiru** ist ein winziger Schmarotzerwels, der sich, vom Uringeruch angelockt, in die Harnröhre einschleust. Doch ist das Aufeinandertreffen von Mensch und einem Angehörigen des fischigen Gruselkabinetts die absolute Ausnahme. Nach einem schweißtreibenden Dschungeltag sollte man es sich nicht nehmen lassen, ein Bad zu nehmen. Die Einheimischen tun es ebenso und schlagen, um vor unangenehmen Begegnungen sicher zu sein, vor dem Eintauchen mehrmals mit der Hand aufs Wasser.

selbst erlauben. Der kolumbianische Staat ist mit seinen Institutionen in der abgelegenen Region kaum präsent. Daher bleibt der indigenen Selbstverwaltung auch mehr Raum, um sich zu entfalten.

Die Missionierung der indigenen Gruppen, die in den Nachbarländern bereits zu Kolonialzeiten eingesetzt hatte, erfolgte im kolumbianischen Amazonasgebiet, wenn überhaupt, dann erst im 20. Jh. und hat daher weniger verheerende Konsequenzen zeitigen können als etwa in den Staaten des *Cono Sur*. Verteilt auf die riesige Fläche leben etwa 88.000 Indigene, die sich auf über 50 verschiedene Ethnien verteilen. Das Amazonasgebiet ist ein Mosaik vieler unterschiedlicher Indianerkulturen. Die bevölkerungsarmen Departements Vaupés und Guainía haben den höchsten Indianeranteil aller Departements. In Guainía liegt er bei fast 97 %.

Es gibt keine bevölkerungsmäßig großen Gruppen wie im kolumbianischen Hochland. Die harten Umweltbedingungen haben in diesem Landstrich keine Bevölkerungsballung zugelassen, und viele Gruppen praktizieren natürliche Maßnahmen der Geburtenkontrolle. Zu den größeren gehören die Huitoto, Ticuna, Tukano, Cubeo, Piapoco und Puinave. Ihre Zahl liegt bei jeweils etwa 6000 und ist sogar im Wachsen begriffen. Viele der kleinen Gruppen bestehen gerade einmal noch aus einigen hundert Angehörigen oder sogar darunter. Sie werden im besten Fall von den größeren Gruppen assimiliert und sind vereinzelt zwischen die Fronten des bewaffneten internen Konfliktes geraten. Von den erstmals in den 1980er Jahren in das Licht der weltweiten Öffentlichkeit getretenen Nukak Maku, zwischen dem Río Guaviare und dem Río Inírida, sind seit ihrem Kontakt mit der Außenwelt mehr als die Hälfte umgekommen, die meisten durch Grippe, Windpocken und andere Infektionskrankheiten.

Die Niederschlagsverteilung im kolumbianischen Amazonasgebiet ist nicht konstant. Vom **Norden** her, wo die Savannen der Llanos in die Regenwälder übergehen, nimmt die Niederschlagsmenge stetig zu, und die Länge der Trockenzeiten nimmt ab. Im Norden liegt San José del Guaviare mit den trockensten Monaten Januar und Februar im Zentrum, Araracuara mit 203 Regentagen. Der trockenste Monat ist Januar. Leticia im **Süden** weist 187 Regentage auf. Der trockenste Monat ist der August. Die beste Zeit für einen Besuch der nördlichen Amazonasregion sind die Monate Januar-März. Anders ist es in Leticia, das unterhalb des Äquators liegt. Hier sind die trockensten Monate August und September. Der weltweiten Klimaveränderungen und die massive Rodung der Amazonaswälder beeinflussen auch das Klima im kolumbianischen Amazonasgebiet.

Leticia

96 m, 29°C, 40.000 Einwohner ☽ 8

Leticia ist die Hauptstadt des Department Amazonas, das mit 110.000 km² das größte von ganz Kolumbien ist und 10 % der gesamten Landfläche bedeckt. Die Stadt wurde 1867 durch den Peruaner Benigno Bustamente gegründet. Seit dem Grenzvertrag mit Peru aus dem Jahre 1932 ist der Ort kolumbianisches Staatsgebiet und liegt am äußersten Zipfel des 'Trapecio Amazonico', des trapezförmigen Landstreifens, der Kolumbien einen direkten Zugang zum Amazonas verschafft. Auf Druck der Amerikaner, die für die Wegnahme Panamas Wiedergutmachung

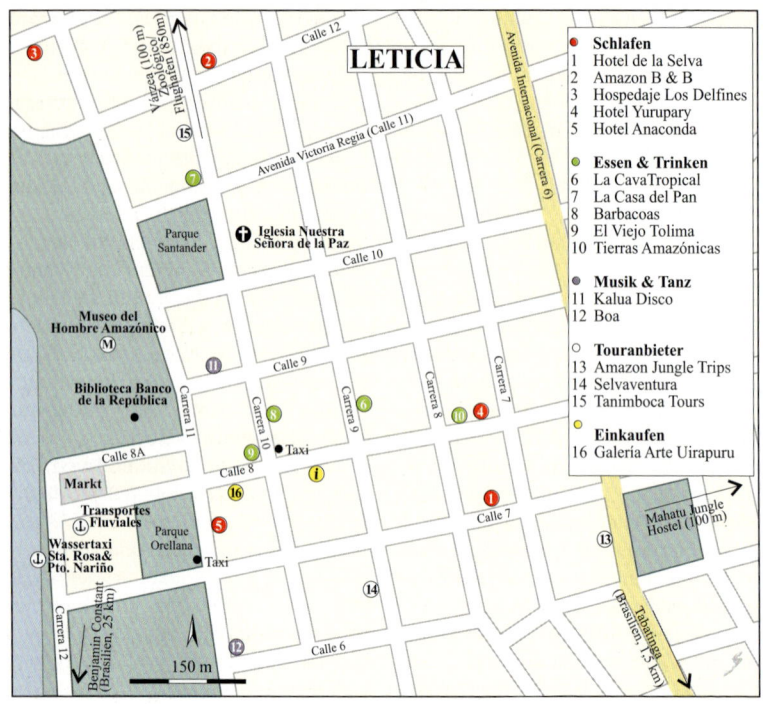

LETICIA

Schlafen
1 Hotel de la Selva
2 Amazon B & B
3 Hospedaje Los Delfines
4 Hotel Yurupary
5 Hotel Anaconda

Essen & Trinken
6 La CavaTropical
7 La Casa del Pan
8 Barbacoas
9 El Viejo Tolima
10 Tierras Amazónicas

Musik & Tanz
11 Kalua Disco
12 Boa

Touranbieter
13 Amazon Jungle Trips
14 Selvaventura
15 Tanimboca Tours

Einkaufen
16 Galería Arte Uirapuru

LLANOS & AMAZONASGEBIET

leisteten, musste Peru seine Ansprüche auf dieses Gebiet begraben. Leticia ist 1090 km von Bogotá entfernt, eine Insel im Amazonasdschungel, vom übrigen Kolumbien nur aus der Luft zu erreichen. Es ist ein heiteres und sauberes Städtchen, das vom Handel mit den Nachbarn, den Fischen und zusehends von den Touristen lebt. Durch ihre Lage im Dreiländereck sind die Einwohner aufgeschlossen gegenüber Besuchern. Die überwiegend weiße Bevölkerung ist aus dem Inland zugewandert.

Service

ⓘ **Secretaría de Turismo y Fronteras**, Calle 8 No 9-75 ⏰ Mo-Sa 7-12 u. 14-17.@ Centro de Negocios, Cra. 10 No 8-96. Ⓒ **ATM**, Banco de Bogotá, Cra.10 Ecke Calle 7. BBVA, Calle 7 No 10-12. Bardollar, peruanische Soles, brasilianische Reales und Pesos tauschen die Holzbuden an der Straße zum Markt. 🏛 **Touristenpolizei**, Cra. 11 No 12-32 ⏱ 592 50 60.

Für die Ausflüge in die grenznahen Ortschaften der beiden Nachbarländer bedarf es keines Aus-/Einreisestempels, es gibt allenfalls oberflächliche Grenzkontrollen. Wer in Leticia Kolumbien den Rücken kehrt, holt sich den Ausreisestempel im Büro der **Migración** am Flughafen ab. Den Einreisestempel für Peru erhält man in Santa Rosa bei der Policía Internacional Peruviano (PIP). Die Einreiseformalitäten für Brasilien erledigt die Policía Federal in Tabatinga, Av. Amizade 650 ⏱ 97 341 221 80 ⏰ 8-12 u. 14-18.

Sehenswürdigkeiten

Das Zentrum von Leticia ist der **Markt** am Ufer des Amazonas. Die Ticuna-Indianer der benachbarten Siedlungen bieten Fisch, *fariña* und *bocadillo*, eine kleine Süßbanane an. Von hier kann man in den Abendstunden den Sonnenuntergang über dem Amazonas erleben.

Im **Museo del Hombre Amazonico** haben Kapuzinermönche eine Sammlung über die Huitoto, Ticuna und Yucuna in über 50 Jahren zusammengetragen. Unter den gut repräsentierten Stücken des Museums sind Masken der Ticuna, die Tierfiguren, wie die Schlange, den Affen und den Frosch, repräsentieren. Sie werden aus Baumrinde hergestellt und mit Pflanzenfarben bemalt. Diese Masken werden bei dem Ritual des *pelazón* getragen. Von den Huitoto, die zwischen dem Río Caquetá und dem Río Putumayo leben, sieht man die *maguaré*, zwei hohle Baumstümpfe, die wie ein «Dschungeltelefon» funktionieren und zudem eine magische Bedeutung haben. Der größere repräsentiert das weibliche, der kleinere das männliche Element. Die Yucuna leben an den Ufern des Mirití-Paraná. Einer ihrer wichtigsten Tänze ist der *baile de chontaduro*. Das Fest findet zu Ehren der *chontaduro*-Palme statt. Die *chontaduro*-Früchte sind ein wichtiges Nahrungsmittel aller Amazonasindianer. Bei dem Fest tragen die Yucuna Ganzkörpermasken, mit denen sie sich in Affen, Bienen und andere Geschöpfe des Waldes verwandeln, Cra. 11, Calle 9 u. 10 ⊕ Mo-Fr 8.30-11.30 u. 13.30-17.

Mundo Amazónico, ein 29 ha großer, privater ethnobotanischer Themenpark, der in die Vielfalt der Amazonaspflanzen und der heimischen Tierwelt einführt, Km 7,7 Tarapacá ☎ 592 60 87 www.mundoamazonico .com ⊕ Mo-Sa 7-14. Eintritt: € 9.

Maloca Huitoto, große Zeremonienhütte der Huitoto mit den beiden gegenüberliegenden Eingängen für Frauen und Männer. Zentraler Treffpunkt für rituelle Zusammenkünfte und nächtliche Gespräche beim Kauen von Koka und Wildtabak (*ambil*), Km 8 Tarapacá.

Reserva Tanimboca, zur Einstimmung auf den Dschungel mit einem 80 m Canopy-Seil über die Baumkronen (€ 26), anschließend ins Schlangenhaus, Serpentario (Eintritt: € 3) mit seinen 200 Arten und eine Übernachtung im Baumhaus, € 44 p.P. inkl. Frühstück, Km 11 Tarapacá ☎ 310 791 75 70 ⊕ 8-16.

Schlafen

Mahatu Jungle Hostal, Cra. 7 No 9-69 ☎ 311 539 12 65 www.mahatu.com beliebter und zentral gelegener Backpackertreff, einschließlich Dschungelgarten mit Hängemattenplätzen und Pool, Küchenbenutzung, Fahrradverleih, WiFi, Gemeinschaftsbäder außerhalb, Bett im Dorm € 11, Einzel/Doppel € 17/22. Der zumeist gutgelaunte Manager Gustavo spricht auch englisch und arrangiert Touren.

Hotel de la Selva, Calle 7 No 7-28 ☎ 314 803 46 61 hoteldelaselvaleticia@hotmail.com einfache Zimmer um einen begrünten Innenhof, WiFi, Einzel/Doppel mit Bad, ohne/mit a/c € 20/35/26/44.

Amazon B & B, Calle 12 No 9-30 ☎ 592 49 81 www.amazonbb.com zentrale Lage, komfortable Doppelzimmer und verschiedene Bungalowtypen, WiFi, ambitionierter Preis, inkl. Frühstück ab € 100. Arrangiert auch Touren.

Hospedaje Los Delfines, Cra.11

No. 12-81 ☎ 592 74 88 losdelfinesleticia@hotmail.com Familienpension mit zehn einfachen Zimmern, begrünter Innenhof mit Hängemattenplätzen, einige Schritte vom Zentrum entfernt, a/c, Wifi, Einzel/Doppel € 18/30.

Hotel Yurupary, Calle 8 No 7-26 ☎ 592 47 43 www.hotelyurupary.com geräumige Zimmer, plüschige Einrichtung, mit Bad, a/c, WiFi, Pool, Restaurant, € 44/65(2) inkl. Frühstück, plus seguro hotelero.

Hotel Anaconda, Cra. 11 No 7-84, der alte Klassiker gegenüber dem Parque Orellana ☎ 592 71 19 www.hotelanaconda.com.co Zimmer mit Bad, a/c, Minibar, Balkon mit Amazonasblick, Pool, Restaurant, Anaconda Tours, € 65/90(2).

Albergue Tacana, Km 11 Tarapacá ☎ 313 872 32 07, umgeben vom angrenzenden Dschungel in drei bequemen Cabañas oder im Dorm bei der Gemeinschaft der Tacana, € 9-14 p.P.

🍴 Essen & Trinken

Wenn man die Gelegenheit dazu hat, sollte man den Gamitana, den leckeren Amazonasspeisefisch, gedünstet in Palmenblättern, probieren. Die Getränkekarte ist international. Die großen Brahma-Biere aus Brasilien fehlen ebenso wenig wie die Caipirinhas.

La Cava Tropical, Cra. 9 No 8-22, hat eine Freiluftzone (wie die meisten Restaurants in Leticia) und einen a/c gekühlten Innenbereich. Die Küche ist volkstümlich und preiswert, die erste Wahl für's mittägliche comida corriente.

La Casa del Pan, Calle 11 No 10-20, frische Backwaren, kontinentales Frühstück mit Blick auf das Geschehen um den Parque Santander.

Barbacoas, Cra. 10 No 8-28, Treffpunkt für Billard, starken, schwarzen *tinto* und Fruchtsäfte.

El Viejo Tolima, Calle 8 No 10-20, comida corriente (Reis, Bohnen, Backbanane), Fruchtsalat, Eis.

Tierras Amazónicas, Calle 8 No 7-50, zentral gelegenes Restaurant mit viel Artesanía der Ticuana an den Wänden und allerlei Spezialitäten der Amazonasküche. Die Reisenden reden am liebsten über den hier angebotenen 'Mojojoy-Wurm', eigentlich eine fette und schmackhafte Schmetterlingsraupe, die im Stamm der gleichnamigen Palme lebt.

Restaurant El Dorado, im Hotel Anaconda, keine schlechte Küche, aber ziemlich sterile Atmosphäre.

🎵 Musik & Tanz

Kalua Disco, Calle 9 No 10-40, schummrige Bar-Diskothek mit viel Salsa, Merengue, Vallenato in den Nachtstunden.

Boa, Calle 11 No 6-19 ⏰ Do-Sa ab 19, Tanzclub mit brasilianischer Livemusik am Do/Fr, DJs legen am Samstag einem Mischung aus Samba und Techno auf.

Im benachbarten **Tabatinga** (55.000 Einwohner) ist die Stimmung wesentlich verrückter, z.B. in der **Scandalo's Disco,** Av. da Amizade Ecke Rua Pedro Texeira, 5 Blocks von der Grenze. Brahma Biere und Caipirinhas fließen in Strömen zu bretterlauten Samba-Klängen ⏰ Fr/Sa/So. Tabatinga und Leticia sind räumlich zusammengewachsen und zugleich ganz unterschiedlich. Das ausgelassene Nachtleben findet in Tabatinga statt. Die Beschaulichkeit von Leticia geht Tabatinga ab. Am Hafen von Tabatinga kann man in einem der Restaurants eine leckere peruanische Ceviche, frisch zubereiteten Fisch und einige eiskalte Biere zum Sonnenuntergang genießen.

Dschungeleinkäufe

Galeria Arte Uirapuru, Calle 8 No 10-35, Andenkenladen und lokales Museum, angefüllt mit geschnitzten Holzdelfinen, Schildkröten, Tapiren und anderen Darstellungen von Dschungeltieren aus rötlich braunem Mahagoni glänzend poliert, erdfarbene Zeremonienmasken, Pfeile und Bogen, geschmückt mit Papageienfedern, Tragetaschen gefertigt aus Fasern der Chambira-Palme, Halsketten und Armreifen aus dem feinen Holz des Palosangre-Baumes, starre Decken aus Baumrinde mit Dschungelmotiven ('Yanchamas'). Der hintere Teil des Ladens enthält historische Exponate, die nicht zum Verkauf stehen.

Wer Leticia nicht als den Schlusspunkt einer Kolumbienreise gewählt hat, sondern als Sprungbrett für eine selbstorganisierte Expedition in den Dschungel, findet in Dutzenden von Läden am **Markt** alles, was er braucht, und zwar einfacher und konzentrierter als in Bogotá oder anderswo, Hängematte, Moskitonetz, Gummistiefel, Regencape, Machete, Kochtöpfe, Angelhaken, Taschenlampe, Batterien, Moskitorepellent und verschiedene Sorten der im Dschungel unverzichtbaren *fariña*, geriebene und geröstete *Yuca Brava*.

Touren

Leticia ist der ideale Ausgangspunkt für eine Amazonasreise, aber die meisten Besucher stehen vor dem Dilemma, dass die Kürze der veranschlagten Zeit in einem eklatanten Missverhältnis zur Größe der umgebenden Natur und der eigenen Imagination von 'unberührter Wildnis' steht. Die Touranbieter vor Ort tun (zumeist) ihr Bestes, aber Kurztrips für einige Tage in den Dschungel sind und bleiben nun einmal Schnuppertouren. Bei Reisen mit Expeditionscharakter spielt der Faktor Zeit eine entscheidende Rolle. Allein die Organisation vor Ort kann einige Tage dauern. Wer nur wenige Tage eingeplant hat, sollte daher am besten schon im Voraus Kontakt zu einer der Agenturen aufnehmen. Die klassischen

Besuchsziele haben die Touranbieter über all die Jahre zwar ausgeweitet (die Konkurrenz ist ebenso groß wie das Misstrauen untereinander), das Standardprogramm ist aber kaum verändert worden. Zu den häufig besuchten Plätzen zählen die **Lagos Caracas** mit der Victoria Regia-Wasserlilie, indigene Gemeinschaften der **Ticuna** und der **Yaguas**, die **Isla de Los Micos** (Monkey Island), die **Lagos de Tarapoto** bei **Puerto Nariño** mit den rosaroten Delfinen, ein Abstecher zum **PNN Amacayacu** mit seinen angelegten Wanderwegen, Kanutouren und nächtliche Kaimanbeobachtungen. Bei den meisten Touren ist **Piranhafischen** beliebter Zeitvertreib. Die nahegelegenen Besuchsziele bieten nicht das ganz große Dschungelabenteuer und sind im Fall von Puerto Nariño auch leicht mit lokalen Transporten zu erreichen.

Die Ticuna-Gemeinschaften der Umgebung sind längst 'akkulturiert' (eine Tatsache die ihren Besuch keineswegs schmälert). Die in den 1970er Jahren wegen des Tourismus an der Quebrada Tucuchira angesiedelten Yagua sind entwurzelt. Die einstigen Jäger, die mit zwei Meter langen Blasrohren auf der Suche nach Getier durch den Dschungel streiften, werfen sich nur noch bei Ankunft der Touristen in ihre Baströckchen, um auf Panflöten Melodien zu pfeifen. Die Umsiedlungsaktion haben sie dem US-Amerikaner Mike Tsalikis zu verdanken, dem ungekrönten König Leticias der 1970er Jahre, Konsul, Flieger, Tier- und Drogenhändler. Ihm gehörten bis zu seiner Festnahme wegen internationalen Drogenschmuggels in Miami das frühere Hotel Parador Ticuna und die **Isla de los Micos**. Die Isla de los Micos, 35 km stromaufwärts von Leticia, ist bevölkert von Tausenden an den Menschen gewöhnter Kapuzineräffchen, die einst für die Tierlabore in den USA bestimmt waren. Das zentrale Schmuckstück des kolumbianischen Amazonastourismus ist der **PNN Amacayacu** mit luxuriösen und teuren Unterkünften, betrieben von Decameron, vielen Dschungelpfaden und Beobachtungstürmen. Der Ausbau des PNN Amacayacu ist der erste Versuch Kolumbiens, der touristischen Entwicklung anderer Amazonasstaaten wie Brasilien und Peru zu folgen.

Seit einiger Zeit hat sich das touristische Interesse verstärkt der brasilianischen Seite am Río Yavarí zugewandt, der die Grenze zwischen Peru und Brasilien bildet. Die Seitenarme dieses Flusses bieten noch unberührten tropischen Regenwald und das lang ersehnte Abenteuer. Diese Touren sind abenteuerlicher und kostspieliger, allein schon wegen der weiten Entfernungen. Zu den beiden privaten Reservaten mit Dschungellodgen gehören die **Reserva Natural Zacambú** in Brasilien und die **Reserva Natural Palmarí** auf der peruanischen Seite des Flusses.

Zu den empfehlenswerten und seriösen **Touranbietern**, die mehr als nur Standard bieten, zählen:

Amazon Jungle Trips, Av. Internacional No 6-25 ② 592 73 77 www.amazonjungletrips.com.co Antonio Cruz ist ein alter Hase im Geschäft, kennt sich bestens aus und genießt das Vertrauen der indigenen Gemeinschaften. Neu im Programm hat er die private Reserva Natural Tupana Arü Ü, mit einer Lodge, auf halbem Weg zwischen Leticia und Puerto Nariño am rechten Ufer des Amazonas. Außerdem verwaltet er die Reserva Natural Zacambú, 70 km von Leticia, Lodge mit einfachen Zimmern mit Gemeinschaftsduschen, Kapazität

30 Gäste, € 70 p.P. pro Tag inkl. Mahlzeiten und Transport, günstiger, aber nicht so gut und voller Moskitos. Die Dschungelspaziergänge werden grundsätzlich von lokalen, indigenen Guías geleitet, die die Besucher in die Geheimnisse des Regenwaldes einweihen. **Selvaventura,** Cra. 9 No 11-68 ☾ 592 39 77 www.selvaventuramazonas.com Manager Felipe macht weniger aufwendige, aber engagierte Touren. Ausgangspunkt ist die Reserva Natural Ágape, 10 km von Leticia an der Piste nach Tarapacá, Dschungelspaziergänge und Baumbesteigungen, Einführung in die Heilpflanzen des Waldes, Besuch der Maloca der Huitoto bei Km 8. Es besteht auch die Möglichkeit eine Yaje-Sitzung zu organisieren, € 30 p.P. Kayakfahrten in den Lagunen, Übernachtungen in der Hängematte bei Indigenen und *Colonos.*

Tanimboca Tours, Cra. 10 No 11-68 ☾ 592 76 79 www.tanimboca.org 7-Tagesprogramm zum Tanimboca-Reservat mit Übernachtung im Baumhaus, Canopy Tour, Trekking, Wildbeobachtungen, Expeditionen, Kajak-Fahren.

Reserva Natural Palmari www.palmari.org (deutsch/englisch/spanisch) mit einer am Río Yavarí (Brasilien) gelegenen Dschungellodge mit 40 ha Umland, 4-6 Std. mit dem Schnellboot von Leticia, Trekking- und Kanutouren, vorherige Kontaktaufnahme per Internet oder telefonisch mit dem deutschstämmigen Gründer und Vogelkundler Axel Antoine-Feill in Bogotá, Cra. 10 No 93-72 ☾ 310 786 27 70, Repräsentantin Victoria Gomez in Leticia ☾ 310 786 27 70, An- und Abreise von Leticia, Boot plus Benzin, jeweils € 175, Aufenthalt p.P. pro Tag um die € 80. Einreisestempel nach Brasilien erforderlich.

🚤 Die Flusstaxis mit Außenborder starten vom schwimmenden Anleger beim Markt. **Puerto Nariño,** dreimal täglich legt das 2x200 PS-Ungetüm von Transportes Fluviales ab ☾ 592 67 52 ⏰ 8/10/14, 2 Std. € 13. Zwischenstopp beim Eingang zum **PNN Amacayacu. Santa Rosa** (Peru) liegt auf der gegenüberliegenden Amazonasseite von Leticia, Flusstaxi € 3, in den frühen Morgenstunden werden gelegentlich € 15 und mehr gefordert. Von Santa Rosa fahren Schiffe und Schnellboote 'el rapido' nach **Iquitos.** Zwei Agenturen haben Schnellboote im Einsatz ⏰ täglich außer Mo gegen 4, 10-12 Std. € 60 inkl. Mahlzeiten. Informationen: www.transtursa.com und www.transportegolfinho.com Tags zuvor das Ticket kaufen und den Ausreisestempel besorgen. Angenehm ist diese Fahrt nicht. Die langsamen Transportschiffe brauchen in der Regel 3 Tage. Unregelmäßige Abfahrtszeiten zweimal die Woche, inkl. Essen (Essbesteck mitbringen!) € 20-25. **Benjamin Constant** (Brasilien), alle 30 Min. Flusstaxi vom Hafen in Tabatinga, 40 Min. € 7.

Benjamin Constant liegt auf der anderen Seite des Amazonas an der Mündung des Río Yavarí, ein heruntergekommenes Hafennest mit einigen wilden Bars, umgeben von Holzfabriken. Passagierschiffe fahren vom Hafen in Tabatinga ⏰ Mi/Sa 14 flussabwärts nach **Manaus,** 3 Tage, € 75 in der Hängematte an Deck (€ 300 Kajüte) inkl. Essen an Bord. Schnellboote Lancha Rápida Puma ☾ 979 154 25 97, vom Anleger Porto Bras ⏰ Fr 8, 30 Std. € 165. 🚌 Die zentrale Straßenverbindung Av. Internacional führt vom Zentrum in den Nachbarort Tabatinga (Brasilien). Colectivos und Moto-Taxis Ecke Cra. 10, Calle 8, ab € 0,80. Eine

Riesenlotus Victoria Regia

weitere Straße führt hinter dem Flughafen nach Norden in Richtung Tarapacá bis zum Km 26, dahinter beginnt der Regenwald, Colectivos vor dem Parque Orellana. ✈ Der **Aeropuerto Internacional Alfredo Vásquez Cobo** liegt nördlich der Stadt. Tägliche Verbindungen bestehen mit Copa und Lan Colombia nach **Bogotá**. Gelegentliche Verbindungen mit Satena nach La Pedrera, La Chorrera und Araracuara. Rechtzeitig buchen! **Manaus** (Brasilien) vom internationalen Flughafen in Tabatinga mit Trip Linhas Aéreas www.voetrip.com.br und Tam www.tam.com.br via Fonte Boa und Tefé, um € 200. Colectivos von Leticia mit der Aufschrift 'Comara'. Augenblicklich besteht kein regulärer Flugverkehr nach Peru.

PNN Amacayacu

Der PNN Amacayacu liegt ca. 70 km von Leticia entfernt, Amazonas stromaufwärts. 'Amacayacu' ist Quechua und bedeutet «Fluss der Hängematten.» Die Parkfläche beträgt 2935 km². An der Mündung der Quebrada Mata-Mata liegt der Parkeingang mit dem Besucherzentrum der Nationalparkverwaltung ☎ 520 86 54. Eintritt: € 15. Hier wurde eine Hängebrücke in 30 m zwischen den Baumkronen gespannt. Die Anlage besteht aus mehreren Pfahlbauten, die durch Stege miteinander verbunden sind.

Zu Zeiten des Hochwassers wird das Land überflutet. Die periodischen Überschwemmungszonen heißen *igapo* bzw. *varzea*. Im Januar steigt der Wasserpegel, erreicht seinen Höchststand zwischen April und Mai und geht ab Juni zurück. Die Überflutung ist wichtig für die Regeneration der Böden und der Reproduktion der Fische. Sie erfüllt eine elementare Funktion im Amazonaskreislauf. Hinter den Überschwemmungszonen schließt sich der Festlandregenwald (*tierra firme*) an. Die Baumkronen erreichen bis zu 40 m Höhe. Schmuckstück des Parks ist die nur wenige Schritte vom Besucherzentrum entfernte Riesen-*ceiba*. Vertreten sind viele der für den Regenwald typischen Baumarten, Caoba, Kautschuk, Balso, rote und weiße Zeder, und die Palmen *moriche* (bzw. *canangucho*), *asai*, *chonta* und *bambona*. Es wurden 500 Vogelarten gezählt, und in der Nähe des Besucherzentrums befindet sich ein Beobachtungsstand. Schlangen sind keine Seltenheit und überwiegend ungiftig. Entlang der *quebradas* begegnet man schon einmal einer Riesenanakonda. Großsäuger, wie Tapir, Riesenotter, Jaguar, werden seltener die Wege des Besuchers kreuzen, schon eher einige Affenarten, wie Kapuziner- und Wollaffen.

Gegenüber der Quebrada Mata-Mata, in dem großen Strom, liegt die **Insel Mocagua**. Die Insel, die während des Hochwassers überflutet ist, ist ein Vogelparadies und beheimatet den farbenprächtigen Hoatzin und bietet mit ihren Sumpfflächen eine der letzten Heimstätten des vom Aussterben bedrohten Mohrenkaimans, der größten, einst weit verbreiteten Echse Amazoniens.

Innerhalb des Parks liegt ein Resguardo der Ticuna mit dem Dorf **San Martín de Amacayacu.** San Martín ist auf einem Dschungelpfad vom Besucherzentrum zu erreichen (10 km, 4 Std.). Die beste Zeit für einen Besuch des Nationalparks ist die Trockenzeit von Ende Juli bis Anfang Oktober. Beim Besucherzentrum befindet sich eine luxuriöse Dschungellodge, betrieben von **Decameron**. Übernachtet wird in palmengedeckten Rundhütten mit Privatbad, € 160 oder in der großen Gemeinschaftshütte im Dorm-Stockbett, € 45 p.P. Es gibt ein gutes Restaurant, das drei Mahlzeiten pro Tag anbietet, ein Museum, eine Bibliothek und ein Laboratorium. Mitnehmen sollte man ausreichend Moskitorepellent und eine Taschenlampe. Gummi-

stiefel kann man sich ausleihen, eine eigene Hängematte kann man sich in Leticia zulegen. Der Besuch muss bei Decameron im Voraus gebucht werden. Anbindung besteht über den Linienverkehr Leticia-Puerto Nariño mit dem Schnellboot von Transportes Fluviales, € 10 von Leticia. Hinzukommen ist kein Problem, den Abreisetermin sollte man mit dem Management festlegen, um rechtzeitig einen Platz auf dem Schnellboot zurück zu reservieren.

Puerto Nariño

Puerto Nariño (6000 Einwohner) liegt 85 km stromaufwärts von Leticia am Amazonas und hat weder Straßen noch Autos. Schmale Fußwege aus Betonplatten verbinden die Häuser miteinander. Die Bevölkerung besteht zum überwiegenden Teil aus indigenen Ticuna, einigen Huitoto, Yagua und wenigen Colonos, die gemeinsam ihr Dorf mit Hingabe hegen und pflegen und das nicht nur, weil der Ökotourismus zu ihrer wichtigsten Einnahmequelle geworden ist. Die Stromversorgung kommt wie überall in den abgelegenen Amazonasnestern aus dem Generator, der aber hier erst um Mitternacht abgestellt wird, damit es für die Besucher noch einige Stunden unterhaltsames Nachtleben gibt, bevor die Dschungelgeräusche wieder alles andere übertönen dürfen. Es gibt einige Unterkunftsmöglichkeiten, kleine Restaurants, Andenkenläden und ein kleines Museum namens **Natutama,** das sich mit den Flussdelfinen und ihrem Lebensraum beschäftigt, sowie einen Aussichtsturm (mirador/ € 1,50) mit Blick über das herrliche Amazonaspanorama. Die **Fundación Omacha** (www.omacha .org), die sich dem Schutz des Amazonasdelfins widmet, hat vor Ort ein La-

boratorium eingerichtet. Puerto Nariño ist der richtige Ort, um ein Kanu zu chartern, das einen zur **Tarapoto-Seenplatte,** 10 km westlich bringt. Dort wachsen die **Victoria Regia,** und in den Nachmittagsstunden lassen sich die **rosaroten Delfine** beobachten, € 30 pro Boot inkl. Fahrer und Guía.

🍴 Schlafen & Essen

Hotel Casa Selva, Cra. 6 No 6-78 ☎ 315 333 27 96, ein gepflegtes Hotel mit 12 Zimmern, Vent. und Privatbad. Im Gemeinschaftsraum hängen Hängematten zum Relaxen, € 35 p.P.

Hostal Asai, Cra. 6 No 6-65 hostalasai@yahoo.es gegenüber ist auch nicht schlecht und kostet weniger als die Hälfte, € 15 p.P.

Malocas Napu, Calle 4 No 5-72☎ 310 488 09 98 olgabeco@yahoo.com kleines und charmantes Hostel mit freundlichem Eigentümer, der bei der Organisation von Dschungelspaziergängen, Kanutouren und Ausflügen zu

den rosaroten Delfinen hilft, einfache Zimmer mit Vent. und gemeinschaftlichen Regenduschen, € 11/15(2).

El Alto del Águila ☎ 311 502 85 92 altodelaguila@hotmail.com 20 Min stromaufwärts von Puerto Nariño vermietet Fray ('Bruder') Hector drei strohgedeckte Cabañas mit Sonnenuntergangsblick über dem Río Loretoyacü, Kapuzineraffen und Papageien begrüßen die Besucher, € 9 p.P. Am besten nimmt man ein Boot, das zum Anlegesteg fährt oder folgt der Ausschilderung zum Internado de San Francisco von der Cra. 6 in westlicher Richtung.

Einfache Familienrestaurants bereiten Eier zum Frühstück und Fisch zum Abendessen zu. Regelmäßigen Service und gute Küche bieten das **Restaurante Metare** oberhalb des Anlegers in Hügellage und **Las Margaritas,** Calle 6 No 6-80.

In der winzigen gelegentlich an Fr/Sa geöffneten Dschungeldisco **El Delfin Rosado** gibt es ein Stelldichein bei Faltern und Käfern in phosphorisierendem Licht.

🚤 Schnellbootverbindungen nach Leticia, dreimal täglich, Transportes Fluviales ☉ 7.30/11/16, 2 Std. € 13.

La Pedrera, Araracuara, La Chorrera

Tor zum Amazonas [Kindle Edition] von Frank Semper. Eine Reiseerzählung, die durch das kolumbianische Amazonasgebiet führt.

La Pedrera ist eine kleine Kolonistenansiedlung am Südufer des Rio Caquetá, unweit der Grenze zu Brasilien. Der Mittellauf des Flusses zählt zu ei-

'Cañón del Diablo'

nem der schönsten und weitgehend unberührten großen Zuflüsse des Amazonas. Wenn Ende Dezember der Wasserstand des Río Caquetá rapide sinkt, dann bilden sich riesige Strände, die die Charapaschildkröte zur Eiablage aufsucht. Am Mittellauf des Río Caquetá befindet sich heute eine der letzten großen Populationen dieser Schildkröte. Es existiert kein regelmäßiger Boots- oder gar Schiffsverkehr stromaufwärts, hier sind lediglich einige wenige kleine Kanus mit Außenborder unterwegs. Die Schiffbarkeit der Rio Caquetá ist durch diverse Stromschnellen erschwert, deren bekanntester der **Chorro de Córdoba** ist. Zwischen La Pedrera und Araracuara leben kleine Gemeinschaften der indigenen Miraña und Bora beim **PNN Cahuinarí.**

Zwischen der brasilianischen Grenze und dem PNN Cahuinarí liegt der fast 1 Mio. ha große **PNN Río Puré.** Das Kerngebiet des Parks darf nicht betreten werden. Der Grund ist einfach, am Oberlauf des Río Puré lebt die vermutlich letzte nicht-kontaktierte Ethnie auf kolumbianischen Boden, die halb-nomadischen *Caraballo* (bzw. *Yurí* oder *Aroje)*. Damit dies auch in Zukunft so bleibt, wurde im Jahr 2002 der neue Nationalpark geschaffen, denn auf der Südseite des Gebietes ist es bereits zu Kolonisationsvorstößen gekommen.

Araracuara und das gegenüberliegende Puerto Santander bilden die einzig nennenswerte Ansiedlung in diesem Teilabschnitt des Río Caquetá. Araracuara war einst Sträflingskolonie und wurde später mit niederländischer Hilfe in eine agrarische Forschungsstation umgewandelt. Heute leben auf beiden Seiten des Flusses Huitoto-, Andoque- und Muinane-Indianer und einige Colonos, die die kleinen Geschäfte betreiben. Die Ortschaft liegt unterhalb des **Strudels von Araracuara** ('Cañón del Diablo'). Der Río Caquetá zwängt sich an dieser Stelle durch ein 300 m hohes Bergmassiv, an dessen Ende er gewaltige Rundfelsen aufgetürmt hat, über die während der Regenzeit das Wasser schäumt. Die Stromschnellen und Katarakte sind für die Indianer die rituellen Plätze, an die die Menschen zurückkehren, um zu sterben. Der Herr der Strudel bestimmt das Schicksal des Flusses. In der Trockenzeit werden tags und vor allem nachts im Cañón die großen Valentones harpuniert.

Der deutsche Botaniker **Friedrich von Martius** befuhr 1820 den Río Caquetá von seiner Einmündung bis zu den Stromschnellen von Araracuara. Im Jahre 1878 folgte ihm der französische Arzt **Jules Crevaux** in der Gegenrichtung, um den Fluss zu kartographieren. Während der Kautschukzeit zu Beginn des 20. Jahrhunderts ist dieses Gebiet fast vollständig entvölkert worden. Inmitten des Dschungels hatte sich das Kautschukimperium **Casa Arana** (1903-1932) des Peruaners Julio Cesar Arana ausgebreitet, die wenigen Kolumbianer verdrängt und die Indigenen zur Zwangsarbeit gepresst und Tausende getötet. Heute findet man in der menschenleeren grünen Weite zwischen Araracuara und La Chorrera nur vereinzelte Indianerhütten.

Die gesamte Region ist vollständig mit dichtem Primärregenwald bedeckt. Viele der Bäume haben immense Brettwurzeln und sind mit Epiphyten, Lianen und anderen Parasitenpflanzen bewachsen, wie der Axtbaum, das Stierblut, *guamo-*, *caimo-* und Kautschukbäume. Von Araracuara führen Dschungelpfade nach Norden und Süden. Eine außergewöhnlich schöne und abwechslungsreiche Landschaft präsentiert die an vielen Stellen überwucherte *trocha*, die bis **La Chorrera** (150 km) führt und in der Regenzeit unpassierbar ist. Das abgeschiedene La Chorrera liegt am Mittellauf des Río Igaraparaná, einem Zufluss des Río Putumayo. Der Name bezeichnet sowohl die indigene Ansiedlung mit ihren 26 Malocas (indigene Gemeinschaftshäuser) als auch die Wasserfälle

in der Nähe. Die Region wird bis auf zwei Mediziner im Praktikum, zwei Nonnen und einen Geistlichen ausschließlich von Indigenen bewohnt, wobei die Huitoto mit 1500 Angehörigen die größte Ethnie darstellen, zudem 300 Bora, einige wenige Muinane und Okaina. Das zweistöckige ehemalige Verwaltungsgebäude der Casa Arana mit der umlaufenden Veranda ist zwar vom Dschungelklima mitgenommen, aber noch erhalten und wurde von den Indigenen zur **Casa del Conocimiento** ('Haus des Wissens') umgewidmet und vom Kultusministerium in Bogotá zum historischen und kulturellen Erbe erklärt.

Cerros de Mavicure

Der Nordosten des kolumbianischen Amazonasgebietes (die Departements Guainía, Vaupés, Guaviare) gehört zu den Ausläufern des Guyanaschildes. Es gibt kahle Felsformationen (Tepuis) mit karger Vegetation, die wie Inselberge aus dem dichten Dschungel ragen. Río Inírida flussaufwärts liegen die Cerros de Mavicure, drei nackte Kegelberge zwischen 300 und 500 m, bei der Siedlung **El Remanso**, wo Missionare Puinave-Indianer angesiedelt haben. Die Puinave waren einst Jäger und Sammler, deren Ursprünge am Río Casiquiare liegen.

Die Berge heißen **El Mavicure, El Pájarro** und **El Mono**. Zum El Pájarro führt ein leichter Aufstieg. Das Erklimmen der Nachbarhügel ist etwas schwieriger. Sintflutartige Gewitter können die Felsen in Schmierseife verwandeln, und prasselnde Tropengüsse stürzen über die Abhänge als reißende Bäche zu Tal. Unterkunftsmöglichkeiten in (eigener) Hängematte in El Remanso. Zu erreichen sind die Cerros mit dem Außenborder (2 Std.) von der

Río Negro mit dem Cerro Cocuí

Departementhauptstadt von Guainía **Puerto Inírida** (25.000 Einwohner), ein lebendiger Ort mit einer asphaltierten Hauptstraße, an der die Läden, Restaurants und die stets gut besuchten Cafés liegen. Die Av. Simón Bolívar ist die einzige befestigte Straße des Departements und führt vom Schiffsanleger zum Flughafen. Die Sonnenuntergänge färben den Himmel und den Iníridafluss glutrot. **Hotel Toninas**, Av. Bolívar ✆ (8) 565 60 27, vermittelt auch Bootstouren. ✈ Satena nach Villavicencio und Bogotá.

Die bedeutenden Attraktionen dieses weiten und unbesiedelten Departements liegen außerhalb von Puerto Inírida. Die Landschaft ist von dichtem Regenwald und einzelnen Savannen überzogen, auf denen die *chiqui-chiqui-* Palme wächst. Wenige Kilometer den Río Inírida flussabwärts liegt die **Estrella Fluvial del Sur**, der Zusammenfluss des kupferfarbenen Río Atabapo, des grünen Río Guaviare und des erdfarbenen Río Orinoco. Schon Alexander von Humboldt war von diesem Naturschauspiel begeistert.

Ins gegenüberliegende venezolanische **San Fernando de Atabapo** besteht ein regelmäßiger Linienverkehr. Im Südosten liegt ein Landstreifen, der wie ein **Elefantenrüssel** nach Venezuela und Brasilien hineinragt. Die Region mit den Siedlungen **San Carlos del Río Negro** (Venezuela) und **San Felipe** auf der gegenüberliegenden Flussseite ist ebenfalls zur *«terra Humboldtiana»* zu zählen. San Felipe, 250 km von Puerto Inírida entfernt, am Río Negro besteht aus wenigen Häusern zugewanderter Colonos, einem Marine- und einem Polizeiposten. In San Felipe stehen noch die überwucherten Reste eines kleinen Forts der Kolonialzeit. Die Festung wurde 1759 zur Grenzsicherung gegenüber den Portugiesen errichtet.

Eine halbe Stunde flussaufwärts von San Felipe zweigt der **Río Casiquiare**, die Verbindung der Wassersysteme von Amazonas und Orinoco, ab. Das Wasser des Río Guainía, der ab dem Zusammenfluss mit dem Casiquiare Río Negro heisst, ist blauschwarz und spiegelglatt. Die bewaldeten Ufer spiegeln sich im Wasser wider. In der Trockenzeit bilden die schneeweißen Strände einen reizvollen Kontrast zur Wasserfarbe. 2½ Std. flussabwärts liegt der Flecken **La Guadalupe** am Dreiländereck Kolumbien/Venezuela/Brasilien. Gegenüber von Guadalupe erhebt sich der imposante Granitberg **Cocuí** mit seinen drei Spitzen über dem Blätterdach des Dschungels. Übernachtungsmöglichkeiten, Bars und ein Restaurant findet man im brasilianischen **Cocuí**, 15 Min. flussabwärts.

Salto de Jirijirimo

Der **Salto de Jirijirimo** liegt am Mittellauf des **Río Apaporis**, einem der schönsten Flüsse Kolumbiens, aber kaum befahrbar. **Jirijirimo** bedeutet in der Sprache der Indigenen 'Bett der Anaconda' und ist ähnlich beeindruckend und doch ganz unterschiedlich zum Chorro von Araracuara am Río Caquetá. In der Trockenzeit fällt das Wasser über Katarakte 40 m hinab. In der Regenzeit sind die ausgewaschenen Felsen von Moosen bewachsen. 1½ Stunden flussaufwärts liegt **El Túnel**, eine 9 m schmale Felsenenge, durch die sich der Río Apaporis, der ansonsten 600 m breit ist, hindurchzwängt. Um dort hinzugelangen, bedarf es der Zuhilfenahme einer spezialisierten Agentur wie www.caminantesdelretorno.com aus Bogotá, inkl. Flüge Bogotá-Mitú, von dort weiter mit dem Leichtflugzeug und anschließend mit dem Außenborder, 6 Tage € 1500 p.P.

Piedemonte ('Andenabfall')

Der Piedemonte ist der einzige Teilbereich des kolumbianischen Amazonasgebietes, der mit einem Straßenanschluss ins Inland versehen ist. Kolumbien hat zwar bereits zu Beginn der 1930er Jahre Straßen von den Höhenlagen der Anden ins Dschungelflachland gebaut, wie die Garzón-Florencia und Pasto-Mocoa Strecke, um die Besiedlung voranzutreiben und auf diese Weise die Region zu okkupieren, doch der große, weite Bereich des Amazonastieflandes ist bis heute ohne eine Straßenanbindung geblieben.

Der 77 km lange, von tiefen Schluchten und Abgründen durchzogene Straßenabschnitt **San Francisco-Mocoa** gilt zudem als die gefährlichste Straßenverbindung im ganzen Land und hat seit ihrer Eröffnung über 500 Verkehrstote gefordert. Die Anwohner nennen die Straße auch das «**Trampolin des Todes**» («Trampolín de la muerte»). Im Schnitt ereignet sich dort jede Woche ein Erdrutsch und alle drei Monate ein größerer Verkehrsunfall (sprich Absturz). Die Region um Mocoa und Florencia ist heute weitflächig gerodet und in Weideland verwandelt worden. Bei der weiter östlich verlaufenden Besiedlungsgrenze befindet sich ein Operationsgebiet staatlicher Armeeeinheiten gegen noch immer aktive Einheiten der Farc-Guerilla.

Florencia

450 m, 26°C, 160.000 Einwohner ☽ 8

Seit 1981 ist Florencia Provinzhauptstadt des Departements Caquetá. Aus der einstigen Gründung des Kapuziner-Ordens von 1902 ist ein lebhaftes Kolonisationszentrum geworden, ein wichtiger Zugang zum kolumbianischen Amazonasgebiet. Florencia liegt am Río Hacha, einem kleinen Zufluss des Río Orteguaza. Der Dschungel ist allerdings noch fern. Zentraler Blickfang ist bis heute die **Catedral Nuestra Señora de Lourdes** aus den Gründertagen vor der palmenbestandenen Plaza San Francisco de Asís. Einen ersten

Eindruck vom indianischen Leben vermittelt das gute **ethnographische Museum**, Cra. 14, Calle 13 2. Stock, der gewaltige Felsen **El Encanto**, 1 km außerhalb der Stadt am Río Hacha, bedeckt mit präkolumbinen Zeichnungen und die **Maloca Huitoto**, die Gemeinschaftshütte der indigenen Huitoto, die hier zu ihren Ritualen, Tänzen und Festen zusammenkommen, El Manantial, 5 km vom Zentrum.

Service

ⓘ **Instituto Departamental de Cultura y Turismo**, im Palacio de la Cultura y Bellas Artes de la Amazonía. Der ehemalige Hotelbau aus den 1950er Jahren beherbergt die Stadtbibliothek, einen kleinen Konzert- und Theatersaal und eine Galerie für Ausstellungen, Cra. 11 Ecke Calle 13. 🏧ATM, BBVA, Calle 14 No 11-53. Banco de Bogotá, Calle 16 Ecke Cra. 13

🛏️ 🍴 Schlafen & Essen

Hotel Kamaní, Calle 16 No 12-27 ☎ 435 41 01, schmucklose Zimmer mit Privatbad, € 10 p.P.

Hotel Caquetá Real, Calle 8 No 9-49 ☎ 435 10 40 www.hotelcaqueta-real.com.co zählt zu den hochpreisigen Optionen in Florencia, Zimmer mit Bad, a/c, LCD-TV, WiFi, Zimmerservice, Restaurant, € 50/62(2).

Einige Restaurants und Cafés liegen um die zentrale Plaza Pizarro. Am meisten los ist in der Zona Rosa beim Parque Longitudinal Paseo de los Fundadores.

Avalon Club Bar Restaurante, Cra. 11 Ecke Calle 8 (Zona Rosa) ☎ 434 70 47.

🚢 Der Hafen zum Einschiffen für Exkursionen, die zum Río Caquetá führen, ist **Puerto Arango** am Río Orteguaza, leicht mit einem Bus, Chiva

oder Jeep zu erreichen, 20 Min. € 1. Immer abhängig von der momentanen Sicherheitslage kann man mit einem Schnellboot bis nach **La Tagua** gelangen. Insbesondere der Gemeindebezirk Montañita, 30 km südöstlich von Florencia ist umkämpftes Gelände. Im Mai 2012 geriet der französische Reporter Roméo Langlois bei einem Schusswechsel zwischen einer Armeebrigade, die er begleitete, in die Fänge der Farc, die ihn nach 33 Tagen wieder freisetzte. Hinter der Besiedlungsgrenze dünnt der Transport vollkommen aus.

🚌 Alle Busse fahren vom Terminal, Cra. 7A No 18-146. **Bogotá,** Coomotor, mehrmals täglich, 12 Std. € 28. **Neiva**, 6 Std. € 12.

✈️ Der **Aeropuerto Gustavo Artunduaga Paredes** liegt bei Km 3 in Richtung Montañita Vereda und wird von **Lan Colombia** und **Satena** aus Bogotá angeflogen.

Mocoa

580 m, 24°C, 18.000 Einwohner ☽ 8

Mocoa ist die Provinzhauptstadt des Departements Putumayo. Im Jahre 1563 war es ein Ort, an dem zehn weiße Encomenderos lebten, die 800 Indianer für sich arbeiten ließen. Mehrfach wurde die Stadt von den Andaquíes-Indianern angegriffen, die die schon unterworfenen Indianer zum Aufstand aufwiegelten. Bei einem Überfall setzten sie alle Hütten in Brand, und Mocoa musste anschließend neu errichtet werden.

Chinin, Kautschuk und Salz aus Brasilien machten Mocoa in der zweiten Hälfte des letzten Jahrhunderts zur Handelsstadt. Mit dem Verfall der Weltmarktpreise für diese Produkte verließen die meisten Weißen die Stadt. Heute überwiegt der provinzielle Charakter einer durch Landwirtschaft geprägten Kleinstadt mit dem Parque Santander im Zentrum, umstanden von der afrikanischen Palme, einst direkt aus dem schwarzen Kontinent von Missionaren eingeführt. In der unmittelbaren Umgebung kann man Höhlen und Wasserfälle in der angrenzenden **Serranía del Churumbelo** besuchen oder den **Río Mocoa** im Autoreifen hinunter 'tuben'.

Service

ⓘ **Tourismusinformationen** im Palacio del Gobernación. **ATM**, BBVA, Cra. 5 No 7-23. **Migración,** Mocoa ist der letzte/erste Kontrollpunkt, wenn man aus Ecuador ein- bzw. ausreist. Der Grenzübergang nach Ecuador ist in **San Miguel (Nueva Loja bzw. Lago Agrio),** 213 km entfernt, mit dem Bus 6 Std. € 13. Von der ecuadorianischen Seite besteht regelmäßiger Anschluss mit dem Bus oder Flugzeug in die Hauptstadt Quito. Zuvor die Sicherheitslage erfragen!

🛏 🍴 Schlafen & Essen

Hostal Casa del Río (Vereda Callyaco) ☽ 420 40 04 www.casadelriomocoa .com an der Straße nach Villagarzón im Grünen, Dorm und Privatzimmer, Küchenbenutzung, Wäscheservice, WiFi, Tourinformationen, € 9/20(2). Taxi vom Terminal € 2.

Hotel Mecaya, Calle 9 No 7-22 ☽ 384 29 51 27, zentrale Lage, bequeme Zimmer mit Bad, Kabel-TV, WiFi, € 18/30(2).

Hotel Marli Plaza, Calle 7 No 6-20 (Zentrum) ☽ 429 66 38 www.hotel marliplazamocoa.com schmucklose Zimmer in einem mehrstöckigen Zweckbau, Einzel/Doppel mit Bad, Vent. € 22/35(2); Restaurant.

Fonda Los Arrieros (Barrio La Reserva), an der Straße Richtung Pitalito ☽ 420 09 26 www.fondadelosarrieros.com Paisa-Küche in Landhausatmosphäre.

🚌 Verbindungen vom Terminal de Mocoa. Nach **Bogotá,** Coomotor, TransIpiales, mehrere Busse, 13 Std. € 30. **Pitalito** (> San Agustín) 5 Std. € 8.50, schwierig in der Regenzeit. **Pasto,** mehrmals täglich, 5 Std. € 10. Der einspurige *Trampolin de la Muerte* ist nur etwas für starke Nerven, daher besser nicht den Bus, sondern die *camioneta* wählen, schon der Aussicht wegen aus der Höhe über die Amazonasebene! Die Region südöstlich von Puerto Asís ist aufgrund der schwer einzuschätzenden Sicherheitslage und defizitärer Infrastruktur zum Bereisen augenblicklich nicht geeignet.

✈ Fluganbindung über Villagarzón und Puerto Asís mit Satena und Lan Colombia nach Bogotá.

▶ **Praktische Hinweise**

Botschaften & Konsulate

Kolumbianische Botschaft in Deutschland www.botschaft-kolumbien.de Taubenstr. 23, D-10117 Berlin ✆ (030) 26 39 61 0, Konsularabteilung Kurfürstenstraße 84 1. Stock, D-10787 Berlin. Weitere konsularische Vertretungen in Frankfurt, Bremen, Hamburg.

Kolumbianische Botschaft in Österreich, Stadiongasse 6-8, A-1010 Wien ✆ (+1) 406 44 46.

Kolumbianische Botschaft in der Schweiz www.emcol.ch Dufourstr. 47, Ch-3005 Bern ✆ (+41) 31 350 14 09.

Deutsche Botschaft in Kolumbien www.bogota.diplo.de Embajada de la República Federal de Alemania, Bogotá, Cra. 69 No 25B-44, 7. Stock Edif. World Business Port, Konsularabteilung ✆ +57 (1) 423 26 00

Schweizer Botschaft in Kolumbien www.eda.admin.ch/bogota Bogotá, Cra. 9 No 74-08, 11. Stock, Edif. Profinanzas ✆ +57 (1) 349 72 30.

Österreichische Botschaft in Kolumbien www.aussenministerium.at/bogota wurde Ende August 2012 geschlossen. Verteilt über das Land existieren mehrere Honorarkonsulate.

Elektrizität

Stromspannung 110 V, in Altstadtvierteln 150 V, Neubauten haben auch 220 V. Adapter sind in Bogotá für ein paar Cent zu kaufen. Der kolumbianische Stecker ist ein Flachstecker.

Feiertage & Puentes

Kolumbien ist ein Land mit vielen Feiertagen. Feiertage, die auf einen Wochentag fallen, werden auf den folgenden Montag gelegt, um ein langes Wochenende *puente* ('Brücke') zu genießen. Die vielen Feiertage schaffen einen Ausgleich für die wenigen Urlaubstage der Kolumbianer.

1. Januar - *Santa María Madre de Dios* (Neujahrstag)

6. Januar - *Reyes Magos* (Heilige drei Könige)

19. März - *San José* (Sankt Joseph)

1. Mai - *Día del Trabajo* (Tag der Arbeit)

29. Juni - *San Pedro y San Pablo* (Sankt Peter und Paul)

20. **Juli** - *Independencia Nacional* (Nationaler Unabhängigkeitstag)
7. **August** - *Batalla de Boyacá* (Befreiungsschlacht von Boyacá)
15. **August** - *Asunción de Nuestra Señora* (Maria Himmelfahrt)
12. **Oktober** - *Fiesta de la Raza* (Tag der Entdeckung Amerikas)
1. **November** - *Todos los Santos* (Allerheiligen)
11. **November** - *Independencia de Cartagena* (Unabh. von Cartagena)
8. **Dezember** - *Inmaculada Concepción* (Tag der unbefleckten Empfängnis)
25. **Dezember** - *Navidad* (Weihnachtstag)

Hinzukommen die beweglichen Feiertage, Gründonnerstag *(Jueves Santos)*, Karfreitag *(Viernes Santos)*, Ostern *(Corpus Christi)*, Christi Himmelfahrt *(Ascención del Señor)*, Pfingsten *(Sagrado Corazón de Jesús)*. Außerhalb der kolumbianischen Ferienzeit (15.12.-15.1., Osterwoche und 15.6.-15.8.) senken die Fluggesellschaften und viele Hotels in den Ferienorten ihre Preise.

Feste & Festivals

Januar: *Carnaval de Blancos y Negros*, 2.- 6. Januar in Pasto. *Torneo Nacional de Música Llanera y de Toros coleados de Acacias* (Dep. Meta).

Februar: *Carnaval de Barranquilla*, Ende des Monats.

März: *Festival Internacional de Música del Caribe*, am Monatsende in Cartagena. *Semana Santa*, Osterprozessionen in Mompox und Popayán.

April: *Green Moon* (Musik) Festival, Mitte des Monats auf San Andrés. *Festival de la Leyenda Vallenata*, Ende des Monats in Valledupar.

Mai: *Internationales Filmfestival* in der 1. und 2. Woche in Cartagena. *Festival de la Cultura Wayu*, letztes Wochenende in Uribia.

Juni: *Festival de la Poesia* in der zweiten Woche in Medellín. *Carnaval* in Juanchito, Monatsmitte. *Festival de la Cumbia* in El Banco. *Festival del Porro* in San Pelayo, Ende des Monats. *Festival Folclórico de Bambuco* in Neiva, Ende des Monats

August: *Folklorefestival der Pazifikküste* in Buenaventura, Anfang des Monats. *Festival Nacional del Pasillo* in Aguadas, Anfang des Monats. *Festival de La Guabina y El Tiple* in Vélez, Anfang des Monats. *Desfile de Silleteros* in Medellín, 7. August. *Festival de Cometas* (Drachenflugwettbewerb) in Villa de Leyva, Mitte des Monats.

September: *Lateinamerikanisches Theaterfestival* in Manizales.

Oktober: *San Pacho Festival* in Quibdó, erste Woche. *Carreras de Caballos* (Pferderennen) auf Providencia, Mitte Oktober. *Festival del Tambores* in Palenque, vom 12.-15. Oktober.

November: *Internationales Folklorefestival der Llanos* in San Martín, Anfang November. *Miss-Wahl* in Cartagena, 9.-11. November.

Dezember: *Festival de Música del Pacifico* in Tumaco, erste Dezemberwoche. *Jazz bajo la Luna* in Cartagena, Mitte Dezember. *Feria de Cali* in Cali, 25.-30. Dezember.

Frankieren

Der **Postverkehr** innerhalb des Landes und mit dem Ausland wird ganz überwiegend durch private Unternehmen abgewickelt. **Servientrega** www.servientrega.com **Deprisa** (FedEx) www.deprisa.com **DHL** www.dhl.com .co **TCC** www.tcc.com.co **4-72** www.4-72.com.co ist der allgemeine Postdienst, benannt nach dem Breiten- und Längengrad, die das Zentrum Kolumbiens markieren. Das Versenden einer Postkarte nach Europa ist umständlich, teuer (€ 2.50) und kann 2-4 Wochen dauern.

Geld

Die **Währung** ist der kolumbianische Peso. Pesos bekommen kann man bei der Ankunft am Internationalen Flughafen El Dorado von Bogotá mit der Euro/MaestroCard an der ATM-Maschine im ersten Stock des Flughafens, direkt neben der Kapelle. Wenn man den Ausgang passiert hat, nochmals zurück und mit der Rolltreppe nach oben. Der ATM-Geldwechsler ist 24 Std. im Einsatz. Scheine zirkulieren im Nennwert zu 1000, 2000, 5000, 10.000, 20.000 und 50.000 Pesos. Der kolumbianische Peso hat sich als starke Währung etabliert und in den letzten drei Jahren erheblich gegenüber dem Euro und dem US$ aufgewertet. Der **Wechselkurs** (Stand März 2013) liegt bei 1 € - 2300 Pesos.

In den Großstädten einfach zu wechseln sind der Euro und der US-Dollar. Hier erhält man auch für den Euro in Relation zum jeweils aktuellen Stand des US-Dollars zumeist einen angemessenen Kurs. Bartauschen kann man in den Banken und einfacher und unbürokratischer in den Wechselstuben (*casas de cambio*). Mit der Master-, Visa- und oftmals auch mit der Debit/MaestroCard lassen sich die **ATM-Geldautomaten** (*cajeros automaticos*), die in allen größeren Städten leicht zu finden und auch in vielen kleineren verbreitet sind, zum Geldabheben nutzen. Eine einmalige Abhebung ist auf maximal 500.000 kol. Peso begrenzt. Das meist vertretene System für **Plastikgeld** mit über 2000 Geldautomaten im Land heißt **ATH** (www.ath.com.co). Das System wird von den großen nationalen Geschäftsbanken getragen. Die international tätigen Scotiabank, BBVA und Banco Santander haben eigene Systeme und ebenfalls 24 Std. Geldautomaten aufgestellt. Geschäfte, bessere Hotels, Restaurants und Fluggesellschaften akzeptieren Kreditkarten als Zahlungsmittel. Fernab der Städte sind Bar-Pesos vonnöten. Es kommt allerdings des öfteren vor, dass ATM-Geldautomaten zum illegalen Auslesen der Karte präpariert werden.

Am sichersten zieht man sich das Geld daher bei einer ATM am Flughafen, in Supermärkten oder im Vorraum großer Banken.

Geldüberweisungen

Es gibt verschiedene Möglichkeiten, sich Bargeld aus dem Ausland anweisen zu lassen. **MoneyGram** www.moneygram.com Provision 10 %. **Western Union** www.westernunion.com Provision 4,7 %, maximale Überweisungssumme US$ 3000. **Ria Financial Service** www.riafinancial.com etwas günstiger als die beiden anderen.

Grenzübergänge zu den Nachbarstaaten

Brasilien: Wer von Brasilien kommt erhält den Einreisestempel bei der Migración in Leticia. Ein Grenzübertritt an anderer Stelle der weitläufigen kolumbianisch-brasilianischen Grenze ist nur mit vorheriger Absprache des kolumbianischen Konsulats in Manaus auf legalem Wege zu verwirklichen. Brasilien verlangt von europäischen Reisenden auch bei **Einreise über Land** zur Zeit kein Visum und keinen Nachweis einer Gelbfieberimpfung.

Ecuador: Die Grenzübergänge nach Ecuador sind **Rumichaca** bei Tulcán/Ipiales (Nariño) und **Lago Agrio/Puerto Asís** (Dep. Putumayo). Wer über Puerto Asís einreist, dessen Pass wird von der Polizei registriert. Den Einreisestempel erhält man bei der Migración in Mocoa. Auf dem Seewege kommt man von **Tumaco** (Nariño) entlang der Pazifikküste nach **La Esmeralda**. Der Weg entlang der Pazifikküste ist aus Sicherheitsgründen bedenklich, da in der Gegend versprengte kriminelle Drogenbanden aktiv sind.

Peru: Einreisestelle für Peru ist die Migración in Leticia. Ein Grenzübertritt an anderer Stelle muss mit dem kolumbianischen Konsulat in Iquitos abgestimmt werden. Im Dreiländereck Kolumbien/Brasilien/Peru kann man sich im grenznahen Bereich um Leticia ohne Passkontrollen genauso unbürokratisch und frei bewegen wie im Dreiländereck Kolumbien/Venezuela/Brasilien.

Panama: Wer entlang des San Blas Archipels nach Kolumbien einreist, erhält den Panama-Ein-/Ausreisestempel beim Polizeiposten in Puerto Obaldía (Panama), nicht weit von Capurganá. Bei der Einreise nach Kolumbien holt man sich den Einreisestempel beim Posten der Migración in Capurganá. Von Bogotá und Cartagena nach Panama-Stadt gibt es tägliche Flüge mit Copa und anderen Airlines.

Venezuela: Paraguachón bei Maicao (Guajira), **San Antonio del Táchira** /Cúcuta (Norte de Santander), **Puerto Páez**/Puerto Carreño (Vichada), **El Amparo de Apure**/Arauca (Arauca). Diese vier Grenzübergänge sind die einzigen, die mit einem Ein- bzw. Ausreisebüro der (kolumbianischen) Migración versehen sind. Das Auswärtige Amt in Berlin rät aus Sicherheitsgründen zur Zeit generell von Grenzübertritten auf dem Landwege nach Venezuela ab.

Migración & Pass

Einreisen nach Kolumbien kann man über jeden internationalen Flughafen. Die internationalen Flughäfen von Bogotá, Medellín, Cali, Barranquilla und Cartagena haben Anschluss nach Europa, USA, Kanada, und vielen zentral- und südamerikanische Staaten. Zur Einreise genügt ein gültiger Reisepass. Es besteht keine Visumspflicht für Touristen aus Staaten der EU und anderen europäischen Ländern. Informieren Sie sich über den aktuellen Stand am besten über die Internetseite des Auswärtigen Amtes unter www.auswaertiges-amt.de Geschäftsleute benötigen ein *Visa de Negocios,* das bis zu drei Jahre gültig ist und für jede Einreise auf sechs Monate beschränkt ist. Auch Mitarbeiter von NGOs, Journalisten und Kulturschaffende benötigen offiziell ein Visum. Bei der Ankunft im Land werden die Registrierkarte der Einreisebehörde **Migración Colombia** www.migracioncolombia.gov.co (vormals DAS) ausgefüllt und die Daten im Computer gespeichert. Der Pass wird gestempelt und die Aufenthaltsdauer im Stempel vermerkt. Die einmalig erteilte Aufenthaltserlaubnis für alle europäischen Besucher beträgt maximal 90 Tage. Ein Rückflugticket muss man dazu nicht vorweisen. Wer **über Land** einreist, hat sich bei der nächstgelegenen Migración-Stelle zu melden. Zum Erhalt des Einreisestempels bedarf es in der Regel des Ausreisestempels des jeweiligen Nachbarlandes. Bei der Ausreise über einen internationalen Flughafen wird eine Ausreisesteuer (*tasa aeroportuaria*) fällig, es sei denn, man kann den bei der Einreise erhaltenen Beleg zur Befreiung von der Ausreisesteuer vorlegen, wenn der Aufenthalt im Land 60 Tage nicht überschritten hat (**extención**). Bei mehr als 60 Tagen Aufenthaltsdauer sind US$ 68 (in Pesos oder US-Dollar) zu entrichten.

Wenn der erlaubte Aufenthalt (laut Sichtvermerk) von max. 90 Tagen abläuft, kann man beim Büro der Ausländerbehörde (*extranjería),* Calle 100 No 11 B-27 ① 601 72 00 ⊙ Mo-Do 7.30-16, Fr 7.30-15, zunächst eine Aufenthaltsverlängerung von weiteren 30 Tagen beantragen, **Prórroga (de Turismo)**. Wer nach weiteren 30 Tagen immer noch im Land bleiben möchte, kann die Prórroga erneuern lassen (*salvoconducto),* bis die maximale Aufenthaltsdauer von insgesamt 180 Tagen seit Einreise ausgeschöpft ist. Auf die Erteilung einer weiteren Aufenthaltsverlängerung besteht kein Rechtsanspruch, sie liegt im Ermessen der Ausländerbehörde und ist in der Regel auf einen Monat begrenzt. Wer beabsichtigt längere Zeit - mehr als 6 Monate - in Kolumbien zu bleiben, reist entweder in dieser Zeit in ein Nachbarland aus und anschließend erneut wieder ein oder beantragt im Heimatland über die kolumbianische Botschaft oder ein Konsulat ein Visum. Ein zeitlich begrenztes Visum erhält man auf Antrag nach Einreichen eines Gesundheitszeugnisses und eines polizeilichen Führungszeugnisses, das nicht älter als 6 Monate alt sein darf. Der Antrag muss begründet sein (Studium, Praktikum, berufliche Tätigkeit). Bei US$ 50.000 Investitionssumme genügt der Pass und die Bescheinigung der eingezahlten Summe bei der Banco de la República. Die Beantragung eines (zunächst zeitlich befristeten) Visums in Kolumbien erfolgt bei der Visaabteilung des Außenministeriums, Calle 98 No 17A-32 in Bogotá.

Öffnungszeiten

Die Öffnungszeiten von **Büros** und **Behörden** sind von ⊘ Mo-Fr 8-12 u. 14-18. In Bogotá machen viele Büros keine Mittagspause. Auch die **Banken** haben ihre Schalter durchgehend geöffnet ⊙ Mo-Fr 9-15, in den größeren Städten auch an Samstagvormittagen ⊙ 9-12. In sämtlichen großen Städten des Landes schließen die Banken am letzten Freitag des Monats bereits um ⊙ 12. Viele **Museen** haben an den Montagen geschlossen. Für **kleine Läden** und viele **private Dienstleister**

gibt es keine geregelten Ladenschlusszeiten. Als Faustregel gilt in den Großstädten von «Acht bis Acht», von Montag bis Samstag. Tante Emma-Läden sind bis auf die Nachtruhe der Besitzer stets geöffnet.

Reisezeit

Kolumbien ist ein tropisches Land. Das zerklüftete Relief des Landes führt allerdings zu extremen Temperaturschwankungen auf kurzen Entfernungen. Hoch sind die Temperaturen an beiden Küsten, in der Llanos- und Amazonastiefebene und den Flusstälern von Magdalena und Cauca mit Durchschnittstemperaturen um 28°C. Mit zunehmenden Höhenmetern sinken die Temperaturen. **Bogotá** mit seinen 2600 m hat eine Durchschnittstemperatur von 14°C. Klima und Vegetation erinnern nicht an die Tropen, sondern weit eher an eine Stadt in Mitteleuropa. In den **Höhenlagen der Anden** erlebt man alle vier Jahreszeiten an einem Tag. In den Morgenstunden ist es noch frisch, und der Frühnebel hält die wärmende Sonne ab. In den Mittagsstunden klettern die Temperaturen bisweilen über 20°C. Die Nächte können empfindlich kalt werden.

Die **beste Reisezeit** für einen Besuch Kolumbiens sind die Monate **Dezember** bis **April**, wenn es in Mitteleuropa am kältesten ist, das gilt gleichermaßen für einen Besuch der Dschungelgebiete - Chocó und Amazonas - als auch für Bergbesteigungen in den Hochanden, im Cocuy und Los Nevados. In den meisten Regionen des Landes herrscht dann Trockenzeit (*verano* - Sommer). Die übrige Zeit des Jahres ist Regenzeit (*invierno* - Winter). Während der Regenzeit kann es in den andinen Regionen zu Erdrutschen und in den Küstenregionen zu Überschwemmungen kommen. Manche Straßen sind dann unpassierbar. Trotzdem regnet es nicht ständig, aber regelmäßig, meist einmal am Tag. Dabei gibt es große regionale Unterschiede. An der Karibikküste kann es zwischen Juni und August zu wolkenbruchartigen Wärmegewittern kommen. Die **Guajira**, der nördlichste Zipfel Kolumbiens, ist das ganze Jahr über praktisch niederschlagsfrei. Hingegen ist der **Chocó** - bis auf eine kurze Periode im Januar/Februar - und Teile des Amazonasgebietes immer feucht. Die Niederschlagsverteilung im kolumbianischen Amazonasgebiet ist nicht konstant. Vom Norden her, wo die Savannen der Llanos in die Regenwälder übergehen, nimmt die Niederschlagsmenge stetig zu, und die Länge der Trockenzeiten nimmt ab.

Die beste Zeit für einen Besuch der nördlichen **Amazonasregion** sind die Monate Januar-März. Anders ist es in Leticia, das unterhalb des Äquators liegt. Hier sind die trockensten Monate August und September. In den meisten Regionen Kolumbiens wird die Regenzeit unterbrochen durch einen kurzen Sommer (*veranillo*), der zumeist in den Juli fällt. Die **Hauptferienzeit** der Kolumbianer ist vom 15. Dezember bis zum 15. Januar. Beliebte Reiseziele sind San Andrés und die Karibikküste von Tolú bis Santa Marta. Die Preise werden in dieser Zeit um durchschnittlich 30 % erhöht. Gleiches gilt für die Osterwoche (*Semana Santa*). Im Dezember ist es grundsätzlich schwierig, Flüge zu bekommen. Rechtzeitige Buchung ist vonnöten.

Telefonieren

Das nationale Festnetz wird von **Telecom** ☎ 09, **Orbitel** ☎ 05 und **ETB** ☎ 07 betrieben. Für Reisende von größe-

rer Bedeutung sind die drei **Mobilfunkanbieter Comcel** mit den Präfixen 310, 311, 312, 313, 314, 320, 321, **Movistar** mit den Präfixen 315, 316, 317, 318 und **Tigo** mit den Präfixen 300, 301, 302. Comcel hat die größte Netzabdeckung. Eingehende nationale Gespräche sind gebührenfrei. Das erklärt, warum man in den Großstädten an fast jeder Ecke mit einem Miet-Handy telefonieren kann, nennt sich «Minutos» und kostet ab 200 Pesos pro Minute. Wer über ein eigenes 3- bzw. 4-Band Handy verfügt, kann bei Comcel eine Prepaid ('prepago')-SIM-Card mit kolumbianischer Nummer kaufen und im Inland telefonieren. Keiner der drei Mobilfunkanbieter unterhält zur Zeit Roamingabkommen mit deutschen Netzbetreibern. Die Vorwahl für Kolumbien aus Europa ist **0057**. Anschließend wählt man die jeweilige Ortsvorwahl und die gewünschte Rufnummer. Bei Auslandsgesprächen aus Kolumbien ist je nach Anbieter die 009 oder 007 oder 005 vorweg zu wählen, dann die internationale Vorwahl (+49 Deutschland, +43 Österreich, +41 Schweiz) und anschließend die gewünschte Rufnummer.

Es lohnt sich einen **Skype-** oder **Sipgate-**Account einzurichten, um über das Internet zu telefonieren.

Travellerschecks

Verbreitet sind in Kolumbien (fast) ausschließlich auf US-Währung dotierte American Express Travellerschecks, deren Einlösen bei den Banken grundsätzlich kompliziert, an begrenzte Vormittagszeiten gebunden und mancherorts nervenaufreibend ist. Vorzulegen sind eine Kopie des Passes und die Kopie des Ankaufbelegs. Einige Banken nehmen Provision, andere nicht. Und längst nicht alle Banken tauschen Reiseschecks. Zudem gibt es Schwankungen beim Tauschkurs und in ländlichen Gegenden sind Travellerschecks praktisch nicht einzulösen.

Unterkünfte

Das Hotelangebot ist vielfältig und wächst kräftig. Es reicht vom spartanisch einfachen und zumeist sauberen Zimmer bis zum Tophotel internationaler Hotelketten. In jüngster Zeit sind vermehrt **Traveller-Guesthäuser** in vielen touristisch interessanten Orten entstanden, wichtige und angenehme Anlaufpunkte für die Reisenden aus aller Welt, um Gleichgesinnte zu treffen und aktuelle Informationen auszutauschen, zu kontaktieren über die Reiseplattform www.hosteltrail.com Die günstigste Übernachtung findet man in einem Bett im Dorm, zwischen € 8-10 p.P. landesweit. Wachsender Beliebtheit erfreuen sich bequeme **Boutique-Hotels** in den kolonialen Gemäuern. Wenn man abseits der touristischen Routen unterwegs ist, und das geht in Kolumbien recht schnell, ist man zumeist auf einfache lokaltypische Unterkünfte angewiesen, die es praktisch in jedem Ort gibt. Echte **Hotels der Spitzenklasse** gibt es in Cartagena, Bogotá, Cali, Medellín und Barranquilla. Hier lohnt es sich immer, einen Blick in die jeweiligen Webseiten zu werfen, um ordentliche Rabatte zu ergattern, manchmal bis zu 30 %. In Provinzstädten wie Armenia, Bucaramanga oder Cúcuta ruft das 1. Hotel am Platz zwar Spitzenpreise auf, entspricht aber nicht unbedingt gehobenem internationalen Standard. Durch die bahngreifende wirtschaftliche Öffnung des Landes hat sich die Situation auf dem Hotelmarkt geradezu revolutioniert. Große internationale Hotelketten machen den heimischen Groß-hoteliers kräftig Konkurrenz, wie Hyatt Regency, Marriott oder die Intercontinental Hotel Group. Die meisten Spitzenhotels liegen oft nicht im Zentrum, sondern am Stadtrand oder in den reichen Vororten im Grünen und verfügen über eine entsprechende Restauration, Dienstleistungen im Kommunikationssektor, Konferenzräume, Pool, Spa-Bereich Restaurants, Boutiquen.

Zeit

Kolumbien liegt sechs Stunden hinter der Mitteleuropäischen Zeit (MEZ), sieben Stunden während der Sommerzeit.

Zoll

Alles, was zum eigenen Gebrauch benötigt wird, kann zollfrei nach Kolumbien eingeführt werden. Das schließt den Laptop ebenso ein wie Foto-/Videokamera, Campingartikel, Fahrrad etc. Für Zigaretten und Alkoholika gelten die weltweit üblichen Zollbestimmungen. Es dürfen maximal US$ 10.000 ohne Zollerklärung eingeführt werden. Selten wird das Gepäck bei der Einreise kontrolliert. Die Ausfuhr von Drogen und präkolumbinen Kunstgegenständen ist verboten. Bei der Ausfuhr von Smaragden und Gold empfiehlt es sich, eine Quittung zur Hand zu haben. Die Drogenkontrollen haben sich vor allem auf den internationalen Flughäfen verschärft. Das Gepäck wird mehrmals kontrolliert und bei Verdacht ist auch eine **Körperkontrolle** nicht ausgeschlossen.

Der Tourist darf sein Fahrzeug (Motorrad, Kfz, Yacht) nach Kolumbien für die Dauer seines persönlichen Aufenthaltes einführen, maximal 6 Monate. Das Motorrad kann als Frachtgut auf dem Luft- oder Seeweg nach Kolumbien befördert werden. Luftfracht ist teurer und abhängig vom Volumengewicht der Maschine, die Seefracht dauert von Europa nach Kolumbien ca. 3-4 Wochen. Von Panama nach Bogotá bietet Copa-Cargo Luftfrachttransporte an. Auf diesem Wege kann man den Darien Gap, die bislang auf der Straße unpassierbare Landenge zwischen Panama und Kolumbien, überwinden. Notwendig sind neben dem gültigen Reisepass, Führerschein, Fahrzeugpapiere und der Ausreisestempel für das Fahrzeug in den Begleitpapieren (z. B. Panama, Venezuela oder Ecuador). Kolumbien verlangt beim Grenzübertritt mit dem eigenen Fahrzeug außerdem eine *libreta de pasos por la aduana,* international besser bekannt unter der Bezeichnung **Carnet de Passage**, ein Grenzdokument zur vorübergehenden zollfreien Einfuhr von Land- und Wasserfahrzeugen. Auch die Nachbarstaaten Venezuela, Ecuador und Peru verlangen bei der Einreise einen gültigen **Carnet de Passage**. Das Carnet ist bei einem Automobilclub zu beantragen, ADAC (Deutschland), ÖAMTC (Österreich) oder ACS (Schweiz). Der Antrag soll vier Wochen vor Abreise gestellt werden und gilt nach erfolgter Ausstellung für 1 Jahr. ADAC-Partnerclub in Kolumbien: Touring y Automovil Club de Colombia (**ACC**) in Bogotá, Cra. 98 No 21-04 www.acc.com.co

▶ Touren & Aktivitäten

Touristeninformation

Die Tourismusstrategie von ProExport Colombia www.colombia.travel/de hat Fahrt aufgenommen, um die einmaligen touristischen Schätze von Weltniveau angemessen zu repräsentieren. Mit dem eingängigen Spruch, **'Das einzige Risiko ist, dass du bleiben willst'** hat das Land als neue Touristendestination international auf sich aufmerksam gemacht. Das sich positiv wandelnde Image des Landes beflügelt die touristische Entwicklung. 2011 wurden 41.000 deutsche Besucher gezählt, beinahe eine Verdoppelung gegenüber den Vorjahren, wozu der frisch eingeführte Direktflug der Lufthansa von Frankfurt nach Bogotá ebenso beigetragen hat wie die Zunahme des Agenturgeschäftes.

Touranbieter in Kolumbien

Aventure Colombia www.aventurecolombia.com

Aviatur www.aviatur.com

Cafetera Tours www.cafeteratours.com Benita und Wolfgang Glück bieten individuelle Reiseangebote für Kolumbien an.

De Una Colombia Tours www.deunacolombia.com Abenteuerreisen in alle Landesteile.

Koltours www.koltours.com Individuelle Reisekonzepte von & mit Willi Fröhlich (Taganga).

Promotora Neptuno www.neptuno.org

Pura Colombia www.puracolombia.com Tauchreisen und Naturtourismus mit Arthur Portmann aus der Schweiz.

Semilla Tours www.semillatours.com Abenteuertouren und Spezial-Reisen mit Sitz in Minca.

Tour Colombia www.viajestourcolombia.com Langjähriger Touranbieter in der Kaffeezone, Manizales, Calle 22 No 23-23 Of. 102 ① (6) 884 66 99.

TROT@MUNDOS, Bogotá, Calle 19B No 1 - 85 Of. Andes ① 566 48 92 und Diagonal 34a No 5-73 Of. San Diego ① 288 23 99, für den internationalen Studentenausweis und ermäßigte Flugtickets.

Touranbieter im deutschsprachigen Raum

Kolumbien ist kein Land mit Massentourismus. Es gibt aber eine wachsende Zahl von versierten Kolumbien-Spezialisten, die Rundreisen organisieren oder Bausteine für ausgewählte Ziele im Programm haben.

AvenTOURa www.aventoura.de · **Cono Sur** www.conosur.eu
Diamir Erlebnisreisen www.kolumbien.de
Gateway Brazil www.gateway-brazil.de/kolumbien
Gebeco www.gebeco.de · **Hauser** www.hauser-exkursionen.de
Karawane Reisen www.karawane.de · **Kiwi Tours** www.kiwitours.com
Kontour www.kontour-travel.com · **Miller Reisen** www.miller-reisen.de
Papaya Tours www.papayatours.de · **Ruppert Brasil** www.ruppertbrasil.de
SFR Fernreisen www.sommer-fern.de
Take Off Erlebnisreisen www.takeoffreisen.de
Tourismus Schiegg www.lateinamerika.de
Vitramar www.vitramar.com · **Viventura** www.viventura.de

Staatliche Nationalparkverwaltung

Das zentrale Büro der staatlichen Nationalparkverwaltung www.parquesnacionales.gov.co ist in Bogotá, Cra. 10 No 20-30 4. Stock (Of. de Ecoturismo y Atención a Visitantes). Einige Nationalparks sind ausgesprochen populär und in der Hauptsaison (Dezember, Januar und Osterwoche) auch überlaufen, z. B. der Taironapark. Andere hingegen sind so abgelegen, dass sich dorthin selten mal Besucher verirren. Die populärsten Nationalparks sind verschiedenen Privatunternehmen zur touristischen Bewirtschaftung und Vermarktung übertragen worden, voran der kolumbianischen Großagentur **Aviatur**. Auf diese Weise konnte die Infrastruktur der beliebten Parks entscheidend verbessert werden. Das betrifft insbesondere die PNN Tairona, Los Nevados, Otún Quimbaya, Amacayacu und die Isla Gorgona. In den zugänglichen Nationalparks existiert ein gewartetes Wegesystem und Naturführer stehen zur Verfügung. Die Eintrittspreise variieren je nach Beliebtheitsgrad, sind aber geringer als in den meisten Nachbarländern. Zu den populärsten Parks gehören die Islas del Rosario (bei Cartagena), Tairona, Isla Gorgona, Iguaque (bei Villa de Leyva) und El Cocuy. Viele der abgelegenen Nationalparks sind nunmehr ausschließlich wissenschaftlichen Forschungszwecken vorbehalten.

Instituto Geográfico Agustín Codazzi (IGAC) www.igac.gov.co das staatliche Institut hält umfangreiches Kartenmaterial vorrätig, auch in digitalisierter Form, überwiegend im Maßstab 1:2000, 1:100.000 und 1:25.000, Bogotá, Cra. 30 No 48-51.

ONIC www.onic.org.co die nationale Indigenenorganisation ist der Dachverband der meisten der 84 in Kolumbien lebenden indigenen Völker, Bogotá, Calle 13 No 4-38 ☏ 284 21 68.

Fundación Natura www.natura.org.co eine nichtstaatliche NGO zum Zwecke der Bewahrung der Biodiversität des Landes.

Coama www.coama.org.co eine nichtstaatliche NGO, die es sich zur Aufgabe gemacht hat, die Selbstverwaltung der indianischen Gemeinschaften im Amazonasgebiet zu stärken.

GiZ www.giz.de die Deutsche Gesellschaft für internationale Zusammenarbeit (vormals GTZ) arbeitet in Kolumbien seit 1965.

Deutsch-Kolumbianischer-Freundeskreis e.V. www.dkfev.de pflegt einen vielfältigen und regen Kulturaustausch zwischen Deutschland und Kolumbien.

Aktivitäten

Tauchen

Kolumbien ist mit seinen 2900 km Küste an **Karibik** und **Pazifik** ein ideales und kaum entdecktes Tauchrevier. Dabei bieten beide Küsten dem Taucher ganz unterschiedliche Attraktionen. An der Karibikküste und den Inseln San Andrés und Providencia sind die Wassertemperaturen das ganze Jahr über konstant um 27°C. Entlang der Karibikküste liegen die Tauchressorts von Taganga bei Santa Marta, Cartagena mit den vorgelagerten Islas del Rosario und Capurganá an der Grenze zu Panama. Vor Taganga im Bereich des Tairona Nationalparks gibt es Höhlen und Kanäle. Vor der Küste liegen Schiffs- und Flugzeugwracks, in denen sich viele farbenprächtige Fische tummeln. Bei den **Islas de Rosario** finden sich (inzwischen stark geschädigte) Korallenriffe und noch Reste versunkener Schiffe aus kolonialer Zeit, doch sind die Sichtverhältnisse nicht so gut wie anderswo in der Karibik. Eine wunderbare Unterwasserwelt bietet **Capurganá** mit Unterwasserhöhlen und Korallenriffen. Um die Inseln **San Andrés** und **Providencia** sind die Wassertempera-

turen höher und die Sichtweiten von 30-50 m besser als vor der Küste. Es gibt über 20 teilweise spektakuläre und gut zugängliche Tauchplätze. San Andrés und Providencia sind noch immer ein Geheimtipp für Taucher in der Karibik mit ausgedehnten Korallenriffen und einer außergewöhnlichen Artenvielfalt. Insgesamt machen die ruhige See, die guten Sichtweiten und die angenehmen Temperaturen in der Karibik das Tauchen auch für den Anfänger einfach.

Entlang der Pazifikküste ist das Meer reich an Fischen. Barrakudas, Marlins, Dorados, Segelfische bis 70 Pfund, Thunfische bis 100 Pfund und Schwertfische, wie der *huaho*, die bis zu 2 m lang werden, sind keine Seltenheit. Hier heißen die Ziele **Ensenada de Utría** und die Inseln **Gorgona** und **Malpelo**. In der Bucht von Utría wachsen Korallen, was entlang der Pazifikküste ausgesprochen selten ist. Vor Gorgona stößt man auf eine reiche Unterwasserfauna mit Meeresschildkröten, Teufelsrochen, Delfinen und Haien. Die Unterwasserwelt Malpelos mit ihren Unterwassergrotten und Tunneln, in denen sich gewaltige Fischschwärme tummeln, ist atemberaubend. Die Wassertemperaturen des Pazifiks sind nicht ganz so hoch wie in der Karibik. Die Tauchgänge müssen mit den stark wechselnden Gezeiten abgestimmt werden. Wer im Pazifik tauchen möchte, sollte daher schon Erfahrung besitzen.

Tauchschulen befinden sich bei den meisten Tauchressorts. Einen Anfängerkursus kann man auch in Bogotá im Schwimmbecken absolvieren. Viele Ausbilder sind lizenzierte Tauchlehrer der Verbände Naui, Padi und der kolumbianischen Fedecas. Gesprochen wird neben Spanisch zumeist auch

Englisch und in Taganga und auf San Andrés gibt es jeweils auch eine von Deutschen geleitete Tauchschule. Tauchgerät lässt sich in Kolumbien mieten. Der ambitionierte Taucher wird seinen Anzug, Maske, Flossen und den Atemring schon von zuhause mitbringen. In Kolumbien gibt es vier Dekompressionskammern, in San Andrés, Cartagena, Bahía Malaga (bei Buenaventura) und Bogotá.

Bergsteigen & Trekken

Die drei herausragenden Bergmassive des Landes sind **El Cocuy** in der Ostkordillere (bis 5330 m), **Los Nevados** in der Zentralkordillere (bis 5400 m) und **Pico Colón** (5770 m) in der Sierra Nevada de Santa Marta. Alle Bergbesteigungen bieten klettertechnisch keine allzu großen Schwierigkeiten. Das schönste Gebirge ist vielleicht die Sierra Nevada del Cocuy, ähnlich schön wie der Torres del Paine Nationalpark im Süden von Chile, aber längst nicht so bekannt. Die mythenumwobenen Gipfel des höchsten Küstengebirges der Welt, der Sierra Nevada de Santa Marta, sind fester Bestandteil der indigenen Welt der Kogi- und Arhuaco-Indianer und für Trekker wie Bergsteiger nach wie vor gesperrt. Ein interessanter Aufstieg führt zum **Nevado de Tolima**, dem südlichsten der Los Nevados.

Von Jahr zu Jahr schmilzt allerdings die Schnee- und Eisfläche. Das weltweite Gletschersterben macht vor Kolumbien nicht halt. Zudem liegt das Land im Zentrum verstärkter vulkanischer Aktivitäten, betroffen sind die Vulkane **Galeras**, **Nevado del Huila** und der **Nevado del Ruiz**. Der Bergpionier Erwin Kraus war 1935 nach Kolumbien gekommen und hatte erstmals den Pico Colón, das Cocuymassiv und den Nevado del Huila bezwungen.

Eine gute Kontaktadresse für Bergsteiger und Freeclimber in Kolumbien ist der **Almacen Aventura**, Cra. 13 No 67-26 ① 248 16 79 in Bogotá. Bergsteigerausrüstung mit internationalen Standard ist dort erhältlich. Für organisierte **Wandertouren** *(Caminantes)* gibt es eine Reihe empfehlenswerter Kontaktadressen in Bogotá: **Clorofila Urbana** www.clorofilaurbana.org **Caminantes Del Retorno** www.caminantesdelretorno.com **Caminantes Sal Si Puedes** www.salsipuedes.org und in Medellín: **Club de Caminantes** www.lopaisa.com

Rafting

Erst wenig verbreitet, aber stark im Kommen sind Wildwasserfahrten («White-Water-Rafting») in Kolumbien. Anlaufpunkte sind die Flüsse Suárez, Chicamocha und Fonce im Departement Santander, der Río Barragán in der Zona Cafetera und der Oberlauf des Río Magdalena bei San Agustín. Nur 1½ Autostunden nordwestlich von Bogotá durchbricht der Río Negro bei den Gemeinden Nimaina und Útica eine reizvolle Gebirgslandschaft, in deren Gelände auch andere Trendsportarten ausgeübt werden können, wie Mountainbiking, Rappel und das Abseilen in Kaskaden.

Reiten

Kolumbien ist ein ideales Land zum Reiten. In vielen ländlichen Regionen sind Pferde das wichtigste und oft das einzige Transportmittel. Über die vielen Höhenrücken der Anden kommt man nach wie vor am besten zu Pferd. Die Höhenlagen der Provinzen Huila, Cauca und Nariño sind kaum von Straßen durchzogen, dort ist es eine Freude, mit dem Pferd durchs Land zu reiten oder über den Páramo einmal nach Ecuador zu reisen.

Spanischlernen

Kolumbien gehört zu den Ländern in denen ein exzellentes Spanisch gesprochen wird! Sprachunterricht ist in allen Universitätsstädten sowohl als privater Einzelunterricht als auch in der Gruppe möglich. Der Kursus an der **Universidad Javeríana** dauert drei Monate und beginnt meist in der letzten Januarwoche, Bogotá, Cra. 7 No 40-62. Kurse in fünf unterschiedlichen Schwierigkeitsgraden in angenehmer Lernatmosphäre mit Leuten aus der ganzen Welt www.javeriana.edu.co **Universidad de Los Andes**, Cra. 1A Este No 18A www.uniandes.edu.co

Tanzen

Salsa-Tanzen lernt man außerhalb von Kuba am besten in Cali, der Hauptstadt des kolumbianischen Salsa (siehe Cali). Auch in Bogotá bieten Tanzschulen Gruppen- und Privatunterricht an. Eine Stunde Privatunterricht kostet zwischen € 8-15.

Auslandsstudium & Praktikum

Zwischen einigen Unis im deutschsprachigen Raum und in Kolumbien bestehen enge Kontakte und Studentenaustauschprogramme. Zu nennen sind hierbei insbesondere die geographischen Institute der Universitäten Mainz und Tübingen und die jeweiligen Lateinamerika-Institute. Die Katholische Universität Eichstätt-Ingolstadt pflegt gute Beziehungen zur Universidad Javeriana in Bogotá. Studienaufenthalte sind vor allem an den privaten Universitäten, Los Andes (Wirtschaftswissenschaften, Ethnologie), Externados (Jura), Javaríana (Sozialwissenschaften, katholische Theologie, Betriebswirtschaftslehre Spanisch) und der staatlichen Universidad Nacional in Bogotá (Soziologie, Biologie, Architektur) sehr

zu empfehlen. Die Möglichkeit für Praktika bieten die folgenden Einrichtungen: **Colegio Andino**, die deutsche Schule in Bogotá, für Lehramtsstudenten, Calle 220 No 53 A.A. 56961 ☎ 7 676 07 80. Die **deutsch-kolumbianische Außenhandelskammer** für Juristen, Auslandsstation während des Referendariats www.ahk-colombia.com **Fundación Natura**, Bogotá, Av. 13 No 87-43 ☎ 616 92 62, für Biologen. **IGAC** für Geographen und Stadtplaner www.igac.gov.co **CIAT** (Centro Internacional de Agricultura Tropical) http://ciat.cgiar.org für landwirtschaftliche Studiengänge. Für angehende Mediziner bietet das kolumbianische Gesundheitswesen eine ganze Reihe von Praktika- und Famulaturplätzen. Die Privatklinik der Universität Javeriana stellt Plätze für den *medico interno* zur Verfügung. Bewerbungen sind an die *faculdad de medicina* in Bogotá zu richten. Ausführliche Informationen: www.famulantenaustausch.de **Ärzte ohne Grenzen** arbeiten seit 1985 in Kolumbien www.aerzte-ohne-grenzen.de

Einkäufe

Smaragde - in Bogotá und Cartagena.

Hängematten und gute **Moskitonetze** - in Bogotás Altstadt (z.B. Pasaje Rivas Cra. 10 No 10-72) oder direkt in San Jacinto und auf der Guajira.

Goldschmiedekunst - in Bogotá und Mompox.

Kunsthandwerk - z.B. in Bogotá bei der Galeria Cano im Centro Comercial Andino, Cra. 11 No 82-51 Local 306 ☎ 616 87 26.

Präkolumbianische Nachbildungen - in Bogotá und Ráquira.

Lederwaren - in Bogotá und Pasto.

Masken, Holzschnitzkunst (barniz) - in Pasto (siehe Kunsthandwerk).

INFOS – TOUREN & AKTIVITÄTEN

▶ **Transportmittel**

✈ *Flugverbindungen*

Die beste Direktverbindung zwischen Deutschland, Österreich, der Schweiz und Kolumbien bietet augenblicklich **Lufthansa** an, täglich Frankfurt-Bogotá. Weitere Verbindungen bestehen mit **Air France**-KLM von/nach Paris, **Iberia** und **Avianca** zwischen Madrid/Barcelona/Valencia und Bogotá. Über die USA bestehen weitere Verbindungen mit American Airlines, Continental, Delta und Avianca via Miami, Houston, Atlanta u. a. Die Verbindungen von Europa via USA sind aber umständlicher und in aller Regel auch teurer. Die Flugpreise der einzelnen Gesellschaften variieren beträchtlich, je nach Gültigkeitsdauer des Tickets, Haupt-, Nebensaison, etc. Zu aktuellen Last-Minute-Tarifen sollte man die Websites der Airlines direkt befragen. **Anschlussflüge** mit Avianca bestehen zu allen von der Airline angeflogenen Inlandzielen, einschließlich San Andrés. Leticia am Amazonas wird augenblicklich nur von Copa und Lan Colombia angeflogen und gehört nicht dazu. Generell ist es nicht teurer, nach Bogotá zu fliegen und das Anschluss-Ticket vor Ort zu besorgen. Inlandflüge sind leicht am Schalter im El Dorado Flughafen zu buchen oder vorab auch im Internet. Avianca bietet den **Airpass - Colombia** für Inlandflüge an, bestehend aus 3 Coupons plus weiteren Einzelcoupons. Voraussetzungen hierfür sind ein fester Wohnsitz außerhalb Kolumbiens und ein gültiges internationales Ticket von Avianca (oder einer anderen Airline, dann kosten die Coupons 50 % mehr) für die Einreise nach Kolumbien aus Übersee. Der Airpass muss im Ausland erworben sein, und die Gültigkeitsdauer beträgt ab Antritt des ersten Fluges 30 Tage. Flugziele: Bogotá, Cali, Cartagena, Santa Marta, San Andrés, am besten zu buchen über eine Reiseagentur im deutschsprachigen Raum.

Inlandsflüge

Kolumbien hat ein weit verzweigtes Flugnetz. Die wichtigsten Fluggesell-

Internationale Airlines

AeroGal www.aerogal.com.ec · Route: Bogotá - Quito (Ecuador)

Aerolineas Argentinas www.aerolineas.com.ar
Route: Bogotá - Buenos Aires (Argentinien)

Air Canada www.aircanada.com · Route: Bogotá - Toronto (Kanada)

Air France/KLM www.airfrance.com.co · Route: Bogotá - Paris (Frankreich)

American Airlines www.aa.com/español
Route: Bogotá / Cali /Medellín - Miami / Tampa (USA)

Avianca/Taca www.avianca.com / www.taca.com · Route: Bogotá/Cali/Medellín
- diverse Direktverbindungen nach Nord-/Mittel-/Südamerika

ConViasa www.conviasa.com · Route: Bogotá - Caracas (Venezuela)

Copa www.copaair.com · Route Bogotá - Panama City (Panama)

Cubana de Aviación www.cubana.cu · Route: Bogotá - Havanna (Kuba)

Delta www.es.delta.com · Route: Bogotá - Atlanta/Chicago/New York (USA)

Iberia www.iberia.com · Route: Bogotá - Barcelona/Madrid (Spanien)

LAN www.lan.com · Route: Bogotá - Miami (USA)/Santiago de Chile (Chile),
Cali/Medellín - Lima (Peru)/Quito (Ecuador)

Lufthansa www.lufthansa.com · Route: Bogotá - Frankfurt (Deutschland)

Tame www.tame.com.ec · Route: Bogotá - Quito (Ecuador)/Caracas (Venezuela)

schaften für nationale Verbindungen sind **Avianca** www.avianca.com **Copa Airlines Colombia** (vormals Aerorepública) www.copaair.com **Lan Colombia** (vormals Aires) www.lan.com ☏ 01 800 094 94 90 (allgemeine Auskunft) und die im Kooperationsverbund mit Avianca betriebene Dschungelairline **Satena** www.satena.com die von Medellín operierende Aerolinea De Antioquia (**ADA**) www.ada-aero.com und Kolumbiens erste und einzige Billigfluggesellschaft Easyfly www.easyfly.com.co Hinzukommen einige regionale Charter mit Kleinflugzeugen, konzentriert auf die Pazifikküste, **Aeroexpreso del Pacifico** www.aexpa.com.co am Aeropuerto Internacional Matecaña Local 26 in Pereira ☏ 0180 00 916 288/ 315 496 17 47 /-51 mit den Zielen Quibdó, Pereira, Nuqui. Verbindungen zwischen allen Großstädten des Landes bestehen mehrmals täglich und werden von mehreren Anbietern bedient. **Avianca** bietet nunmehr in Kombination mit **Taca** (El Salvador) das größte Flugnetz auch in die Nachbarländer an. Eine gute und oftmals günstige Alternative ist Lan Colombia, ein Ableger der chilenischen LAN, die mit der brasilianischen Tam zur größten lateinamerikanischen Airline fusionieren wird, wodurch sich häufigere Flugverbindungen von und nach Brasilien ergeben werden.

Die Tarife der Fluggesellschaften haben sich weitgehend angepasst. Es gibt immer mal wieder reduzierte Flüge bei allen Fluggesellschaften. Avianca und Lan Colombia bieten ein umfangreiches Rabattsystem an. Per Mausklick ist der aktuelle Flugplan einschließlich der Tarife zu erfahren. Alle Fluggesellschaften akzeptieren in den größeren Städten Kreditkarten. In den kleinen und abgelegenen Orten muss man bar bezahlen. Die nationale Flughafengebühr wird beim Ticketkauf mitbezahlt.

Einige Dörfer im Llanos- und Amazonasgebiet werden allenfalls einmal pro Woche angeflogen. In diesen Regionen fliegen gelegentlich **Frachtflugzeuge** (*cargeros*), die zumeist von Villavicencio, selten direkt vom El Dorado-Cargoterminal in Bogotá operieren. **Aerosucre** ② 414 82 24 www.aerosucre.com El Dorado Flughafen Muelle No 2. In den Llanos- und im Amazonasgebiet sind auch noch einige wenige der antiken und unverwüstlichen DC-3's im Alltagsgebrauch. Neben der Fracht- dienen diese Maschinen auch der Personenbeförderung. Die Zahl der Fluggesellschaften, die Bogotás El Dorado-Flughafen, den größten des Landes, anfliegen, hat sich seit Beginn der 1990er Jahre verdreifacht, das Passagieraufkommen verdoppelt. Der Flughafen ist das Luftfahrt-Drehkreuz für die größte nationale Fluglinie Avianca sowie für Copa Airlines Colombia. Für einige ausländische Fluggesellschaften ist der El Dorado-Airport zu einer wichtigen Plattform im lateinamerikanischen und karibischen Raum geworden. Der Flughafen hat zwei Start-/Landebahnen. Ankunft- und Abflughalle wurden umfassend erweitert und entsprechen den bekannten internationalen Standards. Neben dem El Dorado-Airport sind auch die anderen wichtigen Flughäfen in Kolumbien (Barranquilla, Cartagena, Medellín und Cali) privatisiert und modernisiert worden.

 Bus

Kolumbien hat ein gut entwickeltes Busverkehrsnetz. Wo eine Straße hinführt, fährt auch ein Bus. Bis auf Cúcuta haben alle größeren Städte Kolumbiens erstklassig organisierte, saubere und sichere Busbahnhöfe. Es gibt eine Gepäckaufbewahrung rund um die Uhr, Pendelverkehr mit der Innenstadt bzw. in Medellín einen bequemem Anschluss mit der Metro.

Alle großen Gesellschaften haben eine Flotte von modernen Pullmanbussen im Einsatz, zumeist mit guter Bestuhlung und ausreichend Beinfreiheit. Eine Toilette ist an Bord. Die Pullmanbusse haben eine zentrale Klimaanlage, nicht selten auf arktische Kälte eingestellt, daher auch in den tropischen Niederungen und bei Nachtfahrten Pulli und Decke bereithalten. Für die Unterhaltung an Bord sorgen Stereoanlage und TV/DVD-Bildschirme. Die Überlandbusse (*ejecutivos*) muten ihren Fahrgästen auf längeren Fahrten mehrere Videos zu, die von stark schwankender technischer und inhaltlicher Qualität sein können. Um der Busbeschallung zu entgehen, hilft nur der eigene IPod mit der Lieblingsmusik oder Lärmstopper für die Ohren. Auf den meisten Routen verkehren zudem gewöhnliche Linienbusse (*corrientes*), die öfter anhalten, dafür 20-30 % billiger sind als der Pullman. Im Allgemeinen gilt, Busfahren ist auch in Kolumbien längst nicht mehr spottbillig, doch viele Gesellschaften bieten auf Nachfrage auf Überlandstrecken Rabatte von 10-15 % an, daher am besten die Frage stellen «**¿hay descuento?**»

Eine Alternative auf kürzeren Strecken sind die Mikrobusse (Aerovans, Colectivos). Sie sind bequem, schnell und sicher. Der allgemeine **Fahrstil** hat

Chiva

Die Chiva (auch 'escalera' genannt) ist das unverwüstliche Transportmittel in den ländlichen Regionen. Eine Chiva ist ein Holzaufbau auf einem Lkw-Chassis ohne Seitenfenster. Die Fahrgäste sitzen auf durchgehenden knallharten Holzbänken in Reihe hintereinander. Auf dem Dach stapeln sich Pakete, Werkzeuge, Milchkannen,

Hühner, Kartoffelsäcke und weitere Fahrgäste. Diese Fahrzeuge sind liebevoll und farbenfroh bemalt. Jedes Bild am Heck ist einmalig, handsigniert vom Künstler. Die Chivas verkehren noch immer auf den nicht asphaltierten Straßen von Antioquia, Cauca, Nariño und Santander. Wer die Wahl hat, sollte sich nach vorne setzen. Auf der Hinterbank schießen die Leichtgewichte bei jedem Schlagloch in die Höhe.

Ein anderes, geradezu emblematisches Transportmittel in der Zona Cafetera ist der Willyz Jeep (campero).

sich verbessert, notfalls hilft *Virgen del Carmen,* die Schutzpatronin der Busfahrer.

Taxi

Taxifahren in Kolumbien ist günstig und im Stadtverkehr immer noch das schnellste und sicherste Transportmittel. Mit Gepäck ist es ratsam, das Taxi allen anderen Verkehrsmitteln vorzuziehen. Die Taxen in Kolumbien haben in den Großstädten Taxameter. Die auf dem Taxameter erscheinende Anzeige wird in den jeweiligen Peso-Tarif umgerechnet, der aus einer Liste, zumeist gut sichtbar auf der Rückseite des Beifahrersitzes angebracht, abgelesen werden kann. Nach dem Einsteigen stellt der Fahrer das Taxameter an, wenn nicht, steigt man am besten wieder aus und nimmt das nächste Taxi. Bei Fahrten vom Flughafen und vom Busbahnhof in Bogotá holt man sich am Schalter einen Computerschein, auf dem der Fahrpreis und die Nummer des Taxis gedruckt sind. Bei Fahrten zum Flughafen/Busbahnhof wird für das Gepäck ein Aufpreis genommen. Es gibt Funktaxis, deren Grundgebühr geringfügig über einem auf der Straße angehaltenen Taxi liegt. In kleinen Städten gibt es einen Einheitsfahrpreis (carrera minima). Aus Sicherheitsgründen sollte man bei Taxifahrten in den Großstädten (zumal nachts) ausschließlich autorisierte Taxen per Telefon bestellen, ansonsten kann es passieren, Opfer einer Kurzzeitentführung (secuestro express) zu werden, bei der die Erpresser unter vorgehaltener Waffe den Fahrgast um Kreditkarten und PIN-Nummern bitten, um am Geldautomaten Bargeld abzuräumen.

🚢 Schiffsverkehr

Zu Zeiten der Dampfschifffahrt waren Schiffe die wichtigsten Verkehrsmittel

Kolumbiens für den Personen- und Warentransport. Die drei wichtigsten Flüsse waren der **Río Magdalena** für die Verbindung von der Küste ins Inland, der **Río Meta** für den Handel mit Venezuela und der **Río Putumayo** für die Ausfuhr des Kautschuks nach Peru. Diese Zeiten sind längst vorbei und heute verkehren auf diesen Flüssen nicht mehr als eine Handvoll Schlepper, beladen mit Bierkästen und Baumaterialien.

Der Personenverkehr spielt nur dort eine Rolle, wo er nicht durch eine Straßenverbindung überflüssig geworden ist. Am Unterlauf des Río Magdalena, auf dem Río Meta, dem Río Amazonas zwischen Leticia und Puerto Nariño, dem Río Atrato, entlang der Pazifikküste und zwischen Turbo und Capurganá verkehren Schnellboote mit PS-starken Außenbordmotoren (*lanchas, chalupas* oder *voladoras*).

 ## Züge

Der reguläre Personenzugverkehr ist bis auf zwei kuriose Schmalspur- Gleisabschnitte fast vollständig zum Erliegen gekommen. Die Einheimischen betreiben in Eigenregie die Strecke Puerto Berrío - Cisneros bis Virginias und in die Gegenrichtung durch die Sumpf- und Weidelandschaft des Magdalena Medio bis nach Barrancabermeja mit selbstgezimmerten Wägelchen, angetrieben durch ein auf die Gleise gesetztes Motorrad. Ein vergleichbare Art der Fortbewegung, die 'Bruja' (Hexe) genannt wird, existiert auch noch in San Cipriano, abseits der Straße von Cali nach Buenaventura. Touristenzüge mit nostalgischen Dampfloks zuckeln an Wochenenden und Feiertagen zwischen Bogotá und Nemocón sowie zwischen Cali und Buga.

Mietwagen

In allen größeren Städten sind internationale und nationale Autovermietungen vertreten. Um ein Auto anzumieten, muss man mindestens 21 Jahre sein, benötigt einen Reisepass, einen Führerschein und eine Kreditkarte. Die Miete eines Kfz liegt über dem Preisniveau Europas, und reduzierte Tarife gibt es kaum. Die Grundmiete eines Kfz mit Freikilometern kostet doppelt so viel wie bei Abrechnung nach gefahrenen Kilometern (30 Cent pro Kilometer). Sorgfältig prüfen sollte man die Versicherungsbedingungen. Einige Autovermieter schließen Diebstahl ganz aus, oder Diebstahl, Unfall- und Personenschaden sind nur bis zu 80 % gedeckt. Das kann teuer werden. Bei Empfangnahme das Kfz auf Schäden überprüfen und eventuelle Mängel beim Autovermieter schriftlich festhalten.Weit schlimmer kann es kommen, wenn man als Autofahrer einen Passanten anfährt und verletzt. Die kolumbianische Justiz ist nicht zimperlich und sperrt den Täter kurzerhand ein. **Avis** www.aviscolombia.com und **Hertz** www.hertzcolombia.com.co haben Counter in Bogotá am Internationalen Flughafen El Dorado.

Straßenverhältnisse

Über den aktuellen Zustand des kolumbianischen Straßennetzes gibt das national-staatliche Straßeninstitut (*Instituto Nacional de Vias*) www.invias.gov.co Auskunft.

Taxi-Ruf Bogotá

☎ **211 11 11**
☎ **311 11 11**
☎ **411 11 11**

▶ Sicherheit & Gesundheit

🔵 Uniform & Polizei

Kolumbien ist ein Land voller Uniformen. Doch keine Angst, was andernorts eher Unbehagen auslöst, sorgt hier mitunter auch für Heiterkeit. Die «**Khaki-Braunen**» stellen die überragende Mehrzahl aller Uniformträger. Sie sind vom privaten Sicherheitsdienst, der alles bewacht, Parkbänke und Fahrstühle, Eingangstüren und Parkplätze. Meist ist die Kappe zu groß und verdeckt das halbe Gesicht, mal die Hose zu klein. Hinter so mancher Uniform meint man, 'Charlie Chaplin' zu erkennen. In Kolumbien gibt es ein halbes Dutzend unterschiedlicher Polizeiorgane, von der Straßenpolizei bis zur Policía Antinarcotico. Die Touristenpolizei (*Policía de Turismo*) ist in allen größeren Städten vertreten. Sie ist der Ansprechpartner für die Opfer von Straftaten und nimmt Anzeigen entgegen. Einige der Beamten sprechen Englisch.

Kontrollen

Wie in allen lateinamerikanischen Ländern ist es Vorschrift, stets ein gültiges Dokument mit sich zu führen, um sich gegenüber den Ordnungskräften ausweisen zu können. Die Kolumbianer sind darauf eingestellt und haben stets die *cedula* dabei, deren Nummer sie auswendig kennen. In Städten bleibt freilich abzuwägen, ob man nicht mit einer Kopie besser bedient ist, und sollte das Original wirklich einmal gefragt sein, die Beamten auf das Hotel verweist. Die Wiederbeschaffung eines verlorenen oder gestohlenen Passes ist kosten- und zeitaufwendig.

Bei Überlandfahrten gibt es Kontrollstellen von Armee und Polizei in Guerilla- und Schmuggelgebieten, um Präsenz zu zeigen. Männliche Fahrgäste werden hierbei auf Waffen untersucht. Zum Teil werden Gepäckkontrollen durchgeführt. Wir sind stets zuvorkommend und höflich behandelt worden.

Risikobehaftete Regionen

Im Prinzip sind alle Landesteile für ausländische Reisende zugänglich. Die Sicherheitslage hat sich in den zentralen Landesteilen, insbesondere in den Städten spürbar verbessert. In sämtlichen 1100 Gemeinden sind nun Polizei- und Militäreinheiten stationiert, während vor zehn Jahren noch 200 Gemeinden ohne staatliche Sicherheitskräfte ausgestattet waren. Militär und gepanzerte Fahrzeuge sind zur Abschreckung und Präsenz an den Verkehrsknotenpunkten der großen Ausfallstraßen postiert worden, also den Orten, die zuvor immer ein gewisses Entführungsrisiko für Reisende bargen. Den Besuch abgelegener Regionen sollte man gründlich vorbereiten und die persönlichen Daten ggf. bei der Botschaft des Heimatlandes hinterlegen.

Als unsicher einzustufen ist die Grenzregion zu Panama (**Darién**) durch die Anwesenheit von Guerilla und bewaffneten Banden. Ebenso ist von einem Besuch des Kolonisationsgebietes **Catatumbo** (Dep. Norte de Santander) an der Grenze zu Venezuela abzuraten, hier hat die Eln-Guerilla zwei deutsche Weltenbummler im November 2012 gekidnappt. Marineschnellboote kontrollieren den **Río Atrato** (Dep. Chocó), seit Jahren ein Korridor für den Waffen- und Drogenschmuggel im Grenzgebiet zu Panama. Nach Capurganá kann man leicht fliegen, aber Überlandfahrten sollte man im und der angrenzenden Region **Chocó-Urabá** meiden. Trotz der laufenden Friedensinitiative zwischen Staat und Farc-Guerilla sind die gerade noch mit einem Straßenanschluss versehenen abgelegenen Landesteile der **Departements Putumayo** und **Caquetá** unsicheres Gelände. Über einige Abschnitte des Río Putumayo herrscht noch immer der Bloque Sur der Farc, die in dieser Region einige ihrer geräumten Plätze vermint hat. In einer Reihe abgelegener Landesteile hat man eine

besorgniserregende Zunahme der international geächteten **Anti-Personen-Minen** registriert, die mehrheitlich aus den Beständen der Farc-Guerilla stammen. Immer wieder kommt es vor, dass Menschen auf dem Weg zur Feldarbeit oder spielende Kinder durch Landminen verstümmelt oder getötet werden. Ein Regierungsprogramm organisiert die Minenbeseitigung und versucht die Bevölkerung über die Gefahren aufzuklären. Eine Polizeieinheit richtet Spürratten zum Einsatz gegen Anti-Personen-Minen ab.

Gefährlich werden kann die Schwächung der kolumbianischen Guerilla dem Besucher nur insoweit, als zu befürchten steht, dass in Zukunft vermehrt Sprengstoffanschläge in den Städten auf militärische und Polizeieinrichtungen verübt werden. Aus den aufgelösten paramilitärischen Verbänden haben sich neue kriminelle und terroristische Einheiten gebildet, sie heißen «Águilas Negras» (Norte de Santander und Chocó-Urabá) oder «Los Rastrojos» (Nariño), und sie mischen beim Waffen- und Drogenhandel ebenso mit wie beim Benzinschmuggel in den Grenzregionen.

Die Zahl der Entführungen allerdings, die einst eine wahre Volksseuche darstellten, ist deutlich im Sinken begriffen. Entführungsfälle gehen jetzt überwiegend auf das Konto der organisierten Kriminalität und einiger «Trittbrettfahrer». Touristen zählen nicht zur bevorzugten Zielgruppe, können aber unter unglücklichen Umständen auch einmal in die Fänge von Entführern geraten. Geschäftsleute werden sich mit den Hinweisen privater Sicherheitsfirmen, wie *Control Risks* www.controlrisks.com vertraut machen und eine persönliche Risikoeinschätzung vornehmen.

Vorsichtsmaßnahmen

Kolumbien ist nicht das Zerrbild des gesetzlosen Landes, als das es lange Jahre immer wieder herhalten musste. Heutzutage sind Caracas und Sao Paulo ein gefährlicheres Pflaster als Bogotá und Medellín. Die Gewaltkriminalität konnte eingedämmt werden, aber es müssen nicht immer gleich Leib und Leben in Gefahr sein, manchmal nervt schon der Griff in die Brieftasche. Daher gilt es, einige Maßnahmen zu beherzigen, die die persönliche Sicherheit gewährleisten oder doch zumindest erhöhen.

In den Großstädten muss man sich, soweit es geht, vor Taschendieben und Trickbetrügern in Acht nehmen. Auf den großen Flughäfen und Busbahnhöfen, in Einkaufszentren und auf Märkten sollte man auf sein Gepäck achten. Organisierte Taschendiebe sind an den Hauptstationen des **TransMilenio** in Bogotá unterwegs. Viele Trickdiebe und Betrüger in Kolumbien sind phantasievoll und können gelegentlich sogar charmant sein. Beim Rückflug kann man das aufzugebende Gepäck in Plastikfolie einschweißen lassen, wenn man denn glaubt, sich auf diese Weise wirkungsvoller vor Diebstahl oder unbewusstem Drogenschmuggel schützen zu können. Wer mit einem Rucksack reist, kann ihn zum gleichen Zweck auch in einem praktischen Ortlieb-Wassersack verstauen und mit einem kleinen Vorhängeschloss sichern. Denn gelegentlich weigern sich die Airlines plastikverschweißte Koffer zu befördern und soll das Gepäck geöffnet werden, wird der Reisende konsultiert.

Auf einer Kolumbienreise haben der Familienschmuck und die Rolex nichts zu suchen. Um sich bei Diebstahl oder Verlust Ärger und Laufereien zu ersparen, sollten die wichtigsten Dokumente kopiert werden, Pass (Plastikkarte & Eintrittsstempel), Flugticket, Ankaufbeleg der Travellerschecks. etc. Die Dokumente kann man einscannen und auf einen externen Server stellen.

Raubüberfälle

Raubüberfälle sind in den Großstädten nie ganz auszuschließen, passieren jedoch kaum am helllichten Tag und im belebten Zentrum. Nachts sollte man nicht durch dunkle, einsame Straßen spazieren und stets ein Taxi nehmen. In dem seltenen Fall eines bewaffneten Überfalls, sollte man auf keinen Fall Widerstand leisten und, wenn es der Zwischenfall erfordert, den Angreifern das Bewegungsgeld (50.000-100.000 colP) aushändigen, um sie zufriedenzustellen. Die heikelsten Zonen sind oft die Wege, die zu den vielen Kreuzhügeln führen. Die schöne Aussicht reizt, aber auf dem Weg nach oben lauern Gefahren. Das gilt insbesondere an Wochentagen auf dem Kreuzgang zum Monserrate in Bogotá.

Busfahrten

Im Allgemeinen sind die Fahrten in Überlandbussen eine recht sichere Sache. Das Gepäck wird bei den großen Gesellschaften gegen einen Gepäckschein im Laderaum verstaut. Zusätzliche Sicherheit bietet ein Sitzplatz mit Blick auf Seiten des Gepäckstauraumes. Wird kein Gepäckschein ausgegeben, ist es besser, das Gepäck mit in den Bus zu nehmen und es in Reichweite zu haben. Gleichwohl gibt es in vielen ländlichen Gebieten, etwa bei Fahrten mit der Chiva verständlicherweise keinen Gepäckschein, und das Gepäck ist trotzdem sicher. Ein neuralgischer Punkt sind die nächtlichen Busfahrten. Einige abgelegene Routen können nachts zur Zielscheibe von Überfällen oder gar Entführungsaktionen werden, zumal auf der heiklen Strecke **Quibdó-Medellín**. Der Variante des Massen-Kidnapping bei aufgestellten Straßensperren (*pesca milagrosa* =wundersames Menschenfischen), durch die sich die Farc-Guerilla eine Zeitlang mit Vorliebe finanzierte, ist der Staat durch Miltärcheckpoints vehement und effektiv entgegengetreten. Bewaffnete Bandenüberfälle werden aber gelegentlich auf nächtliche Busse zwischen Popayán, Pasto und Ipiales registriert.

Burundanga

Eine der unangenehmeren Formen von Kriminalität ist das Bewusstlos machen des Opfers und nachträgliche Ausrauben. Das Betäubungsmittel heißt *burundanga* oder *escopolamina*. Das Gift wird aus der Rinde eines unscheinbaren Baumes gewonnen, der überall in der Andenregion vorkommt, mit dem Namen *borrachero* und *cacao llanero*. Mit dem geschmacks- und geruchlosen Gift werden Bonbons, Kekse, Zigaretten und vieles mehr präpariert. Zumeist bei nächtlichen Busfahrten versuchen freundliche Mitreisende mit ihren Opfern ins Gespräch zu kommen und bieten dann beiläufig während des Gespräches den präparierten Keks an, während sie gleichzeitig einen unbehandelten essen. Anderswo kippt man Ihnen Ecstasy ins Bier, in Kolumbien kann es Escopolamina sein. Das Opfer versinkt nach kurzer Zeit in tiefe Bewusstlosigkeit, die bis zu Tagen andauern kann und findet sich im Busbahnhof oder Krankenhaus wieder. Oft dauert es noch einige Tage, bis das Opfer das Erinnerungsvermögen wiedererlangt hat. Immer mal wieder betroffen ist die Route Bogotá-Ipiales.

Drogen – und Drogenkriminalität

Die alltägliche Droge des Kolumbianers ist oft der Aguardiente. Ausländer interessieren sich auch schon mal für andere Drogen. Davon sollte man die Finger lassen. Die in Kolumbien illegal produzierten Drogen wie Marihuana, Kokain und die Billigkokaderivate Basuco und Crack sind auch zum (Eigen)Konsum illegal. Die Touristenpolizei in den Großstädten kontrolliert regelmäßig die Traveller-Guesthäuser auf Drogenvergehen, und die Hotelmanager informieren, schon um den eigenen Laden sauber zu halten, bei Verdacht die Polizei. Die Strafen und Strafbedingungen für Drogentäter sind drakonisch. Aufgrund der nur schleppend durchgeführten Ermittlungen kann es vorkommen, dass der Verdächtige monatelang in Untersuchungshaft sitzt, bevor der Richter den Fall prüft.

Wenn ein Unbekannter Sie am Flughafen bittet, ein Päckchen, einen Brief oder sein Übergepäck mitzunehmen, dann sollten Sie die Bitte abschlagen. Oft werden auf diese Weise Drogenbriefe aufgegeben, und der Reisende wird zum ahnungslosen *mula*. Als *mulas* bezeichnet man die menschlichen Pferdchen, die die Drogen aus dem Land schmuggeln. Meist sind es Kolumbianer, die das Geld reizt, doch es finden sich auch immer wieder Ausländer. Kokain und Heroinpulver werden im doppelten Boden eines Koffers aus dem Land geschmuggelt oder gar verschweißt in den abgeschnittenen Fingerkuppen eines Gummihandschuhs im Magen-Darmtrakt befördert. Die Kontrollen an den internationalen Flughäfen des Landes sind gründlich und auch bei nationalen Flügen nicht auszuschließen. Der Drogenpolizei sind die Schleichwege bekannt. Selbst wer ohne Probleme aus Kolumbien herauskommt, für den ist spätestens in London, Madrid oder Frankfurt Schluss.

Versicherung & Schadensfall

Kranken- und Unfallversicherung

Die gesetzlichen Krankenversicherungen kommen für die Kosten von Erkrankungen und Unfällen im außereuropäischen Ausland nicht auf. Viele Versicherer bieten daher Krankenversicherungen mit zeitlicher Begrenzung für das außereuropäische Ausland an. Krankenversicherungs- und Umweltversicherungsschutz lässt sich jedenfalls zum Teil auch über die Kreditkarte abdecken.

Verlust und Diebstahl des Reisepasses

Bei Verlust des Reisepasses sind alle diplomatischen Vertretungen des Heimatlandes berechtigt, ein Reiseersatzdokument auszustellen. Am schnellsten geht es in Bogotá bei den Botschaften. Für die Beschaffung des vorläufigen Reisepasses (einen Monat Gültigkeit) muss man mit einer Woche rechnen.

Verlust und Diebstahl von Kreditkarte/Travellerschecks

www.kartensicherheit.de bietet einen SOS-Infopass. Der Verlust oder Diebstahl der Kreditkarte muss umgehend angezeigt werden. **MasterCard** International (R-Gespräch) ☏ 01 636 722 71 11 www.mastercard.com **VisaCard** International (R-Gespräch) ☏ 01 410 581 99 94 www.visa.de **EC-/Maestrokarte**, Notrufnummer ☏ 0049 180 502

10 21 oder der zentrale Sperrennahmedienst für Debitkarten ☏ 0049 116 116, in Deutschland gebührenfrei, aus dem Ausland gebührenpflichtig. **American Express** ☏ Toll Free 01 800 912 03 03 oder 980 912 30 54 oder 980 915 44 58. Seriennummern der Schecks getrennt aufbewahren. Kostenfreie Erstattung binnen 24 Std.

Medizinische Versorgung

Die medizinische Versorgung in den größeren Städten entspricht weitgehend dem europäischen Standard, auf dem Lande ist sie jedoch defizitär. Anzuraten sind ein ausreichender, weltweit gültiger Krankenversicherungsschutz und eine zuverlässige Reiserückholversicherung. In weiten Teilen Kolumbiens bestehen **keine Gesundheitsgefahren**. Für einen Badeurlaub an der Karibikküste bedarf es keiner Malariaprophylaxe. Für empfindliche europäische Mägen ist bei Speisen vom Stand Zurückhaltung geboten. Amöbenerkrankungen sind nicht selten.

In Kolumbien gibt es keine Rezeptpflicht und nur wenige verschreibungspflichtige Medikamente. Die Apotheken heißen *farmacias* und *droguerías*. Für die meisten Medikamente existiert keine Preisbindung, so dass für das gleiche Mittel erhebliche Preisunterschiede bestehen. Tabletten werden auch einzeln verkauft. Günstig und gut bestückt sind die **Drogerías Rebajas** (Bogotá), Homöopathische Mittel führt z.B. die **Farmacia Santa Rita**, Cra. 5 No 11-09 ☏ 342 10 55, im Zentrum von Bogotá. Grundsätzlich sollte vor der Reise nach Kolumbien ein erfahrener Tropenmediziner zu den individuellen Prophylaxemaßnahmen befragt werden. Ausführliche Informationen zur Gesundheitsvorsorge auf Reisen in tropische Länder finden sich im Internet unter www.dtg.org (Deutsche Gesellschaft für Tropenmedizin) www.rki.de (Robert-Koch-Institut Berlin) www.gesundes-reisen.de (Bernhard-Nocht-Institut Hamburg). Man sollte auch einen Blick in die aktuellen Reise- und Sicherheitshinweise des Auswärtigen Amtes werfen. In Kolumbien nimmt man bei Fragen zu tropischen Krankheiten am besten Kontakt zum **Instituto Nacional de Salud** auf, Av. Eldorado Cra. 50 ☏ 222 05 77. Die Ärzte sprechen englisch, sind sachkundig, hilfsbereit und geben Auskünfte auch am Telefon. Das Institut führt auch Impfungen und Blutuntersuchungen durch.

Es hat sich herumgesprochen, dass es in Kolumbien erstklassige Kliniken und medizinisches Personal gibt. In manchen Bereichen ist das Land sogar führend, auf jeden Fall besteht ein erstklassiges Preis-/Leistungsverhältnis. Die **Clinica Barraquer** für Augenheilkunde www.barraquer.com.co erfreut sich internationaler Anerkennung auf dem Gebiet der Augenlaserchirurgie. Auch auf den Gebieten der Kardiologie, der Zahnheilkunde, der plastischen Chirurgie, der Fortpflanzungsmedizin und Kinderorthopädie finden sich erstklassige Spezialisten. In den meisten **Privatkliniken** in **Bogotá** arbeiten ausländische und kolumbianische Ärzte mit englischen Sprachkenntnissen. Es gibt Spezialisten, Notaufnahme und ein Labor. Das Labor kann ambulant in Anspruch genommen werden. Auch ohne ärztliche Anweisung können Blut-, Urin- und Stuhlproben zur Analyse abgegeben werden. **Clinica Marly** www.marly.com.co Calle 50 No 9-67 ☏ 343 66 00 ☏ Marly. **Fundación Santa Fe de Bogotá** www.fsfb.org.co Calle 119 No 7-75 ☏ 530 12 70. **Clinica El Bosque** www.clinicaelbosque.com.co Calle 134 No 7B-41, Notfall ☏ 649 93 00. **Clinica del Country** www.clinicadelcountry.com Cra. 16 No 82-57 ☏ 257 83 81.

Impfungen

Kolumbien sieht keine Pflichtschutzimpfungen vor. Beim Besuch abgelegener Regionen ist es generell ratsam, gegen **Tetanus** und **Gelbfieber** geimpft zu sein. Sinnvoll ist auch eine **Polioschluckimpfung** (Kinderlähmung), Wiederauffrischung alle 10 Jahre. Die Grundimmunisierung für Tetanus hält 10 Jahre an und muss dann aufgefrischt werden. Gelbfieber ist in Kolumbien nicht endemisch. Dennoch treten in tropischen Regionen des Landes immer wieder Fälle von Gelbfieber auf. Die Impfung bietet einen zehnjährigen Schutz. Zuständig sind die offiziellen Gelbfieberimpfstellen. **Hepatitis A** ist in allen tropischen Ländern anzutreffen und stellt ein Infektionsrisiko für den Fernreisenden dar. Die Erreger werden mit dem Urin, Stuhl und Speichel ausgeschieden und über Trinkwasser und Lebensmittel übertragen. Eine vorbeugende Injektion von Gammaglobulin kurz vor der Abreise schützt drei Monate. Bei geplanten Langzeitaufenthalten sollte man auch eine **Hepatitis B** Immunisierung in Betracht ziehen. Langzeit- und Vielreisende sind mit einer Grundimmunisierung (3 Spritzen) mit Havrix am besten versorgt. Schutzdauer: 10 Jahre.

Kolumbien ist **kein Cholera-Endemiegebiet.** Eine Impfung bietet zudem keinen ausreichenden Schutz vor Erkrankungen. Eine **Typhus-Schluckimpfung** empfiehlt sich, wenn man in Ecken mit unzureichendem hygienischen Standard fährt. Die Impfung mit Typhoral L erfolgt durch Einnahme von 3 x 1 Kapseln im Abstand von je 2 Tagen. Schutzdauer: 1 Jahr. Mit der Impfvorbereitung wird am besten sechs bis acht Wochen vor der Reise begonnen.

Malaria

Malariaprophylaxe ist notwendig an der gesamten **Pazifikküste** (Chocó), am **Río Putumayo**, am **Río Guaviare** und in einigen Bereichen des **Magdalena Medio**. Für alle anderen Gebiete ist eine Malariaprophylaxe nicht erforderlich, das gilt insbesondere für die Karibikküste. Die traditionelle Vorsorge ist die Einnahme von Chloroquin-Tabletten, obwohl es heute in allen betroffenen Gebieten eine Chloroquin Resistenz gibt. Es empfiehlt sich daher zusätzlich zum Chloroquin-Präparat Proguanil, z. B. Paludrine einzunehmen. **Malaria-Prophylaxe:** 1 Woche vor Einreise ins malariagefährdete Gebiet beginnen und bis sechs Wochen nach Verlassen fortsetzen. Malariaüberträger ist die weibliche Anophelesmücke. Die meisten Malariainfektionen erfolgen nachts. Der wirkungsvollste Schutz vor Malaria ist das Tragen langärmliger Hemden und langer Hosen und das Schlafen unter einem engmaschigen Moskitonetz. Nur begrenzten Nutzen haben Moskitospiralen, Mückenspray und Rollstifte.

Die aktuelle Zahl der Malariafälle in Kolumbien wird auf 100.000 bis 200.000 geschätzt. Es gibt drei Arten der Malaria. Die **Malaria Tropicana** (*Plasmodium falsiparum*) ist die schwerste Malariaerkrankung und kann, falls sie nicht erkannt wird, zum Tode führen. Tropicana-Erkrankungen wurden überwiegend im Chocó registriert. Die Inkubationszeit beträgt 7-14 Tage. Die beiden anderen, weit weniger gefährlichen Arten sind die **Malaria Tertiana** (*Plasmodium vivax*), Inkubationszeit 14-21 Tage, Dreitagesfieber und die **Malaria Quartana** (*Plasmodium malariae*), Inkubationszeit 28-42 Tage, Viertagesfieber. 2/3 aller Malariaerkrankungen entfallen auf die Tertiana, während die Quartana in Kolumbien praktisch keine Rolle spielt. Anzeichen für alle Formen der Malaria sind Fieberanfälle, Schüttelfrost und Kopfschmerzen, ähnlich wie bei einer starken Grippe. Die Malaria Tropicana nimmt einen untypischen Fieberverlauf mit Schockwirkung. Besteht der Verdacht auf Malaria sollte schnellstens ein Arzt aufgesucht und eine Blutuntersuchung vorgenommen werden.

Dengue-Fieber

Dengue ist ein tropisches Fieber und wird wegen der ausgelösten Muskel- und Gliederschmerzen auch Knochenbrecherfieber genannt. Überträger ist die tagaktive Stechmücke *Aedes aegypti*, deren Larven sich in den vielen Wassertanks, Pfützen und Latrinen besonders schnell vermehren. Das Übertragungsrisiko ist daher in tropischen Ballungsgebieten besonders hoch. Gegen Dengue wie Malaria arbeitet man fieberhaft an einem Impfschutz, der sich aber noch in der Phase klinischer Erprobung befindet. Bis dato hilft nur, sich nicht stechen lassen. Am besten man trägt langärmelige Hemden und benutzt Moskitorepellent.

Filarien

In einigen abgelegenen Gebieten des Amazonas- und Pazifikflachlandes kommen Filarien vor. Am Río Inírida und am Río Vaupés ist die harmlose *Manzonella ozzardi* Infektion unter den Einheimischen weit verbreitet. Die gefürchteten Formen der Flussblindheit und Elefantiasis treten in Kolumbien ganz selten auf. Ein Infektionsrisiko besteht nur bei monatelangem Aufenthalt in Endemiegebieten und wiederholten Stichen der Kriebelmücke, die sich gern in der Nähe von Stromschnellen aufhält. Am größten ist das Risiko in den Nachtstunden. Bester Schutz ist auch hier lange Kleidung und ein engmaschiges (unter 1 mm) Moskitonetz. Die Erreger werden im Blut nachgewiesen.

Parasitenerkrankungen

Jede Klinik mit Labortechnik führt Stuhl-, Blut- und Urinanalysen durch. **Askariswurm** (Spulwürmer), Behandlung: Bei mikroskopischem Nachweis von Askaris-Eiern im Stuhl *Combantrin* - einmalige Einnahme von 3 Tabletten. **Amöben**, Übertragung erfolgt durch Fäkaliendüngung und verschmutztes Trinkwasser. Die Zysten können durch Erhitzen abgetötet werden. Deshalb in gefährdeten Gebieten nur gekochte Gemüse essen und niemals unbehandeltes Wasser trinken. Symptome: Blähungen, mehrmals täglich dünnbreiiger Stuhl, leichte Koliken, kein Fieber. Behandlung: 10tägige Kur mit *Metronidazol*. *Fasigyn* ist ein schwächeres Mittel, das man drei Tage nimmt. Es bekämpft jedoch die hartnäckigen Amöben nicht gründlich genug. **Giardia** ist eine hartnäckige Parasitenerkrankung, die dem Krankheitsverlauf der Amöbenruhr ähnlich ist, es treten jedoch keine Bauchkrämpfe auf. Der Verzehr von Milch- und Milchprodukten erzeugt Übelkeit. Behandlung: Eine 14tägige Kur mit *Furoxona* oder *Giardalan*, als Saft oder in Tablettenform erhältlich, bekämpft den Parasiten. Für den einfachen **Reisedurchfall** gibt es in Kolumbien das altbewährte Mittel *Imodium*. Bei **Magenverstimmung** und **Übelkeit** hilft *Plasil* - in Tabletten- und Saftform erhältlich. Bei **überreiz-**ten Augen: *Visiná* - Augentropfen. Bei **verstopfter Nase**: *Rintal* - Nasentropfen. Bei **verstopften Ohren**: *Decadron* - Ohrentropfen. Bei **Juckreiz** jeder Art, insbesondere Mückenstiche: *Caladryl*. **Insektenschutzmittel**: Im Handel sind *Black Flag* und *Autan*, jeweils als Stift und Spray. Bei **Flöhen**: *Baygon*-Spray.

Trinkwasserdesinfektion

Bogotá und die meisten anderen Großstädte haben im Allgemeinen sehr gutes Trinkwasser aus dem Hahn. In den ländlichen Regionen sollte man das Wasser behandeln oder Mineralwasser kaufen. Es schmerzt zwar, dass an machen Orten, wie auf der Guajira, das Mineralwasser teurer ist als Bier, doch kann eine schwere Amöbenruhr den ganzen Reisespaß kosten. Die sicherste Methode, um Wasser keimfrei zu machen, ist **Abkochen**. Die Wassermenge muss fünf Minuten sprudelnd kochen. Sehr sicher ist **Filtern** mit speziellen Entkeimungsfiltern. Die Behandlung mit **Wasserreinigungstabletten** (in Kolumbien *Puritabs*) ist die einfachste Methode.

Höhenkrankheit

Klimawechsel und starke Höhen können den Biorhythmus des Körpers empfindlich stören. Die Oxygenzufuhr in Höhenlagen ist geringer. Die «dünne Luft» kann vor allem bei Flachländern zu Atemlosigkeit, Schwindelgefühl, Übelkeit und Kopfschmerzen führen. Man sollte dem Körper genügend Zeit für die allmähliche Anpassung an die neuen Lebensumstände gewähren.

HIV/Aids

Aids (spanisch *Sida*) ist eine Virusinfektion, die über den HIV-Virus das Immunabwehrsystem angreift. Die Infektion erfolgt ausschließlich über die Blutbahn. Ansteckungsrisiko besteht bei sexuellen Kontakten, infiziertem Fixerbesteck bei Drogenabhängigen und Bluttransfusionen. Die Weltgesundheitsorganisation (WHO) und UNAids schätzen die Zahl der HIV/Aids-Infektionen in Kolumbien auf 180-210.000. Die Verbreitung ist regional stark verschieden. In den großstädtischen Ballungsräumen der andinen Höhenlagen sind überproportional viele Homosexuelle betroffen, in den tropischen Tieflandregionen heterosexuelle Frauen. Bei sexuellen Kontakten mit Partner/innen mit unbekanntem sexuellem Vorleben ist, wie überall auf der Welt, Kondomverwendung anzuraten. In den Großstädten werden Blutkonserven auf HIV geprüft.

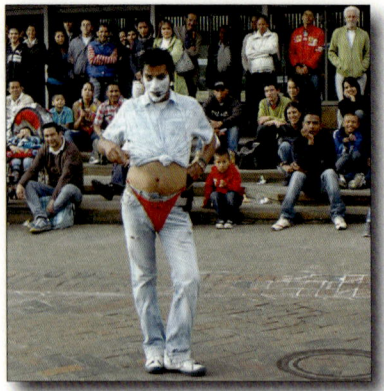

▶ Glossar & Slang

A

a clima - Getränke in Zimmertemperatur

adobe - eine Masse aus Tonerde, teilweise vermischt mit Gras, die in Form eines Ziegelsteins gebracht und anschließend an der Luft getrocknet wird, um damit Mauern und Wände herzustellen.

aerovan - Mikrobus

aguardiente - Zuckerrohrschnaps mit Anisgeschmack, das Nationalgetränk Kolumbiens

alcaldía - Bürgermeisteramt

alcaldada - Amtsmissbrauch durch den Bürgermeister

anthropomorph - menschenähnliche Darstellung

apredadita - «steiler Zahn» (Frau mit Kurven)

arepa - runde Maisfladen (ohne oder mit Füllung)

aretes - Ohrringe

asadero - Grill, verbreitet in den Llanos

atarraya - weitverbreitetes Wurfnetz zum Fischen

atraco - Raubüberfall

avión - wörtlich Flugzeug, aufgeweckte, schlaue Person

B

bahareque - die auf dem Lande weitverbreitete, traditionell indianische Konstruktion der Hütten aus Bambus und Lehm

bala perdida - (wörtlich «verlorene Kugel») Resultat eines Schusswechsels unter Mitgliedern verschiedener Banden oder der gleichen Bande oder des leichtsinnigen Hantierens mit der eigenen Handfeuerwaffe

balneario - Seebad, Schwimmbad

barbasco - eine toxische Liane, die von den Indigenen der Amazonas- und Orinocoregion eingesetzt wird, um in Bächen und kleineren Flüssen zu fischen.

bazuco - Droge aus Kokainbase

beca - (Auslands-) Stipendium

bejuco - Liane

bestia - das Vieh, Pferd oder Maultier in ländlichen Regionen

bicho - Vieh, Biest, meist für Insekten und Parasiten

bohío - Hütte

boleto - Busticket

bolillo - Polizeiagent, Spitzel

bollo - Ausdruck für eine attraktive männliche oder weibliche Person (Karibikküste)

brujería - weitverbreiteter Volksglaube, der Glaube um geheime Kräfte

bufeo - Süßwasserdelfin

burundanga - KO-Tropfen, gewonnen aus dem *borachero*-Baum

buseta - Kleinbus

C

cabaña - Hütte zum Übernachten in ländlichen Gebieten, Standard von einfach bis luxuriös

cabildo - Indianerrat in den Resguardos

cabrón - Miststück

cacerola - die kleine Pfanne für Spiegel- und Rühreier

cacique - Häuptling

cachaco/a - Bewohner des andinen Hochlandes. An der Küste Mentalitätsbezeichnung für zurückhaltend bis zugeknöpft

CAI - *Centro de Atención Inmediata*, Polizeiposten

caleño/a - Einwohner Calis

camino de herradura - Reitweg

camino real - gepflasterter Weg aus kolonialen Zeiten

campero - Jeep

campesino/a - Bauer, Bäuerin

canoa - Kanu

carajillo - Kaffee mit Cognac

cargero - Frachtflieger

carriel - Lederumhängetasche aus Antioquia

carro - Auto

casabe - Brot aus Yukateig, Grundnahrungsmittel der Amazonasindianer

caserío - Gehöft

casona - Kolonialvilla

cedula - Personalausweis

celador - Angehöriger des privaten Wachtpersonals

cierto - stimmt(s)

colectivo - Kollektivtaxi

colono - Siedler

comida corriente - das gewöhnliche Essen, morgens, mittags, abends

computadora - Computer

corrida - Stierkampf

corriente - einfacher Überlandbus

costeño/a - Küstenbewohner (in Bogotá auch abfällig Lärmmacher)

criollo/a - Kreole, Kreolin, ein(e) Lateinamerikaner(in) europäischen Ursprungs

culto - fein, gebildet, das genaue Gegenteil von tenaz

cupo - (Sitz-) Platz, (**no hay cupo**, ausgebucht)

CH

chagra - Dschungelgarten, gewonnen durch Brandrodung im Amazonas und Pazifikflachland

chalupa - Schnellboot

charla - ökologisches «Warm up» beim Besuch einiger Nationalparks

chévere - toll, umgangssprachlich voll geil (!) Einleitung der Wochenendrumba oder deren Beschreibung

chicha - fermentiertes Maisgetränk

chino/a - nicht nur die Asiaten werden so genannt, sondern auch junge Männer und Mädchen

chinchorro - leichte Hängematte aus geknüpften Palmenfasern

chiva - buntbemalter Bus mit Holzaufbau auf Lkw-Chassis

cholo - Indianer der Pazifikregion

chontaduro - stärkehaltige Frucht der gleichnamigen Palme

choza - Hütte

churro - Hübscher in Bogotá

D

de pronto (viene) - kommt gleich

derrumbe - Erdrutsch

desechables - Wegwerf-, zynische Bezeichnung für Straßenkinder, Obdachlose u.a. Ausgestoßene

despelote - extreme Unordnung

dicha - 'Qué es esa dicha, que hayas vuelto'. Was für ein Glück, dass Du zurück bist (verbreitet in Antioquia)

duro - laut. 'A mi no me hable duro'. Sprich mich nicht so laut an.

INFOS – GLOSSAR & SLANG

E

ejecutivo - weitverbreiteter Ausdruck, der wie ein Zauberwort wirkt und all die Dinge von besserer Qualität bezeichnet, die sich ergo nur Besserverdienende oder solche, die sich dafür halten, leisten können. Im Einzelnen kann das Wort einen Menschen mit Festanstellung bei einem größeren Unternehmen, das bessere Mittagessen (menú ejecutivo), den schnellen Bus und den umfassenderen, professionellen Gesundheitscheck (chequeo ejecutivo) bezeichnen, m.a.W. mit 'ejecutivo' ist man auf der Sonnenseite des Lebens.

encomienda - koloniales Wirtschaftssystem mit (indianischen) Leibeigenen

escopeta - altertümliches Gewehr

espectacular - etwas aus der Masse Herausstechendes

estadero - Ausflugsrestaurant

estanco - Schnapsladen im Süden Kolumbiens

expreso - nicht etwa ein starker Kaffee, sondern ein gechartertes Boot oder sonstiges Transportmittel

F

fariña - geriebene und geröstete Yuka, Reiseproviant in der Amazonasregion (s. mañoka)

finca - Bauernhof

flota - Überlandbus

fonda - Landgasthof in Antioquia

frailejón - typische Pflanze des Páramo

fregar - stören, nerven

fregado - schwierig

fresco - cool, coole Type

G

gallera - Ring für Hahnenkämpfe

gamín - Straßenkind

gay - Homosexueller

gringo/a - jeder Ausländer, nicht unbedingt ein Schimpfwort!

grosero - unhöfliche, aggressive Type

guadua - Bambusart

guarapo - fermentierter Zuckerrohrsaft

guía - (Reise-)Führer

H

hablar paja - Stroh dreschen, (Belanglosigkeiten) daherreden

hacienda - Farm

hale, hagale - «Mach schon», «Fahr los», «Steig ein»

hijueputa - ursprünglich einmal aus 'hijo de puta' (Hurensohn) hervorgegangen, hat aber in anderer Aussprache, Ausländer aufgepasst! ' hijueeee puta oder putschika' eine ganz andere, oft freundschaftlich verspielte Bedeutung. Wird wegen des wohltönenden Klangs häufig benutzt.

hamaca - Hängematte

hincha - Fußballfan

huevos pericos - Rühreier mit Zwiebeln und Tomaten

I

invierno - (wörtl. Winter) Regenzeit

isleño/a - Inselbewohner von San Andrés und Providencia

J

jején - winzige, tagaktive Stechfliege in einigen Gebieten des Tieflandes

jodido - schwierig

L

lagarto - (wörtlich Echse) kolumbianische Bezeichnung für die weltweit vorkommende Spezies des Schleimers

laminación - Einschweißen von Dokumenten in Plastikfolie

lancha - (Linien)schnellboot

ley seca - wörtlich das trockene Gesetz. Ausschankverbot, wird am Vorabend von Wahlen und an Demonstrationstagen verhängt

ley semiseca - temporäres Alkoholverbot, um Exzesstrinken zu verhindern

lechero/a - Milchwagen, Personentransport in abgelegenen Regionen

lonchería - Imbiss, kleines Restaurant

lulo - Hübscher in Medellín

LL

llanero/a - Bewohner der Llanos (Flachland im Osten Kolumbiens)

M

machete - (Busch)messer

malecón - Promenade

maloca -indianisches Gemeinschaftshaus im Llanos- und Amazonasgebiet

mambear - Zeremonie des Kokakauens bei einigen indigenen Völkern

mamita - attraktive Frau, eine weitverbreitete Kosebezeichung unter Paaren. Die Frau antwortet mit **papi** oder **papito** (attraktiver Mann)

manigua - der Dschungel (auch **selva** oder **bosque** genannt)

mañoka - geriebene und geröstete Yuka, Reiseproviant in der Amazonasregion (s. fariña)

marica - «Schwuchtel», gebräuchliches Schimpfwort

marimba - Marihuana

marimbero - hat zwei Bedeutungen, Marihuanapflanzer oder Kiffer

metalica - Rockmusik

minutos - Gesprächsminuten mit dem Mobiltelefon

mono/a - nicht etwa Affe wie sonst im Kastellan, sondern nett gemeint Blonde/r, wird darüber hinaus oft für Europäer benutzt

morichal - Vegetationsform der Llanos, Bauminseln, bestehend aus Morichepalmen

morral/mochila - Rucksack

muelle - Schiffsanleger

mula - wörtlich Maultier, kleiner Drogenschmuggler, der die Drogen im Kofferboden oder geschluckt in Plastiksäckchen außer Landes befördert

mulato/a - Mischling schwarzafrikanischer und europäischer Herkunft

N

narco - Drogenhändler

niño/a - Junge, Mädchen

Ñ

ñame - eine Yukaart, die hauptsächlich im Chocó wächst.

O

obsequiar - schenken

orden publico - öffentliche Sicherheit und Ordnung, Beschreibung für die Abwesenheit von Guerillaaktivitäten

P

paisa - «del Pais de Antioquia», der Bewohner Antioquias mit seiner Hauptstadt Medellín. Im Chocó wird jede/r Weiße so genannt

palanca - Ruderstange (weitverbreitet im Chocó)

palenque - (freie) Schwarzensiedlung

panela - dunkler Zucker in Blockform, ein Grundnahrungsmittel der Kolumbianer, von deren Herstellung ein ganzer Wirtschaftszweig abhängt. Hunderttausende trinken zum Frühstück ein Glas aguapanela.

papa - Kartoffel

papi bzw. **papito** - 'Süßer', attraktiver Mann

parada - Haltestelle

páramo - Hochgebirgsebene zwischen 3000 - 4500 m, bewachsen mit Farnen, Moosen, Frailejónes

paso fino - Kunstreiten

pastuso/a - der Bewohner der südlichen Bergregion Kolumbiens; wegen seiner langsamen Art und seines Dialektes ist er die Figur vieler Witze.

pendejo - dummer Hund (Schimpfwort)

perico - Kaffee mit Milch

piedemonte - Andenabstieg zum Llanos- und Amazonasbecken

pico y placa - seit 1998 in Bogotá vorgeschriebene Beschränkung des privaten Autoverkehrs auf bestimmte Wochentage, jeweils abhängig von der Ziffernfolge des entsprechenden Kfz-Kennzeichens

pilas - wörtlich Batterien, voller Energie stecken - pilás! -Aufgepasst !

plata - das Geld

plátano - Backbanane

poporo - Behältnis zum Aufbewahren von Kalk für das Kokakauen, weitverbreitet bei vielen präkolumbianischen Kulturen. Bei den heutigen Kogi- und Arhuaco-Indianern der Sierra Nevada sind die *poporos* ausgehöhlte Kürbisse.

puente - wörtlich Brücke, langes Wochenende

pues - jeder zweite Satz in Antioquia wird mit pues abgeschlossen (folglich), entspricht dem süddeutschen «Gell»

Q

quadramos - wir schließen uns kurz, wir organisieren etwas

que susto - wörtlich Schrecken, welcher Umstand

quinta - Landhaus

R

resguardo - Indianerreservat unter Selbstverwaltung

retén - Polizeicheckpoint

ruana - kolumbianischer Poncho

rumba - Feierabend- und Wochenendvergnügen in diversen Varianten, *rumba suave*, *rumba gay*, *rumba en chiva* oder eben auch:

rumba zanahoria - wörtlich Mohrrübenparty (alkoholfrei)

S

sapo - wörtlich Kröte, (Polizei)spitzel, allgemein für eine neugierige, aufdringliche Person

sardino/a - Junge, Mädchen

sicario - bezahlter Killer

sleeping - (sprich 'Ä'-sleeping) Schlafsack

soroche - Höhenkrankheit

T

tenaz - wörtlich zäh, bedeutet in Kolumbien schrecklich, unmöglich, Charakterisierung von Menschen und Situationen

(no) tengo ganas - ich habe (nicht) die Absicht

tinto - schwarzer Kaffee

trancón - Stau

trenza - Rastazöpfchen

U

utilizador - kleines (Aluminium)boot

V

vacuna - wörtlich Spritze, Schutzgeldzahlung an die Guerilla

vaina - auch so ein Ausdruck, der ähnlich wie *hijueeee puta* alles Mögliche oder überhaupt nichts zu bedeuten hat, am ehesten ist es noch eine Bezeichnung für eine x-beliebige Sache, deren genaue Bezeichnung einem gerade mal nicht einfallen will.

vaquero - Cowboy in den Llanos

verano - wörtlich Sommer, Trockenzeit

vereda - Marktflecken oder Weiler mit 100-200 Bewohnern

verraco - wörtlich Eber, «ein Pfundskerl», ausgezeichnete Person, großes Kompliment

verraquera - ausgezeichnet

voladora - Schnellboot (gebräuchliche Bezeichnung im Chocó)

Y

yagé - eine Pflanze, deren Saft hypnotische Kräfte zugeschrieben wird

yopo - ein natürliches Pulver mit berauschender, halluzinogener Wirkung, dem bereits die Muisca zugetan waren

yuca (brava) - regional unterschiedlich auch mañoka, eine Wurzel, Grundnahrungsmittel im kolumbianischen Tiefland

Z

zamarros - Beinkleider aus Kuhfell, die zumeist in Antioquia zum Kunstreiten getragen werden

zambo/a - Mischling schwarzafrikanischer und indianischer Herkunft

zanahoria - wörtlich Möhre, Bezeichnung für Trottel

zancudo - Moskito

zoomorph - tierähnliche Darstellung

Index

A

Abad, Héctor 74, 79
Abejorral 366
Acaime 399
Acandí 293
Afrokolumbianische Gemeinschaften 28
Aguadas 367
Ambalema 146
Aquitania 166
Aracataca 272
Araracuara 467
Arboletes 288
Arcabuco 156
Arce y Ceballos, Gregorio Vásquez de 153, 157, 164
Arévalo, Antonio de 214, 216
Armenia 387
Armero 146
Arturo, Aurelio 75
Auc 64

B

Bachué 156
Bahía Solano 317
Balboa 293
Balboa, Vasco Núñez de 40, 292, 308
Barbacoas 334
Barbosa 176
Barichara 181
Barrancabermeja 371
Barranquilla 243
Bastidas, Rodrigo de 40, 249
Belalcázar, Sebastián de 41, 403, 434
Beltran, Manuela 178
Betancourt, Íngrid 59
Betancourt, Rodrigo Arenas 81
Betancur, Belisario 48
Bevölkerung 23
Bildung 34
Bocas de Ceniza 246
Bocas de Satinga 334
Bolívar, Simón 43, 162, 238, 252, 330
Bosconia 242
Botero, Fernando 79, 80, 110, 285
Bowden, Mark 74
Boyaja 312
Buga 414
Buritaca 265

C

Cabo de la Vela 282
Caldas, Francisco José de 42
Caño Cristales 448
Cañón del Río Claro 373
Capurganá 294
Caramanta 369
Carimagua 449
Carranza, Víctor 158
Cartagena de Indias 204
Cartago 416
Casa Arana 468
Cascadas de Juan Curí 179
Castaño, Carlos 64
Castro Caycedo, Germán 78
Cerros de Mavicure 468
Chávez, Hugo 57
Chinchiná 384
Chiquinquirá 157
Choachí 138
Chocó Urabá 291
Chucunés 438
Ciénaga de Pijiño 241
Ciénaga Grande de Santa Marta 248
Claver, San Pedro 211
Coconuco 422, 423
Cocora 394
Convento La Candelaria 157
Convento Santo Ecce Homo 155
Córdoba, Piedad 56
Corveñas 285
Cúcuta 197
Cumbia 83
Curití 179
Currulao 84

D

Desierto de Tatacoa 433
Doradal 375
Drake, Francis 278
Drogenhandel 32
Duitama 162

E

El Banco 243
El Charco 334
El Cisne 398
El Cocuy 167
El Dos 313
El Gigal 292
El Peñol 362
El Retiro 365

El Retorno 446
El Valle 322
Eln 62
Embalse Guatapé 362
Essen 92

F
Falcao, Radamel 97
Farc 57
Federmann, Nikolaus 41, 278
Fernsehen 85
Film 85
Finca La Montaña 396
Florencia 470
Früchte 96
Fusagasugá 141

G
Gaitán, Jorge Eliécer 47, 103
Galapa 247
Galán, José Antonio 178
Galán, Luis Carlos 48, 49
García Márquez, Gabriel 74, 77, 103, 272
Gaviria, César 49
Girón 191
Gómez Dávila, Nicolás 75
Gómez, Laureano 47
González, Tomás 74, 78
Grau, Enrique 79
Greiff, León de 75
Guachaca 265
Guaduas 141
Guambiano 403
Guane 183
Guapi 328
Güicán 168

H
Hacienda Cañasgordas 412
Hacienda El Paraíso 412
Hacienda Nápoles 374
Hacienda Piedechinche 412
Heredia, Alonso de 238
Heredia, Pedro de 204, 360
Honda 142
Hoyo del Aire 177
Humboldt, Alexander von 103, 139, 235, 239, 417
Hundert Jahre Einsamkeit 74

I
Ibagué 400
Icononzo 141

Indigene Völker 24, 455
Ipiales 438
Isaak, Jorge 74
Isla Corota 437
Isla de Barú 233
Isla Malpelo 332
Isla Tierrabomba 217
Islas de San Bernardo 286
Istmina 313
Iza 166

J
Jordan 183
Joropo 84
Juanchaco 327
Juanes 85
Juntas 399
Jurubidá 314
Justiz 66

K
Kaffee 31
Koch-Grünberg, Theodor 88
Kriminalität und Menschenrechte 67
Kunsthandwerk 88

L
La Aurora 453
La Bocana 327
La Boquilla 222
La Ceja 365
La Chorrera 468
La Macarena 448
La Paz 177
La Pedrera 466
La Plata 423
La Playa de Belén 194
Ladrilleros 327
Lago Calima 416
Lago de Tota 165
Laguna Chisacá 140
Laguna de la Cocha 437
Laguna de Sonso 415
Laguna Otún 397, 398
Laguna Verde 438
Lara, Rodrigo 49
Las Gaviotas 449
Lederwaren 89
Lengerke, Geo von 183, 187
Lezo, Don Blas de 205, 216
Leticia 457
Literatur 74
Literaturliste Top 5 74

Llorente 334
Los Santos 183

M
M-19 62
Magangué 242
Maicao 284
Manaure 281
Manizales 375
Manzanillo del Mar 222
Marcha Patriótica 54
Mariquita 144
Marmato 369
Martius, Friedrich von 468
Marulanda Vélez, Manuel 58
Medellín 338
Medoro, Angelino 147, 148
Minca 270
Mocoa 471
Mompox 238
Monguí 164
Montería 287
Morromico 314
Mutis, Álvaro 77
Mutis, José Celestino 42, 144
Muzo 158

N
Nabusímake 275
Nariño, Antonio 42, 152
Nazareth 140
Negret, Edgar 81
Nemocón 138
Nevado del Ruiz 397
Nevado del Tolima 399
Nevado Santa Isabel 399
Nobsa 162
Novitá 313
Nueva Guatavita 136
Núñez, Rafael 43
Nuquí 314

O
Obregón, Alejandro 79
Ocaña 193
Orocué 449
Ospina, William 79

P
Páez/Nasa 403
Palestina 313
Palomino 265
Pamplona 194

Pan de Azúcar 423
Pance 413
Panela 32
Pantano de Vargas 161
Páramo de las Papas 423
Páramo de Rusia 162
Páramo de Sonsón 366
Páramo Ocetá 165
Parque Nacional del Café 396
Parque Ucumarí 398
Partido de la U 53
Pasca 141
Pasto 434
Pastrana, Andrés 52
Patarroyo, Manuel Elkin 87
Pereira 384
Piedemonte 470
Pitalito 88
Pizarro, Francisco 40, 292
Plan Colombia 59
Plan Patriota 59
Playa Kilimanjaro 247
Playa la Olímpica 314
Playa Los Naranjos 264
Playa Mulatos 335
PNN Amacayacu 464
PNN Cahuinarí 467
PNN Chicamocha 186
PNN Chingaza 138
PNN Cuevas de los Guácharos 432
PNN El Tuparro 450
PNN Ensenada de Utría 323
PNN Isla Gorgona 329
PNN Laguna de Guatavita 136
PNN Las Orquídeas 361
PNN Los Farallones 413
PNN Los Katios 291
PNN Los Nevados 397
PNN Pisba 162
PNN Puracé 423
PNN Río Puré 467
PNN Sierra Nevada de Santa Marta 266
PNN Sierra Nevada del Cocuy 169
PNN Sumapaz 140
PNN Tairona 261
PNN Uramba - Bahía Málaga 327
Policarpa Salavarrieta 141
Polo Democrático 53
Popayán 417
Preuss, Konrad Theodor 88

508

Pueblo Bello 275
Puente de Boyacá 149
Puerto Berrío 370
Puerto Boyacá 160
Puerto Carreño 452
Puerto Colombia 247
Puerto Gaitán 449
Puerto Inírida 469
Puerto López 449
Puerto Nariño 465
Puerto Páez 452

Q
Quesada, Gonzalo Jiménez de 41, 103, 144, 147
Quibdó 310
Quipama 158

R
Raicero 292
Ráquira 157
Raspadura 313
Raudal del Guayabero 447
Refugio La Pastora 398
Reggae/Calypso 84
Reichel-Dolmatoff, Gerardo 88
Religion 73
Río Apaporis 470
Río Atrato 311
Río Baudó 324
Río Casiquiare 469
Río la Vieja 396
Río Munguidó 313
Río Otún 387, 398
Rio Pance 410
Riohacha 278
Rivera, José Eustasio 76
Rojas Pinilla, Gustavo 48

S
Salamina 367
Salento 392
Salmona, Rogelio 215
Salsa 83
Salto de Tequendama 141
Samper, Ernesto 52
San Agustín 39, 424
San Andrés de Pisimbalá 432
San Andrés de Sotavento 288
San Basilio de Palenque 236
San Bernardo del Viento 286
San Cipriano 328

San Felipe 469
San Francisco 293
San Gil 178
San Jacinto 242
San Jerónimo 360
San José del Guaviare 445
San Juan del Sumapaz 140
San Martín 445
San Pelayo 287
Sandoná 437
Santa Fe de Antioquia 360
Santa Marta 249
Santos, Juan Manuel 55
Santuario de Flora y Fauna Los Flamencos 279
Santuario de Iguaque 156
Santuario de las Lajas 438
Sapzurro 294
Saravena 453
Serranía de la Lindosa 446
Serranía del Baudó 313
SFF Otún Quimbaya 387
Shakira 85
Sierranía de la Macarena 447
Silva, José Asunción 74
Silvia 422
Sincelejo 285
Socorro 177
Sogamosa 162
Sonsón 365
Soziales 35
Sport 97
Sprache 29
Staatsform 66
Stadtgeschichte 103
Suesca 135
Supía 370

T
Taganga 257
Tame 453
Tango 85
Taxi 130, 488
Termales San Vicente 386
Theater 86
Tierradentro 430
Titumaté 293
Tolú 285
Tópaga 165
Tota 166
Trampolín de la muerte 470

TransMilenio 130
Triganá 293
Trinken 93
Tuchin 289
Tumaco 333
Tunja 146
Túquerres 438
Turbaco 235
Turbo 290

U
Unguía 292
Uribe, Álvaro 53
Uribe Uribe, Rafael 46
Uribia 281
Urrao 362

V
Valle del Sibundoy 437
Valledupar 273
Vallejo, Fernando 78
Vallenato 82
Valderrama, Carlos 253
Valparaíso 369
Vásquez, Juan Gabriel 74, 79

Vélez 176
Vía Parque Isla de Salamanca 248
Villa de Leyva 150
Villamizar, Eduardo Ramírez 79
Villanueva 183, 453
Villavicencio 442
Villavieja 433
Violencia 46
Virgilio Barco 49
Volcán Cumbal 438
Volcán de Lodo El Totumo 236
Volcán El Azufral 438
Volcán Galeras 436
Volcán Puracé 423

W
Wiedemann, Guillermo 80
Wirtschaft 29

Y
Yopal 453

Z
Zapatoca 187
Zipaquirá 137

INFOS - INDEX

Nah Dran - Kolumbien

5. vollständig überarbeitete und aktualisierte Auflage, 2013
erschienen im SEBRA-Verlag 2013

Umschlagfotos ©	Dr. Frank Semper,
	Iglesia Santa Bárbara, Mompox
Karten & Pläne	Reinhard Strub, SEBRA-Verlag ©
Fotos ©	Dr. Frank Semper
Layout & Satz	Volker Kraeft
Druck, Bindung, Lithographie	Appel & Klinger Druck und Medien GmbH, Coburg

www.sebra.de

Zuschriften erbeten an:
info@sebra-verlag.de

Printed in Germany
ISBN 3-939602-04-3
978-3-939602-04-0

"Danke,
Parvati Cat"
(2004 - 2013)

Danke

Diana und Javier Alzate, Gerd Antes, Bernhard und Lena aus München, Cony Cuetia, Germán Escobar, Susanne Härter, Silvia Haug, Martin von Hildebrand, Carolin Hlawatsch, Norbert und Cecilia Kämmer, William und Cindy, Max und Nena vom Poseidon Dive Center, Jürgen vom Hostal Casa Bavaria, Stephan Van der Bracht, Lou Van Eycke, Eberhard Kohlsdorfer, Pascal Kuhn, Georg Rubin, Dr. Martin Ruelling, Thomas Maltan, Christoph Schneider, Ralf Schweder, Guido Straten, Tim und Cris aus Salento, Antonie Wasensteiner, Eugenia und Volker Winkelmann, Cristian Ziemann.

Die Autoren

Hella Braune und Frank Semper bereisen Kolumbien seit zwanzig Jahren. Sie kennen das ganze Land und haben außergewöhnliche Expeditionen ins Amazonasgebiet und in den Chocó unternommen. Ihre Nah Dran-Publikationsreihe zu Lateinamerika verbindet Reisebegeisterung mit fundierten Länderkenntnissen.

In einer DC3 über dem kolumbianischen Amazonasgebiet

Abkürzungen

a/c	Aire acondicionado
ADA	Aerolineas del Antioquia
AUC	Autodefensas Unidas de Colombia (aufgelöste, ehemals größte paramilitärische Vereinigung)
BACRIM	bandas criminales emergentes (den aufgelösten Paramilitärs nachfolgende kriminelle Banden)
BLAA	Biblioteca Luis Ángel Arango (Bogotá)
Cra.	Carrera (Straße)
CRIC	Consejo Regional Indígena del Cauca
COAMA	Consolidation of the Colombian Amazon (NGO)
DAS	Ausländerbehörde (bis 2012) und kolumbianischer Geheimdienst
DANE	Departamento Administrativo Nacional de Estatisticas (kolumbianische Statistikbehörde)
DEA	Drug Enforcement Agency (US-Drogenabwehrbehörde)
Edf.	Edificio (Gebäude)
FAC	Fuerza Aerea Colombiana (kolumbianische Luftwaffe)
MAM	Museo de Arte Moderno (Museum für Moderne Kunst)
mat.	Matrimonial (Doppelbett)
NGO	Non Governmental Organisation (Nichtregierungsorganisation)
No	Numero (Nummer)
Of.	Oficina (Büro)
ONIC	Organisación Nacional Indígena de Colombia (nationale Indigenenorganisation)
PNN	Parque Nacional Natural (Nationalpark)
SFF	Santuario de Flora y Fauna
TLC	Tratado del Libre Comercio, gemeint ist das Freihandelsabkommen mit den USA
Vent.	Ventilator

Kartenlegende

- (i) Information
- (1) Schlafen
- (1) Musik & Tanz
- (1) Essen & Trinken
- (1) Einkaufen
- (1) Touranbieter
- ✟ Kirche
- (S) ATM/Wechsler
- (M) Museum
- ★ Sehenswürdigkeit
- (✈) Flughafen
- (B) Busstation
- (T) Transmilenio (Bus)
- (M) Metro (Medellín)
- (B) Bahnhof

Textlegende

- (i) Tourismusbüro o. ä.
- (C) Geldautomat (ATM)
- @ Internet-Café
- 🛡 Polizei
- 🛏 Hotel/Schlafen
- 🍴 Restaurant/Essen
- 🎵 Musik & Tanz
- 🏖 Strand
- (M) Metro (Medellín)
- (T) Transmilenio (Bus)
- 🚌 Überlandbus
- 🚆 Eisenbahn
- ✈ Flugzeug
- ⛴ Fähre/Schiff